Zeichenhorizonte

PHAENOMENOLOGICA

SERIES FOUNDED BY H. L. VAN BREDA AND PUBLISHED

UNDER THE AUSPICES OF THE HUSSERL-ARCHIVES

228

DIEGO D'ANGELO

ZEICHENHORIZONTE

Editorial Board:

Directors: Julia Jansen (Husserl Archives, Leuven, Belgium), Stefano Micali (Husserl Archives, Leuven, Belgium). Members: R. Bernet (Husserl-Archives, Leuven, Belgium), R. Breeur (Husserl Archives, Leuven, Belgium), H. Leonardy (Centre d'études phénoménologiques, Louvain-la-Neuve, Belgium), D. Lories (CEP/ISP/Collège Désiré Mercier, Louvain-la-Neuve, Belgium), U. Melle (Husserl-Archives, Leuven, Belgium), J. Taminiaux (Centre d'études phénoménologiques, Louvain-la-Neuve, Belgium), R. Visker (Catholic Univerisity Leuven, Leuven, Belgium)

Advisory Board:

R. Bernasconi (Memphis State University, Memphis, USA), D. Carr (Emory University, Atlanta, USA), E.S. Casey (State University of New York at Stony Brook, Stony Brook, USA), R. Cobb-Stevens (Boston College, Chestnut Hill, USA), J.F. Courtine (Archives-Husserl, Paris, France), F. Dastur (Université de Paris, Paris, France), K. Düsing (Husserl- Archiv, Köln, Germany), J. Hart (Indiana University, Bloomington, USA), K. Held (Bergische Universität, Wuppertal, Germany), K.E. Kaehler (Husserl-Archiv, Köln, Germany), D. Lohmar (Husserl-Archiv, Köln, Germany), W.R. McKenna (Miami University, Oxford, USA), J.N. Mohanty (Temple University, Philadelphia, USA), E.W. Orth (Universität Trier, Trier, Germany), C. Sini (Università degli Studi di Milano, Milan, Italy), R. Sokolowski (Catholic University of America, Washington, DC, USA), B. Waldenfels (Ruhr-Universität, Bochum, Germany)

More information about this series at http://www.springer.com/series/6409

Diego D'Angelo

Zeichenhorizonte

Semiotische Strukturen in Husserls
Phänomenologie der Wahrnehmung

Diego D'Angelo
Institut für Philosophie
Julius-Maximilians-Universität Würzburg
Würzburg, Deutschland

ISSN 0079-1350　　　　　　ISSN 2215-0331 (electronic)
Phaenomenologica
ISBN 978-3-030-17467-5　　　ISBN 978-3-030-17468-2 (eBook)
https://doi.org/10.1007/978-3-030-17468-2

Die Deutsche Nationalbibliothek verzeichnet diese Publikation in der Deutschen Nationalbibliografie; detaillierte bibliografische Daten sind im Internet über http://dnb.d-nb.de abrufbar.

Diese Arbeit wurde von der Albert-Ludwigs-Universität Freiburg im Breisgau und von der Università degli Studi di Milano im SS 2015 als Promotionsarbeit angenommen.

Springer
© Springer Nature Switzerland AG 2019
Das Werk einschließlich aller seiner Teile ist urheberrechtlich geschützt. Jede Verwertung, die nicht ausdrücklich vom Urheberrechtsgesetz zugelassen ist, bedarf der vorherigen Zustimmung des Verlags. Das gilt insbesondere für Vervielfältigungen, Bearbeitungen, Übersetzungen, Mikroverfilmungen und die Einspeicherung und Verarbeitung in elektronischen Systemen.
Die Wiedergabe von allgemein beschreibenden Bezeichnungen, Marken, Unternehmensnamen etc. in diesem Werk bedeutet nicht, dass diese frei durch jedermann benutzt werden dürfen. Die Berechtigung zur Benutzung unterliegt, auch ohne gesonderten Hinweis hierzu, den Regeln des Markenrechts. Die Rechte des jeweiligen Zeicheninhabers sind zu beachten.
Der Verlag, die Autoren und die Herausgeber gehen davon aus, dass die Angaben und Informationen in diesem Werk zum Zeitpunkt der Veröffentlichung vollständig und korrekt sind. Weder der Verlag, noch die Autoren oder die Herausgeber übernehmen, ausdrücklich oder implizit, Gewähr für den Inhalt des Werkes, etwaige Fehler oder Äußerungen. Der Verlag bleibt im Hinblick auf geografische Zuordnungen und Gebietsbezeichnungen in veröffentlichten Karten und Institutionsadressen neutral.

Springer ist ein Imprint der eingetragenen Gesellschaft Springer Nature Switzerland AG. und ist ein Teil von Springer Nature.
Die Anschrift der Gesellschaft ist: Gewerbestrasse 11, 6330 Cham, Switzerland

Vorwort

Diese Arbeit wäre ohne die Anregungen und die Hilfe vieler Freude nicht zustande gekommen: Guang Yang, Choong-Su Han, Sylvaine Gourdain, Andreas Beinsteiner, Tobias Keiling, Nikola Mirković, Virginie Palette, Zahra Donyai, Fausto Fraisopi Sonja Feger und David Espinet sei an dieser Stelle mein herzlicher Dank ausgesprochen. Die Freiburger Jahre, die ich mit Euch verbringen durfte, sind unvergesslich. Julia Jansen und Stefano Micali möchte ich für die Annahme dieser Arbeit in die Reihe „Phaenomenologica" herzlich danken.

Ein besonderer Dank gilt den Betreuern dieser Arbeit, Prof. Dr. Günter Figal und Prof. Dr. Carmine Di Martino.

Der Leser, der sich die – heute immer seltener werdende – Mühe macht, diese Arbeit zu lesen, sei darauf hingewiesen, dass sich der Sinn der Untersuchungen in den einzelnen Kapiteln erst durch das Studium der Einleitung erschließt; die Lektüre dieser ersten Seiten ist daher für das Verständnis des Werkes unerlässlich.

Allgemeine Hinweise zur Zitierweise

Husserls Werke werden mit der Abkürzung „Hua" (für „Husserliana") zitiert, gefolgt von der Angabe der Bandzahl in römischen Ziffern und der Seitenzahl. Nur für die *Logischen Untersuchungen* werden dann in Klammern die Seitenzahlen der ersten (A) und der zweiten (B) Ausgabe wiedergegeben. Werke von Husserl, die nicht in der „Husserliana" enthalten sind, sowie Werke der Sekundärliteratur oder von anderen Philosophen werden dagegen bei der ersten Erwähnung *in extenso* zitiert, danach nur mit Autorennamen und Kurztitel. Die Sperrungen im Text der *Husserliana* werden durch Kursivschrift angezeigt. Die Schreibweise der Zitate wurde teilweise behutsam an die Neue Rechtschreibung angepasst.

Würzburg, Deutschland   Diego D'Angelo

τὸ μὲν σῶμά ἐστιν ἡμῖν σῆμα
Platon, *Gorgias*, 493a2-3

[...] ἐναίσιμα σήματα φαίνων.
Homer, *Ilias*, 2.353

[...] λόγον καὶ ἐπὶ τῆς σαρκὸς ἢ συλλαβῆς.
Aristoteles, *Metaphysik*, Z 1041b24-25

Inhaltsverzeichnis

Kapitel 1 Einleitung 1
   1.1 Umriss und Zielsetzung: Horizonte als Zeichenhorizonte 1
   1.2 Das Primat der Wahrnehmung 3
   1.3 Wahrnehmungsphänomenologie und Semiotik 6
   1.4 Husserls Zurückweisung herkömmlicher Zeichentheorien 13
   1.5 Die Gliederung der folgenden Untersuchungen 16
   1.6 Die Methode 20
   1.7 Stand der Forschung 22

Kapitel 2 Husserls Semiotik 27
   2.1 Der Rahmen für Husserls Semiotik. Die Rolle der Sprache in der Phänomenologie 27
   2.2 Das Zeichen als dynamischer Hinweis 34
   2.3 Die Anzeige 49
   2.4 Zusammenfassung der Ergebnisse 66

Kapitel 3 Husserls Semiotik der Wahrnehmung in den *Logischen Untersuchungen* 69
   3.1 Die Unvollständigkeit jeder Wahrnehmung 70
   3.2 Empfindung und Gegenstand: signitive Intentionen 74
   3.3 Abschattung und Verweis: Symbolische Intentionen 88
   3.4 Signifikative Intentionen 100
   3.5 Phantasievorstellungen 105
   3.6 Die Anzeige in der Wahrnehmung 110

Kapitel 4 Phänomenologische Raumanalyse. Kinästhetische Indikation ... 117
   4.1 Husserls Revision des vorherigen Zusammenhangs von Wahrnehmung und Zeichen 117
   4.2 Innerdingliche Bezüge und Einheitsbewusstsein: Kinästhetische Indikation 125
   4.3 Zwischendingliche Bezüge. Raum und Leib 133
   4.4 Anzeige und Bewegung 139

Kapitel 5   Horizont und Noema 145
   5.1   Die Wesensnotwendigkeit von Perspektivität und Abschattung
        nach der Reduktion 145
   5.2   Gegen eine Zeichentheorie der Wahrnehmung 148
   5.3   Horizont und Schranken der Gegebenheit 152
   5.4   Noema und Horizontbildung 156
   5.5   Das Ding als Zeichen für sich selbst 166

Kapitel 6   Passive Anzeige 171
   6.1   Wertnehmung und kulturelle Gegenstände 172
   6.2   Wahrnehmung: das Ding als Anzeige eines Optimums 175
   6.3   Noema und Leib 179
   6.4   Motivation 184
   6.5   Assoziation und Horizont 186
   6.6   Übergang zur Intersubjektivitätsproblematik 191

**Kapitel 7   Zeichen und Leiblichkeit als Grundlagen der
Fremderfahrung** 195
   7.1   Die strukturelle Analogie zwischen Fremderfahrung und
        Dingwahrnehmung 196
   7.2   Der indizierende Leib als imperfekte Anzeige 201
   7.3   Der indizierende Körper 209
   7.4   Zurückweisung möglicher Kritikpunkte 215
   7.5   Die indikative Struktur der Natur als Bedingung der Spiegelung
        der Monaden 221

Kapitel 8   Genetische Phänomenologie und Semiotik der Erfahrung 227
   8.1   Die Dingwahrnehmung in der genetischen Phänomenologie 227
   8.2   Die Struktur der Anzeige: passive *intentio* und leibliche Freiheit ... 236
   8.3   Die synästhetische Einheitlichkeit des Dinges 242
   8.4   Phänomenologie der Affektion. Die transzendentale Rolle der
        Anzeige 247

Kapitel 9   Protentionen und teleologische Semiose 255
   9.1   Das Jetzt als ausgedehntes Zeitfeld und die Auffassung von
        Temporalzeichen 256
   9.2   Die Retention im Unterschied zur Protention 263
   9.3   Die Struktur der Protention in der Zeitvorlesung 273
   9.4   Die Protentionen in den späteren Manuskripten 277

**Kapitel 10   Schlussfolgerungen. Induktion und Ursprung des
menschlichen Ich** 287
   10.1   Induktion und Zukunft 287
   10.2   Ursprung des menschlichen Ich aus der Anzeige. Teleologie ... 296

Literaturverzeichnis 301

Autorenverzeichnis 315

Stichwortverzeichnis 319

Kapitel 1
Einleitung

1.1 Umriss und Zielsetzung: Horizonte als Zeichenhorizonte

Thema dieser Arbeit ist eine phänomenologisch konzipierte Beschreibung der sinnlichen Wahrnehmung. In diesem methodischen Kontext wird der Ausgangsfrage nachgegangen, wie die wahrnehmungsmäßige Erscheinung von Phänomenen begrifflich zu fassen ist. Laut Husserl ist die Wahrnehmung keinesfalls darauf beschränkt, einen vorherbestimmten sensuellen Inhalt zu geben, sondern geht wesentlich über die bloße Empfindung hinaus zu den „Sachen selbst": in jedem Wahrnehmungsakt ist der Gegenstand selbst gegeben. Husserls Lieblingsbeispiel, das Hören einer Melodie, zeigt nämlich, dass das Subjekt niemals individuelle Töne hört, sondern immer schon eine strukturierte Tonfolge, innerhalb derer jedes Moment auf vorhergehende und auf noch kommende Momente verweist. Den Kern dieser Arbeit bildet das Vorhaben, den phänomenologischen Status dieser Verweisungsstrukturen zu rekonstruieren. Mit anderen Worten, das Thema der Untersuchung besteht darin, die Bildung von Horizonten in der Wahrnehmung zu diskutieren.

Ähnlich wie im Falle akustischer Wahrnehmung ist auch das Sehen eines Buchs von der Vorderseite mit Verweisen behaftet, die auf die Rückseite des Buches hindeuten, aber auch auf weitere Gegenstände innerhalb und außerhalb des aktuellen Sehfeldes. Ziel der vorliegenden Untersuchung ist es, den phänomenologischen und begrifflichen Status solcher Verweise in der wahrnehmungsmäßigen Horizontbildung zu diskutieren. Wie kann man die Mitgegebenheit aktuell nicht erscheinender Aspekte begrifflich fassen? Die leitende These ist dabei, dass Husserls eigene semiotische Begrifflichkeit, wie diese vor allem in den früheren Werken herausgearbeitet wurde, bei dem Versuch hilfreich sein kann, solche Verweise streng begrifflich zu fassen. Insbesondere der Begriff der Anzeige aus der ersten *Logischen Untersuchung* wird sich im Laufe des Textes als tragfähig für die Beschreibung von Verweisen in der Wahrnehmung erweisen. Um die Ergebnisse der noch bevorstehenden Untersuchungen vorwegzunehmen, kann man sagen, dass die eigentliche

Erscheinung (etwa die Vorderseite des Buches) eine Anzeige für eine mögliche leibliche Bewegung ist, welche die Miterscheinung (die Rückseite) eventuell zur aktuellen Gegebenheit bringen kann. Die Horizonte der Wahrnehmung sind daher Zeichenhorizonte.

Husserl erscheint gegenüber einer semiotischen Interpretation der Wahrnehmungsphänomenologie *prima facie* kritisch. Die folgenden Untersuchungen zeigen aber, dass Husserls Kritiken sich eigentlich auf traditionelle semiotische Begrifflichkeiten beziehen (wie vor allem auf diejenigen von Franz Brentano und Hermann von Helmholtz), und nicht auf seine eigene Semiotik. Daher ergibt sich der grobe Ansatz der Arbeit: Zunächst einmal wird systematisch Husserls Semiotik rekonstruiert (Kap. 2), um dadurch ein neues Verständnis einer Phänomenologie des Zeichens zu gewinnen. Das ist deswegen möglich geworden, weil in den letzten Jahrzehnten mit der Fortführung der *Husserliana* neue Veröffentlichungen zu Tage getreten sind, die das traditionelle Verständnis von Husserls Semiotik verändert haben. Erst in den letzten Jahrzehnten, und in manchen Fällen sogar in den letzten Jahren (wie etwa im Fall des Bandes *Grenzprobleme der Phänomenologie*), sind nämlich Manuskripte zugänglich geworden, die maßgebliche Impulse für die vorliegenden Recherchen gegeben haben. Die Veröffentlichung neuer Manuskripte hat es vor allem aber ermöglicht, einen konsequenten historischen Blick auf die Entwicklung von Husserls Denken zu werfen, welcher für eine Untersuchung der Rolle semiotischer Figuren in der Phänomenologie der Wahrnehmung unentbehrlich ist. Es sei auch angemerkt, dass das Thema der vorliegenden Arbeit bis dato in der Forschung wenig Resonanz gefunden hat und bisher kaum *in extenso* behandelt, obwohl an einigen Stellen bereits angesprochen wurde.

Das Schema der Arbeit verfolgt die Rolle dieser Semiotik in Husserls Analysen der Wahrnehmung. Daraus ergibt sich sowohl eine werkgeschichtliche als auch eine thematische Gliederung der Untersuchung. Es wird gezeigt, dass semiotische Strukturen in vielfachen Aspekten in der husserlschen Philosophie wirksam sind: in der Mitgegebenheit von Wahrnehmungsphänomenen unter dem Gesichtspunkt der statischen Phänomenologie (Kap. 3) sowie in der Raumkonstitution (Kap. 4), in der Analyse des Noemas und der Horizontintentionalität (Kap. 5), in der Passivität der Wahrnehmung (Kap. 6), in der Fremderfahrung (Kap. 7), in der genetischen Phänomenologie der Assoziation (Kap. 8) und in den zeitlichen Strukturen des Bewusstseins (Kap. 9). Am Ende dieser Arbeit (Kap. 10) werden einige Schlussfolgerungen im Hinblick auf Induktion und Konstitution des menschlichen Ich gezogen.

Die Ergebnisse der Forschung beschreiben daher eine ursprüngliche Struktur der Erfahrung, die semiotischen Charakter hat. Die Untersuchung bewegt sich hauptsächlich philologisch-rekonstruktiv und will sich als eine begriffliche Untersuchung der Texte Husserls verstanden wissen. Nichtsdestotrotz verbleiben die Ergebnisse keineswegs auf philosophiegeschichtliche Befunde beschränkt, sondern lassen sich durchaus systematisch ausloten.

Der systematische Ertrag dieser Arbeit lässt sich wie folgt vorwegnehmen. In erster Linie wird in dieser Arbeit das gewöhnliche Bild der Phänomenologie Husserls als Metaphysik der reinen Präsenz in Frage gestellt. Die Selbstgegebenheit der Dinge ist nämlich mit semiotischen Strukturen behaftet, die auf Mit- oder sogar Nichterscheinendes verweisen: Die Präsenz, um überhaupt präsent zu sein, bedarf einer

Abwesenheit, deren transzendentaler und konstitutiver Charakter im Laufe dieser Arbeit freigelegt wird. Ohne semiotische Mitgegebenheit einer Abwesenheit würden sich in der Erfahrung nicht Dinge, sondern nur abstrakte Empfindungen zeigen.

Zweitens wird anhand von Husserls Phänomenologie ein neuer Zeichenbegriff gewonnen, welcher als *dynamischer Hinweis* verstanden wird. Das geht deutlich gegen die gewöhnliche, statische Auffassung semiotischer Phänomene als *aliquid stat pro aliquo* und kann systematisch unter einem rein semiotischen Gesichtspunkt weiter entwickelt werden.

Die dritte Schlussfolgerung der Arbeit ist möglich aufgrund der Kernthese, die Verweisstrukturen in der Wahrnehmung seien Anzeige für mögliche leibliche Bewegungen. Die Horizontbildung beruht daher wesentlich auf einer Subjektivität, die als *embodied* zu begreifen ist, und deswegen vielfache Anknüpfungspunkte zu gegenwärtigen Wahrnehmungstheorien bietet, vor allem den Arbeiten von Alva Noë, Shaun Gallagher, Francisco Varela, Evan Thompson und Dan Zahavi.

1.2 Das Primat der Wahrnehmung

Bekanntlich spielen die Analysen der Wahrnehmung für die Phänomenologie eine zentrale Rolle. Die Phänomene der Wahrnehmung sind ausgezeichnete Phänomene, da ihnen Leibhaftigkeit und Selbstgegebenheit zukommt, anders als zum Beispiel den Phänomenen der Phantasie. Der intentionale Charakter der Wahrnehmung ist das „Gegenwärtigen (Präsentieren)", und das gilt es, phänomenologisch zu explizieren.[1]

Allerdings ist die „Sache" der Wahrnehmung nach Husserls Beschreibungen zwar selbst, aber nicht vollkommen und allseitig gegeben, sondern nur in Abstufungen und Abschattungen. Das, was vom Ding erscheint, ist immer perspektivisch, das heißt, es steht immer in einer Aspekthaftigkeit vor Augen, die nicht das volle Konkretum der Wahrnehmung unmittelbar gibt. Das impliziert, dass Selbstgegebenheit und totale Gegebenheit eines Erscheinenden nicht koinzidieren. Ein Tisch kann beispielsweise nur eine seiner Seiten „geben", und dennoch ist diese Seite eben eine Seite *von* diesem Tisch. Ein zentrales Anliegen der Phänomenologie der Wahrnehmung, und vielleicht sogar ihr zentrales Anliegen überhaupt, liegt gerade darin, dieses „Von" zu explizieren, nämlich das Verhältnis zwischen „Erscheinung" und „Erscheinendem" (wie Husserl es in *Die Idee der Phänomenologie* nennt)[2] oder zwischen perspektivischer Abschattung eines Gegenstandes und diesem Gegenstand selbst.

---

[1] Vgl. Hua XIX/2, S. 646 (A588, B116): „[...] die noch so große Vollkommenheit einer Imagination lässt eine Differenz gegenüber der Wahrnehmung bestehen: sie gibt nicht den Gegenstand selbst, auch nicht zum Teile, sie gibt nur sein Bild, das, so lange es überhaupt Bild, nie die Sache selbst ist. Diese verdanken wir der Wahrnehmung".

[2] Vgl. Hua II, S. 11, wo Husserl diese Unterscheidung anhand des Beispiels einer Tonwahrnehmung einleitet: „Das Phänomen der Tonwahrnehmung, und zwar der evidenten und reduzierten, fordert innerhalb der Immanenz eine Unterscheidung zwischen *Erscheinung* und *Erscheinendem*" (Hervorhebung im Original).

Das Ziel der folgenden Untersuchungen liegt nicht so sehr darin, die Wahrnehmung in all ihren phänomenologischen Aspekten zu verstehen. Dafür gibt es in der Forschungsliteratur zu Husserl einige Beiträge, die schwer zu übertreffen sind.[3] Die vorliegende Arbeit setzt sich dagegen zum Ziel, *ein* Element der phänomenologischen Analyse der Wahrnehmung ins Zentrum zu rücken und zu erläutern, nämlich die Tatsache, dass in der perspektivisch abgeschatteten Wahrnehmung immer mehr als das unmittelbar Gegebene zu sehen ist. Das Erscheinende (d. h. in meinem Beispiel der Tisch) reicht immer weiter als seine jeweilige Erscheinung (etwa seine Vorderseite). Die Fragestellung der vorliegenden Arbeit zielt daher darauf ab, eine phänomenologische Beschreibung dessen, was in jeder Wahrnehmung im aktuell Gegebenen *mit*erscheint, zu ermöglichen und systematisch auszuarbeiten. Das bringt mit sich, dass sich der Fokus nicht auf eine Analyse von Phänomenen der Selbstgegebenheit richtet, sondern auf Phänomene, die „mit", „an" oder „durch" andere, selbstgegebene Phänomene erscheinen.

Eines der Hauptverdienste der in der Phänomenologie Husserls durchgeführten Wahrnehmungsanalysen liegt gegenüber der sensualistischen, psychologistischen und empirischen Tradition in dem Aufweis in der Thematisierung davon, dass der Wahrnehmung selbst immer ein „Mehr", ein „Plus" an Erfahrung innewohnt.[4] Maßgeblich ist dabei Husserls Unterscheidung zwischen dem, was in einem Wahrnehmungsakt unmittelbar „gegeben" ist, wie etwa der aktuellen Erscheinung der Vorderseite des jeweiligen Gegenstandes, und dem intentionalen Moment, in welchem wir den Gegenstand selbst, den Tisch als solchen, intendieren bzw. meinen. Dass deswegen das Wahrgenommene immer mehr sei als die Wahrnehmung, scheint zwar zunächst widersprüchlich, erweist sich aber letztlich als berechtigt, wenn man Husserls Wahrnehmungstheorie in ihrer Vielschichtigkeit als ein Ganzes betrachtet. Das Wahrgenommene als in der Wahrnehmung Gemeintes geht nämlich wesentlich

---

[3] Vgl. u. a. H. U. Asemissen, *Strukturanalytische Probleme der Wahrnehmung in der Phänomenologie Husserls*, Univ. Diss, Köln 1957; G. Granel, *Le sens du temps et de la perception chez E. Husserl*, Gallimard, Paris 1968; U. Melle, *Das Wahrnehmungsproblem und seine Verwandlung in phänomenologischer Einstellung. Untersuchungen zu den phänomenologischen Wahrnehmungstheorien von Husserl, Gurwitsch und Merleau-Ponty*, Nijhoff, Den Haag 1983; V. Costa, *L'estetica trascendentale fenomenologica. Sensibilità e razionalità nella filosofia di Edmund Husserl*, Vita e Pensiero, Mailand 1999; T. Piazza, *Esperienza e sintesi passiva. La costituzione percettiva nella filosofia di Edmund Husserl*, Guerini, Mailand 2001; T. Ullmann, *La genèse du sens: signification et expérience dans la phénoménologie génétique de Husserl*, L'Harmattan, Paris 2002.

[4] Mit diesem Vorgehen werde ich der Forderung von S. Micali gerecht, die Folgendes besagt (S. Micali, *Überschüsse der Erfahrung. Grenzdimensionen des Ich nach Husserl*, Springer, Dordrecht 2008, S. 2): „Die Spannung zwischen der phänomenalen Sphäre und dem, was sich prinzipiell der Phänomenalität entzieht, charakterisiert im Wesentlichen die zeitgenössische hermeneutisch-phänomenologisch orientierte Philosophie: Etwas zeigt sich im Erscheinen, das über das Erscheinen hinausgeht. Die paradoxe Aufgabe der Phänomenologie besteht darin, die ursprüngliche Erfahrung zum Ausdruck zu bringen und gleichzeitig zu versuchen, dieser Erfahrung in ihrem unaufhebbaren Überschuss gegenüber jeder Art von direkter Anschauung und Ausdrucksform gerecht zu werden".

1.2 Das Primat der Wahrnehmung

über das bloße direkt Wahrgenommene hinaus, und eine Analyse dieser Sachverhalte trifft den Nerv der Phänomenologie als solcher.[5]

Die intentionalen Strukturen, welche dieses „Plus" erfassen, werden in Husserls Untersuchungen unterschiedlich beschrieben. Es sind aber hauptsächlich vier Typen zu unterscheiden: a) die Auffassung mit dem Auffassungssinn (gegenüber dem Auffassungsinhalt), b) die Apperzeption und c) die Appräsentation;[6] d) die durch intentionale Assoziationen konstituierten Horizonte der Erfahrung. Alle diese Aspekte werden oft unter den Titeln „Leerintentionen" oder „Leervorstellungen" gefasst.[7] Die Tatsache, dass in der Erscheinung das Erscheinende selbst zur Darstellung kommt, beruht auf diesen vier verschiedenen Typen von Intentionalität. In allen vier Fällen geht es darum, dass das unmittelbar, leibhaftig und aktuell Gegebene der Erscheinung sich nicht mit dem deckt, was tatsächlich in der Wahrnehmung erscheint (d. h. mit dem Gehalt der Erscheinung), sofern das Erscheinende nicht in der Erscheinung aufgeht. Mit anderen Worten und an einem Beispiel bedeutet dies: Sehe ich die Vorderseite eines Tisches, d. h. habe ich in meinem Wahrnehmungsfeld die erlebnismäßige Erscheinung der Gegebenheit „Vorderseite

---

[5] Vgl. Hua XIII, S. 166–167. Das „Hinausgehen über den Bereich absoluter Gegebenheit" ist eine „notwendige Bedingung der Möglichkeit einer phänomenologischen Wissenschaft" (S. 167). Phänomenologische Erfahrung geht somit über die Selbstgegebenheit hinaus und man darf „jene Arten phänomenologischer Erfahrung, die nicht absoluten Charakter haben, zulassen" (S. 168). Ob und wie solche Notwendigkeit des Hinausgehens in Einklang mit dem „Prinzip aller Prinzipien" zu bringen ist, wird im fünften Kapitel („Horizont und Noema") behandelt.

[6] Eine rigorose Unterscheidung zwischen Appräsentation und Apperzeption ist von K. Held vorgelegt worden (K. Held, *Das Problem der Intersubjektivität und die Idee einer phänomenologischen Transzendentalphilosophie*, Springer, Den Haag 1972). Zu Appräsentationen im Allgemeinen vgl. L. M. Rodemeyer, *Intersubjective Temporality. It's about time*, Springer, Dordrecht 2006, S. 47 ff.; die Autorin zeigt, wie das Thema der Appräsentation in der Analyse der Dingwahrnehmung, der Intersubjektivität und der Protentionen am Werk ist. Dies sind die Themen, denen die vorliegende Arbeit sich im Folgenden widmet. Die Autorin unterstreicht m. E. auch korrekterweise die Tatsache, dass die Appräsentation in der Präsentation „embedded" (S. 48) ist, so dass sich die für uns leitende Frage stellen kann, wie dieses „embedding" genau zu denken ist. Dafür greift die Autorin operativ, wenn nicht explizit, auf den semiotischen Begriff der Indikation („indicating", S. 49) zurück.

[7] C. Staub, *Leerintentionen und leere Namen*, Academia Verlag, Sankt Augustin 2003, S. 7, markiert die Rolle von Leerintentionen und unterscheidet vier Gebiete, wo diese vorkommen: im Horizont der Wahrnehmung, in dem retentionalen Zeithorizont, in den Analysen der Intersubjektivität und in der Sprachanalyse, also in der Zeichentheorie Husserls. Mir scheint, dass dabei drei wichtige Punkte verloren gehen: die Rolle der Leerintentionen in der Konstitution des Raumes; das Verhältnis zwischen Gegebenheit und Gegebenem als Zeichenstruktur, die leer Intendiertes einschließt; und vor allem die Protention, die in einem größeren Maße als die Retention diese Struktur aufweist. In der Tat ist die Leerintention bei Retention nur Nebensache, wie im neunten Kapitel der vorliegenden Arbeit („Protentionen und die semiotische Teleologie der Erfahrung") gezeigt wird. Zum Thema der Leervorstellungen vgl. auch und vor allem E. Tugendhat, *Der Wahrheitsbegriff bei Husserl und Heidegger*, Walter de Gruyter, München 1970; L. Ni, *Seinsglaube in der Phänomenologie E. Husserls*, Kluwer, Den Haag 1999; F. Belussi, *Die modaltheoretischen Grundlagen der Husserlschen Phänomenologie*, Alber Verlag, Freiburg / München 1990; J. M. Edie, *Speaking and Meaning. The Phenomenology of Language*, Indiana University Press, Bloomington / Indianapolis 1976.

des Tisches", so sehe ich doch nicht nur etwa eine braune, so und so im Raum orientierte Farbfläche, sondern ich nehme in der Tat *einen Tisch* wahr. Die Vorderseite des Tisches, die mir unmittelbar gegeben ist, eröffnet ein Feld von Mitgegebenem, dessen Mitgegebenheitsweisen unterschiedlich und untersuchungsbedürftig sind.

Der Tisch erscheint eben, wie gesagt, als Tisch, was bei Husserl unter den Titeln „Auffassung" und, in den späteren Werken, „Apperzeption" thematisiert wird. Diese Titel meinen diejenigen intentionalen Strukturen des Bewusstseins, durch welche die sinnlichen Empfindungsdaten einen gegenständlichen Sinn erhalten und dadurch ein Ding erst zur Erscheinung bringen.[8] Die Vorderseite zeigt somit gerade durch solche Auffassung bzw. Apperzeption den Tisch *als solchen* an, der zwar *selbst* erscheint, aber doch nur als Dargestellter, als in der aktuellen Erscheinung Zur-Erscheinung-Gebrachter.

1.3 Wahrnehmungsphänomenologie und Semiotik

Der zentrale Untersuchungsgegenstand der vorliegenden Arbeit ist gerade die Thematisierung der gerade dargestellten Spannung zwischen der Selbstgegebenheit des gegenständlichen Sinnes in der Wahrnehmung und der Tatsache, dass eine völlige (allseitige) Gegebenheit des Gegenstandes von vornherein ausgeschlossen ist, weil dieser nur perspektivisch, durch Darstellung in Abschattungen, erscheinen kann. Im Folgenden wird diese Spannung anhand von semiotischen Begriffen analysiert und zur Diskussion gestellt, um zu zeigen, dass es sich nicht um eine echte „Aporie" handelt, wie sie üblicherweise in der Forschung angenommen wird, sondern nur um eine unpräzise Begrifflichkeit in Husserls Ausführungen.[9] Diese Begrifflichkeit

---

[8] Vgl. Hua XIX/1, S. 198–199 (A193, B194–195): Husserl sondert hier einerseits „die *Gegenstände* der „Erscheinung" als objektive Seite der Wahrnehmung und andererseits die *„Erscheinung selbst"*, ein subjektives und immanentes Erlebnis. Diese Erscheinung hat einen „Gehalt an Empfindungen und überhaupt an sinnlichen Inhalten, d. h. an denjenigen Inhalten, welche im Akte der Anschauung die objektivierende ‚Auffassung' (Apperzeption) erfahren. In dieser Auffassung vollzieht sich das Erscheinen der entsprechenden gegenständlichen Merkmale oder Beschaffenheiten. Also auf der einen Seite handelt es sich um die Kugel selbst […], auf der anderen Seite um die Kugelerscheinung".

[9] Zum Begriff der Aporie in diesem Zusammenhang vgl. B. Rang (B. Rang, *Repräsentation und Selbstgegebenheit. Die Aporie der Phänomenologie der Wahrnehmung in den Frühschriften Husserls*, in: U. Guzzoni (Hrsg.), „Der Idealismus und seine Gegenwart. Festschrift für Werner Marx", Meiner, Hamburg 1976, S. 378–397). Rang spricht eben von einer „Aporie" der Wahrnehmung, die in den schwer versöhnbaren Thesen bestehe, dass das Subjekt das Ding selbst in der Wahrnehmung hat und dass die Wahrnehmung immer eine „beständige Prätention [ist], etwas zu leisten, was sie ihrem eigenen Wesen nach zu leisten außerstande ist" (vgl. Hua XI, S. 3). Diese Aporie gilt es im Folgenden analytisch zur Diskussion zu stellen. Mit dieser Spannung hängt auch die Unterscheidung zwischen adäquater und apodiktischer Evidenz zusammen, die aber im Folgenden nicht weiter expliziert wird. Wichtig ist, dass es bei einer solchen Aporie keinesfalls um einen starren, einfach zu überwindenden Gegensatz geht, sondern um eine innere Dynamik der Phänomenologie der Wahrnehmung. Als solche kann diese Aporie nicht aufgehoben, sondern nur weiter beschrieben und analysiert werden.

1.3 Wahrnehmungsphänomenologie und Semiotik

kann – so die hier vertretene grundlegende These – deutlicher werden, wenn sie anhand Husserls eigener Semiotik revidiert wird.

Die vorliegende Arbeit geht von der Annahme aus, dass der von Husserl selbst vorgenommene Gebrauch eines Wortschatzes, der direkt aus der Semiotik kommt („Hinweis", „Verweis", „Anzeige", „Vorzeichnung" usw.), in der Analyse der Wahrnehmung keine Metaphorik ist, sondern dass dies eine berechtigte Beschreibung der Sache, nämlich der Gegebenheit der Phänomene und vor allem ihrer Mitgegebenheit in der Wahrnehmung, ist. Es handelt sich daher um operative Begriffe.[10] Dies ist eine bloße Annahme, die erst im Laufe der Arbeit eingeholt werden kann.

Dabei werden nicht zwei verschiedene Ausrichtungen der Philosophie, etwa die Semiotik und die Phänomenologie, miteinander verbunden.[11] Diese Arbeit zielt eher darauf ab, Husserls eigene Zeichentheorie, also eine phänomenologische Semiotik, freizulegen und zu systematisieren, und zwar insofern diese für eine Phänomenologie der Wahrnehmung von Profit sein kann. Aus dieser Entwicklung und Systematisierung ergibt sich nämlich, dass Husserls Konzeption von Zeichen, Hinweis, Anzeige, Verweis und Ausdruck in verschiedenen Weisen zentral für die Phänomenologie ist, und zwar insbesondere innerhalb einer Wesensanalyse der Wahrnehmung, wo diese Semiotik sich mit der Leiblichkeit eines perzipierenden Subjektes verbinden lässt. Husserl bindet zwar sein eigenes Verständnis von Zeichen in die Wahrnehmungstheorie ein, expliziert dies aber unzureichend, da er sich in erster Linie darum bemüht, geläufige Theorien der Wahrnehmung im Sinne einer Bildtheorie oder Zeichentheorie zu verwerfen.

Ist nun Husserls Phänomenologie insofern ausdrücklich gegen eine Bildtheorie der Wahrnehmung gerichtet, als jene auf den Gegenstand selbst geht, diese aber nur ein Bild des Gegenstandes hat, so taucht doch in ihrem Beschreiben der Erfahrung ein Darstellungsmoment auf, das sich auf den ersten Blick nur schwer von einem Bild- oder Zeichenbewusstsein trennen lässt. Dieser Aspekt befindet sich gerade in der oben thematisierten „Mitgegebenheit" ungesehener Aspekte eines Dinges. Diese sind nicht selbstgegeben (die Rückseite des Tisches ist nicht gleichzeitig mit der Vorderseite leibhaftig gegeben) und dennoch irgendwie da. Die Aufgabe der Phänomenologie der Wahrnehmung besteht zum einen darin, dieses „Irgendwie da" zu explizieren, und gleichzeitig genau zu beschreiben, was sich da „mit" gibt.

Eine Hauptschwierigkeit der Erklärung des Verhältnisses zwischen Erscheinung und Erscheinendem liegt bei Husserls Analysen der Erfahrung wesentlich darin, dass die Konstitution des erscheinenden Gegenstandes vielschichtig ist, und jede Stufe je eigene Vorzeichnungen des Miterscheinenden birgt: der Tisch als aristotelisch verstandenes

---

[10] Die Formulierung „operativer Begriff" geht bekanntlich auf E. Fink zurück: E. Fink, *Operative Begriffe in Husserls Phänomenologie*, in: „Zeitschrift für philosophische Forschung" 11 (3), 1957, S. 321–337. Damit sind Begriffe gemeint, die nicht explizit eingeführt und definiert werden, und die dennoch eine wichtige Rolle spielen.

[11] Insbesondere geht es nicht darum, sich dekonstruktiver Lektüren zu bedienen, welche die Semiotik bei Husserl hervorgehoben haben. Derridas Standpunkt – wie im letzten Paragraphen dieser Einleitung zur Diskussion gestellt wird – wird als Anregung rezipiert, diese Arbeit bewegt sich aber nicht unmittelbar in seiner Bahn.

τόδε τι (dieser Tisch hier),[12] als brauner Tisch, als Tisch (phänomenaler Typus Tisch) überhaupt, als räumlich ausgedehnter Gegenstand, als „Gegenstand-Worüber" überhaupt, als X usw.[13] Für jede Konstitutionsschicht haben wir verschiedenes Miterscheinendes, sodass ein Diskurs über Mitgegebenheit in der Wahrnehmung sich wesentlich gleichzeitig auf mehrere Konstitutionsschichten abspielen muss.

Der Gedanke, der Gegenstand erscheine selbst, schließt nämlich alle diese Aspekte als verschiedene Konstitutionsstufen ein. Allerdings ist das deswegen problematisch, weil die Behauptung, der Gegenstand-Worüber bzw. das X „erscheine selbst", unter phänomenologisch-methodologischen Vorsätzen sinnlos wäre: Schließlich stellen beide nur die untersten Stufen der Konstitution dar und sind als solches etwas Abstraktes, das nur durch phänomenologische Reflexionen und Reduktionen gewonnen werden kann.[14] Bestreitbar ist aber auch die Möglichkeit der Selbstgegebenheit einer Gattung (Typus Tisch) insofern, als diese durch einen *regressus ad infinitum* bedroht ist: Da in jedem X ein Gegenstandtypus durch Auffassung immer schon vorgezeichnet ist, würde die Selbstgegebenheit einer Gattung die Selbstgegebenheit seines Genus implizieren, usw. *ad infinitum*.[15] Genau besehen ist auch der Tisch als τόδε τι nie leibhaftig gegeben, d. h. in seiner Ganzheit, sondern immer nur durch Darstellung, also perspektivisch, sodass er sich jederzeit nicht als dieser Tisch, sondern als ein anderer Tisch oder sogar als gar kein Tisch im Laufe weiterer Wahrnehmungsabläufe entpuppen kann. Was gegeben ist, ist die Erscheinung, während das Erscheinende sich *an* der tatsächlichen Erscheinung zeigt. Fest steht somit aber der phänomenologische Grundsatz, nach dem es nicht irgendwo ein „Ding an sich" bzw. ein Noumenon gäbe, das nie erscheint, sondern das Ding selbst erscheint – nur eben in einer verkürzten Erscheinung, die vermittelt (etwa durch Auffassung, Apperzeption usw.) zum vollen Ding selbst führt. Das Ding erscheint somit durch die Erscheinung hindurch, und zwar in einer Fülle, die auf verschiedene ontologische Ebenen verweist.[16] Der Versuch, Selbstgegebenheit und Darstellungsfunktion der Erscheinung in Einklang zu bringen, kann nur dann gelingen, wenn genau expliziert wird, wie die Erscheinung sich zu dem verhält, was nicht selbst erscheint, und zwar in allen Weisen seiner Mitgegebenheit.

---

[12] Zum Begriff des τόδε τι siehe u. a. Aristoteles, *Metaphysik*, 1030 a 4.

[13] Dieses Problem wird im fünften Kapitel näher auseinandergelegt.

[14] In diesem Sinne handelt es sich dabei keineswegs um verschiedene Wahrnehmungsakte, die das Ding als „Gegenstand-Worüber", als „Tisch", als „dieser brauner Tisch" usw. zur Gegebenheit bringen, sondern um verschiedene Konstitutionsschichten eines einzelnen Aktes.

[15] „Hätte ich nicht erstmalig ein Ding gesehen, seinen Sinn ganz ursprünglich gewonnen, so könnte ich nicht immer Neues ,von vornherein' als ein Ding auffassen" (Hua XXXIX, S. 3).

[16] Vgl. A. Aguirre, *Genetische Phänomenologie und Reduktion. Zur Letztbegründung der Wissenschaft aus der radikalen Skepsis im Denken E. Husserls*, M. Nijhoff, Den Haag 1970, S. 146: „Dieser Kern [scil. der Erscheinung] fungiert jeweils als Träger des ganzen Horizonts, weil sich das Bewusstsein erst im Durchgang durch ihn, d. h. durch die selbstgesehene Seite, des Ganzen, d. h. des durch ihn hindurch Erscheinenden (des ,Durchscheinenden', wie Husserl sich zuweilen auch ausdrückt (C 3 VI, S. 17)), bemächtigt". Husserls Manuskripte werden auch im Folgenden, wie üblich in der Forschung, mit einem Großbuchstabe für die Gruppe, mit arabischen und römischen Zahlen für die Konvoluten angegeben, auf die dann die Seitenangabe folgt.

1.3 Wahrnehmungsphänomenologie und Semiotik

Neben dem Erscheinen des Dinges als solchem und der ungesehenen Aspekte desselben, haben wir aber bei jeder Erscheinung auch einen dritten Aspekt, nämlich einen „Außenhorizont", d. h. das Feld, in dem die aktuelle Erscheinung und das aktuell Erscheinende eingebettet sind. Während das im Innenhorizont Mitgegebene konstitutiv nicht selbst gegeben ist (ist die Vorderseite gegeben und die Rückseite nur indiziert, so erscheint die Rückseite konstitutiv nicht selbst, also direkt, sondern an der oder durch die Vorderseite), so ist im Außenhorizont wiederum zu unterscheiden zwischen dem, was zwar aktuell erscheint, nicht aber momentan im Fokus der Aufmerksamkeit liegt (etwa das Gras auf einer Wiese, wenn ich einen schönen Kirschbaum betrachte – das nennt Husserl auch „Hof") und dem, was nicht erscheint, aber implizit einen Horizont bildet (etwa wie das vom Kirschbaum verdeckte Stück Himmel, oder ein Gemälde, das den Raum impliziert, wo es ausgestellt ist, und zugleich das Museum, worin sich dieser Raum befindet, und die Stadt, wo das Museum liegt usw., obwohl ich, das Gemälde betrachtend, die Stadt überhaupt nicht in meinem visuellen Feld habe).

Außenhorizont und Innenhorizont bilden somit ein Bezugsgewebe als Welthorizont, der insofern aus Hinweise- und Indizierungssystemen besteht, als die Erscheinung auf die horizontalen Aspekte verweist.[17] Der epistemologische und ontologische Status dieser Hinweise und Verweise ist aber stark erläuterungsbedürftig.

Die semiotischen Strukturen der Erfahrung sind ein spezieller Typus materieller Apriori der Wahrnehmung.[18] Es handelt sich aber um offene Möglichkeiten, und nicht etwa um beschreibbare Sachverhalte wie sie beispielsweise in der Mereologie angegangen werden. Die Bezüge in der Wahrnehmung werden nur dann zu festen Bezügen, wenn man ihnen *in actu* folgt. Diese Bezüge sind in ihren Bestimmungen potentiell offen, sobald ihnen aber gefolgt wird, werden sie näher bestimmt und damit geschlossen. Die Bezüge der Wahrnehmung sind vor allem Anzeige möglicher leiblichen Vollzüge – so die zentrale These dieser Arbeit – insofern, als zur

---

[17] Vgl. Hua XI, S. 5–6. Zu Husserls Begriff des Welthorizontes als Horizont aller Horizonte vgl. S. Geniusas, *The Origins of the Horizon in Husserl's Phenomenology*, Springer, Dordrecht / Heidelberg / London / New York 2012. Lothar Eley geht so weit, zu behaupten, dass „die transzendentale Phänomenologie [...] Welt als Verweisung" (L. Eley, *Nachwort*, in: E. Husserl, „Erfahrung und Urteil", S. 490) begreift; mir scheint allerdings, dass der Schluss näher an Heidegger als an Husserl ist. Gewiss besteht die Welt, wie sie sich in der Wahrnehmung gibt, notwendig und sogar hauptsächlich als Verweis, ist aber damit nicht deckungsgleich, und kann es auch nicht sein, da sonst der Anspruch auf Selbstgegebenheit und Evidenz der Erfahrung völlig verfehlt würde; deswegen werden im Folgenden nähere Untersuchungen zum Weltbegriff beiseite gelassen. Andererseits hat m. E. Eley Recht, wenn er behauptet, dass Husserl trotz der Rolle des Begriffs des Verweisens „den formalen Grundzug eben der Verweisung nicht erkennt" (L. Eley, „Nachwort", S. 496). Das stimmt, wenn mit „formalen Grundzug" die Struktur der Verweise in der Wahrnehmung in ihrer Ähnlichkeit mit der Anzeige, so wie sie in der ersten *Logischen Untersuchung* eingeführt und diskutiert wird, gemeint ist. Genau dies ist es, was im Folgenden zur Debatte und zur Untersuchung gestellt wird.

[18] Der Begriff des materiellen Apriori liegt spätestens seit der dritten *Logischen Untersuchung* im Zentrum von Husserls Phänomenologie, obwohl systematische Rekonstruktionen dieses Begriffes in der Sekundärliteratur immer noch fehlen (eine Ausnahme ist R. Lanfredini, *A priori materiale. Uno studio fenomenologico*, Guerini e Associati, Mailand 2006).

Wahrnehmung immer mehr gehört als das unmittelbar Gegebene und dieses „Mehr" den Betrachtenden „zuruft", damit es in die Erscheinung treten kann. In welchem Sinne es bei diesem Zuruf um keine Metapher geht und wie dieses Phänomen phänomenologisch eingeholt werden kann, kann erst im Laufe der Untersuchungen zur Darstellung gebracht werden.

Wird das Zeichen von Husserl formal als ein ‚Hinweis' definiert,[19] so bietet die Anzeige mit ihrer Definition in der ersten *Logischen Untersuchung* ein Phänomen an, das der Struktur der Miterscheinung phänomenologisch ähnlich ist, dessen Analyse aber vertieft werden muss. So lautet nämlich Husserls Definition der Apperzeption: „Ein Bewusstsein, das nicht nur überhaupt etwas in sich bewusst hat, sondern es zugleich als Motivanten für ein anderes bewusst hat, das also nicht bloß etwas bewusst hat und zudem noch ein anderes darin nicht Beschlossenes, sondern das auf dieses andere hinweist als ein zu ihm Gehöriges, durch es Motiviertes".[20] Auf die Miterscheinung wird somit „hingewiesen" (und zwar auf uneinsichtige Weise, da die Apperzeption „kein Schluss und kein Denkakt"[21] ist) und die Erscheinung (bzw. Empfindung) wird als Ausgangspunkt dieser Hinweise verstanden. Vergleicht man das nun mit dem motivierenden Hinweisen der Anzeige, so ist ersichtlich, dass eine Untersuchung beider Phänomene in ihrer Verschränkung zu Gebote steht: Anzeigen sind Husserl zufolge

> irgendwelche *Gegenstände* oder *Sachverhalte*, von deren Bestand jemand *aktuelle* Kenntnis hat, die ihm den *Bestand gewisser anderer Gegenstände oder Sachverhalte* in dem Sinne anzeigen, dass die *Überzeugung von dem Sein der einen von ihm als Motiv* (und zwar als ein *nichteinsichtiges* Motiv) *erlebt wird für die Überzeugung oder Vermutung vom Sein der anderen*.[22]

Dass beide Definitionen Gemeinsamkeiten aufweisen, dennoch aber nicht deckungsgleich sind, fordert weitere Analysen. Das Ergebnis der hier angestellten Untersuchung der Mitgegebenheitsweise dessen, was nicht unmittelbar, sondern durch Apperzeption gegeben ist, wird sein, dass Husserl diese Phänomenalität *de facto* anhand semiotischer Begriffe und semiotischer Strukturen analysiert, wobei die Phänomenalitätsform der Anzeige die prominenteste Rolle spielt.[23]

---

[19] S. dazu das zweite Kapitel, „Husserls Semiotik".

[20] Hua XI, S. 338. Schon anhand der Art und Weise, wie Husserl die Apperzeption bestimmt, lässt sich der Unterschied zwischen statischer und genetischer Phänomenologie ausmachen. So lautete nämlich die statische Definition der Apperzeption in der fünften *Logischen Untersuchung*: „Apperzeption ist uns der Überschuss, der im Erlebnis selbst, in seinem deskriptiven Inhalt gegenüber dem rohen Dasein der Empfindung besteht; es ist der Aktcharakter, der die Empfindung gleichsam beseelt und es seinem Wesen nach macht, dass wir dieses oder jenes Gegenständliche wahrnehmen, z. B. diesen Baum sehen, jenes Klingeln hören, den Blütenduft riechen usw." (Hua XIX/2, S. 399, A363, B385). A. Aguirre (*Genetische Phänomenologie und Reduktion*. S. 131 ff.) interpretiert das m. E. richtig in dem Sinne, dass durch Apperzeption die Meinung nicht bei der Empfindung stehen bleibt, sondern durch sie hindurch auf den Gegenstand intentional gerichtet ist. Deswegen ist der Gegenstand wahrgenommen, aber nicht erlebt, und die Empfindungen sind erlebt, aber weder wahrgenommen noch intentional.

[21] Hua I, S. 141.

[22] Hua XIX/1, S. 32 (A25, B25). Hervorhebungen im Original.

[23] Der Begriff „Semiotik" wird in dieser Studie nicht im Sinne der codierten Disziplin, die wir heute kennen, verwendet. Es handelt sich in dieser Arbeit einzig darum, dass eine Theorie des Zeichens aufgestellt wird.

1.3 Wahrnehmungsphänomenologie und Semiotik

Damit geht keine Rückkehr hinter den der Phänomenologie eigenen Ansatz einher. Der phänomenologische Standpunkt, nach dem das Phänomen kein Bild bzw. Zeichen für etwas Transzendent-Reales ist, wird nicht verlassen. Es geht vielmehr um den Versuch, systematisch die Spannung zwischen der Selbstgegebenheit des Dinges und der Unmöglichkeit ihrer vollen Gegebenheit insofern zu klären, als das Zeichen bzw. die Anzeige kein anwesender Gegenstand ist, der für einen abwesenden Gegenstand steht, sondern ein selbstgegebener Sachverhalt, der dynamisch auf einen quasi-gegebenen (mitgegebenen) Sachverhalt hinweist. Damit wird angenommen, dass Husserls Ausführungen zur Semiotik in der ersten *Logischen Untersuchung*, welchen das zweite Kapitel dieses Buches (Kap. 2: „Husserls Semiotik") gewidmet ist, nicht nur – wie oft behauptet – eine nicht weiter entwickelte und auch für Husserls Weg in die genetische Phänomenologie marginale Angelegenheit bleiben, sondern dass sie eine maßgebende Bedeutung vor allem hinsichtlich der Anzeigeuntersuchungen haben. Es wird dann entsprechend versucht, diese Bedeutung zu voller Klarheit zu bringen, indem gezeigt wird, dass diese Analyse auch richtungsweisende Relevanz in der Wahrnehmungstheorie besitzt. Konstituiert aber die Wahrnehmungstheorie das Zentrum des phänomenologischen Projekts, muss Husserls Untersuchung semiotischer Phänomene auch ins Zentrum der Phänomenologie überhaupt rücken.

Damit lässt sich die Voraussetzung dieser Arbeit explizit benennen: In Husserls gesamtem, mehr als vierzigjährigem Schaffen lassen sich semiotische Probleme freilegen. Diese Voraussetzung wiederum lässt sich dadurch rechtfertigen, dass Husserl die Kontinuität zwischen dem Problem der Anzeige und der späteren genetischen Phänomenologie selbst anerkennt – und dies vor allem in Bezug auf die unterste Stufe der Dingkonstitution, nämlich der Assoziation und der ihr zugehörigen Gesetze:

> Der Titel Assoziation bezeichnet in diesem Zusammenhang eine zum Bewusstsein überhaupt gehörige, wesensmäßige Form der Gesetzmäßigkeit immanenter Genesis. Dass sie ein Generalthema phänomenologischer Deskription und nicht bloß objektiver Psychologie werden kann, *liegt daran*, dass das Phänomen der *Anzeige* etwas phänomenologisch Aufweisbares ist. (Diese bereits in den *Logischen Untersuchungen* herausgearbeitete Einsicht bildete dort schon den Keim der genetischen Phänomenologie).[24]

Dabei ist zu beachten, dass Husserl nicht auf den „Exkurs über die Entstehung der Anzeige aus der Assoziation"[25] der ersten *Logischen Untersuchung* hinweist, wie anzunehmen wäre, wenn man die Rolle der Assoziation in der genetischen Phänomenologie betrachtet, sondern direkt auf die Analysen zur Anzeige selbst.[26] Dieser Umstand dürfte dadurch begründet sein, dass die Ausführungen zur Assoziation in

---

[24] E. Husserl, *Erfahrung und Urteil*, hrsg. von L. Landgrebe, Felix Meiner Verlag, Hamburg [6]1985, S. 78. Meine Hervorhebungen. Die Bedeutung dieser Passage ist auch dadurch unterstrichen, dass Husserl auch auf S. 208, wo es darum geht, das Verhältnis zwischen Präsentem und Nichtpräsentem in der Erfahrung zu definieren, explizit eine Fußnote mit einem Querverweis auf S. 78 hinzufügt.

[25] Hua XIX/1, S. 35–37 (A29–31, B29–31).

[26] Zum Thema ist vor allem auf E. Holenstein, *Phänomenologie der Assoziation. Zu Struktur und Funktion eines Grundprinzips der passiven Genesis bei E. Husserl*, M. Nijhoff, Den Haag, 1972, zu verweisen.

den *Logischen Untersuchungen* sich auf die Ideenassoziation im psychologischen Sinne beschränken und dass ein solches psychologisches Gesetz nicht Teil einer phänomenologischen Untersuchung werden kann.[27] Das spiegelt sich auch darin, dass die Anzeige – wie im zweiten Kapitel gezeigt wird – vom wissenschaftlichen Projekt Husserls in den *Logischen Untersuchungen* gerade wegen ihrer „Uneinsichtigkeit" ausgeschlossen bleibt, während diese Passage aus *Erfahrung und Urteil* einen Vorzug der Anzeige gegenüber der Assoziation insofern einräumt, als die Möglichkeit einer phänomenologischen (und nicht bloß psychologischen) Deskription der Assoziation ihren Grund darin („liegt daran", so im Text) hat, dass die Anzeige phänomenologisch aufweisbar ist.[28] Haben diese Passage und das Verhältnis von Assoziation und Anzeige kaum Aufmerksamkeit in der Forschungsliteratur gefunden, so zielt diese Studie darauf, diese Lücke zu füllen.[29] Auch wenn in der phänomenologischen Logik der Dingkonstitution die Assoziation eine primäre Rolle anzunehmen scheint, ist sie ohne eine phänomenologisch-semiotische

---

[27] Husserl äußert sich kritisch gegenüber der Ideenassoziation auch in den *Prolegomena*. Siehe etwa Hua XVIII, S. 73 (A61, B61): „Sowie man sich die Mühe nimmt, ihren [scil. der Gesetze der Assoziation] empirisch berechtigten Sinn angemessen zu formulieren, verlieren sie auch sofort den prätendierten Gesetzcharakter".

[28] Dazu siehe vor allem das neunte Kapitel zur Protention, wo die Anzeige als Struktur des Zeitbewusstseins aufgewiesen wird und ihr somit einen Primat gegenüber der Assoziation, die ja erst im Zeitbewusstsein möglich ist, eingeräumt wird.

[29] Wichtigste Ausnahme ist das Buch von D. Welton, das als einziges die Analyse zur Anzeige ernst genommen hat, und das uns viele wichtige Einsichten liefert für die folgenden Untersuchungen. Vgl. D. Welton, *The Origins of Meaning. A Critical Study of the Treshold of Husserlian Phenomenology*, Kluwer, Den Haag u. a., 1983, S. 44: „We grant that the notion of indication is rarely discussed in any of Husserl's other [außerhalb der *Logischen Untersuchungen*] published books. [...] It was intentionally excluded not only from the *Investigations*, but also from *Experience and Judgment* as well as *Formal and Transcendental Logic*. What we find there are only fragmentary clues, brief excursions, quickly drawn contrasts. Yet at the same time Husserl was convinced that the discussion of indication in the *First Investigation* already constitutes the nucleus of genetic phenomenology. [...] The analysis of indication, not as psychological description but as phenomenological explication, opens the path along which we can discover the origins of meaning". Allerdings ist Weltons Weg, die Anzeige als Ursprung der Bedeutung bzw. des Sinnes zu enthüllen, radikal verschieden vom vorliegenden Projekt. Welton versucht, die Sprache in die Passivität hineinzubringen („Speech is already implicated in perception", S. 4). Er zielt darauf ab, die „mediation of language in perception" zu finden, während die folgenden Ausführungen zur Semiotik sich nicht als Beitrag zur Sprach-, sondern zur Wahrnehmungsphilosophie verstanden wissen wollen. Die Schlussfolgerung von Welton, nämlich dass „not only does language complement perception, but it also directs perception" (S. 307), kann hier nicht näher analysiert werden, ist aber eine Überinterpretation, die die Texte Husserls nicht zulassen. Die zentrale Rolle der Anzeige in jedem Bewusstseinsakt betont auch A. Aguirre, und zwar in unmittelbarer Beziehung auf die von uns angeführte Passage von *Erfahrung und Urteil*: „Was Husserl hier [nämlich in der Definition der Anzeige in der ersten *Logischen Untersuchung*] sagt, lässt sich allgemein auf die gesamte Sphäre der Akte übertragen, wenn auch nicht so, als ob damit gemeint wäre, dass unsere Erfahrung als statisches Anzeigebewusstsein fungierte im Sinne der Erfassung von etwas als ‚Zeichen' für etwas anderes, so wie man im konkreten Leben Zeichen versteht. Aber die ursprüngliche Motivationsverweisung, die in dieser Struktur der Anzeige unmittelbar vorliegt, gibt es so in jedem Erfahrungsakt" (A. Aguirre, *Genetische Phänomenologie und Reduktion*, S. 150). Damit erklärt Aguirre eben die Passage aus *Erfahrung und Urteil*, und ich schließe mich seiner Meinung ohne Weiteres an.

Untersuchung des Begriffs der Anzeige unverständlich. Das ausdrücklich semiotische Phänomen der Anzeige wirkt bis in die untersten Ebenen der Konstitution hinein und bedarf der systematischen Ausweisung.

Die These der vorliegenden Arbeit hat sich aber nicht nur aus Husserls Behauptung in *Erfahrung und Urteil*, welche vielmehr eine Bestätigung ist, sondern vor allem aus der Interpretation von drei Hypothesen entwickelt, die im Laufe der Untersuchungen an Tragweite gewonnen haben:

1. Erstens verlangt Husserls Annahme in der sechsten *Logischen Untersuchung* von „symbolischen Komponenten der Wahrnehmung" danach, Klarheit zwischen dieser Symbolik und der in der ersten *Logischen Untersuchung* entworfenen Semiotik zu schaffen; und dies umso mehr, als Husserl ausdrücklich behauptet, die für beide Aspekte zugrundeliegenden signitiven bzw. signifikativen Intentionen seien dieselben.[30] Dies zu klären ist umso dringlicher, als Husserl diese Interpretation in späteren Jahren explizit selbstkritisch betrachtet und schließlich zurückzieht.[31]
2. Zweitens fordert Husserls expliziter und impliziter Rekurs auf semiotische Elemente für eine Explikation der Wahrnehmung an mehreren im Folgenden näher zu analysierenden Stellen über seine gesamte Schaffenszeit hinweg eine Untersuchung, die besonders Horizontalität und Zukunftsgerichtetheit mit den semiotischen Analysen seiner Phänomenologie zusammenbringt und beide phänomenologischen Gebiete miteinander konfrontiert.
3. Drittens setzt Husserls Analyse der Rolle von Ausdruck und Anzeige in der Konstitution der Fremderfahrung den Fokus nicht so sehr auf die Ausdrucksfähigkeiten des anderen Menschen, die als solche von der Reduktion auf die primordiale Eigenheitssphäre eingeklammert werden, sondern auf den Körperleib des anderen als ein System von Anzeichen; dies verlangt nähere Betrachtung.[32]

1.4 Husserls Zurückweisung herkömmlicher Zeichentheorien

Unter „Semiotik der Erfahrung" wird im Folgenden ein transzendentales Wesensgesetz verstanden, demgemäß die Möglichkeit jeder Erfahrung auf semiotischen Strukturen basiert. Das Ziel dieser Arbeit besteht im Großen und Ganzen darin, dieses Gesetz zu explizieren.

Es mag befremdlich erscheinen, dass im Folgenden gerade ein Aspekt in der Phänomenologie wiedergefunden wird, den Husserl an einigen Stellen, obwohl

---

[30] S. dazu das dritte Kapitel („Husserls Semiotik der Wahrnehmung in den *Logischen Untersuchungen*").
[31] S. dazu den Anfang vom vierten Kapitel zu „Phänomenologische Raumanalyse".
[32] S. dazu das siebte Kapitel dieser Arbeit („Zeichen und Leiblichkeit als Grundlagen der Fremderfahrung").

nicht immer explizit, abgewiesen hat, nämlich die Annahme, dass Erfahrung auf Semiotik basiere. Fokussiert man nämlich auf eine Analyse dessen, was genau Selbstgegebenheit in der Wahrnehmung besagt, so stellt sich heraus, dass die Selbstgegebenheit von Husserl eben in Abgrenzung von einer Zeichenwahrnehmung definiert wird.[33] So Husserl in den *Ideen I*:

> Zwischen Wahrnehmung einerseits und *bildlich-symbolischer* oder *signitiv-symbolischer* Vorstellung andererseits ist ein unüberbrückbarer Wesensunterschied [...]. In den unmittelbar anschauenden Akten schauen wir ein „Selbst" an; es bauen sich auf ihren Auffassungen nicht Auffassungen höherer Stufe, es ist also nichts bewusst, wofür das Angeschaute als „Zeichen" oder „Bild" fungieren könnte. Und *eben darum* heißt es unmittelbar angeschaut als „Selbst".[34]

Dabei ist die Abwehr einer Zeichentheorie der Wahrnehmung so gemeint, dass Husserl damit der Annahme eines unerreichbaren Dings an sich, das in der Wahrnehmung durch etwas anderes vertreten (sei es nun ein Bild oder ein Zeichen) wäre, widersprechen will und am phänomenologischen Prinzip festhält, dass das Ding selbst in der Erscheinung erscheint.[35] Dieses Selbsterscheinen ist gerade in Abgrenzung von einer semiotischen Gegebenheit („eben darum", nämlich weil das Angeschaute nicht als Zeichen oder Bild fungiert) definiert.

Wie auch in der Sekundärliteratur öfters gesehen wurde, liegt der Fokus der Phänomenologie als Forschungsmethode gerade darin, von einer cartesianischen und lockeschen Theorie der Wahrnehmung Abstand zu halten, wonach die Außenwelt im vorstellenden Bewusstsein durch semiotisch bzw. stellvertretend fungierende „Ideen" („*ideas*") repräsentiert wäre, weil ein solcher Ansatz das Bewusstsein als solches auf Symbolbewusstsein (also das Bewusstsein überhaupt auf einen einzigen Modus des Bewusstseins) reduziert, während die phänomenologisch verstandene Wahrnehmung „unmittelbar selbst" die Sachen gibt.[36] Eine Zeichentheorie der Wahrnehmung ist für

---

[33] Vgl. dazu B. Rang, *Husserls Phänomenologie der materiellen Natur*, Vittorio Klostermann, Frankfurt am Main 1990, S. 207–208. Als genereller Leitfaden für die vorliegenden Untersuchungen hat der Text von R. Bernet *Endlichkeit und Unendlichkeit in Husserls Phänomenologie der Wahrnehmung* (in: „Tijdschrift voor Filosofie", Band 40/2, 1978, S. 251–269) gedient, welcher mit Prägnanz Husserls Schwanken bezüglich einer Zeichentheorie der Wahrnehmung darstellt und das in Verbindung mit der Teleologie der Erfahrung (s. das neunte Kapitel, „Protentionen und die semiotische Teleologie der Erfahrung") gebracht hat. Wichtig ist dabei auch die Diskussion, die Bernets Aufsatz ausgelöst hat: Sieh R. Boehm, *Das „Ding-an-sich" als Erkenntnisziel. Fragen zu Rudolf Bernets Aufsatz „Endlichkeit und Unendlichkeit in Husserls Phänomenologie der Wahrnehmung"*, in: „Tijdschrift voor Filosofie", Band 40/2, 1978, S. 659–661, sowie die darauffolgende Antwort in R. Bernet, *Zur Teleologie der Erkenntnis. Eine Antwort an Rudolf Boehm*, in: „Tijdschrift voor Filosofie", Band 40/4, 1978, S. 662–668.

[34] Hua III/1, S. 90. Meine Hervorhebungen.

[35] Vgl. Hua III/1, S. 89.

[36] Vgl. B. Rang, *Repräsentation und Selbstgegebenheit*. S. 378. Allerdings begeht Rangs Rekonstruktion den Fehler, Zeichentheorie und Bildtheorie miteinander zu vermengen, während beides keineswegs dasselbe ist. Vor allem sachlich ist es problematisch: Auch in Husserls eigenen Ausführungen zu diesem Thema ist das Bild immer etwas, das eine unmittelbare Ähnlichkeit mit dem von Husserl sogenannten „Bildsujet" (etwa der im Bildnis repräsentierten Person) aufweist, während das Zeichen so etwas nicht braucht, da es sich hier – wie im zweiten Kapitel argumentiert wird – um einen dynamischen Hinweis handelt, der unmittelbar mit einer im Falle eines Bildes fehlenden Seinssetzung einhergeht. Der hier vertretenen Standpunkt, nach dem es möglich ist,

1.4 Husserls Zurückweisung herkömmlicher Zeichentheorien

Husserl insbesondere deswegen widersinnig, weil die Wahrnehmung eines Zeichens immer mit dem Bewusstsein, also mit dem Wissen, dass das Wahrgenommene ein Zeichen ist, einhergehen muss, während unreflektierte Wahrnehmung kein Wissen sein kann, und daher auch kein Zeichenbewusstsein. Die Auffassung eines Zeichens ist ein fundierter Akt, während der selbstgebende Akt ein fundierender ist. Wie diese Abwehr einer Zeichentheorie der Wahrnehmung tatsächlich mit der Behauptung zu versöhnen ist, dass die Gegebenheit eines Dinges in der Wahrnehmung immer durch Auffassung und Apperzeption vermittelt ist und dass jeder Mitgegebenheit welcher Art auch immer gerade korrelativ ein Verweis von der Gegebenheit her entspricht, wird erst im Verlauf dieser Arbeit aufgelöst werden.

Fest steht, dass selbst dem der Wahrnehmung eigenen intentionalen Charakter der Selbstgegebenheit eine bestimmte „Auffassungsform" des Aktes zugrunde liegt und dass die Wahrnehmung eines Gegenstandes als solchen immer perspektivisch strukturiert und mit Hinweisen auf weitere Erfüllungen ausgestattet ist. Selbstgegebenheit und Gegebenheit durch ein Zeichen oder ein Bild unterscheiden sich zwar durch die sie untermauernden Akte voneinander,[37] aber in der Wahrnehmung gibt es nicht nur Selbstgegebenheit, sondern mit jeder Selbstgegebenheit sind wesentlich apperzeptive und appräsentative Akte vollzogen, die über die Selbstgegebenheit hinausweisen. Im „Wie" der Selbstgegebenheit sind – wie im Folgenden zu zeigen ist – semiotische Komponenten notwendigerweise enthalten, weil eine Selbstgegebenheit ohne innere und äußere Verweise undenkbar ist, da das Erscheinende immer schon das Ding selbst ist.

Husserls Versuch, sich von einer Zeichentheorie der Wahrnehmung zu distanzieren, ist vor allem gegen Helmholtz gerichtet. In seinen *Studien zur Physiologie* entwirft Helmholtz eine Theorie, nach der die Vorstellung im Bewusstsein ein Zeichen ist, das den Gegenstand bekundet in der Weise einer semiotischen und daher (in seinen Analysen) konventionellen Struktur. Die erlernte Bedeutung des Gegenstandes sei Helmholtz zufolge als eine „Nachricht" dem Subjekt zugestellt.[38] Davon distanziert sich Husserl wegen der zugrundeliegenden anti-phänomenologischen Annahme einer unzugänglichen Realität an sich, aber auch und vor allem wegen der Annahme, die Vorstellung im Bewusstsein sei bloß konventionell und daher unbrauchbar für die Grundlegung einer reinen Logik bzw. Wissenschaft der Erkenntnis.

Semiotik und Phänomenologie in einer Semiotik der Erfahrung zu versöhnen, differenziert sich somit von E. Cassierers Ansatz. Nach der *Philosophie der symbolischen Formen* ist Symbolik ein Gegenbegriff zu Unmittelbarkeit, und d. h. zu unmittelbarer Gegebenheit im Sinne Husserls. Das Zeichen ist nämlich bei Cassirer etwas, das durch den „Sprachlaut eine bestimmte gedankliche Qualität [verleiht], kraft deren sie nur über die bloße Unmittelbarkeit der sogenannten sinnlichen Qualität erhoben sind" (E. Cassirer, *Philosophie der symbolischen Formen. Erster Teil: Die Sprache*, in: „Gesammelte Werke. Hamburger Ausgabe", hrsg. von B. Recki, Band 11, Meiner, Hamburg 2001, S. 18). Die vorliegende Arbeit zielt dagegen darauf ab zu zeigen, dass Unmittelbarkeit als solche schon semiotisch zu denken ist, und dass die Gegenüberstellung von Unmittelbarkeit und semiotischer Vermittlung letztlich ein metaphysischer Rest ist.

[37] Vgl. Hua XIX/2, S. 646 (A588, B116).
[38] Vgl. Hermann von Helmholtz, *Schriften zur Erkenntnistheorie*, hrsg. von E. Bonk, Springer, Wien 1998; dazu siehe O. Schulisch, *Wahrnehmungstheorie bei Hermann von Helmholtz und ihre semiotische Analyse*, Univ. Diss., Stuttgart 1982. Zu Husserls Auseinandersetzung mit Helmholtz siehe Hua XII, S. 170–180 und Hua III/1, S. 90, sowie auch Hua VI, S. 122.

Gerade gegen eine solche Interpretation des Bewusstseins ist die Behauptung in den *Ideen I* gerichtet, der zufolge dem Wahrnehmungsbewusstsein keineswegs ein Zeichenbewusstsein unterstellt werden darf. Husserl berichtige somit, laut seiner eigenen Einschätzung, einen Fehler, den er in früheren Abhandlungen begangen hatte, aber „seit SS 1904" wieder in Zweifel zieht.[39] Im fünften Kapitel („Horizont und Noema") wird es allerdings darum gehen zu zeigen, wie diese Abwehr zu verstehen ist, was mit „Zeichen" gemeint ist und wie insbesondere die Tatsache zu verstehen ist, dass eine solche Kritik sachlich nicht auf die ganze Wahrnehmung, sondern nur auf die Selbstwahrnehmung anwendbar ist, worauf sie dann auch in späteren Schriften tatsächlich beschränkt wird.[40] Das Ding ist – laut den *Ideen I* – „Zeichen für sich selbst", und gerade das muss näher expliziert werden.[41]

Aus den geschilderten Gründen ist es notwendig, wie vor allem im zweiten und dritten Kapitel zu zeigen sein wird, Husserls Abwehr herkömmlicher Theorien des Zeichens von seiner eigenen phänomenologischen Semiotik zu trennen, und zwar deswegen, weil die herkömmlichen semiotischen Theorien ihrem Wesen nach psychologistisch, dualistisch und im Endeffekt metaphysisch sind, während Husserls Semiotik solche Ansätze explizit vermeiden will. Aus diesem Grund ist es für Husserl möglich, seine Semiotik implizit auch auf die Phänomenologie der Wahrnehmung anzuwenden. Das Ding erscheint selbst, aber im „Wie" der Selbstgegebenheit ist eine Semiotik im Spiel, die näher erläutert werden muss.

1.5 Die Gliederung der folgenden Untersuchungen

Der Gedankengang der Untersuchung wird im Folgenden für die Orientierung des Lesers kurz skizziert.

Im *zweiten Kapitel* wird Husserls Semiotik detailliert präsentiert, vor allem im Ausgang der ersten *Logischen Untersuchung* und der Abhandlung *Semiotik. Zur Logik des Zeichens*. Was Husserl entwickelt – so eine zentrale These –, ist nicht nur

---

[39] Hua III/1, S. 90. Es handelt sich um die Vorlesung „Hauptstücke der deskriptiven Psychologie der Erkenntnis". Vgl. K. Schuhmann, *Husserl-Chronik. Denk- und Lebensweg Edmund Husserls*, M. Nijhoff, Den Haag 1977, S. 80. Das Manuskript dieser Vorlesung scheint allerdings verloren gegangen zu sein: Vgl. K. Schuhmann, *Einleitung des Herausgebers*, in: Hua III/1, S. XVII. Der Gedankengang dieser Vorlesung findet sich wenig verändert in den Vorlesungen aus dem unmittelbar darauf folgenden Wintersemester 1904/1905: Husserl merkt an, dass die Studenten, die die frühere Vorlesung gehört hatten, hier „nichts wesentlich Neues" (Hua XXXVIII, S. 6) finden konnten.

[40] In Hua XVIII, S. 166 ist Selbstgegebenheit, und nicht „Wahrnehmung schlechthin" als Gegenteil vom „Erfassen im Bilde" und von „sonstiger anschaulicher oder leerer Vormeinung" definiert, und außerdem ist in den C-Manuskripten (Hua Mat. VIII, S. 146) „*Selbst*wahrnehmung kein Zeichen, keine Anzeige, kein Vormeinen, kein Vorahnen" (meine Hervorhebung). Die Beschränkung der Abwehr auf die Selbstwahrnehmung ist notwendig, weil in der breit gefassten Wahrnehmung es doch gerade leere Vormeinungen, Anzeigen, Vorahnungen (etwa in der Form von Protentionen) gibt.

[41] Hua III/1, S. 113.

Sprachanalyse, sondern bereits eine Analyse von Phänomenen in ihrem Erscheinen. Das Zeichen wird von Husserl definiert als etwas, das auf ein Bezeichnetes „hinweist". Diese Definition wird durch eine Text- und Sachanalyse im Sinne einer dynamischen Verweisung ausgelotet, welche dem klassischen *aliquid stat pro aliquo* gegenübergestellt wird. Innerhalb der Unterscheidung zwischen Anzeige und Ausdruck wird hier vom Ausdruck abgesehen, denn dieser ist wesentlich sprachlich. Dagegen ist die Anzeige eine Struktur, die auch in der Wahrnehmung am Werk ist, und Husserls Definition der Anzeige – als eine durch Anwesendes geleistete Motivation für die Überzeugung des Seins von etwas Abwesendem – wird analysiert.

Im *dritten Kapitel* wird gezeigt, wie diese semiotischen Strukturen tatsächlich in der Phänomenologie der Wahrnehmung zum Tragen kommen. Vor allem in der sechsten *Logischen Untersuchung* werden signitive und signifikative Intentionen thematisiert. Auch anhand der neu veröffentlichten *Umarbeitungen* dieses Textes wurde es möglich, drei Arten semiotischer Intentionalität zu unterscheiden: signitive, symbolische und signifikative Intentionen. Da jede Wahrnehmung perspektivisch und abgeschattet ist, und d. h. unvollständig, bildet diese dreifache Verweisungsstruktur den Kern phänomenologischer Gegebenheit. Einerseits (signitiv) verweist die *Empfindung* (als *Repräsentation*) auf den Gegenstand, welcher *durch* diese Empfindung erscheint. Weitere (symbolische) Verweise finden aber zwischen der aktuellen Erscheinung (Abschattung) des Gegenstandes und weiteren möglichen Abschattungen (etwa der Rückseite) statt, welche *mit* der aktuellen Erscheinung erscheinen. Drittens werden diejenigen Intentionen analysiert, die auf die Bedeutung aus sind (signifikative). Diese Unterscheidung wird dann verteidigt gegen den möglichen Einwand, diese semiotische Intentionen wären nichts anderes als Phantasie- bzw. imaginative Intentionen – eine Position, sie sich als unhaltbar erweist. Als systematische Schlussfolgerung wird festgehalten, dass signitive und symbolische Intentionen in der Wahrnehmung insofern die Struktur einer dynamischen Anzeige haben, als sie die Setzung eines nicht direkt erscheinenden Seins motivieren.

Im *vierten Kapitel* wird das Problem der Raumkonstitution zum Thema gemacht. Die Analyse basiert vor allem auf die Vorlesung *Ding und Raum* aus dem Jahr 1907. Husserl scheint hier ausdrücklich den Rekurs auf semiotische Strukturen zu kritisieren, die er in den *Logischen Untersuchungen* benutzt hatte. Eine nahe Textanalyse zeigt aber, dass diese Kritik nicht eine absolute Kritik an allen semiotischen Elementen in der Wahrnehmung sein kann, da auch in *Ding und Raum expressis verbis* von Verweisungen, Hinweisen und Symbolen in der Wahrnehmung gesprochen wird. Vor allem, so wird gezeigt, die intradinglichen Verweise, nämlich zwischen der jeweiligen Erscheinung und dem sogenannten Optimum, behalten die anzeigende Struktur, welche schon in den *Logischen Untersuchungen* explizit gemacht ist. Diese wird aber weiter analysiert, und zwar sowohl im Hinblick auf ihre Leistung, als auch auf ihren Ursprung. Das einheitliche Gegenstandsbewusstsein, d. h. das Bewusstsein, ein Buch wahrzunehmen, gibt Anlass zu solchen Anzeigen. Was anzeigt, ist nicht die Empfindung, sondern die einheitliche Interpretation, welche dem Gegenstand vom Bewusstsein auferlegt wird. Da es aber auch Verweise gibt zwischen verschiedenen Gegenständen im Wahrnehmungsraum, reicht das

Einheitsbewusstsein nicht aus, um diese Verweise zu erklären. In diesem Fall ist es nämlich gerade der Raum als einheitliches Feld der Wahrnehmung, welcher verschiedene Gegenstände aufeinander bezieht, indem der Leib des Subjekts als Orientierungszentrum fungiert. Genau in diesem Sinne werden Erscheinungen als Anzeigen für mögliche leibliche Bewegungen verstanden, die das Subjekt ausführen kann, und zwar so, dass es somit das Abwesende in die Anwesenheit rückt.

Diese Untersuchungslinie, welche die Bedingungen für die Konstitution der Verweise thematisiert, geht im *fünften Kapitel* weiter. Hier wird nämlich der Begriff des Horizontes explizit eingeführt als derjenige Begriff, der alle verschiedene Verweisungsarten unter sich fasst. Der Leittext hierfür ist der erste Band der *Ideen*. Hier wird auch gezeigt, inwiefern der Horizont bzw. die Verweise wesentliche Bestandteile der Wahrnehmung sind, selbst wenn diese durch Epoché und Reduktion auf ihre Wesensstrukturen zurückgeführt wird: Es handelt sich nämlich um eine transzendentale Struktur der Wahrnehmung. Es wird dann auch gezeigt, inwiefern sich Husserls Kritik an einer Semiotik der Wahrnehmung nur auf herkömmliche Positionen bezieht und nicht auf seine eigene Begrifflichkeit. Sowohl die Horizontkonstitution und die These, das Ding sei „Zeichen für sich selbst", basieren nämlich auf einer von Husserl nicht explizit gemachten Semiotik. Der angezeigte Horizont ist insofern notwendig für jede Gegebenheit, als diese – laut dem Prinzip aller Prinzipien – „in den Schranken" der Gegebenheit selbst als Quelle genommen werden muss. Aber gerade, weil die Gegebenheit be-schränkt ist, verweisen die Schranken gerade als Schranken auf das, was nicht selbst gegeben ist, wenn auch nur als Negationen dessen, was eben *nicht* da ist. Anders als in *Ding und Raum* aber sind diese Horizonte nicht durch Einheitsbewusstsein oder das Spiel von Raum und Leiblichkeit konstituiert, sondern durch den noematischen Gehalt des jeweiligen Wahrnehmungsaktes. Die verschiedenen Verweisarten basieren auf den verschiedenen noematischen Schichten als Gegenstand überhaupt, als Buch, als τόδε τι. Husserls Beschreibung des Dinges als Zeichen für sich selbst ist daher nicht der Verzicht auf jede mögliche Zeichenhaftigkeit, wie Derrida es will, sondern eine komplexe phänomenologische Struktur.

Der Zusammenhang zwischen Noema und Horizont wird auch im *sechsten Kapitel* wieder aufgegriffen. Aber da der Basistext der zweite Band der *Ideen* ist, ist die Perspektive anders. Zunächst einmal wird das Thema der Wahrnehmung kultureller Gegenstände und der sogenannten „Wertnehmung" behandelt, da Husserl hier explizit die These aufstellt, dass diese Gegenstände Anzeige für eine (möglicherweise abwesende) menschliche Subjektivität sind. Aber in den *Ideen II* ist diese Beschreibung *de facto* nicht nur für Kulturgegenstände, sondern auch für Wahrnehmungsgegenstände überhaupt in Anspruch genommen. Das Telos der Verweisung nimmt die Form eines kulturellen Gegenstandes an, und zwar insofern, als das „Ding an sich" ein intersubjektiv Konstituiertes ist. In den *Ideen II* wird von Husserl auch thematisiert, wie die Leiblichkeit in die noematische Analyse passt, sodass eine Brücke zwischen den *Ideen I* und *Ding und Raum* geschlagen wird. Daher ist jede Erscheinung als eine doppelte indizierende Anzeige gedacht. Diese doppelte Struktur setzt sich wie folgt zusammen: Einerseits werden andere Subjekte angezeigt im Sinne der intersubjektiven Konstitution, und andererseits wird der Leib des Subjektes zur Tat gerufen, um das Abwesende am Gegenstand zur Anwesenheit zu bringen.

1.5 Die Gliederung der folgenden Untersuchungen

Die Gesetze der Assoziation und der Motivation regeln diese anzeigenden Strukturen. Aber, anders als die klassische These von Elmar Holenstein, kommt der Primat der Indikation und nicht der Assoziation zu: Die Assoziation bestimmt den Inhalt des Horizontes, welcher aber erst von der Indikation eröffnet worden ist.

Das Thema der Intersubjektivität, die schon im vorherigen Kapitel angesprochen wurde, wird im *siebten Kapitel* ausdrücklich gemacht. Das Ding zeigt, wie wir schon gesehen haben, andere Subjekte an, weil es auf ein intersubjektiv konstituiertes Ding verweist. Andererseits basiert aber die Konstitution des anderen Subjekts darauf, dass dessen Leib als ein – so Husserl – „Anzeigesystem" wahrgenommen wird.[42] Die Konstitution der Andersheit basiert nämlich auf einer grundlegenden Ähnlichkeit mit der Dingwahrnehmung, da der Leib, eben wie ein Ding, andere Aspekte seiner selbst anzeigt. Indiziert aber das Gesehene in der Dingwahrnehmung andere Seiten, so indiziert der Leib des Anderen in erster Linie das Abwesende *par excellence*, nämlich die andere Subjektivität, den Bewusstseinsstrom des anderen Subjekts. Aber die angezeigte Subjektivität kann *de facto* und *de jure* nicht zur Gegebenheit gebracht werden. Es geht daher in der Konstitution der Intersubjektivität um eine imperfekte Anzeigestruktur.

Die Rolle der Anzeige als Motivation für eine mögliche leibliche Bewegung findet eine letzte Thematisierung innerhalb der genetischen Phänomenologie und insbesondere der passiven Erfahrungsschicht. Diesem Thema ist das *achte Kapitel* gewidmet, welches als Ausgangstext die *Vorlesungen zur passiven Synthesis* hat. Hier nähern sich nämlich Husserls Beschreibungen noch stärker einer „Semiotik der Erfahrung", wie ich es nennen möchte, an, weil jede Erfahrung immer schon innerhalb anzeigender und verweisender Abläufe stattfindet. Die Anzeigestruktur wird nun zu einer passiven *„Intentio"*, die auf der konstitutiven kinästhetischen Freiheit des Ich basiert. Im Einklang mit dem genetischen Ansatz wird gezeigt, dass die Anzeigeverhältnisse nicht mehr das Ergebnis noetisch-noematischer Leistungen oder Leistungen eines Einheitsbewusstseins sind, sondern selbst zum Ausgangspunkt für die Einheit des Dings werden als materielles Apriori. Der Anzeige wird somit eine transzendentale Rolle zugesprochen insofern, als sie die Bedingung der Möglichkeit für das Erscheinen der Dinge ist.

Ist nun die Rolle der Anzeige als transzendental bewiesen, so ist eine weitere Vertiefung bezüglich dieser Rolle in den Zeitbewusstseinsanalysen notwendig. Das ist das Thema des *neunten Kapitels*. Die Anzeige einer möglichen Bewegung, wie sie in den früheren Kapiteln beschrieben wurde, hat eine konstitutiv zukunftsorientierte Struktur: daher die Notwendigkeit, den Begriff der Protention einer näheren Untersuchung zu unterziehen. Es wird gezeigt, dass das Jetzt ein ausgedehntes Zeitfeld ist, welches auch Retentionen und Protentionen miteinbezieht. Während aber die Retention keine indikative Struktur hat (sie ist nämlich ein Verbleiben), ist die Protention schon in den *Vorlesungen* 1905 semiotisch beschrieben. Diese Beschreibung wird dann in den *Bernauer* und den *C-Manuskripten* weiter expliziert. Vor allem in den späteren Ausführungen ist die Protention die Bedingung der Möglichkeit der Erscheinung, insofern, als Erscheinung immer die Erfüllung einer Protention ist,

---

[42] Im Folgenden wird auf Zusätze wie „sein/ihr" o. ä. verzichtet, da immer das Neutrum „das Subjekt" gemeint ist.

welche wiederum das Ergebnis von Indikationen ist, die aus dem aktuell Gegebenen hervorspringen. Die Erfahrung konfiguriert sich somit als ein Rückkopplungssystem von Präsenz und Absenz. Diese Abwesenheit wiederum wird als Zukunft gedacht: Das Antizipieren der Zukunft macht es möglich, dass diese Zukunft präsent wird (denn jede eintretende Zukunft wird immer schon „erwartet"), und die Präsenz macht es möglich, dass eine Zukunft antizipiert wird (denn die Erwartung geht wesentlich von dem aktuell Gegebenen aus).

Genau da wird es möglich, die letzte Schlussfolgerung des hier vorgestellten Weges zu ziehen: dass nämlich das empirische, menschliche Ich in der Unendlichkeit der semiotischen Teleologie der Erfahrung seinen Ursprung hat (*zehntes Kapitel*). Diese Teleologie ist räumlich, zeitlich und kinästhetisch und erlaubt die Konstitution eines Ich als Pol der Indikationen bzw. Induktionen. Jedes Leben ist ein „Entgegenleben", sagt Husserl an mehreren Manuskriptstellen: Das Ego ist für eine Präsenz gewordene Zukunft offen, und gerade indem es leiblich der erfahrungsmäßigen Anzeige antwortet, wird das Ego zu einem monadischen Bewusstsein von sich selbst und von seiner Umwelt.

1.6 Die Methode

Für das Folgende wurde versucht, eine möglichst breite Auswahl an Primärtexten und Sekundärliteratur einzubeziehen. Obwohl die Husserliana-Bände mehrere tausend Seiten enthalten, war es möglich, das Ganze des veröffentlichten Materials zu sichten, da Husserl sich nur an bestimmten Stellen dem Problem der Anzeige und der Mitgegebenheit widmet. Der Fokus dieser Arbeit auf die Wahrnehmung (sei sie nun die Wahrnehmung von Dingen, anderen Subjekten, kulturellen Gegenständen, oder die der Wahrnehmung immanente Zeitstruktur der Protention) hat es ferner ermöglicht, das Studium der Manuskripte und der veröffentlichten Texte auf konkrete Problemfelder zu beschränken.

Die geringe Zahl an Anmerkungen zu diesem Thema von Seiten Husserls besagt aber nicht, dass einige zentrale Texte nicht als Leitfaden für die Untersuchung genommen werden mussten. Gerade wegen des Reichtums an Themen, die tangential das hier Untersuchte berühren, hat es sich als notwendig herausgestellt, eine nicht nur thematische, sondern zugleich nach Zeitperioden (sofern möglich) *und* Hauptwerken gerichtete Unterteilung der Kapitel anzuwenden. In diesem Sinne wurde versucht, die Darstellung entwicklungsgeschichtlich (d. h. chronologisch) zu gliedern, primär aber systematisch zu ordnen. In der Tat hängt der jeweilige Problemfokus in Husserls Denken mit Zeitperioden seines Schaffens zusammen.[43] Davon ist das zweite Kapitel ausgeschlossen, da dies auf eine Gesamtrekonstruktion der Semiotik in den Werken Husserls abzielt, sodass das einzige Kriterium ein thematisches sein konnte.

---

[43] Eine ähnliche Vorgehensweise wird vorgenommen im klassischen Text von R. Bernet, I. Kern, E. Marbach, *Husserl. Darstellung seines Denkens*, Meiner, Hamburg ²1992. Siehe vor allem S. 1. Werkgeschichtlich und gleichzeitig systematisch geht auch D. Zahavi, *Husserl's Phenomenology*, Stanford University Press, Standford (CA) 2003, vor.

1.6 Die Methode

Daher hat sich die folgende Gliederung ergeben:

Kapitel	Leittext	Leitproblem	Zeitperiode
3	*Sechste LU*	Symbol und Mitgegebenheit	1890–1901 und 1910–1913 für die Umarbeitungen
4	*Ding und Raum*	Raumkonstitution und -horizonte	1907–1909
5	*Ideen I*	Noema und Verweise	1911–1913
6	*Ideen II*	Kulturgegenstände, Horizonte	1912 (mit Umarbeitungen 1915 und 1918)
7	*Cartesianische Meditationen*, Manuskripte zur Intersubjektivität	Intersubjektivität	1910–1930
8	*Analysen zur passiven Synthesis, Erfahrung und Urteil, Natur und Geist, Krisis*	Anzeige und Assoziation; Induktion als Struktur der Erfahrung	1917–1935
9	*Vorlesungen zum inneren Zeitbewusstsein, Benauer und C-Manuskripte*	Protentionen	1905–1935
10		Schlussfolgerung	

Jedes Kapitel vertieft einerseits eine Stufe der sachlichen Problematik und bezieht sich andererseits vorwiegend auf eine bestimmte Schaffensphase Husserls. Dabei ist ferner methodologisch darauf hinzuweisen, dass die vorliegende Untersuchung in dem Versuch, semiotische Figuren in der phänomenologisch beschriebenen Wahrnehmung aufzuspüren, zwar textimmanent vorgeht; allerdings setzen sich dann die Ergebnisse der Untersuchung deutlich vom gewöhnlichen Bild der Phänomenologie Husserls insofern ab, als die Rekonstruktion sich mit Aspekten beschäftigt, die nicht direkt von Husserl systematisch thematisiert worden sind. Es handelt sich somit um eine immanente Rekonstruktion von einem *prima facie* lateralen Aspekt, der aber systematische Konsequenzen für das Gesamtbild der Phänomenologie, und insbesondere der Phänomenologie der Wahrnehmung, besitzt. Daher kann sich das vorliegende Projekt den Worten von W. Biemel unmittelbar anschließen: „es gilt [...] gerade die verborgene Vielfältigkeit seines Denkens – oft auch gegen Husserls eigene Formulierungen – zu sehen und zu verstehen",[44] was wiederum an Kants berühmtes Diktum erinnert, dass ein Interpret einen Autor besser verstehen kann als der Autor sich selbst.[45]

Husserl erkennt die grundlegende Rolle der Anzeige nur sporadisch und vor allem unzureichend an. Gerade deswegen gilt es, dieses Element in den Vordergrund zu rücken. Das bedeutet allerdings nicht, hinter Husserls phänomenologisches Anliegen zurückzukehren, als ob es darum ginge, eine Zeichentheorie der Wahrnehmung, gegen

---

[44] W. Biemel, *Einleitung des Herausgebers*, in: Hua XI, S. XXI.
[45] „Ich merke nur an, dass es gar nicht Ungewöhnliches sei, sowohl im gemeinen Gespräche, als in Schriften, durch die Vergleichung der Gedanken, welche ein Verfasser über seinen Gegenstand äußert, ihn so gar besser zu verstehen, als er sich selbst verstand, indem er seinen Begriff nicht genugsam bestimmte, und dadurch bisweilen seiner eigenen Absicht entgegen redete, oder auch dachte." (I. Kant, *Kritik der reinen Vernunft*, A314, B370).

die Husserl kämpft, zu reinstituieren und so seinem philosophischen Projekt zu schaden. Ganz im Gegenteil geht es darum, zu zeigen, wie die Phänomenologie selbst für eine Reflexion über das Zeichen und über die Wahrnehmung fruchtbar gemacht werden kann, eine Reflexion wiederum, die sich nicht so sehr aus der Sprachanalyse, als vielmehr aus ontologischen und wahrnehmungsanalytischen Ansätzen her speist. Dass eine solche Reflexion dann Rückwirkungen auf die Phänomenologie selbst als Arbeitsmethode hat, ist mit dem Wesen der Phänomenologie selbst als reflektierter Wissenschaft von vornherein in Kauf genommen.

Wird gewöhnlich angenommen, dass bei Husserl keine Semiotik der Wahrnehmung zu finden ist, so ist es notwendig – um den Fehler zu berichtigen – ganz nah an den Texten zu argumentieren; nur so kann man zunächst zeigen, dass Husserl die Mitgegebenheit in der Wahrnehmung semiotisch denkt; nur nachdem das Recht einer solchen Lektüre etabliert worden ist, kann sich dann die nötige kritische Distanz einstellen, um eine Systematisierung der Ergebnisse anzustreben. In der Gewinnung der Ergebnisse an den Texten ist aber auf philosophisch-erzählerische Strategien im Text hinzuweisen, ohne die dem Risiko einer zu oberflächlichen und vereinfachenden Lektüre kaum entgangen werden kann.

In dieser Arbeit wird aber auch kein bloßes Verzeichnis der Passagen über Zeichen und Anzeige geliefert, da die vorliegende Rekonstruktion nicht philologisch, sondern philosophisch angelegt ist. Zitate sind dazu da, in Husserls Worten den Gang der Argumentation zu verstärken, zu veranschaulichen, zu bestätigen und manchmal zu widerlegen, sodass sie eigentlich nur dann herangezogen werden, wenn aus ihnen Neues in systematischer Hinsicht zu gewinnen ist. Der Gang der Untersuchung ist hauptsächlich systematisch; dass es sich mit der Semiotik der Wahrnehmung um einen berechtigten Untersuchungsleitfaden innerhalb der Phänomenologie Husserls handelt, bezeugt der Gang der Untersuchung selbst.

Sind die folgenden Untersuchungen, wie oben erwähnt, hauptsächlich systematisch gemeint, so ist das bei einem Werk über Husserl notwendig der Fall, da Forschung in der Phänomenologie nicht nur bloße historische Rekonstruktionen liefern kann, sondern konstitutiv auch selbst phänomenologisch, und d. h. auf die Sachen selbst gerichtet sein muss. Husserls Texte werden daher nicht nur in sich selbst als Interpretandum, sondern zugleich als Interpretament für die Sache selbst genommen, also als Ausgangspunkte für die Beschreibung der „Sachen", d. h. von phänomenologisch ausweisbaren Sachverhalten.

1.7 Stand der Forschung

Werke, die sich analytisch dem Thema einer Semiotik der Wahrnehmung bei Husserl widmen, sind bis heute nicht vorhanden, obwohl sich in der Forschungsliteratur verstreute Hinweise auf die Tragweite einer solchen Fragestellung finden lassen.[46]

---

[46] Anders verhält es sich für den Begriff des Horizonts, in welchen sich die vorliegenden Untersuchungen einschreiben, da dieser Begriff als Zentralstück von Husserls Phänomenologie erkannt worden ist. Der jüngste Beitrag diesbezüglich ist wohl S. Geniusas, *The Origins of the Horizon in Husserl's Phenomenology*.

1.7 Stand der Forschung

Aus diesem Grund dient die Konfrontation mit vergangenen und aktuellen Studien zu Husserl und seiner Phänomenologie vor allem dazu, den theoretischen Rahmen für die Untersuchung zu analysieren; deswegen ist diese Konfrontation im Laufe der vorliegenden Arbeit meistens in den Fußnoten und nicht im Haupttext durchgeführt.

Die semiotischen Elemente der Wahrnehmung, die hier vor allem als Anzeigen für leibliche Bewegungen ausgelegt werden, finden sich bei Husserl unter verschiedenen Bezeichnungen. Der Begriff „Verweis" tritt – wie in den folgenden Untersuchungen klar wird – am häufigsten auf, und schon Aron Gurwitsch legte – meines Wissens als erster – den Akzent darauf: Er betonte nämlich die „eidetische Notwendigkeit des Verweisungsphänomens".[47] Anhand der psychologischen Gestalttheorie interpretiert er die Verweise in der Wahrnehmung als „funktionale Bedeutsamkeit":

> Es gilt nun dieses „Mehr" [scil. das in jedem Wahrnehmungsakt enthaltene „Mehr"], von dem bei Husserl die Rede ist, gestalttheoretisch zu interpretieren bzw. so umzudeuten, dass es seinen quantitativen Sinn verliert. Nehmen wir ein Haus von einem bestimmten Standpunkt aus wahr, so ist uns in eigentlicher Sinneserfahrung ein Teil einer architektonischen Gesamtform gegeben, und das so Gegebene erscheint als Teil. Gemäß der gestalttheoretischen Auffassung des Verhältnisses von Teil und Ganzem besagt dies: Der gesehene Teil hat seine funktionale Bedeutsamkeit in Bezug auf die architektonische Gesamtform, damit in Bezug auch auf im gegenwärtigen Augenblick nicht gesehene Teile dieser Form, und diese seine funktionale Bedeutsamkeit bestimmt und qualifiziert den gesehenen Teil, macht ihn zu dem, der er phänomenal ist.[48]

Rudolf Bernet, Iso Kern und Eduard Marbach merken die Zentralität dieses Themas und die systematischen Schwierigkeiten, die damit verbunden sind, in ihrer zu einem Standardwerk gewordenen Einleitung zu Husserls Denken an, belassen es aber im Endeffekt bei einer Randbemerkung – wie es sich natürlicherweise für eine allgemeine Einführung zu Husserls Denken gehört:

> Es ist die erste und fundamentalste Aufgabe einer phänomenologischen Analyse der Dingwahrnehmung, diesen notwendigen Zusammenhang von partieller bzw. perspektivischer Gegebenheit und ganzem bzw. einheitlichem Ding verständlich zu machen [...]. Husserl gelingt es nicht auf Anhieb, diese Aufgabe befriedigend zu lösen. Insbesondere die Bestimmung des „Überschusses" der Wahrnehmungsintention über die partielle Selbstgegebenheit des Gegenstandes hinaus, d. h. die Bestimmung des *Verweises* der partiellen wahrnehmungsmäßigen Gegebenheit auf das volle Ding macht ihm Schwierigkeiten.[49]

Gerade der Begriff des Verweises bleibt aber meistens unhinterfragt, vorausgesetzt und wird überhaupt nicht thematisch gemacht (so etwa bei Holensteins Studie).[50] Selbst wenn das ausdrücklich zum Thema gemacht wird, ist seine eigene Tragweite übersehen und seine Zusammengehörigkeit mit weiteren semiotischen Begriffen verfehlt. Sowohl Holenstein[51] als auch Klaus Wiegerling[52] deuten zwar das Verweisungssystem

---

[47] A. Gurwitsch, *Beitrag zur phänomenologischen Theorie der Wahrnehmung*, in: „Zeitschrift für philosophische Forschung", Bd. 13, H. 3 (Jul. – Sep., 1959), S. 419–437, hier S. 422.

[48] A. a. O., S. 435.

[49] R. Bernet, I. Kern, E. Marbach, *Edmund Husserl. Darstellung seines Denkens*, S. 109. Meine Hervorhebung.

[50] Vgl. E. Holenstein, *Phänomenologie der Assoziation*.

[51] Vgl. a. a. O., S. 151.

[52] Vgl. K. Wiegerling, *Husserls Begriff der Potentialität. Eine Untersuchung über Sinn und Grenze der transzendentalen Phänomenologie als universaler Methode*, Bouvier, Bonn 1984. S. 58.

auch als ein anzeigendes System[53] aus, befragen aber diese Struktur in ihrer Semiologie nicht weiter.

Selbst der Begriff der Indikation, der sehr oft vor allem in den Manuskripten zur Intersubjektivität vorkommt, ist unbeachtet geblieben und eine Studie dazu bleibt bis heute ein Desideratum der Forschung. Eine Ausnahme bildet James Mensch, der die Rolle der Indikation in der Gegenstandkonstitution ausdrücklich thematisiert, aber Assoziation und Indikation gleichsetzt und daher vermengt, während das tatsächliche Verhältnis zwischen den beiden deutlich komplizierter ist, wie nach und nach zu zeigen sein wird.[54] Darüber hinaus legt Mensch die Anzeige als eine Struktur des „in-the-place-of" aus,[55] was aber dann nicht Husserls eigene Bedenken, die in den nächsten Kapiteln wieder aufgegriffen werden, umgehen kann. Deswegen kann er nicht bei der dem Zeichen immanenten hinweisenden Dynamik verweilen, sondern muss ein „pattern" der Wahrnehmung postulieren, welches das Zeichenbewusstsein erst in Gang setzt.[56]

Das Thema der Semiotik in der Wahrnehmung tritt aber nicht nur in der Sekundärliteratur sporadisch auf, sondern wurde auch von neueren Ansätzen der Phänomenologie und der Philosophie überhaupt aufgenommen. Hans Blumenberg bemerkt im Rahmen einer anthropologischen Lektüre der Phänomenologie das Problem der Verweise in der Wahrnehmung und nennt es ein „missing link",[57] löst das aber durch die Doppeläugigkeit, welche in der Tat die Verweise ermöglicht. Die Verweise auf die Rückseite sind „eine kühle Extrapolation, nicht das Nächstliegende, und dennoch die alltägliche Selbstverständlichkeit".[58] Blumenberg besteht darauf, dass Husserl diese kühle Extrapolation nur durch „mythische Reden" und „absolute Metaphern" lösen kann.[59] Die Rückseite „ist, was nur im Nichtbesitz besessen werden kann",[60] und gerade an dieses Verhältnis zwischen Besitz und

---

[53] D. Welton setzt auch in seinem Buch *The Origins of Meaning: A Critical Study at the Threshold of Husserlian Phenomenology* den Akzent auf die Anzeige, interpretiert das aber nur sprachtheoretisch. Auch in K.-H. Lembeck, *Einführung in die phänomenologische Philosophie*, Wissenschaftliche Buchgesellschaft, Darmstadt 2009, lässt sich eine Andeutung zur Rolle der Anzeige in der Korrelation Erscheinung-Erscheinendem finden, ohne aber dass dieser Sachverhalt näher expliziert wird: „verschiedene Wahrnehmungsaspekte zeigen die Einheit des Objekts an" (S. 56).

[54] In diesem Sinne sollte Husserls Reduktion zu einer reinen Indikation führen, anstatt sie aus der Sphäre des inneren Diskurses auszuschließen. Dabei bleibt aber unberücksichtigt, dass in den *Logischen Untersuchungen* die Assoziation keine positive Rolle spielt, und dass sie die Basis für die Anzeige ist, sodass dort Assoziation sowieso ein ursprünglicherer Phänomen ist als Anzeige (s. dazu J. R. Mensch, *Postfoundational Phenomenology. Husserlian Reflections on Presence and Embodiment*, The Pennsylvania State University Press, Univerity Park, Pennsylvania 2001, S. 137).

[55] Vgl. J. R. Mensch, *Postfoundational Phenomenology*, S. 172.

[56] Vgl. a. a. O., S. 172–173.

[57] H. Blumenberg, *Zu den Sachen und zurück*, Suhrkamp, Frankfurt am Main 2002, S. 57.

[58] A. a. O., S. 296.

[59] A. a. O., S. 298. Für die „mythische Reden" bezieht sich Blumenberg auf Hua VI, S. 75.

[60] H. Blumenberg, *Zu den Sachen und zurück*, S. 303.

1.7 Stand der Forschung

Nichtbesitz, zwischen Anwesenheit und Abwesenheit, will die vorliegende Arbeit semiotisch herangehen.

Über Husserls Semiotik in Bezug auf die Frage von Anwesenheit und Abwesenheit, letztlich aber zum Zweck der Formulierung einer Kritik, die sich gegen eine Metaphysik der Anwesenheit wendet, hat aber vor allem bekanntermaßen Jacques Derrida gearbeitet. Allerdings erlaubt ihm gerade dieser Fokus auf eine allgemeine anti-metaphysische Kritik nicht, die Semiotik innerhalb der Gegebenheit selbst zu verorten; Derrida spricht das Thema zwar an, es muss jedoch ein „ferne[r] Horizont" seiner Untersuchungen bleiben.[61] Eine eingehende Analyse von Derridas Texten zu Husserls Zeichenbegriff wird in den folgenden Kapiteln vorgenommen.

In der Forschung wurden bis dato vor allem zwei Antworten auf die diese Untersuchung leitende Frage nach dem phänomenologischen Status der Mitgegebenheit gegeben. Die Tatsache, dass der Gegenstand als solcher erscheint, ohne in Gänze in den Bereich der Gegebenheit zu fallen, wird in der folgenden Untersuchung als ein semiotisches und leibliches Phänomen verstanden. Damit ist die Erscheinung begrifflich als Anzeige für eine mögliche leibliche Bewegung, die das Nichterscheinende einholen kann, zu fassen. Dagegen wurde dieses Verhältnis einerseits von Hans Blumenberg und Dan Zahavi auf die Rolle der Intersubjektivität (1), andererseits von Delia Popa und Dieter Lohmar auf die Rolle der Imagination (2) zurückgeführt.

Ad (1). Die Mitgegebenheit ist laut Blumenberg deswegen möglich, weil die anderen Seiten eines Gegenstandes von anderen Subjekten erfahren werden können.[62] Dieselbe Schlossfolgerung zieht auch Dan Zahavi in seinem maßgebenden Werk *Husserl und die transzendentale Intersubjekivität. Eine Antwort auf die sprachpragmatische Kritik*.[63] Eine Zurückweisung dieser Interpretation findet sich im Kap. 7, wo unter anderem dafür argumentiert wird, dass die Konstitution der Intersubjektivität selbst auf Mitgegebenheit basiert, sodass Intersubjektivität nicht die phänomenologische Basis der Mitgegebenheit sein kann. Beides basiert auf einer ursprünglicheren Semiotik.

Ad (2). Laut der zweiten These sind dagegen die nichterscheinenden Aspekte eines Dinges imaginiert; dieses Phänomen wird von allem von Dieter Lohmar als „schwache Phantasie" bezeichnet.[64] Vor allem in Kap. 3, § 5 und Kap. 4, § 2 wird

---

[61] „L'horizont lointain" (J. Derrida, *La voix et le phénomène. Introduction au problème du signe dans la phénoménologie de Husserl*, PUF, Paris 1967, S. 50. Für die deutsche Übersetzung: J. Derrida, *Die Stimme und das Phänomen. Einführung in das Problem des Zeichens in der Phänomenologie Husserls*, Suhrkamp, Frankfurt am Main 2003, S. 64.

[62] H. Blumenberg, *Zu den Sachen und zurück*, S. 273.

[63] Beide Autoren scheinen zum selben Ergebnis unabhängig voneinander gekommen. Zu Blumenberg unter dem besonderen Blickpunkt seiner phänomenologischen Anthropologie vgl. O. Müller, *Sorge um die Vernunft. Hans Blumenbergs phänomenologische Anthropologie*, Mentis, Paderborn 2005.

[64] Vgl. D. Lohmar, *Phänomenologie der schwachen Phantasie. Untersuchungen der Psychologie, Cognitive Sciences, Neurologie und Phänomenologie zur Funktion der Phantasie in der Wahrnehmung*, Springer, Dordrecht 2008. Eine ähnliche Position vertritt D. Popa, *Apparence et réalité. Phénoménologie et psychologie de l'imagination*, Olms, Hildesheim 2012.

gezeigt, dass diese These unhaltbar ist, weil Imagination und Wahrnehmung phänomenologisch gesprochen zwei unüberbrückbar unterschiedliche noetische Akttypen sind.

Neuerdings hat Jean-Luc Marion in einem kurzen Text mit dem Titel „Sind die nicht-konstituierbaren Phänomene nicht angesichtig?" die hier für korrekt gehaltene These vorgetragen, dass „jede phänomenologische Konstitution ein Sichtbares nur dann hervorbringt, wenn sie ebensoviel Ungesehenes anzeigt".[65] Marion führt diese Idee allerdings nicht weiter aus, sondern beschränkt sich auf eine Phänomenologie des Antlitzes, die nicht alle systematischen Konsequenzen dieses Satzes entwickelt. Allerdings ist bezüglich Marions These Folgendes zu bemerken, nämlich dass die Anzeige von Ungesehenem zwar durch die Konstitution in die Gegebenheit gebracht wird, aber nicht erst geschaffen wird, sodass das anzeigende Verhältnis eine Ebene tiefer schon angelegt sein muss, nämlich auf dem Niveau der nichtkonstituierten Urphänomene. Im Folgenden wird zu zeigen sein, dass eine Konstitution nur dann möglich ist, wenn das Gegebene schon als intentionales Korrelat eines (selbst passiven) Aktes eine angezeigte Mitgegebenheit impliziert.

---

[65] J.-L. Marion, *Sind die nicht-konstituierbaren Phänomene nicht angesichtig?*, in: R. Bernet, A. Kapust (Hrsg.), „Die Sichtbarkeit des Unsichtbaren", Wilhelm Fink, München 2007, S. 81.

Kapitel 2
Husserls Semiotik

2.1 Der Rahmen für Husserls Semiotik. Die Rolle der Sprache in der Phänomenologie

Was Husserl unter „Zeichen" versteht und wie verschiedene Untergattungen dieses Begriffes sich zueinander verhalten, ist erst aus einer interpretativen Auseinandersetzung mit Werken zu erschließen, welche sich ausdrücklich mit diesem Problem befassen. Liegt nämlich bei einer Untersuchung semiotischer Figuren in der phänomenologisch verstandenen Wahrnehmung das Problem in erster Linie darin, dass semiotische Begriffe operativ am Werk sind, die in ihrer Funktion und in ihrer Bedeutung innerhalb der Wahrnehmungstheorie weder eingeführt noch definiert sind, so scheint es sinnvoll, sich den Stellen zuzuwenden, an denen diese Begriffe ausdrücklich auftauchen, obwohl sie dort einer allgemeineren und meist sprachphilosophischen Beschreibung unterzogen werden.

Zunächst einmal ist werkgeschichtlich anzumerken, dass Husserls ausdrückliche Auseinandersetzung mit semiotischen Phänomenen sich auf sehr wenige Texte reduzieren lässt und dass diese Texte – bemerkenswert genug – in einem eher kurzen Zeitraum entstanden sind. Außer wenigen, meist auch leicht zu übersehenden Anspielungen auf diese Problematik im Spätwerk ist Husserls Reflexion auf Probleme einer allgemeinen Zeichentheorie hauptsächlich an vier Stellen anzutreffen: in der *Philosophie der Arithmetik* (hier allerdings auch nur im von Husserl selbst als begrenzt anerkannten Bezug zum mathematischen Kalkül), im Aufsatz *Semiotik. Zur Logik des Zeichens* aus dem Jahr 1890 (der sich noch im Problemkreis der *Philosophie der Arithmetik* bewegt, dessen semiotische Analysen allerdings deutlich erweitert), in der berühmten und mehrfach interpretierten ersten *Logischen Untersuchung* (1900–1901) und in den Umarbeitungen zur sechsten *Logischen Untersuchung* (1931–1914).

Der Mangel an thematischen Auseinandersetzungen mit dem Zeichenbegriff und der mit „Zeichen" verwandten Begriffe beim späten Husserl sollte nicht dazu verleiten, zu glauben, Husserl halte diese Aspekte im Spätwerk im Rahmen einer

Phänomenologie der Erkenntnis nicht mehr für zentral. Ganz im Gegenteil erweisen sich die kontinuierlichen Verweise auf die erste *Logische Untersuchung* gerade als Bestätigungen dafür, dass Husserl seine Ausführungen im Frühwerk für einigermaßen befriedigend und nicht mehr revisionsbedürftig hielt, und zwar trotz der von ihm selbst immer wieder betonten Ungenauigkeit derselben. Die Ergebnisse der ersten *Logischen Untersuchung* bleiben maßgebend für Husserls Gesamtwerk nicht nur innerhalb des Projekts der Fundierung einer reinen Logik, sondern für das phänomenologische Vorhaben überhaupt und für die Analyse der Wahrnehmung im Besonderen.[1]

In diesem Sinne lässt sich nachweisen, wie es im Folgenden auch getan wird, dass die Analysen des Zeichens in der Zeit nach der ersten *Logischen Untersuchung* nicht vorwiegend oder nicht nur innerhalb einer Sprach- und Ausdruckstheorie ihre Geltung behalten, die sich mit der Möglichkeit sicherer Verständigung und damit mit der Möglichkeit von Wissenschaft beschäftigt, sondern vor allem in der Beschreibung der Wahrnehmung.[2] Die Unzufriedenheit Husserls mit seiner expliziten Zeichenauffassung, die auf einen ersten Blick nichts mit Wahrnehmung zu tun hat, ist zwar der Sache nach korrekt, insofern nämlich, als weitere Unterscheidungen und

---

[1] Dass eine starke Kontinuität in den Schriften Husserls bezüglich einiger zentraler semiotischer Begriffe besteht, bemerkt nicht zuletzt Jacques Derrida, wenn er in *Die Stimme und das Phänomen* schreibt: „In der *Krisis* und den daran anschließenden Texten, insbesondere im *Ursprung der Geometrie*, sind die begrifflichen Prämissen der *Untersuchungen* noch am Werk insbesondere soweit sie die gesamte Probleme der Bedeutung und der Sprache überhaupt betreffen" (J. Derrida, *Die Stimme und das Phänomen*, S. 9). Ohne verleugnen zu wollen, dass die Phänomenologie Husserls verschiedene Brüche und Umwendungen erfahren hat und dass die transzendentale, genetische Phänomenologie der späteren Jahre sicherlich wesentlich anders ist als die statischen Beschreibungen der *Logischen Untersuchungen*, bleibt die Tatsache bestehen, dass Husserl nach seinen Stellungnahmen im Frühwerk bezüglich der Begriffe „Bedeutung" und „Zeichen" ziemlich wenig weitergedacht hat. Ich werde im Folgenden immer wieder auf Derridas Text zurückkommen, ohne eine Stellung in der Debatte zu beziehen, wo dieser Text immer nur einseitig entweder als Liquidierung der Phänomenologie als Wissenschaft (beispielsweise P. Völkner, *Derrida und Husserl. Zur Dekonstruktion einer Phänomenologie der Präsenz*, Passagen Verlag, Wien 1993), oder als eine häretische Interpretation Husserls, der durch die Philologie rehabilitiert werden muss (A. White, *Reconstructing Husserl: A Critical Response to Derrida's „Speech and Phenomena"*, in: „Husserl Studies", 4, 1987, S. 45–62), rezipiert worden ist. Die hier vorgeschlagene Lektüre folgt vielmehr der Impostation ausgeglichenerer Forschungen, wie die von R. Bernet (*Differenz und Anwesenheit. Derridas und Husserls Phänomenologie der Sprache, der Zeit, der Geschichte, der wissenschaftlichen Rationalität*, in: „Phänomenologische Forschungen" 18, 1986, S. 51–112), L. Lawlor (*Derrida and Husserl. The Basic Problems of Phenomenology*, Bloomington, Indiana University Press 2002), P. Marrati (*Genesis and Trace. Derrida reading Husserl and Heidegger*, Stanford University Press 2005), C. Di Martino (*Introduzione* in: E. Husserl, „Semiotica", Spirali, Mailand 1990), C. Sini (*Il simbolo e l'uomo*, Egea, Mailand 1991, und *Scrivere il fenomeno*, Morano, Neapel 1987) und V. Costa (*La generazione della forma*, Jaca Book, Mailand 1996). Maßgeblich für diese Interpretation sind sie Ausführungen G. Figals zum Zeigen und Sichzeigen und zum Begriff der Textur (anstatt „Text" wie bei Derrida) gewesen: G. Figal, *Verstehensfragen. Studien zur phänomenologisch-hermeneutischen Philosophie*, Mohr Siebeck, Tübingen 2009, vor allem S. 200–210; G. Figal *Erscheinungsdinge*, S. 104–121; G. Figal, *Kunst*, S. 288–309, 320–329.

[2] Zum Verhältnis zwischen Phänomenologie und Wissenschaft vgl. die grundlegende Arbeit von E. Ströker, *The Husserlian Foundations of Science*, Dordrecht, Springer 1997.

2.1 Der Rahmen für Husserls Semiotik. Die Rolle der Sprache in der ...

begriffliche Klärungen notwendig wären zwecks der Konstruktion einer befriedigenden phänomenologischen Semiotik. Andererseits ist es aber gerade die sich ganz in der Wahrnehmung abspielende *implizite* Semiotik Husserls, welche die expliziten Ausführungen zum Thema des Zeichens wieder aufgreift und weiter vertieft.

Betrachtet man nämlich die Entwicklung von Husserls Phänomenologie der Wahrnehmung, so springt ins Auge, wie hier immer wieder alte Begriffe (manchmal unter neuem Namen, etwa Aktmaterie – Noema)[3] neu angesetzt und neue Ansprüche an alte Beschreibungen erhoben werden. Diese ständige Auseinandersetzung Husserls mit seinem eigenen Werk spiegelt sich auch in der ständigen Bezugnahme auf frühere Schriften (wie, um nur ein hier zentrales Beispiel zu nennen, im schon in unserer Einleitung benannten Fall von *Erfahrung und Urteil*).

Gerade um ein Verständnis davon zu erzielen, wie semiotische Begriffe in den Analysen der Wahrnehmung angesetzt werden, nimmt sich das vorliegende Kapitel vor, zunächst Husserls explizite Zeichentheorie zu thematisieren. Diese Zeichentheorie schreibt sich vor allem in den Rahmen einer allgemeinen Sprachkritik zugunsten wissenschaftlicher Verständigung ein. Dieser Rahmen erschließt sich wiederum am besten aus einem allgemeinen Verständnis von Husserls Phänomenologie, das hier selbstverständlich nur in wenigen Zügen wiedergegeben werden kann und als bekannt vorausgesetzt wird.

Die phänomenologische und daher beschreibende Untersuchung der Phänomene als Grundlegung der reinen Logik benötigt zuerst und vor allem eine Analyse der Sphäre der Logik als Mittel wissenschaftlicher Kommunikation. Denn es ist naheliegend anzunehmen, dass jede „Beschreibung" von etwas sich sprachlicher Mittel bedient und dass es daher notwendig ist, „die Logik mit sprachlichen Erörterungen zu beginnen".[4] Die sprachlichen Mittel müssen selbst problematisiert werden, wenn die Phänomenologie nicht in die Naivität der wissenschaftlichen Praxis zurückfallen will: „Der Schwierigkeit der Gewinnung haltbarer, in wiederholter Identifizierung evidenter Ergebnisse steht zur Seite die Schwierigkeit ihrer *Darstellung* und ihrer *Übermittlung an Andere*".[5] Die Sprache bietet Husserl zufolge nämlich nur ein „höchst unvollkommenes Hilfsmittel der strengen Forschung", dessen „schädliche Einflüsse und Äquivokationen"[6] überall bekannt seien.[7] Durch Reflexion auf die

---

[3] Für begriffliche Einführungen wird auf H.-H. Gander (Hrsg.), *Husserl-Lexikon*, Wissenschaftliche Buchgesellschaft, Darmstadt 2009, und H. Vetter, *Wörterbuch der phänomenologischen Begriffe*, Meiner, Hamburg 2005, hingewiesen.
[4] Hua XIX/1, S. 5 (A3, B1). Im Folgenden wird für die *Logischen Untersuchungen* die Paginierung in der Husserliana mit den entsprechenden Seitenzahlen der ersten (A) und zweiten (B) Ausgabe angegeben. Minimale, nicht sachlich bestimmende Abweichungen in den Texten der verschiedenen Fassungen der *Logischen Untersuchungen* werden hier nicht wiedergegeben; die übernommene Fassung stimmt mit dem Husserliana-Haupttext überein.
[5] Hua XIX/1, S. 15 (A11, B10).
[6] Hua XVIII, S. 38 (A23, B23).
[7] Zum Verhältnis Husserls zur Sprache siehe H. Hülsmann, *Zur Theorie der Sprache bei E. Husserl*, A. Pustet Verlag, München 1964, und T. Eden, *Lebenswelt und Sprache. Eine Studie zu Husserl, Quine und Wittgenstein*, Fink, München 1999.

Sprache selbst wird es erst möglich, wissenschaftliche Begründungen zu vollziehen.[8] Daher gilt es, eine „Sicherung von Begründungen"[9] überhaupt durch eine Zeichentheorie insofern vorzunehmen, als eben Begründungen höherer Stufe die Basis jeder Wissenschaftslehre sind und erst durch die verschiedenen semiotischen Funktionen bestimmter Zeichen erreicht werden können.

Das Bedürfnis einer Thematisierung der für die Phänomenologie angemessenen Sprache ergibt sich also nicht nur daraus, dass die Phänomenologie eine Beschreibung vollziehen muss und dass diese Beschreibung sich sprachlicher Mittel bedient, sondern auch daraus, dass „Urteile, die der höheren intellektuellen Sphäre, insbesondere der wissenschaftlichen, angehören, sich ohne sprachlichen Ausdruck kaum vollziehen lassen".[10] Eine Logik also, die als Fundierung des wissenschaftlichen Diskurses dienen will, muss sich zunächst auf eine Untersuchung dessen einlassen, wie die Sprache rigoros benutzt werden kann, obwohl die Logik an sich unabhängig von der jeweiligen, geschichtlichen Sprache sein muss.[11] Die Philosophie muss „Form und Sprache echter Wissenschaft annehme[n]",[12] und „wir müssen uns durch keinen noch so großen Namen blenden lassen".[13]

Inwiefern aber die Frage nach der Sprache und nach wissenschaftlichen Begriffen problematisch ist, ergibt sich nicht nur aus dem oft unsicheren und uneinsichtigen Gebrauch, den die Philosophen in der philosophischen Tätigkeit von diesen machen, sondern auch aus der Sprache selbst. Die Sprache ist uns nämlich zunächst „in einer unvollkommenen Gestalt" und mit „schwankende[n] Wortbedeutung[en]" gegeben.[14] Deshalb gilt es in erster Linie, Klarheit über die zu benutzenden Worte zu schaffen.

Die Vermutung, dass das heißen könnte, eine „fixierte", universelle Sprache hervorzubringen, die ein eindeutiges wissenschaftliches Verständnis ermöglicht, taucht an einigen Stellen in der ersten *Logischen Untersuchung* auf. Dass aber Husserls Ziel nicht darin liegt, eine Kunstsprache für das logische Kalkül zu entwerfen, tritt besonders deutlich in seiner Rezension (1891) zum Werk *Vorlesungen über die Algebra der Logik (Exakte Logik)* des Mathematikers Ernst Schröder in den Vordergrund. Hier besteht Husserl mit großem Nachdruck darauf, dass „natürliche Sprache" und algebraische Zeichensysteme als Kalkültechnik nicht dasselbe sind:

---

[8] Vgl. Hua XIX/1, S. 108–109 (A103–104, B103–104).

[9] Hua XVIII, S. 38 (A23, B23).

[10] Hua XIX/1, S. 8 (B4).

[11] Eben die zentrale Rolle der Sprache hat auch H. Hülsmann gesehen, als er in seiner Untersuchung von Husserls Sprachauffassung behauptet, dass „die phänomenologische Einstellung, die deskriptiv arbeitet, sich auch in Wörtern vollzieht, vor allem bei der Übermittlung an andere" (H. Hülsmann, *Zur Theorie der Sprache bei E. Husserl*, S. 21). Die phänomenologische Beschreibung von Erlebnissen bedarf also konstitutiv der Sprache. R. Parpan (*Zeichen und Bedeutung. Eine Untersuchung zu Husserls Theorie des Sprachzeichens*, Maschinenschrift, Dissertation an der Universität Heidelberg 1985, S. 80) hat allerdings klargestellt, dass die Sprache (und daher ein Zeichensystem) für die Logik zwar notwendig ist, die Logik aber von Husserl als unabhängig von der Sprache angesehen wird.

[12] E. Husserl, *Phänomenologie als strenge Wissenschaft*, in Hua XXV, S. 3–62, hier S. 59.

[13] Hua XXV, S. 60.

[14] Hua XIX/1, S. 9 (A6, B5).

2.1 Der Rahmen für Husserls Semiotik. Die Rolle der Sprache in der …

> [...] die beiden Begriffe sind grundverschieden. Die Sprache ist keine Methode systematischer-symbolischer Schlussfolgerung, der Kalkül keine Methode systematischer-symbolischer Äußerung der psychischen Phänomene. Die eigentümliche Leistung der *Sprache* besteht in dem symbolischen Ausdruck psychischer Phänomene, dessen wir teils für die Mitteilung derselben, teils als sinnliche Stütze für die eigene innere Gedankenbewegung bedürfen.[15]

Es liegt daher für Husserl nahe, dass eine „Beschreibung der Phänomene",[16] so wie die Phänomenologie sie vorhat, nicht durch eine algebraische Logik geleistet werden kann, sondern nur durch die Sprache selbst, nämlich insofern, als die Sprache ein symbolischer Ausdruck des Psychischen ist. Um die Ergebnisse dieses Kapitels von vornherein zu sichern: Die Funktion mathematischer Zeichen ist eine stellvertretende, während sprachliche Ausdrücke und Anzeichen eine konstitutiv andere phänomenale Struktur aufweisen, welche darin besteht, dass sie dynamisch auf das Sein eines Quasi-Erscheinenden hinweisen.

Die Notwendigkeit, sich für eine Analyse von Bewusstseinsphänomenen an die Sprache als solche zu wenden, bedeutet aber lange noch nicht, dass man einfach der Sprache die Fähigkeit zutrauen könnte, als neutrales Medium für die Phänomenologie zu dienen. Vielmehr gehört es zu einer ungeklärten Sprache, dass diese Sprache Verwirrungen in jede wissenschaftliche Analyse hineinbringen kann. Diesen Punkt will Husserl schon am Anfang der Einleitung zum zweiten Teil der *Logischen Untersuchungen* durch ein Zitat von John Stuart Mill beweisen. Daher kann Husserl, nachdem er ein Verständnis der Logik als Aufbau eines Systems von Sätzen in Anlehnung an mathematische Disziplinen ausgeschlossen hat, auch folgende These aufstellen:

> Sprachliche Erörterungen gehören nun sicherlich zu den philosophisch unerlässlichen Vorbereitungen für den Aufbau der reinen Logik, weil nur durch ihre Mithilfe die eigentlichen Objekte der logischen Forschung und, in weiterer Folge, die wesentlichen Arten und Unterschiede dieser Objekte zu unmissverständlicher Klarheit herauszuarbeiten sind. Es handelt sich dabei aber nicht um grammatische Erörterungen im empirischen, auf irgendeine historisch gegebene Sprache bezogenen Sinn, sondern um Erörterungen jener allgemeinsten Art, die zur weiteren Sphäre einer objektiven Theorie der Erkenntnis und, was damit innigst zusammenhängt, einer reinen Phänomenologie der Denk- und Erkenntniserlebnisse gehören.[17]

---

[15] E. Husserl, *Besprechung von E. Schröder, „Vorlesungen über die Algebra der Logik (exakte Logik)", I Band Leipzig 1890*, ursprünglich in: „Göttingschen gelehrte Anzeigen", 1891, S. 243–278, jetzt in Hua XXII, S. 21.

[16] Hua XXII, S. 22 Bemerkenswert ist es nun, dass Husserls Aufmerksamkeit schon 1891 auf die psychischen Phänomene gerichtet ist. Obwohl in der Rezension der Begriff „Phänomen" nicht thematisch eingeleitet, sondern als selbstverständlich angenommen wird, kann man deutlich daraus ersehen, dass Husserl schon zehn Jahre vor der Veröffentlichung der *Logischen Untersuchungen*, die man mit guten Gründen gewöhnlich für das Geburtsdatum der Phänomenologie hält, eine Vorahnung seines Projekts hatte, obwohl nichts darüber in seinen theoretischen Schriften über die Arithmetik zu finden ist. Das deutet klarerweise auf die zentrale Stellung hin, die in der Entwicklung von Husserls Philosophie die Schröder-Rezension einnimmt, was aber von der Sekundärliteratur oft übersehen worden ist. Hier muss die Frage außer Betracht bleiben, inwiefern es für Husserl schon in diesem Text auf die Möglichkeit einer Fundierung der (hier algebraischen) Logik durch strenge phänomenologische Reflexion ankommt: Vgl. dazu vor allem Hua XXII, S. 28 und 30.

[17] Hua XIX/1, S. 6 (A3–4, B2).

Die Phänomenologie kann also in ihrer Analyse der Erlebnisse nicht auf eine Sprachanalyse verzichten. Sprachanalyse im Sinne der Phänomenologie Husserls meint nicht Grammatikerforschung und schon gar nicht eine Art wissenschaftlicher Semantik, sondern eine unmittelbar mit einem erkenntnistheoretischen Charakter beladene Erörterung; in diesem Sinne sind Phänomenologie, Logik, Erkenntnistheorie und Sprachanalyse aufs engste miteinander verflochten.

Da aber nun die eigentlichen Gegenstände der Phänomenologie, nämlich die Bewusstseinserlebnisse, nicht selbst als „empirisch apperzipierte Erlebnisse als reale Fakten, als Erlebnisse erlebender Menschen oder Tiere"[18] von der Phänomenologie aufgefasst werden, sondern in ihren Wesenheiten und wesentlichen Zusammenhängen zum reinen Ausdruck gebracht werden sollen, können sich Husserls Sprachanalysen auch nicht damit begnügen, sich mit irgendeiner „historisch gegebene[n] Sprache" zu beschäftigen.[19] Vielmehr sind auch die Ergebnisse einer (phänomenologischen) Sprachanalyse rein und in einem bestimmten Sinne apriorisch, weil sie Formen der Erlebtheit der Erlebnisse und nicht bloße und vereinzelte Gehalte irgendeiner punktuellen Erfahrung irgendeines Lebewesens sind. „[…] [D]em reinen Logiker" komme es nämlich nach Husserl nicht „auf das Konkrete" an, „sondern auf die betreffende Idee, auf das in Abstraktion erfasste Allgemeine".[20]

Die erforderliche Analyse ist so wenig an die „historische" Sprache gebunden, dass man sogar „der Sprache Zwang antun" muss, „wo es gilt, Begriffe terminologisch zu fixieren, für welche nur äquivoke Termini zu Gebote stehen".[21] Das kann Husserl am Anfang der ersten *Logischen Untersuchung* behaupten, weil sich in dieser Analyse zeigt, wie Begriffe der Alltagssprache miteinander verwickelt sind und wie Husserl auch oft auf den ersten Blick schwierige, aber „wesentliche" Unterscheidungen treffen muss, um den Diskurs der Phänomenologie in Gang zu setzen. Die erste, wesentliche Unterscheidung findet in der Zeichentheorie statt, nämlich zwischen *Anzeige*, *Ausdruck* und *Bedeutung*.

Aber die Unterscheidung zwischen Anzeige, Ausdruck und Bedeutung, so, wie sie auf diesen Seiten problematisiert wird, ist von besonderem Interesse nicht nur, weil die Notwendigkeit der Sprachanalyse zum Vorschein kommt, sondern auch weil gerade bei der Sprachanalyse wir eigentlich schon bei „den Sachen selbst" sind. Das berühmte Diktum der Phänomenologie („Wir wollen auf die ‚Sachen selbst' zurückgehen")[22] findet sich gerade in der Einleitung, kurz nachdem die Notwendigkeit der phänomenologischen Sprachanalyse behauptet wurde, sodass einsichtig wird, dass keine deskriptive Arbeit an den Sachen selbst ohne Sprachuntersuchungen erfolgen kann.[23] Hier sind nämlich gleichsam beide Momente enthalten:

---

[18] Hua XIX/1, S. 6 (A4, B2).
[19] Ebd.
[20] Hua XIX/1, S. 8–9 (A6, B4).
[21] Hua XIX/1, S. 37 (A30, B30).
[22] Hua XIX/1, S. 10 (A7, B6).
[23] Dass für die Phänomenologie die Beschreibung der Sache und die Sache selbst zusammengehören, drückt auch G. Figal aus: „Beschreibungen sind vielmehr Möglichkeiten des Erscheinens, und damit sind sie selbst phänomenal, integrale Momente der phänomenalen Korrelation. Sie gehören zur Erscheinung, die sie beschreiben" (G. Figal, *Unscheinbarkeit. Der Raum der Phänomenologie*, Mohr Siebeck, Tübingen 2015, S. 82).

2.1 Der Rahmen für Husserls Semiotik. Die Rolle der Sprache in der ...

Die Unterscheidung zwischen Ausdruck und Anzeige im Hinblick auf den Begriff „Bedeutung" wie die Untersuchung dieser Unterscheidung selbst dienen nicht nur dem Versuch, eine strenge wissenschaftliche Sprache zu erzielen, sondern auch der phänomenologischen Analyse der Erlebnisstruktur. Das ist insofern der Fall, als durch die Analyse von Ausdruck und Anzeige der Begriff der Bedeutung freigelegt wird, die bei jedem intentionalen Akt im Spiel ist, auch bei nichtsprachlichen Akten wie etwa bei bedeutungserfüllenden Akten. Die Objekte der reinen Logik sind nämlich „zunächst im grammatischen Gewande gegeben".[24]

Es ist auf der einen Seite erforderlich, so drückt sich Husserl auch einige Jahre später in seinem Artikel *Die Philosophie als strenge Wissenschaft* aus, „die zunächst sichtlich werdenden, gröbsten Äquivokationen klarzulegen", da „alle Ausdrücke, die zu Beginn der Untersuchung der Selbstverständigung und objektiven Beschreibung dienen könnten, fließend und vieldeutig sind".[25] Auf der anderen Seite aber sind Anzeige und bedeutender Ausdruck notwendige Bestandteile der Phänomenologie selbst. Deswegen ist es nicht zufällig, dass Husserl auf die „Unentbehrlichkeit einer Mitberücksichtigung der grammatischen Seite der logischen Erlebnisse"[26] besteht und dass er auf genaue semiotische Untersuchungen zielen muss. Obzwar nämlich – so Husserl in den *Prolegomena* – einige Analysen „sich in erheblichem Maße notwendig in die Form terminologischer Erörterungen kleiden und [...] gar leicht als kleinliche und öde Wortklaubereien"[27] erscheinen, sind sie dennoch immer insofern auf die Sachen selbst ausgerichtet, als es sich dabei auch zugleich um phänomenologische und nicht bloß vorbereitende Analysen handelt. Das ist bei der Analyse von Zeichen in besonderem Maße der Fall, da hier der Begriff der Bedeutung zwar zunächst nur unter dem Gesichtspunkt seiner sprachlichen Anwendung, dann aber auch als Bestandteil phänomenologischer Akte (als das vom jeweiligen Akt „gemeinte") überhaupt diskutiert wird.

Die Überlegungen zum Zeichen als Element der Sprache (zwecks der Begründung einer reinen Logik) und als Bestandteil der Phänomenologie stellen somit einen der wichtigsten Schritte in der Entwicklung der Phänomenologie Husserls dar und können, zusammen mit den Arbeiten Charles Sanders Peirces, als die Anfänge der Semiotik überhaupt gelten, wie Roman Jakobson auch bemerkt hat.[28] Denn Husserl schreibt:

---

[24] Hua XIX/1, S. 8 (A5, B4).

[25] Hua XXV, S. 20. Trotz der von Husserl selbst anerkannten Notwendigkeit, eine möglichst reine Sprache für die Phänomenologie zu gewinnen, ist es besonders auffällig, dass das erste zu lösende Problem für Husserl in den *Logischen Untersuchungen* gerade nicht die Worte „Logik", „Bewusstsein", „Phänomen", „Erlebnis" usw. sind. Diese Spannung ergibt sich aber daraus, dass Husserl die Phänomenologie selbst nicht als fertige Lehre betrachtet hat, sondern als eine Methode, die sich selbst in ihrem eigenen Vollzug erhellt.

[26] Vgl. den Titel des vierten Paragraphen: Hua XIX/1, S. 17 (A12, B12).

[27] Hua XVIII, S. 246 (A245, B245).

[28] Jakobson hat sich mit Husserls Theorie des Zeichens an mehreren Stellen auseinandergesetzt und hat auch ausdrücklich Bezug zum Text *Zur Logik des Zeichens. Semiotik* aus dem Jahr 1890, der im Folgenden behandelt wird, genommen, und zwar schon im Jahr 1975, nur fünf Jahre nach der Erstveröffentlichung: Vgl. R. Jakobson, *Ein Blick auf die Entwicklung der Semiotik*, in: Id.,

Die analytische Phänomenologie, deren der Logiker zu seinem vorbereitenden und grundlegenden Geschäfte bedarf, betrifft unter anderem und zunächst „Vorstellungen" und des Näheren *ausdrückliche* Vorstellungen. In diesen Komplexionen aber gehört sein primäres Interesse den an den „bloßen Ausdrücken" haftenden, in der Funktion der Bedeutungsintention oder Bedeutungserfüllung stehenden Erlebnissen. Indessen wird auch die sinnlich-sprachliche Seite der Komplexionen (das, was den „bloßen" Ausdruck in ihnen ausmacht) und die Weise ihrer Verknüpfung mit dem beseelenden Bedeuten nicht außer Acht bleiben dürfen.[29]

In der ersten *Logischen Untersuchung* hat Husserl also die für sein Projekt zentrale Aufgabe vor sich, eine Unterscheidung zwischen Anzeige und Ausdruck als Hauptmodi des Zeichens überhaupt zu treffen. Diese Unterscheidung muss dann maßgeblich bleiben für die weiteren Untersuchungen, denn sie stellt die Bedingung der Möglichkeit einer analytischen und wissenschaftlichen Beschreibung der Phänomene dar.

2.2 Das Zeichen als dynamischer Hinweis

In den ersten Sätzen der ersten *Logischen Untersuchung* zielt Husserl darauf ab, innerhalb der Gattung „Zeichen" eine Unterscheidung zwischen zwei verschiedenen Elementen zu treffen: „Jedes Zeichen ist Zeichen für etwas, aber nicht jedes hat eine ‚Bedeutung', einen ‚Sinn', der mit dem Zeichen *‚ausgedrückt'* ist".[30] Husserl nennt die Zeichen, die eine Bedeutung haben, „Ausdrücke", und die Zeichen, die eigentlich nichts bedeuten, nennt er „Anzeichen".[31] Husserl führt diese Unterscheidung ein und hält daran fest. Auch wenn in der Alltagssprache etwas, das nichts „bezeichnet", dennoch „Zeichen" genannt werden könne, weist er einen solchen Begriffsgebrauch für seine eigenen Untersuchungen zurück. Ein Zeichen im eigentlichen Sinne des Wortes trage daher wesentlich eine Bezeichnungsfunktion mit sich und ist Zeichen „für" etwas.

Ist nun aber das Bezeichnen nicht identisch mit Bedeuten (ist also nicht jede Bezeichnung eine Bedeutung), so lässt sich festhalten, dass selbst wenn ein Zeichen etwas bezeichnet, es noch keine Bedeutung besitzen muss.[32] In diesem Sinne fallen

---

„Semiotik. Ausgewählte Texte 1919–1982", hrsg. von E. Holenstein, Suhrkamp, Frankfurt am Main 1988, S. 108–135, hier S. 114–115. S. dazu auch. C. Di Martino, „Introduzione", in: E. Husserl, *Semiotica*, S. 19. Für den Versuch, Jakobsons Semiotik als eine Phänomenologie zu lesen, vgl. E. Holenstein, *Jakobson ou le structuralisme phénoménologique*, Seghers, Paris 1975, und E. Holenstein, *Linguistik. Semiotik. Hermeneutik. Plädoyers für eine strukturale Phänomenologie*, Suhrkamp, Frankfurt am Main 1976.

[29] Hua XIX/2, S. 17 (A12, B12).

[30] Hua XIX/2, S. 30 (A23, B23).

[31] Die Frage, ob auch Anzeigen eine „Bedeutung" haben können, wird in den *Umarbeitungen* (Hua XX/2, S. 78) behandelt; siehe dazu weiter unten.

[32] Die Einsicht war schon in *Semiotik* gewonnen: Bei Zeichen ist nämlich notwendig „dasjenige, was das Zeichen *bedeutet* und das, was es *bezeichnet*", zu trennen (Hua XII, S. 343); beide fallen nur bei der Klasse „direkter Zeichen" zusammen. Vgl. dazu auch im Jahr 1905 Hua Mat. V, S. 64:

2.2 Das Zeichen als dynamischer Hinweis

unter den Begriff „Zeichen" als etwas, das auf ein Bezeichnetes hinweist, sowohl Anzeichen als auch Ausdrücke: Beide Begriffe „hängen dem Worte *Zeichen*" insofern an, als beiden eine Bezeichnungsfunktion zukommt.[33]

In dieser Unterscheidung zwischen Ausdruck als bedeutsamem Zeichen und Anzeige bleibt aber der Begriff des „Zeichens" selbst unterbestimmt.[34] Das Einzige, was Husserl tatsächlich allgemein zu diesem Begriff sagt, ist, dass ein Zeichen „Zeichen für etwas", und zwar für ein Bezeichnetes ist. Dies ist jedoch keine zureichende Definition des Phänomens, da unklar bleibt, wie genau die Funktion des „Für" phänomenologisch ausweisbar ist und daher auch, wie sich das Zeichen und das Bezeichnete zueinander verhalten. Dabei stellt sich gerade das „Für" in der Formulierung „ein Zeichen für etwas sein" als die wichtigste Funktion des Zeichens heraus, aber nur dann, wenn dieses „Für" richtig ausgelegt wird. Dieses „Für" darf nicht im Sinne einer Surrogat-Funktion, sondern muss als ein dynamischer Hinweis verstanden werden, wie sich aus den folgenden Untersuchungen ergibt.

Der Grund, wieso Husserl das Zeichen nicht definiert, ist schwer auszumachen. Bei der ersten Lektüre gewinnt man den Eindruck, der Autor werde diesen Begriff im Laufe des Textes näher bestimmen, was aber nicht geschieht. Der Ausgangspunkt dieser ersten *Logischen Untersuchung* bleibt sozusagen unhinterfragt und eine eindeutige Definition des Zeichenbegriffs fehlt.[35]

„Wort ist Zeichen. Wort ist Ausdruck. Aber nicht gleichwertig. Jeder Ausdruck ist ein Zeichen. Aber nicht jedes Zeichen ist ein Ausdruck, weil es nicht immer Bedeutung und Sinn hat. Korrelat sind Zeichen und Bezeichnetes; aber dies nicht eigentlicher Charakter des Bedeutens". Diesen Unterschied erkennt auch Derrida an und schlägt vor, das Bedeuten ins Französiche mit „*vouloir-dire*" zu übersetzen, um es von dem Bezeichnen zu trennen (J. Derrida, *Die Stimme und das Phänomen*, S. 29).

[33] Hua XIX/1, S. 31 (A24, B24).

[34] Dieses Fehlen einer einheitlichen Definition hat auch Derrida bemerkt, *Die Stimme und das Phänomen*, S. 35. Darauf weist auch R. Bernet hin: „Surprisingly enough, Husserl's *First Investigation* does not approach in direct fashion the question concerning the nature of the sign as such" (R. Bernet, *Husserl's Theory of Sign Revisited*, in: R. Sokolowski (Hrsg.), „Husserl and the Phenomenological Tradition. Essays in Phenomenology", The Catholic University of America Press, Washington 1988, S. 1–24, hier S. 3). Corrado Sinigaglia ist derselben Meinung: „In diesem Text fehlt nämlich eine letzte Definition des Zeichens im allgemeinen, und selbst die Unterscheidung Anzeige-Ausdruck konnte schwerlich als spezifischer Unterschied innerhalb der einheitlichen Art Zeichen verstanden werden. Die Verschiedenartigkeit der Hinweisformen war so groß, dass es unmöglich war, sie auf ein einheitliches gemeinsames Wesen zurückzuführen. Auch konnte sie auf der anderen Seite nicht von jenem generellen Vorverständnis der Zeichenfunktion vorgestellt werden, als Für-etwas-anderes-Stehen, das lediglich den natürlichen und notwendigen Ausgangspunkt für die phänomenologische Untersuchung darstellte" (C. Sinigaglia, *Zeichen und Bedeutung. Zu einer Umarbeitung der sechsten* Logischen Untersuchung, in: „Husserl Studies" 14, 1998, S. 179–217, hier S. 216). Meines Erachtens geht die Begründung aber, dass die Verschiedenartigkeit der Formen zu groß ist, als dass man einen einheitlichen Begriff herausbilden könnte, fehl, weil ein solcher Begriff im Aufsatz *Semiotik. Zur Logik des Zeichens* in der Tat gegeben und abstrakt genug ist, um alle diese Differenzierungen umfassen zu können.

[35] Das sieht Derrida als einen möglichen Versuch Husserls, das Zeichen einer „ontologischen Intention" (*Die Stimme und das Phänomen*, S. 37), und damit der Metaphysik, zu entziehen. Eine solche Interpretation, die durchaus berechtigt im Sinne von Derridas Dekonstruktion ist, bleibt für eine Auslegung der ersten *Logischen Untersuchung* ungerechtfertigt.

Eine mögliche Rechtfertigung für Husserls Auslassung einer klaren Definition des von ihm nur operativ verwendeten Zeichenbegriffs könnte darin zu finden sein, dass er diesen Begriff anderswo bereits definiert hatte, nämlich in einer kurzen Schrift, die zeigt, dass und wie Husserl sich mit dem Begriff „Zeichen" schon sehr früh in seinem philosophischen Schaffen auseinandergesetzt hat. Zur Zeit der Schröder-Rezension gehören nämlich nicht nur die Überlegungen zur maßgebenden Rolle der natürlichen Sprache in jeder Logikanalyse, sondern auch die ersten Auseinandersetzungen mit dem Begriff des Zeichens.[36] Im Jahr 1890 schreibt Husserl die Abhandlung *Zur Logik des Zeichens. Semiotik*, in der er dem Begriff des Zeichens eingehende Analysen widmet. Die hier ausgeführte und im Folgenden zur Diskussion zu stellende Zeichendefinition bleibt für Husserl in den nächsten dreißig Jahren maßgeblich, da er sie immer wieder implizit voraussetzt, ohne sie aber je wieder zu diskutieren – trotz ihrer von Husserl selbst anerkannten Mangelhaftigkeit.[37]

Zur Logik des Zeichens. Semiotik war dazu bestimmt, eine Sektion im zweiten Band der *Philosophie der Arithmetik* zu bilden; Husserl ist aber nie dazu gekommen, diesen zweiten Teil zu schreiben. Der Text wurde 1890 verfasst, ist aber bis 1970 unveröffentlicht geblieben. Dennoch nahm er eine zentrale Rolle im Gesamtprojekt der *Philosophie der Arithmetik* ein, da das mathematische Denken „über die allerersten Zahlen"[38] es immer mit symbolischen Vorstellungen zu tun hat, deren Charakter durch eine semiotische Analyse besser erklärt werden sollte.[39] Anders gesagt

---

[36] J. English hat auch auf eine gewisse Nähe zwischen der ersten *Logischen Untersuchung* und wichtigen Passagen aus der *Philosophie der Arithmetik* bezüglich des Zeichens und der Anzeige bestanden, aber darauf einzugehen würde die Grenzen dieser Arbeit sprengen. Diesbezüglich besteht gewiss eine Kontinuität, aber auch eine markante Differenz: In der *Philosophie der Arithmetik* ist das Zeichen nur als Kalkülmittel analysiert in seiner Surrogatfunktion, während das in der ersten *Logischen Untersuchung* nur einen Aspekt einer Zeichentheorie bildet. Da, wie im Folgenden zu zeigen ist, eine Auffassung des Zeichens bzw. der Anzeige als Surrogat diese Begriffe aus einer phänomenologischen Beschreibung der Wahrnehmung ausschließen muss, bleibt dieses Verhältnis für das Ziel der vorliegenden Arbeit entbehrlich. Im Folgenden werden nur wenige, besonders prägnante Elemente aus der Zeichentheorie Husserls in der *Philosophie der Arithmetik* diskutiert. Vgl. J. English, *La I. et la II. Recherches Logiques comme réécritures de la deuxième et première parties de la* Philosophie de la Arithmètique, in: J. Benoist, J. F. Courtine (Hrsg.), „Husserl. La représentation vide, suivi de Les Recherches Logiques, une œuvre de percée", PUF, Paris 2003, S. 40–62.

[37] Vgl. R. Parpan, *Zeichen und Bedeutung*, S. 4 und 256. Unter den ersten Abhandlungen, die sich – obwohl weder ausführlich noch mit zureichendem Verständnis – auf diesen Text Husserls eingelassen haben, sind R. Verdenal, *La sémiotique de Husserl: la logique des signes (à propos de certains inédits*, in: „Les Etudes Philosophiques", 4 (1973), S. 553–564, und D. Willard, *Logic and the Objectivity of Knowledge. A Study in Husserl's Early Philosophy*, Athens, Ohio 1984 (vor allem Kapitel III, Sektion V), zu erwähnen. Eine eingehende Untersuchung dieser Schrift liefert Carmine Di Martino sowohl in der Einleitung als auch in den zahlreichen Kommentaren zu E. Husserl, *Semiotica*, hier vor allem S. 18 ff.

[38] Hua XII, S. 191. 1891 geht die eigentliche Vorstellung nicht über „zehn bis zwölf", später nicht über drei (Hua XII, S. 339).

[39] Für eine tiefere Untersuchung der Semiotik Husserls in der *Philosophie der Arithmetik* siehe D. Münch, *Intention und Zeichen. Untersuchungen zu Franz Brentano und zu E. Husserls Frühwerk*, Suhrkamp, Frankfurt am Main 1993, S. 81–132 und R. Parpan, *Zeichen und Bedeutung*, S. 7–77.

2.2 Das Zeichen als dynamischer Hinweis

hat nach Husserl die Mathematik mit unmittelbar anschaulichen Begriffen nur insofern zu tun, als sie die ersten Kardinalzahlen thematisiert und benutzt; alle größeren Zahlen sind durch semiotische Prozesse uneigentlich, also durch Vermittlung, für die wissenschaftliche Praxis gegeben.

Die Rolle der Symbolik geht aber auch noch darüber hinaus. Sie trägt nämlich eine „immense Bedeutung", denn solche Symbole „bedingen wesentlich" unser ganzes höheres Geistesleben; durch Symbole sind die „Schranken" unmittelbarer Erfahrung durchbrochen, weil sie zu Leistungen befähigen, die das Bewusstsein „in eigentlicher Erkenntnisarbeit niemals vollbringen könnte".[40] Die Höhen menschlicher Erkenntnis sind nur dann zu erreichen, wenn durch Symbole die Grenzen der eigentlichen Erfahrung überwunden werden können: „Mit der bewussten Anwendung von Symbolen erhebt sich der menschliche Intellekt zu einer neuen, der wahrhaft menschlichen Stufe".[41] Diese Funktion des Zeichens, über die Grenzen unmittelbarer eigentlicher Erkenntnis, nämlich über die schlichte Evidenz und Gegebenheit eines Erkenntnisgegenstandes – hier die ersten Kardinalzahlen – hinauszugehen, wird auch in den Analysen der Wahrnehmung wieder eine Rolle spielen, wie in den nächsten Kapiteln zu zeigen sein wird.

Gerade wegen der zentralen Rolle semiotischer Elemente nimmt Husserl sich vor, im zweiten, unveröffentlichten Teil seines Werkes zu den philosophischen Grundlagen der Mathematik eine Definition des Zeichens zu geben. Ist nämlich die Rolle von Zeichen und Symbolen in dem veröffentlichten Teil der *Philosophie der Arithmetik* maßgeblich, so wird das Zeichen in diesem Text doch auf seine Surrogatstruktur und auf seine Stellvertreterfunktion reduziert, welche beide für das Kalkül zentral sind. Husserl bedient sich hier somit der klassischen Auffassung, nach der ein Zeichen im Falle des Kalküls ein Substitut ist für mangelnde Anschaulichkeit.[42] Diese Auffassung wird jedoch von ihm bereits in *Semiotik* und maßgeblich dann in den *Logischen Untersuchungen* revidiert. Im ersten Werk wird nämlich der Begriff des Zeichens nicht mehr *nur*, im zweiten *gar nicht* über seine Surrogatfunktion definiert.[43] Selbst von Phantasiebildern oder imaginativen Komponenten des

---

[40] Hua XII, S. 349–350.

[41] Hua XII, S. 350.

[42] Gerade die Tatsache, dass in der *Philosophie der Arithmetik* das Zeichen für das reine Kalkül angewendet wird und als Surrogat für mangelnde Anschaulichkeit verstanden wird, schließt aus, dass hier das Zeichen auch eine Rolle innerhalb der Wahrnehmung annehmen kann; anders verhält es sich, wie im Folgenden zu zeigen ist, mit *Semiotik* und vor allem mit den *Logischen Untersuchungen*, die gerade deswegen im Zentrum der vorliegenden Untersuchung sind.

[43] Vgl. vor allem den Paragraphen 20 der ersten *Logischen Untersuchung*, wo die stellvertretende Funktion des Zeichens klar in Frage gestellt ist. Sie ist nämlich eine „sehr unangemessene Beschreibung dieser Sachlage" (Hua XIX/1, S. 73, A68, B68). Diese Funktion ist nur im „arithmetischen Denken" (Hua XIX/1, S. 74, A68, B68) tatsächlich anzutreffen. Anderenorts wird die Rückführung der Zeichenfunktion auf die Stellvertreterfunktion als „ziemlich roh" charakterisiert (Hua XIX/1, S. 524, A467, B503). Systematisch hat G. Figal überzeugend dargelegt, dass die Zeichen nicht auf die von Augustinus stammende Funktion des Stellvertreters reduziert werden können (G. Figal, *Gegenständlichkeit*, S. 244–246).

Zeichenbewusstseins kann nicht gesprochen werden,[44] sondern nur von Hinweisen und Bezeichnungen, zwei Elementen, die gleich von Husserl zum Thema gemacht und einer phänomenologischen Analyse unterzogen werden müssen.

Eine Untersuchung des Begriffs des Zeichens ist also vom Standpunkt der *Philosophie der Arithmetik* insofern notwendig, als die Mathematik es hauptsächlich mit symbolischen Vorstellungen zu tun hat und symbolische Vorstellungen durch Zahlzeichen getragen werden. Diese zentrale Rolle der Zeichenanalyse bringt Husserl in den ersten Zeilen der Semiotikabhandlung wie folgt zum Ausdruck:

> Die spät genug erkannte Aufgabe der Logik war es auch hier, sich dieses großen natürlichen Hilfsmittels der Urteilsbildung zu bemächtigen und durch wissenschaftliche Reflexionen über Berechtigung, Grenzen, Tragweite aus den natürlichen und logisch ungerechtfertigten ein künstliches und logisch gerechtfertigtes Verfahren zu machen, welche nicht bloße Überzeugung, sondern gesicherte Erkenntnis gewährleistet.[45]

Wie auch in späteren Werken und selbst in den *Logischen Untersuchungen* besteht das Hauptziel Husserls also darin, eine Logik (sei sie mathematische oder philosophische Logik) zu begründen, und da diese Logik sich irgendeiner Sprache bedienen muss, ergibt sich die Notwendigkeit einer Analyse von Zeichensystemen, die dafür angewendet werden können. Erst durch Zeichensysteme und eine eigens bedachte Symbolik lässt sich, so Husserl, die der Erkenntnis und Wissenschaftspraxis dienende Induktion streng thematisieren und formallogisch behandeln.[46]

Gerade wegen der zentralen Stellung dieses Begriffes in seinen Überlegungen weist Husserl darauf hin, dass „das Wort Zeichen in unserer Definition […] in dem denkbar weitesten Sinn zu nehmen" ist.[47] Aus dieser Sinnweite ergibt sich auch der Grund, warum die Definition ganz allgemein und formal bleibt. Vorstellung durch Zeichen ist nämlich *jede* eigentliche Vorstellung, die den Inhalt nicht selbst, nämlich „als das, was er ist", hat, sondern nur „indirekt und vermittelt".[48]

So lautet also Husserls Bestimmung des Zeichens: „Der Begriff des Zeichens ist eben ein Verhältnisbegriff, er weist hin auf ein Bezeichnetes".[49] Als solches wird der Begriff „Zeichen" so formal definiert, dass das Zeichen potenziell alle Verhältnisbestimmungen enthalten könnte, sofern diese einen Hinweis auf etwas implizieren.[50]

---

[44] Vgl. Hua XIX/1, S. 67 ff. (A61 ff., B61 ff.).

[45] E. Husserl, „Über die Logik des Zeichens. Semiotik", in Band XII, S. 373.

[46] Vgl. z. B. Hua XII, S. 370. Zur Induktion vgl. auch weiter unten das letzte Kapitel.

[47] Hua XII, S. 340.

[48] Hua XIII S. 350. In systematischem Zusammenhang erkennt auch G. Figal in dieser Vermittlung als Erscheinung durch Anderes statt Selbsterscheinung den Grundzug jedes Zeichens (G. Figal, *Das Untier und die Liebe*, Metzler Verlag, Stuttgart 1991, S. 98). In Zeichen und Symbolen „zeigt sich etwas, aber nicht selbst" (S. 99).

[49] Hua XII, S. 341.

[50] Derrida führt das Hinzeigen als Charakteristikum des Ausdrucks und die Anzeige als Charakteristikum des Anzeichens auf ein Zeigen zurück, dessen Sinn von Husserl vorausgesetzt ist (*Die Stimme und das Phänomen*, S. 35). Das ist m. E. für eine plausible Interpretation insofern problematisch, als Husserl von Zeigen in diesem Sinne nicht spricht. Die Rückführung auf das *Hinweisen* als Element, das sowohl für Ausdrücke als auch für Anzeichen gilt, findet dagegen in der *Semiotik* eine Belegstelle.

2.2 Das Zeichen als dynamischer Hinweis

Dabei stellt Husserl auch fest, inwiefern der Begriff des Zeichens ein Überbegriff ist, der viele verschiedene Elemente (wie beispielsweise in der ersten *Logischen Untersuchung* Ausdruck und Anzeige) umspannen kann. Mit Zeichen überhaupt ist nämlich der Begriff einer *uneigentlichen* Vorstellung insofern deckungsgleich, als eine uneigentliche Vorstellung eine symbolische ist.[51]

Obwohl diese Definition auf einen ersten Blick als leer erscheinen könnte, darf man gerade nicht vergessen, dass Husserl den Zeichenbegriff in seiner vollen Tragweite fassen will, ohne ihn auf die verschiedenen Bedeutungen, in denen das Wort Zeichen benutzt werden kann und die er dann sorgfältig unterscheidet, zu reduzieren; deswegen enthält Husserl sich hier jeder Rede vom konventionellen Charakter des Zeichens.[52] Das Zeichen, so wie Husserl es versteht, ist auf keinen Fall mit einer *willkürlichen* oder konventionellen Beziehung zweier Gegenstände gleichzusetzen, was vielmehr nur der Charakter einer gewissen und beschränkten Klasse von Zeichen ist. Phänomenologisch liegt der Akzent auf der immanenten Struktur des Zeichens selbst, nämlich auf dem Hinweisen als dem Charakteristikum, das für jede Klasse von Zeichen gilt.[53]

Dieses „Hinweisen" hat für Husserl, wie er sich in den *Umarbeitungen* ausdrückt, einen „phänomenologisch eigenartige[n] Charakter",[54] der in *Semiotik* weiter expliziert wird, so nämlich, dass das Zeichen „unsere Gedanken hinzulenken"[55] imstande sei, und zwar hin zum Bezeichneten. Der von einem Zeichen stammende Hinweis ist daher in erster Linie ein Hinlenken, das vom Zeichen weg zum Bezeichneten hinführt. Somit tritt klar zutage, inwiefern in der Definition des Begriffes „Zeichen" der Akzent von Husserl auf das Moment des „Hinweisens" gelegt wird:[56] Sofern es gilt, das Zeichen im weitesten möglichen Sinne zu nehmen, ist das Hinweisen als Hinlenken das, was alle Zeichen charakterisiert. Das Zeichen in seiner höchsten Allgemeinheit ist damit nichts anderes als ein Hinweis, der auf etwas hin lenkt, und zwar in dem Sinne, dass nicht das Zeichen selbst, sondern das von diesem Bezeichnete den eigentlichen Gegenstand der Aufmerksamkeit bildet.

Dieses Hinweisen bzw. Hinlenken ist wiederum als Zusammenstellung zweier Elemente zu verstehen, die untereinander engere oder lockere Verbindungen haben können. In diesem Sinne gehören auch alle sprachlichen Zeichen, selbst wenn sie sich in der Art und Weise, in der sie auf etwas hinweisen, voneinander unterscheiden,

---

[51] Hua XII, S. 340.

[52] Die These des konventionellen Charakters des Zeichens bei Husserl ist noch einmal widersprochen in Hua XX/2, S. 80, wo explizit gesagt wird, dass die Anzeichen in einem „sachlichen Zusammenhang mit dem Angezeigten" stehen. Ist nun der Zusammenhang sachlich, so kann er doch nicht willkürlich bzw. konventionell sein.

[53] Meine Hervorhebung des rein formalen Charakters des Zeichens als „Hinweisens" bzw. Hinzeigens ist eine Umwandlung von G. Figals Rückführung jedes Zeichens auf Formen des Zeigens (vgl. G. Figal, *Gegenständlichkeit*, § 24).

[54] Hua XX/2, S. 131.

[55] Hua XII, S. 341.

[56] Dieser Aspekt des Hinweisens als zentral für die Zeichenauffassung kommt bei Husserl auch in späteren Jahren vor: Vgl. Hua XXIII, S. 155: „Dann hängt dem Zeichen der Charakter des Hinweises an, es soll nicht das Zeichen, sondern das Bezeichnete gemeint sein".

immer noch zum Zeichen; selbst Eigennamen und allgemeine Namen gehören dazu, obwohl ihre Bezugnahme auf die bezeichneten Gegenstände eine andere ist.[57]

Anders als in der *Philosophie der Arithmetik* ist nun die Surrogatfunktion nur auf einen bestimmten Typus von Zeichen, nämlich auf einige künstliche Zeichen, etwa „Zahlzeichen"[58] und Zeichen mit Stellvertreterfunktion,[59] reduziert, und ist auf keinen Fall eine allgemeine Eigenschaft des Zeichens überhaupt, da vor allem im Falle von Symbolen, die sich auf Sachen beziehen, „deren eigentliche Vorstellung uns versagt ist", und zwar „sei es zeitweilig, sei es dauernd",[60] von keiner Surrogatfunktion gesprochen werden kann.

Dass eine stellvertretende Funktion des Zeichens nur eine unbefriedigende bzw. mindestens nur partielle Definition desselben erlaubt, wird von Husserl auch in den *Prolegomena* betont. Hier weist Husserl in der Diskussion der Position von Ernst Mach und Richard Avenarius bezüglich der „Denkökonomie" darauf hin, dass das Zeichen als Stellvertreter zwar das Umgehen mit schwierigen, unanschaulichen und uneinsichtigen Sachverhalten erlaubt, andererseits aber auch darauf, dass es „mit vager Rede von der stellvertretenden Funktion der Zeichen [...] hierbei natürlich nicht getan" ist, da es „überall tiefgehender Analysen"[61] bedarf, welche dann in der ersten *Logischen Untersuchung* durchgeführt werden.

Obwohl also im Text der *Logischen Untersuchungen* der Begriff „Zeichen" nicht ausdrücklich definiert wird, kann man die soeben gegebene Definition aus *Semiotik* festhalten: Das Zeichen ist etwas, das auf etwas Anderes als ein Bezeichnetes hinweist in der Weise eines Hinlenkens. In diesem Sinne ist nun Husserls Behauptung aus dem Jahr 1900/1901 „jedes Zeichen ist Zeichen *für* etwas"[62] zu verstehen.

---

[57] Die subtilen Unterscheidungen, die Husserl in *Semiotik* trifft, werden im Folgenden nicht weiter behandelt, da der Fokus der Untersuchung auf semiotische Strukturen innerhalb der phänomenologischen Beschreibung der Wahrnehmung gerichtet ist und nicht auf eine allgemeine phänomenologische Semiotik. Die Unterscheidungen, die Husserl 1890 trifft, spielen in der Analyse der Wahrnehmung keine Rolle. Für eine nähere Analyse dieses Textes sei auf die schon genannten Untersuchungen von Münch, Parpan und Di Martino hingewiesen.

[58] Hua XII, S. 345. Dabei klärt Husserl später, dass nicht einmal alle künstlichen Zeichen Surrogate sind: „Die künstlichen Surrogate sind eine besondere Klasse künstlicher Zeichen. Denn künstliche Zeichen werden im allgemeinen nicht zum Zwecke des Ersatzes für eigentliche Vorstellungen und Urteile erfunden, sondern um als Marken des Gedächtnisses, als sinnliche Stützen psychischer Tätigkeit, als Hilfsmittel der Mitteilung und des Verkehrs und dgl. zu dienen. Erst infolge beständigen Gebrauches und der sich bildenden Assoziation, gelegentlich auch durch erfahrende Tätigkeit oder durch ein Gemisch von beidem nehmen künstliche Zeichen (sofern sie überhaupt die Eignung hierzu besitzen) den Charakter von Surrogaten an, ähnlich wie natürliche Zeichen denjenigen von natürlichen Surrogaten" (Hua XII, S. 366).

[59] Hua XII, S. 351.

[60] Hua XII, S. 354.

[61] Hua XVIII, S. 204. In diesen Passagen ist das Zeichen tatsächlich nur als stellvetretend aufgefasst (s. etwa S. 203), aber das nur insofern, als da zur Diskussion die arithmetischen Zahlen stehen, die schon als solche in der *Philosophie der Arithmetik* aufgefasst wurden. Husserls Bestehen auf weitere Analysen deutet aber gerade darauf hin, dass die Sache für ihn mit einer solchen Funktion nicht erledigt ist.

[62] Hua XIX/1, S. 30 (A23, B23). Meine Hervorhebung.

2.2 Das Zeichen als dynamischer Hinweis

Dieses „Für", das selbstverständlich interpretationsbedürftig ist, kann nun anhand der Positionen aus *Semiotik* näher erläutert werden. Es soll nämlich nicht im Sinne einer Substitution verstanden werden, wie es in der klassischen Struktur des *aliquid stat pro aliquo* gemeint ist. In diesem Fall hätten wir als allgemeine Bestimmung des Zeichens eine Surrogatfunktion, die aber als solche nur einer besonderen Klasse von Zeichen eigen ist. Die Surrogatfunktion impliziert eine statische Struktur, die schwer mit dem Hinweisen und Hinlenken der Aufmerksamkeit zu versöhnen ist.[63] Das „Für" muss dagegen anders interpretiert werden, und zwar im Sinne der Indizierung einer Richtung durch das Hinweisen und Hinlenken. Während nämlich das „für etwas stehen" als Surrogatfunktion impliziert, dass die Aufmerksamkeit auf das Zeichen selbst gerichtet bleibt, und zwar insofern dieses hier *für* das Bezeichnete steht, ist die Hinweisfunktion des Zeichens wesentlich dynamisch zu verstehen.[64]

---

[63] Obwohl im Folgenden auf eine Untersuchung des *aliquit stat pro aliquo* aus der Perspektive von Husserls Semiotik fokussiert wird, die hier vorlegte Kritik lässt sich auch in anderen Gebieten des philosophischen Diskurses nachvollziehen. So ist z. B. B. Waldenfels auf eine Kritik des „in the place of" mit besonderem Rücksicht auf die Ethik eingegangen: Vgl. B. Waldenfels, *In the Place of the Other*, in: „Continental Philosophy Review", 44, 2011, S. 151–164.

[64] Münch (*Intention und Zeichen*, S. 116) führt jedes Zeichen auf die klassische Auffassung des *aliquid stat pro aliquo* zurück. Die Unterstellung ist aber insofern abzuwehren, als die Surrogatfunktion (*stat pro*, also „an der Stelle von…") schon in *Semiotik* nicht als Hauptfunktion des Zeichens angesehen wird. Ebenso abzuwehren ist der Gedanke, alle Zeichen seien Merkmale (D. Münch, *Intention und Zeichen*, S. 116); Husserl schreibt nämlich, dass alle Merkmale Zeichen sind (Hua XII, S. 341; Hua XIX/1, S. 32, A 24, B24), nicht aber umgekehrt; ganz im Gegenteil reicht „der Begriff des Anzeichens […] aber weiter als der des Merkmals" (Hua XIX/1, S. 31, A24, B24). Die Erkennungs- und Charakterisierungsfunktion, die für Merkmale wesentlich ist, gehört nicht konstitutiv zum allgemein gefassten Zeichen: Äußerliche Zeichen bezeichnen, aber charakterisieren nicht, wie in *Semiotik* gesagt wird (Hua XII, S. 370). Jeder Versuch, weitere Aspekte in das allgemeine Wesen des Zeichens einzubringen außer dem Bezeichnen und dem Hinweisen, sowie und vor allem der Versuch, die Struktur des Zeichens als Stellvertreter in ihrer Statizität zu behaupten, müssen zumindest nach der Zeit der *Philosophie der Arithmetik* scheitern. In diesem Sinne scheint mir auch die Rückführung problematisch und einseitig, die U. Melle vorschlägt. Nach ihm wären Zeichen „Surrogate" für etwas anderes, während nur den Ausdrücken eine „intentionale Verweisung" zugesprochen werden kann. Obwohl es m. E. richtig ist, dass in dem veröffentlichten Teil der *Philosophie der Arithmetik* die Surrogatfunktion des Zeichens die wichtigste ist (vgl. auch D. Münch, *Intention und Zeichen*, S. 107), ist für Husserl in der Tat – zumindest ab 1890 – die Verweisung bzw. der Hinweis gerade die allgemeinste Eigenschaft jedes Zeichens, und auch die Intentionalität liegt nicht nur in Ausdrücken, sondern auch in gewissen Zeichen, die Anzeigen sind, wie – das Beispiel stammt von Husserl – die Erinnerungszeichen, darunter „der beliebte Knopf im Taschentuch" (Hua XIX/2, 31, A24, B24). Vgl. dazu U. Melle, *Das Rätsel des Ausdrucks: Husserls Zeichen- und Ausdruckslehre in den Manuskripten für die Neufassung der VI. Logischen Untersuchung*, in F. Mattens (Hrsg.), „Meaning and Language: Phenomenological Perspectives", Springer, Dordrecht 2008, S. 3–26, hier S. 5. Derselben Meinung ist auch Derrida, der das „Für" in der Struktur des Zeichens als „ersetzende Supplierung" (*Die Stimme und das Phänomen*, S. 118) interpretiert, dabei aber die Dynamik dieser Struktur als Hinweis völlig verkennt. Während dann Derrida auch mit dem Begriff des Supplements bei einer solchen Auffassung bleibt, scheint Melle diese Spannung selbst später einzuräumen, als er eine sehr klare, von uns ohne weiteres übernommene Definition des Zeichens, so wie Husserl es intendiert, angibt: „Dies ist somit die allen Zeichen gemeinsame Wesensstruktur: Eine an der Zeichenerscheinung haftende, von ihr ausgehende Forderung und Tendenz, um mit seinem thematischen Blick nicht bei ihr stehenzubleiben, sondern der von ihr wegführenden Tendenz zu folgen, die den thematischen Blick

In diesem Sinne ist eine Unterscheidung zwischen der Statik des „*stat pro*" und der Dynamik des „Für" zu treffen. Das deutsche Wort „für" und das lateinische „*stat pro*" sind nämlich keineswegs deckungsgleich. Drückt das „*stat pro*" einen Zustand (*stare*, stehen) aus, so ist die Präposition „für" vielmehr Ausdruck einer Beziehung, und zwar einer bewegten, dynamischen. Dies wird im *Deutschem Wörterbuch* von Wilhelm und Jakob Grimm deutlich: „in ihr [scil. dieser Präposition] liegt ursprünglich [...] die fügung mit dem acc[usativ] und die sinnliche bedeutung ‚vornhin in beziehung auf, angesichts der vorderseite in beziehung auf' [...] und das wort [drückt,] indem es den acc. regiert, bewegung aus [...]".[65] In dieser „beziehung", die durch das „Für" ausgedrückt wird, ist auf etymologischer Ebene die husserlsche Bestimmung des Zeichens als eines Verhältnisbegriffs wiederzufinden.

Das Zeichen als etwas „für" etwas anderes weist somit eine dynamische Struktur auf, die wesentlich im Einklang mit der allgemeinen Definition des Zeichens aus der *Semiotik*, nämlich eben im Sinne eines Hinweises und Hinlenkens, steht.[66]

Ein Zeichen ist daher kein Ersatz, sondern ein Pfeil, der eine Bewegungsrichtung für die Intentionalität angibt. Die Struktur des Zeichens besteht somit gerade darin, dass eine Richtung für die Intentionalität durch das Zeichen angegeben wird; das Hinweisen ist nämlich so aufzufassen, dass der Blick des Subjektes (der selbstverständlich kein tatsächlicher Blick der Augen sein muss, sondern auch rein „gedanklich" sein kann) sich vom Zeichen ablenkt, um die Richtung des Hinweises zu verfolgen und das Bezeichnete zu erreichen. Durch das Zeichen treten zwei Elemente in eine „beziehung", in ein Verhältnis, das keineswegs nur eine Stellvertretung ist.

Neben dem Aspekt des Hinweisens ist in Husserls Definition aus *Semiotik* der Terminus „Bezeichnetes" maßgeblich. Das Zeichen weist nämlich „auf ein Bezeichnetes" hin, sodass es sich nun lohnt, auf dieses Element einzugehen. Als deutsches Äquivalent der lateinischen Termini *notare, insignire, designare* schreibt das Grimm'sche Wörterbuch dem Worte „Bezeichnen" einerseits die Bedeutung von „etwas mit etwas bezeichnen" zu, also im Sinne von: etwas durch ein Zeichen auszeichnen und es damit erkennbar machen, sowohl in sinnlichem wie in abstraktem Sinne; als auch die Bedeutung, „einem etwas bezeichnen" im Sinne von: jemandem etwas zeigen, beispielsweise einen Weg.[67] Das Bezeichnete, so kann man nun das

---

auf das Bezeichnete lenkt" (S. 21). Diese einleuchtende Interpretation der Definition, die nichts von einer Surrogatfunktion enthält, wird nicht nur von den *Umarbeitungen* zur sechsten *Logischen Untersuchung* bestätigt, sondern auch durch eine Reihe von Vorlesungen und Forschungsmanuskripten, auf die im Folgenden näher eingegangen wird.

[65] J. und W. Grimm, *Deutsches Wörterbuch*, Band IV, Sp. 619 (Onlineausgabe woerterbuchnetz.de/DWB).

[66] K. Wiegerling interpretiert die Verweise in der Phänomenologie der Erfahrung und der Wahrnehmung ebenfalls als „dynamisch", nämlich als „Überbrückung der Distanz" durch eine ichliche Leistung (K. Wiegerling, *Husserls Begriff der Potentialität*, S. 80), und dieser Auffassung ist prinzipiell zuzustimmen. Allerdings analysiert er den Begriff der Verweisung nur stillschweigend in einem semiotischen Sinne (sehr oft wird stattdessen operativ von Anzeige gesprochen), eine Auseinandersetzung mit Husserls Semiotik wird aber überhaupt nicht unternommen.

[67] J. und W. Grimm, *Deutsches Wörterbuch*, Band 1, Sp. 1796. Der Rekurs auf eine etymologische Untersuchung der Sprache in diesem Kontext lässt sich daraufhin rechtfertigen, dass Husserl selbst

2.2 Das Zeichen als dynamischer Hinweis

Verhältnis erläutern, wird gezeigt gerade in dem Sinne, dass ein Hinweis darauf zeigt; dabei aber wird das Bezeichnete gleichzeitig ausgezeichnet, und zwar als etwas, worauf hingewiesen wird. Damit erst tritt das Bezeichnete in den Aufmerksamkeitsstrahl des das Zeichen wahrnehmenden Blickes, und zwar als solches, d. h. als Bezeichnetes. Das heißt wiederum, dass es hervortritt und damit anwesend wird, aber nur in seiner Abwesenheit, nämlich insofern, als es als Bezeichnetes, und d. h. durch das Zeichen hindurch, anwesend ist. Auf etwas kann nur dann hingewiesen werden, wenn es nicht selbst unmittelbar in der Aufmerksamkeit, sondern erst vermittelt durch ein Zeichen bzw. eine Zeigegeste, steht. Der Hinweis deutet auf das Bezeichnete, das somit ausgezeichnet ist als ein Abwesendes, das nur als solches in die Anwesenheit kommt. Das Bezeichnete eines Zeichens kann nicht vollständig abwesend sein, denn in diesem Fall wäre es unmöglich, darauf hinzuweisen und die Aufmerksamkeit darauf zu lenken; das Bezeichnete muss daher in eine Quasi-Präsenz eintreten, wo das „Quasi" eben signalisiert, dass es anwesend ist, aber nicht „selbst", nämlich nur durch das Zeichen.[68]

Durch solche Analysen des Bezeichnens und Hinweisens kommt die phänomenologische Eigentümlichkeit des Zeichens deutlich zum Vorschein, denn in seinem dynamischen Hinweis sind zwei Strukturen der Phänomenalität miteinander verschränkt. Das Zeichen erscheint selbst, ist selbst gegeben bzw. ist eine eigentliche Erscheinung; das Zeichen ist, mit anderen Worten, *selbst* wahrgenommen. Das aber, worauf das Zeichen hinweist, also sein Bezeichnetes, ist nicht „selbst", sondern nur *durch* das Zeichen gegeben. Das lässt sich treffend am Beispiel eines Pfeils veranschaulichen. Wir nehmen den mit dem Pfeil anvisierten Punkt nicht selbst (oder nicht wesentlich selbst) wahr, und dennoch ist dieser Punkt „mit" gegeben, nämlich *mit* dem Pfeil. Sobald der Pfeil wahrgenommen ist – und zwar als Pfeil –, ist die Aufmerksamkeit des wahrnehmenden Subjektes schon nicht mehr auf den Pfeil selbst gerichtet, sondern auf den gezeigten Punkt, obwohl dieser gar nicht in das visuelle Feld des Subjektes zu treten braucht. Insofern der Punkt durch den Pfeil angezeigt ist, erscheint er also notwendig mit, obwohl er gleichzeitig eigentümlich unsichtbar bleibt. Er erscheint nämlich gerade durch den Pfeil, mit dem Pfeile und

---

einsieht, dass sich Phänomenologie einer natürlichen Sprache bedienen muss (wie oben ausgeführt), und um Missverständnisse zu vermeiden, ist es geboten, auf die genauen Bedeutungen der Worte der natürlichen Sprache einzugehen. Das ist aber nur dann möglich, wenn das geschichtliche Werden ihrer Bedeutungen mitbedacht wird.

[68] G. Figal hat in Anschluss an Platon, Aristoteles und Heidegger darauf hingewiesen, dass ein Zeichen nur dann auf etwas verweisen kann, wenn dieses Etwas irgendwie schon vorher „gegeben" ist (G. Figal, *Das Untier und die Liebe*, S. 96). Dazu siehe auch J. Derrida, *Die Stimme und das Phänomen*, S. 56: Die Kundgabe als Struktur der Anzeige „verkündet das, worüber sie in Kenntnis setzt, und entzieht es zugleich". Damit ist die eigentliche Struktur der Anzeige erkannt: Sie zeigt etwas als Abwesendes an. „Die Kundgabe" ist nämlich „deshalb von ihrem Wesen her anzeigend" (ebd.), weil sie dieses komplexe Verhältnis von Anwesenheit und Abwesenheit ins Spiel bringt. Vgl. dazu auch L. Lawlor, *Derrida and Husserl*, S. 180. Die Gegenüberstellung, die Bernet vorschlägt (*Differenz und Anwesenheit*, 72), nach der die Anzeige etwas Anwesendes, der Ausdruck etwas Abwesendes bezeichnet, ist, obwohl nicht falsch, eine Simplifizierung der Sachlage.

an dem Pfeile, dem daher die Funktion zukommt, den gezeigten Punkt erscheinen zu lassen. Der Punkt würde ohne den Pfeil gar nicht erscheinen, denn erst durch den Pfeil kann er intentional gemeint und bewusst werden.

Nicht nur im Bewegungscharakter des Zeichens, sondern vor allem in diesem Charakter des Sehenlassens besteht die eigentümliche Dynamik des Zeichens: durch das Erscheinenlassen wird eine potentielle Anwesenheit (δύναμις) zu einer aktuellen (ἐνέργεια) gebracht. Dabei ist aber das Ergebnis eines solchen Sehenlassens nicht eine unmittelbare Übertragung des Bezeichneten in die reine Präsenz, denn das Bezeichnete ist nur dann anschaulich und selbst gegeben, wenn es in unser Wahrnehmungsfeld tritt, d. h., wenn es gar nicht mehr bezeichnet zu werden braucht. Als Bezeichenetes tritt es daher in eine Quasi-Präsenz ein, eine Präsenz zweiten Grades. Diese bedarf wesentlich eines Zeichens, denn nur an diesem kann sie sich zeigen. Das spiegelt sich auch in der für die erste *Logische Untersuchung* zentralen „kundgebenden" Funktion des Zeichens: Es gibt kund, dass etwas da ist, aber dieses Etwas zeigt sich im Kundgeben gerade als Abwesendes. Die Quasi-Präsenz koinzidiert somit gerade mit der Struktur des Sich-als-abwesend-Zeigens. Das Zeichen „gibt kund", wie sich Husserl ausdrückt, aber in dem Text der *Logischen Untersuchungen* ist dieser Begriff der Kundgabe nicht definiert.[69]

Durch diese Rekonstruktion kommt auch zum Vorschein, dass mit dem Hinweisen als dynamischer Struktur des Zeichens ein neues phänomenologisches Faktum aufgewiesen und es sich nicht um eine bloße psychologische Tatsachenfeststellung handelt, da das Zeichen in seiner phänomenalen Struktur des Zeigens, Sichzeigens und Erscheinenlassens erkannt und beschrieben wird. Das spiegelt sich auch darin, dass diese Definition des Zeichens in Husserls phänomenologischem Denken über lange Zeit hinweg Bestand hat, auch wenn sie immer wieder minimalen Umdeutungen unterzogen wird. Auf diese Umdeutungen lohnt es sich, einen kurzen Blick zu werfen.

1893, also drei Jahre nach der Abhandlung *Semiotik*, erfährt das Zeichen eine noch nähere Bestimmung. Hier beschreibt Husserl, wie das Hinweisen zu verstehen ist. In dem Text *Anschauung und Repräsentation*, der nicht von Husserl selbst veröffentlicht wurde, ist das Zeichen als ein Bewusstseinsinhalt definiert, der „die Funktion übt, unser Vorstellen auf ein anderes, sei es auf einen Inhalt oder einen dispositionell geeinigten oder auf gewisse, darauf aufgebaute Gedanken primär hinzuwenden";[70] damit tritt der dynamische Charakter als Lenkung und Hinwendung des thematischen Blickes deutlich hervor. Das Zeichen weckt nämlich ein Begehren nach der Bedeutung bzw. fordert diese Bedeutung.[71] Das Zeichen ist darüber hinaus nun klar als etwas bestimmt, das sich aus einem Kontext abhebt als „primär Angeschautes", das aber daher auch notwendig einem Kontext angehört.[72]

---

[69] Zu diesem Begriff vgl. T. Suzuki, *Der Hintergrund von Husserls Begriff der Kundgebung und Kundnehmung*, in: „Studien zur praktischen Philosophie", 36, 2013, S. 1–31.

[70] Hua XXII, S. 285.

[71] Hua XX/2, S. 289.

[72] Es ist m. E. Münch zuzustimmen, wenn er festhält, dass „dieser Zeichenbegriff […] ein Vorläufer des Anzeichens" ist (E. Münch, *Intention und Zeichen*, S. 158).

2.2 Das Zeichen als dynamischer Hinweis

1905 wird dann die Dynamisierung des Zeichenbegriffs deutlicher mit genuin phänomenologischem Vokabular hervorgehoben und in ihrer phänomenalen Struktur aufgewiesen: Dem Zeichen „haftet sozusagen die Tendenz an, unser Interesse auf den bedeuteten Gegenstand hinzulenken, es stößt das Interesse von sich ab und drängt es auf das Bedeutete hin".[73] Gerade dem Begriff der Tendenz widmet Husserl in diesen und späteren Jahren eingehende Analysen, und verwendet ihn zur phänomenologischen Beschreibung der Zeichenstruktur.

Diese Weitung der Definition wird dann 1908 eingeklammert, da Husserl auf einen minimalen und anscheinend statischen Begriff des Zeichens zurückkommt: „Jedes Zeichen bezeichnet etwas".[74] Sicher richtig ist, dass die Knappheit der Ausführungen keine genauen Schlüsse erlaubt, allerdings wird sich im Kapitel über *Ding und Raum* herausstellen, dass Husserl zu dieser Zeit zu neuen Einsichten bezüglich des Zeichens in der Wahrnehmung gekommen ist und dass der Verlust einer explizit gemachten Dynamik im Zeichenbegriff eigentlich ein Rückkoppelungseffekt der Wahrnehmungsanalyse ist, in welcher Husserl gerade versucht, sich von jeder Semiotik zu befreien.[75]

1913–1914 findet Husserls Konzeption des Zeichens zu einer Bewegungsfigur zurück, denn in den *Umarbeitungen zur sechsten Logischen Untersuchung* nimmt sich Husserl vor, auf die Hinweisintention als basale Komponente des Zeichenbewusstseins einzugehen.[76] Dabei ist das Zeichen ausdrücklich als eine Hinwendung des aufmerkenden bzw. thematischen Blicks erfasst: „Nun kann man sagen: Wie bei jedem Zeichen und Zeichengebilde geht der Blick zunächst zum Zeichen, fasst seine Form und seinen Zusammenhang (nämlich das Bedeutsame daran) auf, also durch die einzelnen Worte und Wortformen, und geht dann in Richtung auf die Bedeutung".[77] In einer anderen Umarbeitung für die sechste *Logischen Untersuchung* wird diese Hinwendung darauf zurückgeführt, dass dem Zeichen im Allgemeinen eine Tendenz anhaftet, die sich als ein Sollen ausspricht. Das Moment des Sollens gehört für Husserl in diesen Jahren konstitutiv zum Zeichen. Bei Zeichen „fühle ich den Zug nach außen":[78]

> Im Vorstellen des A liegt ein wirksames Sollen für das „thematische" Vorstellen B. Dadurch sind A und B einig. In der Vorstellung A wurzelt die „Tendenz", es wurzelt die Übergangintention zum thematischen Meinen B. Nicht geht es dabei aber um eine beliebige Tendenz des Übergangs, sondern um eine Art Sollen für das erregte rechtsseitige Bewusstsein, nicht eine beliebige Motivation.[79]

---

[73] Hua Mat. V (*Vorlesungen zur Urteilstheorie* 1905), S. 69.

[74] Hua XXVI, S. 177.

[75] Die Idee, dass „his concrete descriptions of perception […] have repercussions on his study of language", teilt auch D. Welton, *The Origin of Meaning*, S. 2–3.

[76] „Charakteristisch für das Zeichenbewusstsein ist diesen Analysen [nämlich im zweiten Band der *Umarbeitungen*, Hua XX/2] zufolge eine Übergangs- und Hinweisintention, die den spezifischen Charakter einer Sollenstendenz hat und die den thematisierenden Blick vom Zeichen weg und zum Bezeichneten hin leitet", so der Herausgeber U. Melle (Hua XX/2, S. XXX).

[77] Hua XX/2, S. 10.

[78] Hua XXIII, S. 156.

[79] Hua XX/2, S. 194. Vgl. auch Hua XX/2, S. 84. Diese Sollen-Tendenz entspricht einer Normativität

Besonders prägnant wird dies bereits 1908 in der *Vorlesung zur Bedeutungslehre* beschrieben:

> An dem Wort haftet, natürlich aber nicht sinnlich-erscheinungsmässig, die Tendenz, unser Aufmerken auf die bedeutete Gegenständlichkeit hinzulenken so, dass das primäre Beachten des Wortes übergeht, und zwar in Erfüllung einer Tendenz, eines Sollens übergeht in das thematische Meinen der Sache, und zwar im Medium des Bedeutungsbewusstseins. Das Wort steht so da als der deutende Weiser, von ihm *strahlt ein weisender Pfeil* des Meinens aus, der in der bedeuteten Sache terminiert: die „verbale Intention" erfüllt sich. Diese verbale Intention ist eine Tendenz, und ihr Sich-Erfüllen ist ein Analogon wie das sonstiger Tendenzen, z. B. von Willenstendenzen.[80]

Dieses Sollen erscheint also in Form einer „Zumutung", der Zumutung, etwas zu tun, das möglich ist; insofern geht dieses Sollen immer mit einem entsprechenden Können einher.[81] Auch anderenorts behauptet Husserl im Jahr 1905 während einer Untersuchung der Weise des dem Zeichen- und Symbolbewustein verwandten Bildbewusstseins, dass „die Symbole einen eigenen phänomenologischen Charakter [haben], sie sind mit einem *Sollen* behaftet, sie führen nicht nur die Vorstellung des bedeuteten Objekts mit sich, sie weisen auch darauf hin als auf das, was gemeint sein soll".[82] Damit ist explizit gemacht, dass das Hinweisen wesentlich die Struktur des Zeichens ausmacht und dass dieses Hinweisen wiederum ein Sollen ist. Husserl beschreibt diese Struktur auch, indem er sagt, dass „wir im Inhalt des Zeichens die Meinung finden an das *Ähnliche*, oder durch Hineinblicken in den Inhalt uns gleichsam genähert fühlen dem Subjekt".[83] Das Verhältnis zwischen Zeichen und Ähnlichkeitsbeziehungen, die in der ersten *Logischen Untersuchung* nicht direkt angesprochen wurden, wird erst in der sechsten *Untersuchung* diskutiert, doch hier weisen Husserls Ausführungen in die genaue Gegenrichtung. In diesem neuen Kontext arbeitet Husserl den Unterschied zwischen Bild- und Zeichenbewusstsein heraus und stellt fest, dass das Bild dem Abgebildeten irgendwie ähnlich sein muss, während dies für das Zeichen gerade nicht gilt. „Das Zeichen hat mit dem Bezeichneten inhaltlich zumeist nichts gemein",[84] heißt es in der sechsten *Logischen Untersuchung*, sodass die Behauptung, wir fänden „im Inhalt des Zeichens die Meinung [...] an das Ähnliche" ungerechtfertigt wirkt. Allerdings besteht Husserl darauf, dass das Zeichen dem Bezeichneten auch „vollkommen ähnlich"[85] sein *kann* und

---

der Wahrnehmung, auf die in den nächsten Kapiteln eingegangen wird. Zum Thema vgl. vor allem das dritte Kapitel von S. Crowell, *Normativity and Phenomenology in Husserl and Heidegger*, Cambridge University Press, Cambridge 2013.

[80] Hua XXVI, S. 23–24. Meine Hervorhebung.

[81] Der Primat des Könnens über das Sollen wird dann in den Analysen zur Semiotik der Wahrnehmung klar, denn eine Erscheinung dient als Anzeige für Bewegungsmöglichkeiten nur dadurch, dass diese Bewegungen möglich sind. Dem Sollen geht das Können voraus wie beim kantischen „du kannst, denn du sollst" (I. Kant, *Kritik der praktischen Vernunft*, Meiner, Hamburg 2003, A 171, 283).

[82] Hua XXIII, S. 53.

[83] Hua XXIII, S. 143. Meine Hervorhebung.

[84] Hua XIX/2, S. 587 (A526, B54).

[85] Ebd.

2.2 Das Zeichen als dynamischer Hinweis

dass somit der Ähnlichkeitszusammenhang unzureichend ist, um den Unterschied zwischen Bild- und Zeichenbewusstsein zu charakterisieren. Der Charakter eines Zeichens ist vielmehr durch Kontiguität vermittelt, sodass Husserl festhalten kann, dass Ähnlichkeitsrelationen meist Bildverhältnisse, Kontiguitätsrelationen meist Zeichenverhältnisse sind.[86]

Wahrscheinlich stammt ungefähr aus der gleichen Zeit der *Umarbeitungen zur sechsten Logischen Untersuchung* ein Konvolut von Forschungsmanuskripten zum Thema „Tendenz und Begehren". Hierin wird die Auffassung des Zeichens als dynamischen Hinweises gerade im Hinblick auf die Begriffe „Tendenz" und „Zumutung" weiter expliziert.[87] Diesen neuen Analysen zufolge beinhaltet das Verhältnis von Zeichen und Bezeichnetem eine Sollen-Tendenz. Mit diesem Sollen geht einher, dass das Subjekt nicht beim Zeichen als solchem verweilt, sondern seine Aufmerksamkeit auf das Bezeichnete lenkt. Dadurch jedoch rückt das Zeichen selbst nicht aus dem Bereich der Betrachtung. Dabei steht, wie schon oben angedeutet, ein gewisses Können korrelativ zum Sollen. Es handelt sich dabei um die Möglichkeit, die Aufmerksamkeit auf das Bezeichnete zu verlagern, indem man der „Tendenz" und der „Zumutung" folgt.[88] Gerade deswegen ist eine Interpretation des Zeichens als eines „Surrogats" für Husserl sinnwidrig: Bei einem Surrogat wird die Aufmerksamkeit gerade nicht auf etwas Anderes gelenkt, sondern bleibt auf das Surrogat selbst gerichtet, das an der *Stelle* von etwas anderem steht.

In diesem Sinne beschreibt Husserl die Struktur des Zeichens in dieser Umarbeitung zur sechsten *Logischen Untersuchung*:

> Also ein Sachfremdes ist im Blick, kommt zur Daseinserfassung, aber es ist nicht thematisches Objekt, gehört gar nicht in das Gemeinte, in die mich gerade beherrschende thematische Intention; oder es wird zunächst wie ein Thema erfasst, aber alsbald wird ein thematisches Bewusstsein, eine Intention geweckt, die das Zeichen thematisch ausschließt und mich hinüberführt gemäß einer Tendenz in das thematische Bewusstsein B. Dabei geht A nicht verloren; eine eigene Bewusstseinsverbindung ist hergestellt, vermöge deren das B als das zu A als von ihm aus signitiv gemeinte „Gehörige" und dadurch mit ihm Einige bewusst ist. [...] Wir können auch sagen: Das habituelle Zeichen ist von sich aus Träger einer *praktischen* Zumutung, und zwar einer unpersonalen, bewusstseinsmässig nicht mehr einen vorgängigen Willen realisierenden. Statt dass ich mir zumute oder jemand sonst mir zumutet, mutet von sich aus das Zeichen mir zu, und es mutet mir rein von sich aus zu und nicht nur als Korrelat einer personalen Zumutung.[89]

---

[86] Vgl. dazu auch Hua XIX/2, S. 606 (A53–54, B74–75).

[87] Zur Thematik der Tendenz im Zeichenbewusstsein vgl. M. Geymant, *Le rôle du concept de Tendenz dans l'analyse husserlienne de la fondation à l'époque des Recherches logiques*, in: „Bulletin d'analyse phénoménologique" VIII 1, 2012 (actes 5), S. 183–201, die besonders stark auf die Beilage „Tendenz und Begehren" in den Umarbeitungen eingeht.

[88] Hua XX/2, S. 74, 127 und 152. R. Bernet (*Husserl's Theory of Sign Revisited*, S. 8) besteht m. E. korrekterweise auf den leiblichen Aspekt der Zeichenproduktion, insofern, als dem Zeichen immer ein „Ich kann" vorausgeht, da „a speech act or an act of writing [oder eigentlich jede absichtliche Zeichenproduktion als solche] is just another form of a voluntary bodily movement". Die Verschränkung von Zeichen und Leiblichkeit wird in den Ausführungen zur Wahrnehmung klar hervortreten, vor allem ab *Ding und Raum* (1908). Husserls Interpretation des Bezeichnens als ein Sollen, dem ein Einholenkönnen vorhergeht, deckt sich nicht mit dem alltäglichen Verständnis des Bezeichnens, da man auch „Gott" bezeichnen kann, dieser aber nicht eingeholt werden kann.

[89] Hua XX/2, S. 84. Meine Hervorhebung.

Das Zeichen ist somit Träger einer *praktischen* Zumutung, und zwar praktisch in dem sehr weiten Sinne, dass das Zeichen unsere Aufmerksamkeit steuert. Ein „Ich kann" folgt dieser Zumutung. Diese Lenkfunktion als Verschränkung von Sollen und Ich-Kann liegt im Zeichen selbst und definiert somit näher, wie der dynamische Hinweis, der jedem Zeichen angehört, zu verstehen ist, nämlich als eine solche praktische Zumutung, das Bezeichnete in den Blick zu bekommen.

Diese Dynamik des Zeichens wird später mit dem Eintreten der genetischen Phänomenologie weiter ausgebaut, da Husserl 1920–1921 in den *Vorbereitenden Betrachtungen zur Vorlesung über transzendentale Logik* an dieser Auffassung des Zeichens als Hinweisfigur und als Sollen festhält:

> Die Worte haben im Wortbewusstsein den Charakter von Zeichen, es haften ihnen Charaktere des Hindeutens an, es strahlen von ihnen Hinweistendenzen aus, die auf das Gemeinte hinzielen und im Gehalt der Meinungen terminieren [...]. Es weist das Wort von sich gewissermaßen weg auf das Ausgedruckte als thematischen Sinn. Diese Analyse betrifft offenbar jederlei Zeichen resp. aktuelle Bezeichnung, möge sie eine sprachliche oder nicht sprachliche sein. Jedem Zeichen haftet fest und seinem Wesen als Zeichen gemäß an ein gewisses Sollen, der feste Hinweis auf seine thematische Meinung.[90]

Dieser Hinweis wird so definiert, dass eine Hinweistendenz, die zu „allen Zeichen gehörig" ist (selbst zu Signalen),[91] ein Phänomen des „von sich weg und in die Meinung Hineindeutens" darstellt,[92] dem ein „praktisches Sollen",[93] diese Hinweistendenz zu verfolgen, innewohnt.

Ist somit aber das Sollen zu einem zentralen Bestandteil jedes semiotischen Verhältnisses geworden, so ist das nur möglich – das sei nun zusammenfassend festgestellt –, weil ihm ein Können vorausgeht. Die vom Zeichen hervorgerufene Tendenz, die eigene Aufmerksamkeit auf etwas Nichtgegebenes zu richten und damit dem Sollen zu folgen, ist nur deshalb möglich, weil das Zeichen selbst dieses Nichtgegebene in die Präsenz im Modus eines Bezeichneten bringt. Das Nichtgegebene gelangt somit in eine Quasi-Präsenz: eine Präsenz, die durch etwas Anderes hervorgerufen ist. Nur weil wir unsere Aufmerksamkeit durch das Zeichen auf das Nichtgegebene richten *können*, und d. h., indem das Nichtgegebene zu einem Mitgegebenen und Quasi-Präsenten wird, *sollen* wir unsere Aufmerksamkeit auch darauf richten.

Ein Zeichen ist dank dieser Sollen-Können-Struktur konstitutiv auf die Zukunft gerichtet, denn es verspricht, dass etwas da ist, was nicht selbstgegeben ist und dennoch in der Zukunft als selbstgegeben eintreten könnte, da wir dem Sollen jederzeit nachgehen können. Das Zeichen als dynamischer Hinweis hat somit die Struktur der Intentionen auf *Erfüllung*, eine Struktur, die maßgeblich für Husserls

---

[90] Hua XVII, S. 366–367.
[91] Hua XVII, S. 370.
[92] Hua XVII, S. 27. Zur selben Zeit gehören auch weitere Ausführungen, auf welche nicht eingegangen werden kann, da es eher um Wiederholungen geht und keine neuen Gedanken zu finden sind: vgl. Hua XIV, S. 226–230.
[93] Hua XVII, S. 370.

Verständnis der Intentionalität des Bewusstseins überhaupt ist.[94] Gerade die so beschriebene Struktur des Zeichens macht es möglich, dass das Zeichen auch in der phänomenologischen Erfahrung und näher in der phänomenologisch beschriebenen Wahrnehmung eine Rolle spielen kann.

Die Definition des Zeichens als eines Verhältnisbegriffs und näher als eines dynamischen Hinweises, der auf ein Bezeichnetes gerichtet ist, bleibt für Husserl also maßgebend, und zwar nicht nur zur Zeit der *Semiotik*, sondern auch bis in die dreißiger Jahre hinein. Damit ist phänomenologisch nur ein erster Schritt für das Erreichen einer tiefergehenden Analyse semiotischer Phänomene gewonnen. Innerhalb dieser weiten Gattung des Zeichens überhaupt, also des Zeichens als Hinweis, sind dann nämlich Zeichen mit und ohne Bedeutung auszusondern. In diesem Problemkreis nimmt die Anzeige eine hervorragende Stellung ein.

2.3 Die Anzeige

Husserl liefert in der ersten *Logischen Untersuchung* eine – im Gegensatz zur rein formalen Definition des Begriffs des Zeichens in der *Semiotik* – sehr präzise Bestimmung von „Anzeige":[95]

> irgendwelche *Gegenstände* oder *Sachverhalte*, von deren Bestand jemand *aktuelle* Kenntnis hat, die ihm den *Bestand gewisser anderer Gegenstände oder Sachverhalte* in dem Sinne anzeigen, dass die *Überzeugung von dem Sein der einen von ihm als Motiv* (und zwar als ein *nichteinsichtiges*) Motiv) *erlebt wird für die Überzeugung oder Vermutung vom Sein der anderen.*[96]

Es handelt sich dabei um eine komplexe Beschreibung des Phänomens der Anzeige, die verschiedene erläuterungsbedürftige Elemente ins Spiel bringt. Zunächst wird das Anzeigende, also das Anzeichen, definiert:[97] Eine Anzeige gehört einem

---

[94] In diesem Sinne ist J. Benoist (vgl. J. Benoist, *Intentionalité et langage dans les Recherches Logiques de Husserl*, PUF, Paris 2001) prinzipiell zuzustimmen, wenn er die These aufstellt, die Intentionalität bei Husserl sei im Allgemeinen nach einem Sprachmodell gedacht; allerdings scheint die Beschränkung auf die Sprache nicht berechtigt und sollte durch einen allgemeinen Rekurs auf Husserls Semiotik ersetzt werden. Der Sprache im Sinne des Ausdrucks fehlt nämlich konstitutiv jede schöpferische Leistung (der Ausdruck ist nach Husserl – oder zumindest nach dem frühen Husserl – „nicht produktiv": Hua III/1, S. 287), während die Anzeige einen Raum der Möglichkeit der Erfüllung eröffnet, wie weiter unten im vorliegenden Kapitel thematisiert wird.

[95] Bei der *Philosophie der Arithmetik* ist der Begriff des Anzeichens schon im Spiel, er wird allerdings nur operativ benutzt und nicht explizit aufgefasst. Dass Husserl schon in diesem Werk Anzeichen im Sinne einer nichteinsichtigen Verweisung versteht, hat Münch (*Intention und Zeichen*, S. 259) gezeigt.

[96] Hua XIX/1, S. 32 (A25, B25). Hervorhebungen im Original.

[97] Das Wort „Anzeichen" ist nicht gleichbedeutend mit „Anzeige" (wie D. Münch, *Intention und Zeichen*, S. 241, ungenau meint), sondern bezeichnet den anzeigenden Gegenstand bzw. Sachverhalt; Anzeige dagegen bezeichnet das Verhältnis zwischen zwei Gegenständen bzw. Sachverhalten: „Von den beiden dem Worte *Zeichen* anhängenden Begriffen betrachten wir vorerst den des Anzeichens. Das hier obwaltende Verhältnis nennen wir die Anzeige" (Hua XIX/1, S. 31, A24, B24).

Gegenstand oder einem Sachverhalt zu. In den *Logischen Untersuchungen* ist zumindest bis zu diesem Punkt im Text die Bedeutung von „Gegenstand" und „Sachverhalt" nicht geklärt; sie werden im Allgemeinen im Sinne von „Denkinhalten" gebraucht („alles Denken und Erkennen [zielt] auf Gegenstände bzw. Sachverhalte")[98] und „die Wörter Gegenständlichkeit, Gegenstand, Sache und dgl. [müssen] hier im weitesten Sinne [...] gebraucht werden".[99]

Das heißt, dass eine Anzeige sowohl ein Ding – etwa eine Spur im Wald – sein kann als auch ein Verhältnis zwischen verschiedenen Gegenständen. Beispielsweise ist ein Tannenbaum im Wald keine Anzeige, ein Tannenbaum in einem Haus kann aber anzeigen, dass es Weihnachten ist; also *dass* der Tannenbaum im Haus steht, ist eine Anzeige; Weihnachten ist hier durch einen Sachverhalt, nicht durch einen Gegenstand angezeigt. Ein Sachverhalt kann ein Gegenstand unter gewissen Betrachtungsumständen sein. Damit kann ein Sachverhalt auch einfach das Wie der Wahrnehmung eines Gegenstandes, also die Perspektive auf diesen Gegenstand meinen, was für Husserls Beschreibung der Dingwahrnehmung wichtig sein wird. Husserl bestätigt diese Interpretation in seinen *Analysen zur passiven Synthesis*, wo explizit gesagt wird, dass das Bezeichnete eines Zeichens (und d. h. einer Anzeige) ebenso „selbstgegeben" sein kann wie die Anzeige selbst, und dabei immer noch „Teil" des selbsterscheinenden Gegenstands. Für die Definition der Anzeige ist somit unwesentlich, ob Anzeige und Angezeigtes zum selben Gegenstand gehören oder ob es sich um zwei verschiedene Gegenstände handelt: „Es kann mit dem Zeichensbewusstsein in der Einheit eines Bewusstseins auch das Bezeichnete selbstgegeben sein".[100]

Diese Interpretation der Definition der Anzeige bestätigt sich durch Husserls explizite Anspielung darauf, dass eine Anzeige auch „Teile und Seite der erscheinenden Gegenständlichkeit"[101] verbindet, obwohl diese „verschieden" sein müssen.[102] „Sachverhalt" und „Gegenstand" bezeichnen somit nach Husserls Ausführungen alles, was deiktisch indizierbar und deiktisch identifizierbar ist:

---

[98] Hua XIX/1, S. 12 (A8, B8).
[99] Hua XVIII, S. 231 (A229, B228–229).
[100] Hua XI, S. 337.
[101] Hua XIX/1, S. 36 (A30, B30).
[102] Hua XIX/1, S. 37 (A30, B30). Sokolowski (wie auch andere Kommentatoren) nimmt fälschlich an, dass die zwei Gegenstände bzw. Sachverhalte „unabhängig" („independent": R. Sokolowski, *Husserlian Meditations. How Words Present Things*, Northwestern University Press, Chicago 1974, S. 111) voneinander sein sollten, wofür aber kein Beweis im Text zu finden ist. „Independent" soll heißen, dass „both the indicating sign and what is indicated are independent things or facts, and each could be directly presented apart from the relationship of indication" (S. 112). Dass die Beziehung der Anzeige „uneinsichtig", d. h. nicht ein Denkschluss ist, impliziert aber nicht, dass beide Aspekte notwendig auch getrennt sein müssen. Dasselbe gilt für anzeigende Sachverhalte: Der Tannenbaum im Haus ist nach unseren Gewohnheiten nicht unabhängig von Weihnachten. Der Tannenbaum könnte aus anderen Gründen dastehen, aber dann wäre auch eine Erklärung dieser Gründe erwartet als Unterbrechung meiner Erwartungen.

2.3 Die Anzeige

Was ist das oben, das als angezeigte „Tatsache" bezeichnet ist? Ein „Sachverhalt", sagte ich auch. Sachverhalt ist der „Gegenstand", der das volle Korrelat des Satzes bildet und der in einer Deixis zu einem Dies gemacht werden kann. Gibt es nur anzeigende Zeichen für Sachverhalte? Und warum nicht solche für daseiende Gegenstände? Indessen, ist nicht jede Photographie, jedes Erinnerungszeichen ein Anzeigendes: obschon etwas anders? Bei den Signalen wird aus dem Dasein des Zeichens auf ein Dasein hingewiesen, bei der Photographie werde ich einfach erinnert.[103]

Eine direkte Bestätigung dafür, dass eine Anzeige auch zwischen verschiedenen Gegebenheitsweisen oder Teilen eines Gegenstandes stattfinden kann, lässt sich in einem Text finden, der auf das Jahr 1893 zu datieren ist. Hier bemüht sich Husserl um einen frühen „Versuch über den Raum" und erläutert einige zentrale Gedanken seiner Semiotik. Erstens sei in Betracht zu ziehen, dass eine symbolische Vorstellung nicht ohne Weiteres der begrifflichen Vorstellung gleichzusetzen ist, da „nicht […] jede symbolische Vorstellung eine begriffliche" sei.[104] Ein Synonym für „symbolisch" ist vielmehr „uneigentlich": „Die symbolische Vorstellung stellen wir insofern der eigentlichen gegenüber, als sie nicht für das genommen wird, was sie ist, sondern als Zeichen für anderes".[105] Zeichen lassen sich auch im normalen Wahrnehmungsverlauf finden zwischen Teilen eines und desselben Gegenstandes, und gerade in diesem Falle ist die symbolische Vermittlung eine nicht-begriffliche:

> Zum Beispiel wenn eine angeschaute und gesehene Linie im Gesichtsfeld uns als Zeichen dient für eine nicht gesehene, die ich aber sehen würde bei den oder jenen anschaulichen Änderungen; Änderungen, die ich, wenn ich sie begrifflich denke, als eine so und so geartete Drehung oder Verschiebung meines Körpers oder des gesehenen Körpers bezeichnen würde.[106]

Das Angeschaute wird somit als Zeichen genommen für dasjenige, was an einem Gegenstand nicht selbst in der unmittelbaren Wahrnehmung aufkommt. Dabei besteht die Funktion des Zeichens vornehmlich darin, zu präsentieren und erscheinen zu lassen, da das durch das Zeichen Bezeichnete „als Ziel- und Endpunkt der anschaulichen Änderung selbst anschaulich wird".[107]

Um diese Funktion noch einmal zu veranschaulichen, wählt Husserl das Beispiel der Wahrnehmung einer Melodie, die für ihn zu einem eminenten Beispiel für die Horizontwahrnehmung in späteren Werken werden wird:

> Bei einer Melodie sind nicht etwa nur die einzelnen Töne Anschauung, sofern wir in einem inneren Blick Stücke der Melodie, die in zeitlicher und inhaltlicher Verschmelzung entstanden, jeweils gegenwärtig haben. Ja in einem Blick, kann sogar gesagt werden, wird die ganze Melodie übersehen. Nur ist dieser Blick ein zeitlich dauernder. Aber nicht begnügen wird uns mit uneigentlicher Vorstellung. Es besteht Einheit des Aktes. Genauso beim Raum, hier braucht man vielfach Kontinuierungen des momentan Angeschauten, und die durch sie geschaffene unendliche Einheit wird nur durch uneigentliches Vorstellen [d. h. durch Zeichenvorstellung] erkannt.[108]

---

[103] Hua XX/2, S. 363.
[104] Hua XXI, S. 273.
[105] Hua XXI, S. 272.
[106] Hua XXI, S. 273.
[107] Ebd.
[108] Ebd.

Ist somit festzuhalten, dass das Bezeichnete eines Zeichens und dieses Zeichen selbst nicht zwei getrennte Gegenstände zu sein brauchen, sondern dass eine solche symbolische Beziehung sogar erforderlich („nur durch") für die Einheit der Wahrnehmung ist, so bleibt zu verstehen, wie die weiteren Aspekte der Anzeige-Definition aus der ersten *Logischen Untersuchung* interpretiert werden können.

So wird hier als Bedingung für eine Anzeige angegeben, dass man eine aktuelle Kenntnis des Gegenstandes oder des Sachverhaltes haben muss, damit diese überhaupt als Anzeige genommen werden können. Nur dank der Aktualität der Kenntnis – die an sich noch keine Erkenntnis im phänomenologischen Sinne sein muss – ist es möglich, dass die Anzeige tatsächlich als ein „Motiv" *erlebt* wird.

Die Anzeige muss phänomenologisch gegeben sein, um überhaupt als Anzeige fungieren zu können, und impliziert in ihrem Gegebensein immer eine gewisse Transzendenz: Das Anzeigende (das Anzeichen) ist nämlich gegeben, und weist auf ein Nichtgegebenes, also auf etwas hin, dessen Existenz nicht nur im Bewusstsein angesetzt werden kann.[109] Auch hier ist festzuhalten, dass (wie im Falle des Zeichens) das Angezeigte eigentlich nicht völlig und schlechthin abwesend ist, sondern gerade als Angezeigtes in die Präsenz rückt und sich in einer Quasi-Anwesenheit oder, mit Husserl gesprochen, in einer „unanschaulichen Vorstellung" darstellt.[110]

Darüber hinaus sind Anzeichen – anders als bei den Ausdrücken, die auch im „einsamen Seelenleben"[111] wirken – auf eine gegebene Welt angewiesen, und zwar aus zwei Gründen: Erstens, weil sie eine Seinsvermutung implizieren; zweitens, weil sie kontextabhängig sind. Auf diese zwei Elemente der Anzeigedefinition aus der ersten *Logischen Untersuchung* wird im Folgenden näher eingegangen.

In der Spezifikation, dass das Anzeichen durch die Überzeugung seines Seins als Motiv fungiert, liegt auch das ausgesprochen phänomenologische Moment von Husserls Definition, da der Fokus auf das Anzeigephänomen als solches gelegt ist und nicht auf das Sein dieses Anzeichens. Das Sein dieses Gegenstandes bzw. Sachverhaltes ist phänomenologisch insofern eingeklammert, als die Überzeugung dieses Seins dazu hinreichend ist, die Auffassung einer Anzeige als Anzeige zu motivieren. Eine Anzeige ist eine solche, wenn das Subjekt von ihrem Anzeige-Sein überzeugt ist. Ist diese Überzeugung vorhanden (und d. h., wird der Gegenstand bzw. der Sachverhalt als Anzeige erlebt, wobei die Überzeugung ein psychisches Erlebnis, eine Disposition ist),[112] so motiviert diese Überzeugung einen Hinweis auf

---

[109] Diese Meinung teilt auch Sokolowski: „There is transcendence in being aware of indication signs, in the very simple sense of *transcendere*, ‚climbing over and going beyond'" (R. Sokolowski, *Husserlian Meditations*, S. 112).

[110] Vgl. etwa Hua XIX/1, S. 425 (A435, B385): „Symbolisch" und „unanschaulich" sind eng miteinander verbunden, sodass Husserl in der zweiten Auflage des Werkes an dieser Stelle das eine durch das andere ersetzen kann. G. Figal hebt hervor, dass es bei Anzeichen nicht um eine völlige Abwesenheit geht, sondern darum, dass etwas „nicht unmittelbar Gegenwärtiges", aber als solches doch quasi-anwesend, gezeigt wird (G. Figal, *Verstehensfragen*, S. 200), genauso wie im Falle eines Zeichens überhaupt.

[111] Hua XIX/1, S. 41 (A35, B25).

[112] Vgl. Hua XIX/1, S. 34 (A27, B27).

2.3 Die Anzeige

das Sein eines anderen Gegenstandes bzw. Sachverhaltes.[113] Das angezeigte Sein ist selbst kein objektives Sein, sondern nur ein Vermutet-Sein; das Subjekt überzeugt sich durch die Anzeige davon, dass etwas Anderes über die Anzeige hinaus existiert. Näher besehen motiviert die Anzeige somit eine Seinssetzung oder -vermutung von etwas, das nicht unmittelbar erlebt wird, von etwas, das in der Wahrnehmung nicht unmittelbar gegeben ist.

Die Hinweisfunktion nun zwischen selbsterlebtem, anzeigendem Gegenstand bzw. Sachverhalt und angezeigtem, nichtgegebenem Gegenstand bzw. Sachverhalt ist ein *nichteinsichtiges* Motiv. Das besagt einerseits, dass das Sein des Angezeigten nicht tatsächlich zu existieren braucht, wie es schon in der Bezeichnung der Seinssetzung als einer Überzeugung oder Vermutung bedeutet ist. Andererseits besagt es aber auch, dass der dynamische Charakter der hinweisenden Tendenz, welche der Anzeige als Zeichen innewohnt (die Anzeige ist nämlich eine „lebendige Funktion"[114] und kein Surrogat) es nicht erlaubt, diesen Hinweis als ein für alle Mal festgestellt, sondern nur als eine nichteinsichtige Beziehung zu betrachten. Dies spricht dafür, dass die Anzeige als Untergattung des Zeichens keine Struktur des *aliquid stat pro aliquo* und der einen bezeichnenden Hinweis festlegenden Konvention ausweist, sondern eine rein phänomenologische Beziehung zwischen zwei Elementen ist. Das Anzeichen ist kein Surrogat für das Angezeigte, sondern die Veranlassung einer Seinsvermutung und -überzeugung bezüglich des Angezeigten.

Aus der angegebenen Uneinsichtigkeit der Anzeige ist nur mittelbar auf ein weiteres Moment dieses semiotischen Elements zu schließen, das aber dennoch impliziert ist. Die Motivation zur Annahme des Seins eines nichtgegebenen Gegenstandes ist nämlich, so die hier vertretene These, konstitutiv kontextabhängig. Gerade die Tatsache, dass Sachverhalte als Anzeige fungieren können, veranschaulicht diesen Aspekt am besten. Kommen wir auf das Beispiel des Tannenbaumes zurück, so leuchtet es unmittelbar ein, dass die Anzeigefunktion dieses Baumes für Weihnachten stark vom Zusammenhang der Erlebnisse abhängig ist. Das ist der Fall auf verschiedenen Ebenen: von der trivialen Tatsache, dass sich der Baum eben in einem Haus befinden muss, bis hin zu allgemeineren Überlegungen, da klar ist, dass der Tannenbaum nur unter gewissen religiösen, kulturellen und gewissermaßen geografischen Voraussetzungen Anzeige für eine Festlichkeit bzw. für eine Jahreszeit sein kann.

Aus diesem Beispiel lässt sich zwar nur auf die Kontextabhängigkeit der Sachverhalte schließen, nicht aber auf die der Gegenstände; dieser Mangel liegt aber nur an der beschränkten Aussagekraft des Beispiels. Da nämlich die Anzeige keine ideelle, prinzipiell allgemeingültige Bedeutung „in sich" besitzt (Anzeigen

---

[113] Darauf, dass zu den Anzeichen als solchen ein Verweis auf das Sein bzw. Dasein der Sache gehört, besteht Husserl auch später im Text der ersten *Untersuchung*, wenn er schreibt: „Was uns als Anzeichen [...] dienen soll, muss von uns als *daseiend* wahrgenommen werden" (Hua XIX/1, S. 42, A36, B36). Vgl. als Bestätigung auch Hua XIX/1, S. 65 (A59, B59): Wir müssen bedenken, „dass es zum Wesen des Anzeichens gehört, eine Tatsache, ein Dasein anzuzeigen". Dass eine Seins- oder Existenzsetzung bei dem Anzeichen im Spiel ist, nicht aber beim Ausdruck, betont auch Parpan, *Zeichen und Bedeutung*, S. 203.
[114] Hua XIX/1, S. 32 (A25, B25).

„bedeuten" nichts), bleibt die Interpretation eines Gegenstandes als Anzeige dem jeweiligen Interpretierenden überlassen. Die Anzeigebeziehung ist deswegen uneinsichtig, weil sie wandelbar ist. Das Angezeigte ist als Variierendes kontextabhängig, so wie auch die Auffassung der Anzeige als solcher kontextabhängig ist. Der Anzeige als Zeichen ist wesentlich die Funktion des Bezeichnens eigen. Dieses Bezeichnen lässt sich nur verstehen, wenn es kontextabhängig (und das heißt: nicht allgemeingültig) ist. Durch eine Kontextunabhängigkeit fiele die Anzeige unmittelbar in den Rahmen eines universellen Bedeutens, und d. h. in den Rahmen des Ausdrucks zurück.[115]

Als Textbeleg lässt sich die Kontextabhängigkeit und Okkasionalität der Gestik und Mimik anführen, die Husserl dazu bewegen, auch diese „Ausdrücke" mitsamt allen Anzeigen zunächst einmal aus dem phänomenologischen Projekt auszuschließen.[116] Hier kann auf den Begriff der Okkasionalität nur begrenzt eingegangen werden, um den Rahmen der vorliegenden Untersuchung nicht zu sprengen.[117] Nicht jeder okkasionelle Ausdruck ist eine Anzeige, aber jede Anzeige ist okkasionell. Das beste Beispiel für die Verschränkung zwischen okkasionellen Ausdrücken und Anzeige liefert das Wort „Ich", das Husserl explizit im Sinne einer Anzeige, dessen Bezeichnetes nach Kontext wandelt, interpretiert.[118]

---

[115] R. Bernet, *Husserls Theory of Sign Revisited*, S. 10, bestreitet dies und behauptet, Husserls Definition des Zeichens sei eine Reduktion und tilge den Kontext. Das stimmt aber nur insofern, als bei Husserl die Kontextabhängigkeit nicht direkt angesprochen wird. Die hier vertretene Meinung, dass die Anzeige konstitutiv kontextabhängig ist, teilt auch D. Welton, obwohl auf der Basis eines anderen Arguments: „the notion of indications […] carries […] this internal determination of meaning by context" (D. Welton, *The Origins of Meaning*, S. 40), wobei in dem Zitat „meaning" für „Bezeichnung" und nicht für „Bedeutung" steht.

[116] Dass aber Gestik und Mimik so stark kontextabhängig sind und als okkasionell bezeichnet werden können, lässt sich systematisch bestreiten, würde aber allerdings zu weit führen. Unter anderem hat sich Charles Darwin um eine sorgfältige Beschreibung von Ausdrucksmustern im menschlichen und tierischen Verhalten bemüht auf der Suche nach möglichen Invarianten (C. Darwin, *The Expression of the Emotions in Man and Animals*, J. Murray, London 1872). Hier sei erlaubt, auf das erste Kapitel von D. D'Angelo, *La genesi dell'autocoscienza. Da Darwin a Merleau-Ponty*, in „Noema", III, 2012, zu verweisen.

[117] Als Einführung zu dieser Thematik bei Husserl sei auf A. Gurwitsch, *Outlines of a Theory of ‚Essentially Occasional Expressions'*, in: J. N. Mohanty (Hrsg.), „Readings on Edmund Husserl's Logical Investigations", Martinus Nijhoff, Den Haag 1977, S. 111–127, hingewiesen, da der Autor mit besonderem Nachdruck darauf besteht, dass „‚essentially occasional expressions' refer to and derive their meanings from, the orientational aspect of the perceptual world, i.e. its organization along the three spatial dimensions", die unmittelbar an den Leib gebunden ist, „or along temporality" (S. 120–121), und dass alle Verhältnisbegriffe, genau wie Zeichen im Allgemeinen, kontextgebunden sind (S. 124). B. Waldenfels deutet aber m. E. korrekt darauf hin, dass, obwohl Husserl im Fall der okkasionellen Ausdrücke von einer „anzeigende[n] Funktion" (Hua XIX/1, S. 88, A83, B83) spricht, diese Funktion sich nicht mit der Definition der ersten Paragraphen der ersten *Logischen Untersuchung* deckt, sodass hier davon ausgegangen werden muss, dass es sich um zwei verschiedene Phänomene handelt (B. Waldenfels, *Between Saying and Showing: Reflections on Husserl's Theory of Occasional Expressions*, in: K.-Y. Lau, J. J. Drummond (Hrsg.), „Husserl's *Logical Investigations* in the new Century: Western and Chinese Perspectives", Springer, Dordrecht 2007, S. 43–52). Zu den okkasionellen Ausdrücken siehe auch Hua XX/2, S. 343–380.

[118] Hua XIX/1, S. 88 (A82, B82).

2.3 Die Anzeige

Ein Charakteristikum der Okkasionalität ist nämlich, dass ein okkasioneller Ausdruck nur innerhalb eines wahrgenommenen Kontextes verstanden werden kann und dass entsprechend auch die Anzeige als solche nur in einem Wahrnehmungskontext erscheint.[119] Husserl definiert solche „Ausdrücke" folgendermaßen:

> Auf der anderen Seite nennen wir wesentlich subjektiv und okkasionell oder kurzweg *wesentlich okkasionell* jeden Ausdruck, dem eine begrifflich-einheitliche Gruppe von möglichen Bedeutungen so zugehört, dass es ihm wesentlich ist, seine jeweils aktuelle Bedeutung nach der Gelegenheit, nach der redenden Person und ihrer Lage zu orientieren.[120]

Zu solchen okkasionellen Ausdrücken zählt Husserl zuerst Personalpronomina, da ihre Bedeutung immer aus der jeweiligen Situation zu erschließen und nicht vorgegeben ist. Ferner aber auch „hier, dort, oben, unten, bzw. jetzt, gestern, morgen, nachher usw."[121] insofern, als auch diese Worte ihre Bedeutung nur aus dem jeweiligen Subjekt der Rede schöpfen. Nun sind für solche Ausdrücke „Anhaltspunkte" unerlässlich, welche „den Hörenden auf die im gegebenen Fall gemeinte Bedeutung hinzulenken vermögen".[122] Dazu gehört auch die Bedeutung des Personalpronomens „Ich".

In diesem Sinne kann man die These aufstellen, dass Anzeigen eine besondere Art von okkasionellen Ausdrücken sind. Anzeigen indizieren etwas und fungieren als solche *nur durch* die jeweiligen Umstände, weil das Anzeigeverhältnis uneinsichtig ist. Das heißt wiederum, dass sie diese Funktion des Hinweisens und Motivierens einer Seinsvermutung nur durch etwas, das nicht die Anzeige selbst ist, aber das mit der Anzeige mitgegeben ist, ausüben können. In diesem Sinne kann man behaupten, dass zu Anzeichen ein Mitfeld gehört, das die anzeigende Funktion wesentlich mitbestimmt und erst die motivationalen Verweise auslöst. Damit die Anzeige also als Anzeige fungieren kann, müssen gewisse Bedingungen im Kontext der Wahrnehmung erfüllt sein; die Anzeige orientiert sich an der unmittelbar wahrgenommenen Umgebung, in der sie vorkommt.

Ein möglicher Einwand gegen diese Auffassung könnte – jedoch fälschlicherweise – in der Behauptung bestehen, dass z. B. im Falle eines mathematischen Zeichens die Korrelation nicht kontextabhängig sei. Dabei ist die Kategorisierung des mathematischen Zeichens als Anzeige im Sinne eines echten Zeichens jedoch insofern falsch, als es sich um eine kausale Abhängigkeit, die bewiesen werden kann, handelt, und nicht um einen Hinweis, welcher notwendig uneinsichtigen Charakter haben muss.[123] Uneinsichtig ist der Hinweis einer Anzeige auf ein Angezeigtes genau deswegen, weil dieser Hinweis durch den Zusammenhang vermittelt ist. Daher ist ein Zeichen, das nicht mit seinem Zusammenhang verkoppelt ist, keine Anzeige.

---

[119] Dass dieser Zusammenhang zwischen Semiotik und Wahrnehmung bezüglich okkasioneller Ausdrücke besteht, hebt auch D. Welton hervor: „Husserl has established in his own mind [!] a vital link between meaning, indication, occasionality and perception" (D. Welton, *The Origins of Meaning*, S. 41).

[120] Hua XIX/1, S. 87 (A81, B81).

[121] Ebd.

[122] Ebd.

[123] Auf die Uneinsichtigkeit der Anzeige besteht u. a. V. De Palma, *Husserls phänomenologische Semiotik*, in: V. Mayer, „Edmund Husserls *Logische Untersuchungen*", Akademie Verlag, Berlin 2008, S. 43–60, hier S. 45.

Husserl bemüht sich, nachdem er die Anzeige definiert hat, diese bedeutungslosen und uneinsichtigen Zeichen als unbrauchbare von jeder Phänomenologie, die als Wissenschaft auftreten will, auszuschließen. Das Motivationsverhältnis, das dem Hinweisen in der Anzeige zukommt, sei nämlich „wohl zu trennen" vom wissenschaftlichen Beweisen.[124] Im Falle der Anzeige ist die Einsichtigkeit der Motivation nämlich „geradezu ausgeschlossen".[125] Der Zusammenhang zwischen A und B, zwischen Bezeichnendem und Bezeichnetem des Hinweisens in der Anzeige ist weder objektiv noch notwendig: Es geht klarerweise nicht um „Prämissen und Schlusssätze"[126] – obwohl das, wie oben ausgeführt, keine Rückschlüsse auf die Konventionalität der Anzeige erlaubt. Die Anzeige beruht vielmehr auf Überzeugungen und Dispositionen als auf einer aktuellen Beweisführung:

> [w]o gewisse Sachverhalte wirklich als Anzeichen dienen für andere, an sich betrachtet aus ihnen zu folgernde Sachverhalte, da tun sie dies nicht im Denkbewusstsein als logische Gründe, sondern vermöge des Zusammenhanges, den die frühere aktuelle Beweisführung oder gar das autoritätengläubige Lernen zwischen den *Überzeugungen* als psychischen Erlebnissen, bzw. Dispositionen, gestiftet hat.[127]

Uneinsichtig ist die Anzeige also insofern, als ihr Hinweis notwendig kontextabhängig und nicht von vornherein konventionell festgelegt ist. Diese Bestimmung der Anzeige als uneinsichtiger Verweis tritt klarer hervor, wenn man sich die Zusammengehörigkeit von Evidenz und Einsichtigkeit in den *Prolegomena* vergegenwärtigt: Im Paragraphen 51 behauptet Husserl die Identität von Evidenz und Einsichtigkeit und definiert Evidenz in Abgrenzung von einer vermittelten Gegebenheit. Evidenz ist somit „selbstgegebene", also unvermittelte Gegebenheit, und in der Anzeige geht es im Unterschied dazu um eine vermittelte Gegebenheit, die als solche nichtevident und d. h. uneinsichtig sein muss.[128]

Wohlgemerkt heißt aber „Uneinsichtigkeit" keinesfalls Beliebigkeit oder Konventionalität der Anzeigeverhältnisse. Begnügt sich Husserl in den *Logischen Untersuchungen* damit, zu unterstreichen, dass die Anzeige kein konventionelles Zeichen ist, so wird in den *Umarbeitungen zur sechsten Logischen Untersuchung* aus dem Jahr 1914 ausdrücklich darauf hingewiesen, dass „bei der Anzeige wir als Charakteristisches ein unmittelbares von A (A-Sein) auf B (B-Sein) Hingewiesensein [haben] aufgrund eines sachlichen Zusammenhangs, der sachlich ein ‚infolge' (mag es auch sich als mittelbar herausstellen) motiviert".[129] Dieses sachlich motivierte „infolge" ist selbstverständlich kein logischer Schluss, da es uneinsichtig bleibt. Dennoch sind Anzeige und Angezeigtes nicht beliebig in eine anzeigende Beziehung gesetzt, sondern diese Beziehung ist sachlich konsequent – obwohl weder logisch, noch kausal.

---

[124] Hua XIX/1, S. 32 (A25, B25).
[125] Hua XIX/1, S. 33 (A26, B26).
[126] Hua XIX/1, S. 33 (A27, B27).
[127] Hua XIX/1, S. 34 (A27, B 27).
[128] Vgl. Hua XVIII, S. 193 (A190, B190).
[129] Hua XX/2, S. 83.

2.3 Die Anzeige

Eben wegen der Uneinsichtigkeit der Anzeige kann ihr keine wesentliche Rolle beim Aufbau einer wissenschaftlichen Phänomenologie zukommen. Das bringt Husserl mit allem Nachdruck zur Sprache: „ohne Einsicht kein Wissen".[130] Ist die Anzeige uneinsichtig, so kann sie nicht zur Fundierung einer Erkenntnistheorie dienen. Da Husserl auf der Suche nach einer wissenschaftlichen Sprache ist, die dazu imstande sein muss, als Baumaterial für eine reine Logik zu fungieren, kann die Anzeige keine solche Funktion erfüllen. Dass es so ist, erklärt sich unmittelbar aus dem, was Husserl über den anzeigenden Zusammenhang sagt: Da geht es nämlich nur um psychische „Überzeugungen" und „Dispositionen", die als solche nicht einsichtig, sondern nur empirisch, mit einem gewissen Wahrscheinlichkeitsgrad behaftet sind und innerhalb eines gegebenen Kontextes das Sosein oder das Dasein von etwas anderem indizieren.[131]

Aufgrund dieser Untauglichkeit der Anzeige zur Wissenschaft richtet Husserl im Laufe der ersten *Logischen Untersuchung* sein Augenmerk auf den Ausdruck als ein Zeichen, das aktuelle Bedeutung hat und nicht nur ein nichteinsichtiger Hinweis ist. Ein wesentliches Charakteristikum des Ausdrucks ist nämlich seine Wahrnehmungsunabhängigkeit, die darin begründet ist, dass der Ausdruck auch im einsamen Seelenleben wirksam ist und dass er keines wahrgenommenen Kontextes bedarf. Es gibt Husserl zufolge zwei Gründe, die dafür sorgen, dass sich Ausdruck und Wahrnehmung unabhängig voneinander vollziehen: Einerseits ist der Ausdruck ein „kategoriales Zeichen" und insofern wie jeder kategoriale Akt auf nichtkategoriale Akte fundiert, während die Anzeige ein nichtkategoriales Zeichen ist.[132] Andererseits ist der Ausdruck kontextunabhängig und daher wahrnehmungsunabhängig: Sofern der Ausdruck wahrgenommen wird, hat er wieder die Funktion der Anzeige inne. In diesem Fall, nämlich im Fall der aktuellen Wahrnehmung eines Ausdrucks, ist Husserl zufolge der Bestand eines „Bedeutens" angezeigt, das als jemand anderem gehörig nicht selbst präsent ist. Husserl unterscheidet den Ausdruck bekanntermaßen insofern von der Anzeige, als er dem Ausdruck eine Bedeutung zuschreibt, die nicht einfach etwas ist, worauf hingewiesen wird.[133]

---

[130] Hua XVIII, S. 156 (A152, B152).

[131] Vgl. ebd.

[132] Vgl. Hua XX/2, S. 16 ff.

[133] Das impliziert wiederum nicht, dass Ausdrücken jede hinweisende Funktion abgesprochen wird (als Zeichen sind sie nämlich auch Hinweise), sondern nur, dass das Verhältnis konstitutiv anders zu verstehen ist als im Falle der Anzeige, da es sonst – so das bekannte Argument Husserls – nicht zu verstehen wäre, wie Ausdrücke auch im einsamen Seelenleben etwas bedeuten könnten. Dass hierbei aber eine Vermengung zwischen signitiv und signifikativ Intendiertem vorliegt, hat Husserl selbst erkannt, da er später zwischen Bedeuten im Sinne einer Hinweisintention und im Sinne thematischen Meinens unterscheidet (dazu siehe U. Melle, *Signitive und signifikative Intentionen*, in: „Husserl Studies", 15 (3), 1998, S. 167–181, vor allem S. 177). Mit einer starken, aber überzeugenden Interpretation behauptet Sokolowski, dass Ausdrücke einen Teil der Welt artikulieren („articulate a part of the world") mit einem doppelten Hinweis (auf den intentionalen Akt und auf seinen intentionalen Gehalt), während Anzeigen uns auf das Ding lenken („[they] turn our mind to the thing in question, they make us aware of it"): R. Sokolowski, *Semiotics in Husserl's Logical Investigations*, in: D. Zahavi, F. Stjernfelt (Hrsg.), „One Hundred Years of Phenomenology. Husserl's *Logical Investigations* Revisited", Kluwer, Dordrecht 2002, S. 171–184, hier S. 175–176.

Dasjenige, worauf der Ausdruck hinweist (nämlich die Bedeutung), wird nicht einfach als gegeben gesetzt. Diese Bedeutungsfunktion des Ausdrucks findet auch im einsamen Seelenleben statt, wo keine äußere Wahrnehmung im Spiel ist. Dass diese Arbeit sich Husserls Auffassung der Wahrnehmung widmet, gebietet es auch, auf eine eingehende Untersuchung des Ausdrucksbegriffs zu verzichten, da Husserl den als kategorialen Akt erfassten und kontextunabhängig fungierenden Ausdruck radikal von der Wahrnehmung trennt.[134]

Zusammenfassend lässt sich Folgendes festhalten: Husserl begibt sich in der ersten *Logischen Untersuchung* auf die Suche danach, wodurch eine wissenschaftliche Sprache konstituiert sein kann, welche ihrerseits Ausdrucksmittel für die reine Logik sein soll. Daher ergibt sich die Notwendigkeit, verschiedene Begriffe unter der Gattung „Zeichen" abzusondern, sodass sich festlegen lässt, welche Zeichen wissenschaftlichen Charakter haben und welche nicht. Anzeichen (und die leiblichen Ausdrücke: „Geste und Mienenspiel")[135] werden somit ausgeschlossen, weil sie keine notwendige Beziehung zwischen Bezeichnendem und Bezeichnetem herstellen. Dagegen stellen echte Ausdrücke als bedeutsame Zeichen passende Bausteine für die Konstruktion einer wissenschaftlichen Logik dar, und zwar genau aufgrund der Wahrnehmungsunabhängigkeit ihres Hinweisens.

Das Ausschließen von Anzeichen und leiblichem Ausdruck vom wissenschaftlichen Programm der Phänomenologie beruht aber keineswegs einzig und allein auf ihrer Unbrauchbarkeit für die Zwecke einer reinen Sprache als Baustein für den Aufbau einer reinen Logik. Vielmehr beruhen Anzeichen und leiblicher Ausdruck auf einer Struktur, die selbst unzuverlässig ist und daher keinen wissenschaftlichen Anspruch erheben kann: auf der Überzeugung als einem psychologischen Motiv. Husserl hält, wie oben zitiert, die Überzeugung für keine passende Möglichkeit, um eine reine Logik phänomenologisch und wissenschaftlich zu begründen, und gerade aus diesem Grund ist die Anzeige kein brauchbarer Baustein.

Damit sollte klar geworden sein, dass bei Husserl die Aussonderung der nichtbedeutenden Zeichen aus dem Gebiet der wissenschaftlichen Phänomenologie eine große Rolle spielt, nicht nur in Bezug auf eine phänomenologische Sprachanalyse im Hinblick auf die Fundierung einer reinen Logik, sondern auch weil die Gesetze der Anzeige, also der Verweisungen zwischen einem A und einem B, exklusiv auf Überzeugungen und Gewohnheiten anstatt auf unmittelbaren Evidenzen im Rahmen der Bewusstseinserlebnisse basieren. „Signitive Tendenz: Sie ist eine gewohnheitsmäßige Tendenz. ,Gewohnheitsmäßig' gehe ich vom Zeichen zu dem Bedeuteten".[136] Sie sind demzufolge einer nicht wissenschaftlichen

---

[134] Für eine eingehende Analyse des Ausdrucks sei hier hauptsächlich auf die schon zitierten Arbeiten von Parpan und Münch hingewiesen. Darüber hinaus siehe L. Tengelyi, *Erfahrung und Ausdruck. Phänomenologie im Umbruch bei Husserl und seinen Nachfolgern*, Springer, Dordrecht 2007.
[135] Vgl. die vielzitierten Passagen in Hua XIX/1, S. 37–38 (A31, B31).
[136] Hua XX/2, S. 184.

2.3 Die Anzeige

Psychologie zuzuschreiben und können daher keine Grundlage für die Phänomenologie als Bewusstseinsanalyse liefern. Damit werden nichtbedeutsame Zeichen von der Phänomenologie ausgeschlossen – so zumindest Husserls Absichten nach.

Wenn man bedenkt, dass im Paragraphen 4 der ersten *Logischen Untersuchung* die Assoziation als Grundlage der nichtbedeutsamen Zeichen gesetzt wird[137] und dass in der Definition aus der *Semiotik* das Zeichen als bloßer „Hinweis" bestimmt wird, leuchtet es ohne Weiteres ein, dass dieser Hinweis als eine Form von Ideenassoziation verstanden werden kann. Ein Anzeichen assoziiert sich gewissermaßen mit etwas anderem, nämlich mit seinem Bezeichneten. Ist das aber sicher einerseits richtig, so erhebt sich das phänomenologische Problem, dass die Ideenassoziation von Husserl zu dieser Zeit als psychologisches Residuum eingeschätzt wird. Die „Ideenassoziation", so Husserl schon in den *Prolegomena*, gehöre zu den Gesetzen der Psychologie, die weder „eindeutig" noch „unfehlbar", sondern nur „vage" sind, und die daher „auch sofort den prätendierten Gesetzescharakter verlieren".[138] Außerordentlich problematisch ist für Husserl, dass die psychologischen Theorien auf Elementen aufbauen wollen, die keine vernünftige Rechtfertigung höherer Bewusstseinsphänomene und -urteile sind, sondern selbst Tatsachenschlüsse verwenden. „Gewohnheit" und „Ideenassoziation" sind für eine Herleitung einer wissenschaftlichen Theorie unzureichend: „Die psychologischen Prämissen der Theorie sind selbst mittelbare Tatsachenurteile, ermangeln also im Sinne der zu beweisenden These jeder vernünftigen Rechtfertigung".[139] Problematisch ist gerade die Mittelbarkeit solcher Urteile, die gegen die für die Phänomenologie notwendige Evidenz und unmittelbare Gegebenheit der Erlebnisse verstößt. Diesen Einwand führt Husserl in einer Auseinandersetzung mit der Logik J. S. Mills folgendermaßen aus, wobei das Problematischste gerade im Moment der Überzeugung zu finden ist:

> Gerade da, wo es sich um die letzten Fundamente aller Wissenschaft handelt, soll es bei dieser naiven Empirie mit ihrem blinden Assoziationsmechanismus sein Bewenden haben. *Überzeugungen*, die *ohne alle Einsicht* aus psychologischen Mechanismen erwachsen, die keine bessere Rechtfertigung haben als allverbreitete Vorurteile, die vermöge ihres Ursprungs einer haltbaren oder festen Begrenzung ermangeln, und die, wenn sie sozusagen beim Wort genommen werden, nachweislich Falsches einschließen – sollen die letzten Gründe für die Rechtfertigung aller im strengsten Wortsinne wissenschaftlichen Erkenntnis darstellen.[140]

---

[137] Sokolowski hat darauf hingewiesen, dass die Assoziation als Prinzip der Anzeige Husserl erlaubt, die nichtbedeutsamen Zeichen als einen Zusammenhang (*connexion*) zwischen zwei Elementen, die nicht auf einem Schluss basiert, zu denken: R. Sokolowski, *La grammaire comme signal de la pensée*, in: J. Benoist, J.-F. Courtine (Hrsg.), „Husserl. La représentation vide, suivi de *Les Recherches Logiques*, une œuvre de percée", PUF, Paris 2003, S. 90–101, hier S. 99.

[138] Hua XVIII, S. 72–73 (A61, B61). Der Standpunkt ist erläutert gegen die humesche Auffassung und soll nicht dagegen sprechen, dass Husserl später die Assoziation als positives Moment einer phänomenologischen Beschreibung des Bewusstseins evaluiert, wie u. a. Holenstein in aller Klarheit gezeigt hat.

[139] Hua XVIII, S. 95 (A86, B86).

[140] Hua XVIII, S. 92–93 (A83, B83), meine Hervorhebungen. In der ersten *Logischen Untersuchung* wirft Husserl Mill auch vor, und zwar vermutlich aus demselben Grund, Ausdruck und Anzeichen zu vermengen (Hua XVIII, S. 64, A59, B59).

Durch Husserls Sprachgebrauch leuchtet die Nähe zwischen der Kritik an der Ideenassoziation und der Unbrauchbarkeit des Anzeichens sofort ein: Vergegenwärtigen wir uns die Definition von Anzeichen, so geht es dabei um nichteinsichtige Motive für eine Überzeugung, und im oben angeführten Zitat ist die Rede von „Überzeugungen, die ohne alle Einsicht aus psychologischen Mechanismen erwachsen".

Ergebnis des Exkurses über den Ursprung der Anzeige aus der Ideenassoziation ist zum einen, dass die Anzeige von der Ideenassoziation abhängig ist. Andererseits aber gibt es einen Überschuss an Bedeutung, welchen die Anzeige mit sich bringt: Ihr ist nämlich die Funktion eigen, „Zeugnis" abzulegen für das Bestehen des Angezeigten, eine Funktion, die der Ideenassoziation als solcher nicht wesentlich zukommt. Ist die Assoziation die Stiftung eines „fühlbare[n] Zusammenhang[s]", also die Gestaltung von Zusammengehörigem aus „bloß Zusammenseiendem",[141] so impliziert die Anzeige darüber hinaus die Vermutung des Seins vom Angezeigten. Anders gesagt bringt die Assoziation Zusammenhänge hervor und vereinheitlicht sie zu einer intentionalen Einheit (was zusammen *ist*, *gehört* auch zusammen), während die Anzeige neue Verhältnisse schafft, indem überhaupt das Sein von etwas, das als Angezeigtes nicht unmittelbar gegeben ist, vermutet wird und damit eine Überzeugung bildet. Gerade dieser Überschuss wird Husserl in späteren Jahren, wie etwa in der in der Einleitung zitierten Passage aus *Erfahrung und Urteil*, dem Vorrang der Anzeige statt der Assoziation zuschreiben. Wichtig ist hier nur festzuhalten, dass die Anzeige zwar in den Ideenassoziationen ihren Ursprung hat, aber dass ihr phänomenaler Charakter in der Seinssetzung besteht, die der Assoziation nicht eigen ist.

Ist nun im Text der ersten *Logischen Untersuchung* die Anzeige insofern sofort beiseite geschoben, als ihre Nichteinsichtigkeit keine Begründung der Logik erlaubt, während der Zusammenhang von Ausdruck und Bedeutung phänomenologisch eine gewisse Notwendigkeit aufweist, so ist diese Definition der Anzeige dennoch keine Nebensächlichkeit. Sie wird in der Phänomenologie von größter Bedeutung bleiben.[142] Dass es so ist, bezeugen auch die Ausführungen wenige Seiten nach der Definition, wo Husserl den Ursprung der Anzeige aus der Ideenassoziation anführt, wobei die Assoziation ein Zentralthema für Husserls Phänomenologie ist, vor allem in den Jahren der sogenannten genetischen Phänomenologie.[143]

---

[141] Hua XIX/1, S. 36 (A29–30, B29–30).

[142] In der Forschung ist bis heute der Permanenz der Anzeige in Husserls Vorlesungstexten und Forschungsmanuskripten keine Aufmerksamkeit geschenkt worden. Die wichtigsten Analysen zur ersten *Logischen Untersuchung*, darunter auch Derridas *Die Stimme und das Phänomen*, gehen davon aus, dass die Anzeige nur definiert wird, um sie direkt aus der phänomenologischen Beschreibung der Erfahrung aussondern zu dürfen. Zu zeigen, dass das nicht der Fall ist, ist Aufgabe der hier vorliegenden Interpretation.

[143] Zum Thema vgl. allgemein E. Holenstein, *Phänomenologie der Assoziation*. Zu bemerken ist allerdings, dass das Thema der Assoziation auch in *Zur Logik des Zeichens. Semiotik* auftaucht, nämlich in dem Sinne, dass zu „jeder wirklichen Vorstellung" ein Komplex von Erinnerungen und assoziierten Vorstellungen gehört (Hua XII, S. 353).

2.3 Die Anzeige

Husserl bleibt seiner Auffassung auch in späteren Jahren treu, dass die Anzeige als Seinsvermutung die bloße Assoziation übertreffe. Einige Elemente dieser Auffassung werden jedoch in späteren Schriften näher erläutert. Im Jahr 1905 kommt Husserl, wie aus der Vorlesungsmitschrift Dauberts zu entnehmen ist, auf diese Definition zurück:

> Wichtig: Gewisse Gegenstände oder Sachverhalte sind gegeben. Wir nehmen das Bestehen von diesen zum Motiv für die Annahme, dass gewisse andere Gegenstände oder Sachverhalte existieren. Es fungiert als unmittelbares Motiv, als empirisches Motiv. Wir finden eine Versteinerung und schließen: Das ist ein Anzeichen, dass diese oder jene Tiere hier gelebt haben.[144]

Die Übereinstimmung mit der Definition der ersten *Logischen Untersuchung* ist ersichtlich; nur wird jetzt stärker betont, wie die Nichteinsichtigkeit des Motivs zu verstehen ist. Es geht nämlich nicht um die Behauptung, dass der der Anzeige innewohnende Hinweis konventionell oder beliebig sei. Es handelt sich vielmehr um eine empirische und unmittelbare, d. h. nicht durch explizites Denken bzw. Denkschlüsse vermittelte Bezugnahme. Husserl führt an dieser Stelle die Definition weiter aus:

> Das Hinweisen der Anzeige ist kein logisches Schließen […]. Die Funktion des Zeichens ist wohl Ideenassoziation, aber nicht ein bloßes Daran-Erinnern, sondern auch ein neues phänomenologisches Faktum. Leistung der Assoziation wäre, aus einem bloß Zusammenseienden ein Zusammengehöriges (für unser unmittelbares Bewusstsein, für unser Gefühl) zu machen. In den Bereich dieser Tatsache gehört die Anzeige. Denn das Hinweisen ist ein fühlbarer Zusammenhang in der Zusammengehörigkeit der Erlebnisse.[145]

Mit diesem Zitat sind zwei weitere Punkte explizit bestätigt, die schon bei der Definition der Anzeige in der ersten *Logischen Untersuchung* herausgearbeitet worden sind, nämlich dass es auch bei der Anzeige als Gattung des Zeichens um ein „Hinweisen" – und d. h. nach der vorliegenden Interpretation um einen dynamischen Hinweis – geht und dass der Anzeige ein „neues phänomenologisches Faktum" eigen ist: das Zusammengehören zweier Elemente durch die Seinsvermutung, nämlich durch den Zusammenhang zweier Erlebnisse als Vermutungserlebnisse.

Im Jahr 1908 führt Husserl diese Definition noch einmal ohne bedeutende Unterschiede ein: Bei Merkzeichen, Kennzeichen, Anzeichen jeder Art handele es sich

> um empirische Gegenstände oder Sachverhalte, deren Bestand hinweist, vorweist, zurückweist auf den Bestand gewisser anderer Gegenstände oder Sachverhalte. Das heißt die Kenntnisnahme von dem Sein einer solchen Gegenständlichkeit wirkt in dem passend Disponierten als empirisches Motiv für die Überzeugung oder Vermutung vom wirklichen (sei es gegenwärtigen, vergangenen oder künftigen) Sein der anderen Sachen, für die sie als „Anzeichen" fungiert.[146]

---

[144] Hua Mat. V, S. 64.
[145] Ebd.
[146] Hua XXVI, S. 9–10.

Mit dieser Definition wird bestätigt, dass die Anzeige in ihrer phänomenologischen Struktur noch 1908 als systematisch wichtig anzusehen ist, wobei nun die hinweisende Tendenz noch allgemeiner und formeller als „hinweisen, vorweisen, zurückweisen" bestimmt wird.

Die beinahe wörtliche, auf jeden Fall begrifflich deckungsgleiche Wiedergabe der Definition der Anzeige aus der ersten *Logischen Untersuchung* in den Jahren 1900–1901, 1905 und 1908, scheint ein Indiz dafür zu sein, dass Husserl – anders als bei der Mangelhaftigkeit seiner Definition von Zeichen im Allgemeinen – mit der Bestimmung der Anzeige im Wesentlichen zufrieden war. Auch die in der Einleitung zitierte Stelle aus *Erfahrung und Urteil* zeugt davon, dass die Anzeige ein phänomenologisches Faktum ist, das in seiner Bestimmtheit phänomenologisch ausweisbar ist und sowohl funktional als auch operativ in der Phänomenologie Husserls am Werk ist, von der statischen Analyse bis hin zu den spätesten genetischen Analysen und Beschreibungen.

Bleibt diese Gewinnung einer exakten Definition der Anzeige, die ein seinsmäßiges und nichteinsichtiges Hinweisen und Motivieren enthält, in ihrem Verhältnis zu dem allgemeineren Begriff des Zeichens bis 1908 erhalten, so tendiert Husserl nach den *Logischen Untersuchungen* dazu, die allgemeine Definition des Zeichens zu revidieren. Nach wiederholten Versuchen, die erste *Logische Untersuchung* neu zu schreiben, erkennt Husserl an, dass er notwendigerweise mit der Unterscheidung von Zeichen und Anzeige anfangen muss: „Zur Phänomenologie der Zeichen. Allgemeine Rede von Anzeichen. Was scheidet Ausdruck und Zeichen? Es wird nichts helfen. Ich werde damit anfangen müssen".[147] Bleibt also der Ansatzpunkt der Untersuchung der Unterscheidung einzelner Zeichenbegriffe gewidmet, so gehört nun nicht jedem Zeichen das Hinweisen zu, wie das noch in den *Logischen Untersuchungen* der Fall war. Diese dynamische Struktur ist jetzt allein der Anzeige eigen, während das sprachliche Zeichen sozusagen bei sich selbst bleibt, da die Bedeutung ihm innewohnt. Husserl behauptet dementsprechend in den *Umarbeitungen zur sechsten Logischen Untersuchung*: „Aber vom Zeichen [gemeint sind nichtsprachliche Zeichen] geht nur ein gerader Pfeil zur Sachlage (eventuell zur sprachlich geformten). Bei den sprachlichen Zeichen aber finden wir nicht diesen Pfeil; wir finden innig eins mit den Wortlauten ein Bedeutungsbewusstsein";[148] Zeichen „gehen" direkt hinweisend zum Gegenstand, während Worte bei sich selbst bleiben.[149] Damit ist gesagt, dass nicht jedes Zeichen ein Hinweisen ist, sondern nur die Anzeige – die als solche kein sprachliches Zeichen ist.

Obwohl Husserl sich im Text der *Logischen Untersuchungen* sofort darum bemüht, zu zeigen, dass und inwiefern die Anzeige keinen wissenschaftlich sicheren Charakter hat, da es eben um ein uneinsichtiges Motiv geht, bleibt die Anzeige und eine Reflexion auf das Zeichen im Allgemeinen ein Hauptanliegen Husserls zumindest bis zur Zeit der *Ideen I*. Gerade nämlich in diesen Umarbeitungen zur sechsten *Logischen Untersuchung*, die um die Zeit der *Ideen I* verfasst sind, sind noch

---

[147] Hua XX/2, S. 9.
[148] Hua XX/2, S. 126.
[149] Hua XX/2, S. 128.

2.3 Die Anzeige

weitere substantiellere Anmerkungen zu diesen Themen zu finden. Hier befasst Husserl sich wiederholt mit semiotischen Begriffen und zeigt somit, inwiefern diese Problematik von zentraler Bedeutung bleibt. Wie Corrado Sinigaglia gezeigt hat, betrachtet Husserl den Versuch der ersten *Logischen Untersuchung* als ungenügend und formuliert mehrmals die Absicht, sich erneut mit diesem Problem zu befassen, da er auf die „Unausgereiftheit der ersten *Logischen Untersuchung*" aufmerksam geworden ist.[150]

Vor allem auffallend ist Husserls Festhalten daran, dass die Anzeige „kein echtes Zeichen" sei, da dem echten Zeichen wesentlich die Bedeutung zukomme. Daher nimmt sich Husserl vor, eine erneute Definition von „Zeichen" und „Anzeige" zu geben, die uns helfen soll, dieses Element in seinen Auswirkungen für die Phänomenologie der Wahrnehmung besser zu verstehen.[151] Während zur Zeit der *Logischen Untersuchungen* die Anzeige ganz klar als Untergattung des Zeichens neben dem Ausdruck galt, büßt diese Darstellung nun deutlich an Kohärenz ein. In diesen späteren Texten ist das Bezeichnen dem Ausdruck vorbehalten, während die Anzeige nicht bezeichnet, sondern nur *indiziert*.[152] Oft benutzt Husserl nun nämlich das Wort „Zeichen" als Äquivalent für nichtsprachliche Zeichen, also für die Anzeige, während „echte Zeichen" nur sprachliche Ausdrücke sind. Diese neue Definition lautet folgendermaßen:

> Die gewöhnliche Rede gestattet es, den Ausdruck „Zeichen" oder „Anzeichen" für etwas überall da zu gebrauchen, wo eine „Tatsache" für eine andere Tatsache spricht, wo die Gewissheit oder Wahrscheinlichkeit, dass A sei (mag es sich um ein Ding oder einen Vorgang oder irgendwelche reale oder ideale Sachlage handeln), darauf hinleitet, dass nun wohl auch B sei. […] Die erfasste Existenz von Wildspuren zeigt die Existenz eines Wildes an. Aber die Wildspuren bezeichnen dabei nichts, drücken nichts aus, mit ihnen ist nichts gemeint.[153]

Aus diesen Ausführungen ist zu ersehen, dass Husserl das Verhältnis der Anzeige keineswegs auf ganze, isolierte Gegenstände beschränkt, sondern sie auch für Sachlagen, Vorgänge und „Teilsachlagen" gelten lässt.[154] In einer Beilage wird ausdrücklich darauf aufmerksam gemacht, dass Anzeigen auch auf etwas hinweisen:

---

[150] Hua XX/2, S. 23. Vgl. ferner Sinigaglia: „In einer Disposition vom 28.03.1914 erklärt er [Husserl] nämlich, sich ‚von neuem mit den Fragen von Zeichen und Ausdruck' auseinanderzusetzen, um ‚das allgemeine Wesen des Zeichens bzw. des Zeichen konstituierenden Bewusstseins' (Ms. A I 18, B[latt] 55a) zu klären. […] Wie in der Einleitung von 1901 betrachtet Husserl nämlich die I. Untersuchung als ‚einen ersten Versuch', der ‚bei näherer Betrachtung keineswegs als genügend' (B[latt] 3a) erscheint und eine weitere Vertiefung erfordert" (C. Sinigaglia, *Zeichen und Bedeutung*, S. 188–189).

[151] Zur Umarbeitung der Theorien des Zeichens siehe auch die schon zitierten R. Bernet, „Husserl's Theory of Signs Revisited", und U. Melle, „Das Rätsel des Ausdrucks: Husserls Zeichen und Ausdruckslehre in den Manuskripten für die Neufassung der IV. Logischen Untersuchung".

[152] Hua XX/2, S. 53. Der Begriff „Indizieren" ist für die Analysen der Wahrnehmung und der Fremderfahrung maßgebend, vgl. dazu die nächsten Kapitel.

[153] Hua XX/2, S. 51. Vgl. dazu, mit ähnlicher Terminologie, auch Hua XXXIX, S. 411.

[154] Hua XX/2, S. 53. Dieser Aspekt spiegelt sich auch in Husserls Analyse der Erfahrung eines gesprochenen aber unterbrochenen Satzes als einer Erfahrung, die Anzeigen auf Erwartungen enthält: „Es handelt sich vielmehr um ein Satzstück, das durch seine Form auf Ergänzung hinweist", und dieser Hinweis ist eine „Anzeige auf das Kommende" (Hua XX/2, S. 169).

> Anzeigende Zeichen haben auch eine „Bedeutung". Sie weisen hin auf Angezeigtes, das also in einer mit dem Zeichen im Hinweis verbundenen Vorstellung vorstellig ist: und diese Vorstellung kann wechseln und behält dabei dieselbe „Bedeutung". Aber hier ist von Denken, Prädizieren, von „Begriff" keine Rede.[155]

Selbstverständlich ist die Rede von „Bedeutung" dabei nicht wörtlich zu nehmen, sondern gerade nur als Synonym für „Hinweis". „Im ‚zeigt an'" liegt nämlich „ein Hinweis".[156] Eine eigentliche Bedeutung kann nicht im Falle der Anzeige gegeben sein, insofern, als die Bedeutung immer „gemeint" ist, während „dieses Daran-Merken, Daraus-Ersehen und Daran-Ersehen, Erkennen, Dadurch-Hingewiesensein-Auf", die der Anzeige eigen sind, „kein ‚Damit-Meinen' oder Erfassen, Verstehen als ‚damit Gemeintsein'" sind.[157]

Das von Husserl für die Anzeige gewählte Beispiel einer Wildspur kommt auch in den dreißiger Jahren im Umkreis der Untersuchungen zur Zeitkonstitution in den sogenannten C-Manuskripten zum Tragen. Dabei handelt es sich um Husserls späteste explizite (bisher veröffentlichte) Untersuchung eines semiotischen Elements. „Zudem verweisen viele Eigenheiten von Dingen auf mitdaseiende, obschon nicht direkt erfahrene Subjekte, wie Fußspuren etc., die keine Zweckformen sind, aber dann auf tätige Subjekte doch verweisen, so auch ‚Wildspuren', Exkremente auf Verdauungstätigkeit verweisen".[158] Diese Passage zeigt nicht nur die Kontinuität in Husserls Nachdenken über Fragen der Semiotik, sondern auch, wie in späteren Jahren das anzeigende Verhältnis (nämlich das Verhältnis zwischen Wildspur und Wild, wobei gerade auf „Mitdaseiendes" verwiesen wird) als ein einfacher *Verweis* beschrieben wird, ein Terminus, der in den früheren semiotischen Abhandlungen nicht thematisch wurde, aber in der Phänomenologie der Wahrnehmung zunehmend vorkommt.

Die Reduktion in den dreißiger Jahren auf das Element des Verweises spiegelt sich auch in der zitierten Passage aus den *Umarbeitungen* wider. Die Umkehrung gegenüber früheren Positionen springt ins Auge. Anzeigen ist nicht Bezeichnen, das wiederum dem Ausdrücken und Bedeuten gleichgestellt wird,[159] sodass zu fragen ist, ob Anzeigen überhaupt Zeichen im Sinne der *Semiotik*-Abhandlung sind. Wurde dort das Zeichen als „Hinweis auf ein Bezeichnetes" definiert, so fallen in dieser Schaffensphase Husserls sowohl der Ausdruck (da hierbei auf nichts hingewiesen wird, keine Pfeil-Funktion aufgespürt werden kann) als auch die Anzeige (da hierbei nichts bezeichnet wird) aus dieser Definition heraus. Jenseits der begrifflichen Unklarheit, die selbstverständlich dem suchenden Gestus dieser Texte selbst geschuldet ist, die ja gar nicht für die Veröffentlichung vorgesehen waren, lässt sich systematisch feststellen, wie Husserl der Anzeige nun explizit jedes Element, das eine Bezeichnung implizieren könnte, abspricht. Bezeichnung geht den *Logischen Untersuchungen* zufolge konsequenterweise nur mit Bedeutung einher:

---

[155] Hua XX/2, S. 78.
[156] Hua XX/2, S. 80.
[157] Ebd.
[158] Hua Mat. VIII, S. 399.
[159] Vgl. auch Hua XX/2, S. 7: „Es ist also zu sondern zwischen dem Anzeigen und Bezeichnen".

2.3 Die Anzeige

Das Wild „wollte" nicht die eigene Position oder den zurückgelegten Weg „mitteilen". Der Anzeige liegt, so könnte man auch sagen, kein Meinen und kein (Ausdrücken-)Wollen zugrunde. Anzeichen sind mit einem „nur nicht ausgesprochenen Urteil" verbunden und indizieren einen Sachverhalt.[160] Der Sachverhalt wird somit vorstellig und als seiend gesetzt.[161] Die Motivierung dieser Setzung geschieht innerhalb einer Einheit des Bewusstseins und findet unmittelbar (d. i. vor allen Aussagen und aktiven Leistungen) statt. Die Anzeige ist klarerweise auf ihre verweisende Funktion, d. h. auf ihren Charakter, ein dynamischer Hinweis zu sein, reduziert. Husserl beschreibt diese Struktur näherhin so:

> Das Sein von A steht anschaulich da oder ist sonst wie erfasst. Und von da aus geht ein „Hingewiesen"-Sein, ein Zug, eine Tendenz auf das „also ist B" oder auf das B-Sein als angezeigtes. Es ist nicht einfach ein Bewusstsein „Weil A ist, ist B", und nichts davon ist gemeint, dass gerade A-Sein Ursache oder Grund ist für B-Sein.[162] Selbst darin möchte ich einen Unterschied sehen, ob wir in zwei gleichberechtigten Schritten vollziehen: A ist, also ist B; A ist, daraus ist zu entnehmen, dass B ist (alles ohne diese kategoriale und ausdrückliche Erkenntniserfassung), sondern: Im eigentlichen Bewusstsein der Anzeige, in dem A in seinem Dasein als Anzeichen fungiert, haben wir ein Erfassen des A, aber in einer eigentümlich modifizierten Weise, es erfassend *schießt* eine intentionale Tendenz alsbald auf das B-Sein, und zwar in der eigentümlichen Weise, dass „an" dem A-Sein das B-Sein „gemerkt" wird, aus dem A-Sein „ersehen" wir, dass B sei.[163]

Aus dieser Beschreibung, die wohl 14 Jahre jünger ist als die erste *Logische Untersuchung*, ist genauer zu erkennen, wie Husserl das Anzeigeverhältnis bestimmt. Dabei ist sofort ersichtlich, dass er nicht so etwas wie einen logischen Schluss vor Augen hat, sondern das „Schießen" (und nicht: „Schließen") einer intentionalen Tendenz auf das Sein eines zweiten Gegenstandes. Dieses Schießen wird von Husserl auch als Aufmerksamkeits- und Interessensverschiebung gedeutet: Im Falle eines Anzeichens ist unsere Aufmerksamkeit durch das Gegebene auf das Nichtgegebene gerichtet.[164]

Gerade dieser Tendenzcharakter der Anzeige, die eine Aufmerksamkeits- und Interessensverschiebung zustande bringt, macht auch klar, inwiefern in der Anzeige der Motivationszusammenhang sachlich oder *in re* fundiert ist. Da, anders gesagt,

---

[160] Hua XX/2, S. 78.

[161] Ebd.

[162] Darin ist die Bestätigung zu finden, dass Crowells Auffassung, Anzeige seien Zeichen für kausale Zusammenhänge, ein Missverständnis ist (S. Crowell, *Phenomenology and Normativity in Husserl and Heidegger*, S. 125).

[163] Hua XX/2, S. 79. Meine Hervorhebung.

[164] Vgl. dazu vor allem Hua XXVI, S. 23 und XIX/1 S. 46–47 (A40–41, B40–41), wo diese Interessen- und Aufmerksamkeitsverschiebung im Falle des Ausdrucks behauptet wird. Nach dem Gesagten ist aber klar, dass diese Behauptung auch für die Anzeige brauchbar ist, oder sogar, *wesentlich* nur der Anzeige zukommt, da der Ausdruck im einsamen Seelenleben keine hinweisende Funktion, sondern höchstens, und zwar nur nach der ersten *Logischen Untersuchung*, nicht aber nach den späteren Ausführungen (siehe oben), einen „hinzeigenden" Charakter hat (vgl. dazu C. Staub, *Leerintentionen und leere Namen*, S. 56). Dieser hinzeigende Charakter ist, anders als der Hinweis, gerade nicht als eine „geregelte Ablenkung des Interesses von dem einen auf das andere" zu verstehen (Hua XIX/1, S. 46, A40, B40).

die Zugehörigkeit beider Glieder der Anzeige nicht durch die Allgemeinheit einer Bedeutung vermittelt ist, ist dieser Zusammenhang nicht nur aus ideellen Gründen berechtigt, sondern die Fundierung ist in die Sache selbst eingebettet.[165] Gerade das Verständnis der Anzeige als Tendenz, die von einem *terminus a quo* zu einem *terminus ad quem* führt, erlaubt Husserl, die Anzeige im weitesten Sinne aufzufassen:

> Anzeige ist eben ein sehr weiter Begriff. Innerhalb der Einheit einer Apperzeption kann ich allerlei zur Anzeige benützen, weil die Zusammenhänge sozusagen verborgene Motivationszusammenhänge sind. Wie steht es aber mit der Form des „In etwas erfasse ich ein anderes", analogisch oder nichtanalogisch, darstellend oder nichtdarstellend? Nicht jedes Anzeigen ist von dieser Art? Oder doch? Soll ich nicht selbst bei den Wildspuren sagen: „An" ihnen erfasse ich ... Es sei nur zu unterscheiden, ob ich sage „A ist, also ist B" oder ob ich eine Einheit der Apperzeption habe: A erfassend, aber nicht daran haftend als *terminus*, sondern es als *terminus a quo* nehmend; ich laufe sogleich über zum B als Ziel, während ich noch das A im Griff und vor Augen habe? Also nur eine Modifikation meiner ursprünglichen Beschreibung der Anzeige. Das wäre der weiteste Begriff auch von Lesen: Anzeichen lesen.[166]

2.4 Zusammenfassung der Ergebnisse

Halten wir abschließend die wichtigsten Merkmale der Anzeige noch einmal fest:[167]

1. Der Anzeige kommt insofern eine Hinweisfunktion zu, als sie eine Gattung des Zeichens ist und diesem das Hinweisen zukommt (bis 1908), oder insofern, als sie das eigentlich hinweisende Zeichen ist (nach 1908). Anders als in großen Teilen der bisherigen Forschung angenommen, ist der husserlsche Zeichenbegriff keineswegs auf eine stellvertretende Funktion zu reduzieren, sondern stellt sich als ein dynamischer Hinweis dar. Dieses Hinweisen ist wiederum als a) eine Motivation, b) eine Tendenz und c) eine Aufmerksamkeits- und Interessenverschiebung (praktisches „Schießen"), aber auch – wenn man den der Anzeige innewohnenden Hinweis berücksichtigt – d) als eine Korrelation von Sollen und Können und e) als eine Zumutung aufzufassen, die das Subjekt affiziert und von einem Gegebenen auf ein Mitgegebenes verweist. Die Anzeige zeigt das Abwesende an, das irgendwie „mit da" ist, aber im Modus der Abwesenheit, da etwas nur insofern angezeigt werden kann, als es als abwesend in eine Quasi-Anwesenheit rückt. In diesem Sinne ist die Anzeige, anders als die im einsamen

---

[165] Vgl. dazu auch C. Sinigaglia, *Zeichen und Bedeutung*, S. 193.

[166] Hua XX/2, S. 191. Für weiterführende Überlegungen zum Lesen aus phänomenologischer Sicht vgl. D. Espinet, ‚*Read thyself!*' *Hobbes, Kant und Husserl über die Grenzen der Selbsterfahrung*, in: „Internationales Jahrbuch für Hermeneutik", 2013, S. 126–145.

[167] G. Sonesson entwickelt eine Definition von Zeichen, welche, wie er sagt, „has been inspired in a more general concept of sign [then Ausdruck], which Husserl calls Anzeichen or Anzeige (index or indication)" (G. Sonesson, *Phenomenology Meets Semiotics: Two Not So Very Strange Bedfellows at the End of Their Cinderella Sleep*, in: „Metodo. International Studies in Phenomenology and Philosophy", Vol. 3, n. 1 (2015), S. 41–62, hier S. 52. Vgl. auch G. Sonesson, *Semiosis and the Elusive Final Interpretant of Understanding*, in: „Semiotica", 179, 1\4 (2010), S. 145–159.

2.4 Zusammenfassung der Ergebnisse

Seelenleben fungierenden Ausdrücke, wesentlich mit einer gewissen Transzendenz behaftet, also mit etwas, das das punktuelle, lokalisierte und momentane Bewusstsein übersteigt in Richtung einer Quasi-Anwesenheit. Das Angezeigte gehört nämlich dem Bewusstsein zu nur als Angezeigtes, nicht als es „selbst". Alle Hauptmerkmale der Anzeige sind zugleich Transzendenzcharakteristika der Anzeige.

2. Der der Anzeige innewohnende Hinweis impliziert, wie auch immer er verstanden wird, eine *Seins*vermutung des Angezeigten und wird in Gang gesetzt von einem tatsächlich phänomenologisch Gegebenen. Anzeige und Angezeigtes sind bewusstseinsmäßig als gegeben gesetzt, beispielsweise in der Wahrnehmung.

3. Die Anzeige ist ein „neues phänomenologisches Faktum" gegenüber der Assoziation, ist aber in diese eingebettet. Ist die Assoziation die Gestaltung zweier zusammenseiender Elemente gerade in ihrer Zusammengehörigkeit, so ist die Anzeige ein Hinweis auf das Bestehen (Sein) von Sachverhalten, die nicht unmittelbar (gegeben) sind.

4. Dieser Bezug von Anzeichen und Angezeigtem ist aber uneinsichtig und insofern von einer Begründung der reinen Logik auszuschließen. Sie basiert nämlich konstitutiv auf einer (Seins-)*Überzeugung*. Es geht um eine Implikationsstruktur, die kein logischer Schluss ist.

Dabei ist zu bemerken, dass wichtige Termini für Husserls späte Phänomenologie der Wahrnehmung wie *Überzeugung, Motivation, Tendenz, Zumutung*, in den ganzen *Logischen Untersuchungen* exklusiv in Verbindung mit dem Begriff der Anzeige vorkommen. Im Folgenden wird sich zeigen können, dass diese Elemente in Husserls Ausführungen zur Wahrnehmung in einem wesentlichen Verhältnis zur Anzeige stehen.

Ist somit ein Einblick in das gewonnen, was für Husserl „Zeichen" und insbesondere „Anzeige" – als die Art und Weise des Zeichens, die expliziter mit der Wahrnehmung zu tun hat – bedeuten, so kann sich unser Augenmerk nun darauf richten, eigentliche Phänomene, die als „zeichenhaft" und damit als semiotisch im Sinne Husserls eingestuft werden können, innerhalb der Wahrnehmung aufzuspüren.

Kapitel 3
Husserls Semiotik der Wahrnehmung in den *Logischen Untersuchungen*

Wurde gezeigt, was unter Husserls Semiotik genau zu verstehen ist, indem die verschiedenen Bedeutungen von Zeichen, Anzeige und Ausdruck ausgesondert und die Hauptmerkmale der Anzeige phänomenologisch herausgearbeitet wurden, so kann hier die in der Einleitung aufgeworfene Frage gestellt und eingehender behandelt werden, welche Rolle solche semiotischen Begriffe innerhalb einer phänomenologischen und daher eidetischen Beschreibung der Wahrnehmung spielen. Schon in der phänomenologischen Semiotik selbst ist die Analyse mehrmals auf den Zusammenhang zwischen Zeichen und Wahrnehmung gestoßen. So ist mit okkasionellen Ausdrücken immer schon die Notwendigkeit eines wahrgenommenen Kontextes vorausgesetzt; andererseits aber besteht die Bedingung dafür, dass das Zeichen als Zeichen fungiert, gerade darin, dass das Zeichen selbst als Zeichen wahrgenommen wird – und das heißt auch, wie bereits besprochen, dass auch das Sein und die Existenz des Zeichens wahrgenommen werden. Nun gilt es vertiefend zu klären, inwiefern nicht nur die Semiotik auf Wahrnehmung, sondern auch die Wahrnehmung auf Semiotik beruht. So weist Husserl in der sechsten *Logischen Untersuchung* mehrmals darauf hin, dass die Wahrnehmung in ihrem phänomenologisch ausweisbaren Wesen als Akt des Bewusstseins auch signitive Komponenten enthält. Diese signitiven Komponten seien, so Husserl, diejenigen Komponenten der Wahrnehmung, die gegenüber der schlichten Unmittelbarkeit der jeweiligen Erscheinung durch Auffassung für den Überschuss an Gegebenheit verantwortlich sind. Die signitiven Komponenten sind in den *Logischen Untersuchungen* das, was das Verhältnis zwischen Erscheinung und Erscheinendem ermöglicht, und im Folgenden werden diese Elemente der Wahrnehmung den zentralen Aspekt der Analyse bilden.

Sowohl aufgrund des Mangels einer direkten Konfrontation derjenigen Aspekte der Wahrnehmung, die Überschüsse enthalten, mit der phänomenologischen Semiotik, als auch wegen der großen Spannung, die zwischen der Zeichenauffassung und dem für Husserl maßgebenden Primat der Anschaulichkeit entsteht, erweist sich eine genauere Analyse dieser signitiven Komponenten als notwendig für das Verständnis der Phänomenologie als eines Ganzen. Zentral für das Projekt der *Logischen Untersuchungen* ist dabei Husserls Beschreibung, nach der einige Komponenten der Wahrnehmung als symbolisch und signitiv herausgearbeitet werden – denn es handelt sich dabei gerade nicht um eine schlichte Sprachverlegenheit.

Die hier aufgestellte, aber schon in der Einleitung vorweggenommene These, Husserl entwickle eine Semiotik der Wahrnehmung, gliedert sich in folgende Momente:

1. Innerhalb der von Husserl als wesentlich „unvollständig" bestimmten Wahrnehmung (§ 1) lassen sich drei Elemente aussondern:[1]
   a. die reell erlebten, als „Repräsentanten" fungierenden Empfindungen;[2]
   b. der wahrgenommene, aber nicht erlebte Gegenstand, der durch die Darstellungsfunktion der Empfindungen intentional zugänglich, und d. h. im eigentlichen Sinne wahrgenommen wird;
   c. die Verweise, die zwischen verschiedenen Abschattungen desselben Gegenstandes (Appräsentation und Innenhorizont) und zwischen verschiedenen Gegenständen (Außenhorizont) stattfinden.
2. Beide auf Empfindungen basierende Strukturen, die Repräsentation des Gegenstandes (§ 2) und die Verweise zwischen verschiedenen Abschattungen und zwischen verschiedenen Gegenständen (§ 3), haben semiotischen Charakter. Eine solche Semiotik geht nicht mit einer Rückkehr in die herkömmliche Zeichen- und Vorstellungstheorie der Wahrnehmung einher, da hier das Zeichen als ein dynamischer Hinweis interpretiert wird.
3. Dabei ist das Semiotische in der Wahrnehmung weder mit Bedeutungsintention (§ 4), noch mit Phantasievorstellung (§ 5) zu vermengen;
4. Das Modell, dem Husserl für die Bestimmung der Semiotik der Wahrnehmung folgt, ist vielmehr das der Anzeige in dem in der ersten *Logischen Untersuchung* definierten Sinne (§ 6).

3.1 Die Unvollständigkeit jeder Wahrnehmung

Husserls Phänomenologie orientiert sich im Ganzen vorwiegend an einer Analyse von Wahrnehmungsphänomenen. Ist nämlich die Anschauung laut „Prinzip der Prinzipien"[3] der methodische Schlussstein der Phänomenologie, so ist gerade die Wahrnehmung als „Urmodus der Anschauung"[4] zentral für jede Phänomenenbeschreibung.

---

[1] Die Frage, welche Rolle die kategoriale Anschauung in der Wahrnehmung spielt, wird hier beiseitegelassen, da die vorliegende Untersuchung sich auf Husserls Theorie der sinnlichen Wahrnehmung, also die unteren Stufen der Dingwahrnehmung, beschränkt. Auch Dwyer weist darauf hin, dass die apperzeptiven Überschüsse der Wahrnehmung nicht kategoriale Überschüsse sind: „We recall here that the perceptual notion of apperceptive surplus is distinguished from the categorial notion of surplus discussed in the sixth *Logical Investigation*, § 40" (D. J Dwyer, *Husserl's Appropriation of the Psychological Concepts of Apperception and Attention*, in: „Husserl Studies", 2007, 23, S. 83–118, hier S. 103). Für eine systematische Erweiterung des Begriffes eines überschüssigen Phänomens vgl. B. Waldenfels, *Hyperphänomene. Modi hyperbolischer Erfahrung*, Suhrkamp, Berlin 2012.

[2] Auf die Verwendung dieses Begriffs gehen die folgenden Analysen ein.

[3] Hua III/1, S. 51.

[4] Hua VI, S. 107.

3.1 Die Unvollständigkeit jeder Wahrnehmung

Damit ist aber noch nicht gesagt, wie eigentlich die Phänomenologie diese Explanandum beschreibt. Eine Analyse dessen, was Husserl genau unter Wahrnehmung als Intentionalitätsweise versteht, zeigt, dass Wahrnehmung wesentlich durch ihre Unvollständigkeit ausgezeichnet ist. Das gilt für Husserls Denken schon von früh an, wie der 1894 erschienene Text *Psychologische Studien zur elementaren Logik* klar bezeugt:

> Das natürliche Bewußtsein glaubt das objektive Ding selbst, diese einheitliche Mannigfaltigkeit, als das, was sie ist und intendiert ist, in einem Blicke zu erfassen, in einem einfachen Akte des Anschauens. Wir wissen, daß dies bloßer Schein ist. Nur ein kleiner Teil dessen, was wir hier anzuschauen vermeinen, ist wirklich angeschaut; nur wenige Züge des faktischen Inhalts sind in ihm so vorhanden, wie sie in der Dingvorstellung, die er vermittelt, intendiert sind und wie sie im „Dinge selbst" wirklich koexistieren. Der volle Gehalt der Dingvorstellung wird nur anschaulich in einem stetigen Inhaltsverlauf.[5]

Auch zur Zeit der *Logischen Untersuchungen* wird die Wahrnehmung als ausgezeichneter Modus der Erkenntnis durch die sogenannte Abschattungstheorie beschrieben,[6] eine Lehre, die dann in den *Ideen I* Bestätigung findet[7] und zu einer endgültigen Formulierung in den *Analysen zur passiven Synthesis* und *Erfahrung und Urteil* kommt.

Waren Andeutungen zur Theorie der Abschattung schon in den ersten fünf *Logischen Untersuchungen* Teil der Phänomenanalysen, so ist es Husserl jedoch erst in der sechsten *Logischen Untersuchung* um eine „Aufklärung der Erkenntnis" zu tun, deren Aufgabe fordert, die Struktur der Wahrnehmung tatsächlich aufzudecken und in den sie auszeichnenden Charakterzügen zu explizieren. Da sich die Phänomenologie hier mit der Frage der Erkenntnis befasst, tritt das Problem der äußeren Wahrnehmung besonders stark in den Vordergrund.

Die husserlsche Auffassung der Wahrnehmung stellt eine genuine Neuerung gegenüber traditionellen und insbesondere gegenüber empiristischen Theorien dar: Die Wahrnehmung ist laut Husserls Beschreibungen immer Wahrnehmung eines Gegenstandes als solchen und kann daher nie pauschal auf ein Bündel von für sich stehenden Empfindungen bzw. von mentalen Bildern reduziert werden. In einer Erscheinung ist nämlich zwischen der Erscheinung selbst und dem, was in dieser Erscheinung erscheint, zu unterscheiden; in diesem Sinne ist die von mir aktuell wahrgenommene Vorderseite eines Buches Erscheinung eben dieses Buches und nicht etwa ein Abbild (wie bspw. bei Locke oder Hobbes) oder ein Zeichen (Helmholtz) desselben. In der Wahrnehmung nehmen wir Husserl zufolge immer das Buch, den Tisch, diese Person usw. wahr, während die Empfindungsdaten nicht eigentlich wahrgenommen, sondern reell erlebt werden.

Die Abschattungstheorie besagt nun aber ferner, kurz gefasst, dass ein Gegenstand zwar selbst, aber immer nur perspektivisch erscheint, von der einen Seite

---

[5] Hua XXII, S. 102.

[6] Claesges spitzt die Rolle der Abschattungsbeschreibung sogar zu der eigentlichen Aufgabe einer Intentionalitätsanalyse zu, so wie diese das Zentrum des phänomenologischen Projektes bildet: Vgl. U. Claesges, *Edmund Husserls Theorie der Raumkonstitution*, M. Nijhoff, Den Haag 1964, S. 52.

[7] Vgl. beispielsweise Hua III/1, S. 91–92: „In dieser Weise *in infinitum* unvollkommen zu sein, gehört zum unaufhebbaren Wesen der Korrelation ‚Ding' und Dingwahrnehmung".

(eben Abschattung genannt) gesehen wird, und dass diese Abschattung durch die Stellung im Raum (Orientierung) des wahrnehmenden Subjektes bestimmt wird.[8] Die Perspektive bestimmt, wie dem Subjekt ein Ding gegeben ist, z. B. von der Vorderseite und nicht von der Rückseite, als fern oder nah usw. Daraus folgt, dass ein Gegenstand dem wahrnehmenden Subjekt immer, und zwar wesentlich, nur teilweise, d. h. in Abschattungen gegeben ist. Dies ist bedingt durch das apriorische Wesen dieses Intentionalitätsmodus. Eine Abschattung ist somit eine mögliche Perspektive auf den erscheinenden Gegenstand, welcher wiederum als ein Zusammenhang von gleichzeitiger Anwesenheit (bspw. der der Vorderseite) und Abwesenheit (bspw. der der Rückseite) wahrgenommen wird.

Ein zentraler Gedanke der Phänomenologie, wie oben kurz vorweggenommen wurde, ist aber, dass in jeder Erscheinung (z. B. in der Erscheinung der Vorderseite, also in jeder Abschattung) das Erscheinende, nämlich das Ding, *selbst* erscheint:[9] Die erscheinende Vorderseite des Buches ist zugleich Erscheinung des Buchs selbst, wobei hierbei der Genitiv nicht als Partitiv verstanden werden darf. Es erscheint nämlich nicht einfach ein Teil des Buches, sondern das Buch erscheint selbst *an* seiner oder *durch* seine Vorderseite. Gerade deswegen sind in jeder orientierungsgebundenen Perspektive der Wahrnehmung Momente enthalten, die nicht unmittelbar zur Gegebenheit kommen, wie z. B. die Rückseite des Buches. Da das Buch selbst erscheint, verweist die eine aktuell gegebene Seite auf die anderen, in diesem Moment verborgenen, Seiten desselben Dinges. Diese nicht erscheinenden Seiten sind mitimpliziert in der Erscheinung der Vorderseite des Buches als Erscheinung eben dieses Buches.

Die Abschattungstheorie als Theorie der Wahrnehmung besagt somit die Strukturiertheit jedes Wahrnehmungsaktes in dreierlei Komponenten:[10] die Abschattung, also beispielsweise die Vorderseite, die aktuell erscheint und in der Erscheinung aufgeht (also, die Erscheinung selbst); der Gegenstand, der zwar aktuell an oder durch die Vorderseite erscheint, nicht aber in der Erscheinung aufgeht; und die übrigen Seiten des Dinges, die aktuell nicht selbst erscheinen, sondern nur *mit* der

---

[8] Die Thematisierung der orientierten oder inszenierten Wahrnehmung bildet ein Kern in Husserls Phänomenologie der Wahrnehmung, an dem Husserl lebenslang festhält. Vgl. beispielsweise Hua IV, S. 98, 259, 336, wo von Handeln als Inszenieren die Rede ist, aber auch Hua XV, S. 270 und 275; Hua Mat. VIII, S. 235. Die Wirklichkeit ist als inszenierte phänomenologisch gegeben insofern, als die Wahrnehmung immer perspektivisch orientiert ist.

[9] Das besagt auch die berühmte Passage: „Ich sehe nicht Farbenempfindungen, sondern gefärbte Dinge, ich höre nicht Tonempfindungen, sondern das Lied der Sängerin": Hua XIX/1, S. 387 (A353, B374). Vgl. dazu auch und Hua XVI, S. 14: „Die Wahrnehmung ist Wahrnehmung von einer Bank, jene von einem Haus usw. […]. Der Gegenstand steht in der Wahrnehmung als leibhafter da, er steht, genauer noch gesprochen, als aktuell gegenwärtiger, als selbstgegebener im aktuellen Jetzt da". Intentionaler Gegenstand eines Wahrnehmungsaktes ist das Ding, es sind nicht die Empfindungen, die eigentlich nicht intentional sind.

[10] Dass trotz dem Ruf nach „Originalität" oder Selbstgegebenheit die Wahrnehmung keine „einfache Sache", sondern vielmehr ein „komplexer, dynamischer und mehrdimensionaler Prozess" ist, hat u. a. E. W. Orth gezeigt: E. W. Orth, *Zu Husserls Wahrnehmungsbegriff*, in: „Husserl Studies", 11, 1994–95, S. 153–168, hier 154. Der Autor bezieht sich allerdings hauptsächlich auf die späteren Werke Husserls, während auch in den *Logischen Untersuchungen* die Wahrnehmung konstitutiv mehrschichtig ist, wie hier zu zeigen ist.

aktuellen Erscheinung gegeben sind. Vor allem ausdeutungsbedürftig sind der zweite und der dritte Aspekt, da in diesen beiden Fällen nicht direkt und vorbehaltlos von schlichter und totaler Selbstgegebenheit gesprochen werden kann.[11]

Diejenigen Intentionen, die auf den Gegenstand als solchen gerichtet sind, sind streng zu unterscheiden von den signitiven Intentionen, welche auf weitere mögliche Erscheinungen desselben Gegenstandes hinweisen. Die ersteren sind solche Intentionen, für welche die Erfüllung konstitutiv unmöglich ist: Die Intention, die den Gegenstand selbst haben will, kann keine Erfüllung finden, denn der Gegenstand ist nie völlig und in seiner Totalität gegeben, sondern nur perspektivisch. Dagegen sind die Intentionen auf weitere mögliche Erscheinungen desselben Dinges konstitutiv immer auf Erfüllung gerichtet und diese Erfüllung kann auch tatsächlich erzielt werden, beispielsweise indem das Subjekt um das Ding herumgeht und somit die anderen Seiten in die Erscheinung treten lässt.

Husserl selbst betont in einer *Umarbeitung* der sechsten *Logischen Untersuchung* den Unterschied zwischen Intentionen, die auf den Gegenstand als solchen und Intentionen, die auf andere Seiten bzw. Ansichten desselben gerichtet sind: „[Z]wei wesentlich verschiedene Erfüllungslinien haben wir", nämlich darstellende (auf den Gegenstand bzw. auf die gegenständliche Bestimmung hin) und „über das Dargestellte hinausdeutende, leere Kontiguitätsintentionen".[12] Damit tritt klar der Doppelcharakter der uneigentlichen Präsentation hervor, und die Weise, wie dieser der aktuellen Erscheinung direkt zugehört. Über die unmittelbare Präsentation hinaus, welche den Gegenstand als solchen durch Ähnlichkeit darstellt, ist in jedem Wahrnehmungsakt eine mittelbare Präsentation durch Kontiguität am Werk. So Husserl in der Vorlesung *Hauptstücke aus der Phänomenologie und Theorie der Erkenntnis* vom Wintersemester 1904/05:

> Die uneigentliche Präsentation kommt hier nur mittelbar zustande, indem eben das auffassende Bewusstsein sich nicht an der innerlich-wesentlich fundierten Präsentation durch Ähnlichkeit Genüge sein lässt, sondern in seiner Intention über das Gegebene und das durch den Inhalt innerlich zu Präsentierende hinausgeht. Phänomenologisch gesprochen: Es heftet sich *der Empfindung* neben ihrem ersten Auffassungscharakter, dem Charakter direkter Präsentation noch ein weiterer Auffassungscharakter an, ein ganz neuartiger, wodurch die Empfindung nicht nur als wirklicher Präsentant für eine Bestimmung dient, die sie wirklich als gegenwärtig erscheinen lässt, sondern zugleich der direkt präsentierten Bestimmung den Charakter *gleichsam eines Zeichens* aufprägt für eine daran sich anknüpfende, mit ihr gegenständlich verwobene, obschon nicht wirklich präsentierte Bestimmung […]. Mit der eigentlichen Präsentation, die den Charakter einer Präsentation durch Ähnlichkeit hat, verbindet sich eine uneigentliche, eine Präsentation durch Kontiguität.[13]

---

[11] Zur Rolle der Rede von Selbstgegebenheit in der Phänomenologie, vor allem auf die Frage, ob Selbstgegebenheit als eine Metapher interpretiert werden soll, vgl. V. Palette, *Die phänomenologische Selbstgegebenheit: Eine bloße Metapher?*, in: D. D'Angelo, N. Mirković (Hrsg.), „New Realism and Phenomenology", Sonderausgabe 2014 von „Meta. Research in Phenomenology, Hermeneutics, and Pratical Philosophy", S. 28–43, hier S. 37.

[12] Hua XX/1, S. 90.

[13] Hua XXXVIII, S. 35. Meine Hervorhebung. In einer zu dieser Passage zugehörigen Fußnote kritisiert Husserl die Parallele mit dem Zeichenbewusstsein; zu dieser Kritik siehe weiter unten. Zu der Unterscheidung beider präsentierenden Funktionen siehe auch T. Vongehr, R. Giuliani, *Einleitung des Herausgebers*, in: Hua XXXVIII, S. XXVI, und Hua XIX/2, S. 611 (A553, B70).

Ein Verhältnis der Ähnlichkeit durchwaltet die Beziehung zwischen Empfindung und dinglicher Bestimmtheit, während die Beziehung zwischen Empfindung und weiteren möglichen Empfindungen ein Verhältnis der Kontiguität ist.

Bei der folgenden Untersuchung wird sich herausstellen, dass innerhalb von Husserls Theorie der Wahrnehmung drei verschiedene semiotische Komponenten zu unterscheiden sind: die eigentlich signitiven Komponenten zwischen Empfindung und Gegenstand bzw. Bestimmung des Gegenstandes (§ 2); die symbolischen zwischen Erscheinung und Miterscheinung (§ 3), und die signifikativen, die auf Bedeutungen aus sind (§ 4). Bei allen drei Fällen geht es insofern um eine Semiose, als dynamische Hinweise im Spiel sind. Die Art und Weise, wie aber dasjenige, worauf durch die Erscheinung dynamisch hingewiesen wird, zur Präsenz kommt bzw. kommen kann, ist jeweils verschieden, nämlich *durch* die Erscheinung, *mit* der Erscheinung und als ideelles, irreales Korrelat der Erscheinung.

Im folgenden Paragraphen orientiert sich die vorliegende Untersuchung also an dem behaupteten Ähnlichkeitsverhältnis zwischen Empfindung und erscheinendem Gegenstand bzw. dinglicher Bestimmtheit, wobei der Gegenstand durch die Erscheinung selbst erscheint.

3.2 Empfindung und Gegenstand: signitive Intentionen

Bei der Wahrnehmung ist Husserl zufolge also immer eine gewisse Prätention im Spiel. Jeder Akt der Wahrnehmung prätendiert nämlich, den Gegenstand selbst zu haben in einer Art „Selbstdarstellung", aber der Gegenstand ist nie völlig gegeben, denn sonst hätten wir „für jeden Gegenstand nur eine einzige Wahrnehmung",[14] während doch eine potentiell unendliche Fülle von Wahrnehmungen und Perspektiven auf ein Ding möglich ist.

Die Wahrnehmung ist ja aber „Selbsterscheinung des Gegenstandes". Auch durch Abschattungen, in „vielfachen, teils rein wahrnehmungsmäßigen, teils bloß imaginativen und sogar signitiven"[15] Intentionen, immer ist der Gegenstand selbst gegeben trotz der Vielfältigkeit seiner Wahrnehmungsmöglichkeiten. Klar bleibt aber, dass, obwohl das Buch als solches erscheint, dennoch nicht die Gesamtheit seiner Aspekte je aktuell gegeben ist.[16] Das Buch erscheint selbst, aber nicht als Ganzes: Nach dem berühmten Diktum Husserls könnte nicht einmal Gott ein Ding gleichzeitig von allen Seiten wahrnehmen, und zwar deswegen nicht, weil die nur partielle Erscheinung ein Wesensmerkmal der Wahrnehmung als solcher ist.[17] Sind

---

[14] Hua XIX/2 S. 589 (A529, B57); XI, S. 3; XVI, S. 51; XXII, S. 110.

[15] Hua XIX/2, S. 589 (A529, B57).

[16] Aguirre in seinen sonst sehr lesenswerten Ausführungen zum Begriff des Erscheinens in der Phänomenologie neigt dazu, Gesamtding und Ding schlechthin zu vermengen (A. Aguirre, *Genetische Phänomenologie und Reduktion*, insb. S. 117 ff.), was aber Husserls Lehre schwer interpretierbar macht.

[17] Vgl. Hua XI, S. 18–19.

3.2 Empfindung und Gegenstand: signitive Intentionen

aber in der Wahrnehmung, wie im oben angeführten Zitat, „signitive" Intentionen am Werk, die das Erscheinen des Gegenstandes als solchen vermitteln, so gilt es nun zu erklären, was unter „signitiv" zu verstehen ist.[18]

Die reellen Inhalte (d. h. die Empfindungsdaten) einer Wahrnehmung sind so zu verstehen, dass sie „auf ihnen bestimmt entsprechende Inhalte des Gegenstandes eindeutig *hinweisen*, sie [...] darstellen".[19] Husserl nennt diese Intentionen bekanntermaßen „Auffassungen", und sie sind „rein imaginative oder perzeptive" Akte, die vom Inhalt getragen werden. Diese Akte haben die Struktur der Apperzeption, da von einer ungegenständlichen Erscheinung auf das Objekt als solches, nämlich auf das in der Erscheinung Erscheinende, gezielt wird. Die Erscheinung tritt dank dieser Intentionen als „Repräsentant" für den erscheinenden Gegenstand auf. Da nämlich, wie Husserl oft sagt, die Wahrnehmung den Gegenstand zu haben „prätendiert", der Gegenstand selbst aber nie in der Gesamtheit seiner Aspekte gegeben ist, ist es auch klar, dass mit der Gegebenheit des Gegenstandes irgendeine Art von Intentionen verknüpft sein muss, welche auf den Gegenstand in seiner Ganzheit abzielen. Gerade wegen dieses „repräsentativen Charakter[s]" aller Abschattung kann die Vorderseite den Gegenstand als solchen präsent machen, indem sie dasjenige re-präsentiert und auffasst,[20] was weder selbst präsent, d. h. direkt empfunden ist, noch je sein kann, nämlich das Ding, welches erst an der oder durch die Erscheinung erscheint.

Allerdings ist Husserls Lehre in den *Logischen Untersuchungen* insofern unklar, als die von ihm getroffenen Unterscheidungen zusammenzufallen scheinen. „Die Wahrnehmung, als Präsentation, fasst den darstellenden Inhalt so, dass mit und in ihm der Gegenstand als selbst gegeben erscheint".[21] Ist das aber so, dann scheint Husserls Unterscheidung zwischen Präsentation und Repräsentation, sowie auch zwischen Mitgegebenheit und Selbstgegebenheit in sich zusammenzufallen. Jede Präsentation ist dieser Passage zufolge Auffassung eines darstellenden Inhalts (Präsentation = Repräsentation) und die Selbstgegebenheit erscheint „mit" und „in" den Empfindungen (Selbstgegebenheit = Gegebenheit mit anderem, in anderem, oder durch anderes).[22] Diese Spannung aber ergibt sich daraus, dass die Terminologie

---

[18] Zur imaginativen Intentionen, die wie die signitiven zu jedem Wahrnehmungsakt gehören, vgl. weiter unten § 7.

[19] Hua XIX/2, S. 609 (A551, B79). Meine Hervorhebung.

[20] Hua XIX/2, S. 539 (A476, B4): Der „repräsentierende (aufgefasste) Inhalt" (d. i., der wahrgenommene Gegenstand) wird von Husserl dem „intuitiven Inhalt" (der erlebten Empfindungen) gegenübergestellt.

[21] Vgl. Hua XIX/2, S. 613 (A555, B53).

[22] Den Charakter der Repräsentation beschreibt Belussi (F. Belussi, *Die modaltheoretischen Grundlagen der husserlschen Phänomenologie*, S. 38) in zweifacher Hinsicht. Eine Empfindung repräsentiert nach seiner Interpretation die aktuell gegebenen Seiten eines Dinges „direkt-intuitiv", und zwar als eben von diesem Ding, während die nicht aktuell gegebenen „indirekt-intuitiv" repräsentiert seien, und daran schließt die vorliegende Analyse an mit dem Unterschied beider Verhältnisse, nämlich Erscheinung-Gegenstand einerseits (in diesem Paragraphen) und Erscheinung-weitere Erscheinungen (im nächsten Paragraphen). Ob es aber sinnvoll ist, vor einer direkten (!) und intuitiven Re-präsentation zu sprechen, scheint fraglich. Belussi weist ferner darauf hin (S. 39),

von „Gegebenheit" und „Erscheinung" nicht die eigentliche der *Logischen Untersuchungen* ist; mit der Terminologie der *Logischen Untersuchungen* ausgedrückt ist es kristallklar, dass die Empfindung weder wahrgenommen wird, noch intentional gemeint ist, sondern bloß im Bewusstsein erlebt wird; solche Empfindungen sind dann nichts anderes als Durchgangsstadien für die Intentionalität, die auf das wahrgenommene Ding selbst hinzielt.

Jenseits von Husserls unpräzisem Sprachgebrauch lässt sich demnach Folgendes festhalten: Ist eine Empfindung Durchgang, Repräsentant, Hinweis und Darstellung für das Wahrgenommene, so drängt sich die Frage auf, ob es sich bei dieser Struktur um eine Zeichenstruktur handelt.[23] Die „wirklich präsentierten Bestimmtheiten" erscheinen „in analoger Weise […] wie Zeichen", wiederholt Husserl in weiteren Forschungsmanuskripten.[24] Diese Beziehung zwischen Repräsentant und Repräsentiertem ist nämlich mit einer semiotischen Beziehung insofern verwandt, als es um ein Hinweisverhältnis geht. Die Empfindungen stellen den Gegenstand dar und weisen daher dynamisch darauf hin: In jeder Gegebenheit sind Intentionen auf den Gegenstand als solchen enthalten.[25]

Problematisch ist das aber insofern, als Husserls Phänomenologie der Wahrnehmung immer die Sachlage so beschreibt, dass in der Wahrnehmung das Ding unmittelbar selbst erscheint. Die Frage stellt sich Husserl selbst in einer überarbeiteten Druckfahne der sechsten *Logischen Untersuchung*: „Aber ist das Ding in der Wahrnehmung nicht unmittelbar gegenwärtig? Was besagt diese Unmittelbarkeit? Es

---

dass sich in dieser Beschreibung eine Vorform der Horizontintentionalität aufspüren lässt, worauf in späteren Kapiteln eingegangen wird. B. Rang weist auch darauf hin, dass „der Gedanke einer Repräsentation des Dinges durch seine Perspektiven und Abschattungen unabweisbar" scheint (B. Rang, *Repräsentation und Selbstgegebenheit*, S. 390).

[23] Ähnlich interpretiert, ohne aber alle Einzelheiten auszuführen, J. R. Mensch, *Postfoundational Phenomenology*, S. 168: „When we say that a perception is ‚of' an object, its intentionality involves a mediated reference", und S. 172: Es gibt eine „indicatively-based many-to-one [scil. many perceptions-to-one perceived object] relation that is inherent in intuition taken as constitutive process".

[24] Hua XXXVIII, S. 37.

[25] Auch U. Melle sieht in der Struktur Empfindung-Ding ein klares Echo des Zeichen- und Bildbewusstseins (U. Melle, *Das Wahrnehmungsproblem und seine Verwandlung in Phänomenologischer Einstellung*, S. 44): „Die Auffassung von etwas als etwas anderes darstellend oder auf etwas Abwesendes hinweisend begegnet uns im Bild- oder Zeichenbewusstsein, so dass wir uns scheinbar notwendig darauf verwiesen sehen, das Verhältnis von hyletischen Daten, Auffassung derselben und gegenständlich Aufgefasstem entweder in Analogie zum Bildbewusstsein zu begreifen oder dem Zeichenbewusstsein zu assimilieren. Husserl verwirft zwar die Repräsentations- und Abbildtheorien der Wahrnehmung als phänomenologisch widersinnig – ‚Aber die Empfindung ist nicht Gegenstand, der Repräsentant ist für einen anderen Gegenstand. Wir erleben im Deutungsbewusstsein die Beziehung auf einen einzigen Gegenstand' [Hua XXXVIII, S. 349; Melle zitiert hier das Manuskript, da die Edition des Bandes erst später abgeschlossen worden ist; zu dieser Kritik Husserls an einer Zeichentheorie der Wahrnehmung siehe weiter unten] – sieht sich aber immer wieder gezwungen, zur Charakterisierung dieses Verhältnisses auf Formulierungen zurückzugreifen, die den verworfenen Theorien zumindest sehr ähnlich klingen". Allerdings bezieht Melle hier keine Position dazu, ob es um Bild- oder Zeichenbewusstsein geht, und begnügt sich damit, die Spannung aufzuzeigen, ohne aber diese Sachlage weiter zu thematisieren.

3.2 Empfindung und Gegenstand: signitive Intentionen   77

besagt die schlichte Thesis, nicht aber die Unmittelbarkeit der Intention".[26] Das Ding ist als dieses Ding gesetzt in einer „schlichten Thesis", aber die Intentionalität, die auf das Ding gerichtet ist, ist eine mittelbare, denn sie geht über die Empfindung hinaus und durch sie hindurch.

Diese Mittelbarkeit nimmt nun die Gestalt einer signitiven Intention an. Diese signitive Intention ist allerdings nicht zu vermengen mit einer (signifikativen) Bedeutungsintention.[27] Denn gibt es Husserl zufolge Erkenntnis nur, wenn ein Wahrnehmungsakt zu einem mit einer Bedeutung verbundenen ausdrückenden Akt findet,[28] so beruht das darauf, dass Erkenntnis immer nur zusammen mit Bedeutung auftritt, und nicht darauf, dass der intentionale Akt, der die Erscheinung des Buches als Buch intendiert, also der auffassende Akt, als solcher ein ausdrückender Akt wäre. Die Bedeutung einer Wahrnehmung, gerade weil Husserl strikt zwischen Bedeutung und Gegenstand unterscheidet, ist nicht gleich mit dem erscheinenden Gegenstand. Nehme ich einen leuchtenden Stern am Himmel wahr, so ist in der Wahrnehmung keinesfalls enthalten, dass ich diesen als den Morgenstern oder den Abendstern wahrnehme, wohl aber, dass mir ein Stern erscheint.[29] Somit ist klar, dass innerhalb der Wahrnehmung nicht richtig von einer Intention auf Bedeutung (wohl selbstverständlich von einer Bedeutungserfüllung), sondern vielmehr von einer Gegenstandsintention gesprochen werden kann. Husserl beschreibt diese Intentionen als „signitive" Intentionen und stellt fest, dass wir damit in jeder Wahrnehmung „auch solche [Intentionen] von der Art der signitiven Intentionen finden" können.[30] Ist aber die Wahrnehmung nicht selbst Träger von Bedeutungen, so sind diese signitiven Komponenten gerade nicht als Bedeutungsintentionen auszulegen.

Näher zu verstehen bleibt nur, wie genau der Gegenstand selbst in der Erscheinung erscheint, also wie eine „repräsentierende" Intention in ihrem phänomenologischen Wesen funktioniert und auf welche Weise die Semiose letztlich am Werk ist. Bei der Wahrnehmung einer Melodie sind beispielsweise Intentionen im Spiel, die implizieren, dass die Melodie, sowohl als solche als auch insofern sie gewissermaßen bekannt ist, auf die eine oder die andere Weise terminiert, und zwar nicht abrupt. Höre ich den Schlusssatz von Beethovens Neunte, so kenne ich die Melodie: Im einzelnen Ton erscheint die ganze Melodie, die ich kenne. Die Melodie zu kennen ist aber keine ausschließliche Bedingung für die Erscheinung der Melodie selbst: Höre ich ein mir unbekanntes Musikstücks, das aber innerhalb des tonalen Systems geschrieben ist, so kann ich erwarten, dass die Musik am Ende auf den Grundton zurückkommen wird, und zeichne somit auf eine unbestimmte Art und Weise den

---

[26] Hua XX/1, S. 240.

[27] Für den Unterschied zwischen signitiven und signifikativen Intentionen vgl. den klassichen Aufsatz von U. Melle *Signitive und signifikative Intentionen*.

[28] Hua XIX/2, S 560 (A497, B25).

[29] Hua XIX/2, S. 555 (A492, B20). Vgl. Hua XIX/2, S. 553 (A490, B18): „Der Akt der Anschauung" ist nicht „selbst Bedeutungsträger". Der Akt des Meinens baut auf den Anschauungsakt auf, und nur „in diesem hinweisenden Meinen liegt […] die Bedeutung" (Hua XIX/2, S. 554, A490, B19).

[30] Hua XIX/1, S. 587 (A526, B54).

Ablauf des Ganzes vor. Somit ist am Beispiel der Melodiewahrnehmung ersichtlich, wie die über das unmittelbar Gegebene in Richtung auf den Gegenstand als solchen hinweisenden Komponenten in die Wahrnehmung selbst eingebettet sind.[31]

Es gibt also in jeder Wahrnehmung solche Intentionen, die zwar auf einen Gegenstand hin tendieren („diese Melodie", „tonale Melodie" usw.), die aber nicht mit Ausdrücken und Bedeutungen behaftet sind. Solche Intentionen treten auch im Falle schlichter visueller Wahrnehmung auf und sind schlechthin gegenstandsbezogen: Das vor mir liegende Buch hat als Buch eine Rückseite; das Buch erscheint als solches, d. h. ich intendiere in der Erscheinung das Erscheinende in seiner Gesamtheit, und so werde ich ganz richtig intendieren, dass das Buch eine Rückseite hat. Dieses Verhältnis nennt Husserl nun eine „signitive Intention".

Allerdings beruft sich Husserl bei der Einführung einer signitiven Struktur innerhalb der Wahrnehmung meistens nicht auf das Verhältnis zwischen Erscheinung und Gegenstand, sondern auf das Verhältnis zwischen Erscheinung und Nicht-Erscheinung (etwa der Rückseite), die aber zu einem anderen Zeitpunkt selbst erscheinen könnte, beispielsweise wenn ich um den Gegenstand herumgehe. Dieses Thema wird im folgenden Paragraphen unter dem Titel der symbolischen Intention behandelt. Wenige Ausnahmen sind dennoch zu finden (signitive Intentionen „weis[en] bloß auf den *Gegenstand* hin"),[32] und systematisch scheint der Unterschied zwischen Intentionen, welche auf einen Gegenstand hin tendieren und deswegen keine Erfüllung finden können, und Intentionen, die auf weitere Aspekte dieses Gegenstandes zielen, welche zur Erfüllung gebracht werden können, maßgeblich. Zur Problematik der eigentlichen signitiven Intentionen bleibt aber zu fragen, ob es denkbar ist, im Verhältnis zwischen Erscheinung und Gegenstand eine Art signitiver Intention aufzuspüren. Ist also, anders gefragt, jede auf den Gegenstand gerichtete, aus einer Empfindung entspringende Intention eine signitive?

Für das Verhältnis zwischen Empfindung und Gegenstand bleiben die fünfte und die sechste *Logische Untersuchung* maßgebend; allerdings befindet sich eine direkte Antwort auf diese Frage schon in der ersten *Logischen Untersuchung*. Hier merkt Husserl an, dass „das Bedeuten eines Zeichens" mit „objektivierenden Auffassungen verwandt ist insofern, als in beiden Momenten eine Deutung oder ein Verstehen im Spiel ist".[33] Bereits 1898 hatte Husserl in der Tat die Empfindungen als „Grundlagen der Deutung" definiert.[34] Dabei ist zu beachten, dass „objektivierende Auffassung" und „objektivierender Akt" von Husserl nicht immer als dasselbe angesehen wird: Ein objektivierender Akt ist überhaupt jeder Akt, dem eine „Vorstellung" im Bewusstsein entspricht, während eine objektivierende Auffassung einer Empfindung(skomplexion) einen „gegenständlichen"

---

[31] Husserls Lieblingsbeispiel der Wahrnehmung einer Melodie scheint sich vom Primat des Sehens zu distanzieren, welcher sonst in Husserls Ausführungen überall anzutreffen ist. Dazu siehe D. Espinet, *Phänomenologie des Hörens*, Mohr Siebeck, Tübingen 2009.
[32] Hua XIX/2, S. 607 (A548, B76).
[33] Hua XIX/1, S. 79 (A74, B74). B. Rang merkt an, dass die Koppelung des Deutungsgedankens mit einer Zeichentheorie der Wahrnehmung in den *Logischen Untersuchungen* unleugbar ist und von Helmholtz herrührt (B. Rang, *Husserls phänomenologie der materiellen Natur*, S. 199).
[34] Hua XXXVIII, S. 139.

3.2 Empfindung und Gegenstand: signitive Intentionen

Sinn verleiht,[35] sodass für das signitive Verhältnis zwischen Empfindung und Gegenstand diese objektivierende Auffassung ins Zentrum der Untersuchung rücken muss. Um diese Parallele zwischen objektivierender Auffassung und Zeichenverstehen zu untermauern, beruft sich Husserl auf folgendes Kontrafaktum:

> Fingieren wir ein Bewusstsein vor aller Erfahrung, so *empfindet* es der Möglichkeit nach dasselbe wie wir. Aber es schaut keine Dinge und dinglichen Ereignisse an, es nimmt nicht Häuser und Bäume wahr, nicht den Flug des Vogels oder das Bellen des Hundes. Man fühlt sich hier alsbald versucht, die Sachlage so auszudrücken: Einem solchen Bewusstsein *bedeuten* die Empfindungen nichts, sie *gelten* ihm nicht als *Zeichen* für die Eigenschaften eines Gegenstandes, ihre Komplexion nicht als Zeichen für den Gegenstand selbst [...]. Hier ist also von Bedeutung und Zeichen so gut die Rede wie bei den Ausdrücken und verwandten Zeichen.[36]

Dass das als eine „zutreffende Beschreibung der Sachlage"[37] angesehen werden kann und nicht als ein negatives Beispiel, ist letztlich auch daraus ersichtlich, dass Husserl sich im weiteren Verlauf des Textes immer wieder der Termini „Repräsentant" und „signitiv" bedient, und zwar an verschiedenen Stellen, um das Verhältnis zwischen Erscheinung und Gegenstand zur Sprache zu bringen.

Allerdings weist Husserl noch darauf hin, dass „die phänomenologische Struktur der beiden Auffassungen eine beträchtlich unterschiedene ist", sodass die Parallele eine Einschränkung erfährt.[38] Der Unterschied besteht nun darin, dass bei der Zeichenauffassung das Zeichen erst als Gegenstand konstituiert werden muss, um dann überhaupt mit einer Bedeutung „beseelt" sein zu können, während die Empfindung eben nicht erst vergegenständlicht werden muss, um Anhaltspunkt eines objektivierenden Akts zu sein.[39] Ist aber dieser Unterschied klargestellt, dessen Ausarbeitung phänomenologisch gewiss von Bedeutung ist, so bleibt die Tatsache bestehen, dass

---

[35] Hua XIX/2, S. 559 (A497, B25).

[36] Hua XIX/1, S. 80 (A74–75, B75). Zur Auslegung dieser Passage. siehe auch B. Rang, *Repräsentation und Selbstgegebenheit. Die Aporie der Phänomenologie in den Frühschriften Husserls*, S. 392.

[37] So B. Rang, *Husserls Phänomenologie der materielle Natur*, S. 200. Siehe allgemeiner S. 199–212 für eine Auseinandersetzung von Husserls Theorie der Repräsentanten und Helmoltz' Zeichentheorie der Wahrnehmung. Derselben Meinung, nämlich dass diese Beschreibung zutreffend ist, ist auch A. Gurwitsch: „Husserl [...] parle des données sensorielles comme de signes de l'objet perçu et de ses propriétés"; in einer dazugehörigen Fußnote bezieht sich Gurwitsch ausdrücklich auf die von uns zitierte Passage (A. Gurwitsch, *Théorie du champ de la conscience*, Desclée De Brouwer, Paris 1957, S. 218).

[38] Hua XIX/1, S. 80 (B75, A74).

[39] Dazu siehe auch Hua XXXVIII, S. 36–37, 115, 208, wo Husserl diesen Kritikpunkt mit ähnlichen Worten wiederholt. B. Rang interpretiert auch die Beilage Hua XIX/1, S. 436–440 (A396–399, B421–425) in dieselbe Richtung. Allerdings bezieht sich Husserl explizit nur auf das Bildbewusstsein, und aus der Anwendung dieser Kritik auf das Zeichenbewusstsein lässt sich nichts Neues herausarbeiten. Das Ergebnis von Rangs Ausführungen stimmt mit meinem überein: Das Zeichen muss zunächst als Zeichen konstituiert werden, als solches bewusst sein oder „verstanden werden" (B. Rang, *Husserls Phänomenologie der materiellen Natur*, S. 204), um überhaupt als ein solches fungieren zu können.

das Verhältnis als solches in beiden Fällen strukturgleich ist.[40] Das Zeichenmodell ist für Husserl Orientierungspunkt für die Beschreibung der Wahrnehmung geworden trotz des Vergegenständlichungsverdachts.[41]

Das bestätigt sich auch in einem Text für die Neufassung der sechsten *Logischen Untersuchung*, wo das verstehende und deutende Verhältnis gerade als Zeichenverhältnis ausgelegt wird. Ist nämlich jeder „Inhalt", also jede Empfindung, mit einer Intention auf Erfüllung behaftet, so geht es um einen dynamischen Hinweis, der als Zeichen charakterisiert werden kann:

> Ist nicht auch das Verhältnis von Inhalt und Gegenstand in der Repräsentation, in der anschaulichen Vorstellung, ein Verhältnis zwischen einem Meinen und seiner Erfüllung? Der Inhalt ist mit einem Meinen behaftet, und so stellt er den Gegenstand vor. Ich ‚sehe' die eine Seite der Lampe, das heißt, ich habe eigentlich nur von einer Seite Anschauung, meine aber die Lampe selbst wahrzunehmen. Und haben nicht auch die verschiedenen Momente eines Anschauungsverlaufs, der eine kontinuierliche Synthesis der Anschauung eines und desselben Gegenstands ist, eine intentionale Beziehung zueinander? Können wir nicht auch hier schon von Bedeutung sprechen, sofern dieselbe ‚Seite', nämlich der entsprechend erlebte Inhalt, gleichsam ein Zeichen ist, das den Gegenstand meint und in ihm die Erfüllung findet? Ich verstehe den Inhalt, ich meine den Gegenstand. Und wie findet die Intention ihre Erfüllung?[42]

Ein möglicher Einwand, den Husserl selbst nicht sieht, und der dennoch stringenter scheint als der von ihm selbst Angeführte, beruht auf Husserls Beschreibungen selbst, nach denen die Erscheinung den Gegenstand „bedeuten" sollte. Das ist insofern ein falsches Beschreibungsmuster, als Bedeutung und Gegenstand nicht gleichzusetzen sind – darin besteht ja einer der wichtigsten Befunde der ersten *Logischen Untersuchung*. Die objektivierende Auffassung „bedeutet" nicht den Gegenstand, sondern weist auf ihn hin in einer zwar semiotischen, also „be-zeichnenden", aber nicht „bedeutenden" Weise. Die Wahrnehmung nämlich, so Husserl, bestimmt die

---

[40] Dieses Argument führt auch I. Kern in aller Ähnlichkeit aus: „Das strukturelle Schema [nämlich zwischen Empfindungsauffassung und Bedeuten] ist aber [...] dasselbe" (I. Kern, *Idee und Methode der Philosophie*, De Gruyter, Berlin 1975, S. 138).

[41] Der Meinung ist auch V. De Palma (V. De Palma, *Husserls phänomenologische Semiotik*, S. 55–56): „Husserl überträgt diese Beziehung [nämlich zwischen Zeichen und Bezeichnetem] auf die zwischen Empfindung und Gegenstand. [...] Denn die signitive Bedeutungsintention, die in der Apperzeption eines sinnlich Gegebenen als sprachlichen Zeichens fundiert ist, gilt für ihn als Muster, nach dem alle Arten von Intentionalität verstanden werden, und zwar auch die von ihr strukturell verschiedene perzeptive Intentionalität. Die Ausdrücke liefern die „allergünstigen Beispiele" [Hua XIX/1 S. 398, A362, B38], um die Struktur der Wahrnehmung zu veranschaulichen. Denn die verstehende Auffassung, in der sich das Bedeuten eines Zeichens vollzieht, und die objektivierende Auffassung, in der die anschauliche Vorstellung eines Gegenstandes erwächst, sind verwandt. [...] Die im Dualismus von Inhalt und Auffassung bzw. von Hyle und Morphé gegründete Wahrnehmungslehre (vgl. Hua III, 83 ff., 191 ff., 225 ff.) stammt aus einer Übertragung der höherstufigen Konstitutionsweise der Sprachgegenstände auf die realen bzw. sinnlichen Gegenstände". Dieselbe Auffassung, die als durchaus berechtigt anzusehen ist, vertreten auch De Boer (T. De Boer, *The Development of Husserl's Thought*, Springer, Den Haag 1978, S. 137–138) und noch Münch (D. Münch, *Intention und Zeichen*, S. 218–220), obwohl keiner von diesen Autoren auf die Sachlage mit der gewünschten Ausführlichkeit eingeht.

[42] Hua XX/2, S. 320–321.

3.2 Empfindung und Gegenstand: signitive Intentionen

Bedeutung, enthält sie aber nicht.[43] Ist also, wie Husserl es in den *Logischen Untersuchungen* selbst tut, an der Rede von „signitiven Intentionen" in der Wahrnehmung äußerer Dinge festzuhalten, dann sind sie eben keine Zeichen für Bedeutungen (keine „Ausdrücke"), sondern eher Zeichen überhaupt insofern sie auf etwas hinweisen, nämlich auf den Gegenstand als präsumtiven Gegenstand.

Diese Interpretation wird weiterhin dadurch bestätigt, dass in Husserls Ausführungen von einer Erfüllungstendenz der Gegenstandsintentionen die Rede ist. Eine Intention, welche den Gegenstand selbst zu haben „prätendiert", kann ja prinzipiell nie zur Erfüllung kommen. Deswegen kann die phänomenologische Beschreibung von einer Erfüllungstendenz sprechen, aber nicht schlechthin von Erfüllung der Gegenstandsintentionen. Hält man aber an der hier vorgeschlagenen Unterscheidung zwischen signitiven, auf den Gegenstand gerichteten Intentionen und symbolischen, auf Erfüllung durch auf andere Seiten des Gegenstandes gerichteten Intentionen fest, so lässt sich die Semiose der Wahrnehmung systematisieren.[44]

Wenn es nun berechtigt ist, in diesem engen Sinne bei der Wahrnehmung eines Dinges von Zeichen zu sprechen, so impliziert das keinesfalls, dass die Wahrnehmung zu einer bloßen Konvention wird, wie in der klassisch verstandenen Auffassung des Zeichens.[45] Das ist nämlich insofern nicht der Fall, als das Zeichen bei Husserl nicht als konventionell definiert wird, sondern als eine dynamische Beziehung, genauer als ein dynamischer Hinweis. Die Übertragung der Zeichentheorie auf die Wahrnehmung ist überzeugend und geht – zumindest bis zu einem gewissen Punkt – nicht gegen das phänomenologische Projekt selbst, wenn man Husserls eigene Auffassung des Zeichens, wie sie im vorigen Kapitel ausgearbeitet wurde, berücksichtigt.

Die Interpretation von Husserls Wahrnehmungstheorie als einer semiotischen verstößt *prima facie* gegen Husserls eigene Auffassung. Wurde schon der Vorwurf vermieden, das Zeichen sei, anders als die Empfindung, notwendig gegenständlich, und zwar dadurch, dass mit Iso Kern auf die Strukturgleichheit dieser Intentionen aufmerksam gemacht wurde, so bleiben weitere Einwände von Husserl selbst zu thematisieren.

In der fünften *Logischen Untersuchung* behauptet Husserl, das Zeichensein bedürfe selbst eines intentionalen Aktes, um überhaupt als solches verstanden werden zu können, was es ausschließe, dass das Zeichen selbst als Grundlage der Vorstellung gelten dürfte.[46] Im Falle der Wahrnehmung ist aber das Zeichen gerade durch einen Akt als Zeichen definiert, da die Empfindung durch eine „leere Intention" zum Zeichen wird, sodass die Kritik aufgehoben ist, wenn man unter Zeichen das versteht, was Husserl selbst darunter versteht, und nicht, was sich die herkömmlichen Zeichentheorien der Wahrnehmung (sprich von Helmholtz) darunter vorstellen.[47]

---

[43] Hua XIX/2, S. 555 (A492, B20).

[44] Inwiefern der Terminus „symbolisch" berechtigt ist, lässt sich im folgenden Paragraphen (§ 3) zeigen.

[45] De Palma schließt m. E. fälschlich aus dieser Übertragung der Zeichenauffassung, dass die Wahrnehmung „zu einer bloßen Konvention wird" (V. De Palma, *Husserls phänomenologische Semiotik*, S. 55).

[46] Vgl. Hua XIX/2, S. 438 (B424).

[47] Auch R. Bernet nimmt die herkömmliche Zeichentheorie für eine Auslegung der sechsten *Logi*-

Das Zeichen selbst wird ferner am Ende dieser fünften *Logischen Untersuchung* als „Vorstellung in stellvertretender Funktion" aufgefasst und daher ausdrücklich abgewiesen.[48] Die Auffassung des Zeichens als Vorstellung in Stellvertreterfunktion ist radikal verschieden von dem Zeichen als dynamischem Hinweis und steht nicht im Einklang mit dem, was Husserl selbst unter diesem Begriff versteht. Deswegen lassen sich Husserls Ausführungen gegen die klassische Auffassung der Wahrnehmung als Zeichen, das Stellvertreterfunktion für den Gegenstand hat, einwenden, nicht aber gegen Husserls eigene Auffassung des Zeichens als eines dynamischen Hinweises selbst. Diese Interpretation des husserlschen Textes erlaubt es, scheinbar widersprüchliche Ansätze miteinander zu versöhnen, damit die eigentliche Kohärenz seiner Beschreibungen klarer zum Vorschein kommen kann.

In diesem Sinne ist die These also phänomenologisch berechtigt – zumindest nach Husserls Verständnis der Phänomenologie der Wahrnehmung zur Zeit der *Logischen Untersuchungen* –, ein objektivierender Akt habe Strukturgemeinsamkeiten mit der Zeichenauffassung, also mit einer signitiven Intention, und zwar insofern, als in beiden Fällen ein Erscheinendes, ein Gegebenes, dynamisch auf etwas hinweist und dieser Hinweis deutungs- bzw. interpretationsbedürftig ist. Das, worauf hingewiesen wird, ist ferner in beiden Fällen selbst nicht völlig präsent, sondern erst im Prozess des Erscheinens durch die aktuelle Erscheinung hindurch. Sowohl bei Zeichen als auch bei Empfindungen als Repräsentanten für den Gegenstand ist nämlich das Erscheinende ein bloßes Vehikel, eine Vermittlung für dasjenige, was nicht aktuell und in Gänze erscheint, und doch selbstgegeben ist.[49]

---

schen Untersuchung (R. Bernet, I. Kern, E. Marbach, *Edmund Husserl. Darstellung seines Denkens*, S. 112–113). Er kritisiert Husserl, weil „überaus bedenklich" erscheint, „die uneigentliche Erscheinung der bloß mitgemeinten Dingaspekte als signitive, d. h. zeichenhafte Repräsentation zu bestimmen. Empfindungen sind keine Zeichen im Sinn physischer Objekte und fungieren nicht wie die sprachlichen Zeichen als bloß konventionelle Vertreter des sinnlichen Wahrnehmungsgegenstandes". Das Missverständnis liegt darin, das Zeichen im Sinne physischer Objekte zu verstehen, was es gewiss nicht ist; weder irgendein Ausdruck im Sinne Husserls, noch eine Anzeige im Sinne Husserls ist nur ein physisch determiniertes Objekt, sondern kann etwas überhaupt sein, bei der Anzeige insbesondere ein Sachverhalt. Wie sich aus den Analysen der Passagen in Hua XII, S. 273–274 im vorherigen Kapitel gezeigt hat, ist ein Zeichenverhältnis auch zwischen Teilen desselben Gegenstandes bzw. zwischen verschiedenen Gegebenheitsweisen desselben Gegenstandes unter verschiedenen Umständen möglich. Darüber hinaus war Husserls Auffassung nirgendwo so geartet, dass Zeichen notwendig ein konventioneller Vertreter sein sollte. Diese Verwechslung kommt daher zustande, dass die Wahrnehmung pauschal als eine Bedeutungsintention aufgefasst wird, was wiederum auf einer Vermengung zwischen Gegenstand und Bedeutung basiert.

[48] Hua XIX/2, S. 524 (A467, B503).

[49] De Palma führt seine Analyse der Übertragung der Zeichentheorie auf die Wahrnehmungstheorie folgendermaßen weiter, und da ist der Analyse m. E. zuzustimmen: „Wie die Zeichen im Zeichenbewusstsein haben auch die Empfindungen im Wahrnehmungsbewusstsein eine bloß vermittelnde Funktion: Sie dienen als Durchgang, ohne bemerkt zu werden, da wir ausschließlich auf den von ihnen repräsentierten Gegenstand thematisch gerichtet sind. Wie bei den Zeichen liegt alles an der beseelenden Auffassung und nichts an der Besonderheit der Inhalte; die Empfindungen sind nämlich formlos und können irgendwelche Gegenstände repräsentieren […]. Auch in der Wahrnehmung, wie im Zeichen- und Bildbewusstsein, haben wir bloß das eine gegenwärtig und meinen

3.2 Empfindung und Gegenstand: signitive Intentionen

Dass dabei also dieselbe im husserlschen Sinne „semiotische" Struktur zugrunde liegt, dass mit anderen Worten diese Überkreuzung kein leeres Wortspiel ist, sondern ganz konstitutiv der phänomenologischen Beschreibung der Phänomene angehört – diese Tatsache wird von Husserl nicht weiter diskutiert. Er besteht nämlich nur darauf, dass es in beiden Fällen (Empfindung-Gegenstand und Zeichen-Bezeichnetes) um verschiedene Elemente geht, die aufeinander bezogen sind, bemerkt aber nicht, dass das nicht vor der strukturellen Identität beider Beziehungen schützt. Man kann terminologisch unterscheiden zwischen zwei verschiedenen Anwendungen derselben Beziehung, bestehen bleibt aber, dass die Wahrnehmung konstitutiv mit symbolischen und hindeutenden Verweisen beladen ist, dass sie nämlich semiotische Strukturen enthält, und dass das nicht nur Sprachverlegenheit von Seiten Husserls ist, sondern insofern konstitutiv zu seiner Wahrnehmungsphänomenologie gehört, als die Wahrnehmung immer mehr als bloßes Erlebnis einer Empfindung ist.[50]

Darüber hinaus ist somit auch klargestellt, dass eine solche Interpretation die Wahrnehmung nicht im Ganzen als eine semiotische Struktur, sondern nur einige ihrer Momente als solche beschreibt, sodass der Einwand vermieden wird, eine solche Zeichentheorie der Wahrnehmung führe die ganze Wahrnehmung auf einen Sonderbereich der Wahrnehmung selbst, nämlich die Zeichenwahrnehmung, zurück. Das Ineinanderspielen von Zeichen und Wahrnehmung ist im Sinne Husserls zumindest in den *Logischen Untersuchungen* strukturphänomenologisch notwendig, keinesfalls aber eine absolute Identität von Zeichenwahrnehmung und Wahrnehmung überhaupt.[51]

Dabei lässt sich die Vermutung verneinen, Husserl falle damit in eine Zeichen- und Vorstellungstheorie zurück, die er selbst ausdrücklich bestreiten will und die er

---

statt seiner doch das andere" (V. De Palma, *Husserls phänomenologische Semiotik*, S. 55).

[50] Anderer Meinung sind Thomas Vongehr und Regula Giuliani. Nach ihrer Auffassung wäre die Tatsache, dass Husserl der indirekten Präsentation Zeichencharakter zuschreibt, nur „eine Konsequenz der [...] Terminologie der sechsten *Logischen Untersuchung*", die dann durch die Rede von direkter und indirekter Präsentation schon in der Vorlesung 1904/05 aufgehoben wird (*Einleitung der Herausgeber*, in: Hua XXXVIII, S. XXXV). Dass Husserl nach der Veröffentlichung der *Logischen Untersuchungen* immer wieder Bedenken dazu äußert, und dass er die Terminologie wechseln will, ist unleugbar; ebenso unleugbar ist aber, dass trotz Terminologieverschiebung die semiotischen Strukturen in der Wahrnehmung bestehen bleiben. Die These nämlich, das sei nur Konsequenz terminologischer Ungenauigkeit von Seiten Husserls, wird m. E. dadurch aufgehoben, dass Husserl nach 1920 wieder bewusst auf die ältere Terminologie zurückgreift, und sogar noch expliziter, indem er nicht mehr von „Symbol" und „signitiv", sondern direkt von „Anzeige" spricht, da die phänomenologische Struktur dieselbe ist. Dazu Näheres in den folgenden Kapiteln.

[51] Hua XIX/1, S.437 (A397, B422–423). Auch nach B. Rangs Meinung ist es nötig, in der phänomenologischen Theorie der Wahrnehmung eine solche Einschränkung vorzunehmen: „Die deskriptive Analyse [...] lehrt, dass nicht die Erscheinungen als solche, sondern nur *bestimmte*, durch die Wesensgesetze der Perspektive geregelte Erscheinungen des Wahrnehmungsbewusstseins als Zeichen für Gegenständliches fungieren" (B. Rang, *Husserls Phänomenologie der materiellen Natur*, S. 206). Das schlägt sich nach Rangs Meinung in Husserls Beschreibung der symbolischen Komponenten der Wahrnehmung nieder.

seiner eigenen Position entgegengestellt sieht.[52] Erstens ist nämlich daran festzuhalten, dass der Gegenstand in der phänomenologisch beschriebenen Wahrnehmung, obwohl durch einen repräsentierenden Akt und obwohl nicht vollständig, *selbst* erscheint; ist die Erscheinung des Buches eben Erscheinen des Buches, so geht zwar das Buch in der Erscheinung nicht auf, ist aber vermittelt (nämlich durch die Empfindungen) gegeben. Das Verhältnis ist auf keinen Fall konventionell und auch nicht naiv gedacht als etwas schlicht Anwesendes, das auf ein schlicht Abwesendes hinweist. Wie schon im zweiten Kapitel herausgearbeitet, wäre das Abwesende, worauf hingewiesen ist, völlig abwesend, und es könnte darauf nicht einmal hingewiesen werden. Es ist gerade der besondere Erscheinungsmodus des Gegenstandes, der es erlaubt, dass die Empfindung ein Repräsentant für den Gegenstand sein kann. Dabei ist unter „Repräsentant" nicht ein schlichter „*stat pro*" zu verstehen, keine Surrogatfunktion,[53] sondern eine hinweisende Bewegung, die etwas zum Erscheinen bringt.[54]

Zusammenfassend kann man festhalten, dass Husserls Parallelisierung von Zeichentheorie und Wahrnehmungstheorie sachliche Gründe hat, und nicht eine bloße Verlegenheit zum Vorschein bringt. Der Gedanke, die Empfindung sei ein Zeichen für den Gegenstand, ist phänomenologisch berechtigt, wenn man sich beim Zeichenbegriff auf phänomenologische Ausführungen stützt und nicht auf herkömmliche Meinungen. Anders ist nämlich der Verdacht, Husserl falle selbst hinter seine Kritik an der Zeichen- und Vorstellungstheorie der Wahrnehmung zurück, nicht zu vermeiden.

In den *Umarbeitungen* zur sechsten *Logischen Untersuchung* scheint Husserl festzustellen, dass die Vermengung zwischen Semiotik und Wahrnehmungstheorie eine fragliche Terminologie ist, die er deshalb „verlassen" möchte. „Jene unzweifelhafte Analogie (zwischen Zeichen- und Wahrnehmungsbewusstsein)", schreibt er, „war in der ersten Auflage d. W. [des Werkes, nämlich der *Logischen Untersuchungen*] der Anlass, die Rede von signitiven Intentionen auf alle leer hinausweisenden Intentionen auszudehnen – eine Terminologie, die ihre Bedenken hat und die wir daher hier verlassen haben".[55] Der Grund aber, den er dafür angibt, ist eine Ausar-

---

[52] Gerade das Gegenteil behauptet De Palma, aber das ist m. E. das Ergebnis einer falschen Interpretation: „So verfällt Husserl in die von ihm selbst kritisierten Auffassung der Wahrnehmung als Bild- oder Zeichenbewusstsein. Selbst die Wahrnehmung erweist sich also in der Tat – im Gegensatz zu dem, was Husserl vertritt – nicht als selbstgebendes, sondern als mittelbares Bewusstsein bzw. bloße Repräsentation, da nur die immanenten Empfindungen unmittelbar bzw. eigentlich gegenwärtig sind, die ‚als die Fundamente der Auffassung' [Hua XIX/1, S. 399, A364, B385] gelten und so derselben Funktion in der Wahrnehmung dienen wie das Bild und das Zeichen im Bild- und Zeichenbewusstsein" (V. De Palma, *Husserls phänomenologische Semiotik*, S. 56).

[53] Schon früher wurde thematisiert, dass Husserl selbst die stellvertretende Funktion des Zeichens als eine „sehr unangemessene Beschreibung" angesehen hat (Hua XIX/1, S. 73, A68 B68).

[54] E. Tugendhat bemerkt die Spannung zwischen dem Gebrauch von Repräsentation und Husserls Abwehr von Zeichentheorien der Wahrnehmung, und löst die Spannung gerade dadurch, dass das Zeichen hier nicht als Stellvertreter, sondern als etwas, das das Vorstellen „von sich weg auf ein anderes lenken" kann, interpretiert (*Der Wahrheitsbegriff bei Husserl und Heidegger*, S. 57). Im zweiten Kapitel wurde gezeigt, wie gerade dieser Sinn von Zeichen Husserls eigener ist. Der Interpretation von Tugendhats ist daher völlig zuzustimmen.

[55] Hua XX/1, S. 91. Und dennoch: „Das originär gebende Bewusstsein ist, wie wir später noch ausführlich untersuchen werden, notwendig so geartet, dass es Leibhaftigkeit nur konstituieren kann

3.2 Empfindung und Gegenstand: signitive Intentionen

beitung der Unterscheidung, die er schon angeführt hatte: Signitive Intentionen im engeren Sinne, also diejenigen, die bei der Wahrnehmung eines Zeichendinges auftreten, und hinausdeutende, leere Intentionen der Wahrnehmung sind insofern verschieden, als sich im zweiten Fall durch sie ein Gegenstand konstituiert, im ersten Fall dagegen die „Aufeinanderbezogenheit konkreter, einander sachfremder Gegenstände" impliziert ist.[56] Darüber hinaus besagt Husserls Vorhaben, diese Terminologie loszuwerden, noch nicht, dass diese Aspekte völlig aufgehoben sind, wie aus manchen noch zu zitierenden Passagen klar wird; *de facto* bedient sich Husserl auch in den *Umarbeitungen* immer noch ebendieser Terminologie. Aufgabe der nächsten Kapitel wird auch sein, zu zeigen, inwiefern diese Deutung der Wahrnehmung bei Husserl eigentlich auch nach den *Logischen Untersuchungen* bestehen bleibt.[57]

Wird nun Husserls Auffassung des Empfindung-Gegenstand-Verhältnisses durch seine eigene Semiotik untermauert, so lässt sich auch Husserls Kritik an seiner eigenen Ausdrucksweise gleichzeitig als berechtigt und oberflächlich betrachten. Dass die Empfindung im Falle der Wahrnehmung nicht wie bei der Zeichenauffassung vergegenständlicht wird, ist ebenso zweifelsfrei wie die Tatsache, dass die darunterliegende Struktur dieselbe ist.

Ist das hier Angeführte richtig, so lässt sich behaupten, dass es im Sinne der Phänomenologie Husserls völlig einleuchtend ist, dass das Buch in der Erscheinung seiner Seiten als solches intendiert ist, und dass dabei die Erscheinung gerade als Zeichen genommen wird – und zwar nicht als Stellvertreter oder Surrogat des Bu-

---

in zweierlei Komponenten, in Komponenten der eigentlichen Ursprünglichkeit des Gebens und in Komponenten der uneigentlichen Gegebenheit, der Mitgegebenheit als Anhang, durch hinausweisende Intentionen verflochten mit den eigentlich gebenden" (Hua XX/2, S. 34). Die hinausweisende Intention ist aber, wie im vorigen Kapitel gezeigt, in diesen *Umarbeitung* gerade der Charakter des Zeichens, sodass die Abwehr umständlich erscheint. Zu Husserls Auffassung der Leerintentionen in den Umarbeitungen siehe U. Melle, *La représentation vide dans la réécriture par Husserl de la VI*e *Recherche Logique*, in: J. Benoist, J.-F. Courtine, „Les *Recherches Logiques*, une oeuvre de percée", PUF, Paris 2003, S. 153–164.

[56] Hua XX/1, S. 91. Vgl. dazu die Überlegungen G. Figals, der zwei verschiedene Äußerlichkeiten unterscheidet: „die Äußerlichkeit, die in jeder Bezugnahme liegt und am sinnfälligsten in der Geste des Zeigens ist, des Hindeutens auf etwas, und die Äußerlichkeit dessen, was da ist, außerhalb des Zeigens und allein darum zeigbar" (G. Figal, *Unscheinbarkeit*, S. 3). Gerade aufgrund dieser konstitutiven Differenzierung schlägt Husserls Kritik an die Zeichenauffassung fehl, da hier impliziert wird, dass die Äußerlichkeit des Zeichens notwendig mit der Äußerlichkeit zweier Gegenstände koinzidieren muss.

[57] Vgl. B. Rang, *Husserls Phänomenologie der materiellen Natur*, S 112–113: „Für die ursprüngliche Fassung der *Sechsten Logischen Untersuchung* [...] differenziert [Husserl] noch nicht zwischen dem intuitiven Leerbewusstsein (z. B. dem Bewusstlaben der Rückseite eines Dinges bei Ansicht von vorn) und dem Zeichenbewusstsein [...], deshalb lässt die Perspektivität der Dingwahrnehmung durch ein ihr immanentes Zeichenbewusstsein vermittelt sein, so dass sich *mutatis mutandis* alle am Verhältnis von Bedeutungsintention und Bedeutungserfüllung entfalteten Strukturen auf die Sinneswahrnehmung übertragen. Auch nachdem Husserl diese Differenzierung zu einem Hauptthema der Neufassung der *Sechsten Logischen Untersuchung* aus dem Jahr 1913 gemacht hat, führt er das Identitätsbewusstsein der Dingwahrnehmung auf ein Erfüllungsbewusstsein zurück, nämlich auf das Bewusstsein der sukzessiven Erfüllung von Leerkomponenten (Konguitätsintentionen) im Wahrnehmungsverlauf." Das schließt allerdings nicht aus, so meine These, dass Husserl sich auch zur Zeit der *Umarbeitungen* und später einer semiotischen, meist operativer Begrifflichkeit bedient.

ches, sondern als mit einer Intention behaftet, die auf dynamische Weise auf sein Bezeichnetes, nämlich das Buch als solches, hinweist.[58]

Diese Intentionen auf Gegenstände finden einen „Anhalt" in der Wahrnehmung, der sie als signitive bestimmen kann, und das geschieht durch den Erscheinungsgehalt: Dieser Gehalt bestimmt den Intentionscharakter.[59] So lässt sich Husserls Satz, dass wir „in den inadäquaten Wahrnehmungen und Einbildungen ganz richtig Komplexionen von primitiven Intentionen sehen müssen, unter welchen sich neben perzeptiven und imaginativen Elementen, auch solche von der Art der signitiven Intentionen finden",[60] so verstehen, dass diese Intentionen gerade durch den Gehalt der Wahrnehmung Zeichencharakter haben; „bezeichnet" wird in diesen Akten der Gegenstand, der wiederum Sinnüberschüsse ermöglicht.

Wurde nun für eine semiotische Interpretation der Wahrnehmungstheorie Husserls und insbesondere der Verhältnisse zwischen Empfindung und Gegenstand argumentiert, so stellt sich die Frage, wie diese semiotischen Strukturen genauer auszulegen sind. Es geht ja um Zeichen überhaupt, nämlich um dynamische Hinweise – kann man aber die Struktur genauer auf den Punkt bringen?

Husserl betont in einer Passage, die eine Antwort auf diese Frage ermöglicht, dass, um in der Verschiedenheit gegebener Momente den Gegenstand selbst zu haben, in jeder Wahrnehmung eine Stiftung von Einheitlichkeit stattfinden muss, in einer „Kontinuität, die nicht bloß zusammengegeben ist, sondern als zusammengehörig

---

[58] Nach J. Benoist ist diese Position problematisch und als solche zu widerlegen. „Husserl, en 1901," so Benoist, „ne pensera certainement pas que ce qu'il y a d'intuitif dans l'intuition ce soit de l'ordre du ‚renvoi' (*Hinweis*). Ce serait là la marque de la signitivité." (J. Benoist, *Intentionalité et langage dans les Recherches Logiques de Husserl*, S. 30). Dass das Zeichen aber diese weitaus wichtigere Rolle einnimmt, als die Betonung der schlichten Anschauung vermuten lassen würde, hat Jocelyn Benoist selbst in aller Klarheit bemerkt, obwohl nicht mit direktem Bezug auf die Theorie der Wahrnehmung und der Abschattungen, sondern allgemeiner angesichts der Entwicklung der husserlschen Konzeption, also nicht in systematischer als vielmehr in werkgeschichtlicher Hinsicht. Nach Benoist sei zumindest soviel klar, dass die Anschauung als evidente und unmittelbare Anschauung des Gegebenen nicht eine solche verweisende Struktur haben kann, denn das würde gegen das phänomenologische Primat einer reinen Anschauung des Gegebenen verstoßen. Anderseits wird auch in *Intentionalité et langage...* die Einsicht als berechtigt angesehen, nach der es „quelche chose comme une *structure du visée*" gibt, und diese Struktur hat, schon um Struktur zu sein, notwendigerweise interne Bezüge und gegenseitige Verweisungen zwischen ihren verschiedenen Elementen. Schon die sprachliche Ausdrucksweise („quelche chose comme…") bei Benoist deutet auf eine gewisse Verlegenheit in der Formulierung dieser Behauptung hin. Wenn es klar ist, dass eine hinweisende Struktur im Wahrnehmen und Anschauen für Husserl problematisch sein könnte wegen des Verstoßes gegen Unmittelbarkeit und „Originalität" der Anschauung, so stellt das Vorhandensein einer „structure du visée" eine nicht minderwertige Schwierigkeit dar. In der Anschauung, zumindest zur Zeit der *Logischen Untersuchung*, liegt eine solche hinweisende Struktur auf alle Fälle in der Anschauung: Die vorliegenden Überlegungen zeigen nämlich, inwiefern schon in diesem Werk diese Struktur nicht zu leugnen ist, und dass die Anschauung, so wie Husserl sie beschreibt, alles anderes als „rein" und „unmittelbar" ist. Zu ihr gehören nämlich signitive, signifikative und symbolische Momente. In der Gegebenheit der Anschauung befindet sich schon immer eine anzeigende und hinweisende Struktur, die die Anschauung selbst ermöglicht.

[59] Hua XIX/1, S. 587 (A526, B54).

[60] Ebd. Fast wörtlich wird das in Hua XXXVIII, S. 48 wiederholt. Vgl auch Hua XII, 117: Die Dinwahrnehmung ist ein „Komplex von Anschauung und Repräsentation".

3.2 Empfindung und Gegenstand: signitive Intentionen

erscheint";[61] eben diese Einheitsstiftung ermöglicht es, die Gegenstandseinheit durch verschiedene Abschattungen, also die Erscheinungen verschiedener Seiten eines Dinges als diesem einen Ding zugehörig zu erklären. Muss also der Gegenstand signitiv gemeint sein, so ist das nur dann möglich, weil etwas Zusammengegebenes als zusammengehörig erscheint.

Dabei ist klar, dass diese Funktion, etwas Zusammengegebenes als Zusammengehöriges erscheinen zu lassen, eigentlich von der Assoziation erfüllt wird; nicht nur ist nämlich Kontinuität eines der Merkmale der Assoziation, sondern die Textzeile ist eine fast wörtliche Wiederholung der Definition der Assoziation als Ursprung der Anzeige aus der ersten *Logischen Untersuchung*, nach der die Assoziation „Zusammengehöriges" aus bloß „Zusammenseiende[m]" entstehen lässt.[62] Im Falle der schlichten Wahrnehmung, so Husserl, reichen nämlich „Repräsentation und Erkennung durch Analogie" – und Analogie und Ähnlichkeit sind Charakteristika des Bildbewusstseins – nicht aus, um diese Kontinuität (die mehr als Angrenzung ist)[63] zwischen verschiedenen Erscheinungen derselben Gegenstand zu fassen. Problematisch ist diese Beschreibung aber insofern, als die Assoziation in der ersten *Logischen Untersuchung* als psychologisches Residuum eingestuft wurde, sodass ihr eine eher negative Funktion zugesprochen wird, die nur schwer mit Husserls eigener Phänomenologie und Fundierung einer reinen Logik zu versöhnen ist. Diese Struktur, die Zusammengegebenes als Zusammengehöriges erscheinen lässt, wird von Husserl auch „Verschmelzung" genannt, jedoch nicht weiter ausgearbeitet; dafür ist nämlich eine genetische Rekonstruktion erforderlich, die erst in Husserls späterer Phänomenologie möglich werden wird.

Das darstellende Verhältnis zwischen Empfindung und Gegenstand ist somit als semiotisch, und zwar näher als signitiv im Sinne des Zeichens überhaupt, also in dem Sinne eines dynamischen Hinweises, der keine eigentliche Bedeutung hat, auszulegen, und hat nicht die Struktur einer Assoziation im psychologischen Sinne. Die Darstellungsfunktion der Empfindungen ist nämlich eine genuin phänomenologische, die nicht mit psychologischen Motiven zu vermengen ist. Beruht nun aber die signitive Erscheinung des Gegenstandes durch die Vorderseite auf der Zusammengehörigkeit von Zusammenerscheidendem, so ist zu fragen, was und wie in der Wahrnehmung „zusammen" erscheint.

---

[61] Hua XIX/2, S. 594 (A534, B62).
[62] Hua XIX/1, S. 36 (A29–30, B29–30). V. De Palma weist darauf hin, dass bemerkenswerterweise „der erste Text, in dem die Assoziation als wesensgenetisch apperzeptionstiftend aufgefasst wird, im Kontext der Umarbeitung der VI. *Untersuchung* entsteht und sich auf das Zeichenbewusstsein bezieht (Hua XX/2, 184 f.)" (V. De Palma, *Husserls phänomenologische Semiotik*, S. 45). Aber die gerade angeführte Passage kommt sowohl in der ersten als auch in der zweiten Auflage vor. Recht besehen handelt es sich also gerade bei dieser Textstelle um den ersten Text, wo Assoziation als apperzeptionstiftend aufgefasst wird, obwohl hier der Ausdruck „Assoziation" nicht explizit fällt.
[63] Vgl. Hua XIX/2, S. 678 (A621, B149).

3.3 Abschattung und Verweis: Symbolische Intentionen

Zu jeder Wahrnehmung gehören nach Husserl sowohl signitive Intentionen, die auf den Gegenstand als solchen hinweisen, als auch symbolische Intentionen, die über das aktuell Gegebene hinausweisen und auf weitere mögliche Erfüllungen gerichtet sind.

Wurde nun die Problemschicht des Verhältnisses zwischen Gegenstand und Empfindung behandelt, so stellt sich die Frage, wie es denn mit Verweisen zwischen verschiedenen Aspekten desselben Dinges steht. Für dieses Verhältnis wird hier insofern die Bezeichnung „symbolisch" ausgewählt, als etwas „mit" (syn) etwas anderem erscheint. Dadurch lässt sich auch die am Anfang dieses Kapitels getroffene Unterscheidung zwischen signitiven, symbolischen und signifikativen Komponenten bestätigen und weiter analysieren, auch und gerade wenn Husserl diese Unterscheidung selbst nicht gesehen hat.

Bei dem Verhältnis zwischen verschiedenen Erscheinungen desselben Gegenstandes geht es um einen Verweis bzw. eine Hindeutung, die vom Gesehenen her auf das Nichtgesehene abzielt:[64] Anschauungen haben „einen repräsentierenden Inhalt, welcher in Hinsicht auf den einen Teil der vorgestellten Gegenständlichkeit als abbildender oder selbstdarstellender Repräsentant, in Hinsicht auf den ergänzenden Teil als bloße Hindeutung fungiert".[65] Die Empfindung repräsentiert Teile des Gegenstandes, deutet aber auf weitere Teile hin. Und daraus lässt sich das Folgende schließen:

> Wir wissen aber auch, dass Anschauung statthaben kann, wo ganze Seiten und Teile des gemeinten Objekts gar nicht in die Erscheinung fallen, d. h. die Vorstellung ist mit einem intuitiven Inhalt ausgestattet, der von diesen Seiten und Teilen keine darstellenden Repräsentation enthält, so dass sie nur mittels eingewobener signitiver Intentionen „uneigentlich" vorstellig sind.[66]

Unter signitiven bzw. leeren Intentionen versteht Husserl aber im strikten Sinne Intentionen, die auf Erfüllung durch weitere Seiten des Dinges gerichtet sind:[67] Die

---

[64] Zahavi nennt drei verschiedene Möglichkeiten, wie diese Komponenten gegeben sein könnten, nämlich durch ein Vergangenheits-Zukunftsverhältnis (ich sah oder werde die Rückseite sehen), durch Phantasie (als ob ich die Rückseite sähe), oder dank der Intersubjektivität (ein anderes Subjekt könnte dieses Ding von der Rückseite sehen). Vgl. dazu D. Zahavi, *Husserl und die transzendentale Intersubjektivität. Eine Antwort auf die sprachpragmatische Kritik*. Die ersten zwei Varianten (auf die auch im Folgenden eingegangen wird) hat Rodemeyer (*Intersubjective Temporality. It's about time*, S. 51) mit der Feststellung zurückgewiesen, dass die Rückseite für Husserl in der aktuellen Wahrnehmung (weder in der Vergangenheit noch in der Zukunft) *erfahren* (nicht phantasiert) wird. Auf die dritte Interpretation wird das siebte Kapitel („Zeichen und Leiblichkeit als Grundlagen der Fremderfahrung") eingehen. H. Blumberberg teilt die Meinung, die Rückseite sei intersubjektiv gegeben (H. Blumenberg, *Zu den Sachen und zurück*, S. 295 ff.).
[65] Hua XIX/2, S. 620 (A526, B90).
[66] Hua XIX/2, S. 627 (A569, B97).
[67] Husserl benutzt in der Beschreibung dieser Struktur der Wahrnehmung die Termini „signitive" und „leere Intentionen" gleichbedeutend: Die leere Intention, die von der anvisierten Seite eines Dinges auf die nicht-anvisierte Seite verweist, ist eine leere und daher signitive Intention. Diese Verweisung geschieht in der Wahrnehmung selbst, nicht durch einen besonderen Akt des Bewusstseins; das Identifizierungsbewusstsein tritt nur in einem zweiten Moment auf.

3.3 Abschattung und Verweis: Symbolische Intentionen

signitiven Intentionen der Wahrnehmung zielen „auf weitere, nicht zu eigentlicher Darstellung kommende Teile des Gegenstandes" ab.[68] So drückt Husserl diesen Sachverhalt aus:

> Jede einzelne [scil. Wahrnehmung] ist darin ein Gemisch von erfüllten und unerfüllten Intentionen. Den Ersteren korrespondiert am Gegenstande dasjenige, was von ihm in dieser einzelnen Wahrnehmung als mehr oder minder vollkommene Abschattung gegeben, den Letzteren dasjenige, was von ihm noch nicht gegeben ist, also in neuen Wahrnehmungen zur aktuellen und erfüllenden Präsenz kommen würde.[69]

Die Leistungen solcher Intentionen auf weitere, nicht aktuelle Erfüllung veranschaulicht Husserl am Beispiel der Wahrnehmung einer Melodie: „Wenn z. B. der Anfang einer bekannten Melodie ertönt, so erregt er bestimmte Intentionen, die in der schrittweisen Ausgestaltung ihre Erfüllung finden".[70] Das gilt auch, so Husserl, obwohl mit verschiedenen Intensitätsgraden, wenn die Melodie uns fremd ist: Diese Intentionen gehören konstitutiv zu jeder Wahrnehmung. Es handelt sich somit um eine wesentliche Komponente der Wahrnehmung, die phänomenologisch anders ist als die Intention, welche auf den Gegenstand als solchen gerichtet ist. Am Beispiel der Wahrnehmung eines Teppichs („Wenn ich ein unvollständiges Muster sehe, z. B. das dieses Teppichs, der durch Möbelstücke teilweise verdeckt ist")[71] wird es klar, dass das Gesehene selbst, der gesehene Teil des Teppichs, „mit Intentionen behaftet" ist, „die auf Ergänzungen hinweisen, wir fühlen sozusagen, dass die Linien- und Farbengestalten im ‚Sinne' des Gesehenen fortgehen".[72] Die Anschauung ist intentional gleichsam aufgeladen und auf das Unanschauliche gerichtet. Diese auf Erfüllung hinweisende Struktur gehört zu jedem Gegebenen als solchem insofern, als die Unbestimmtheit in jeder Anschauung „auf diese oder jene Richtung möglicher Erfüllung hinweist";[73] ist der Hinweis das konstitutive Element des Zeichens, so lässt sich jede Erscheinung als ein Zeichen für das Nichterscheinende denken.

Ein Streben, sei es nach möglicher Erfüllung oder als Hinweis auf den Gegenstand als solchen, ist also in die Anschauung jedes Dinges eingebettet: „Ferner haben auch die Anschauungen, und sogar in der Regel, den Charakter von Intentionen, welche noch weitere Erfüllung fordern und diese oft erfahren".[74] Daher schließt Husserl auf die „größere oder geringere Mittelbarkeit in der Intuition selbst", die sich darin verfestigt, dass bei jeder Intuition auch „indirekte Vorstellungen"[75] im Spiel sind, nämlich solche, die auf weitere Erfüllungen hinweisen.

---

[68] Hua XIX/2, S. 609 (A550, B78).
[69] Hua XIX/2, S. 590 (A530, B58).
[70] Hua XIX/2, S. 572 (A511, B39).
[71] Hua XIX/2, S. 573. (A512, B40).
[72] Hua XIX/2, S. 574 (A513, B42). Vgl. schon im Jahr 1894 Hua XXII, S. 115 für das Beispiel einer Arabeske.
[73] Hua XIX/2, S. 573. (A512, B40).
[74] Hua XIX/2, S. 539 (A475, B4).
[75] Hua XIX/2, S. 540 (A476, B4).

Ist somit klar, dass das, was als Unanschauliches aber Mit-Erscheinendes indiziert wird, nach Husserl insofern als „leer" zu bezeichnen ist, als es auf Erfüllung angewiesen ist, so scheint dennoch dieser Begriff von Leerheit im Falle der Wahrnehmung nicht unproblematisch zu sein.[76] Diese Intentionen nämlich, um überhaupt phänomenologisch beschreibbar sein zu können, entspringen daraus, dass wir „fühlen", dass die Linien der Teppiche – um bei Husserls Beispiel zu bleiben – weitergehen; diese Leerintentionen haben in dem Wahrnehmungsgehalt ihren Anhalt.[77] Sehe ich also den Teppich, so weiß ich, dass er unter dem Schrank weitergeht; die Mitmeinung anderer Aspekte des Teppichs verbietet es gerade, dass es sich um eine vollkommene Leerheit handelt, da es indiziert ist, *dass* der Teppich weitergeht und dass *der Teppich* weitergeht.[78] Andererseits kann man tatsächlich an der Leerheit festhalten, aber nur insofern, als der Inhalt solcher Intentionen im Vorhinein durch das Gegebene nicht *völlig* bestimmt ist; sie begeben sich sozusagen auf die Suche nach einer eigenen und eigentlichen Erfüllung, die aber im Moment abwesend ist und sich als solche immer anders entpuppen könnte, als gemeint – da wir auf die Vorderseite gerichtet sind, jene Vorderseite nämlich, die die Verweisungen motiviert hat. Findet aber dieses Streben nach weiteren Erfüllungen nicht „von selbst" statt, sondern eben durch die verweisende Struktur der angeschauten Seite, so wird es problematisch, von „Leerheit" zu sprechen. Diese Intentionen sind eigentlich schon immer mit gewissen Vorzeichnungen geladen, die die Vorderseite hervorbringt, und suchen nach Erfüllung, also nach Bestätigung, solcher Vorzeichnungen.[79]

Husserl führt diesen Begriff der Leerheit erst in der zweiten Auflage der *Logischen Untersuchungen* (und dann noch klarer in den *Umarbeitungen*) ein, und diese Verschiebung lässt sich an einer Stelle genau ablesen. Ist nämlich bei der ersten Fassung des Textes gemeint, dass bei inadäquater Wahrnehmung die Intention nur eine „partielle, unvollkommene Erfüllung" im präsenten Inhalt findet und „über das Gegebene hinausweist",[80] so ist im Text der zweiten Fassung anstatt der „partiellen Erfüllung" zu lesen, dass die Intention „nicht im präsenten Inhalt ihre Erfüllung findet", also leer ist, weil „durch ihn hindurch die leibhafte Gegebenheit eines Transzendenten" sich konstituiert.[81]

---

[76] Für eine eingehende Untersuchung des Begriffs der Leere auch in den *Umarbeitungen* vgl. die Aufsätze und Texte in J. Benoist, J.-F. Courtine (Hrsg.), *La représentation vide, suivi de* Les Recherches Logiques, *une œuvre de percée*, PUF, Paris 2003. Vgl. dazu auch S. Crowell, *Normativity and Phenomenology in Husserl and Heidegger*, S. 39: „This emptiness is not, however, a sheer blank; rather, the content of the perceptual act prescribes certain possible fulfillings for the back side of the cup (e. g., that it will be the back ‚of the cup') and rules out others (e. g., that it will be a human face)".

[77] Hua XIX/2, S. 574 (A513, B42).

[78] Das Wort „Indizieren" gebrauchst Husserl in den *Logischen Untersuchungen* zwar nicht, später aber sehr oft.

[79] Anders gewendet, um nach etwas streben zu können, muss mir dieses Etwas schon irgendwie bekannt sein, wie Platon im *Menon* (in: „Werke in acht Bänden", Wissenschaftliche Buchgesellschaft, Darmstadt, 6. Aufl., 2011) ausführt.

[80] Hua XIX/2, S. 769 (A711).

[81] Hua XIX/2, S. 769 (B239). Vgl dazu V. Costa, *Il cerchio e l'ellisse. Husserl e il darsi delle cose*, Rubettino, Soveria Mannelli 2007, S. 64.

3.3 Abschattung und Verweis: Symbolische Intentionen

Diese Sachlage generalisierend weist Husserl darauf hin, dass die Wahrnehmung und das Wahrgenommene, wie schon gezeigt, eine eigene, konstitutiv perspektivisch geprägte Struktur besitzen und dass diese Perspektivität eine „Vordeutung" enthält:

> Die jeweils in die Wahrnehmung fallenden Bestimmtheiten *weisen* auf die ergänzenden, in neuen möglichen Wahrnehmungen selbst in die Erscheinung tretenden Bestimmtheiten *hin*, und dies, je nach dem Maße unserer „Erfahrungskenntnis" des Gegenstandes, bald in bestimmter, bald in graduell unbestimmter Weise. Genauere Analyse zeigt, dass sich jede Wahrnehmung und jeder Wahrnehmungszusammenhang aus Komponenten aufbaut, die unter diesen beiden Gesichtspunkten Intention und (wirkliche oder mögliche) Erfüllung zu verstehen sind [...]. Der Gegenstand zeigt sich von verschiedenen Seiten; was von der einen Seite gesehen nur *bildliche Andeutung* war, kommt von der anderen zu bestätigender und voll zureichender Wahrnehmung; oder was auf jener nur *indirekt durch Angrenzung mitgemeint, nur vorgedeutet* war, kommt auf dieser mindestens zu bildlicher Andeutung, es erscheint perspektivisch verkürzt und *abgeschattet*, um erst von einer neuen Seite „ganz so wie es ist" zu erscheinen. Nach unserer Auffassung ist jede Wahrnehmung [...] ein Gewebe von Partialintentionen, verschmolzen zur Einheit einer Gesamtintention.[82]

In dieser Passage zeigt Husserl, dass die Wahrnehmung als Gesamtintention eine Struktur (er spricht von „Gewebe") besitzt, d. h. sich aus „Komponenten" aufbaut. Eine von diesen Komponenten ist die direkt angeschaute Seite des Dinges, die gleichsam mit einer „Mehrmeinung" beladen ist. Diese Mehrmeinung wiederum weist auf etwas anderes, nicht selbst Gegebenes hin. Eine Seite des Dinges, erklärt Husserl andernorts, ist sogar nur insofern Seite, d. h. gehört nur insofern dem Gesamtakt „Wahrnehmung dieses Dinges" an, als sie auf eine andere Seite hinweist.[83] Das aktuell Erscheinende ist immer nur „perspektivisch verkürzt und abgeschattet", und das heißt: In dem, was sich zeigt, ist das, was sich nicht zeigt, durch Angrenzung mitgemeint oder „mit dabei". Es geht hier um einen Charakter der Anschauung überhaupt: „Ferner haben auch die Anschauungen, und sogar in der Regel, den Charakter von Intentionen, welche noch weitere Erfüllung fordern",[84] wie oben schon kurz erwähnt. „Die allseitige Darstellung", so Husserl, „vollzieht sich in solch einer synthetischen Mannigfaltigkeit nicht, wie es das Ideal der Adäquation fordert, in einem Schlage, als reine Selbstdarstellung und ohne Zusatz von Analogisierung und

---

[82] Hua XIX/2, S. 573–574 (A513, B42). Meine Hervorhebungen. Dazu sei angemerkt, dass Husserl in den *Umarbeitungen* dieses ersten Kapitels der sechsten *Logischen Untersuchung* (1913–14) alle Wörter, die mit Imagination und Bildlichkeit zu tun haben, löscht bzw. ersetzt. Das ist als Bestätigung dafür zu interpretieren, dass Husserl in späteren Jahren das Ineinanderspielen von Bilbewusstsein und Wahrnehmung deutlich zurückgenommen hat (Hua XX/1, S. 48). Zu diesem Thema siehe weiter unten.

[83] Vgl. Hua XXXVIII, S. 29. Dieses Verhältnis ist aber kein mereologisches Verhältnis wie ein „unselbständiges Moment" des ganzen Dinges (zur Mereologie vgl. die dritte *Logische Untersuchung*, insbesondere § 17 für diese Terminologie). Dass das nicht der Fall ist, betont Husserl andernorts: Dass das Ganze Teile und Seiten hat, ist Sache späterer Prädikationen und späterer Einzelauffassungen, die nicht in der ursprünglichen, schlichten Wahrnehmung beschlossen sind, aber auf ihrem Grund evident möglich sind (Hua XXXVIII, S. 199).

[84] Hua XIX/2, S. 539 (A475, B3).

Symbolisierung, sondern stückweise und immerfort durch solche Zusätze getrübt".[85] Analogie und Symbol gehören somit insofern zur Wahrnehmung, als jede Anschauung Intentionen auf Unanschauliches in sich trägt. Das beeinträchtigt den Primat des erscheinenden Gegenstandes aber insofern nicht, als allseitige Darstellung nicht dasselbe ist wie Gegebenheit des Gegenstandes als solchen. Deswegen kann Husserl mit ähnlichen Worten an anderer Stelle festhalten: „In der sinnlichen Wahrnehmung erscheint uns das ‚äußere' Ding in einem Schlage, sowie unser Blick darauf fällt. Ihre Art, das Ding als gegenwärtiges erscheinen zu lassen, ist eine schlichte, sie bedarf nicht des Apparates fundierender oder fundierter Akte".[86] Das Buch, das wir jeweils in verschiedenen Wahrnehmungen anders sehen können, erscheint immer als „dieses Buch", ein übergreifender Akt ist nicht notwendig.[87] Aber diese Selbstgegebenheit des Dinges reicht nicht dazu, die Wahrnehmung vollends zu beschreiben. Sie ist nämlich auch Prätention, den *vollen* Gegenstand zu geben; in diesem Sinne sind mit jeder Gegebenheit „die Vorstellungen der ergänzenden, nicht selbst in die Wahrnehmung fallenden Bestimmtheiten, ‚dispositionell erregt'".[88]

Hier stellt sich aber die Frage, wie das Intendierte von Intentionen, die auf weitere, mögliche und nicht aktuelle Erfüllungen gerichtet sind, gegeben ist bzw. sein kann. Es stellt sich mit anderen Worten die Frage, wie diese „dispositionelle Erregung" funktioniert und phänomenologisch zu beschreiben ist. Das Intendierte in solcher Intentionen erfüllt nämlich nicht einen einfachen Anschauungsakt, denn sonst wäre es selbst und unmittelbar gegeben; es ist aber auch nicht komplett abwesend, da darauf verwiesen bzw. hingewiesen wird als mögliche Erfüllung. Das, worauf hingewiesen wird, ist im Modus des Abwesenden, möglicherweise zu einem anderen Zeitpunkt oder für ein anderes Subjekt Anwesenden intendiert. Der Gegenstand erscheint nämlich als solcher in der Erscheinung „selbst" und gerade deswegen ist die Rückseite auch mitimpliziert, und zwar durch Apperzeption.[89] Die Rückseite ist

---

[85] Hua XIX/2, S. 599 (A539, B67).
[86] Hua XIX/2, S. 676 (A619–620, B147–148).
[87] Hua XIX/2, S. 677 (A621, B149).
[88] Hua XIX/2, S. 676–677 (A620, B148).
[89] Vgl. dazu als Einführung in den Begriff Apperzeption und für die Übernahme psychologischer Begriffe im Text Husserls D. J. Dwyer, *Husserl's Appropriation of the psychological concepts of Apperception and Attention*. Vgl. auch B. Rang, *Kausalität und Motivation. Untersuchungen zum Verhältnis von Perspektivität und Objektivität in der Phänomenologie Edmund Husserls*, Springer, Den Haag 1973, S. 38: „Die Abschattungsfunktion des sinnlich Gegebenen und Erlebten gründet in der Apperzeption". Die Definition der Apperzeption befindet sich im Paragraphen 14 der fünften *Logischen Untersuchung*. Während objektivierende Akte auf den Gegenstand als solchen abzielen, setzt die Apperzeption die Verweise in Gang, die zwischen verschiedenen Ansichten (im Falle des Sehens; allgemeiner: verschiedenen Abschattungen) bestehen. Für die Verschiebung der Terminologie siehe Hua XIII, S. 33. In den *Logischen Untersuchungen* ist Apperzeption synonym mit dem später verwendeten Terminus „Appräsentation", die zeigt, dass das Nicht-Gegebene in die Gegebenheit ap-präsentiert (zur Anwesenheit gebracht) wird. Unter Assoziation ist auch nach E. Holenstein die Tatsache zu verstehen, dass „jede Perzeption impliziert Vor- und Rückanzeigen, in denen die früheren und späteren Stadien des Wahrgenommenen erscheinen" (E. Holenstein, *Phänomenologie der Assoziation*, S. 151). Holenstein spricht hier zufällig von „Anzeige" und diskutiert diesen Gebrauch nicht; darin steckt aber mehr, als er gesehen hat, wie im Folgenden gezeigt wird.

3.3 Abschattung und Verweis: Symbolische Intentionen

somit irgendwie „dabei" im Anwesenden, also im Gegebenen, aber nur vermittelt durch eine semiotische Intention, und zwar semiotisch insofern, als das Intendierte nur als etwas da ist, worauf dynamisch hingewiesen wird. Es geht hier nämlich um diejenigen „symbolische Zusätze", die die Wahrnehmung immer schon „trüben". Das Intendierte als irgendwie-Abwesendes oder Quasi-Anwesendes gibt sich nämlich selbst nicht, ist selbst nicht Erscheinung, sondern erscheint *mit* der aktuell gegebenen Seite. Besser gesagt, mit der aktuell gegebenen Seite erscheint die Rückseite gerade nicht (die Rückseite sehen wir anschaulich ohnehin nicht), aber auf dieses Nicht-Erscheinen wird hingewiesen, das Nicht-Erscheinen wird zum Erscheinen gebracht. In diesem Sinne, mit einem anderen Terminuspaar ausgedrückt, ist die Vorderseite „eigentlich" gegeben, die Hinterseite hingegen nur „uneigentlich". Mit dem Wort „eigentlich" ist phänomenologisch schlicht die Tatsache zum Ausdruck gebracht, dass das Gegebene „eigen-tlich", eigens, eigen-artig erscheint, nämlich so, wie es in und an ihm selbst ist: Es erscheint selbst, sodass die engere Bedeutung des Wortes beibehalten wird. „Uneigentlich" ist das Erscheinen, das nicht in sich selbst, sondern durch anderes oder an oder mit anderem stattfindet. Un-eigentlich ist das, was nicht eigens, sondern „anders" erscheint.

Wenn zwischen Eigentlichkeit und Uneigentlichkeit der Wahrnehmung bzw. zwischen anschaulichem und symbolischem Gehalt ein komplexes, semiotisch zu beschreibendes Verhältnis besteht, so geht es klarerweise dabei nicht um eine Art theoretischer Setzung von Seiten des Subjektes, als ob der Wahrnehmende die mitgegebenen Seiten einfach erdenken würde, sondern um eine Mitwahrnehmung durch Symbolisierung. Die Erscheinung zeigt das Nicht-unmittelbar-Erscheinende als Fehlendes an und präsentiert es: Es ist angedeutet und vorgedeutet, wie Husserl die Sachlage im oben angeführten Zitat beschreibt. Unklar ist aber, was dieses Andeuten und Vordeuten, dieses Mitmeinen und Mehrmeinen ist, und wie es verstanden werden muss. Mit anderen Worten: Husserls Hinweis folgend, es handle sich um etwas „Symbolisches", gilt es nun näher zu erläutern, wie genau sich die Struktur der Wahrnehmung und des Wahrgenommenen gestaltet.

Im Kapitel „Die perzeptive und imaginative Abschattung des Gegenstandes" der sechsten *Logischen Untersuchung* greift Husserl noch einmal den perspektivischen Charakter der Erscheinung auf, expliziert aber das Verhältnis zwischen Anwesenheit und Abwesenheit deutlicher:

> Der Gegenstand ist nicht wirklich gegeben, er ist nämlich nicht voll und ganz als derjenige gegeben, welcher er selbst ist. Er erscheint nur ‚von der Vorderseite', nur ‚perspektivisch verkürzt und abgeschattet' u. dgl. Während manche seiner Bestimmtheiten mindestens in der Weise, welche die letzteren Ausdrücke exemplifizieren, im Kerngehalt der Wahrnehmung verbildlicht sind, fallen andere schon nicht einmal in dieser bildlichen Form in die Wahrnehmung; die Bestandstücke der unsichtigen Rückseite, des Innern usw. sind zwar in mehr oder minder bestimmter Weise mitgemeint, sie sind durch das primär Erscheinende *symbolisch angedeutet*, aber selbst fallen sie gar nicht in den anschaulichen (perzeptiven oder imaginativen) Gehalt der Wahrnehmung.[90]

Die in Anführungszeichen wiedergegebene Passage ist, wie ersichtlich, ein Zitat aus dem schon angegebenen Text in Hua XIX/2, S. 573–574 (A513, B42), das damit die

---

[90] Hua XIX\2, S. 589 (A528, B56).

Kontinuität beider Textstellen betont. Gegenüber der ersten Passage haben wir hier eine nähere Bestimmung dessen, was das Verhältnis zwischen Anwesenheit (oder Erscheinung *strictu sensu*) und Abwesenheit (oder Miterscheinung, Erscheinung im Modus der Abwesenheit) ausmacht. Der Verweis zwischen zwei Seiten eines Dinges wird hier als „symbolisch" erklärt. Ohne es ganz zu verdeutlichen, greift Husserl in der Beschreibung der Wahrnehmung auf das Symbol zurück und meint, dieses sei mit „signitiv" und „Zeichen" ganz deckungsgleich:[91] „Symbol" wird als „Äquivalent für Zeichen" gebraucht und „symbolisch" als Synonym für „signitiv", was aber klarerweise deutungsbedürftig ist.[92] Husserl benutzt das Wort „symbolisch" innerhalb seiner Beschreibung der Wahrnehmung noch 1904/05[93] und 1906–1907,[94] damit eine gewisse Kohärenz im Sprachgebrauch implizierend, aber in *Ding und Raum* schon nicht mehr.[95]

Trotz Husserls eher unpräzisem Sprachgebrauch ist es erforderlich, die Ausdrücke „signitiv", „symbolisch" und „bedeutungsmäßig" („signifikativ") nicht zu vermengen. Zwischen diesen drei semiotischen Intentionen in der Wahrnehmung muss klar unterschieden werden: die eigentlich „symbolische", die auf weitere Seiten hindeutet,[96] eine „signitive", die auf den Gegenstand als solchen gerichtet ist (die im vorigen Paragraphen expliziert wurde), und die signifikative, die auf die Bedeutung zielt.

Dabei ist festzuhalten, dass der Charakter der *strictu sensu* symbolischen Intentionen konstitutiv anders geartet ist als derjenige der auf den Gegenstand als solchen gerichteten Auffassungsakte der Wahrnehmung; beide Aspekte sind nicht zu vermengen. Und das, weil im ersten Fall eine Erfüllung zumindest prinzipiell möglich ist, im zweiten aber a priori ausgeschlossen ist. Es handelt sich dabei nach Husserls Beschreibungen und Sprachgebrauch zwar in beiden Fällen um signitive Intentionen, die angeblich gleich sind als die signitiven bzw. signifikativen Intentionen, welche im Spiel sind bei der Funktion des Ausdrucks; aber das soll nicht täuschen. Ist nämlich somit die Erscheinung insofern ein doppelter „Ausdruck", als sie einerseits auf den Gegenstand als solchen und andererseits auf weitere Erscheinungen desselben Gegenstandes hinweist? Sind die weiteren Seiten des Gegenstandes bzw. der Gegenstand selbst eine „Bedeutung" der Erscheinung? Das wäre eine fragliche Beschreibung der Sachlage. Ist nämlich der Charakter des Ausdrucks die Bedeutung als ideale Einheit, so lässt sich feststellen, dass weder im Verhältnis Erscheinung-Gegenstand noch in den abschattungsmäßigen Verweisen von „Bedeutungen" sinnvoll, und zwar im Einklang mit Husserls expliziter Meinung, da die

---

[91] Kurze Ausführungen zum Begriff des Symbolischen sind im Paragraphen 20 der ersten *Logischen Untersuchung* enthalten, wo es aber, im Einklang mit dem Sprachgebrauch der *Philosophie der Arithmetik*, nur um das Logische und Mathematische geht und daher ein eher beschränkter Zeichenbegriff in Spiel ist.
[92] Hua XIX/2, S.567 (A506, B34).
[93] Hua XXXVIII, S. 37 ff.: Die Präsentation „ergänzt sich symbolisch"; hier wird auch gleichbedeutend „signitiv" benutzt.
[94] Vgl. Hua XXIV, S. 276.
[95] S. dazu ausführlicher das nächste Kapitel.
[96] Dabei scheint mir das Wort „symbolisch" auch tatsächlich passender als „signitiv", da das Präfix „*syn*" im Griechischen eben die Zugehörigkeit verschiedener Elemente bedeutet.

3.3 Abschattung und Verweis: Symbolische Intentionen

Wahrnehmung die Bedeutung nicht enthält, gesprochen werden darf.[97] Daher lautet eine Passage in den *Umarbeitungen* wie folgt:

> Also ist die Rede vom „Ausdruck geben" öfters eine uneigentliche. So, wenn ich vom Ausdruck einer Wahrnehmung spreche. Der wahre Sinn derselben ist nicht, der öfters fälschlich hineingedeutet wird, als ob jede Wahrnehmung, jede Vorstellung wirklich sinngebender Akt, wirklich Ausdruck erfahrender sei, sondern ich gebe Ausdruck dem, was ich aufgrund der Wahrnehmung denke, was ich aus ihr, auf ihrem Grund finde, gleichsam sehe; ich vollziehe eine „kategoriale Anschauung" und die findet Ausdruck.[98]

Dennoch behauptet Husserl in einer wichtigen Fußnote zum Haupttext der *Logischen Untersuchungen*, „dass [er] signitive Intention als gleichbedeutend mit ‚Bedeutungsintentionen'" ansieht.[99] Klar ist aber, dass eigentlich die signitiven Intentionen innerhalb der Wahrnehmung keineswegs identisch mit Bedeutungsintentionen bei Ausdrücken sind, sodass Husserls Theorie zumindest in ihrer Wortwahl revidiert werden muss. Wäre es nämlich der Fall, dass eine Komponente der Wahrnehmung die Bedeutung ist, so würde es keinen Sinn ergeben, zu sagen, der Stern erscheine in der Wahrnehmung selbst, seine Bedeutung als Morgen- oder Abendstern aber nicht. Die signitiven Komponenten der Wahrnehmung, die Leerintentionen zwischen Anschauung und leer Intendiertem sind nicht Bedeutungsintentionen: Bei diesen hätten wir es also zwar mit signitiven (im Sinne von „zeichenhaften"), nicht aber mit signifikativen (im Sinne von „auf eine Bedeutung gerichteten") Intentionen zu tun.

In einer *Umarbeitung* schreibt Husserl ausdrücklich: „Die Leerkomponenten in den Dinganschauungen und dunklen Vorstellungen dürfen also nicht *signitiv* genannt werden"[100] – und, wie hinzugefügt werden muss, auch nicht „signifikativ". Daher scheint es sinnvoll, zwischen signifikativen Intentionen, die auf ein Signifikat (Bedeutung) hinzielen, signitiven Intentionen, die *signa* für den Gegenstand sind, und symbolischen Intentionen, die auf das, was mit (*syn*) erscheint, hinweisen, zu unterscheiden.

Diejenigen Leerkomponenten der Wahrnehmung, welche auf Miterscheinendes hinweisen, sind somit genauer als „symbolische" zu bezeichnen. Das wird durch Husserls Sprachgebrauch in einigen Forschungsmanuskripten, wo er von „symbolischen Fransen" des erscheinenden Gegenstandes spricht, bestätigt, wie im folgenden Beispiel:

> Die darstellenden Inhalte der eigentlich und rein wahrgenommenen gegenständlichen Seite tragen neben dieser darstellenden Funktion noch eine hinweisende, symbolisierende, während sich der Charakter der Wahrnehmung von dem rein wahrnehmungsmäßigen Kern auf diese symbolischen Fransen überträgt und so der ganze Gegenstand als wahrgenommen gilt.[101]

---

[97] Zum Thema der Bedeutung in der Wahrnehmung siehe auch die nächsten Paragraphen.
[98] Hua XX/2, S. 410.
[99] Hua XIX/2, S. 567 (A506, B34).
[100] Hua XX/1, S. 244.
[101] Hua XXXVIII, S. 41. Auf der folgenden Seite werden die zum Wahrnehmungskern gehörigen Ergänzungen „symbolischer Gehalt" genannt.

Dieser Zusammenhang von Präsenz und symbolisch vermittelter Absenz ist eng, sodass – wie Husserl sich in den *Umarbeitungen* ausdrückt – „*hier jede intuitive Intention sozusagen mit einem Hof, einem Strahlenkranz von leeren Intentionen umgeben und mit ihm wesenseins ist*".[102] Ein semiotischer Moment in der Beschreibung des „Hofs" tritt nämlich nicht nur in der sechsten *Logischen Untersuchung*, wie am Anfang gezeigt, sondern auch in den *Umarbeitungen* zutage:

> Konkrete Anschauung eines Transzendenten, d. h. von einem physischen Ding, ist a priori nur durch solche Verflechtung intuitiver und leerer Elementarintentionen möglich. Offenbar haben hierbei die leeren Intentionen Analogie mit den signitiven bzw. es hat die Verflechtung der leeren und intuitiven Intentionen innerhalb der Einheit der transzendierenden Dinganschauung Analogie mit der Verflechtung signitiver Intentionen und der die Signa selbst konstituierenden Anschauungen.[103]

Damit ist also die Nähe zwischen Leerintention und Zeichenauffassung auch in den *Umarbeitungen* zur sechsten *Logischen Untersuchung* herausgearbeitet. Das Verhältnis zwischen der tatsächlich angeschauten Erscheinung und dem, was einfach mitgegeben ist, ist also ein Signa-Verhältnis, eine semiotische und symbolischen Beziehung.

Daraus lässt sich auf einen weiteren Aspekt schließen: Die Möglichkeit solcher Verweisungen muss in das angeschaute Gegebene selbst nicht in etwas bloß Erdachtes eingebettet sein. Signitive (auf den Gegenstand gerichtete) und symbolische (auf Miterscheinendes gerichtete) Strukturen liegen in dem Gewebe der Wahrnehmung und der Anschauung; signitive Intentionen sind nach Husserl immer in der Wahrnehmung mit dabei, und bedürfen keines neuen Akts des Bewusstseins, also keiner denkerischen Leistung des Bewusstseins und keiner Ausdrucksintention, um zustande zu kommen.[104] Das wird bestätigt in einer Umarbeitung der sechsten *Logischen Untersuchung*, wo es heißt, dass die *Erscheinung* selbst verweist: Beide unterschiedlichen Arten der Verweisung, sowohl die „hinausweisende" (d. h. Verweisungen, die auf einen anderen, zum selben Umfeld gehörigen oder assoziativ verknüpften Gegenstand verweisen) als auch die „hineinweisende" (d. h. Verweisungen, die auf weitere Momente eines Gegenstandes verweisen)[105] gehören nämlich zum Sichgeben des Gegenstandes selbst.[106] Sofern eine „,erscheinende Seite' undenkbar ist ohne ergänzende ‚Seiten', die notwendig also mitgemeint, aber nicht

---

[102] Hua XX/1, S. 90. Hervorhebung im Original. Dazu vgl. F. Fraisopi, *Expériece et horizon chez Husserl: Contextualité et synthèse à partir du concept de „représentation vide"*, in „Studia Phaenomenologica", 2009, S. 455–476.

[103] Hua XX/1, S. 91.

[104] Vgl. Hua XXXVIII, S. 150–151: Das Ungesehene ist weder beurteilt, noch phantasiert. Vgl. dazu S. Crowell, *Normativity and Phenomenology in Husserl and Heidegger*, S. 132, wo der Autor sich auf A. Noës Begriff von „perceptual sense" (A. Noë, *Experience of the world in time*, in: „Analysis" 66/1, 2006, S. 26–32) bezieht. Im jetzigen Kontext ist zentral, dass Crowell (vor allem S. 133) die Zeichenstruktur, die in Hua XXXVIII für die Wahrnehmung diskutiert wird, positiv systematisch einführt.

[105] Auf diese Terminologie kommt das nächste Kapitel zu *Ding und Raum* zurück.

[106] Hua XX/1, S. 90–91.

3.3 Abschattung und Verweis: Symbolische Intentionen

apparierend sind",[107] ist es für Husserl klar, dass „in der Tat, das Apparierende [...] auf das leer Mitgemeinte in ähnlicher Weise" hinweist „wie ein Zeichen auf ein Bezeichnetes. Es liegt also beiderseits phänomenologisch ein Verhältnis der Hinausdeutung bzw. des Hingewiesenseins von einem auf ein anderes vor".[108] Diese semiotische Beziehung hat also eine Ähnlichkeit mit Zeichenbeziehungen, sie ist sogar, nach der schon zitierten Stelle, die Bedingung *a priori* für die konkrete Anschauung eines Transzendenten.[109] Das findet sich bestätigt in einer im Ganzen zu zitierenden Passage:

> Bei jeder apperzeptiven Ergänzung bzw. bei jeder transienten Apperzeption überhaupt haben wir Vorweisungen, Hineinweisungen und Hinausweisungen: Akttendenzen, die in Zusammenhänge vorweisend führen, korrelative Vorweisungen in das intentional Bewusste. Bei sukzessiven Tendenzen (Intentionen), die sich in der Sukzession erfüllen, haftet an dem die Intention Tragenden zuerst eine leere Intention, die sich dann eben erfüllt. So die Randintentionen der Wahrnehmung, die Vorweisungen auf Wahrnehmungszusammenhänge in ihren möglichen Folgen: Die Erfüllung kann nur in der Folge stattfinden (anders bei Verdeckungen). So auch bei mittelbaren Zeichen. Aber auch bei unmittelbaren, insofern erst das Zeichen erfasst und dann in das Bedeutungsbewusstsein eingetreten wird.[110]

Dass aber mit einem solchen Gewebe von semiotischen und direkt anschauenden Intentionen, d. h. von symbolischen und signitiven Verweisungen einerseits und Selbstgegebenheit andererseits eine Problematisierung derselben Unterscheidung zwischen „leer" bzw. „semiotisch" (als Oberbegriff für symbolisch, signitiv und signifikativ) und „anschauend" einhergehen sollte, das scheint Husserl nicht thematisiert zu haben. Wenn wir nämlich bei jeder Anschauung schon einen „Kranz" von leeren, signitiven Intentionen haben, und die Erscheinung selbst hinweist, so scheint es nicht mehr direkt selbstverständlich, dass eine Selbsterscheinung ohne semiotische Komponenten tatsächlich möglich ist. Das Selbstgegebene sowie die Erscheinung hat in sich selbst Zeichencharakter, denn nur so ist es möglich, dass sie auf etwas anderes, nämlich auf etwas Nichterscheinendes, hinweist. Merkmal der Wahrnehmungstheorie bei Husserl ist gerade diese hochgradige Komplexität jedes anschauenden Aktes, sodass das zeichenhafte Hinweisen konstitutiv zur Gegebenheit der Dinge gehört.

Eine gewisse Verlegenheit diesbezüglich ist auch in Husserls Versuch zu verspüren, einen Grund für die Unterscheidung zwischen diesen beiden Aspekten in den *Logischen Untersuchungen* anzugeben:

> Fragt man nun schließlich, was es macht, dass derselbe Inhalt im Sinne derselben Materie einmal in der Weise des intuitiven, das andere Mal in der eines signitiven Repräsentanten aufgefasst werden kann, oder worin die verschiedene Eigenart der Auffassungsform besteht, so vermag ich darauf eine weiterführende Antwort nicht zu geben. Es handelt sich wohl um einen phänomenologisch irreduziblen Unterschied.[111]

---

[107] Hua XX/1, S. 94.
[108] Ebd.
[109] Vgl. Hua XX/1, S. 91.
[110] Hua XX/2, S. 175.
[111] Hua XIX/2, 623.

Wenn man sich vor Augen führt, inwiefern in der phänomenologischen Beschreibung der Wahrnehmung eines Dinges das Gewebe semiotischer Intentionen und „rein anschaulicher Intentionen" maßgeblich ist, und darüber, dass es unmöglich ist, eine phänomenologische Rechtfertigung für die Unterscheidung anzugeben, so fragt sich, wie diese Dichotomie phänomenologisch einzuholen ist – wenn überhaupt.[112] Scheinbar gibt es eine reine und vollständig erfüllte Anschauung von Präsentem gar nicht, da jede Anschauung mit Leerintentionen beladen ist, die auf nicht aktuell Gegebenes gerichtet sind. Aufgrund des Überschusses, der in jeder Wahrnehmung enthalten ist, erlischt die Möglichkeit einer absolut schlichten Wahrnehmung.[113]

Genaueres über dieses symbolische und semiotische Verhältnis lässt sich in dem dritten Hautstück der Vorlesungen aus dem Wintersemester 1904/05 über „Phänomenologie und Theorie der Erkenntnis" finden. Das Thema der Vorlesung deutet schon darauf hin, dass hier die Absicht der sechsten *Logischen Untersuchung* wieder aufgegriffen wird. Dort merkt Husserl zunächst an, dass bei dem Symbolbewusstsein etwas wesentlich anderes gemeint ist als im Bildbewusstsein, insofern das Symbol auf das Symbolisierte „durch sich selbst hindurch hinweist", während das Bild die Aufmerksamkeit auf sich und auf das in sich enthaltenen Bildsujet lenkt.[114] Gerade die explizite Hervorhebung der Hinweisfunktion setzt hier systematisch die Symbolfunktion der Erscheinung in der Wahrnehmung mit der expliziten Semiotik Husserls in Verbindung. In beiden Fällen geht es nämlich um ein Hinweisen, da die Definition des Symbols mit der Definition des Zeichens übereinstimmt. Ist also im Fall der Bildvorstellung die Rede von einer semiotischen Struktur ungerechtfertigt, so ist sie es bei der Symbolstruktur der Wahrnehmung sehr wohl. Husserl weist diesbezüglich ferner darauf hin, dass zum Symbol, wie zum Zeichen, wesentlich Assoziationsgesetze gehören, nicht aber zum Bild.[115] Bei der Rede vom Symbol ist Husserl zufolge impliziert, dass damit eine allgemeine semiotische Struktur gemeint ist, und nicht etwa das sprachliche Zeichen, wie Husserl am Beispiel der Schrift auf der Zündholzschachtel erläutert: Mit der Auffassung einer Zeichenschrift hat das Symbolische in der Wahrnehmung nur insofern zu tun, als dabei etwas auf etwas anderes hinweist, aber dieses „etwas" und jenes „etwas anderes" sind nicht notwendigerweise zwei voneinander getrennten Gegenstände, sondern auch Stücke desselben.[116]

---

[112] Rang führt – m. E. korrekterweise – diese Verlegenheit Husserls darauf zurück, dass Husserl in den *Logischen Untersuchungen* versucht, die hyletischen Inhalte „als indifferente Stofflichkeit außerhalb ihrer apperzeptiven Funktion zu denken" (B. Rang, *Kausalität und Motivation*, S. 46); Es fehlt mit anderen Worten jene phänomenale Passivität, die erst nach den *Ideen I* thematisch wird (vgl. dazu S. 145–146, wo gezeigt wird, dass die Frage in Hua XI beantwortbar ist). Auf diesen Mangel hat zuerst Sartre in *L'imaginaire: Psychologie phénoménologique de l'imagination*, Gallimard, Paris 1936, hingewiesen.

[113] Die These geht auf L. Tengelyi, *Ausdruck und Erfahrung*, S. 195, zurück, der das aber dadurch rechtfertigt, dass die Wahrnehmung immer schon kategorial ist. Obwohl das sicher richtig ist, besteht kein Zwang, auf die kategoriale Anschauung, also außerhalb der sinnlichen Wahrnehmung, zurückzukommen, sondern es genügen die Aussagen Husserls zur sinnlichen Erfahrung selbst, nach denen die Wahrnehmung immer auch symbolisch stattfindet. Das Zeichen ist nämlich nicht notwendig kategorial, da bspw. Anzeigen nichtkategoriale Zeichen sind (Vgl Hua XX/2, S. 16 ff.).

[114] Hua XXIII, S. 34.

[115] Hua XXIII, S. 35.

[116] Hua XXXVIII, S. 39. Damit wiederholt Husserl seine von uns schon angeführte und diskutierte Kritik, reduziert diese aber auf Sprachzeichen allein.

3.3 Abschattung und Verweis: Symbolische Intentionen

Die anderen, nicht gesehenen Seiten des Gegenstandes fallen demnach nicht in den anschaulichen Gehalt der Wahrnehmung, d. h. in die aktuelle Erscheinung, sind aber durch diese symbolisch angedeutet. Die aktuell gegebene Seite symbolisiert die Rückseite, d. h. sie weist darauf hin, sie fungiert als Zeichen für die nichtgegebene Seite.

Wurde also im vorigen Paragraphen gezeigt, dass bei den auf den Gegenstand als solchen gerichteten Auffassungsakten semiotische Funktionen im Spiel sind, so gilt dasselbe auch für symbolische Funktionen innerhalb der Wahrnehmung, welche darauf aus sind, weitere Abschattungen des Gegenstandes in der Möglichkeit ihres Eintretens (also der korrelativen Erfüllung) anzuzeigen.[117] Trotz der von uns vorgenommenen Einteilung sollte man sich nicht dazu verführen lassen, zu denken, es gehe hier um zwei völlig verschiedene Phänomene; es handelt sich nämlich vielmehr um zwei mögliche Gesichtspunkte in der Analyse ein und desselben, da beide Elemente aufs engste miteinander verflochten sind.

Jede Wahrnehmung enthält somit einen rein intuitiven Gehalt und einen von Husserl sogenannten signitiven Inhalt, den ich in zwei verschiedene Gehalte zu unterscheiden vorschlage: einen Gegenstandsgehalt (als Gehalt einer im engeren Sinne „signitiven" Intention, die auf den Gegenstand in seiner Gesamtheit, sogar auch in seiner Idealität gerichtet ist – das Buch erscheint nämlich als *dieses* Buch aber auch – dank Ideation bzw. Wesensschau – als Buch überhaupt)[118] und einen im engeren Sinne „symbolischen" Inhalt, d. h. die „mitgemeinten, aber nicht selbst in die Erscheinung fallenden Bestimmtheiten".[119] Jede Wahrnehmung, so Husserl, kann mathematisierend in der Formel ausgedrückt werden:

$$i + s = 1$$

Dabei meint „1" die Totalität der einheitlichen Wahrnehmung, „i" den intuitiven Gehalt und „s" den signitiven Gehalt, welcher m. E. in sich noch in symbolischen Gehalt und signitiven (gegenständlichen) Inhalt zu unterscheiden ist. Dabei ist die Totalität der einheitlichen Wahrnehmung so zu verstehen, dass in ihr nach der phänomenologischen Beschreibungsweise immer die Sache selbst erscheint: Es erscheint ein Buch.[120]

Die Frage stellt sich nun auf besonders prägnante Weise, ob solche signitiven Intentionen immer Bedeutungsintentionen sind, da Husserl selbst „signitive Intentionen"

---

[117] Zu demselben Ergebnis kommt auch T. De Boer: „Husserl contends that every perceptual intention is interwoven with its own signitive intentions pointing to what is there to be perceived. Such significations may run with meanings and concepts, but they have a non-conceptual and non-expressive character. They are significations peculiar to the interpreted appearances themselves, whereby the latter indicate potential appearances that may be actualised in further perceptual acts" (T. De Boer, *The Development of Husserls Thought*, S. 140).

[118] Zur Frage nach der Idealität der Bedeutung auch im Hinblick auf die Wahrnehmung vgl. den kurzen, aber dichten Aufsatz von J. N. Mohanty, *Husserl's Thesis of the Ideality of Meaning*, in: Id. (Hrsg.), „Readings on Edmund Husserl's *Logical Investigations*", Nijhoff, den Haag 1977, S. 76–82.

[119] Hua XIX/2, S. 610 (A552, B80).

[120] Vgl. Hua XIX/2, S. 611 (A552, B80). Husserl analysiert hier zwei Grenzfälle dieser Gleichung, auf die hier aber nicht weiter eingegangen werden kann.

und „Bedeutungsintentionen" gleichsetzt. Dabei ist zu beachten, dass weder der Gegenstand, worauf die im engeren Sinne signitiven Intentionen hinweisen, noch die weiteren, symbolisch indizierten Seiten desselben „Bedeutungen" im Sinne der ersten *Logischen Untersuchung* sind. Dass beide Arten von semiotischen Intentionen nicht Bedeutungsintentionen sind, geht auch daraus hervor, dass die Bedeutungsintentionen als Grenzfälle, nämlich als Vorstellungen, die „rein signitiv" sind, interpretiert werden können. Die Wahrnehmung ist dagegen immer zugleich signitiv und anschaulich, nicht rein „leer", sondern eben durch den aktuellen Gehalt vorgedeutet. Diese semiotischen Verhältnisse müssen nun aber näher expliziert werden durch eine Kontrastierung mit geläufigen Interpretationen, nämlich zunächst mit der Rückführung aller semiotischen Intentionen auf Bedeutungsintentionen (§ 4) und mit der Gleichsetzung von Miterscheinendem und imaginativ Gegebenem (§ 5).

3.4 Signifikative Intentionen

Auf die durch den bisher dargestellten Gedankengang nahegelegte These, dass es „signitive" bzw. „symbolische" Intentionen auch außerhalb der Bedeutungsfunktion gibt, kommt Husserl selbst zu sprechen:

> In den letzten Betrachtungen [scil. bei der Beschreibung der Wahrnehmung in ihrer Erkenntnisfunktion] haben wir gewisse Komponenten intuitiver Akte als signitive Intentionen in Anspruch genommen. Aber in der ganzen Reihe bisheriger Untersuchungen galten uns die signitiven Akte als Akte des *Bedeutens*, als sinngebende Faktoren bei den Ausdrücken. Die Worte Signifikation und signitive Intention galten uns als bedeutungsidentische. Es ist also an der Zeit, die Frage zu erwägen: können wir nicht dieselben oder wesentlich gleichartige Akte, als welche wir sonst in der Bedeutungsfunktion finden, auch außer dieser Funktion, von allen Ausdrücken losgelöst, auftreten?[121]

Husserls Antwort auf diese Frage, obwohl bejahend, scheint zunächst unzureichend zu sein. Er räumt ein, dass es „gewisse [Akte] wortlosen Erkennens" gibt, „welche durchaus den Charakter verbalen Erkennens haben, während doch die Worte nach ihrem sinnlich-signitiven Inhalt gar nicht aktualisiert sind".[122] Im Haupttext der *Logischen Untersuchungen* setzt Husserl das Beispiel der Wahrnehmung eines Drillbohrers ein, um die Sache zu erklären: Ich kann einen Drillbohrer wahrnehmen, wobei mir aber dieses Wort nicht einfällt. Das Beispiel setzt voraus, dass bei jeder Wahrnehmung die Absicht besteht, das Wahrgenommene auch durch ein Wort auszudrücken, was aber nicht der Fall ist, sondern höchstens bei Wahrnehmungen, die zu einer expliziten Erkenntnis als Deckung von Intention und Erfüllung übergehen.

---

[121] Hua XIX/2, S. 592, (A532, B60). Textbelegt ist somit der Versuch, schon in der sechsten *Logischen Untersuchung* zwischen einer *strictu sensu* signifikativen und einer *strictu sensu* signitiven Intention zu differenzieren. Obwohl es stimmt, wie U. Melle gezeigt hat, dass diese Unterscheidung erst in den *Umarbeitungen* klar zutage tritt, ist in der erwähnten Passage schon der Keim dieser Unterscheidung zu finden (Vgl. U. Melle, *Signitive und signifikative Intentionen*).

[122] Hua XIX/2, S. 592, (A532, B60). Das drückt Husserl in den *Umarbeitungen* so aus, dass auch beim wortlosen Erkennen das Wort „dunkel" dabei ist (Hua XX/1, S. 86).

3.4 Signifikative Intentionen

Husserl übersieht dabei aber nicht, dass es solche signitive Intentionen, die nichts mit Ausdrücken zu tun haben, nicht nur in diesen „gewissen" Beispielen signitiver Akte ohne Worte gibt, sondern viel allgemeiner in jedem Akt der Wahrnehmung überhaupt. Das ist deswegen der Fall, weil jeder Wahrnehmungsakt eine Komplexion von anschaulichen und signitiven Komponenten ist und somit ausschließt, dass jede Wahrnehmung schon ein Wort- oder Bedeutungsbewusstsein voraussetzt. Dabei ist festzuhalten, dass Husserl hier „signifikativ" für Wortintentionen eingesetzt haben will, und „signitiv" für die Wahrnehmung:

> Unzählige signitive Intentionen entbehren jeder sei es festen, sei es vorübergehenden Beziehung zu Ausdrücken, während sie doch ihrem wesentlichen Charakter nach mit den Bedeutungsintentionen zu einer Klasse gehören. Ich erinnere hier an den perzeptiven oder imaginativen Ablauf einer Melodie oder eines sonstigen uns der Art nach bekannten Ereignisses und an die hierbei auftretenden (bestimmten oder unbestimmten) Intentionen bzw. Erfüllungen.[123]

Der Rekurs auf das Melodie-Beispiel ist selbstverständlich nicht zufällig, sondern weist auf eine narrative Kontinuität in der Beschreibung der Wahrnehmung hin; das Einsetzen dieses Beispiels zeigt, anders gesagt, dass Husserl sich immer noch um die Auffassung derselben Problematik bemüht. Bei dieser Art von signitiven Intentionen geht es um eine Zeichenfunktion (Husserl selbst verwendet „signitiv" und „Zeichen" gleichbedeutend) außerhalb jeder sprachlichen, ausdrückenden Konnotation, obwohl die „Klasse" der Bedeutungsintentionen Husserl zufolge dieselbe ist. Diese Zeichenfunktion macht es möglich, dass eine Synthese der Identität zwischen verschiedenen einzelnen Wahrnehmungen von Abschattungen insofern eintritt, als auf einen und denselben Gegenstand als immer denselben hingewiesen wird, der somit durch verschiedene Perspektiven hindurch erkennbar wird.[124] Bestehen bleibt aber die Frage, ob in solchen Intentionen Bedeutungsintentionen und Gegenstandsintentionen tatsächlich systematisch gleichgestellt werden können.[125]

In der Husserl-Forschung ist bekannt, dass der Text der sechsten *Logischen Untersuchung* maßgebliche interpretatorische Schwierigkeiten bietet. Die Frage nach dem transzendentalen Ich ist beispielsweise ausgeschaltet, während sie für die späteren Werken Husserls absolut zentral ist, und das bringt eine Reihe von Schwierigkeiten mit sich. Aber auch Husserls Phänomenologie im Ganzen ist in diesem Text extrem schwer nachzuvollziehen. Husserl war sich solcher Unklarheiten durchaus bewusst, und das ist gerade der Grund, warum er mehrere hundert Seiten Umarbeitungen der sechsten *Logischen Untersuchung* hinterlassen hat.

---

[123] Hua XIX/2, S. 594 (A534, B62). Vgl. auch S. 609 (A550–551, B78–79).

[124] Zur Synthese der Identität vgl. Hua XIX/2, S. 588. Zum Begriff der Synthesis in den *Logischen Untersuchungen* vgl. allgemein J. Lampert, *Synthesis and Backward Reference in Husserl's* Logical Investigations, Springer, Den Haag 1995; zur bestimmt aufschlussreichen, letztlich aber problematischen Kontinuität zwischen „kontinuierlicher Synthesis" und „passiver Synthesis" vgl. J.-K. Lee, *Welt und Erfahrung: Zur transzendental-phänomenologischen Thematisierung der Welt bei Edmund Husserl als Kritik des objektivistischen Weltbegriffs*, Peter Lang, Frankfurt a. M. 1991, S. 161 ff.

[125] Setzt die hier vorliegende Interpretation den Akzent eher auf den Gegenstand, so hat S. Crowell den Akzent eher auf die Bedeutung gesetzt. Siehe S. Crowell, *Husserl, Heidegger, and the Space of Meaning*, Northwestern University Press, Evanston 2001.

Aufgrund dieser Schwierigkeiten – und da es in der vorliegenden Abhandlung nicht um eine rein historische Rekonstruktion geht – ist es notwendig, einige Aspekte stärker hervorzuheben und einige andere eher zu vernachlässigen zu dem Zweck, eine zusammenhängende und systematisch plausible phänomenologische Theorie der Wahrnehmung herauszuarbeiten und dabei Widersprüche zu vermeiden. Die Forschungsliteratur hat sich bis heute kaum dazu bereit erwiesen, sich auf diese Schwierigkeiten einer Gesamtinterpretation dieses Textes mit der gewünschten Klarheit einzulassen, da – wenn man die sechste *Logische Untersuchung* hermeneutisch als ein zu interpretierendes Ganzes betrachtet – unschlüssige Verstrickungen und Kontrastierungen kaum zu vermeiden sind.

In der heutigen Forschung wird meist als unproblematisch angenommen, dass die von Husserl „signitiv" genannten Verhältnisse, die es innerhalb der Wahrnehmung gibt, nichts anderes wären als Bedeutungsintentionen. Diese Lektüre ist, wie bereits erwähnt, durch einige Bemerkungen von Husserl selbst nahegelegt. Nach dieser Interpretation ist der Verweis durch die Vorderseite auf die Rückseite entweder selbst eine Bedeutungsintention oder aber durch eine solche vermittelt. Rudolf Bernet, und mit ihm ein Großteil der Husserl-Forschung, stellt die These auf, die Bedeutungintention diene als Modell für die Repräsentation: „Als Modell für die appräsentative Repräsentation [sowohl für den erscheinenden Gegenstand als solchen als auch für die weiteren nicht gesehenen Abschattungen desselben] dient in den *Logischen Untersuchungen* die Bedeutungsintention".[126] Obwohl es unbestreitbar ist, dass beim vollen Erkennen das Zusammenspiel von Anschauung und Bedeutungsintention zentral ist, sind solche Intentionen gerade nicht diejenigen, die das Verhältnis zwischen erscheinenden Seiten und Gegenstand als solchem bzw. zwischen erscheinenden Seiten und nicht-erscheinenden Seiten mitbedingen. Dieses Missverständnis legt Husserl selbst nahe, da er behauptet, „signitive Intentionen" seien gleich wie „Bedeutungsintentionen".[127] Ist aber Wahrnehmung konstitutiv ohne Bedeutung,[128] wie er auch sagt, und trägt sie dennoch signitive Intentionen, dann fällt es schwer, beide Intentionen miteinander zu identifizieren. Die oben erwähnte Frage, ob es signitive Intentionen auch außerhalb der Ausdrucksfunktion gibt, deutet mit ihrer positiven Antwort in dieselbe Richtung.

Bei signitiven Intentionen wie denjenigen, die zwischen Erscheinung und Erscheinendem oder zwischen Erscheinungen und Miterscheinungen obwalten, geht es nämlich um phänomenologische Bausteine der sinnlichen Anschauung, die als solche noch nicht die Stufe der vollen – sprachlichen oder nichtsprachlichen – Erkenntnis erreicht hat. Die Intention auf Bedeutung ist eben auf Bedeutungen, also auf Idealitäten und nicht auf Gegenstände gerichtet – die von Husserl getroffene Unterscheidung zwischen Bedeutung und Gegenstand ist maßgeblich für die

---

[126] R. Bernet, I. Kern, E. Marbach, *Husserl. Darstellung seines Denkens*, S. 111. Vgl. auch R. Bernet, *La vie du sujet. Recherches sur l'interprétation de Husserl dans la phénoménologie*, PUF, Paris 1994, S. 126, wo Husserls Auffassung in den *Logischen Untersuchungen* stark kritisiert wird, diese Kritik aber meines Erachtens auf einer vereinfachenden Lektüre basiert, die Husserls Wahrnehmungstheorie auf eine Zeichentheorie der Wahrnehmung im herkömmlichen Sinne zurückführt.
[127] Hua XIX/2, S. 567 (A506, B34).
[128] Hua XIX/2, S. 555 (A492, B20).

3.4 Signifikative Intentionen

gesamten *Logischen Untersuchungen*.[129] Insofern sind weder der erscheinende Gegenstand noch seine ungesehenen Seiten „Bedeutungen" der Erscheinung. Die signitiven Intentionen beim Ausdrücken gehen auf Bedeutungen, aber das Ausdrücken ist keine phänomenologisch zulässige Beschreibung der sinnlichen Wahrnehmung. Denn für Husserl steht fest, dass sich nicht die sinnliche Wahrnehmung als solche ausdrücken lässt, sondern immer nur ein kategorial geformter und in der Wahrnehmung fundierter Akt bzw. Denkakt.[130] Das Wort und somit die Bedeutungen sind der Wahrnehmung „außerwesentlich".[131]

Die „signitiven Komponenten" der Wahrnehmung können insofern nicht einfach Bedeutungsintentionen sein, als jede Bedeutungsintention ein höherstufiger Akt ist, der in der Wahrnehmung fundiert ist.[132] Das Verhältnis zwischen Erscheinung und Erscheinendem bzw. Erscheinungen und Miterscheinungen ist semiotisch, aber nicht im Sinne der Intention auf Bedeutung. Dies wird klar auch in einer *Umarbeitung*:

> Nicht liegt also die eigentliche Bedeutung in der bloßen Wahrnehmung, sondern aufgrund der Wahrnehmung baut sich ein neuer, sich nach ihr richtender, in seiner Differenz von ihr abhängiger Akt auf, der Akt des Meinens. Dieser ist es offenbar, der im eigentlichen Sinn die Bedeutungsgebung leistet.[133]

Bernets Interpretation bedarf daher einfach nur einer Verallgemeinerung: Nicht die Bedeutungsintentionen an sich, sondern die Semiotik im Allgemeinen, dient Husserl zur Auffassung der Wahrnehmung, da die Wahrnehmung ohne eigentliche Bedeutung, sehr wohl aber mit semiotischen Strukturen beladen ist.[134]

---

[129] Zur Unterscheidung zwischen Gegenstand und Bedeutung vgl. Paragraph 12 der ersten *Logischen Untersuchung*. Darüber hinaus unterscheidet Husserl in der fünften *Logischen Untersuchung* den Auffassungssinn, auch „Sinn der gegenständlichen Auffassung" (Hua XIX/1, S. 430, A390, B416) genannt, der zum intentionalen Wesen jedes Aktes gehört, und das „bedeutungsmäßige Wesen" (Hua XIX/1, S. 431, A392, B417), das nur den mit Ausdrücken verbundenen bedeutungsverleihenden Akten zukommt. Tugendhat macht m. E. korrekterweise darauf aufmerksam, dass „in der sechsten *Logischen Untersuchung* die Unterscheidung von Sinn und Gegenstand unversehens ganz zurückgetreten" (E. Tugendhat, *Der Wahrheitsbegriff bei Husserl und Heidegger*, S. 95) ist, aber die hier angeführten Analysen zielen darauf ab, diese Unterscheidung auch bei der Phänomenologie der Wahrnehmung beizubehalten.

[130] Vgl. Hua XXVI, S. 77–78: „Zunächst mag ja der Gegenstand in einer schlichten Vorstellung vorgestellt sein, in einem stetigen Einheitsbewußtsein, vor aller Kategorie. Diese schlichte Vorstellung mag eine leere oder eine intuitive sein. Soweit liegt noch nichts von Denken im prägnanten Sinn vor. Dazu kommt es erst, wenn die Vorstellung kategoriale Formen annimmt".

[131] Vgl. dazu Hua XX/1, S. 311: Als Antwort auf W. Wundt merkt Husserl in den *Entwürfen für eine neue Einleitung* der *Logischen Untersuchungen* an, dass Phänomenologie und Lehre von Wortbedeutungen klarerweise nicht dasselbe sind. Die Lehre der Bedeutungen, seien sie ausdrückliche oder nicht, ist nur ein Teil der Phänomenologie. Davon zu sondern sind die „phänomenologischen Analysen der Wahrnehmung, der Phantasie, der Abbildvorstellung [...], die gelegentlich in Verbindung mit verbalen Phänomenen auftreten (und insbesondere, wo diese zu evident gebenden logischen Erkenntnissen werden sollen), denen aber diese Verbindung außerwesentlich ist".

[132] Das teilt auch E. Marbach in R. Bernet, I. Kern, E. Marbach, *Edmund Husserl. Darstellung seines Denkens*, S. 131.

[133] Hua XX/1, S. 77.

[134] Diese Position hat M. Summa neuerdings vertreten: M. Summa, *Spatio-temporal Intertwining. Husserl's Transcendental Aesthetic*, Springer, Dordrecht 2014, S. 201: Das Verhältnis von signitiven und intuitiven Intentionen in der Wahrnehmung ist „clearly inspired by the phenomenological analysis of the consciousness of signs developed in the *First Investigation*".

Es bleibt bestehen, dass Husserl diese Problematik im Text der *Logischen Untersuchungen* selbst nicht deutlich genug ausführt. Für ihn gilt der Sinn eines Aktes als identisch mit der Bedeutung als solcher, aber während jeder Akt phänomenologisch einen Meinungssinn hat, hat die Wahrnehmung keine Bedeutung. Die Erscheinung in der Wahrnehmung ist Repräsentant für das Ding, aber kein Ausdruck, denn der Ausdruck ist sprachlich und auf Idealitäten gerichtet, sodass das Erscheinende keine Bedeutung sein kann. Die hier von uns aufgestellte These besagt nicht, dass Bedeutungsintentionen und Wahrnehmung nichts miteinander zu tun hätten, denn dieses Verhältnis ist maßgebend für jede Erkenntnis, sondern nur dass die Bedeutung nicht Teil der sinnlichen Wahrnehmung ist, worin ein Gegenstand (nicht eine Bedeutung) selbst erscheint. Die Bedeutung ist bewusstseinsmäßig nur durch ein Bedeutungsbewusstsein da, das der sinnlichen Wahrnehmung hinzukommt.

Wenn es sich hier somit gerade nicht um Bedeutungsintentionen handelt, muss der semiotische Charakter dieser „signitiven" Komponenten der Wahrnehmung anders verstanden werden. Das intentionale Wesen (das Bündel von Qualität und Materie) eines Aktes nennt Husserl zwar „erfüllende[n] Sinn", doch dies nur „soweit dieser erkenntniskritisch in Betracht kommt".[135] In jedem Wahrnehmungsakt ist zwar das Den-Gegenstand-Meinen ein konstitutiv reelles Moment, welches aber nichts von „Bedeutungen" enthält. Von einem erfüllenden Sinn als einer Deckung zwischen ausdrückend Gemeintem und Wahrgenommenem zu sprechen, hat nur dann eine phänomenologische Plausibilität, wenn eine Ausdrucksintention am Werk ist, und d. h., wenn der Bereich der rein sinnlichen Wahrnehmung verlassen ist; gibt es aber, wie gezeigt wurde, signitive Intentionen, die jeder Beziehung zum Ausdruck entbehren, dann ist es phänomenologisch auch nicht korrekt, zu meinen, sie hätten erfüllende Bedeutung. Somit ist auch Husserls Behauptung Rechnung getragen, dass die Wahrnehmung nicht selbst mit Bedeutung beladen ist.[136]

Sofern jeder Anschauung die Ausrichtung auf Erfüllung, aber eben keine Bedeutung eigen ist, lässt sich eine solche Anschauung mit Ernst Tugendhat als „intuitive Intuition" bezeichnen.[137] Deswegen ist Tugendhat auch darin zuzustimmen, dass die signitiven Intentionen in der Wahrnehmung nur „irreführend"[138] so bezeichnet werden, denn dies legt die Beziehung zur Bedeutung zu nahe. Aus diesem Grund kann man hier zwischen im engeren Sinne signitiven (gegenständlichen), symbolischen (auf weitere Seiten gerichteten) und *strictu sensu* signifikativen (bedeutungsmäßigen, erkenntnisgerichteten) Intentionen unterscheiden.

---

[135] Hua XIX/2, S. 625 (A567, B95).

[136] Insofern gilt es, Tugendhat unmittelbar zuzustimmen: „das Wort ‚Bedeutung' passt nur zu den Ausdrücken, nicht zu den Akten", während „Sinn" verallgemeinert werden kann. „Ein Akt braucht sich nicht in einem Ausdruck und damit einer Bedeutung zu artikulieren" (E. Tugendhat, *Der Wahrheitsbegriff bei Husserl und Heidegger*, S. 36).

[137] E. Tugendhat, *Der Wahrheitsbegriff bei Husserl und Heidegger*, S. 52.

[138] E. Tugendhat, *Der Wahrheitsbegriff bei Husserl und Heidegger*, S. 70.

3.5 Phantasievorstellungen

Wurde nun herausgearbeitet, inwiefern semiotische Komponenten in Husserls Beschreibung der Wahrnehmung enthalten sind, so ist nun näher auszuführen, wie diese Komponenten genauer aufzufassen sind. Es wurde nämlich ausgeschlossen, dass:

A. die Erscheinung für den Gegenstand oder für weitere Erscheinungen eine Art Zeichen im Sinne des Stellvertreters sein könnte, und zwar weil:
  1. Husserl diese Auffassung des Zeichens als Stellvertreter direkt zurückweist, und weil
  2. die Wahrnehmung somit auf ein statisches Verhältnis reduziert wird, das lediglich mit Surrogaten operiert. Dies wiederum steht unter Konventionsverdacht und lässt sich mit dem phänomenologischen Anspruch, in der Wahrnehmung „die Sache selbst" zu haben, nicht versöhnen.

Darüber hinaus wurde ebenfalls ausgeschlossen, dass:

B. diese Erscheinungen Ausdrücke seien, und zwar weil:
  1. Die Wahrnehmung keine Bedeutung enthält, sondern
  2. Erfüllung durch weitere Ansichten bzw. durch einen Verweis auf den Gegenstand als solchen im Spiel ist.

Daher bleibt besser zu verstehen, wie Husserl diese Zeichenfunktionen in der Wahrnehmung genauer auffasst. Die im engeren Sinne „signifikativen" Intentionen sind Bedeutungsintentionen; die im engeren Sinne „signitiven" Intentionen sind auf den Gegenstand gerichtet; die im engeren Sinne symbolischen Intentionen sind auf das Miterscheinende gerichtet. Reicht diese Struktur hin, um die volle Konkretion nicht-selbstgegebener Momente in einem Wahrnehmungsakt zu explizieren?

Erstens bemüht sich Husserl darum, auszuschließen, dass die signitiven Komponenten als imaginative Komponenten verstanden werden;[139] anders gesagt ist die Rückseite phänomenologisch nicht bloß imaginiert oder phantasiert.[140] Husserl unterscheidet in der sechsten *Logischen Untersuchung* drei verschiedene Gegebenheitsweisen der Abschattungen: als aktuell gegebene (rein wahrnehmungsmäßig), als phantasierte (imaginativ) und als symbolische (signitiv; die beiden Letzteren werden im Zuge von Husserls undifferenziertem Sprachgebrauch dabei pauschal

---

[139] Unter „imaginative" Intentionen werden im Allgemeinen Arten der Vorstellung, sowohl von Bildern als auch von Phantasiegegenständen, verstanden: Hua XIX/2, S. 587–588 (A527–528, B55–56).

[140] Einige Forscher haben pauschal postuliert, die anderen Seiten des Gegenstandes seien phantasiert, vermutlich aufgrund von Hua XIX/1, S. 434 (A394, B420), auf die gleich eingegangen wird, wo diese Interpretation nahegelegt wird. Husserls kurze Ausführungen zur phantasierten Rückseite eines wahrgenommenen Gegenstandes sind aber insofern nicht sein letztes Wort, als solche Phantasievorstellungen „den wesentlichen Inhalt" (ebd.) des Aktes nicht berühren, während die signitiven Komponenten jedem Wahrnehmungsakt wesensmäßig zugehören.

gleichgesetzt). Man würde zunächst ja dazu neigen, imaginative und signitive Erfüllung auf derselben Ebene anzusiedeln und deswegen der wahrnehmungsmäßigen Erfüllung gegenüberzustellen, da in den beiden ersten Fällen ja die Seite des Dinges, auf die verwiesen wird, nicht selbst wahrgenommen wird. Das ist aber nach Husserl nicht der Fall.[141] Mit der Rede von imaginativer Intention ist eigentlich kein Bestandteil einer aktuellen Dingwahrnehmung gemeint, sondern der Spezialfall der Anschauung eines bloß phantasierten Gegenstandes, was uns hier nicht weiter beschäftigen kann. Man muss also, wenn man die Struktur der Dingwahrnehmung aussondern will, nur zwischen der Aktualität in der Wahrnehmung (etwa der aktuell gegebenen Seite eines Dinges) und der Nicht-Selbstgegebenheit der Rückseite, auf die verwiesen wird (also dem semiotischen Inhalt der Wahrnehmung selbst, welcher mit Imagination bzw. Phantasie nichts zu tun hat) unterscheiden. Wir unterscheiden „von dem gemeinten – dem bezeichneten, abgebildeten, wahrgenommenen – Gegenstand einen in der Erscheinung aktuell gegebenen, aber nicht gemeinten Inhalt: den *Zeicheninhalt* auf der einen Seite, die *imaginative und perzeptive* Abschattung des Gegenstandes auf der anderen Seite".[142]

Anders gesagt: Wir haben es Husserl zufolge mit einer Zusammengehörigkeit von Wahrnehmung und Imagination einerseits und mit signitiven Intentionen andererseits zu tun, da es sich bei beiden um Anschauungsformen handelt, während das Semiotische unanschaulich ist. Bei aktueller Wahrnehmung und Imagination sind nämlich die Intentionen immer erfüllt, obwohl auf sehr verschiedene Art und Weise; bei signitiven Intentionen ist dagegen von „Leerheit" die Rede.[143] Daher kann man Husserls Beschreibung der Wahrnehmung dahingehend systematisieren, dass man sagt, jede Wahrnehmung bestehe aus erfüllten und leeren Intentionen. Imagination und Wahrnehmung sind dabei ursprünglich gebende Akte, während die semiotischen Komponenten auf Nichtgegebenes hinweisen. Husserl trennt diese Aspekte in aller Klarheit voneinander: „Diese auch für unsere weitere Untersuchung nützlichen und im nächsten Kapitel fortzuführenden Analysen belehren uns über die Zusammengehörigkeit der Wahrnehmungen und Imaginationen und über ihren gemeinsamen Gegensatz zu den signitiven Intentionen".[144] Der zentrale Punkt der Unterscheidung ist somit, dass signitive Intentionen leer, während imaginative und perzeptive Intentionen erfüllt sind.

Darüber hinaus besteht der eigentümliche Intentionalitätcharakter von Phantasie- und Imaginationsakten darin, dass sie nichtsetzende Akte sind: Das in einer Phantasie oder Imagination Vorgestellte ist nicht als seiend gesetzt, während das Wahrgenommene, sowie die semiotischen Komponenten der Wahrnehmung, immer

---

[141] Zum selben Ergebnis würde auch eine Analyse des Verhältnisses zwischen Phantasie und Wahrnehmung in den Manuskripten zum Bildbewusstsein (Hua XXIII) kommen, wo beide Vorstellungsarten gleichursprünglich sind und eine Fundierung der Phantasie auf Wahrnehmungsakte *expressis verbis* abgelehnt wird (dazu siehe S. Micali, *Überschüsse der Erfahrung*, S. 226).

[142] Hua XIX/2, S. 591 (A531, B59). Meine Hervorhebung.

[143] „[D]ie signitiven Intentionen [sind] in sich leer und der Fülle bedürftig", Hua XIX/2, S.607 (A548, B76).

[144] Hua XIX/2, S. 591.

3.5 Phantasievorstellungen

wesentlich mit einer Seinssetzung einhergehen.[145] Die Rückseite des gesehenen Tisches kann als mögliche Erfüllung dienen, und dafür muss die Rückseite existieren bzw. phänomenologisch als existierend gesetzt werden. Der Gegenstand als ein in der Wahrnehmung apperzepierter ist objektiviert, nämlich als Seiendes vorstellig geworden. Somit kann Husserl schließen, dass zwischen Wahrnehmungsakten und Imaginationsakten ein „Unterschied der Akte als solcher" besteht.[146] Wahrnehmung und Imagination sind also phänomenologisch voneinander zu trennen: „Aber die noch so große Vollkommenheit einer Imagination lässt eine Differenz gegenüber der Wahrnehmung bestehen: Sie gibt nicht den Gegenstand selbst, auch nicht zum Teil, sie gibt nur sein Bild, das, solange es überhaupt Bild, nie die Sache selbst ist".[147]

Das Problem des Überschusses der Wahrnehmung kann somit keinesfalls auf ein Zusammenspiel von Wahrnehmung und Imagination reduziert werden.[148] Der Gegenstand ist als solcher selbstgegeben, nicht bloß imaginiert; und die Rückseite dieses selben Gegenstandes ist nicht erdacht, sondern durch die Struktur der Wahrnehmung selbst insofern vergegenwärtigt, als das Gegebene symbolisch auf das Nichtgegebene hinweist.[149] Das Nichtgegebene ist nämlich Teil der „Sache selbst" und kann somit nicht durch Imagination gegeben sein.

Noch näher geht Husserl auf wichtige Aspekte der semiotischen Intentionen in den *Umarbeitungen zur sechsten Logischen Untersuchung* ein, Aspekte wiederum, die den Unterschied zwischen Semiotik und Imagination unterstreichen. Das Ding in seiner Einheitlichkeit, sagt Husserl, indem er Formulierungen der *Logischen Untersuchungen* aufgreift, „,erscheint' immer wieder anders", immer „,in anderer Orientierung'", wird immer wieder „in anderer Weise ,dargestellt'".[150] Das leibhaft gesetzte Ding in seiner Einheitlichkeit ist daher notwendig „ein stetig wechselnder Horizont von Mitapprehendiertem, aber nicht selbst Apparierendem", also eine Zusammensetzung von eigentlichen und uneigentlichen Erscheinungen.[151] Dabei handelt es sich um „leere Kontiguitätsintentionen", die über das Dargestellte hinausdeuten und in neuen, aktuell gegebenen Erscheinungen Erfüllung finden, sobald diese eintreten. Es ist also klar, dass „die Erfüllungen der Hinausweisungen auch an der Konstitution der im Zusammen eines Dargestellten waltenden Zusammengehörigkeit ihren wesentlichen Anteil haben müssen".[152] Zusammengehörigkeit und

---

[145] Vgl. etwa Hua XIX/1, S. 483 (A435, B465).

[146] Hua XIX/1, S. 525 (A468, B504).

[147] Hua XIX/1, S. 646 (A588, B116).

[148] Vgl. für diese Interpretation neulich D. Popa, *Apparence et réalité. Phénoménologie et psychologie de l'imagination*, Hildesheim, Olms, 2012.

[149] Zum Begriff der Vergegenwärtigung bei Husserl zwischen Bild- und Anschauungsbewusstsein vgl. A. Borsato, *Innere Wahrnehmung und innere Vergegenwärtigung*, Königshausen & Neumann, Würzburg 2009.

[150] Hua XX/1, S. 88.

[151] Der Terminus „Horizont" kommt in den *Logischen Untersuchungen* nicht vor; seine Einführung in den *Umarbeitungen* ist das Ergebnis der Ausführungen in den *Ideen I*, wie im einschlägigen Kapitel zu zeigen sein wird.

[152] Hua XX/1, S. 90.

Kontiguität zwischen Erscheinung und dem, worauf die Erscheinung hinweist, sind also zwei Hauptmerkmale dieser semiotischen Struktur. In der sechsten *Logischen Untersuchung* ist das Verhältnis zwischen gesehener Seite und semiotischem Überschuss durch Angrenzung (§ 10) und Kontiguität (§§ 15, 23, 26) vermittelt, die meines Erachtens als Synonyme verstanden werden können. Beide Elemente räumen ein imaginatives, also ein durch Ähnlichkeit vermitteltes Verhältnis aus.

Besteht nun das Hauptmerkmal dieses semiotischen Überschusses in seiner Kontiquität, so lässt sich einwenden, dass Husserl das Verhältnis von Zeichen und Bezeichnetem in der ersten *Logischen Untersuchung* gerade nicht durch Kontiguität charakterisiert, sodass es fragwürdig erscheint, von semiotischen Intentionen zu sprechen. Stimmt das, so stimmt aber auch, dass Husserl eine nähere Charakterisierung des bezeichnenden Verhältnisses nicht in der ersten, sondern vielmehr in der sechsten *Logischen Untersuchung* vornimmt. Dort diskutiert Husserl nämlich – wie im vorigen Kapitel dargestellt – die Frage, was das Zeichenbewusstsein vom Bildbewusstsein unterscheide, und kommt dabei zu dem wichtigen Ergebnis, dass das Zeichen (anders als das Bild) dem Bezeichneten nicht ähnlich sein muss, aber durchaus ähnlich sein kann. Anders aber als das Ähnlichkeitsverhältnis, das dem Zeichen unwesentlich ist, zeichnet sich das Zeichen dadurch aus, dass es ein Kontiguitätsverhältnis ermöglicht: „Nicht durch das Bildverhältnis [...], sondern nur durch das schlechthin eigenartige Verhältnis der signitiven Repräsentation als derjenige durch Kontiguität"[153] wird es möglich, eine Zusammengehörigkeit des Zusammenerscheinenden zu stiften, und in diese Zusammengehörigkeit besteht gerade das assoziative Verhältnis zwischen verschiedenen Ansichten bzw. Abschattungen eines erscheinenden Gegenstandes.

In der Tat definiert Husserl das von uns früher analysierte Verhältnis zwischen Präsentation und präsentiertem Gegenstand nur durch Kontiguität und Zusammengehörigkeit, weil „die übrigen Teile der Materie [...] keine Repräsentation durch Gleichheit oder Ähnlichkeit erfahren, sondern durch bloße Kontiguität".[154] Die Struktur der Ähnlichkeit ist dagegen nicht im Verhältnis zwischen Erscheinung und Miterscheinung, sondern zwischen Erscheinung und Erscheinendem (bzw. zwischen Empfindung und Gegenstand) am Werk: „als was wir einen Inhalt auffassen, steht uns nicht ganz frei [...], weil uns der aufzufassende Inhalt durch eine gewisse Sphäre der Ähnlichkeit und Gleichheit [...] Grenzen setzt".[155]

Nun ist diese Struktur zwar als ein Bild- bzw. Imaginationsverhältnis interpretierbar insofern, als die Ähnlichkeit wesensmäßig zum Bildbewusstsein gehört, schließt aber ein Zeichenbewusstsein nicht aus. Das Zeichen muss dem Bezeichneten wie gesagt nicht, kann ihm aber durchaus ähnlich sein. Der Satz also, „alle Abschattung hat repräsentativen Charakter, und zwar repräsentiert sie durch Ähnlichkeit",[156] ist sowohl imaginativ als auch semiotisch interpretierbar.

---

[153] Hua XIX/2, S. 594 (A534, B52).
[154] Hua XIX/2, S. 623 (A565, B93).
[155] Ebd.
[156] Hua XIX/2, S. 647 (A589, B11).

3.5 Phantasievorstellungen

Allerdings reicht die auf Imagination basierende Interpretation nicht aus. Das drückt Husserl selbst in einer *Umarbeitung* mit Klarheit aus:

> Selbst wo in der Realisierung von Kontiguitätsintentionen sich zunächst ‚Bilder' einstellen, die das *leer hinausdeutend* Repräsentierte im voraus imaginieren und sich dann bei der Erfüllung in der Gegebenheit der Sachen selbst bestätigen, kann die Einheit zwischen dem durch Kontiguität Repräsentierten und der gegebenen Sache selbst nicht durch die imaginative Erfüllung konstituiert sein (da sie ja nicht zwischen *diesen beiden* wirksam ist), sondern nur durch die schlechthin eigenartige Erfüllung der *hinausdeutenden*, in sich selbst *leeren* Repräsentation als derjenige durch Kontiguität.[157]

Es kann sein, so Husserl im Zitat, dass Kontiguität durch Bilder erzielt wird, aber dieser Fall ist nicht wesentlich.[158] Grund dafür ist, dass die Einheit zwischen der Erscheinung und dem Miterscheinenden nicht durch Imagination gestiftet wird, weil sie nicht zwischen den beiden Elementen obwaltet, sondern nur die Miterscheinung konstituiert. Das ist nur, so Husserl im angeführten Zitat, durch die leere Repräsentation der Kontiguität, also durch hinausdeutende, und d. h. in der hier vorgeschlagenen Interpretation: durch semiotische Komponenten möglich.

Gegen diese Interpretation scheinen zunächst Husserls Ausführungen im § 23 der sechsten *Logischen Untersuchung* zu sprechen. Da wird der Wahrnehmungsakt als aus drei Elementen bestehend gedacht: Die „reine Anschauung" einerseits, deren Inhalt wiederum in „rein perzeptiven bzw. imaginativen Komponente [...] zerfällt",[159] und andererseits die semiotischen Komponenten, die nicht zur „reinen Anschauung", wohl aber zur unreinen, aber doch sinnlichen Wahrnehmung, gehören.[160] Diese imaginativen Komponenten der reinen Anschauung sind somit nicht für das Miterscheinende (nicht zuletzt auch deswegen, weil das Miterscheinende nicht selbst unter die reine Anschauung fällt, ist hier von Kontiguität und nicht von Ähnlichkeit zu sprechen), sondern für das Erscheinende, für den Gegenstand, welcher ja durch Ähnlichkeit repräsentiert wird, verantwortlich. Ausgeschlossen bleibt somit die Funktion der Imagination für das Miterscheinende, während für den Gegenstand als solchen zwei mögliche Wege zur Verfügung stehen: Einerseits kann man annehmen, dass der Gegenstand durch semiotische – im engeren Sinne signitive – Komponenten gegeben ist, oder dass der Gegenstand imaginativ der Wahrnehmung gegeben ist.

Sind beide Möglichkeiten durch Textbelege möglich, so stellt sich systematisch die zweite als phänomenologisch ungerechtfertigt heraus. Prätendiert die Wahrnehmung, die Sache selbst, also den Gegenstand selbst zu haben, so kann die Gegebenheit des Gegenstandes, also die repräsentierende Funktion der Empfindungen, nicht durch Imagination vermittelt sein,[161] da die Imagination wesentlich nie die Sache

---

[157] Hua XX/1, S. 90.

[158] Vgl. Hua XXXVIII, S. 151: „Die Vorstellung der abgewendeten Seiten des Dinges im Phantasiebild ist deskriptiv jedenfalls nur ausnahmsweise zu konstatieren".

[159] Hua XIX/2, S. 613 (A554, B82).

[160] Ebd.

[161] Dass die gegenständliche Auffassung durch Imagination ermöglicht wird, ist bekanntlich die These, die E. Fink verteidigt: Vgl. E. Fink, *Vergegenwärtigung und Bild. Beiträge zur*

"selbst", sondern eben nur "im Bild" gibt. Möchte man somit am Grundsatz der Phänomenologie der Wahrnehmung festhalten, dass die Sachen selbst originär in der Wahrnehmung erscheinen, so darf die Repräsentation nicht durch Imagination ausgelöst werden, sondern durch signitive Verhältnisse, welche den Vorteil haben, das Verhältnis *dynamisch* zu gestalten, ohne es in den Bereich des Imaginativen bzw. Bildlichen zu versetzen. Der dynamische Hinweis, der einer semiotischen Beziehung wesentlich ist, führt zwar selbst eine Vermitteltheit in das "Selbst" der Sache ein. Aber diese Vermitteltheit ist eben innerhalb des "Selbst" zu verorten, und nicht in einem dem Selbst widersprechenden Bild.[162] Diese Beschreibung ist auch *ex negativo* zu bestätigen. Im Falle der reinen Wahrnehmung sind keine semiotischen Elemente im Spiel, da die Reinheit dieser Wahrnehmung ausdrücklich dadurch definiert wird, dass in ihr symbolische Inhalte keine Rolle spielen.[163] Das deutet aber wiederum darauf hin, dass zur Wahrnehmung als solcher eine gewisse "Unreinheit" gehört, nämlich die vermittelte Gegebenheit des Zeichens und des Symbols – eine semiotische "Trübung", um ein Wort Husserls zu verwenden.

Diese Interpretation betont darüber hinaus die Zusammengehörigkeit zwischen signitiven und symbolischen Komponenten der Wahrnehmung, nämlich zwischen den auf den Gegenstand und den auf das Miterscheinende abzielenden Komponenten. Beide haben eine wesentlich semiotische, nicht imaginative Struktur. Diese Auffassung der Sachlage wird plausibler, wenn die Position der *Ideen I* ausführlich analysiert wird, der zufolge das Miterscheinende immer nur dank der Tatsache mit da ist, dass in jeder Wahrnehmung der Gegenstand selbst erscheint. Dazu im übernächsten Kapitel; fest steht aber, dass das Miterscheinende symbolisch vermittelt ist. Dies ist so zu verstehen, dass diese Vermittlung mit der phänomenologisch verstandenen Anzeige strukturidentisch ist. Der systematische Zusammenhang, der zwischen symbolischen Komponenten der Wahrnehmung und Anzeigestruktur zu Tage getreten ist, lässt sich aus wesentlichen Gründen jedoch nicht auf die signitifikativen und auf die signitiven Intentionen erweitern.

3.6 Die Anzeige in der Wahrnehmung

Rekapitulieren wir also die Hauptmerkmale dieser symbolischen Elemente in der Wahrnehmung, auch wenn die Analyse ihrer Struktur sich mit den folgenden Untersuchungen zur Horizontalität und zur Passivität noch deutlich ausdifferenzieren wird:

Phänomenologie der Unwirklichkeit, in Id., "Studien zur Phänomenologie 1930–1939", Den Haag, M. Nijhoff 1966, S. 1–78.
[162] Vgl. die Ausführungen im fünften Kapitel zu Husserls These des Dinges als "Zeichen für sich selbst".
[163] Vgl. Hua XIX/2, S. 613 (A83, B555).

3.6 Die Anzeige in der Wahrnehmung 111

1. In der Wahrnehmung ist es erforderlich, einen „Anhalt" zu haben, damit überhaupt Verweise auf den Gegenstand als solchen und auf weitere Ansichten des Dinges stattfinden können; anders gesagt, etwas muss erscheinen und gegeben sein, damit auf etwas anderes verwiesen werden kann. Was verweist, ist gerade die Erscheinung, die sowohl auf den Gegenstand als auch auf mögliche weitere Erfüllungen hinweist, und die Erscheinung wird tatsächlich erlebt.
2. Bei diesen Verweisen handelt es sich um eine Implikationsstruktur, die aber kein logischer Schluss ist. Das Mitgegebensein der Rückseite des Buches ist nicht das Resultat einer Schließung, sondern vielmehr einer „Schießung":[164] Die Erscheinung weist auf das Miterscheinende hin. Es handelt sich also insofern um einen nichteinsichtigen Hinweis, als der Gegenstand sich auch als ganz anders geartet entpuppen könnte als intendiert (ich erwarte, dass das Buch eine Rückseite mit Autorenbiographie, ISBN usw. hat; ist es aber in der Tat kein Buch, sondern etwas anderes, so können diese Intentionen fehlgehen).[165]
3. Dieser Hinweis ist wesentlich eine motivierte Tendenz: Die von der Erscheinung ausgehenden (durch diese motivierten) Intentionen streben auf mögliche und zukünftige Erfüllung.
4. Gerade deswegen ist anzunehmen, dass solche Verweise eine Existenzsetzung enthalten. Die Rückseite muss als (in irgendeinem Sinne des Wortes) „wirklich" gesetzt werden, damit sich überhaupt eine Intention durch sie erfüllen kann. Die Möglichkeit der Erfüllung impliziert also die Wirklichkeit der Rückseite, seine Möglichkeit, überhaupt gegeben zu sein (wenn man so möchte: seine „Gebbarkeit") und Wahrnehmbarkeit. In diesem Sinne kommt dem Verweis eine transzendierende Funktion zu, sofern sie konstitutiv jenseits des aktuell Gegebenen etwas Seiendes setzt.

Werden die von Husserl beschriebenen symbolischen Komponenten der Wahrnehmung auf diese Weise im Detail ausgelegt, dann lässt sich phänomenologisch zeigen, dass diese Semiotik der Wahrnehmung mit der Anzeige strukturidentisch ist. Dass es in der Wahrnehmung um dieselbe Struktur wie bei der Anzeige geht, dürfte anhand der ausgeführten Beschreibungen unmittelbar einleuchten: Das Erscheinende zeigt das Miterscheinende insofern an, als die Gegebenheit des ersten die Seinsvermutung des zweiten uneinsichtig motiviert. Diese These sei nur an einer kurzen Passage veranschaulicht.

Bei jeder Wahrnehmung (im Grunde sogar bei jedem Akt überhaupt) haben wir einen bevorzugten Inhalt, der direkt erfasst bzw. erlebt wird. Dieser Inhalt ist

---

[164] Zu diesem Begriff siehe das vorherige Kapitel.
[165] Obwohl es scheinen mag, als könnte „Intention" in einer solchen Auffassung mit „Erwartung" gleichgesetzt werden, besteht Husserl darauf, dass Intention insofern nicht Erwartung ist, als ihr eine Gerichtetheit auf Zukünftiges nicht „wesentlich" zukommt (Hua XIX/2, S. 573, A512 B40). Siehe dazu B. Rang, *Motivation und Kausalität*, S. 174, der hervorhebt, dass sich diese Sachlage dann mit der genetischen Phänomenologie ändert. Dabei ist aber anzumerken, dass Husserls Beschränkung sich auf das Wesen der Intention bezieht: Nicht alle Intentionen sind Erwartungen, aber einige schon, da sie immer auf Erfüllung (also auf Zukünftiges) aus sind.

wiederum umgeben von einem Hof nicht direkt intendierter, möglicher Erscheinungen. Der den eigentlichen Inhalt umgebende Hof ist in Husserls Text mit einem Wort von William James als „*fringe*" bezeichnet und wird in späteren Werken den Titel „Horizont" annehmen. Es geht dabei – wie es in der zweiten *Logischen Untersuchung* ausgedrückt ist – um eine „unklare, völlig chaotische Masse",[166] die mit dem eigentlichen Inhalt verwoben und nicht von ihm abgetrennt ist. Diese „Masse" gehört aber konstitutiv zu jedem Bemerken und ermöglicht dieses erst. Umgekehrt wäre es problematisch, anzunehmen, das Bemerken eines Inhalts wäre an und für sich, quasi in völliger Reinheit möglich; es gibt vielmehr „genetische Gründe", die implizieren, dass das Bemerken nur dann möglich ist, wenn es sich „gewissen Erfahrungszusammenhängen" fügt.[167] Wie nun diese Zusammenhänge zusammengehalten werden, nämlich welche phänomenologisch aufweisbare Struktur der genetischen Konstitution eines solchen Zusammenhangs zugrunde liegt, erklärt Husserl in einer von der Sekundärliteratur völlig übersehenen Passage: „Das indirekt Gesehene wirkt als Anzeichen für irgendetwas aus einer erfahrungsmäßig umgrenzten Ähnlichkeitssphäre".[168] Die Ähnlichkeitssphäre wird offengehalten durch die den Gegenstand repräsentierende bzw. darstellende (im engeren Sinne signitive) Funktion der Empfindungen, wie oben beschrieben; durch die und innerhalb der Offenheit kann die (Mit-)Erscheinung erst als Anzeichen fungieren. Dass es so ist, erklärt sich daraus, dass ein Anzeichen die Vermutung motiviert, dass etwas existiert, nämlich, dass der Hof überhaupt weitergeht, dass es die „chaotische Masse" gibt. Diese Passage bestätigt direkt die von *Erfahrung und Urteil* gemeinte „genetische" Anwendung der Anzeige in den *Logischen Untersuchungen*, und zwar „genetisch" insofern, als es hier um die dynamische Konstitution einer Erfahrung durch die ihr eigenen Bedingungen der Möglichkeit geht: Diese Anzeichen als Strukturen, die Erfahrungszusammenhänge ermöglichen, sind Bedingungen der Möglichkeit dafür, dass ein Inhalt überhaupt bemerkt werden kann, da ohne Erfahrungszusammenhänge kein Inhalt möglich ist, und ohne Anzeichen als Bindemittel von Erfahrungszusammenhängen diese letzten überhaupt nicht bestehen könnten. Diese These, die mit den *Logischen Untersuchungen* nur an wenigen Passagen veranschaulicht werden kann und als Überinterpretation abgewehrt werden könnte, wird sich in späteren Texten als unumgänglich erweisen.

Anstatt einer imaginativen Mitpräsentation, die als solche auf irrealen Elementen basiert, erlaubt eine semiotische Theorie der Phänomenologie der

---

[166] Hua XIX/1, S. 207 (A202, B204).

[167] Hua XIX/1, S. 208 (A202, B204).

[168] Ebd. Für eine Weiterführung dieses Gedankens mit ähnlichen Worten vgl. Hua X, S. 145; hier ist aber nicht von Anzeichen die Rede, sondern davon, dass das indirekt Gesehene „mit einem gewissen Mangel behaftet" erscheint; das indirekt Gesehene „zieht die Befriedigung der Intention nach sich", direkt gesehen zu werden. Husserl schwankt in diesen früheren Texten zwischen zwei Auffassungen: Einerseits ist es das direkt Gesehene, das das indirekt Gesehene anzeigt; andererseits ist es das indirekt Gesehene, das diese Anzeichen trägt. Etwa in Hua XIX/2, S. 573 (A512, B40) sind die „in die Wahrnehmung fallende Bestimmtheiten", die hinweisen; systematisch fällt auch schwer zu verstehen, wie etwas „Ungesehenes" anzeigen könnte. Die erste Auffassung scheint aus systematischen Gründen plausibler, und in späteren Texten von Husserl ist diese auch die klar bevorzugte Beschreibung der Sachlage.

3.6 Die Anzeige in der Wahrnehmung

Wahrnehmung, den Prozess der Wahrnehmung eines Dinges rein hermeneutisch auszulegen. Damit sind es vor allem die Dinge selbst, die dem Zeichenverstehen einen Anhaltspunkt bieten, und in der Wahrnehmung ist das Moment der Auffassung, der Deutung solcher Zeichen stärker hervorgehoben. Die Auslegung der in den Dingen eingebetteten „Textur" ist es, aus der eine Struktur der Erfahrung entspringt.[169] Diese Auslegung bietet dem Ich Verhaltensmöglichkeiten innerhalb eines Erfahrungszusammenhangs.

Zusammenfassend kann man also festhalten: In der sechsten *Logischen Untersuchung*, wo es um eine Analyse der Wahrnehmung, der verschiedenen Typen intentionaler Akte und um die phänomenologische Beschreibung der Erkenntnis geht, greift Husserl die Anzeige und das Zeichen als zwei Elemente wieder auf, die mitten der Gegebenheit der Dinge selbst verortet sind. Anders formuliert bedeutet das, dass in der Selbstgegebenheit der Erscheinung schon ein Moment enthalten ist, das nicht selbst gegeben ist, sondern nur in einer zeichenhaften Strukturierung vorkommt.[170] Die hintere Seite erscheint nicht an sich selbst, sondern mit anderem; der Gegenstand erscheint nicht an sich selbst, sondern durch seine Erscheinung bzw. Abschattungen. Husserls Beschreibungen implizieren also, dass im Angeschauten so etwas wie eine verweisende Struktur zu finden ist.

Dabei, wie schon kurz erwähnt, handelt es sich nicht um eine Vermittlung zweier verschiedener Gegenstände, also nicht um eine Vermittlung *strictu sensu*. Die Erscheinung und das Erscheinende stehen nämlich in einem komplizierten Verhältnis von Identität und Differenz, das eine Vermittlung desselben durch sich selbst ist. Die Semiose der Wahrnehmung vermittelt nur die Sache selbst in ihrem Erscheinen.

Das scheint gegen ein gewisses husserlsches Bild zu verstoßen, das somit fragwürdig wird: Dass die Selbstgegebenheit der Wahrnehmung, wie Jacques Derrida es beschrieben hat, Metaphysik einer absoluten Präsenz sei, also dass sie überhaupt keine Verweise enthalten könne, stellt sich letztlich als eine vereinfachende Lektüre Husserls heraus.[171] Dass es so ist, erklärt sich daraus, dass die Semiotik der

---

[169] Zum Begriff der Textur siehe die Ausführungen G. Figals, die schon in der Einleitung aufgegriffen worden sind.

[170] Inwiefern die These einer semiotischen Vermitteltheit der Gegebenheit ein Problem für die Phänomenologie Husserls darstellen kann, und wie die Gegenüberstellung vom Anspruch auf adäquate Gegebenheit und der Unmöglichkeit einer solche Adäquation zu verstehen ist, hat D. Pradelle ausführlich diskutiert: vgl. D. Pradelle, *L'archéologie du monde: Constitution de l'espace, idéalisme et intuitionnisme chez Husserl*, Springer, Den Haag 2000, S. 177 ff. Auf diesen Punkt einzugehen würde aber weit über die Grenzen der vorliegenden Arbeit hinausgehen.

[171] Vgl. J. Derrida, *Marges de la philosophie*, Les Éditions de Minuit, Paris 1972, S. 187: „La phénoménologie n'a critiqué la métaphysique en son fait que pour la restaurer". Der Meinung, dass das eine Vereinfachung ist, ist auch V. Costa; siehe V. Costa, *Introduzione*, in: Id., *Il cerchio e l'ellisse*. Sehr klar in Bezug auf diese Problematik ist K. Held, der einerseits das Problem deutlich formuliert, letztlich aber mit der Unmöglichkeit der Verweisungslosigkeit einverstanden ist: „Ursprüngliche intentionale Erfahrung [...] das heißt nunmehr: Gegenwärtigen [...]. Gegenwärtigungen aber sind daran erkennbar, dass sie keinen solchen Verweis mehr enthalten. Vergegenwärtigung und Vergegenwärtigtes sind also irgendwie intentional abgeleitet, bedingt oder begründet, Gegenwärtigung und Gegenwärtiges vorausgesetzt, bedingend oder zugrundeliegend" (K. Held, *Lebendige Gegenwart. Die Frage nach der Seinsweise des transzendentalen Ich bei Husserl*, entwickelt am

Wahrnehmung dazu dient, über die Schranken der eigentlichen und schlichten Erscheinung hinauszugehen, was wiederum allein ermöglichen kann, dass das Subjekt auch uneigentliche Erkenntnisse haben kann. Waren schon in der *Semiotik* und in der *Philosophie der Arithmetik* das Zeichen und das Symbol dazu da, über die Schranken der unmittelbaren Erkenntnis hinauszugehen, so dienen semiotische Elemente auch in der Wahrnehmung dazu, Erkenntnisleistungen zu erzielen, die das Bewusstsein „in eigentlicher Erkenntnisarbeit niemals vollbringen könnte".[172] Wie es nämlich in der sechsten *Logischen Untersuchung* heißt: „In der Sphäre des uneigentlichen Denkens, der bloßen Signifikation, sind wir von allen Schranken der kategorialen Gesetze frei".[173]

Bemerkenswert ist diese Deskription der Wahrnehmung also insofern, wie schon angedeutet, als sie deutlichen Gebrauch von Zeichenphänomenen macht. Das Zeichen ist nicht aus der Wahrnehmung und aus Wahrnehmungsphänomenen wegzudenken.[174]

Klar scheint, dass Zeichen und Verweisung damit nicht nur, wie in der ersten *Logischen Untersuchung*, zu einer Analyse der Sprache als Mittel für die Grundlegung der reinen Logik gehören, sondern zumindest zugleich operativ als unentbehrliche Bausteine der Phänomenologie als Theorie der Erkenntnis und der Wahrnehmung fungieren. Zweifellos geht es nach Husserls Beschreibung auch in der Sinnlichkeit und in der „wortlosen" Erkenntnis um irgendeine Form von Zeichen, da Verweisung und hindeutende Strukturen im Spiel sind, die in der vorliegenden Arbeit als „signitiv", „symbolisch" und „signifikativ" ausgelegt worden sind.

Der Schluss dieser Argumentation ist daher, dass in der Wahrnehmung anzeigende und nicht bloß assoziative, nämlich über sich hinausweisende Komponenten die Möglichkeit eröffnen, etwas als „es selbst" in der Wahrnehmung zu haben durch verschiedene Abschattungen hindurch. Die Anzeige ermöglicht die Erwartung überhaupt, dass etwas in die Erfahrung eintreten wird. So heißt es in den *Umarbeitungen*:

> Nicht jedes Assoziierende, obschon es an das andere erinnert, ist ein „Zeichen" dafür, ein Ausdruck, ein etwas, „durch" welches ich mir das Assoziierte vorstelle, es ist nicht in der signitiven Form apperzipiert. Zum Beispiel, ich trete ins Theater, es ist noch halbdunkel. Das Aufflammen des Kronleuchters „sagt mir", dass nun die Vorstellung sogleich beginnen wird. Aber eigentlich sagt es nichts, es ist kein Ausdruck, es nennt nichts, es ist überhaupt kein Zeichen (*signum, nota*): Es liegt eine Assoziation vor. Ein Erwartungserreger: Die Erwartung wird erregt, dass nun die Vorstellung beginnen wird. *Eine Anzeige für das künftig Erfolgende*.[175]

Leitfaden der Zeitproblematik, Spinger, Den Haag 1966, S. 10). Dass Vergegenwärtigung Gegenwärtigung voraussetzt, ist deutlich einsehbar; dass aber Gegenwärtigung als solche ohne Verweis auf weitere mögliche Gegenwärtigungen sein kann, scheint angesichts des hier Angeführten fraglich; das Ergebnis von Helds Untersuchung zeigt selbst in aller Deutlichkeit, dass eine solche Setzung absolut reiner Präsenz innerhalb der husserlschen Phänomenologie unhaltbar ist.

[172] Hua XII, S. 349–350.
[173] Hua XIX/2, S. 723 (A666, B194).
[174] Der Meinung sind auch E. Holenstein, *Phänomenologie der Assoziation*, S. 151 und V. Costa, *Il cerchio e l'ellisse*, S. 120.
[175] Hua XX/2, S. 133. Hervorhebungen im Original. Im Text hat sich Husserls Sprachgebrauch leicht verschoben gegenüber der ersten *Logischen Untersuchung*, wie schon im zweiten Kapitel gezeigt wurde; in diesem Text steht das Wort „Zeichen" als Synonym für bedeutungstragende Ausdrücke, sodass die Anzeige nicht als Gattung des so verstandenen Zeichens angesehen wird.

3.6 Die Anzeige in der Wahrnehmung

Hier wird klargestellt, dass das Zeichen als Anzeige, und nicht das Zeichen als Ausdruck, die assoziative Basis für die intentionale Erwartung ist. Als Textbeleg für diese Auffassung sei hier noch eine Passage aus den *Umarbeitungen* angeführt:

> Ich nehme die eigentliche Erscheinung, die Apparenz, zum Ausgang und gehe ein in das nicht eigentlich Apparierende. Ich durchlaufe die Apparenz des Tintenfasses hier, und beim „rund" gehe ich über in das verständnisvolle Erfassen der Rückseite. „An" dem Apparierenden erfasse ich das Nicht-Apparierende. Solange ich an den „Anzeichen" für die Form der nichtgesehenen Wölbung diese und anderes verstehend erfasse, bin ich „drin". Mache ich mir aber die Rückseite klar, durchlaufe ich anschaulich die Erscheinungsreihen, so komme ich „heraus". Hier komme ich in Mannigfaltigkeiten von Apparenzen, die das Nicht-Apparierende vom Ding anschaulich vergegenwärtigen.[176]

Auf der Basis von Husserls revidierter Semiotik in den *Umarbeitungen* scheint diese Beschreibung klar zu sein: Das Aufflammen des Kronleuchters ist kein „echtes Zeichen" insofern, als es nichts „nennt", keine ausgedrückte Bedeutung hat. Es ist aber sehr wohl eine Assoziation im Spiel, die in der Form einer Anzeige sich verfestigt. Somit ist die Ähnlichkeit zwischen „Bezeichnen" und „Repräsentieren" wohl abzulehnen, nicht aber die Strukturgleichheit von „Repräsentieren" und „Hinweis" als Struktur des Zeichens überhaupt.[177] Das drückt Husserl mit Klarheit am Beispiel einer denkenden Vorstellung aus:

> Wenn ich an das neue Rathaus zu Wien denke, fällt mir der Rathauspark und das neue Burgtheater ein. Ich fühle die Zusammengehörigkeit; meine Vorstellungen verlaufen innerhalb einer fühlbaren Einheit. Das „Rathaus" ist aber nicht Zeichen; es weist nicht auf das Burgtheater hin, und dieses ist nicht seine Bedeutung. (Aber eins „erinnert" an das andere). Wenn ich ein Märchen erinnere, etwa das vom Rotkäppchen, da geht die Vorstellung Schritt für Schritt in einem sachlichen Zusammenhang fort. Die Vorstellungen reihen sich aneinander, aber nicht in einer wahllosen Folge; sie gehören zusammen, und zwar in dieser Folge zusammen; ich kann sogar von einem *Hinweis* sprechen in diesem wie im obigen Beispiel.[178]

Auch im Falle einer solchen Vorstellung, der keine Wahrnehmung zugrunde liegt, ist das „aktuell gedachte" Rathaus gegeben (obwohl in der Weise einer Phantasie- bzw. Erinnerungsvorstellung), während der Rathauspark und das Burgtheater nur „mit dabei" sind. Dieses Verhältnis ist zwar kein Zeichen im Sinne des in den *Umarbeitungen* entwickelten „echten" Zeichens, wohl aber im Sinne des Zeichens überhaupt, im Sinne des Hinweises. Ist nun aber ein hinweisendes Zeichen entweder ein Ausdruck oder eine Anzeige, und hat das hier zur Diskussion gestellte Verhältnis keine Beziehung zur einer Bedeutung, so ist dieses Verhältnis eine Anzeige. Durch eine kontrastierende Lektüre der *Logischen Untersuchungen* und der

---

[176] Hua XX/2, S. 190.
[177] Hua XX/2, S. 219.
[178] Hua XX/2, S. 287. Meine Hervorhebung. Dasselbe ist noch einmal später im Text hervorgehoben: „Die gegebenen Inhalte sind hier Anhalt für das Verständnis, aber sie sind nicht Zeichen im eigentlichen Sinn des Wortes. Sie *deuten hin, bedeuten aber nicht*. Im Fall des Zeichens haben wir einen Inhalt, der nicht für sich selbst Interesse erregt, sondern nur als Anhalt für die Hindeutung. Er mag Interesse erregen, das lebhafte Interesse, aber es ist immer ein Interesse, das nicht ihm selbst gilt, sondern dem, auf was er *hinweist*." (Hua XX/2, S. 289; meine Hervorhebungen). Husserl äußert sich damit kritisch gegen sprachliche Zeichen, nicht gegen Zeichen überhaupt als dynamische Hinweise.

Umarbeitungen wurde es somit möglich, eine sachlich zusammenhängende Interpretation von denjenigen Komponenten der Wahrnehmung zu liefern, welche weder die Erscheinung selbst, noch kategorial geformt sind, sondern zur sinnlichen Wahrnehmung gehören und doch über die Unmittelbarkeit der reinen Gegebenheit hinausgehen. Mit der Dreiteilung dieser Komponenten in signitive, signifikative und symbolische, und mit der näheren Erläuterung dieser letzten als Anzeige, wird es möglich, einen interpretatorischen Zugang zu Husserls Phänomenologie der Wahrnehmung in den *Logischen Untersuchungen* zu finden, welcher den Text kohärent zu lesen erlaubt und andererseits sachlich sinnvoll erscheint.

Kapitel 4
Phänomenologische Raumanalyse. Kinästhetische Indikation

4.1 Husserls Revision des vorherigen Zusammenhangs von Wahrnehmung und Zeichen

Im letzten Kapitel wurde gezeigt, wie und inwiefern die doppelte Rolle des Zeichens, die ontologische bzw. perzeptive (vor allem in der sechsten *Logischen Untersuchung*) und die logische bzw. sprachliche (in der ersten *Logischen Untersuchung*), von Husserl thematisiert und problematisiert wird. Husserl versucht, das Zeichen von der Wahrnehmung auszuschließen, weil das Zeichen ein Gegenstand ist, der auf einen anderen Gegenstand hinweist, während in der Wahrnehmung die Erscheinung noch kein konstituierter Gegenstand für sich ist. Mit dieser Kritik am Zeichenbegriff in der Wahrnehmungstheorie ist aber die strukturelle Ähnlichkeit zwischen Wahrnehmung (sei es nun im Verhältnis Erscheinung-Erscheinendes oder zwischen verschiedenen Ansichten ein und desselben Dinges) und Semiotik nicht geleugnet.

Diese Strukturähnlichkeit konnte dann in dem Sinne ausgelegt werden, dass die Zeichen in der Wahrnehmung, nämlich die symbolischen Intentionen, die mit der Anschauung immer verflochten sind, als Anzeigen aufzufassen sind, da es bei der Anzeige auch um die Beziehung zweier Sachverhalte – also Gegebenheitsweisen von etwas – geht.[1] Die Uneinsichtigkeit der Anzeige kann – wie Husserl in der ersten *Logischen Untersuchung* anmerkt – nicht als Grundlage der Phänomenologie fungieren. Die Untauglichkeit des Zeichens für eine Phänomenologie der Wahrnehmung bewegt Husserl in späteren Werken dazu, seine in den *Logischen Untersuchungen* vertretene Auffassung der Wahrnehmung explizit zu revidieren.

Eine solche Revision taucht werkgeschichtlich gesehen zunächst 1907 in *Ding und Raum* auf, also sieben Jahre nach der Erstausgabe der *Logischen Untersuchungen*. In diesen Jahren ist Husserl gewiss nicht „stehengeblieben",[2] sondern seine

---
[1] Vgl. dazu unsere Ausführungen im zweiten Kapitel zu Hua XXI, S. 273–274.
[2] Hua XXVI, S. 5.

Phänomenologie hat sich stark entwickelt, vor allem mit der Einführung der transzendentalen Reduktion in *Die Idee der Phänomenologie*, die Husserl der sogenannten Dingvorlesung vorangestellt hat.[3] Das bringt Konsequenzen für die ganze Phänomenologie mit sich, und insbesondere für eine Phänomenologie der Wahrnehmung.

Bezüglich der Auffassung der Wahrnehmung als einer symbolischen, und zwar als einer anzeigenden Struktur schreibt Husserl:

> In früheren Vorlesungen pflegte ich mich so auszudrücken: Das uneigentlich Erscheinende wird durch die gegebenen Empfindungen nicht direkt, sondern indirekt, nicht durch Ähnlichkeit, sondern durch Kontiguität, nicht intuitiv, sondern symbolisch repräsentiert. Diese Redeweise hat einigen Grund in der Synthesis des Wahrnehmungszusammenhanges, in dem sich das Wesen der Wahrnehmungsauffassung in gewisser Weise weiter enthüllt oder entfaltet. Doch halte ich diese Ausdrucksweise jetzt für mehr als bedenklich, sofern an den Empfindungsinhalten [...] nichts von Darstellung, auch nichts von einer als mittelbar anzusprechenden Darstellung hängt. Die Hinweise und Rückweise, die im Ablauf einer Mannigfaltigkeit zusammengehöriger Wahrnehmungen die gegenständliche Gegebenheit konstituieren helfen, gehen nicht bloß die Empfindungen, sondern die ganzen Erscheinungen im einheitlichen Bewusstsein an.[4]

In dieser Passage thematisiert Husserl einen Positionswechsel: Die Ausdrucksweise, die er in den *Logischen Untersuchungen* verwendet hatte, sei phänomenologisch nicht adäquat und müsse deshalb ersetzt werden. Vor allem bereitet Husserl die vermittelte Struktur der Wahrnehmung Schwierigkeiten. Nun bezeichnet er die Beschreibung, der zufolge die mitgegebenen Seiten „symbolisch" (und d. h. „signitiv", da Husserl in dem Werk aus dem Jahr 1900\1901 die zwei Begriffe gleichbedeutend benutzt) und indirekt indiziert sind, als irreführend. Husserl hält daran fest, dass der Wahrnehmungszusammenhang synthetischen Charakter hat und dass deshalb gerechtfertigt ist, von einer „Struktur der Wahrnehmung" zu sprechen, in der verschiedene Momente eingebettet sind. Das soll aber nicht mehr mit der

---

[3] *Die Idee der Phänomenologie* ist als Band II der Husserliana erschienen, während die Dingvorlesung als Band XVI unter dem Titel *Ding und Raum* veröffentlicht wurde. Beide Texte waren aber ursprünglich von Husserl als zusammenhängend gedacht und geschrieben worden, nämlich als Vorlesungen an der Universität Göttingen.

[4] Hua XVI, S. 55. Alles in allem ist Husserl mit seiner Darstellung der Verhältnisse zwischen Wahrnehmung und Bild- bzw. Symbolauffassung zu dieser Zeit unzufrieden, wie er mehrmals betont. Dasselbe Bedenken wird mit ähnlichen Worten auch im Sommersemester 1908 ausgesprochen: Vgl. Hua XXVI, S. 184, wo Husserl darauf hinweist, dass er von „leeren Intentionen" anstatt von „symbolischen Intentionen" sprechen möchte. Das ist auch in den zeitlich späteren Umarbeitungen zur sechsten *Logischen Untersuchung* der Fall, wie im vorigen Kapitel gezeigt wurde. Darauf kommt Husserl auch in den Vorlesungen 1909 zu sprechen, obwohl nicht direkt mit Bezug auf das Symbolische, sondern auf die durch Ähnlichkeit repräsentierende Funktion der Empfindung gegenüber dem in der Wahrnehmung erscheinenden Ding, wobei die zwei Probleme selbstverständlich miteinander verflochten sind (vgl. Hua Mat. VII, S. 123). Vgl. dazu auch das nächste Kapitel mit den Analysen Husserls in den *Ideen I* (Hua III/1, S. 90), aber auch Hua XXIII, § 42. Vgl. dazu die *Einleitung des Herausgebers* in Hua XXIII, S. LIV ff. und die *Einleitung des Herausgebers* in Hua XXXVIII, S. XXIV. In dieser letzten Einleitung (von T. Vongehr und R. Giuliani) wird überzeugend dargelegt, wie gerade das in der Wahrnehmung nicht aktuell Gegebene das Problematischste für Husserl ist (S. XXV ff.).

4.1 Husserls Revision des vorherigen Zusammenhangs von Wahrnehmung und Zeichen

Begrifflichkeit der *Logischen Untersuchungen* geschehen, sondern im Rahmen einer allgemeineren Phänomenologie des Raumes.[5]

Denn die Interpretation der unsichtigen Seite der Wahrnehmung als signitiv vermittelt war nicht erst in den *Logischen Untersuchungen* zu finden, sondern schon einige Jahre früher in den „Versuchen über den Raum". In diesem Text ist es klar, inwiefern die signitive Struktur der *Logischen Untersuchungen* direkt aus der Semiotik hergeleitet ist und vor allem wie wenig Husserl sich dann auch in späteren Jahren von dieser Auffassung tatsächlich entfernt. Er revidiert in der Tat eigentlich nur einige Aspekte und versucht immer wieder, eine neue Terminologie einzuführen, aber die der Wahrnehmung zugrundeliegende semiotische Struktur bleibt bestehen. In jeder Wahrnehmung gibt es mehr zu sehen, als was anschaulich gegeben ist, und dieses „mehr" ist durch Zeichen vermittelt:

> Ich glaube manches zu sehen, was ich nicht sehe, sondern als objektiv existierend beurteile. Die Materie dieses Urteils ist eine unanschauliche Vorstellung [die als solche weder begrifflich ist noch auf dem Niveau des Urteils angesiedelt werden muss].[6] Die Anschauung ist mir ein Zeichen für Eindrücke, die ich unter „ähnlichen" Bedingungen der Wahrnehmung haben würde. Ich übertrage also das, was unter Veränderung der Wahrnehmungsbedingungen, oder deskriptiv gesprochen, was bei wohlbekannter anschaulicher Änderung geurteilt werden müsste, auf die vorliegende Anschauung, in der ich ja das Objektive wahrzunehmen, anzuschauen glaube [...]. Anschauung steht als Zeichen für Anschauung.[7]

Ist die Anschauung somit ein Zeichen für (eine weitere mögliche) Anschauung, so ist in der räumlichen Wahrnehmung zwischen verschiedenen Aspekten zu unterscheiden:

> Also zu unterscheiden: 1) die zunächst gegebene Anschauung in Wahrnehmung und Phantasie, 2) die Anschauungsverläufe, die sich daran knüpfen vermöge gewisser „Zeichen" in dem ersteren Anschauungsverlauf, welche die Materie gewisser Urteile begründen, die sich im gewöhnlichen Vorstellen in der Regel unmittelbar an 1) bzw. an die Zeichen von 1) anknüpfen.[8]

---

[5] Die Ergebnisse der folgenden Untersuchungen müssen notwendig vorläufig bleiben, da die Veröffentlichung der wichtigen Manuskripte der Gruppe D (*Späte Texte zur Raumkonstitution*) im Rahmen der Husserliana noch bevorsteht. In *Ding und Raum* bleibt Husserls Verständnis des Raumes kantianisch geprägt. Für eine Position, die darüber hinaus geht und den Raum nicht nur als Gegenstand phänomenologischer Betrachtung, sondern als Ermöglichung der Phänomenologie selbst thematisiert, siehe G. Figal, *Unscheinbarkeit*, hier S. 4.

[6] Vgl. dazu E. Husserl, *Grundlegende Untersuchungen zum phänomenologischen Ursprung der Räumlichkeit der Natur (Umsturz der Kopernikanischen Lehre. Die Ur-Arche Erde bewegt sich nicht)*, in: M. Farber (Hrsg.), „Philosophical Essays in Memory of Edmund Husserl", Harvard University Press, Cambridge (Mass.), 1940, S. 305–327, hier S. 310: „Vorgezeichnet ist die von der Ontologie nachher auf Begriffe und Urteile gebrachte, mit ihnen ‚bedachte' Weltform, und innerhalb derselben bewegt sich alle relativ bestimmte induktive Vorzeichnung, das jeweils bestimmt Erwartungsmäßigen und im Gang der Erfahrung [...] eintretende Bewährung oder Entwährung". Die erfahrungsmäßigen Vorzeichnungen sind daher weder begrifflich noch urteilsmäßig. Obwohl zwischen diesem Text und der Raumvorlesung mehrere Jahrzehnte vergangen sind, hat sich Husserls Position bezüglich dieser grundlegenden Unterscheidung nicht geändert.

[7] Hua XXI, S. 282.

[8] Hua XXI, S. 283. Das bestätigt auch die im letzten Kapitel dargestellte Interpretation, dass zwischen Wahrnehmung und Phantasie einerseits und Zeichenvorstellung andererseits zu unterscheiden ist und dass Zeichenvorstellung und Phantasie nicht vermengt werden dürfen.

In *Ding und Raum*, das eine Erweiterung dieser Phänomenologie des Raumes *in nuce* ist, ist dieses Zeichenverhältnis nicht mehr symbolisch und darstellend zu verstehen, als etwas, das sozusagen von der Empfindung selbst ausgeht, sondern greift direkt auf das Einheitsbewusstsein eines Gegenstandes zurück und ist daher nicht mehr in den Empfindungen eingebettet.[9] Das heißt aber nicht, dass die Raumwahrnehmung frei von semiotischen Strukturen bleibt; allein: diese werden jetzt anders gedacht.

Ein Grundprinzip der Phänomenologie ist nämlich, wie Husserl auch 1909 wiederholt, Folgendes: „Verwoben mit der Darstellung [scil. in dem Sinne, dass die Vorderseite eines Hauses das ganze Haus zur Darstellung bringt] ist ein *Überschuss der Auffassung*, vermöge dessen das im eigentlichen Sinne nicht Erscheinende doch mitperzipiert, ‚mitgemeint' ist".[10] Anders gesagt: Die Hinweise und Rückweise zwischen verschiedenen Seiten bzw. zwischen Erscheinung und Erscheinendem sind nicht indirekt durch die wahrgenommene Seite in ihrer Wahrgenommenheit gegeben, sondern durch das Bewusstsein des Gegenstandes in seiner Totalität und Einheitlichkeit, durch die „beseelende" Auffassung, da es sich um einen „Überschuss der Auffassung" handelt.

Das besagt wiederum, mit anderen Worten, „dass es [das Mitaufgefasste] nicht mittels eines eigens darstellenden Empfindungsmaterials repräsentiert, sondern gewisserweise als Anhang der darstellenden Auffassung, sozusagen in leerer Weise repräsentiert und so mitgefasst" und gleichzeitig in die Einheit einer Gesamtperzeption eingebettet ist.[11] Diese „Auffassung" ist auch in *Ding und Raum*, genau so wie in den *Logischen Untersuchungen*, das, was eine Empfindung zu einer Wahrnehmung werden lässt: In jeder Wahrnehmung gibt es nämlich ein

> Plus, das über die Empfindungskomplexion hinaus in der Wahrnehmung reell zu finden ist und das in allerstrengster Durchdringung mit dem Empfundenen erst Wahrnehmung ausmacht. [...] Wir nennen diesen Überschuss den Charakter der Auffassung und sagen, dass die Empfindungsinhalte Auffassung erfahren.[12]

Wenn der symbolische Bezug zwischen verschiedenen Seiten des Dinges zur Zeit der *Logischen Untersuchungen* als durch Kontiguität erzeugt beschrieben worden war, stellt Husserl nun diese innerdinglichen Bezüge als durch Ähnlichkeit erzeugt dar, und zwar Ähnlichkeit mit dem, was Husserl „das Optimum" und den „Gegenstandstypus" nennt.[13] Aufgrund einer gewissen Unklarheit von Seiten Husserls war

---

[9] Die Konzeption, welche die Gegebenheit des Gegenstandes in seiner Einheitlichkeit auf das Einheitsbewusstsein zurückführt, wird auch im *Logos*-Artikel über *Philosophie als strenge Wissenschaft* von 1910–1911 behauptet: Vgl. Hua XXV, S. 35.

[10] Hua Mat. VII, S. 130. Meine Hervorhebung.

[11] Ebd. Dass Husserl an einer Rede von „Repräsentation" festhält, ist auch auf S. 65 von Hua XVI ersichtlich.

[12] Hua XVI, S. 55.

[13] Der Begriff der Ähnlichkeit ist insofern problematisch, als er auf eine Bildtheorie der Wahrnehmung hinzuweisen scheint, die Husserl vermeiden will (Hua XVI, S. 45). Husserl definiert (a. a. O., S. 54) Ähnlichkeit im prägnanten Sinne als Gemeinsamkeit einer Artung („Farbe stellt Farbe, empfundene Rauhigkeit gegenständliche Rauhigkeit dar") in einem Darstellungsverhältnis zwischen

es der Forschung bis heute nicht möglich, eine einheitliche Definition von „Optimum" zu erzielen. Husserl scheint vor allem zwischen zwei Interpretationen des Optimums unentschieden zu sein. Einerseits sei nämlich das Optimum das jeweilige, erscheinende Ding in der bestmöglichen Orientierung unseres Leibes und unter den besten Wahrnehmungsumständen; andererseits aber wird das Optimum schon als Präfiguration der „Idee im kantischen Sinne", das heißt als Ding in allen seinen Momenten, als Ding in seiner Totalität beschrieben.[14] Der größte Unterschied besteht natürlich darin, dass das Optimum im ersten Sinne zur Anschauung gebracht werden kann, während das Optimum im zweiten Sinne ein abstraktes Ziel bleibt. Diese Unterscheidung konnte sich in der Forschung durchsetzen.[15] Sachlich ist diese Unterscheidung durchaus gerechtfertigt, und zwar gerade aufgrund der Tatsache, dass das eine Optimum in der Wahrnehmung tatsächlich erreichbar ist, das andere nicht; trotzdem bleibt die Möglichkeit der Annahme bestehen, es handele sich dabei nur um einen Gradunterschied. Das Optimum ist laut Husserl durch das die Wahrnehmung leitende Interesse bestimmt: Je nachdem, was mich an der Sache interessiert, sind die optimalen Bedingungen seiner Gegebenheit anders geartet. Will ich etwa die Schönheit einer Blume betrachten, so muss die Blume einen gewissen Abstand von meinen Augen haben, die Lichtverhältnisse müssen stimmen usw. Will ich dagegen die Blume in ihrer botanischen Gattung bestimmen, so werde ich die Blume sezieren und sie so nah wie möglich betrachten: Die optimale Perspektive ist durch das Interesse des wahrnehmenden Subjekts bedingt. Die höchste Steigerung des Interesses besteht aber gerade in der unerreichbaren Totalität des Dinges selbst: Will ich einen Gegenstand erkennen, so muss ich alle seine Seiten kennen, nicht nur seine besten Perspektiven. Vor allem bei philosophisch-phänomenologischen Interessen will das Ding so weit wie möglich bestimmt werden. Daher lässt sich schließen, dass das Optimum als optimale Totalität der Aspekte und das Optimum als bestmögliche Gegebenheit nur graduelle Unterschiede aufweisen. Aus diesem Grund werden die folgenden Analysen mit beiden Begriffen des Optimums operieren, und zwar vor allem, weil es nicht so sehr darum zu tun ist,

---

psychischem Inhalt und Gegenständlichem. Der Inhalt ist „radikal unterschieden" (ebd.) von einem Gegenstand. Die Denkfigur des „Optimums" in Bezug auf die Raumkonstitution kommt auch in einigen von Husserl etwa 1934 beschriebenen Blättern zum Thema des Raums und der Raumkonstitution vor, damit bestätigend, dass Husserl an diesem Begriff auch in späteren Jahren festhält: Vgl. E. Husserl, *Notizen zur Raumkonstitution*, in: „Philosophy and Phenomenological Research", Band 1/1, 1940, S. 21–37, und Band 1/2, 1940, S. 217–226, hier S. 32, 37 und 221–222.

[14] Dazu vgl. vor allem die *Ideen I* und das nächste Kapitel.

[15] Diese Unterscheidung wird auch getroffen von H. Goto, *Der Begriff der Person in der Phänomenologie Edmund Husserls. Ein Interpretationsversuch der Husserlschen Phänomenologie im Hinblick auf den Begriff der Habitualität*, Königshausen & Neumann, Würzburg 2004, S. 84: „In Bezug auf das ‚Optimum' scheint Husserl zu schwanken: so bestimmt er es einmal als ‚Bestes unter den erreichbaren praktischen Möglichkeiten' (Hua XXVIII, S. 137, 221, 350 ff.) und ein anderes Mal als das unerreichbare Ziel". J. Benoist (*Sens et sensibilité, L'intentionalité en contexte*, Les Éditions du Cerf, Paris 2009, S. 15–51) unterscheidet zwischen einem Optimum der besten Gegebenheit und einem Optimum der Adäquatheit, die nur teleologisch zu erreichen ist. Dazu vgl. auch M. Summa, *Spatio-temporal Intertwinings*, S. 213–224.

zu bestimmen, was das Optimum ist und welche erkenntnistheoretischen bzw. phänomenologischen Implikationen dies mit sich bringt, sondern weil es um das Verhältnis zwischen Erscheinung und Optimum gehen soll. Sind aber beide Formen des Optimum nur graduell unterschiedlich, so sind die Beziehungen der jeweiligen Erscheinungen zum Optimum strukturidentisch.

Laut Husserls Beschreibung ist nun die erscheinende Vorderseite insofern dazu imstande, auf die Rückseite und auf das Ding „selbst" zu verweisen, als sie Ähnlichkeiten mit dem Ding in seiner vollen Konkretheit und Konstituiertheit aufweist, also mit der Idealität aller möglichen Abschattungssituationen in einer Gesamtheit – eben im Optimum. Oder aber die Erscheinung besitzt Ähnlichkeiten mit dem Gegenstandstypus, und das heißt beispielsweise die Tatsache, dass die Vorderseite eines Buches eben Ähnlichkeiten mit dem Gegenstandstypus „Buch" und nicht mit dem Gegenstandtypus „Blume" hat.[16]

Das fasst in wenigen Worten die Verschiebung zusammen, die zwischen den *Logischen Untersuchungen* und *Ding und Raum* bezüglich der semiotischen Komponenten der Wahrnehmung stattfindet. Ab 1907 ist weder die Empfindung Zeichen für den Gegenstand bzw. für die dingliche Bestimmtheit noch die Erscheinung Symbol für weitere Erscheinungen, sondern die Erscheinung weist hin, und zwar auf das Optimum. Die Erscheinung weist aber nur insofern auf Weiteres hin, als sie in ein Einheitsbewusstsein eingebettet ist, das auf das ganze Ding abzielt:[17]

> Die Erscheinung weist vermöge ihres Sinnes auf Möglichkeiten der Erfüllung hin, auf einen kontinuierlich-einheitlichen Erscheinungszusammenhang, in dem sich der Sinn in jeder Hinsicht realisieren, in dem also die Bestimmtheiten zu „vollkommener Gegebenheit" kommen würden.[18]

---

[16] Dass mit der Entdeckung der transzendentalen Reduktion die Gegebenheit diesen mehrschichtigen Charakter keinesfalls eingebüßt hat, sondern es gerade „die phänomenologische Einstellung" ist, die „die Perspektive erschließt, in der sich das Einzelding, ebenso wie die Welt selbst, als ein unendliches Ganzes erweist", hat auch L. Tengelyi betont (*Erfahrung und Ausdruck*, S. 79). Vgl. Hua XV, S. 366, wo explizit gesagt wird, dass die Vermöglichkeiten, die weiter unten in dieser Arbeit als leibliche Anzeigen für das Unsichtbare in der Wahrnehmung interpretiert werden, konstitutiv zur reduzierten Welt gehören. Dazu vgl. auch D. Zahavi, *Die Reduktion und das Unsichtbare*, in: R. Bernet, A. Kapust (Hrsg.), „Die Sichtbarkeit des Unsichtbaren", Wilhelm Fink, München 2007, S. 57–72.

[17] H. Blumenberg ist kritisch gegenüber der Möglichkeit, das Ziel des Dinges in seiner Totalität (Optimum) phänomenologisch einholen zu können. Überhaupt ist seiner Meinung nach fraglich, ob Sättigungsphänomene (darunter auch die Evidenz) als solche erfahrbar sind: H. Blumenberg, *Zu den Sachen und zurück*, S. 305.

[18] Hua XVI, S. 124. Zu den Unterschieden des Sinnes je nach Interessenrichtung vgl. S. 128–129. Ein Begriff konstituiert sich erst aufgrund solchen durch Interesse bestimmten Sinnes (Hua XVI, S. 130), sodass der Sinn selbst und die durch ihn entstehenden Hinweise keineswegs schon begrifflich sein können. Zur Möglichkeit, ein Optimum ohne Interessenbestimmungen zu haben, vgl. Hua XVI, S. 133–134. Hier argumentiert Husserl auch dafür, dass die Dingwahrnehmung vor allem praktisch geleitet ist. Als Zusammenfassung schreibt Husserl, dass „die Auszeichnungen von Maximalpunkten und Maximalgebieten nicht zum eigenen Wesen der Erscheinung als solcher gehören, sondern zu dem sie durchherrschenden Interesse" (S. 135). Dem die phänomenologische Beschreibung der Dingwahrnehmung bestimmenden Begriff der Vermöglichkeit entspricht *ex negativo* der Begriff des Widerstandes, der aber eine eher untergeordnete Rolle in Husserls Wahrnehmungsphänomenologie und Raumanalysen spielt. Für einige Ansätze diesbezüglich siehe

4.1 Husserls Revision des vorherigen Zusammenhangs von Wahrnehmung und Zeichen

Wir haben es also mit einer Verschiebung zu tun, die vom Niveau bloßer Perzeptionen zur Stufe des Konstitutionsbewusstseins überleitet.[19] Das erlaubt es Husserl unter anderem, auch meine Kritik der Rede von „leeren Wahrnehmungen" zu überwinden. Er erkennt nämlich selbst an, dass „man [...] eigentlich nicht von leeren Perzeptionen sprechen [darf], sondern nur von leeren Auffassungskomponenten; bei Perzeptionen kann nur die Rede von dunklen gelten".[20]

Dass die Lehre der Mitgegebenheit uneigentlich erscheinender Seiten trotz der Verschiebung konstitutiv zu jedem Gegenstandsbewusstsein auch vom Standpunkt von *Ding und Raum* gehört, bestätigt Husserl selbst, und dadurch wird klar, wieso er so auf diese Umdeutung besteht:

> Die uneigentlich erscheinenden gegenständlichen Bestimmtheiten sind mitaufgefasst, aber nicht „versinnlicht", nicht durch Sinnliches, d. i. Empfindugsmaterial dargestellt. Dass sie mit aufgefasst sind, ist evident, denn sonst hätten wir gar keine Gegenstände vor Augen, nicht einmal eine Seite, da diese ja nur durch den Gegenstand Seite sein kann.[21]

Hier bestätigt Husserl sowohl die transzendentale Rolle der uneigentlich erscheinenden Aspekte für das Erscheinen überhaupt als auch die Tatsache, dass das Unsichtige nicht in den Empfindungen durch Darstellung mit gegeben ist, sondern nur durch das Gegenstandsbewusstsein. Das heißt aber wiederum, dass wir nur dann etwas als eine Seite eines Gegenstandes wahrnehmen können, wenn wir ein Bewusstsein des Gegenstandes als eines solchen haben.

Damit bleibt auch klar, dass Husserl seine Erläuterung der Abschattungen in der sechsten *Logischen Untersuchung* nicht in Gänze widerruft. Dass die eine Seite auf die andere verweist, wird nämlich nicht bestritten, sondern anders verstanden. Mit einer Formulierung, die dann für Merleau-Ponty entscheidend wird, setzt Husserl den Akzent auf das Verhältnis von Sichtbarkeit und Unsichtbarkeit in der Erscheinung, denn „zu der Erscheinung, so wie sie in jeder Situation durch die Motivationslage ihren Sinn erhält, gehört es nun, dass das Sichtbare auf das Unsichtbare hinweist".[22] Gegenüber der Position der *Logischen Untersuchung* wird hier das symbolische, darstellende und vermittelnde Moment abgelehnt, nur sofern es in den Empfindungen auftreten sollte, während die Strukturähnlichkeiten, die es zulassen, solche Verweise als Zeichen und Anzeige zu interpretieren, bestehen bleiben.

---

etwa E. Husserl, *Notizen zur Raumkonstitution*, S. 225–226. Der Begriff des Widerstands hat später in die französische Phänomenologie Eingang gefunden, das Thema kann hier aber nicht weiter entfaltet werden.

[19] Derselben Meinung ist auch U. Melle bezüglich der Umarbeitungen zu den *Logischen Untersuchungen*: U. Melle, La représentation vide dans la réécriture par Husserl de la VIe Recherche Logique, in: J. Benoist, J.-F. Courtine, *Les Recherches Logiques, une œuvre de percée*, PUF, Paris 2003, S. 153–164.

[20] Hua XVI, S. 37. Dennoch scheint es, dass die Rede von Leerintentionen nochmals eingeholt werden kann, wenn ihr Bezug zum unbestimmten, aber bestimmbaren „Etwas" anerkannt wird. Bei leeren Vorstellungen wäre nämlich nur das Etwas vorgezeichnet, und nicht ein bestimmter Inhalt; das würde dann aber mit dem gleich sein, was Husserl hier unter „dunkler Vorstellung" versteht. Für die Leervorstellung als Vorstellung eines bloßen „Etwas" siehe Hua Mat. VI, S. 82 ff.

[21] Hua XVI, S. 55, vgl. auch S. 50.

[22] Hua XVI, S. 245.

Husserl benutzt in der Beilage IV zu *Ding und Raum* explizit beide Termini, um die Relation zwischen unteren Schichten der Dingkonstitution zu dem Dingoptimum (also dem Ding in seiner vollen Konstituiertheit) innerhalb verschiedener Stufen der Raumkonstitution zu beschreiben, da das wechselnde Doppelbild (das Bild in der Konstitution der Tiefendimension) als ein „Zeichen für das Optimum" beschrieben wird.[23] Das Optimum in dieser Passage ist nämlich die Totalität des dreidimensionalen Dinges, sodass die perzeptiven, zweidimensionalen Erscheinungen als Zeichen genommen werden für die dritte Dimension. Das ist besonders gut ablesbar in einer Randnotiz von Husserls Hand aus seinem Exemplar von Stumpfs *Über den psychologischen Ursprung der Raumvorstellung*:

> [D]ass Tiefe etwas homogenes und kommensurabel mit Länge und Breite bedeutet, ist sicher. Aber sehr wohl kann doch die Anschauung der Homogenität nur eine scheinbare sein, indem eine Länge und Richtung im Gesichtsfeld, belegt mit einer Reihe von Tiefenzeichen, als Repräsentant für die bloß begrifflich gleichwertige Tiefengröße erscheint. Da hier ein Zeichen gewählt ist, das im Wesentlichen dem Bezeichneten gleichwertig ist, erwächst der Schein, als ob wir das Bezeichnete selbst wahrnehmen. Die optische Gleichwertigkeit der Tiefenempfindung ist also nicht erwiesen. Die Tiefe, als was sie bedeutet, braucht nicht empfunden zu sein, sondern es kann sein, dass was wir vermeintlich als Tiefe empfinden, nur Lokalzeichen für begrifflich (symbolisch) denkbare Tiefe sind.[24]

Husserl leugnet somit weder den perspektivischen Charakter der Wahrnehmung („wir sehen ein Haus [...], aber eigentlich sehen wir nur die Vorderseite")[25] noch die Mitgegebenheit „uneigentlicher Erscheinungen".[26] Die Verschiebung gegenüber den *Logischen Untersuchungen* besteht darin, dass in *Ding und Raum*, so Husserls Auffassung im Jahr 1907, die Vorderseite auf die andere Seite verweist, und zwar genau deshalb, weil sie als *Seite* aufgefasst ist, nämlich als Teil einer Einheit, und zwar eines Gegenstandes, und nicht dank einer der Empfindung innewohnenden signitiven Funktion.[27]

---

[23] Hua XVI, S. 354, aber auch 235: Das System kinästhetischer Bilder „*indiziert* das System der Optima" (meine Hervorhebung). Das Wort „Bild" darf nicht im gemeinen Sinne, sondern muss als Synonym für Erscheinung verstanden werden: „Die Wahrnehmung enthält in sich [...] kein Bild des Gegenstandes, das Wort ‚Bild' im gemeinen Sinne genommen, als ein zweites Ding, das ein Original durch Ähnlichkeit repräsentiert. Die Wahrnehmung enthält weder eine Wiederholung des ganzen Dinges noch eine solche einzelner Merkmale" (Hua XVI, S. 45). Zum Begriff des Bildes in *Ding und Raum* vgl. D. D'Angelo, „Abstand und Interpretation in Husserls *Ding und Raum*", in: D. Espinet, T. Keiling, N. Mirković (Hrsg.), *Raum erfahren. Epistemologische, ästhetische und ethische Zugänge*, Mohr Siebeck, Tübingen 2017, S. 47–62.

[24] Das Zitat befindet sich auf S. 171 des Buches von Stumpf. Zitiert in V. Costa, *Alle origini della fenomenologia: Husserl e Stumpf sul problema dello spazio*, in: „Rivista di storia della filosofia", 1996/1, S. 77–101, hier S. 100. Als Bestätigung für die positive Bedeutung dieses Zitats vgl. Hua XXI, S. 309, wo systematisch von Lokalzeichen die Rede ist, und Hua XVI, S. 354, wo ausdrücklich gesagt wird, dass Tiefe unvergleichbar mit Breite und Länge ist. Gegen Husserls Position bezüglich der Tiefe spricht H. Blumenberg, *Zu den Sachen und zurück*, S. 59.

[25] Hua XVI, S. 49.

[26] Hua XVI, S. 54.

[27] Husserl schreibt sehr deutlich in der Vorlesung 1909: „Die Vorderseite [ist] eben Vorderseite des Hauses, und das Haus ist wahrgenommen, und diesen Genitiv können wir nicht wegstreichen" (Hua Mat. VII, S. 117).

4.2 Innerdingliche Bezüge und Einheitsbewusstsein: Kinästhetische Indikation

Näher zu erläutern ist also nun, wie Husserl diese Struktur der Wahrnehmung zur Zeit von *Ding und Raum* beschreibt. Genau wie in den *Logischen Untersuchungen*[28] bemüht er sich darum, den Gedanken auszuschließen, dass die „beseelende Auffassung"[29] eines Gegebenen als einer Seite und die damit einhergehenden Verweisungen auf die Rückseite durch Phantasie ermöglicht wären. Diese Position wäre insofern unbefriedigend, als sie keine Erklärung darüber abgeben kann, wie man genau zu einer Einheit kommen könnte.[30] Wenn die anderen Seiten bloß phantasiert sind, dürfen wir nicht mehr davon ausgehen, dass es sich um denselben Gegenstand handelt. Und ferner: Da die Abschattungen auch für das Phantasieren eines Gegenstandes konstitutiv sind, würde diese Lehre bedeuten, dass wir in diesem Fall eine „Phantasie in der Phantasie", eine „Phantasie zweiten Grades" voraussetzen müssten, um den Abschattungen innerhalb der Phantasie selbst Rechnung zu tragen, was zu einem unendlichen Regress führt.[31]

Angesichts beider Probleme klärt Husserl die Situation auf, indem er darauf hinweist, dass das Einheitsbewusstsein, genau weil es Einheit stiftet, die Verweisungen zwischen verschiedenen Seiten, also die innerdinglichen Bezüge, ermöglicht. Die verschiedenen Seiten sind somit Teile eines Ganzen, welche wegen ihrer Zusammengehörigkeit aufeinander verweisen, nicht mehr aufgrund bloßer Kontiguität wie in den *Logischen Untersuchungen*. Das Bewusstsein bzw. die Sinnesauffassung (als Auffassung der Einheit) gibt Anlass zu solchen Verweisungen.[32] „Die Vorderseite weist auf die Rückseite hin, die Rückseite auf die Vorderseite; m. a. W., die perzeptive

---

[28] Vgl. Kapitel III, § 5.

[29] Hua XVI, S. 48.

[30] Husserl hatte schon 1905–1907 versucht, die uneigentliche Gegebenheit der Seite eines Gegenstandes als „imaginativ" oder „phantasiert" aufzufassen (siehe die in Hua XXIII gesammelten Texte), verwirft nun aber die Auffassung. Dieselbe Abwehr auch in Hua Mat. VII, S. 132: „Ist es nun angängig, die uneigentlich erscheinenden Momente eines wahrgenommenen Dinges auf Konto von Phantasiedarstellungen zu setzen, also etwa das Innere, die Rückseite des Dinges etc.? [...] Man überzeugt sich leicht durch folgende Betrachtung, dass es sich da um eine phänomenologisch recht naive Konstruktion handelt. Eine bloße Phantasieerscheinung stellt ein Ding dar, teils eigentlich, hinsichtlich seiner Vorderseite, teils uneigentlich, hinsichtlich seiner Rückseite. Wie stellt sie nun diese Rückseite dar? Wieder durch Phantasie? Aber dann fiele der Unterschied ja fort [...]. Was soll nun noch im Falle der Wahrnehmung des Hauses der Rekurs auf Phantasievorstellungen der nicht eigentlich erscheinenden Seite helfen? Man könnte sagen: Die Vorderseite des Hauses findet perzeptive Darstellung, die übrigen Seiten imaginative Darstellungen. Dann aber müssen wir fragen: Was gibt die Einheit?".

[31] „In Wahrheit können wir auch in der Phantasie ein Haus nicht zugleich von der Vorderseite und Rückseite vorstellen. Steht die Vorderseite uns vor Augen, so nicht die Rückseite und umgekehrt. Also auch hier [scil: in der Phantasie] der Unterschied eigentlicher und uneigentlicher Erscheinungen, und damit Auffassungskomponenten, die der Darstellung einwohnen" (Hua XVI, S. 56).

[32] Vgl. auch Hua XVI, S. 93: „Überall schreiben wir zwei Erscheinungen (wie überhaupt zwei Vorstellungen) insoweit Identität des Sinnes zu, als sie dieselbe Gegenständlichkeit als in selber Weise bestimmt oder bestimmbar meinen".

Darstellung der Vorderseite ist verbunden mit Auffassungskomponenten, die über sie hinausweisen auf eine Rückseite".[33] Das ist insofern der Fall, als die Vorderseite dem einheitlichen Sinn ähnelt. Daher sind solche hinausweisenden Momente gar nicht darstellend; sie bringen nichts zur Darstellung, „obschon sie ihre *Richtung* auf die betreffenden gegenständlichen Momente haben".[34]

Was nach der Dekonstruktion der semiotischen Auffassung der Wahrnehmung aus den *Logischen Untersuchungen* bleibt, ist somit der dynamische Hinweis. Damit ist die Tendenz, die Richtung auf etwas gemeint, das nicht selbst gegeben, wohl aber intendiert ist, während jede Surrogatfunktion eines Darstellens getilgt ist. Auf diese Art und Weise nähert sich Husserls Auffassung der Wahrnehmung noch expliziter seiner Semiotik an, da jeder statische Charakter der Darstellung aufgehoben ist zugunsten einer hinweisenden Dynamik. Könnte schon in den *Logischen Untersuchungen* die Beschreibung der semiotischen Momente der Wahrnehmung nur anhand dieser hinweisenden Tendenz und nicht einer Surrogatfunktion verstanden werden, so entpuppt sich Husserls Versuch, nicht mehr vom Symbol in der Wahrnehmung zu sprechen, als eher darauf ausgerichtet, die Zeichenhaftigkeit der Erscheinung nicht mehr in die Empfindung, sondern in die bewusstseinsmäßige Auffassung zu legen.[35] Dass es so ist, rührt daher, dass Husserl unter Empfindung nun eine amorphe Hyle verstanden haben will, die als solche unsymbolisch sein muss, während der Begriff der Hyle in den *Logischen Untersuchungen* noch keine Rolle gespielt hat. Ein noch wichtigerer Grund liegt aber darin, dass Husserl in *Ding und Raum* die Beschreibung der Wahrnehmung nicht mehr rein statisch-phänomenologisch, sondern schon transzendental-konstitutionsmäßig durchführt, jedoch noch nicht im vollumfänglichen Sinne genetisch. Daher ist Husserls Aufmerksamkeit auf konstituierte Gegenständlichkeiten, wie zum Beispiel das Ding in seiner Totalität, gerichtet.

Die Struktur der Wahrnehmung konstituiert sich daher durch einen „Komplex voller und leerer Intentionen", den Husserl im Einklang mit den von uns im vorherigen Kapitel diskutierten *Umarbeitungen* der sechsten *Logischen Untersuchung* auch „Auffassungsstrahl" nennt.[36] Eigentlich, so schließt Husserl, darf man nicht von leeren Perzeptionen bzw. Vorstellungen sprechen, sondern nur von leeren Intentionen,[37] wie schon oben angedeutet. Diese Intentionen, die als Hinweise verstanden werden müssen, sind nicht „versinnlicht", sondern mitaufgefasst.[38] Diese leeren Intentionen sind durch die Bekanntheit des aufgefassten Gegenstandes motiviert und deshalb

---

[33] Hua XVI, S. 56.

[34] Hua XVI, S. 57. Meine Hervorhebung.

[35] Das ist noch einmal bestätigt auch durch die Beilage III: „Natürlich trägt jeder *Auffassungcharakter* an sich Hinweise und Rückweise" (Hua XVI, S. 348, meine Hervorhebung).

[36] Hua XVI, S. 57.

[37] Ebd.

[38] Vgl. Hua XVI, S. 55. Diese Intentionen sind nämlich anders als die phänomenologische Intentionalität (siehe auch S. Rapic, „Einleitung des Herausgebers", in: E. Husserl, *Ding und Raum*, Meiner, Hamburg 1991, S. V–LXXXII, hier S. XLI), denn, wie es in einer kritischen Notiz Husserls heißt, „‚Intentionen' = Hinweisen" (Hua XVI, S. 339), aber „natürlich meint hier ‚Intention auf' nicht aufmerkendes Meinen etc." (Hua XVI, S. 188). Es sind nämlich „*Quasi*-Intentionen" (S. 191).

verschiedenen Bestimmtheitsstufen ausgesetzt, die vom Bekanntheitsgrad abhängen.[39] Nur durch Bekanntheit kann eine Gegebenheit einem Optimum ähnlich aussehen, d. h. als ähnlich aufgefasst werden.

Die jeweilige Konfiguration eines Gegenstandes, so wie sie in der jeweiligen Blickstellung (im Falle visueller Wahrnehmung) anvisiert ist, ist daher nicht für sich allein als etwas Isoliertes hinzunehmen. Eine Seite verweist nämlich auf die anderen sowohl beim ruhenden Betrachten eines Dinges als auch da, wo die Wahrnehmung verschiedenen Abläufen folgt. Analysieren wir dabei Husserls Beispiel der Wahrnehmung eines Quadrates.

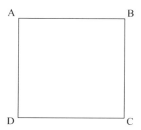

A, B, C, D seien die Ecken des Quadrates. Wir können uns einen Wahrnehmungsprozess so vorstellen, dass er von A zu B und allmählich zu D über C übergeht, ohne dass sich dabei die Stellung des Quadrates ändert. In diesem Fall ergibt sich eine Reihe von zusammengehörenden Wahrnehmungen, die jeweils einzeln auf A oder B oder C oder D gerichtet sind. Das stellt nur eine Möglichkeit der Wahrnehmung in ihrer Verschlingung mit Bewegung dar; die vorliegenden Ausführungen fokussieren darauf, weil dieses Exempel die beste Möglichkeit bietet, die verweisende Funktion der jeweiligen Seiten zu analysieren.

Die Abschattungstheorie Husserls in *Ding und Raum* besagt nun aber, dass das Einheitsbewusstsein des Quadrates Anlass zu bestimmten internen und externen Verweisen gibt: Beispielsweise bleibt im Falle der Wahrnehmung von B die gerade vorbeigegangene Wahrnehmung von A mitpräsent und die nahestehende Wahrnehmung von C ist mitgegeben in einer klareren Weise als die Wahrnehmung von D.[40]

Nun – und das stellt eine weitere, entscheidende Neuigkeit gegenüber der vorherigen Auffassung Husserls dar – weist B auf C nicht nur in der Weise der Mitgegebenheit und möglichen Erfüllung eines intentionalen Aktes, sondern konkreter

---

[39] Hua XVI, S. 58. Vgl. Hua Mat. VII, S. 134: „Je genauer wir den Gegenstand kennen, umso größere Bestimmtheit hat die Leerauffassung der zugehörigen Perzeption".

[40] Das ist nicht zu verwechseln mit der zeitlichen Struktur der Wahrnehmung, die nach Husserl ja von aktuell präsenten Aspekten, aber auch von Protention und Retention vergangener bzw. zukünftiger Aspekte bestimmt wird. Im obigen Beispiel ist die Rede nur von räumlichen Bestimmungen der Wahrnehmung, obwohl auch im Rahmen der Zeitlichkeit ähnliche Verweisungs- und Zeichensysteme ausfindig zu machen sind, wie im neunten Kapitel zu zeigen sein wird. Vgl. auch Hua XVI, S. 61, wo von dem zeitlichen Zusammenhang der Wahrnehmung die Rede ist. Auch Asemissen (*Strukturanalytische Probleme der Wahrnehmung*, S. 26) betont, dass Abschattungen eine konstitutiv räumliche Struktur haben.

auch in dem Sinne eines Hinweises auf eine mögliche *Bewegung*, die dazu imstande wäre, das Mit-, aber nicht direkt Gegebene zur aktuellen Gegebenheit zu bringen. Husserl benutzt dazu den Begriff des „Sich-fortgezogen-Fühlens" von dem Ding, was im Folgenden der Untersuchungen näher erläutert werden muss.

Husserl rekurriert auf diese Art von Deskription schon in einem Text aus dem Jahre 1893, wo klar wird, dass dieser Terminus eigentlich von Theodor Lipps und Benno Kerrys „Fortsetzungstrieb" stammt.[41] Husserl setzt als phänomenales Korrelat dieses Triebes einen „vorweisenden Gehalt" ein. Das kommt auch mit größerer Klarheit in *Ding und Raum* zum Vorschein:

> Jede Phase [scil: der Wahrnehmung] weist auf die folgende hin [...]. Jede Abschattung ist Abschattung des Quadrates, jede „bringt das Quadrat zur Erscheinung", aber jede in einer anderen Weise, und jede bringt etwas, was die vorherige noch nicht gebracht, nicht gerade so gebracht hat. Und jede weist vorwärts: Wir fühlen uns im Strom der Erscheinungen, der gegenständlichen Abschattungen, fortgezogen von Abschattung zu Abschattung, jede weist gegenständlich in der Kontinuität vorwärts, und im Vorweisen ist sie eine Ahnung von dem, was nun kommt, und die Ahnung, die Andeutung, die Intention wird erfüllt.[42]

Nach Husserls Auffassung sollen sich also die leeren Intentionen dadurch ergeben, dass das Bewusstsein eines Gegenstandes Einheit stiftet, weil die Vorderseite Ähnlichkeiten mit dem Gegenstand aufweist, dem sie zugehört. Das Bewusstsein kann durch die Bekanntheit des Gegenstandes zeigen, dass es zum Beispiel noch andere Seiten zu sehen gibt.[43] Wir wissen, dass etwas ein Quadrat ist und dass das Quadrat

---

[41] Hua XXII, S. 270–271.

[42] Hua XVI, S. 103. Dieses Element der Vorahnung als Intention auf das, was kommt, ist eine erste Form der Protention, die Husserl in den Analysen der Zeitlichkeit 1907 noch nicht vollständig ausgearbeitet hat. In einer Fußnote zu der zitierten Passage merkt Husserl darüber hinaus an: „Aber der Blitz in der Gewitternacht?". P. Ducros (*„ Mais l'éclair dans la nuit de tempête ? " Phénoménologie d'une limite de la perception*, in: „Bulletin d'analyse phénoménologique", Vol. III, I, 2007, S. 3–53, hier S. 12) misst dieser Äußerung Husserls eine allzu große Rolle bei, indem er die Behauptung aufstellt, der Blitz sei für Husserls Theorie der Wahrnehmung insofern ein Problem, als er nicht dreidimensional und daher ohne Abschattungen sei. Die Verweisungen wären nach der Auffassung des Autors nur räumlich zu verstehen in dem Sinne, dass etwas Zweidimensionales auf die dritte, nicht unmittelbar gegebene Dimension verweist. Das ist aber sicher nicht Husserls Auffassung, nach der das Gegebene auf das Nichtgegebene hinweist, unabhängig von den Raumdimensionen: In diesem Sinne verweist der Blitz durch zwischendingliche Bezüge beispielsweise auf den nächtlichen Himmel, von dem er sich abhebt, sowie auf den Donner, der später ankommt. Darüber hinaus gibt es auch innerdingliche Verweise, die nicht zwischen drei Dimensionen stattfinden: Befinde ich mich sehr nah an einer Mauer, so habe ich sie nicht mehr als Ganze wahrnehme, sondern nur einen Teil derselben, es sind dennoch Verweise zu beschreiben, die auf die Kontinuität der Mauer hinweisen, ohne eine dritte Dimension zu implizieren. Das war auch bei Husserls Beschreibung des Teppichs in den *Logischen Untersuchungen*, der unter einem Tisch weitergeht, der Fall. Kein Grund scheint darüber hinaus auffindbar zu sein, wieso die „Flüchtigkeit" des Blitzes ihn in den Wirkungsbereich der Phantasie verlagern sollte, wie Ducros behauptet (S. 13).

[43] Costa interpretiert das Bedürfnis Husserls, die Verweisungsstruktur auf der Ebene des Bewusstseins anzusiedeln, als durch den Versuch ausgelöst, die Evidenz der Anschauung als reine Intuition beizubehalten, welche aber mit Abschattungen und Verweisungen unvereinbar wäre. Die Grenzen der Gegebenheit werden aber von Husserl später, mit dem Einbruch der transzendentalen Phänomenologie, erweitert. So Costa: „Questa concezione limita il principio di manifestatività, poiché l'oggetto che si

vier Ecken hat; daraus schließen wir (dieses Schließen ist allerdings nicht im Sinne logischer Kausalität zu verstehen), dass, obwohl wir im aktuellen Moment *eigentlich* nur A sehen, auch B, C und D zu sehen sind bzw. sein werden. Wie Husserl in einer Beilage sagt: „Das Bild [d. h. die Erscheinung], das nicht optimales Bild ist, wird Ähnlichkeitsrepräsentant für das Optimum; es erinnert nicht nur daran, sondern es *zeigt an*, dass ein bestimmter kinästhetischer Ablauf mich jederzeit […] dahin [scil.: zum Optimum] führen kann".[44] Das anzeigende Verhältnis besteht also nicht zwischen der gegebenen Seite als bloßer Empfindung und dem Ding, das ja selbst in der Wahrnehmung erscheint, sondern zwischen gegebener Seite (gerade als Seite genommen) und dem Optimum, das eben nicht erscheint. Nun ist es klar, dass die erscheinende Seite des Buches nur deswegen dem Optimum „Buch" ähnlich aussieht, weil sie gleichzeitig Erscheinung des Dinges „Buch" ist. Aber Husserls Beschreibung in dem angeführten Zitat kommt wieder auf den neuen Befund, der im Zusammenhang einer Phänomenologie der Wahrnehmung durch die Raumanalyse ermöglicht wird, nämlich auf die Rolle der Kinästhesen und der Leiblichkeit des Subjektes. Die Anzeige ist nämlich in erster Linie eine Anzeige auf kinästhetische Bewegungen,[45] sofern diese weitere Aspekte zur Erfüllung bringen und somit die Wahrnehmung des Gegenstandes näher an sein Optimum rücken können. Husserl bedient sich ausdrücklich des *terminus technicus* „kinästhetische Indizierung",[46] aber der sporadische Gebrauch des Terminus „Anzeige" ist keinesfalls zufällig,

---

dà tende ad essere interpretato come una costruzione del soggetto. Sviluppare la fenomenologia in senso trascendentale significherà, invece, comprendere che la nozione di datità è molto più ampia" (V. Costa, *Il cerchio e l'ellisse*, S. 120–121).

[44] Hua XVI, S. 359–360. Dieses Bild nennt Husserl auch ein „Phantom". Das Phantom ist „nicht all das, was wir in der Wahrnehmung als gegeben ‚sehen', aber alles, was wir in einem engeren Sinn zu sehen, sinnlich zu erfassen bekommen" (Hua XVI, S. 343), nachdem wir kausale Verhältnisse eingeklammert haben (vgl. R. Sokolowski, *Husserlian Meditations*, S. 95, sowie Hua IV, S. 37 und Hua XI, S. 23). Das Phantom kann als solches sowohl rein zweidimensional als auch dreidimensional sein (vgl. Hua IV, § 15b, wo das Phantom „stereometrisch" definiert wird; dazu auch R. Rang, *Husserls Phänomenologie der materiellen Natur*, S. 72, und M. Summa, *Spatio-temporal Intertwining*, S. 112). Der Gedanke, das Phantom „zeige" das Optimum „an", wird auch in späteren Manuskripten wiederholt: Vgl. etwa Hua XII, S. 350 (Beilage XLVI): „Phantom [ist] Anzeige für objektives Ding" (s. dazu auch E. Holenstein, *Husserls Phänomenologie der Assoziation*, S. 161–162). Konfrontiert man diese Passage mit der Verneinung in Hua X, S. 7, nach der die Empfindung nur schwer als Anzeige und Verhältnisbegriff verstanden werden kann, so ist klar, dass sich die Zeichenhaftigkeit in der Wahrnehmung vom Niveau bloßer Empfindung auf die Ebene der komplexeren Gesamtauffassung verschoben, in ihrer Struktur aber nicht verändert hat. Dass es hier sinnvoll ist, von Anzeige zu sprechen, ist bestätigt durch Husserl in einem 1916 niedergeschriebenen Text, der als Beilage zu *Ding und Raum* veröffentlicht ist, wo „anzeigend" und „darstellend" gleichbedeutend benutzt werden (Hua XVI, S. 351), nämlich für das Verhältnis zwischen Erscheinung und Erscheinendem, aber auch (S. 353) für das Verhältnis zwischen Bild und Kinästhesen und zwischen Erscheinung und Optimum (S. 359). Im letzteren Fall wird das Verhältnis auch „Hinweisung" und „praktische Tendenz" (S. 360) genannt.

[45] S. Geniusas interpretiert das in einer ähnlichen Richtung: „the appearance of transcendent objectivities entails references to our dispositional capacities" (S. Geniusas, *The Origins of the Horizon in Husserl's Phenomenology*, S. 73).

[46] Hua XVI, S. 275.

sondern entspricht der Definition in der ersten *Logischen Untersuchung*. Das Verhältnis zwischen Kinästhese und dem, was in *Ding und Raum* „Bild" genannt wird, ist nämlich „kein fester Bezug",[47] denn weitere Kombinationen sind immer möglich, gerade wie das Verhältnis zwischen Anzeige und Angezeigtem „uneinsichtig" und kontextgebunden ist. Darüber hinaus ist eine Voraussetzung für eine Anzeige auf Bewegungsmöglichkeiten, dass das Angezeigte, nämlich die Bewegungsmöglichkeit, irgendwie „wirklich" realisierbar ist, und diese Voraussetzung ist auch ein Charakteristikum der Anzeige als Seinsvermutung. Das Ding wird auch durch die gesetzte Wirklichkeit des Leibes und seiner Bewegungen kinästhetisch in seiner Wirklichkeit gesetzt. Ist dann das Verhältnis zwischen „Bild" und Kinästhese von Husserl mehrfach als ein „Hinweis auf"[48] beschrieben, so leuchtet dank der folgenden Textstelle die implizite Nähe zur Anzeigedefinition unmittelbar ein. Wir lernen nämlich,

> dass K[inästhese] und B[ild] nicht [...] eine empirische Motivationsbeziehung begründet haben können derart, dass eins auf das andere als ein für allemal Zugehöriges empirisch-motivierend hinweist. [...] Es handelt sich hier unter dem Titel Assoziation [...] um ein phänomenologisches Faktum einer gewissen Zusammengehörigkeit und eines gewissen Hinweises des einen auf das andere derart, dass die Glaubenssetzung des einen die des anderen motiviert und das eine als etwas zum anderen Gehöriges, mit ihm in eigentümlicher Weise Einiges dasteht, ohne dass doch diese Einheit innere Wesenseinheit, Einheit durch Fundierung ist.[49]

Es ist ersichtlich, dass es sich dabei um eine fast wörtliche Wiedergabe der Anzeigedefinition aus der ersten *Logischen Untersuchung* handelt, sodass – gerade als phänomenologisches Faktum – hier die Rede von Anzeigen in der Wahrnehmung phänomenologisch berechtigt zu sein scheint.[50]

Nun bleibt aber zu untersuchen, wie dieses Einheitsbewusstsein, das dieses Optimum anvisiert, zustande kommt. So Husserl: „Das Identitätsbewusstsein ist kein Bindfaden, mit dem man zwei beliebige Phänomene und zwei beliebige Wahrnehmungen zusammenknüpfen kann, sondern es hängt am Wesen des Phänomens, ob dergleichen möglich ist oder nicht".[51] Das Identifikationsbewusstsein ist somit im Phänomen fundiert und kommt durch das Wesen des Phänomens selbst zustande.[52] Durch eine Sequenz verschiedener Identitäten taucht dann die gegenständliche Einheit auf.[53] Husserl erklärt weiter:

---

[47] Vgl. Hua XVI, § 49 und § 51, vor allem S. 177.
[48] Hua XVI, S. 177.
[49] Hua XVI, S. 177–178.
[50] Gerade in dieser Passage wird von Husserl selbst, im Hinblick auf die Assoziation, auf die *Logischen Untersuchungen* verwiesen (Hua XVI, S. 178).
[51] Hua XVI, S. 27.
[52] Hua XVI, S. 28.
[53] Für die in *Ding und Raum* nichtthematische, aber operative Unterscheidung und für das komplexe Verhältnis von Einheitsbewusstsein und Identitätsbewusstsein vgl. ausdrücklicher Hua XXIV, S. 279.

4.2 Innerdingliche Bezüge und Einheitsbewusstsein: Kinästhetische Indikation

> Einmal sei das Haus von der Vorderseite gesehen, das andere Mal von der Hinterseite, einmal von innen und das andere Mal von außen […]. Trotzdem sagen wir, und mit einer gewissen Evidenz, sie [scil: die verschiedenen Wahrnehmungen] stellen dasselbe Haus dar. Wie kommt das? Wir finden in ihrem Wesen etwas, was sie verbindet oder was eine gewisse Verbindung gestattet und fordert. Diese Verbindung ist die Identitätsverbindung […]. Ein Identitätsbewusstsein, *ein eigenartiges*, in einer Selbststellung gegebenes *Phänomen*, verknüpft Wahrnehmung mit Wahrnehmung.[54]

Anders gesagt, zwei Phänomene „schicken sich in das Einheitsbewusstsein" ihrem Wesen nach.[55] Dieses Einheitsbewusstsein wird wiederum durch Ähnlichkeit erzeugt in einer Synthese der Identität. Die Identität eines Phänomens lesen wir am Phänomen ab, und diese Identität besagt dann, was wir erwarten können, nämlich dass das früher als Beispiel besprochene Quadrat noch B-, C- und D-Ecken hat. Im Wesen des Gegenstandes ist die Möglichkeit der Vereinheitlichung *a priori* gegründet.[56]

Aber der Grund für das Zusammengehören von zwei Wahrnehmungen zu demselben Gegenstand ist eine „Synthesis der Kontinuität".[57] Dies nimmt in *Ding und Raum* eher die Rolle eines Randbegriffes ein, der sich aber durch eine Arbeitsnotiz Husserls bekräftigen lässt: „Das [scil. der Gedanke, dass die Identität des Phänomens die Einheit stiftet] reicht aber nicht aus. Wir müssen von vornherein die *Synthese* des *kontinuierlichen* Einheitsbewusstseins annehmen, auf die allein die evidente Identifikation bezogen ist".[58] Damit scheint Husserl zu behaupten, dass das Einheitsbewusstsein durch Ähnlichkeit selbst auf eine zugrundeliegende Synthesis der Kontinuität aufbaut, wobei Kontinuität gerade das Verhältnis zwischen zwei Seiten eines Dinges bedeutet.

Dass Husserl eine Synthesis vor dem Einheitsbewusstsein einräumt, scheint jedoch einen Zirkel nahezulegen, der dann auch in der genetischen Phänomenologie auftaucht, wo das Wahrgenommene durch Verweisungen die Identität abgibt, diese Verweisungen aber wiederum von der Identität bestimmt werden. Findet nämlich das Einheitsbewusstsein erst durch und aufgrund von Synthesis statt, so kann das Einheitsbewusstsein nicht der Grund für die innerdinglichen Verweise sein, sondern diese müssen Anlass für die Synthesis geben, die wiederum zum Einheitsbewusstsein führt. Da Husserl den Begriff der Synthesis in *Ding und Raum* jedoch völlig unterbestimmt lässt, ist es unmöglich, eine endgültige Meinung Husserls in dieser Zeitperiode zu rekonstruieren. Dass es so ist, beruht allerdings darauf, dass Husserl in diesem Text die Auffassung der *Logischen Untersuchungen* zu verlassen sucht – weswegen er die Rede von „Kontinuität" eigentlich vermeiden sollte –, aber noch nicht zu den passiven Erfahrungssynthesen der genetischen Phänomenologie gefunden hat.

---

[54] Hua XVI, S. 26–27. Meine Hervorhebung.

[55] Ebd. Die Metaphorik der Schickung ist, obwohl flüchtig, auch im *Logos*-Artikel *Philosophie als strenge Wissenschaft* anzutreffen (Vgl. Hua XXV, S. 35).

[56] Hua XVI, S. 28.

[57] Ebd.

[58] Hua XVI, S. 338. Meine Hervorhebungen. Zum Problem der Synthesis in Husserls Schaffensphase um 1907 vgl. auch de zweite Beilage zu Hua II.

Zusammenfassend kann man Folgendes festhalten: Wenn die Lehre der *Logischen Untersuchungen* besagt, dass die Empfindung zeichenhaft auf das Nichtempfundene in der Wahrnehmung hinweist, würde diese Lehre nun mit der Beschreibung von *Ding und Raum* einem unvermeidlichen Zirkel verfallen, in dem das Wahrgenommene das Optimum durch Ähnlichkeit abgibt und das Optimum das *Wahrgenommene* in *seiner* Verweisungsstruktur bestimmt. Aber gerade die Behauptung Husserls, der zufolge nicht die Wahrnehmung, sondern das Einheitsbewusstsein zu Ahnungen, Hinweisungen und Intentionen veranlasst, hebt das Problem auf, wenn man vom Thema der Synthesen der Kontinuität absieht. Die Verweisungen sind gerade nicht in den Empfindungen, sondern im Bewusstsein, das durch die Sache, die selbst erscheint, als einheitlich aufgefasst wird. Die formale Ausdrucksweise in den *Logischen Untersuchungen*[59]

$$i + s = 1$$

scheint als Verhältnis nun umzukehren zu sein. Man könnte also schreiben:

$$i + 1 = s$$

Das würde bedeuten, dass die semiotischen Komponenten erst durch das Zusammenspiel von intuitiven Komponenten und Wahrnehmung des gesamten Gegenstandes bzw. Einheitsbewusstsein möglich sind. Aber das wäre wiederum problematisch, weil das Einheitsbewusstsein nicht einfach zu den intuitiv angeschauten Seiten des Dinges hinzutritt, sondern sie schon als Seite eines Dinges bestimmt. Daher ist vielmehr zu schreiben:

$$i_1 \rightarrow s$$

Denn das Einheitsbewusstseins bestimmt i als i_1 (zum Beispiel als intuitive Anschauung der Seite *dieses* Dinges) und ermöglicht dadurch s. Deswegen ist das Verhältnis in der Formel mittels eines Pfeils und nicht mit einem Gleichheitszeichen dargestellt, da es um ein dynamisches Implikations- oder Bestimmungsverhältnis und nicht um eine Summe geht.

Wenn wir diesen Gedanken nun näher analysieren, besagt dies, dass jede Wahrnehmung unmittelbar mit einem Einheits- und Identitätsbewusstsein aufgeladen sein muss. Die Wahrnehmung kann nämlich nur darum die eigene abgeschattete und verweisende Struktur haben, weil sie durch ein solches Bewusstsein geprägt ist. Das ist sozusagen das Merkzeichen der statischen Phänomenologie, die dann in der genetischen wieder problematisiert wird. Denn diese Rolle eines vereinheitlichenden Bewusstseins wird in der Passivität eher begrenzt sein, bzw. es wird gerade zu zeigen sein, wie das vereinheitlichende Bewusstsein seinen genetischen Ursprung in den Phänomenen selbst findet.

---

[59] Hier sei noch einmal angeführt, dass „i" für die intuitive Komponente einer Gesamtwahrnehmung bzw. eines Wahrnehmungsaktes („1") und „s" für die semiotische Komponente derselben bzw. desselben steht.

In *Ding und Raum* gibt es keine Passivität im Sinne der Phänomenologie und es kann auch keine geben, denn sonst könnte das Bewusstsein nicht selbst Intentionen vorzeichnen, die das Aufeinanderverweisen von verschiedenen Abschattungen ermöglichen. Wie wir sehen werden, verdichtet sich dann das Problem des Zeichens in der Wahrnehmung, sobald Husserl zur genetischen Phänomenologie findet, und da kommt die Struktur der Anzeige wieder zum Vorschein, oftmals vor allem unter dem Terminus „Indikation" bzw. „indizieren".[60] Als Beispiel für eine solche Beschreibung sei hier folgende Passage aus dem Jahr 1927 angeführt:

> Aber jede Abschattung hat ihren intentionalen Horizont in dem Sehding, zu dem sie gehört, sie indiziert es und damit die Orientierung des Sehkörpers in Bezug auf das Null der Leibesstellung. Die Abschattung indiziert das Sehding als Perspektive, und Perspektive indiziert die Übergangskontinuität der möglichen und in kinästhetischer Annäherung zu verwirklichenden Perspektiven und durch diese Kontinuität hindurch die Nullperspektive, d. i. den Sehkörper „selbst", im Nahfeld, im Feld aller eigentlich selbstgegebenen Körper.[61]

Diese Passage muss unkommentiert bleiben, da der begriffliche Rahmen sich erst in den nächsten Kapiteln erschließen lässt. In den Ausführungen von 1907 wurde diese semiotische Struktur der Indikation noch nicht klar herausgearbeitet; dennoch haben die innerdinglichen Verweise nach den *Logischen Untersuchungen* den Charakter von Anzeigen möglicher Bewegungen angenommen, ein Charakteristikum, das erst nach einer Untersuchung zwischendinglicher Bezüge näher erläutert werden kann.

4.3 Zwischendingliche Bezüge. Raum und Leib

Schon im Text von *Ding und Raum* aber, also innerhalb der statischen Phänomenologie, ist die Auffassung der Verweisungsstruktur, die geschildert wurde, nicht der einzige Aspekt der Abschattungslehre, bei dem semiotische Aspekte innerhalb der Wahrnehmung auftauchen. Sind nämlich die Verweisungen innerhalb eines Dinges determinierend für die Konstitution des Gegenstandes, so kommt den zwischendinglichen, also kontextbestimmenden Verweisen eine nicht mindere Bedeutung für eine phänomenologische Theorie der Wahrnehmung zu. Ist es nämlich wahr, dass es innerhalb desselben Gegenstandes Verweisungen und leere Intentionen gibt, die auf ein uneigentlich Gegebenes hinweisen, so ist ebenso wahr, dass dieselbe Struktur auch zwischen unterschiedlichen Gegenständen aufzuspüren ist.[62] Dass die

---

[60] In der „Systematischen Raumkonstitution" aus dem Jahr 1916 sind „kinästhetisch motivierende Indizes" die Bedingung der Möglichkeit für höhere Stufen der Raumkonstitution (Hua XVI, S. 305).

[61] Hua XIV, S. 535.

[62] Diese Dichotomie spielt in Husserls Phänomenologie eine mit der Zeit zunehmende Rolle. Nachdem in den *Ideen I* der Begriff des Horizontes explizit eingeführt wird, ist die Unterscheidung von Innen- und Außenhorizont geläufig. Vgl. als Belegstellen Hua XX/1, 143 und Hua VIII, S. 146. Das gilt auch für die Phänomenologie der dreißiger Jahre, vgl. beispielsweise EU, S. 28–29, Hua VI, S. 165 ff, und verschiedene, immer wieder in der Sekundärliteratur zitierte Stellen in

Wahrnehmung eines alleinstehenden Gegenstandes nur ein durch Abstraktion zu gewinnender Grenzfall ist, sagt Husserl selbst in der folgenden Passage:

> Wir taten gewissermaßen so, als ob der jeweils wahrgenommene Gegenstand allein auf der Welt, *nota bene* der Wahrnehmungswelt wäre. Ein wahrgenommenes Ding ist aber nie für sich allein da, sondern steht uns vor Augen inmitten einer bestimmten anschaulichen Dingumgebung [...]. Die dingliche Umgebung ist ebenfalls „wahrgenommen".[63]

Wenn wir ein Ding wahrnehmen, so könnte man diesen Gedanken erläutern, ist die dingliche Umgebung ebenfalls „mit da" oder mit aufgefasst, ähnlich wie „mit da" und mit aufgefasst sind die uneigentlich erscheinenden Seiten eines und desselben Gegenstandes. Hier setzt Husserl, wie ersichtlich, das Wort „wahrgenommen" in Anführungszeichen, um darauf hinzuweisen, dass diese Wahrnehmung uneigentlich ist (zum Beispiel in dem Sinne, dass dieses Mitfeld nicht evident erscheint, d. h. sich nicht so zeigt, wie es an sich ist). „Der dingliche Hintergrund steht da, aber wir schenken ihm keine bevorzugende Aufmerksamkeit".[64] Das heißt aber dann, dass die Dinge immer in Abhebung gegen einen Hintergrund gegeben sind und dass daher eine Wahrnehmung wesentlich mit anderen Wahrnehmungen zusammenhängt. Ein wahrgenommenes Ding ist „herauswahrgenommen" aus seiner Umgebung und bringt eben als „herauswahrgenommenes" seine Umgebung mit.

Indem wir auf die Vorderseite eines Dinges gerichtet sind, treten die anderen Seiten als Mitfeld heraus; sie kommen zur Abhebung gerade als das, worauf unsere Aufmerksamkeit *nicht* gerichtet ist; auf dieselbe Art und Weise treten auch Dinge hervor, auf die wir nicht aufmerkend gerichtet sind.[65] Dieser Aspekt gehört konstitutiv zur Wahrnehmung: Um eine Wahrnehmung in ihrer Fülle zu haben, muss das in der Anschauung direkt Gegebene uns, das wahrnehmende Subjekt, dazu bringen, ein „Mitfeld" zu dem aktuell Gegebenen mit zu sehen. Auf dieses Mitfeld von nicht gegebenen Gegenständen wird also in jeder Wahrnehmung verwiesen, da jede Individuation nur als Abgrenzung gegenüber Anderem, Nicht-Individuiertem stattfinden kann. Das kann auch folgendermaßen formuliert werden: In

---

Hua I und Hua XI. Vgl. dazu die Ausführungen K. Wiegerlings, *Husserls Begriff der Potentialität*, vor allem S. 42–43. Die Untersuchung ist bei Wiegerling aber oberflächlich angelegt, da er – anders als bei der vorliegenden Arbeit – nicht im Innehorizont zwischen Horizont des Optimums und den anderen, nicht gegebenen, aber prinzipiell aktualisierbaren Seiten unterscheidet. Er nimmt überhaupt kaum Bezug auf die Ausführungen in *Ding und Raum*, worauf dieses Kapitel dagegen hauptsächlich eingeht.

[63] Hua XVI, S. 80.

[64] Hua XVI, S. 81.

[65] Phänomenologische Analysen von Aufmerksamkeitsphänomenen müssen im Rahmen dieser Arbeit außen vor gelassen werden, obwohl die Aufmerksamkeit eine zentrale Rolle in der Konstitution von Horizonten bzw. Wahrnehmungsfeldern spielt. Für Husserls Aufmerksamkeitstheorie vgl. vor allem M. Wehrle, *Horizonte der Aufmerksamkeit. Entwurf einer dynamischen Konzeption der Aufmerksamkeit aus phänomenologischer und kognitionspsychologischer Sicht*, Wilhelm Fink, Paderborn 2013, und T. Breyer, *Attentionalität und Intentionalität. Grundzüge einer phänomenologisch-kognitionswissenschaftlichen Theorie der Aufmerksamkeit*, Wilhelm Fink, Paderborn 2011. Über Husserl hinaus obwohl phänomenologisch argumentiert B. Waldenfels, *Phänomenologie der Aufmerksamkeit*, Suhrkamp, Frankfurt 2004.

4.3 Zwischendingliche Bezüge. Raum und Leib

der Struktur des intentionalen Wahrnehmens werden ständig durch gegebene, evidente Sachverhalte noch andere Sachverhalte angezeigt, die sich auf verschiedene Art und Weise vom direkt anvisierten Gegenstand abgrenzen können.[66]

Jedenfalls besteht die Struktur der Wahrnehmung gerade darin, eine solche Vernetzung zwischen isolierten Elementen herstellen zu können. In der späteren Phänomenologie Husserls wird das unter dem Namen „Außenhorizont" auftreten, während diese Beziehung verschiedener Gegenstände zueinander von Husserl in den D-Manuskripten auch „Außereinander" genannt wird – der Akzent ist also klar auf räumliche Verhältnisse gesetzt.[67] Dabei ist zu bemerken, dass der Innenhorizont *per definitionem* nicht anschaulich ist (gleichwohl prinzipiell anschaubar, doch gerade im Moment des Anschauens löst sich seine Horizonthaftigkeit gleichsam auf, wohingegen der Außenhorizont sowohl aus anschaulichen als auch aus unanschaulichen Komponenten besteht:[68] „Vielmehr scheiden wir im gesamten Außenhorizont den Bereich noch wahrnehmungsmäßiger Anschaulichkeit und den unanschaulichen Leerhorizont, der sich kontinuierlich anschließt".[69]

Die Sachlage schildert Husserl, mit besonderer Betonung diesmal auf zeitliche Verweise, auch in der Vorlesung zur Bedeutungslehre, die im Semester nach *Ding und Raum* (Sommersemester 1908) gehalten wurde:

> Der Sinn einer Erfahrung hat, abgesehen von den Unbestimmtheiten, die zum Erfahrungsgegenstand hinsichtlich der erscheinenden Seiten, also in seinem Gegebenheitsmodus gehören, noch Unbestimmtheiten hinsichtlich des Zusammenhangs, und beides ist wieder zueinander nicht beziehungslos. Der Sinn der Erfahrung, wenn wir darunter den gemeinten Gegenstand verstehen, der nur Gegenstand in seinem Zusammenhang ist, ist nichts Fertiges und Abgeschlossenes, und das gilt hinsichtlich der Vergangenheit wie hinsichtlich der Zukunft und wie hinsichtlich der Gegenwart selbst.[70]

Wird also das Ding immer mit Bezügen auf andere Dinge wahrgenommen, so sind diese Bezüge dazu imstande, die Raumauffassung zu dirigieren und vor allem zu motivieren, in dem Sinne, dass sie uns in unseren Bewegungen motivieren und dirigieren.[71] Husserl beschreibt diesen Tatbestand schon am Anfang der Dingvorlesung

---

[66] Wie im zweiten Kapitel hervorgehoben, meint Husserl in späteren Jahren explizit, dass das Bezeichnete eines Zeichens auch selbstgegeben sein kann (Hua XI, S. 337).

[67] Manuskript D 8 (1918), S. 94, zitiert in U. Claesges, *Edmund Husserls Theorie der Raumkonstitution*, S. 37.

[68] Kühn ist zuzustimmen, wenn er den Innenhorizont (innerdingliche Bezüge) als „intensiven" und den Außenhorizont (die zwischendinglichen Bezüge) als „extensiven" Horizont umschreibt, da damit klarer zum Vorschein kommt, inwiefern es beim Innenhorizont um eine Erkenntnis- und Erfahrungssteigerung geht, bei dem Außenhorizont aber eher um den Kontext der Erkenntnis bzw. Erfahrung (R. Kühn, *Husserls Begriff der Passivität. Zur Kritik der passiven Synthesis in der genetischen Phänomenologie*, Alber Verlag, Freiburg 1998, S. 320 ff.).

[69] Hua VIII, S. 147.

[70] Hua XXVI, 218–219. S. dazu auch, in Bezug auf den Begriff von Raum, Hua VIII, S. 145: „Jeder Gegenstand eines spezifisch auf ihn gerichteten Wahrnehmungsaktes führt seinen – wenn auch unbeachteten – räumlichen Hintergrund mit sich".

[71] Dass dieser Aspekt bei jeder Auffassung der Wahrnehmung zentral ist, bestätigt *ex negativo* eine Notiz Husserls in der Passage von *Ding und Raum*, wo die Abschattungslehre nur dingimmanent, also ohne Rücksicht auf den Kontext dargestellt wird: „[H]ier ist überall auf die die

und setzt dabei noch den Begriff des „Fortziehens" an, so wie er im vorherigen Paragraphen getroffen worden ist. Allein, jetzt findet dieses Fortziehen zwischen verschiedenen Umgebungen und nicht zwischen verschiedenen Abschattungen eines Dinges statt:

> [I]n den Zusammenhängen der unmittelbaren Wahrnehmung sind Leitfäden enthalten, die uns fortführen von Wahrnehmung zu Wahrnehmung, von einer ersten Umgebung zu immer neuen Umgebungen, und dabei trifft der wahrnehmende Blick die Dinge in der Ordnung der Räumlichkeit.[72]

Obwohl Husserl in diesem Fall nicht (zumindest nicht in *Ding und Raum*) ausdrücklich von Verweisen zwischen Dingen spricht, liegt dennoch die Vermutung nahe, dass eine andere Möglichkeit der begrifflichen Beschreibung dieses Phänomens sowieso ausgeschlossen bleiben muss.[73] So sind jene Redeweisen, nach denen ein Ding sein Umfeld hat, dieses Umfeld selbst aber nicht evident präsent sei, strukturgleich mit der Beschreibung der Mitgegebenheit nicht aktuell gegebener Seiten. Dass die zwei Arten von Mitgegebenheit eine Strukturkongruenz ausweisen, bestätigt auch folgendes Zitat:

> [S]o gut wie die Rückseite des Objektes eigentlich nicht gesehen und doch mitaufgefasst und mitgesetzt ist, so auch die nichtgesehene Umgebung des Objektes. Das dargestellte Objektfeld ist Objektfeld in einer „Welt", in einer, sei es bestimmten, sei es unbestimmten näheren und ferneren Umgebung und zuletzt im unendlichen Raum.[74]

Hier ist aber zunächst klarzustellen, dass diese zwischendinglichen Verweise – obwohl Husserl sich nicht ausdrücklich dazu äußert – wiederum in zwei Untergattungen aufgeteilt werden sollen. Einerseits verweist nämlich das Buch auf den Tisch, auf dem es liegt, sowie auf den Stift daneben und auf all das, was im Feld der Erscheinung mitgegeben ist, ohne sich aber im Fokus der Aufmerksamkeit zu befinden. Dieser Verweis ist ein solcher, dessen Inhalt völlig bestimmt und gegeben ist; der Tisch ist nämlich genau so „patent" – um Husserls Wort zu gebrauchen –, obwohl unthematisch, wie das Buch, auf das die thematische Meinung gerichtet ist. Das Buch ist, mit einer anderen, ebenfalls husserlschen Terminologie ausgedrückt, „bemerkt", aber nicht „aufgemerkt".[75] Der Verweis entsteht im Fall des Verhältnisses zwischen ebenfalls erscheinenden Dingen durch Kontiguität und bringt nicht etwas Neues zur Erscheinung, sodass hier von Verweis und Hinweis nur in einer übertra-

---

Raumauffassung dirigierenden, sie motivierenden Empfindungsgruppen keine Rücksicht genommen!" (Hua XVI, S. 54).

[72] Hua XVI, S. 5. Der Raum ist nämlich vor allem Orientierungsordnung.

[73] Claesges (*Edmund Husserls Theorie der Raumkonstitution*, S. 36) scheint diese Position zu bestätigen, indem er selbst von Verweisungsganzheit im Rahmen der Raumkonstitution spricht. Rang hat darauf hingedeutet, dass, obwohl die Beschreibung von zwischendinglichen Bezügen in *Ding und Raum* mangelhaft ist, in den *Ideen II* dieses Thema mit Tiefe wieder aufgenommen wird (*Husserls Phänomenologie der materiellen Natur*, S. 72). Darüber hinaus ist – und das schon bei *Ding und Raum* – der Behauptung zuzustimmen, die Konstitution des einzelnen materiellen Dinges sei „von seinem Zusammenhang mit anderen Dingen her" aufzuklären (a. a. O., S. 78).

[74] Hua XVI, S. 112.

[75] Zu dieser Terminologie vgl. die Texte in Hua XXXVIII.

4.3 Zwischendingliche Bezüge. Raum und Leib

genen Rede gesprochen werden kann. Das Buch verweist auf den Tisch, indem es sich von ihm abhebt, aber dieser Verweis trägt nicht zur Erscheinung des Tisches bei bzw. bringt nicht den Tisch zum Erscheinen, da dieser im aktuellen Wahrnehmungsfeld schon enthalten ist.

Anders stehen die Dinge, wenn es um zwischendingliche Bezüge geht und die angezeigten Dinge nicht selbst in die Erscheinung fallen. Das Buch verweist nämlich in seiner Gegebenheit auf eine Reihe von anderen Dingen, die hauptsächlich durch praktische Möglichkeiten vorgezeichnet sind.[76] Das Buch verweist beispielsweise auf das Lesezeichen, das im Moment in einer Schublade liegt, sowie auf den Stift im Federmäppchen usw. Dabei ist ersichtlich, dass das Buch eben nicht als Buch erscheinen könnte, wenn es nicht auf solche weiteren Dinge und solche weiteren Handlungen verweisen würde. Alle diese Elemente sind „latent" und nicht „patent" und gehören dem von Husserl „unbemerkt" genannten Hintergrund an.[77]

Hier bleibt also die Frage bestehen, ähnlich wie im Falle der Wahrnehmung der Seite eines Dinges, wodurch diese Mitgegebenheit denn ermöglicht ist. Auch in diesem Fall aber ist diese Mitgegebenheit durch eine gleichsam vorgegebene Einheit ermöglicht. Zu untersuchen bleibt also, was die Einheit für zwischendingliche Bezüge konstituiert. Husserl sucht nämlich nach einer Instanz, die jenseits des Individuellen eine Einheit stiftet, in einem Überindividuellen oder sogar Allgemeinen. Damit bleibt das Einheitsbewusstsein ausgeschlossen, da Einheit in diesem Fall als Optimum bzw. als Gegenstandstypus bestimmt wird und somit immer Einheit der Identität, als Einheit eines individuellen Dinges, ist.

Im Falle der Verweisungen zwischen unterschiedlichen Gegenständen wird Einheit vielmehr dadurch gestiftet, dass der *Raum* – so Husserls Position in der Dingvorlesung – den eigentlichen Zusammenhang der Dinge ermöglicht:

> Wie das Wort „inmitten" und das Wort „Umgebung" besagt, ist es ein räumlicher Zusammenhang, der das speziell wahrgenommene Ding mit den übrigen mitwahrgenommenen einigt.[78]

Die Frage, die Husserl in *Ding und Raum* in erster Linie bewegt, ist, wie sich in den verschiedenen Perspektiven die „Einheit des Gesamtraumes, der alle Körper in sich fasst", konstituiert.[79] Man kann eine Parallele ziehen: Einerseits verweist die aktuell gegebene Seite eines Dinges auf die Rückseite mittels eines Auffassungssinns, der durch Einheitsbewusstsein gegeben ist; andererseits verweisen die aktuell im Fokus der Aufmerksamkeit gegebenen Dinge auf andere Dinge mittels der Zugehörigkeit zum Raum, der räumliche Einheit und Zusammenhang stiftet.

Der Raum ist aber nicht hinreichend, um tatsächlich die gesuchte Einheit zu stiften. Der Raum als Ort- und Referenzsystem bedarf nämlich eines Zentrums,

---

[76] Zum husserlschen Begriff der Möglichkeit überhaupt, aber vor allem des Wahrnehmungshorizonts als eines „practical horizon indicating a system of possibilities of practical intervention", siehe J. N. Mohanty, *Husserl on „possibility"* in: „Husserl Studies" 1 (1984), S. 12–29, hier S. 27. Zum Begriff der praktischen Möglichkeit siehe auch Hua VII, S. 275.
[77] Hua XXXVIII, S. 91.
[78] Hua XVI, S. 80.
[79] Hua XVI, S. 83.

eines ursprünglichen Bezugspunkts, der allen erscheinenden Gegenständen ihren räumlichen Sinn verleiht – wobei „Sinn" hier als räumliche Richtung und Disposition, als räumliche Orientierung verstanden werden muss. Nur im Raum als Orientierungsraum, und nicht als einem abstrakten geometrischen Raum, können Dinge geeinigt werden und aufeinander verweisen. Einen solchen Bezugspunkt liefert nun in Husserls Phänomenologie der Ichleib:[80]

> [...] [Z]u diesen Dinglichkeiten, die da mitwahrgenommen sind, gehört immer auch der Ichleib, der mit seinem Körper ebenfalls im Raum ist, im Raum der Gesamtwahrnehmung. Er steht als der immer bleibende Beziehungspunkt da, auf den alle räumlichen Verhältnisse bezogen erscheinen, er bestimmt das erscheinungsmäßige Rechts und Links, Vorne und Hinten, Oben und Unten. Er nimmt also in der wahrnehmungsmäßig erscheinenden Dingwelt eine ausgezeichnete Stellung ein.[81]

Der Leib bestimmt die Einheit, innerhalb derer die Gegenstände auftreten können; durch ihn ist eine Struktur der Erscheinung gegeben, nämlich die ichbezogene Orientierung im Raum.[82] Der Leib liefert nämlich die immer besondere Blickstellung, in der ein Ding sich konstituiert, und definiert damit die möglichen Bezüge, die das Ding auf andere Dinge mit sich trägt, aber auch die das Ding innerhalb seiner selbst hat. Dass wir diese Seite als Vorderseite wahrnehmen, und nicht die Rückseite, ist durch den Leib und seine Stellung im Raum bestimmt.[83] Erst durch die Bewegungen

---

[80] D. Pradelle behauptet, dass der Raum die Bedingung der Möglichkeit des Einheitsbewusstseins ist (siehe D. Pradelle, *Archéologie du monde*, S. 201). Dem ist nur dann zuzustimmen, wenn eingesehen wird, dass der Raum diese Funktion ausüben kann, nur weil der Leib als Organisationsprinzip fungiert, und nicht dank des Raumes allein. Raum und Leib sind aber dann nicht nur Bedingungen der Möglichkeit des Einheitsbewusstseins, sondern auch überhaupt dafür, dass etwas erscheint. Zur Rolle des Leibes für die Einheit des Raumes siehe C. Romano, *L'unité de l'espace et la phénoménologie*, in: „Cahiers philosophiques de Strasbourg", 1, 1994, S. 107–135, hier S. 113: „l'unité de la chair est *condition* de l'unité de l'espace".

[81] Hua XVI, S. 80. Bemerkenswert ist dabei, dass der Leib als Ichleib im im Fließtext angegebenen Zitat zum ersten Mal in der Dingvorlesung thematisch auftaucht. Sowohl in den *Logischen Untersuchungen* als auch in *Die Idee der Phänomenologie* und in den vorhergehenden Seiten von *Ding und Raum* ist vom Leib kaum die Rede, außer in Beispielen. Nur sehr früh im Text wird auf die künftige Rolle des Leibes angespielt, als Husserl schreibt: „Bei der Wahrnehmung [...] hängt mit dieser Erlebnisbeziehung zum Ich auch eine Wahrnehmungsbeziehung des Objektes zum Ichleib zusammen" (Hua XVI, S. 10). Vgl. ähnlich auch in Hua XIII, S. 43: „Alle Dinge stehen dem Ich gegenüber, haben zum Leib als Ichleib eine gewisse Stellung. Und zwar, wenn mein Leib in der und der räumlichen Stellung zu den Dingen steht, wenn meine leiblichen Organe (Sinnesorgane) dabei in richtiger Stellung nicht nur, sondern auch in richtiger (normaler) Verfassung sind, so habe ich (ich, der ‚Denkende', der Geist) die und die Dingerscheinungen, das Ding steht vor mir in der und der Entfernung und sieht dabei so und so aus, zeigt mir die und die Seite". Der Text stammt aus dem Jahr 1909, ist also zeitlich den Ausführungen in *Ding und Raum* recht nah.

[82] Anstatt von Orientierungsraum spricht Waldenfels von Situationsräumlichkeit, mehr im Einklang mit der Situativität, von der Heidegger spricht, fügt aber selbst hinzu, dass diese Räumlichkeit „sich aus dem Leib her baut" (B. Waldenfels, *Das leibliche Selbst. Vorlesungen zur Phänomenologie des Leibes*, Suhrkamp, Frankfurt am Main 2000, S. 115).

[83] Claesges betont, dass „der Leib in seiner Gestalt in einer Stelle vorfindlich sein muss, damit Erfahrung von Räumlichkeit durch Abschattung möglich ist" (*Edmund Husserls Theorie der Raumkonstitution*, S. 94). Didier Franck (*Chair et Corps. Sur la phénoménologie de Husserl*, Les Éditions de Minuit, Paris 1981, S. 20) unterstellt m. E. korrekterweise, dass die Konsequenz davon die Unmöglichkeit einer Abschattung ohne Leib ist.

des Leibes, die den Orientierungspunkt des Subjekts verschieben, konstituiert sich der Raum selbst in seiner Einheitlichkeit, als Feld aller möglichen Felder. Die Leibbewegung lässt einen Raum mitentstehen, da der Raum als Feld möglicher Felder und Perspektiven einem kontinuierlichen Verlauf verschiedener Perspektiven entspringt.[84]

4.4 Anzeige und Bewegung

Um die Rolle des Leibes und des Raums in ihrem Zusammenwirken zu beschreiben, nimmt Husserl den Begriff der „Kinästhese"[85] zu Hilfe. Der Leib ist nämlich nicht ein starrer Körper, der einen Ort einnimmt und sich in Bezug zu einer starren Welt setzt; vielmehr ist er wesentlich durch seine Bewegungsmöglichkeiten ausgezeichnet, und deshalb bestimmt er ein „Hier", das im nächsten Moment schon ein „Dort" werden kann, welches sich wiederum zu einem „Hier" umwandeln kann.[86] Durch diese Bewegungen des Leibes bestimmen sich gewisse Abläufe der Wahrnehmung, die ermöglichen, ein Ding von verschiedenen Seiten in verschiedenen Zeitmomenten zu sehen, wobei unsere Aufmerksamkeit gemäß der Stellung des Leibes jeweils auf verschiedene Aspekte gerichtet ist. Auf diese Art und Weise bestimmt der Leib die jeweilige Abschattung, in der sich ein Gegenstand bekunden und erscheinen kann.[87] Die Abschattung ist nämlich selbst konstitutiv räumlich als Erscheinung in der Wahrnehmung. Daher erweist sich der Leib als ein notwendiger Bezugspunkt für die Ding- und Raumkonstitution. Der Leib bestimmt die möglichen Bezüge

---

[84] Siehe auch Hua XVI, S. 118.

[85] Der Begriff der Kinästhese ist in *Ding und Raum* systematisch zentral. Damit ist die Korrelation zwischen subjektivem Vollzug einer leiblichen Bewegung und der Erscheinungsweise eines Dinges bezeichnet. Mehr dazu ist zu finden in Hua IV (vgl. dazu das sechste Kapitel zu „Passive Anzeigen") und in den *Notizen zur systematischen Raumkonstitution* aus dem Jahr 1916. Weiteres ist sicher aus den D-Manuskripten zu erschließen, deren Veröffentlichung aber noch in Vorbereitung ist. S. dazu J. Drummond, *On Seeing a Material Thing in Space: The Role of Kinaesthesis in Visual Perception*, in: „Philosophy and Phenomenological Research", Vol. 40/1, 1979, S. 19–32, hier S. 20, wo der Autor zwei Thesen vertritt, welche die hier vorgelegte Interpretation unterstützen: „I shall discuss Husserl's arguments that the relationship between the appearances themselves provides only a necessary and not a sufficient condition for referring a multiplicity of appearances to one object. In the second part of the discussion, I shall discuss Husserl's view that the role played by the body's activity must be considered in any discussion of how a multiplicity of appearances is brought into a synthetic unity such that we recognize them as appearances of one and the same object".

[86] Vgl. die Ausführungen G. Figals in *Erscheinungsdinge*, S. 265–282. Diese Struktur der Erfahrung bleibt maßgebend für Husserl auch in späteren Jahren: In den *Cartesianischen Meditationen* ist der Raum nämlich auf „Erscheinungssysteme meines momentanen *Von hier aus*" zurückgeführt (Hua I, S. 146, Hervorhebung im Original). Tengelyi spricht diesbezüglich überzeugenderweise von der Welt der Erfahrung als einer Welt „positionale[r] Differenzen" (L. Tengelyi, *Erfahrung und Ausdruck*, S. 42).

[87] Derselben Meinung ist auch E. Holenstein, *Phänomenologie der Assoziation*, S. 56: „Jeder Abschattung eines Dinges entspricht eine bestimmte kinästhetische Einstellung unseres Leibes".

eines Dinges zu anderen Dingen, und vor allem die räumlichen Bezüge. Das besagt einfach, dass der Leib bestimmt, ob ein Ding „rechts" oder „links" gegenüber einem zweiten Ding steht, „oben" oder „unten" usw., und dass diese Verweise gerade durch den Leib und seine Bewegungen bestimmt werden.[88]

Der Leib determiniert das „Auseinander" der Dinge in ihrer Verweisungsganzheit, die dann wiederum Anlass zu kinästhetischen Stellungswechseln gibt. Gerade weil die Vorderseite eine Anzeige für eine mögliche, auf Erfüllung gerichtete Bewegung ist, kommt es zu der Strukturiertheit des Wahrnehmungsraumes.

„Kinästhese" bedeutet somit nicht nur die Rolle des Leibes und der Bewegung innerhalb jeder einzelnen Wahrnehmung, sondern vor allem die Rolle, die jede Wahrnehmung innerhalb eines Bewegungsablaufs einnimmt und damit ihre Bezüge zu vorherigen und zukünftigen Phasen des Wahrnehmungsprozesses determiniert. In jeder Erscheinung sind nämlich „praktische Möglichkeiten" enthalten, die von der Erscheinung selbst zur Dingeinheit, zum Optimum anzeigend führen können und die eine Tendenz auf eine aktive Zuwendung betätigen.[89] Die Rolle der kinästhetischen Abläufe beim Bestimmen solcher Verweise wird von Husserl in der Beilage V zu *Ding und Raum* noch einmal ausdrücklich betont:

> So ist durch die K[inästhetische][90] Entwicklung motiviert einerseits die bestimmte, zum selben Objekt gehörige Bildmannigfaltigkeit mit dem Strom durch sie gehender Intentionen, andererseits die Bereicherung der Erscheinung um neue Objekte, das Gesehenwerden neuer und das Nichtmehrgesehenwerden alter. Das hat also nicht nur das Strahlenbündel von Intentionen durch immer gegebene Bilder (also jedes Bild Träger eines Erscheinungsstrahls), sondern jedes Bild trägt mit seinem Erscheinungsstrahl einen Hinweis auf bestimmte Änderungsmannigfaltigkeiten von Bildern, die denselben Erscheinungsstrahl haben […], und zugleich gehört das Bild in seinen äußeren Zusammenhang […], und es hängt seiner Umgebung Hinweise an auf ihre Veränderung und auf Identifikation in dieser Veränderung.[91]

Die kinästhetischen Abläufe, und d. h. der praktische Umgang des Leibes mit dem Ding, bestimmen und motivieren also sowohl die innerdinglichen Verweise (die zum selben Objekt gehörige Bildmannigfaltigkeit) als auch die zwischendinglichen Verweise (den äußeren Zusammenhang, die Umgebung). Damit wird es möglich, zu behaupten, dass in *Ding und Raum* und in den Ausarbeitungen dieses Textes das, was Husserl in den *Logischen Untersuchungen* „Perspektive" genannt hatte und was er damals nicht näher beschrieben hatte, nun also durch den Leib bestimmt und motiviert wird. Die Perspektive wird daher in „Orientierung" umbenannt: Maßgeblich ist bei dieser Umformulierung eben, dass nun Leiblichkeit und Räumlichkeit

---

[88] Zu diesem Punkt vgl. G. Figal, *Unscheinbarkeit*, S. 4 ff. und 154 ff.
[89] Vgl. Hua XVI, S. 360 und Holenstein, *Phänomenologie der Assoziation*, S. 36. Für eine Untersuchung der Praktizität bei Husserl mit besonderem Fokus auf die Rolle des Leibes vgl. C. Lotz, *From Affectivity to Subjectivity, Husserl's Phenomenology Revisited*, Palgrave, Basingstoke 2008, insbesondere S. 40 ff. Zum praktischen Charakter in der Raumanalyse vgl. U. Claesges, *Edmund Husserls Theorie der Raumkonstitution*, S. 64–68.
[90] Für die Ergänzung vgl. Hua XVI, S. 245.
[91] Hua XVI, S. 357.

4.4 Anzeige und Bewegung

eine konstitutive Rolle annehmen.[92] So Husserl in einer Skizze zur *Systematischen Raumkonstitution*:

> Jeder Körper konstituiert sich in einer Orientierung, und dazu gehört zunächst, nur als ein anderer Ausdruck für dasselbe, dass jeder Körper anschaulich gegeben ist in einer Art „Qualität", in einer „Lage", die ihre dimensionalen Abwandlungen hat […]. Jeder Körper […] ist eine Raumkörperlichkeit (Raumgestalt) […]. Jeder Körper muss in der Anschauung eine Lage haben, er ist prinzipiell nur orientiert gegeben.[93]

So wie das Ding in den *Logischen Untersuchungen* nur „perspektivisch und abgeschattet" gegeben sein könnte, ist jetzt jeder physikalische Körper nur im Raum und als in diesem Raum orientiert gegeben. Den Nullpunkt jeder Orientierung konstituiert nun, wie schon angedeutet, der Leib.[94] Diese Orientierung gilt sowohl innerdinglich (das Ding ist von der Vorderseite, nicht von der Rückseite gesehen) als auch intradinglich (bezüglich also der Stellung im Raum gegenüber dem Dingumfeld).

Aber wenn das so ist, dann werden die zwischendinglichen (weltlichen) Bezüge nicht primär bewusstseinsmäßig und aktiv gestiftet, sondern durch die Stellung und die Bewegung des Leibes. Obwohl die innerdinglichen Bezüge vom Einheitsbewusstsein konstituiert werden, sind diese Bezüge ohne einen orientierungsgebenden Leib nicht zu denken, und das gilt umso mehr für zwischendingliche Bezüge und Verweise. Vor allem in diesem zweiten Fall kann man nämlich nicht mehr von einer einheitsstiftenden Aktivität des Ich durch vorbestehendes Einheitsbewusstsein sprechen, sofern die zwischendinglichen Bezüge immer schon durch den Leib und seine mögliche Bewegungen im Raum vorbestimmt sind.

In der Tat gibt es für Husserl keine Wahrnehmung ohne Bewegung: „Ein unbewegliches Organ könnte nicht Organ sein der Wahrnehmung; das Auge sieht nur als bewegliches Auge, das Tastorgan, der tastende Finger, die tastende Handfläche usw. ist Tastorgan nur in der Bewegung und im Bewegenkönnen."[95] In diesem Sinne ist ein Ding in der Wahrnehmung nur dann gegeben, wenn mit diesem Ding die

---

[92] Der Zusammenhang von Perspektivität und Orientierung wird auch von S. Rapic in seiner Einleitung betont, wird jedoch nicht als Radikalisierung der Position in den *Logischen Untersuchungen* angesehen (Vgl. S. Rapic, *Einleitung des Herausgebers*, hier S. XXVIII).

[93] Hua XVI, S. 322.

[94] Vgl. auch jenseits des Vorlesungstextes von *Ding und Raum* vor allem Hua XVI, S. 307, wo Husserl feststellt, dass die Rede von Nullpunkten insofern problematisch ist, als bei verschiedenen Wahrnehmungsfeldern (Sehfeld, Tastfeld usw.) auch verschiedene Nullpunkte zu berücksichtigen sind. Besonders problematisch ist dabei, einen Nullpunkt für das Tastfeld festzustellen (vgl. ebd.). Um das Zusammengehören von Nullpunkt und Leib zu betonen, spricht Husserl in den Beilagen auch von „Kernleib" (vgl. S. 368). Zum Begriff des Nullpunkts vgl. E. Holenstein, *Der Nullpunkt der Orientierung. Eine Auseinandersetzung mit der herkömmlichen phänomenologischen These der egozentrischen Raumwahrnehmung*, in: „Tijdschrift voor Filosofie", 34, 1972, S. 28–78. Siehe auch G. Figal, *Gegenständlichkeit*, § 17 und § 39, und Id., *Erscheinungsdinge*, S. 265–281.

[95] Das Zitat stammt aus einem Manuskript aus dem Jahr 1921 (Ms. D13 I, 6a), ist aber direkt auf den Zusammenhang von *Ding und Raum* anwendbar (vgl. als Bestätigung Hua XVI, S. 160 und 307). S. dazu auch F. Mattens, *Perception, Body, and the Sense of Touch: Phenomenology and Philosophy of Mind*, in: „Husserl Studies" 25, 2009, S. 97–120.

Möglichkeit einer Bewegung bzw. einer Handlung eröffnet wird.[96] In diesem Sinne hat eine jede Erscheinung (nicht aber jede Empfindung) „schon Bedeutung", nämlich insofern die Erscheinung ein „Hinweis auf mögliche Erfüllung" als „potentieller Hinweis"[97] ist; also Anzeige für eine Bewegung. Diese Bedeutung ist so gedacht, konsequent mit Husserls Semiotik, dass ihr eine Sollen-Tendenz innewohnt.[98] Sie ist nämlich „Intention auf das in der betreffenden Richtung und Hinsicht sich herausstellende oder herausstellen *sollende* vollkommene ‚Selbst'",[99] also „[a]uf das, was sich schon in ihr [scil. in der Gegebenheit] und so in jeder weiteren Darstellungsphase gegenständlich darstellt aber doch noch nicht so, wie es sich darstellen sollte".[100] Die Erscheinung ist somit Zeichen für das Optimum, für das Ding in seiner vollen Konkretion, die zu einer besseren – obwohl nie abgeschlossenen – Gegebenheit dadurch kommen kann, dass weitere Kinästhesen in Gang gesetzt werden und das Ding somit anders betrachtet werden kann.[101] In diesem Sinne ist die Erscheinung in erster Linie eine Anzeige möglicher Bewegung, eine Anzeige für ein System von „Vermöglichkeiten" – also von praktischen und leiblichen Handlungen.[102] Die Erscheinung zeigt das Unscheinbare bzw. das Unsichtbare als leibliche Möglichkeit an.

---

[96] B. Rang (*Husserls Phänomenologie der materiellen Natur*, S. 100) hat gezeigt, wie diese Auffassung von Ernst Mach stammt, der allerdings eher von Begriffen als Handlungsanweisungen spricht (Vgl. E. Mach, *Die Prinzipien der Wärmelehre*, Leipzig ²1900, S. 419 ff). Ähnlichkeiten mit pragmatistischen Positionen wie beispielsweise der C. S. Peirces müssen hier ausgeklammert werden, um den Rahmen dieser Arbeit nicht zu sprengen.

[97] Hua XVI, S. 108.

[98] Hua XVI, S. 107. Die Anwendung des Terminus „Bedeutung" hat, als Anzeige für eine Bewegung, notwendigerweise nichts zu tun mit dem in den *Logischen Untersuchungen* eingeführten ideellen Begriff der Bedeutung. Hier handelt es sich offensichtlich nicht um die Anwendung von Husserls *terminus technicus*. Besser wäre es, von *Bezeichnung* zu sprechen, da Husserl selbst diesen Begriff auf einen Hinweis (S. 108) reduziert. Andererseits ist am Anfang der Vorlesung auch von „beseelender Bedeutung" als Synonym mit der Auffassung die Rede (S. 46).

[99] Hua XVI, S. 108. Meine Hervorhebung.

[100] Hua XVI, S. 107.

[101] Auch Tengelyi (*Erfahrung und Ausdruck*, S. 58) betont die Zeichenhaftigkeit dieses Prozesses.

[102] Der Begriff der Vermöglichkeit ist in späteren Arbeiten Husserls präsenter als in *Ding und Raum*. Dass Vermöglichkeiten und praktische, leibliche Bewegungen Möglichkeitsbedingungen der Wahrnehmung von Dingen als solchen sind, unterstreicht auch S. G. Crowell auf überzeugende Weise: „When I perceive the cabinet, an unseen back side is entailed only because there is a conditional reference to my ability to walk around the thing, or to keep my eye on it while it moves" (S. G. Crowell, *Normativity and Phenomenology in Husserl and Heidegger*, S. 26). Crowell fährt fort: „[W]hat does it mean that these out-of-view aspects are ‚there'? Husserl argues that a disembodied subject would be incapable of entertaining such a sense; rather, to say that they are there but not visible is to say that were I to move around the cup, or move the cup itself, I could bring new facets into view". Deswegen „embodiment is a normative condition of intentional concepts" (a. a. O., S. 54). Die zentrale Rolle der Praktizität für die Wahrnehmung und damit für die Erkenntnistheorie betont auch Bernet (R. Bernet, *La vie du sujet*, S. 123). Die „Räumlichkeit des Erkennens" ist auch nach G. Figal (*Unscheinbarkeit*, S. 34) damit verbunden, dass der Raum kinästhetisch-leiblich erfahren wird.

4.4 Anzeige und Bewegung

Daran hält Husserl auch in späteren Jahren fest:

> Ich weiß doch, wie es mit dem Sehen steht und mit dem möglichen Tasten meines Rückens und dass dieses nicht erst warten muss auf ein Hingehen und <dass> beständig *Anzeigen* hier von der beständig gesehenen und getasteten etc. Vorderseite ausgehen, also nur warten muss auf die Kinästhesen des Hinwendens der tastenden Organe.[103]

Gerade als eine solche Konstellation von „Vermöglichkeiten-zu" setzt das Ding (das in der Tat auch als „Index für systematische Vermöglichkeiten"[104] definiert wird) in der Wahrnehmung inhaltlich vorgezeichnete, also konkretisierte Intentionen in Gang.[105] Dabei handelt es sich nicht um Leerintentionen, so wie Husserl diese versteht, also nicht um Zeichen „auf" (damit wird vermieden, von Zeichen „für" zu reden) eine Leere, sondern um Zeichen „auf" etwas, das vorwiegend durch Ähnlichkeit vorausbestimmt ist und als solches nicht rein leer ist. Fest steht, dass die weiteren vorgezeichneten Vermöglichkeiten auf das zukünftige Eintreten bestimmter Elemente (und entsprechend das Ausbleiben bestimmter anderer Elemente) vorgreifen: Bei der Auffassung einer Erscheinung als Erscheinung eines Buches wäre so die Auffassung der Rückseite und der ISBN, nicht aber etwa die Auffassung eines Fußes oder eines Schraubenziehers vorgezeichnet. Das heißt aber noch nicht, dass es da um eine vollständige Vorbestimmtheit geht; die Position der ISBN-Nummer auf der Rückseite kann nämlich variieren und ist nicht direkt mit der Erscheinung der Vorderseite gegeben. So verhält es sich auch für das eventuelle Porträt des Autors usw. Es geht nicht um eine völlige Bestimmtheit, sondern um ein „so *ungefähr* geht es weiter fort".[106]

Somit stellt sich die Wahrnehmungsbeschreibung in *Ding und Raum* als ein dreifaches Zeichensystem dar. Die Erscheinung weist auf das Optimum hin, auf weitere Erscheinungen desselben Optimums und auf weitere Dinge, die mit- bzw. nur latent erscheinen. Alle diese drei Aspekte sind nun, anders als zur Zeit der *Logischen Untersuchungen*, als Anzeigen für leibliche Möglichkeiten gedacht.

Die phänomenologische Auffassung der Wahrnehmung in *Ding und Raum* baut somit letztlich auf Leib und Zeichen auf. Dass es dabei um Zeichen geht, ist nicht nur durch Husserls Sprachgebrauch nahegelegt, sondern auch der Sache nach; klar ist nämlich, dass der dynamische Charakter der Semiotik Husserls, die im zweiten Kapitel herausgearbeitet wurde, völlig passend für eine Beschreibung der Wahrneh-

---

[103] Hua XV, S. 246. Meine Hervorhebung.

[104] Hua XV, S. 285.

[105] Sokolowski beschreibt diese „Konstellation" treffend als „infinite matrix" (*Husserlian Meditations*, S. 93). Aus dieser Analyse geht hervor, dass die Bildung von „Regeln" für den weiteren Verlauf der Erfahrung aus dieser Konstellation von praktischen Vermöglichkeiten hervortritt und nicht das Ergebnis einer gedanklichen oder begrifflichen Operation ist (vgl. etwa S. Rapic, „Einleitung des Herausgebers", S. L und LIV). S. Crowell meint auch, dass „these horizontal implications are not, strictly speaking, conceptual or logical, though they are norm-governed" (S. Crowell, *Normativity and Phenomenology in Husserl and Heidegger*, S. 46). Crowells Versuch ist aber insofern problematisch, als diese Normativität weder wirklich definiert noch phänomenologisch beschrieben wird. In dieser Arbeit wird hingegen den Versuch unternommen, den Ursprung dieser Normativität in das Zusammenspiel von Zeichen und Leib zu verorten.

[106] Hua XIII, S. 119. Meine Hervorhebung.

mung als System kinästhetischer Möglichkeiten ist. Dass das Ding ein Zeichen *für* praktische Möglichkeiten ist, kann nicht anders gedacht werden, als indem dieses „für" als ein dynamisches Verhältnis gedacht wird, und nicht als ein starres „*stat pro*". Denn die Behauptung, die Seite eines Dinges trete „an die Stelle" des Optimums würde keinerlei Sinn ergeben, da das Optimum keine „Stelle" innehaben, sondern sich nur durch weitere Bewegungen dynamisch in einer Reihe von Wahrnehmungen erschließen kann. Das Buch steht ebenso nicht an der Stelle des Stifts oder des Lesezeichens, worauf es hinweist; das Buch ist kein Surrogat für diese, da unsere thematische Meinung zweifellos primär auf das Buch als solches gerichtet ist.

Diese Vermengung von Zeichen und Leiblichkeit in der Wahrnehmung scheint in *Ding und Raum* insofern problematisch zu sein, als Husserl – wie gerade eingangs dieses Kapitels vermerkt – deutliche Bedenken gegenüber der Auffassung der Wahrnehmung als symbolischer äußert, was aber die Tatsache nicht schwächt, dass Husserls Beschreibungen nicht anders zu denken sind als mittels semiotischer Strukturen. Dabei muss nur darauf geachtet werden, mit Husserls eigenen Begriffen zu arbeiten und nicht mit herkömmlichen semiotischen Auffassungen, gegen die er sich immer ausdrücklich wehrt. In den nächsten Kapiteln wird sich auch zeigen, inwiefern diese Abwehr Husserls gegenüber einer semiotischen Wahrnehmung noch in den *Ideen I* am Werk ist, nicht aber in der genetischen Phänomenologie, wo das Verwobensein von Zeichen und Leiblichkeit sogar an erster Stelle der phänomenologischen Analyse der Passivität steht. Dass es so ist, wird in den folgenden Kapiteln dieser Arbeit zu zeigen sein.

Kapitel 5
Horizont und Noema

5.1 Die Wesensnotwendigkeit von Perspektivität und Abschattung nach der Reduktion

Auch nach dem Durchbruch zur transzendentalen Phänomenologie behält die Wahrnehmung als ausgezeichneter Modus der Intentionalität einen gewissen Vorrang im Denken Husserls. Mit dem ersten Band der *Ideen zu einer reinen Phänomenologie und phänomenologischen Philosophie* wird zum ersten Mal eine systematische und für die Veröffentlichung bestimmte Darstellung des transzendentalen Wegs der Phänomenologie anhand der Unterscheidung zwischen Noema und Noesis gewonnen. An dieser Stelle muss die Problematik der dinglichen Hinweise in den Wahrnehmungsphänomenen mit dem Gedanken des Noemas und dem des Horizontes in Verbindung gebracht werden, was letztlich zu einer neuen Auffassung dieser semiotischen Strukturen führend wird. Nach dieser neuen Auffassung, um die Ergebnisse der vorliegenden Untersuchung gleich vorwegzunehmen, sind die semiotischen Komponenten der Wahrnehmung durch das Noema ermöglicht.[1]

Mit dem Durchbruch zur transzendentalen Phänomenologie als Analyse der noetisch-noematischen Korrelation ändert Husserl seine Haltung zur Perspektivität jeder Wahrnehmung nicht, sondern bestätigt ihre Wesenhaftigkeit auch nach der eidetischen Reduktion: Die Abschattungsstruktur und die Perspektivität gehören zum Wesen der Wahrnehmung, sofern dieses Wesen eigentlicher Gegenstand

---

[1] Husserl erkennt erst einige Jahre später in der *Formalen und transzendentalen Logik* die Bedeutung, die der Einführung des Horizontbegriffs ab den *Ideen I* zukommt: „In den *Logischen Untersuchungen* fehlte mir noch die Lehre von der Horizontintentionalität, deren allbestimmende Rolle erst die *Ideen* herausgestellt haben" (Hua XVII, S. 207). Der Begriff kommt hier zum ersten Mal im (von Husserl selbst veröffentlichten) Werk vor, wie schon H. Kuhn im Jahr 1940 anmerkt: „The concept of ‚horizon' with its family of compounds appeared first in Husserl's *Ideen* (1913), simultaneously with the disclosure of the ‚transcendental' type of phenomenological research" (H. Kuhn, *The Phenomenological Concept of „Horizon"*, in: M. Farber, „Philosophical Essays in Memory of Edmund Husserl", S. 106–123, hier S. 106).

phänomenologischer Forschung ist.² Diese Beschreibung wird vielmehr übertragen auf das Niveau von Wesensgesetzlichkeit. Dass ein solches Verfahren vom Standpunkt der transzendentalen Phänomenologie aus gesehen zweifelsohne berechtigt ist, liegt in dem schon zur Zeit der *Logischen Untersuchungen* beanspruchten Faktum, dass die Wahrnehmung *wesentlich* perspektivisch und abgeschattet ist. Da es nicht um eine zufällige Beschränkung der Wahrnehmung von Individuellem geht, unterliegt auch das Eidos der Wahrnehmung notwendigerweise diesen Gesetzen der Perspektivität. So wie eine Farbe in der Wahrnehmung immer nach einer bestimmten „Farbenabschattung" gegeben ist, so ist jede sinnliche Qualität und jede „räumliche Gestalt"³ abschattungsmäßig gegeben. Das Ding erscheint somit immer wieder anders, immer wieder in anderen Gestaltabschattungen. Husserl betont nochmals die Wesentlichkeit dieses Tatbestandes mit folgenden Worten:

> Was wir phänomenologisch Naiven für bloße Fakta nehmen: dass „uns Menschen" ein Raumding immer in gewisser „Orientierung" erscheint, z. B.: im visuellen Gesichtsfeld orientiert nach oben und unten, nach rechts und links, nach nah und fern; dass wir ein Ding nur in einer gewissen „Tiefe", „Entfernung" sehen können [...] – alle diese angeblichen Faktizitäten, also Zufälligkeiten der Raumanschauung, [...] erweisen sich bis auf geringe empirische Besonderungen als Wesensnotwendigkeit.⁴

Gerade diese Einsicht in das Wesen der Wahrnehmung als perspektivisch geprägt erlaubt es, die Aufgabe der konkreten phänomenologischen Analysen zu bestimmen: „Alle Grundarten möglichen Bewusstseins und die wesensmäßig zu ihnen gehörigen Abwandlungen, Verschmelzungen, Synthesen" gilt es für die Phänomenologie „systematisch in eidetischer Allgemeinheit [...] zu studieren", da ihr eigenes Wesen „alle Seinsmöglichkeiten [...] vorzeichnet".⁵ Daran hält Husserl auch in späteren Jahren fest: Phänomenologisch wird beschrieben, „was ich als seiend vorfinde, was ich als Seinssinn in Geltung habe, in aktuelle Geltung setze als Index für seinen Horizont, der für mich besagt: Vermögen, immer wieder zu identifizieren in vertrauten synthetischen Wegen, die vorgezeichnet und zu begehen sind für mich".⁶

---

² Hua III/1, S. 157.
³ Hua III/1, S. 85.
⁴ Hua III/1, S. 350–351.
⁵ Hua III/1, S. 198.
⁶ Hua XV, S. 203. Gerade dank dieser unlösbaren Verschränkung von Ichvermögen und Dinghorizont scheint die von Smith und McIntyre vorgeschlagene Unterscheidung zwischen „object-horizon" und „act-horizon" unhaltbar. Vgl. D. W. Smith, R. McIntyre, *Husserl and Intentionality. A Study of Mind, Meaning and Language*, Kluwer, Dordrecht 1982, vor allem S. 229 ff. Vgl. dazu Tze-Wan Kwan, *Husserl's Concept of Horizon: an Attempt at Reappraisal*, in „Analecta Husserliana" 31 (1990), S. 361–398, hier S. 366, der ähnlich argumentiert. Siehe dazu die Beschreibung H. Kuhns: „By its very nature the initial aspect [der Aspekt, mit dem das Ding zunächst erscheint] is one among countless others. It signifies something other than itself, conveying the more or less decipherable index of related views of the same thing" (H. Kuhn, *The Phenomenological Concept of „Horizon"*, S. 111). Dieser „decipherable index" ist weiter ausgelegt in dem Sinne, dass „the possibility of a series of possibilities is implied in the percept. It forms a constitutive element of the appearance of the thing. The potentialities which we have in mind are clustered round the visual image. We cannot eliminate them without destroying the unity of the percept" (a. a. O., S. 112). Kuhns Meinung ist somit unmittelbar zuzustimmen und bezeugt die Verschränkung von Ichpotentialitäten und Horizont.

5.1 Die Wesensnotwendigkeit von Perspektivität und Abschattung nach der Reduktion

Ist die Perspektivität der Wahrnehmung auf das Niveau einer reinen Phänomenologie der Essenzen, also einer phänomenologischen Einstellung, zu übertragen, so bedeutet das noch keineswegs, dass die in den *Logischen Untersuchungen* und in *Ding und Raum* problematisierte „Mitgegebenheit" von nicht aktuell anschaulich wahrgenommenen Seiten eines Dinges hier keine Rolle spiele, als ob diese Seiten durch Einklammerung wegfallen würden. Ganz im Gegenteil thematisiert Husserl in den *Ideen I* ausdrücklich das Mitgegenwärtige in jeder Wahrnehmung, also das, was nicht direkt, sondern nur durch eine Art Vergegenwärtigung gegeben ist.[7] Diese Thematisierung geschieht primär durch den Begriff des Horizonts. Das gilt sowohl für die unscheinbaren Seiten eines Gegenstandes als auch für die anderen Gegenstände, die nicht direkt in den Aufmerksamkeitsstrahl bzw. in das Wahrnehmungsfeld überhaupt fallen. Der Titel Horizont bezeichnet daher im Kontext der *Ideen I* das, was im Kontext von *Ding und Raum* als innerdingliche und zwischendingliche Bezüge ausgesondert wurde. Mit dem Begriff des Horizonts wird phänomenologisch das ganze transzendentale Feld beschrieben, das nach der Reduktion verbleibt:[8]

> Für mich da sind wirkliche Objekte, als bestimmte, mehr oder minder bekannte, in eins mit dem aktuell wahrgenommenen, ohne dass sie selbst wahrgenommen, ja selbst anschaulich gegenwärtig sind. Ich kann meine Aufmerksamkeit wandern lassen […] zu all den Objekten, von denen ich gerade „weiß", als da und dort in meiner unmittelbar mitbewussten Umgebung seiend.[9]

Der Begriff des Horizontes, der in früheren Werken nicht im Vordergrund stand, tritt nun hinzu, um diese Sachlage phänomenologisch angemessener zu beschreiben.[10] Gerade durch die Hinzufügung dieses *terminus technicus*, um den Kranz der „Hinweisungen" zu bezeichnen, hebt nämlich Husserl die terminologischen Schwierigkeiten auf, die bis zu diesem Werk eben darin bestanden, für die Beschreibung der Wahrnehmung Begriffe und Worte zu gebrauchen, die ihre eigentliche Anwendung in einer semiotischen Theorie und nicht in der Erkenntnistheorie haben. Gerade um diese Schwierigkeiten zu vermeiden, möchte Husserl in den *Ideen I* eine semiotische Beschreibung der Wahrnehmung vermeiden.

Zwei Elemente bleiben dennoch zentral: die Bestimmung des erscheinenden Dinges als „Zeichen für sich selbst" und die Rolle des Begriffs des Hinweises. Dieser Begriff kommt tatsächlich in der Beschreibung einer Wesensgesetzlichkeit der Erfahrung vor: „Alle aktuelle Erfahrung weist über sich hinaus auf mögliche Erfahrungen, die selbst wieder auf neue mögliche hinweisen, und so *in infinitum*".[11] Dass Husserl den Rekurs auf semiotische Figuren meidet, rührt daher, dass er in dieser Schrift eine Zeichentheorie der Wahrnehmung ausdrücklich als Konkurrenten zu seiner Phänomenologie aufnimmt und sich deswegen davon so stark wie

---

[7] Für eine Definition von Vergegenwärtigung vgl. Hua XXXIX, S. 142: „Nennen wir ‚Vergegenwärtigungen' alle Erlebnisse, die nicht leibhaftig bewusst machen, so heißen die Leerhorizonte der Dingwahrnehmungen hinsichtlich der unsichtigen Seiten des Dinges ‚Vergegenwärtigungen'".
[8] Vgl. B. Rang, *Kausalität und Motivation*, S. 2.
[9] Hua III/1, S. 57.
[10] In den *Logischen Untersuchungen* kommt der Begriff erst in der zweiten Auflage vor, die genau wie die *Ideen I* aus dem Jahr 1913 stammt.
[11] Hua III/1, S. 112.

möglich abgrenzen will. Bleiben aber die Struktur des Dings als Zeichen für sich selbst und die Hinweise in der Erfahrung in Husserls Beschreibungen bestehen, so gilt es, im Folgenden auf diese einzugehen.

5.2 Gegen eine Zeichentheorie der Wahrnehmung

Obwohl – wie schon angemerkt – die in der vorliegenden Arbeit durchgeführte Analyse semiotischer Strukturen der Wahrnehmung keineswegs zur Behauptung führt, Husserl vertrete eine Art Zeichentheorie der Erfahrung, nach der das Subjekt das Zeichen für ein real vorkommendes Geschehnis gleichsam „im Kopf" hätte, bleibt es sinnvoll, Husserls Kritik solcher Theorien näher zu erläutern.[12]

In den *Ideen I* weist Husserl darauf hin, dass die Erscheinung kein Zeichen für das Ding als Erscheinendes ist, und dabei artikuliert er nichts anderes als das Hauptprinzip der Phänomenologie, nach dem in der Erscheinung das Erscheinende selbst – und gerade nicht ein durch ein Surrogat Vermitteltes – erscheint:[13] „Das Raumding, das wir sehen, ist bei all seiner Transzendenz Wahrgenommenes, in seiner Leibhaftigkeit bewusstseinsmäßig Gegebenes. Es ist nicht statt seiner ein Bild oder ein Zeichen gegeben. Man unterschiebe nicht dem Wahrnehmen ein Zeichen- oder Bildbewusstsein".[14] Die Auffassung, nach der die Erscheinungsbestimmtheiten Zeichen für gegenständliche Bestimmtheiten seien, ist somit „irreführend".[15] Dabei argumentiert Husserl offensichtlich insofern gegen eine solche Auffassung, als das Zeichen hier ein Surrogat für das Ding ist, wie dies beispielsweise bei Hermann von Helmholtz der Fall ist.[16]

---

[12] Hanne Jacobs (H. Jacobs, *From Psychology to Pure Phenomenology*, in: A. Staiti (Hrsg.), „Commentary on Husserl's *Ideas I*", De Gruyter, Berlin 2015, S. 95–118, hier S. 106) weist darauf hin, dass Husserl in den *Ideen I*, genau so wie in den von uns schon interpretierten fünften *Logischen Untersuchung*, eine Zeichen- und Bildtheorie des Bewusstseins bzw. der Wahrnehmung ablehnt. Dafür stützt sich Jacobs gerade auf Husserls Argument, dem wir schon mehrmals begegnet sind, dass Zeichenbewusstsein schon als Zeichen konstituierte Gegenstände haben muss, und daher nicht alle Arten von Bewusstsein zusammenfassen kann. Auf diesen Einwand wurde schon in früheren Kapiteln eingegangen. Problematisch bleibt werkgeschichtlich eine solche einfache Ablehnung, insofern einige Elemente in Husserls Phänomenologie der Wahrnehmung (beispielsweise die Rede von „Ding als Zeichen für sich selbst" oder von horizonthaften Hinweisen) nicht weiter bestimmt werden können.

[13] Diese Position wird von Husserl gegen F. Brentano skizziert: Vgl. F. Brentano, *Psychologie vom empirischen Standpunkte*, hrsg. von T. Binder, Ontos Verlag, Frankfurt am Main 2008, S. 97–103. Dazu siehe auch B. Rang, *Kausalität und Motivation*, S. 234. Rang deutet auch korrekterweise darauf hin, dass die Idee der Selbstgegebenheit in Abgrenzung von einer Zeichentheorie der Wahrnehmung gewonnen wird: B. Rang, *Husserls Phänomenologie der materiellen Natur*, S. 207–208. S. auch B. Rang, „Repräsentation und Selbstgegebenheit", S. 379 ff.

[14] Hua III/1, S. 90. Für eine ähnliche Formulierung der Kritik vgl. Hua XXXVI, S. 106–107 und Hua XXIII, S. 23–25.

[15] Hua III/1, S. 110.

[16] Vgl. exemplarisch H. Von Helmholtz, *Schriften zur Erkenntnistheorie*. Zum Verhältnis zwischen Husserl und von Helmholtz mit besonderer Berücksichtigung der *Ideen I* vgl. B. Rang, *Husserls Phänomenologie der materiellen Natur*, S. 341–347.

5.2 Gegen eine Zeichentheorie der Wahrnehmung

Anders muss es sich verhalten, wenn das Zeichen als dynamischer Hinweis verstanden wird. Dass die Erscheinung kein starres Zeichen für das Erscheinende ist, weil das Erscheinende selbst erscheint, widerspricht keineswegs der Tatsache, dass die Erscheinung auf andere Erscheinungen desselben Dinges, auf das Optimum dieses Dinges bzw. auf andere Dinge hinweisen kann – und das ist eben, was in Husserls Beschreibung der Wahrnehmung zum Thema gemacht wird. Dabei merkt Husserl an, dass sein Sprachgebrauch in den *Logischen Untersuchungen* problematisch war, und wie schon in *Ding und Raum* kritisiert er seine Auffassung der signitiven bzw. symbolischen Aspekte der Wahrnehmung ausdrücklich, die er „seit dem Sommersemester 1904", also in der Vorlesung *Hauptstücke der deskriptiven Psychologie der Erkenntnis*, überwunden hat.[17] Das ist aber ebenso darauf zurückzuführen, dass Husserl sich vornimmt, eine Verdoppelung aus erscheinendem Ding und Ding an sich zu vermeiden, und nicht darauf, dass Husserl der Wahrnehmung jede Semiotik abspricht. In diesem Sinne muss die Tragweite von Husserls Behauptung eingeschränkt werden, nach der „in der Wahrnehmung" von signitiv-symbolischen Bezeichnungsverhältnissen „keine Rede" sein kann, denn in der Tat hat Husserl noch 1908 – wie im letzten Kapitel vorgeführt – semiotische Verweise zwischen Dingen und Erscheinungen in der Wahrnehmung thematisiert.[18]

Daher ist die erscheinende Seite nach der in den *Ideen I* vertretenen Interpretation kein Zeichen, weder für ein irgendwo anders liegendes Ding noch für ein Noumenon, das nicht selbst erscheint. Dass es so ist, liegt prinzipiell daran, dass in der Erscheinung das Ding *selbst* erscheint. Ganz gleich, wie partiell die Erscheinungen eines Dinges auch erfasst werden; immer kommt die Wahrnehmung an das Ding selbst heran. Das Ding in seinen Erscheinungen ist unmittelbar als „es selbst" wahrgenommen.

Nicht anders als zwanzig Jahre zuvor bestimmt nun Husserl das Zeichen als etwas, das „auf ein außer ihm Liegendes" hinweist,[19] definiert dies jedoch diesmal näher: Dieses außer ihm Liegende kann nämlich „durch Übergang in eine andere Vorstellungsweise, in die der gebenden Anschauung, ‚selbst' erfassbar" sein.[20] Die Auffassung, die Erscheinung sei ein solches Zeichen für das Ding, ist insofern widersinnig, als auf das Ding als real Existierendes nicht hingewiesen wird von einem anderen real Existierenden, nämlich von der Seite, wie bei einem Zeichen. Vielmehr erscheint das Ding selbst, das Ding „bekundet" sich in der Erscheinung, wie

---

[17] K. Schuhmann, *Husserl-Chronik*, S. 80. Für diese Vorlesung existiert keine Manuskriptvorlage mehr (vgl. T. Vongehr, R. Giuliani, *Einleitung der Herausgeber*, in: Hua XXXVIII, S. XVI). Allerdings greift Husserl verschiedene Themen wieder auf in der fast gleichnamigen Vorlesung aus dem Wintersemester 1904/05 *Hauptstücke aus der Phänomenologie und Theorie der Erkenntnis*, nun veröffentlicht in Hua XXXVIII (gleichnamig, sofern man Husserls Gleichsetzung von Phänomenologie und deskriptiver Psychologie in den *Logischen Untersuchungen* in Sicht behält).
[18] Speziell zum Begriff der Verweisung, die bei Husserl immer wieder vorkommt, siehe K. Wiegerling, *Husserls Begriff der Potentialität*, insbesondere S. 36–83.
[19] Hua III/1, S. 112. In der Definition der Semiotik-Abhandlung, die es sich lohnt, kurz in Erinnerung zu rufen, war dasselbe „Hinweisen" im Spiel: „Das Zeichen weist hin auf ein Bezeichnetes".
[20] Hua III/1, S. 112. Vgl. auch Hua III/1, S. 115.

Husserl in den *Ideen II*[21] und in den *Manuskripten zur eidetischen Variation*,[22] aber auch schon in *Ding und Raum* sagt. Husserl wiederholt an anderer Stelle den Einwand auch im Hinblick auf den Begriff „Hinweisen": „Indessen darf man sich durch das Bild vom Hinweisen nicht irreführen lassen – als ob eine Sache Zeichen für eine andere wäre".[23] Gerade in der Problematik, die der Ausdruck „für eine andere" zur Sprache bringt, liegt der zentrale Punkt von Husserls Kritik an der Zeichentheorie der Wahrnehmung in den *Ideen I*. Dabei muss beachtet werden, dass Husserls Einwand die Interpretation der Erscheinung als Zeichen für das Ding insofern ablehnt, als das Zeichen zwei verschiedene Gegenstände miteinander verbinden soll und es in der Wahrnehmung gerade nicht um zwei verschiedene Gegenstände geht.[24] Wie aber von uns in der Diskussion bezüglich Husserls Einwand gegen seine eigene Auffassung in den *Logischen Untersuchungen* klargestellt, ist diese Auffassung des Zeichens eine herkömmliche und nicht Husserls eigene, da es hier – in der Definition der Anzeige, also einer Gattung des Zeichens – nicht nur um zwei verschiedene Gegenstände geht, sondern auch um Sachverhalte. Ein Sachverhalt ist beispielsweise die Tatsache, dass das Buch jetzt die Vorderseite, später die Rückseite zeigt, und nichts spricht dagegen, die erste Erscheinung als Anzeige (im Sinne Husserls) der zweiten auszulegen.[25] Husserl selbst gesteht sich ein, dass es „ganz anders steht" mit der Annahme, dass „eine über das anschauliche Gegebene hinausreichende Auffassung mit der wirklich anschaulichen Auffassungen Leerauffassungen verwebt".[26]

Husserls Zurückweisung der Zeichentheorie der Wahrnehmung kann daher nicht darauf hinaus wollen, die Wahrnehmung als vollständige Selbstgegebenheit zu beschreiben, denn sonst wäre es unverständlich, wie er noch an den Gedanken der Abschattungen festhalten könnte. In der Abschattung ist zwar das Ding selbst gegeben, nicht aber das Ding-Optimum oder die anderen Seiten des Dinges – das Gegenteil wäre auch eine völlig widersinnige Beschreibung der Sachlage. Kann man im Falle des Phantasie- und Bildbewusstseins von „Vergegenwärtigen" sprechen, während in der Wahrnehmung eher die Rede von einem „Gegenwärtigen" ist, so heißt das nicht, dass in der Wahrnehmung keine Vergegenwärtigung impliziert wird.[27] Wäre nämlich die Wahrnehmung reines Gegenwärtigen, so wären Husserls

---

[21] Hua IV, S. 41.
[22] Vgl. Hua XLI, S. 98–103. Zum Begriff der Bekundung vgl. C. Ferencz-Flatz, *Der Begriff der „Bekundung" bei Husserl und Heidegger*, in: „Husserl Studies", 26, 2010, S. 189–203.
[23] Hua III/1, S. 143–144.
[24] Siehe dazu auch M. Summa, *Spatio-temporal intertwining*, S. 203, wo Husserls Kritik aufgenommen wird in dem Sinne, dass „the relation of *signum* and *designatum* is extrinsic and concerns two different entities", sodass sie nicht auf Verhältnisse innerhalb der Dingwahrnehmung angewandt werden kann.
[25] Das Buch wird als zufälliges Beispiel für einen dreidimensionalen Wahrnehmungsgegenstand genommen; die Konstitution von Kulturgegenständen als solcher wird erst Thema des nächsten Kapitels sein.
[26] Hua III/1, S. 144.
[27] Vgl. Hua XXIII, S. 85–87. Diese Aufzeichnungen stammen aus der Vorlesung des Wintersemesters 1904/1905. In *Ding und Raum* wird dieselbe Gegenüberstellung durch das Begriffspaar *Darstellung/Vorstellung* zum Ausdruck gebracht.

5.2 Gegen eine Zeichentheorie der Wahrnehmung

Analysen unverständlich. Husserl selbst spricht an verschiedenen Stellen von der Wahrnehmung uneigentlich erscheinender Seiten eines Dinges als Vergegenwärtigung.[28] Husserls Rede der reinen Selbstgegebenheit der Wahrnehmung lässt sich nur dann aufrechterhalten, wenn gar nicht erst von Horizonten (also von Leermeinungen, d. h. Meinungen, die auf etwas gerade nicht Selbstgegebenes aus sind) gesprochen wird – sodass sich letztlich die Frage erhebt, ob Wahrnehmung und Selbstgegebenheit tatsächlich koinzidieren oder ob das eine grobe Vereinfachung gegenüber Husserls eigener Lehre ist.[29] Nehmen wir nämlich den Horizont aus der Wahrnehmung weg, so verlieren wir eine der originellsten und überzeugendsten Einsichten Husserls, der nicht zuletzt auch andere Autoren zentrale Impulse verdanken (vor allem Merleau-Ponty). Husserl selbst legt dar, dass, wenn wir das Mitgemeinte einer Wahrnehmung außer Betracht lassen, „die Wahrnehmung ihren Sinn völlig verliert".[30] Husserl legt auf jeden Fall nahe, die „indirekt" oder „uneigentlich" erscheinenden Teile eines Objekts als Repräsentationen bzw. Vergegenwärtigungen zu verstehen.[31] Die Frage nun, wie diese Vergegenwärtigungen zu beschreiben sind, lässt sich durch eine Analyse von Husserls Phänomenologie erst mit semiotischen Beigriffen einholen, wobei diese Begriffe Husserls eigene und nicht die herkömmlichen Begriffe der Tradition sein müssen.

Um die Semiotik der Wahrnehmung klarer zum Vorschein zu bringen, ist es notwendig, sich auf eine Untersuchung zweier Aspekte von Husserls Analyse der Gegebenheit in den *Ideen I* einzulassen: erstens eine genaue Erläuterung dessen, was unter Horizont und dessen hinweisender Struktur zu verstehen ist und zweitens die Ausarbeitung dessen, was es mit der Beschreibung eines Dinges als „Zeichen für sich selbst"[32] auf sich hat.

Das Ergebnis der Untersuchung lässt sich wie folgt zusammenfassen: Die Erscheinung ist kein Zeichen für ein vermeintes Ding an sich, sondern das Ding bedarf einer semiotischen Struktur in der Erscheinung (Zeichen für sich selbst zu sein), um als Ding erscheinen zu können. Zeichen für sich selbst zu sein, ist keine bloße Ablehnung des Zeichens selbst, wie u. a. Derrida behauptet hat, sondern gerade die Einsicht in die Tatsache, dass eine Semiotik in der Wahrnehmung notwendig ist, um die Wahrnehmung phänomenologisch zu beschreiben.[33] Derrida bringt Husserls Rede von „Zeichen für sich selbst" auf das *„index sui"* im Sinne des *„verum index*

---

[28] Und zwar gerade 1905/1906: Hua XXIII, S. 212. Siehe auch S. 305–306 (1911/1912).

[29] S. Geniusas hat auch auf die Spannung zwischen Selbstgegebenheit und Horizontbewusstsein hingewiesen: S. Geniusas, *The Origins of the Horizon in Husserl's Phenomenology*, S. 6. Vgl. dazu auch S. 166, wo eine unlösbare Spannung zwischen dem Leitprinzip der Phänomenologie und dem Horizontbewusstsein thematisiert wird.

[30] Hua Mat. VII, S. 117.

[31] Hua XXIII, S. 115–117.

[32] Hua III/1, S. 113.

[33] Zum Thema siehe auch J. R. Mensch, *Postfoundational Phenomenology*, vor allem S. 176: Obwohl der Autor in der Anzeige das Herzstück der Gegenstandskonstitution sieht, verfällt eine solche auf Anzeige basierende Phänomenologie insofern nicht dem Problem einer unendlichen Weiterverweisung der Referenzen im Sinne Derridas, als das Ding immer nur ein Zeichen für sich selbst ist. Diesem Vorschlag von Mensch schließt sich der hier vorgelegte Gedankengang unmittelbar an.

sui et falsi" aus der *Ethik* Spinozas zurück und fragt: „Ist es nicht dasselbe, Zeichen seiner selbst (*index sui*) und nicht Zeichen zu sein? Eben in diesem Sinn ist das Erlebnis ‚im selben Augenblick' mit seiner Wahrnehmung, seinem Wahrgenommensein, Zeichen seiner selbst: sich selbst ohne anzeigenden Umweg präsent".[34] Diese Auffassung des Problems ist insofern fraglich, als sie einer allgemeinen Zeichenstruktur der Horizontbildung nicht Rechnung tragen kann und annimmt, Dinge wären phänomenologisch immer vollständig gegeben, was aber im Sinne Husserls einfach nicht stimmt. Die Dinge sind immer nur durch mannigfaltige Erscheinungen gegeben, und nicht einmal Gott könnte ein Ding „vollständig" gegeben haben, sondern immer nur durch Abschattungen und Verweise.[35] Diese überspitzte Position ist eine Konsequenz von Derridas Versuch, Husserls Phänomenologie als eine Phänomenologie der Präsenz zu interpretieren; durch den hier unterbreiteten Vorschlag, die Semiotik der Wahrnehmung phänomenologisch zu beschreiben, lässt sich den Derridianischen Vorwurf einer Metaphysik der Präsenz zumindest teilweise entkräften.

Diese Semiotik muss aber anders gedacht werden als in der Tradition. Diese Notwendigkeit der Semiotik drückt sich besonders stark darin aus, dass ein Ding nur durch Bewährbarkeit der Antizipationen (die durch Anzeigen gegeben sind) sich selbst darstellen oder als „es selbst" erscheinen kann.[36] Darüber hinaus besteht in jeder Wahrnehmung eines Gegebenen eine Reihe von verweisenden Strukturen, die, obwohl nicht ausdrücklich von Husserl so beschrieben, phänomenologisch eingeholt werden können, wenn sie mit dem Begriff der Anzeige im Sinne der ersten *Logischen Untersuchung* gedacht und beschrieben werden. Auf eine Erklärung dieser Position ist der Paragraph 4 dieses Kapitels angelegt, während eine Diskussion der Auffassung des Dinges als Zeichen für sich selbst im Paragraphen 5 zu finden ist. Davor sind aber Fragen danach aufzuwerfen, wie die Idee der Selbstgegebenheit und einer originär gebenden Anschauung mit der Idee des Horizontes, als eines nicht originär Gegebenen in der Wahrnehmung, zu versöhnen ist und ferner danach, welcher phänomenologische Status dem Horizont zukommt (Paragraph 3).

5.3 Horizont und Schranken der Gegebenheit

Der Begriff des Horizonts ist als Derivat des Begriffs von „Hof" oder „Strahlenkranz" zu fassen.[37] Dieser Begriff erlaubt es Husserl, semiotische Begriffe in der Analyse der Wahrnehmung zu vermeiden – zumindest *prima facie*. Das ist hauptsächlich deswegen der Fall, weil der Horizont in enger Verbindung mit dem Begriff des Noema steht und nicht mit dem der Empfindung, worin Husserl zur Zeit der

---

[34] J. Derrida, *Die Stimme und das Phänomen*, S. 171.
[35] Vgl. etwa Hua III/1, § 43.
[36] Für das „Sichdarstellen" des Dinges vgl. Hua XXXIV, 412; für das Erscheinen „als es selbst" des Dinges vgl. Hua XLI, S. 363.
[37] Vgl. insbesondere Hua III/1, S. 62 und 187. Auf S. 186 ist in der ersten Anmerkung zu lesen, dass „‚Horizont' hier also soviel wie [...] die Rede von einem Hof und Hintergrund" gilt.

5.3 Horizont und Schranken der Gegebenheit

Logischen Untersuchungen die symbolischen und signitiven Verweise verortet hatte. In den Analysen der *Ideen I* ist vielmehr der in *Ding und Raum* gewonnene Gedanke transparent, die Verweise auf weitere mögliche Erfahrung sind durch eine bewusstseinsmäßige Auffassung des Gegebenen hervorgebracht und nicht in die „toten Materien", also in das, was Husserl hier „Hyle" nennt, eingebettet. In späteren Jahren wird Husserl auch explizit von „Indikationshorizont" sprechen und damit virtuell den Spannungsbogen zwischen Verweisungshorizont, wie er das ausdrücklich in den *Cartesianischen Meditationen* nennt, und dem Anzeigehof in jedem Erscheinen, wie dieser in der statischen Phänomenologie auftaucht, decken.[38]

Gerade aber die Verkennung der Tatsache, dass die Horizontstruktur eine wesentlich semiotische ist, hat zu Missverständnissen und unvorteilhaften Vereinfachungen im Verständnis von Husserls Phänomenologie im Hinblick auf ihre Hauptsätze geführt.[39] Wirft man nämlich die Frage auf, ob die Selbstgegebenheit der „Sachen selbst", wie diese im „Prinzip aller Prinzipien" thematisiert wird, mit der Auffassung zu versöhnen ist, dass in der Wahrnehmung immer Horizonte von Nichtselbstgegebenem impliziert sind, so lässt sich eine Antwort im Prinzip aller Prinzipien selbst finden:

> Doch genug mit den verkehrten Theorien. Am *Prinzip aller Prinzipien*: dass *jede originär gebende Anschauung eine Rechtsquelle der Erkenntnis sei*, dass *alles*, was sich uns *in der „Intuition" originär* (sozusagen in seiner leibhaftigen Wirklichkeit) *darbietet, einfach hinzunehmen sei, als was es sich gibt*, aber auch *nur in den Schranken, in denen es sich da gibt*, kann uns keine erdenkliche Theorie irre machen.[40]

Ebenso wichtig wie der Ruf nach originärer Gegebenheit ist im Zitat der Anspruch darauf, diese Gegebenheit innerhalb ihrer Schranken hinzunehmen. Die Betonung der Schranken der Gegebenheit ist von der Forschung meistens übersehen worden, während Husserls Auffassung der Wahrnehmung ohne diese Präzisierung nicht

---

[38] Vgl. etwa Hua XV, S. 95. Zum Begriff des Horizontes als Sinneshorizont für Wahrnehmungsphänomene vgl. A. Zhok, *La realtà e i suoi sensi. La costituzione fenomenologica della percezione e l'orizzonte del naturalismo*, ETS, Pisa 2012. Die naturalistische Lektüre der Wahrnehmung, welche Zhok vertritt, ist sehr nah am gedanklichen Hintergrund der vorliegenden Arbeit.

[39] Gerade das Missverständnis dieses Charakters des Horizontes, nämlich seiner inneren Verbundenheit mit semiotischen Instanzen, führt V. Costa dazu, das „Prinzip aller Prinzipien" gemäß geläufigen Interpretation als Prinzip reiner Präsenz zu interpretieren und die Theorie des Horizonts als „non sviluppata in termini coerenti" (V. Costa, *Il cerchio e l'ellisse*, S. 44) anzusehen, „e ciò perché Husserl svilupperà una teoria dell'associazione solo a partire dal 1921". Das ist insofern anfechtbar, als die Horizonttheorie Husserls in den *Ideen I* völlig kohärent, obwohl noch nicht ausgearbeitet ist. Dafür ist aber notwendig, das „Prinzip aller Prinzipien" nicht als Prinzip reiner Präsenz zu sehen, und zwar indem man betont, dass die Gegebenheit des Dinges gerade keine vollständige Anwesenheit des Dinges ist. Das Ding ist vielmehr *innerhalb der Schranken* seiner Gegebenheit zu nehmen. Dabei ist auch gegen Costas Auffassung festzuhalten, dass Horizont und Assoziation nicht unmittelbar dasselbe besagen: Holenstein weist selbst darauf hin, dass Horizont nur selten in Verbindung mit Assoziation vorkommt (E. Holenstein, *Phänomenologie der Assoziation*, S. 43). Da in den *Ideen I* die Assoziation in Gänze fehlt (a. a. O., S. 10), wird das Verhältnis Horizont-Assoziation im Hinblick auf die Semiotik erst in späteren Kapiteln diskutiert.

[40] Hua III/1, S. 51. Hervorhebungen im Original.

Rechnung getragen werden kann.[41] Ist nämlich die Gegebenheit eines Dinges immer und wesentlich beschränkt, so gibt es Aspekte dieses Dinges, die nicht originär gegeben und die dennoch (und zwar nur) horizontmäßig aufzufassen sind, wenn das Ding als solches erscheinen können muss. Auch hat die Forschung dem Wortlaut und dem Gebrauch des Begriffes der Schranke in Husserls Werken bislang offenbar nicht ausreichende Aufmerksamkeit gewidmet. Möglich ist aber, dass Husserl gerade eine Stelle Kants vor sich hatte, in der dieser eine klare Unterscheidung zwischen Grenzen und Schranken vornimmt:

> Grenzen (bei ausgedehnten Wesen) setzen immer einen Raum voraus, der außerhalb einem gewissen bestimmten Platze angetroffen wird, und ihn einschließt; Schranken bedürfen dergleichen nicht, sondern sind *bloße Verneinungen*, die eine Größe affizieren, sofern sie nicht absolute Vollständigkeit hat. Unsre Vernunft aber sieht gleichsam um sich einen Raum für die Erkenntnis der Dinge an sich selbst, ob sie gleich von ihnen niemals bestimmte Begriffe haben kann, und nur auf Erscheinungen eingeschränkt ist.[42]

Nimmt nun Kant für seine Kritik der Erkenntnis und der Vernunft den Begriff der Grenze positiv auf, so spielt Husserl gerade auf diese „bloße[n] Verneinungen" für eine Erscheinung, die nicht „absolute Vollständigkeit hat", an.[43] Das Ding erscheint, so wie es innerhalb gewisser Möglichkeiten erscheint, und verneint dabei gewisse andere. Erscheint nämlich die Vorderseite, so ist die Erscheinung der Rückseite verneint und prinzipiell, d. h. *a priori*, ist jede Vollständigkeit der Wahrnehmung ausgeschlossen. Aber dass gerade die Erscheinung solche Verneinungen enthält, ist erläuterungsbedürftig, und um die Verneinung in der Wahrnehmung – die kein absolutes Negativum ist – zu explizieren, tritt der Begriff des Horizontes ein.

„Horizont" besagt nach Husserl, dass für jede Wahrnehmung, die perspektivisch abgeschattet ist, eine Umgebung mitaufzufassen ist, die einen Hintergrund von inadäquater Gegebenheit[44] einschließt. Inadäquate Gegebenheit besagt genau das, was *nicht* originär gegeben ist, und wird von Husserl auch „das Vorhandensein der aktuell *nicht* Wahrgenommenen der Dingwelt" genannt.[45]

Schon auf den ersten Seiten von den *Ideen I* gilt somit für „jedes auf Dingliches bezogene Wesen"[46] und sogar für „alle Realitäten überhaupt",[47] dass „ihnen zugehörige

---

[41] Eine exzellente Ausnahme bildet der Beitrag von J. Dodd, „Clarity, Fiction, and Description", in: A. Staiti (Hrsg.), *Commentary on Husserl's „Ideas I"*, S. 159–176, hier S. 169. Dodd besteht korrekterweise darauf, dass „the principle [scil. das Prinzip der Prinzipien], in short, serves as a grounding leitmotif for the exploration of what remains unknown in the depth of presence, and not a restriction to what is immediately secure thanks to some mythical role of the intuitively given in cognition. It is meant to curtail our tendency to underestimate the depth of givenness".

[42] I. Kant, *Prolegomena zu einer jeden künftigen Metaphysik, die als Wissenschaft wird auftreten können*, in: *Kants gesammelte Schriften*, Band IV: *Kritik der reinen Vernunft, (1. Auflage 1781), Prolegomena, Grundlegung zur Metaphysik der Sitten, Metaphysische Anfangsgründe der Naturwissenschaft*, Berlin, zweite Auflage 1911, S. 243–382, hier S. 352. Meine Hervorhebung.

[43] Zum Verhältnis zwischen Husserls und Kants Philosophie siehe I. Kern, *Husserl und Kant*, Martinus Nijhoff, Den Haag 1964.

[44] Zur Inadäquatheit vgl. auch Hua III/1, S. 71 ff. und S. 91. Ferner vgl. Hua III/1, S. 257.

[45] Hua III/1, 96. Meine Hervorhebung.

[46] Hua III/1, 13.

[47] Hua III/1, 14.

5.3 Horizont und Schranken der Gegebenheit

Wesen nur ,einseitig', im Nacheinander ,mehrseitig', und doch nie ,allseitig' gegeben sein können".[48] So ist die „Raumgestalt des physischen Dinges [...] prinzipiell nur in bloßen einseitigen Abschattungen zu geben" und zieht uns daher in „Unendlichkeiten der Erfahrung" hinein.[49] Diese Unendlichkeiten der Erfahrung sind somit gerade durch dasjenige definiert, was in der Wahrnehmung *nicht* wahrgenommen ist und doch gerade in der Weise dieser Verneinung vorhanden bleibt. Die Unendlichkeit der Erfahrung ist die Verneinung ihrer vermeinten Vollständigkeit. Dabei spielt die Aufmerksamkeit eine besonders ausgeprägte Rolle, da gerade der „aufmerkende Strahl", also die „Blickrichtung" des Bewusstseins bestimmt, was momentan den Kern der Wahrnehmung und was ihren nicht aktuell gegebenen Horizont ausmacht, nämlich das, was nicht direkt im Aufmerksamkeitsstrahl einbezogen ist.[50]

Der Bereich des Mitgegenwärtigen umringt das aktuelle, in der Aufmerksamkeit selbst gegebene Wahrnehmungsfeld und lässt sich dann ins Unbestimmte erweitern, sowohl räumlich als auch zeitlich.[51] Die Welt definiert somit den maximalen, dunklen Horizont des aktuell Gegebenen. So Husserl: „Das Erfassen ist ein Herausfassen, jedes Wahrgenommene hat einen Erfahrungshintergrund".[52] Die Wahrnehmung ist somit konstitutiv Aussonderung eines in der Aufmerksamkeit Liegenden gegenüber anderen Dingen, die „rings um"[53] es liegen und die aber ebenso auch im weiteren Sinne „wahrgenommen", perzeptiv da oder im „Anschauungsfelde" sind.[54] Jede Wahrnehmung hat einen Hof von Hintergrundsanschauungen, der ebenso bewusst ist, obwohl bewusst im Modus der Inaktualität als Modifikation der Aktualität, wenn diese als Modus des intentional gerichteten Bewusst- und Aufmerkendhabens von etwas gedacht ist. Dieser Hof gehört zu jeder Wahrnehmung und stellt sich somit als eine wesentliche Komponente der Wahrnehmung dar: In dem Eidos „Wahrnehmung" liegt beschlossen, dass sie diesen Horizont mitbringt.[55] Ferner liegt ein solcher Hof nicht nur in der Wahrnehmung, sondern im Allgemeinen kann „das Erlebnisstrom [...] nie aus lauter Aktualität bestehen".[56]

Potentialitäten sind dabei sowohl räumlich als auch zeitlich: Der Begriff des Horizontes dient auch dazu, die Struktur der räumlichen Erfahrung mit der Zeitlichkeit des Erlebnisstromes in Verbindung zu bringen. „Wesensgesetzlich [...] in Beziehung" mit dem Zusammenhang der Erlebnisse der äußeren Wahrnehmung, damit also, dass ein Erlebnis seinen Horizont nicht-erblickter Erlebnisse (seine

---

[48] Hua III/1, 13.

[49] Hua III/1, 14.

[50] Vgl. dazu Hua III/1, S. 213–214.

[51] Husserl spricht vom „beständigen Umring des aktuellen Wahrnehmungsfeldes": Hua III/1, S. 57–58. Die Analyse des räumlichen Horizonts ist im vierten Kapitel, die des zeitlichen im neunten der vorliegenden Arbeit zu finden.

[52] Hua III/1, S. 71.

[53] Hua III/1, S. 71.

[54] Vgl. Hua III/1, S. 71.

[55] Hua III/1, S. 73.

[56] Ebd.

Erlebnisumgebung)[57] hat, steht die Zeitlichkeit als „Urform des Bewusstseins".[58] Dass jedes Erlebnis einen Zeithorizont hat, besagt zugleich, dass dieses Erlebnis „einem unendlichen Erlebnisstrom angehört",[59] der in Retentionen und Protentionen (also in Vorher und Nachher) innerlich gegliedert ist.[60]

Am Beispiel der mathematischen Einstellung lässt sich erklären, dass die Horizonthaftigkeit keine zufällige Eigenschaft einer naiv als existierend gesetzten Welt ist, sondern überhaupt zu jeder Einstellung wesensmäßig-eidetisch gehört. Ich bin nicht immer, so Husserl, in meiner Denktätigkeit auf Gegenstände der natürlichen Welt bezogen, so zum Beispiel wenn ich über mathematische Gesetze und Zahlen nachdenke. In diesem Fall ist die natürliche Einstellung verlassen zugunsten einer „mathematischen" Einstellung:[61] Aber auch „während solcher Beschäftigung werden einzelne Zahlen oder Zahlengebilde in meinem Blickpunkt sein, umgeben von einem teils bestimmten, teils unbestimmten arithmetischen Horizont".[62] Deswegen ist es nicht

> ein zufälliger Eigensinn des Dinges oder eine Zufälligkeit „unserer menschlichen Konstitution", dass „unsere" Wahrnehmung an die Dinge selbst nur herankommen kann durch bloße Abschattungen derselben. Vielmehr ist es evident und aus dem Wesen der Raumdinglichkeit zu entnehmen […], dass so geartetes Sein prinzipiell in Wahrnehmungen nur durch Abschattungen zu geben ist.[63]

5.4 Noema und Horizontbildung

Ist jede Wahrnehmung also prinzipiell abgeschattet und kommt wesentlich jeder Abschattung ein Horizont zu, so bedeutet das nicht, dass Horizont und Abschattung auf derselben Ebene liegen. Ist nämlich ein für alle Mal gesichert, dass die Zusammengehörigkeit jeder Abschattung mit einer Abschattungskontinuität, also mit einem Horizont, eine „Wesensnotwendigkeit"[64] darstellt, so gehören nach Husserls Lehre Farbenabschattungen bzw. Gestaltabschattungen den „Empfindungsdaten"[65] wesentlich zu. Damit aber diese Abschattungen ihre darstellende Funktion ausüben können, nämlich das erscheinende Ding darzustellen, bedarf es noch einer Auffassungseinheit, die durch Synthesis der Identifikation die Abschattung als Abschattung dieses Dinges auffasst. Aufrechtzuerhalten ist hier die schon in *Die Idee der Phänomenologie* getroffene Unterscheidung zwischen Erscheinung und

---

[57] Hua III/1, S. 186.
[58] Hua III/1, S. 185.
[59] Hua III/1, S. 182.
[60] Vgl. Hua III/1, S. 183.
[61] Hua III/1, S. 59.
[62] Ebd.
[63] Hua III/1, S. 88.
[64] Hua III/1, S. 85.
[65] Ebd.

5.4 Noema und Horizontbildung

Erscheinendem,⁶⁶ also zwischen Abschattung und Abgeschattetem, und zwar nicht nur in dem Sinne, dass es um zwei phänomenologisch verschiedene Gegebenheiten geht, sondern auch weil die Gattung beider Gegebenheiten wesentlich anders ist:

> Die Abschattung [...] ist prinzipiell nicht von derselben Gattung wie Abgeschattetes. Abschattung ist Erlebnis. Erlebnis ist aber nur als Erlebnis möglich und nicht als Räumliches. Das Abgeschattete ist aber prinzipiell nur möglich als Räumliches (es ist eben im Wesen räumlich), aber nicht möglich als Erlebnis.⁶⁷

Damit ist auch klar angegeben, inwiefern die Rede der Selbstgegebenheit eines Dinges gerade nicht dahingehend missverstanden werden darf, dass Erscheinung und Erscheinendes dasselbe seien, da das Erscheinende in der Erscheinung nicht aufgeht. Nun stellt sich also die Frage, wohin der Hof inaktueller Miterscheinungen, also der Horizont, gehört, ob zur Abschattung als solcher (zur Erscheinung selbst) oder zum hinzukommenden Auffassungssinn durch Identifikation der Abschattung als Abschattung eines Dinges. Verorteten die *Logischen Untersuchungen* die Antwort auf diese Frage noch unmittelbar bei der Abschattung selbst (genauer bei der Verweisung einer Abschattung auf weitere), so war dagegen in *Ding und Raum* die Antwort eher im Bereich des Identitäts- und Einheitsbewusstseins angesiedelt. Dabei, und insbesondere bei der Interpretation zwischendinglicher Hinweise, nahm der Raum und mit diesem der Leib eine ausgezeichnete Rolle ein als Bedingung der Möglichkeit der Hinweise überhaupt. Die Stellung des Leibes im Raum bedingt nach der dort vertretenen Auffassung die Perspektivität und die Orientierung der Dinge, die als solche auf weitere mögliche Orientierungen hinweisen. Zur Abschattung der Wahrnehmung tragen zwar auch in den *Ideen I* der Raum und der Leib bei, aber nur insofern, als sie zum Wesen der Wahrnehmung gehören.⁶⁸ Es ist nämlich eine „Wesensnotwendigkeit [...], dass räumliches Sein überhaupt für ein Ich (für jedes mögliche Ich) [...] nur ‚erscheinen' kann in einer gewissen ‚Orientierung'".⁶⁹ Der Horizont der Orientierung ist zwar räumlich und leiblich bedingt, andererseits aber nur „auffassungsmäßig" vorgezeichnet;⁷⁰ das heißt also, dass der Horizont weder zur Abschattung als solcher, noch zur reinen Auffassung gehört, sondern zum Erscheinenden in seinem gegenständlichen Sinn.

Mit der Terminologie, die den *Ideen I* eigen ist, kann man daher sagen, dass der Horizont nicht in der Hyle enthalten ist, da die Hyle *per definitionem* intentionalitätsfrei ist.⁷¹ Der Horizont liegt aber wiederum auch nicht im noetischen Moment

---

⁶⁶ Vgl. Hua II, S. 11 ff.

⁶⁷ Hua III/1, S. 86.

⁶⁸ Die Bedeutung der „kontinuierlichen Synthesen" der Räumlichkeit ist zwar kurz angesprochen (Hua III/1, S. 274), aber bis auf Weiteres verschoben. Dazu ist Näheres in den *Ideen II* zu finden. Zur Rolle des Gedankens der Einheitlichkeit, welche systematisch mit dem Erscheinen und seiner Bedingungen – und d. h. dann notwendig auch mit dem Raum – zusammenhängt, siehe G. Figal, *Unscheinbarkeit*, S. 79–80.

⁶⁹ Ebd.

⁷⁰ Vgl. Hua III/1, S. 91: „Ein Ding ist notwendig in bloßen ‚Erscheinungsweisen' gegeben, notwendig ist dabei ein Kern von wirklich Dargestelltem auffassungsmäßig umgeben von einem Horizont uneigentlicher Mitgegebenheit und mehr oder minder vager Unbestimmtheit".

⁷¹ Vgl. Hua III/1, S. 192. Für eine überzeugende Interpretation der Hyle als nicht-abstraktes Moment, also deutlich über Husserl hinaus, siehe S. Gallagher, *Hyletic Experience and the Lived*

allein.[72] Diese Vorzeichnungen, die den Horizont konstituieren, haben einen „fest vorgeschriebenen Stil", der nicht einfach aus der Noesis hervortreten kann. Diese Vorzeichnung als Verknüpfung verschiedener intentionaler Erlebnisse ist notwendig noematisch, findet also in einem Sinnzusammenhang statt.[73] Es ist nämlich „durch den allgemeinen Sinn des Dingwahrgenommenen überhaupt und als solchen, bzw. durch das allgemeine Wesen dieses Wahrnehmungsstypus, den wir Dingwahrnehmung nennen",[74] dass ein Horizont entsteht. *Dass* es Vorzeichnungen, also einen Horizont, gibt, wissen wir durch das Wesen der Dingwahrnehmung, da ja die Perspektivität und der Umgebungscharakter zum Wesen der Wahrnehmung als solcher gehören; *was* aber vorgezeichnet ist, hat nichts mit dem Wahrnehmen als Wahrnehmen zu tun, sondern wird in seinem Sinn durch das individuell Wahrgenommene, das τόδε τι der Wahrnehmung, bestimmt. Das „Dass" des Horizontes wird noetisch, das „Was" des Horizontes noematisch vorgezeichnet.[75]

Während das Einheitsbewusstsein in *Ding und Raum* die Rolle eines vereinheitlichenden Faktors übernahm, wird nun die Beschreibung der Wahrnehmung angereichert durch die „Entdeckung" der noematischen Schichten. Diese eigentliche Entdeckung der noematischen Strukturen ermöglicht es erst, die Analyse zu

---

Body, in: „Husserl Studies" 3, S. 131–166. Hier wird Hyle nicht als Moment des Bewusstseins interpretiert, und als solches als etwas Abstraktes gedeutet, was Husserls Texten mehr entsprechen würde, sondern als kinästhetisches Moment, das durch Korrelation zwischen Leib und Umwelt zustande kommt. Gallagher interpretiert also die Hyle als „bodily experience that conditions the conscious experience of the meaningful world" (S. 162). Das heißt aber wiederum: Hyletische, kinästhetische und leibliche Erfahrungen in ihrer passiven Assoziativität sind Bedingungen der Möglichkeit für höhere, aktive Stufen der Erfahrung.

[72] Hua III/1, S. 194. Konstitution ist für Husserl Einheitstiftung: „Im weiteren Sinne aber ‚konstituiert' sich ein Gegenstand (ob er wirklich ist oder nicht) in gewissen Zusammenhängen des Bewusstseins, die in sich eine einsehbare Einheit tragen, sofern sie wesensmäßig das Bewusstsein eines identischen X mit sich führen" (Hua III/1, S. 332). M. E. korrekterweise weist J.-L. Marion darauf hin, dass Konstitution in diesem Sinne immer bedeutet, „nicht-aktuelle Abschattungen zu denen, die ich tatsächlich wahrnehme", hinzuzufügen; „ich verbinde die Erfassung von dem, was gegenwärtig ist, mit der Erfassung von dem, was nicht gegenwärtig ist" (J.-L. Marion, *Sind die Nicht-konstituierbaren Phänomene nicht angesichtig?*, S. 76).

[73] Hua III/1, S. 197: Die „Verknüpfungen von Bewusstseinserlebnissen" sind möglich durch „Sinneszusammengehörigkeit".

[74] Hua III/1, S. 91.

[75] Zum Verhältnis zwischen Wesen und τόδε τι vgl. Hua XXXIII, S. 302 ff. S. Geniusas greift m. E. zu kurz in der Behauptung, dass „the horizonal protentions [...] enable consciousness to project meaning into what is directly perceived" und dass „what is co-intended determines the sense of appearing objectivities" (S. Geniusas, *The Origins of the Horizon in Husserl's Phenomenology*, S. 6 und 7). Das ist – wie zu zeigen sein wird – sicher korrekt für einige Momente der genetischen Phänomenologie, nicht aber für die phänomenologischen Beschreibungen der *Ideen I* (und Geniusas nimmt – auf S. 49 – gerade für diese Interpretation Bezug auf § 44, der aber eine solche Interpretation nicht ermöglicht). Da ist nämlich das Verhältnis eher umgekehrt, nämlich der Horizont ist durch den gegenständlichen Sinn bestimmt. Auch für die spätere Phänomenologie Husserls ist das Verhältnis wieder anders, da es hier um ein kompliziertes und nicht einseitiges Feedbacksystem zwischen Horizont und Sinn geht (siehe die nächsten Kapiteln; Geniusas scheint allerdings diese Auffassung kurz zu bestätigen auf S. 102). Anderseits entspricht Geniusas' Ansatz, nach dem „the appearances might themselves constitute the origins of the horizons" (S. 8) auch dem, was in dem Kapitel zu der genetischen Phänomenologie ans Licht kommen wird.

5.4 Noema und Horizontbildung

vervollkommnen. Das Noema als „Sinn im Wie seiner Gegebenheitsweisen"[76] beinhaltet nämlich – beispielsweise bei der Wahrnehmung eines Buches – sowohl die erscheinende Vorderseite als auch die nicht-erscheinende Rückseite. Und gerade weil das Noema sowohl die Positivität als auch die „Verneinungen" der aktuellen Erfahrung enthält, kann die noematische Analyse den echten Kern jeder phänomenologischen Beschreibung konstituieren.[77]

Der Horizont ist an zwar unbestimmte, aber bestimmbare Möglichkeiten gebunden,[78] die „nach [dem] Wesenstypus vorgezeichnete, motivierte" Möglichkeiten sind.[79] So Husserl: „Alle aktuelle Erfahrung weist über sich hinaus auf mögliche Erfahrungen, die selbst wieder auf neue mögliche hinweisen, und so *in infinitum*. Und all das vollzieht sich nach wesensmäßig bestimmten, an apriorische Typen gebundenen Akten und Regelformen".[80] Der Horizont hat somit nichts Zufälliges an sich, sondern ist eine Art Verweisungsstruktur, welche aber weder aus der aktuell gegebenen Seite des Dinges entspringt, noch das Produkt eines durch Synthesis der Kontinuität erzeugten Einheitsbewusstseins ist. Das Noema des Gegenstandes gibt hier die unbestimmten, aber bestimmbaren Möglichkeiten vor, nämlich die Verweisungsstruktur, und darin ist ein Hinweis auf das Eidos des Dinges als Typus enthalten.[81] In diesem Sinne ist der Gegenstand ein Zeichen für seinen Typus: „Ein ἴδιον zeigt den Gegenstand, wie er für den betreffenden Sinn und sein Subjekt ist in einer gewissen, obschon nicht ungeregelten Zufälligkeit; sie ist ein Zeichen für ein κοινόν, das in der Regelordnung möglicher einstimmiger sinnlicher Erfahrung von Raumdingen auch anders hätte indiziert sein können".[82] Daher ist es diese Zeichenfunktion, die Erfahrung jenseits der Schranken unmittelbarer Erfahrung ermöglicht.[83]

---

[76] Hua III/1, S. 217.

[77] Diesen Gedanken vertritt u. a. H. Asemissen, *Strukturanalytische Probleme der Wahrnehmung*, S. 21. Als weiterer Textbeleg vgl. Hua IX, S. 184: „Der gegenständliche Sinn ist dabei aber nicht das Objekt als bloßer Substratpol, sondern dieser Pol als Substrat der ihm zugemeinten Bestimmtheiten, so wie sie sein bekanntes und unbekanntes vermeintliches eigenschaftliches Was ausmachen".

[78] Vgl. Hua III/1, S. 145: „Zu erwähnen ist ferner, dass das jeweilig Gegebene zumeist umringt ist von einem Hof von unbestimmter Bestimmbarkeit".

[79] Hua III/1, S. 102.

[80] Hua III/1, S. 102. Zur Typik vgl. auch die folgende, sehr klare Passage aus den Manuskripten zur Intersubjektivität: „Erfahrung entspringt aus Erfahrung. Erfahrung erzeugt in ihrem teils passiven teils aktiven Verlauf Kenntnis als bleibenden Erwerb, hinfort verfügbar in der Wiedererinnerung. Sie zeichnet auch das künftig zu Erwartende vor. Zudem gründet in ihr künftige Erfahrung von Neuem nach Analogie des Altbekannten; sie bestimmt für die Zukunft, sie ist Apperzeption und in eines mit dieser die Auffassung von Neuem in einer vertrauten Typik, das Erkennen des Neuen als Haus (wie dergleichen und wiederholt schon erfahren worden), als Baum, der Hausfarbe als gelb usw." (Hua XV, S. 221).

[81] Vgl. Hua XLI, S. 71–75.

[82] Hua XIII, S. 395. Diese Beilage stammt aus dem Jahr 1918.

[83] Diese Funktion des Zeichens, über die im „Prinzip aller Prinzipien" beschriebenen Schranken der Erfahrung hinauszugehen, war schon in den semiotischen Arbeiten vor den *Logischen Untersuchungen* angedeutet. Durch Symbole sind nämlich die „Schranken" unmittelbarer Erfahrung durchbrochen, weil sie zu Leistungen befähigen, die das Bewusstsein „in eigentlicher Erkenntnisarbeit niemals vollbringen könnte" (Hua XII, S. 349–350). Vgl. dazu das zweite Kapitel.

Unzureichend bleibt aber diese erste Beschreibung des Problems in doppelter Hinsicht, denn es ist nicht unmittelbar klar, dass Husserl zwei verschiedene Möglichkeiten des Vorzeichnens im Sinne hat. Einerseits werden diese Vorzeichnungen durch das Eidos des Gegenstandes bestimmt: Das Buch als Buch sagt uns, dass es etwa ein Cover und eine ISBN-Nummer hat.[84] Andererseits werden diese Vorzeichnungen auch durch das Wesen der Wahrnehmung bestimmt. Dabei handelt es sich um die rein noetische *Morphé*, die eine Wahrnehmung als Wahrnehmung bestimmt, d. h. wiederum um die Tatsache, dass die Dingwahrnehmung eben Wahrnehmung eines Dinges ist, das als solches räumlich ausgedehnt und daher in verschiedenen Orientierungen andere Seiten bietet.

Andererseits aber ist diese Beschreibung auch insofern problematisch, als das Eidos des Gegenstandes und die Noesis rein allgemeine Vorzeichnungen geben, die als solche nicht im τόδε τι der Wahrnehmung erschöpfen. Wäre nämlich der Horizont der aktuell gegebenen Seite des Buches nur durch das Wesen der Wahrnehmung vorgezeichnet, so könnte man nur erwarten, dass das Buch räumlich ausgedehnt ist und nichts weiter; das Buch könnte über die wahrgenommene Seite hinaus noch fünf weitere aufweisen, diese könnten flüssig sein und aus Metall bestehen, denn im Wesen der Wahrnehmung liegt selbstverständlich nichts, das besagt, dass das Buch quaderförmig, aus Papier und relativ fest ist. Diese Erwartungen können nur durch den Typus des Dinges vorgezeichnet werden: Da wir es wahrnehmen, ist es räumlich ausgedehnt, aber da es ein Buch ist, hat es sechs Seiten und nicht fünf, besteht aus Papier und nicht aus Metall und ist relativ fest und nicht flüssig.

Wie man leicht einsehen kann, reicht das aber insofern noch nicht aus, als die Unbestimmtheit der Vorzeichnungen in diesem Fall schlechthin nichts mit dem τόδε τι zu tun hat. Wir wissen zwar, dass es ein Buch ist und dass es acht Kanten hat, wir wissen andererseits zum Beispiel nicht, in welcher Größe wir die nicht gegebenen Seiten erwarten können, denn das liegt eben im τόδε τι und nicht im Typus „Buch". Nach dem Beispiel Husserls wäre es also unmöglich, nur durch den Typus des Buches Vorzeichnungen zu haben, die seine Modifikationen antizipieren, wenn wir uns ihm nähern oder davon entfernen, da beispielsweise die Größe, aber auch die Farbe dieses Buchs eben nur von diesem einen Buch abhängt und nicht vom

---

[84] Vgl. Hua XXXVI, 97: „Die Wahrnehmung ist Wahrnehmung gerade von einem Ding, oder näher von einem Tisch; und wie unbekannt der Tisch nach dem Unsichtigen auch sein mag, so ist damit doch eine Regel (mein Vermögen) möglicher weiterer Wahrnehmungen vorgezeichnet, die in bestimmten Weisen fortlaufen müssen, mit bestimmt geregelten Inhalten, damit das kontinuierlich fortlaufende Wahrnehmungsbewusstsein eben Wahrnehmung von einem Tisch und demselben *hic et nunc* schon wahrgenommenen Tisch soll sein können" (aus einem Text aus dem Jahr 1915). Und einige Jahre später (1925): „Was diesen Tisch bestimmt, kann nicht ein Pferd bestimmen". Eine solche Auffassung legt auch *Erfahrung und Urteil* nahe, nach der der Gegenstandstypus diese Bezüge ermöglicht (E. Husserl, *Erfahrung und Urteil*, S. 34–35), und zwar nach bestimmten Erfahrungsregeln. S. dazu C. Christensen, „Sense, Subject and Horizon", in: *Philosophy and Phenomenological Research* 1993, 4, S. 749–779, hier S. 764: „any given thing indicates, or is an index for, a rule-structure. Its noema contains a rule as to what further perceptions of it can be". Zur Normativität der Erfahrung auch in Bezug auf semiotische Elemente der Wahrnehmung siehe S. Crowell, „The Normative in Perception", in: Id., *Phenomenology and Normativity in Husserl and Heidegger*, S. 124–146.

5.4 Noema und Horizontbildung

Typus „Buch". Die Größe und die Farbe der Rückseite sind dadurch vorgezeichnet, dass *diese* Ausgabe von *Anna Karenina* so und so aussieht, und nicht durch den Typus „Buch".[85]

Der Möglichkeitsbegriff innerhalb der Unterscheidung von Noema und Noesis wird noch einmal geweitet: Es ist das *Noema*, welches solche Vorzeichnungen erst ermöglicht.[86] Das Noema ist zwar typenhaft, es ist zwar das Buch als Buch, und gleichzeitig noetisch, das Buch als wahrgenommenes Buch; es ist aber andererseits auch dieses τόδε τι, nicht ein Buch überhaupt, sondern gerade dieses Buch im Wie seiner Gegebenheitsweisen.[87] Es handelt sich bei der Unbestimmtheit der bestimmbaren Vorzeichnungen nicht um eine absolute Unbestimmtheit. Vielmehr folgen die Vorzeichnungen einem durch das Noema vorgegebenen „Stil". Innerhalb des Noema selbst ist es möglich, verschiedene Stufen der Allgemeinheit zu unterscheiden, die den eigentlichen Gehaltsinn des Noema ausmachen.[88] Die erste Stufe (1.) der Allgemeinheit ist die Individualität des τόδε τι: Im Noema ist dieses Buch als dieses Buch hier mit seinem Gegebenheitsmodus gegeben, und d. h. in der jeweiligen Perspektive und Orientierung, in der es wahrgenommen ist.[89] Dieses Buch ist aber

---

[85] Obwohl Husserl nicht immer klar zwischen diesen drei Stufen unterscheidet, sind immer wieder Anspielungen auf diese operative Struktur zu finden. In den *Ideen II* (Hua IV, S. 44) wird zum Beispiel betont, dass die Vorzeichnungen zwar durch das „formale Wesen der Ding-Auffassung", aber auch durch die „Besonderheit der jeweiligen besonderen Auffassung" gegeben sind.

[86] Diese Meinung wird auch von F. Fraisopi vertreten: F. Fraisopi, *Expériénce et horizon chez Husserl*, S. 457. Hier ist es klarerweise unmöglich, eine Gesamtinterpretation des Problems des Noema zu geben; auch nur eine flüchtige Wiedergabe der wichtigsten Positionen der Forschung wäre zu umfangreich, denn im Rahmen der vorliegenden Untersuchung ist die Frage des Noema nur insofern relevant, als dieses die ontologischen Verweise bestimmt. Für eine klassische Abhandlung zu diesem Thema siehe R. Bernet, *Husserls Begriff des Noema*, in: S. IJsseling (Hrsg.), „Husserl-Ausgabe und Husserl-Forschung", Kluwer, Dordrecht 1990, S. 90–110, und der Überblick in P. M. Chukwu, *Competing Interpretations of Husserl's Noema. Gurwitsch versus Smith and McIntyre*, Lang, New York-Bern-Frankfurt am Main-Berlin-Vienna u. a., 2009.

[87] Das Noema ist selbstverständlich nicht auf den Gegenstandstypus zu reduzieren: Vgl. Hua V, S. 85. Sehr klar unterschieden wird in der Forschung zwischen dem Noema als „Gegenstand im Wie seiner Erscheinungsweise" und dem Noema als „Gegenstand im Wie seiner Bestimmtheiten" m. W. nur in I.-S. Cha, *Der Begriff des Gegenstandes in der Phänomenologie Edmund Husserls*, Lit Verlag, Berlin 2014.

[88] Bernet ist der Meinung, dass „eine kritische Besinnung auf den Bewusstseinsstatus des Noema [...] sich primär damit befassen [müsste], die verschiedenen Formen möglicher noematischer Gegebenheit deutlicher zu differenzieren, als Husserl dies in den *Ideen I* selbst getan hat" (R. Bernet, I. Kern, E. Marbach, *Husserl. Darstellung eines Denkens*, S. 94). Diese Kritik ist insofern berechtigt, als bei Husserl die drei von uns herausgearbeiteten Schichten des Noema nicht ausdrücklich und analytisch als solche unterschieden werden; andererseits zeigt die hier vorgelegte Auslegung, dass eine solche Unterscheidung im Ausgang von Husserls Text herausgearbeitet werden kann.

[89] Husserls Ausdrucksweise „Gegenstand im Wie seiner Gegebenheitsweise" ist ambivalent, denn „Gegebenheitsweise" könnte sich einfach auf verschiedene Noesen bzw. Aktqualitäten (Morphé) beschränken. In den ergänzenden Texten (Hua III/2) wird es klar, dass damit der Gegenstand in der Perspektivität seiner Erscheinungsweise gemeint ist: „Im Noema haben wir also nicht das hyletische Datum Farbe, sondern ‚Farbenperspektive', nicht das hyletische Datum Ausbreitung und Quasigestalt, sondern Gestaltperspektive" (Hua III/2, S. 617). Vgl. dazu R. Lanfredini, *Husserl e la teoria dell'intenzionalità. Atto, contenuto e oggetto*, Laterza, Rom/Bari 1994, S. 133 und 153.

wiederum eben als Buch da (2.). Das ist die Stufe des gegenständlichen Eidos bzw. Typus. Das Buch ist selbstverständlich dann in höchster Allgemeinheit da als „Raumding" überhaupt, als etwas, das zur ontologischen Region „Ding" gehört (3.) und als solches in die Dingwahrnehmung fallen kann.[90] Diese drei Stufen (noematisch-individuell, noematisch-eidetisch und noematisch-regional bzw. noetisch-noematisch) zeichnen Möglichkeiten für den weiteren Verlauf der Wahrnehmung eines Dinges, d. h., sie zeichnen seinen Horizont vor mit einer gewissen Einheitlichkeit, aber nicht als völlig vorbestimmten.[91]

Dass es diese verschiedenen Schichten in der Struktur des Noema (oder, was dasselbe ist, in der Konstitution des Dinges) gibt, bestätigt nun Husserl gerade im Hinblick auf die notwendige Partialisierung der Wahrnehmung:

> Ob es sich um das Wesen eines Dingindividuums [2.] handelt, oder um das regionale Wesen Ding überhaupt [3.], keinesfalls langt eine einzelne Dinganschauung [1.] oder eine endlich abgeschlossene Kontinuität oder Kollektion von Dinganschauungen zu, um in adäquater Weise das gewünschte Wesen in der ganzen Fülle seiner Wesensbestimmtheit zu gewinnen.[92]

Auch in *Erfahrung und Urteil* wird dieselbe Kategorisierung der Gegenstände vorgenommen: Dem „Gegenstand überhaupt", nur soweit bekannt, dass es „Seiendes in der Welt" ist, wird eine Typisierung entgegengestellt, die für alle Wahrnehmungsgegenstände gilt.[93] Diese sind also nicht bloß „als ‚Gegenstand', Erfahrbares, Explikables, als Ding, als Mensch, als Menschwerk" erfasst, sondern die Typisierung zeichnet einen besonderen Stil vor.[94]

Dass es so ist, also dass das Noema den Stil vorzeichnen kann, liegt darin beschlossen, dass das Noema selbst eine innere Struktur aufweist, mit einem Kern (Sinninhalt), der immer unverändert bleibt, und dem „vollen" Noema, das immer neue Bestimmungen und Unbestimmtheiten (auch „Charaktere" oder „Prädikate"

---

[90] Diese Unterteilung ist allerdings nicht deckungsgleich mit gewöhnlichen Interpretationen des Noema, obwohl einige Autoren schon in diese Richtung argumentiert haben. Neulich hat z. B. S. Geniusas unterschieden: den „noematic sense", als dieses τόδε τι in der Art und Weise, wie es erscheint (Punkt 1); dazu den „full noema", nämlich das Erscheinende mit allen ungesehenen Aspekten desselben (wenn man annimmt, dass die ungesehenen Aspekte durch den Typus des Gegenstandes vorgezeichnet sind, dann deckt sich dieser Punkt mit Punkt 2); und drittens „the pure objective sense", nämlich das „Ding" überhaupt (Punkt 3), von Husserl auch „das bestimmbare X" genannt.

[91] Vgl. III/1, S. 332. „Aufgrund der jeweils vollzogenen Erfahrung und [...] des *mannigfaltigen* Regelsystems, kann freilich nicht eindeutig entnommen werden, wie der weitere Erfahrungsverlauf sich abspielen muss. Im Gegenteil bleiben unendlich viele Möglichkeiten offen, die aber durch die sehr inhaltreiche apriorische Regelung dem Typus nach vorgebildet sind" (meine Hervorhebung). Für eine Entwicklung des Gedankens, es gebe Regeln der Erfahrung, welche aus der intentionalen Implikation stammen, vgl. S. Crowell, *Normativity and Phenomenology in Husserl and Heidegger*, S. 18.

[92] Hua III/1, S. 345.

[93] Zum Begriff der Typik vgl. u. a. auch Hua I, S. 190: Jedes Objekt als „Vorgestelltes, wie immer Bewusstes, bezeichnet [...] sofort eine universale Regel möglichen sonstigen Bewusstseins von demselben, möglich in einer wesensmäßig vorgezeichneten Typik".

[94] E. Husserl, *Erfahrung und Urteil*, S. 34–35.

5.4 Noema und Horizontbildung

genannt) annehmen kann, und zwar je nachdem, wie das Erscheinende in der Wahrnehmung erscheint.

> Wir sagen, dass das intentionale Objekt im kontinuierlichen oder synthetischen Fortgang des Bewusstseins immerfort bewusst ist, aber sich in demselben immer wieder „anders gibt": es sei „dasselbe", es sei nur in anderen Prädikaten, mit einem anderen Bestimmungsgehalt gegeben, „es" zeige sich nur von verschiedenen Seiten […].[95]

Das „bestimmbare X", also das Noema in seiner unendlichen, immer variierenden Bestimmbarkeit, scheidet sich somit von seinen Prädikaten, von seiner jeweiligen Bestimmtheit ab. Der „charakterisierte Kern", heißt es noch in einer etwas missverständlichen Formulierung,[96] sei wandelbar, während der Kern als Träger solcher Charakteristika ein immerwährend identischer sei. Eben dieses X, also das Erscheinende in seinem noematischen Sinn und Kerninhalt, gibt vor, was am Gegenstand unbestimmt, aber potentiell bestimmbar ist, und definiert somit den Horizont weiterer Erfahrungsmöglichkeiten des Gegenstandes nach weiteren Hinsichten und Perspektiven.

Nach dem, was oben gezeigt wurde, ist es nun klar, dass dem Noema die Möglichkeit zu verdanken ist, dass die verschiedenen Abschattungen und Perspektiven als „unselbstständige Momente"[97] des Ganzen betrachten werden können; das Noema zeichnet den Horizont vor.[98] Damit hebt Husserl ein Problem auf, das für die Phänomenologie der Wahrnehmung besonders prägnant war, nämlich wie genau der Horizont möglich ist. Ist der Horizont durch das Noema vorgezeichnet, so spielt weder das Empfindungsdatum mit seinen Zeichen und Verweisungen noch ein aktives Einheitsbewusstsein eine Rolle. Das Noema als Ursprungsstätte siedelt sich im Raum intentionaler Gegenständlichkeit gerade zwischen Bewusstsein und Gegenstand an. Das Eidos des Gegenstandes zusammen mit der Bestimmtheit dieses τόδε τι und dem Wesen „Wahrgenommenes überhaupt" erlaubt es hier, Vorzeichnungen zu haben, die sowohl unbestimmt (denn gerade, wie genau der wahrgenommene Gegenstand weitergeht, wissen wir natürlich nicht, obwohl das prinzipiell bestimmbar ist) als auch relativ bestimmt sind (denn was da horizonthaft weitergeht, ist dieses eine bestimmte Exemplar von *Anna Karenina* in dieser Ausgabe, nicht ein Buch überhaupt und auch kein wahrgenommenes Ding überhaupt).

Dabei ist es phänomenologisch sinnvoll, den Horizont zu einem Seinshorizont umzuschreiben: Das, was bezeichnet und vorgezeichnet ist, ist nämlich das unbestimmte aber bestimmbare Sein gewisser Sachverhalte, dessen Vermutung durch

---

[95] Hua III/1, S. 301.
[96] Hua III/1, S. 302. Husserl spricht auch von „vollem Kern" und setzt das mit „subjektiver Erscheinungsweise" gleich (Hua III/1, S. 311). Das besagt wiederum: Das Noema in seiner vollen Konkretion ist *dieses* Buch hier wie es mir gerade erscheint, also nach dieser oder jener Seite; dabei ist aber der eigentliche Kern einfach „dieses Buch", das bestimmbare X abgesehen von jeder Jeweiligkeit der Erscheinungsweise.
[97] Hua III/1, S. 319.
[98] Daher ist die Einsicht Costas m. E. korrekt: „il noema è costituito da attese vuote che sono pretese di verità" (V. Costa, *Il cerchio e l'ellisse*, S. 158), und „il noema è ciò che credo che l'oggetto sia, ed è dunque intessuto di anticipazioni" (S. 161).

das Gegebensein der Erscheinung motiviert wird. Dieser Begriff der Motivation ist ein Begriff, der, obwohl schon in den früheren Abhandlungen vorhanden, erst in den *Ideen I*, mehr noch aber in den *Ideen II* und in der genetischen Phänomenologie, eine zentrale Rolle einnimmt und gerade in der Definition der Anzeige seine erste phänomenologische Stellung innehat.[99]

Erscheint nämlich ein Buch, so liegt in der Erscheinung die Vermutung des Seins (der Glaube an das Sein) dieses Buches; dieses Sein ist dann als spezifisches phänomenologisches Problem durch Epoché eingeklammert, aber nicht vernichtet; die Vermutung bleibt bestehen, nur wird ihr nicht erkenntnistheoretisch nachgegangen. In diesem Sinne ist der Horizont die Setzung weiterer Seinsvermutungen, denn die anderen Seiten eines Dinges und sein Optimum werden immer als möglicherweise Gegebene, also als möglicherweise seiend gesetzt. Ob das Ding existiert, ist phänomenologisch entbehrlich, nicht aber, dass es als seiend bewusstseinsmäßig gesetzt wird.

Der Charakter dieser Vorzeichnungen ist in dem Text von den *Ideen I* eher offengelassen. Husserl scheint davon auszugehen, dass die Rede von „Vorzeichnungen" und daher von einem Ding, das weitere Möglichkeiten im Wahrnehmungsverlauf „bezeichnet", völlig unproblematisch wäre, während er doch selbst explizit behauptet hatte, dass in der Wahrnehmung nichts von der Struktur der Bezeichnung zu finden ist.[100] Der Rekurs auf diese semiotische Struktur wird in einigen ergänzenden Texten zu den *Ideen I* expliziter gemacht:

> Es scheidet sich uns im adäquat Gegebenen das „reell Gegebene", „reell Enthaltene" und das ideell Gegebene, als bloß ideales Korrelat „Enthaltene", was besagt, nicht enthalten im eigentlichen Sinn, eben dem reellen. Dass die Tischwahrnehmung Wahrnehmung von dem Tisch und so wie sie ist, Wahrnehmung von dem Tisch in einer bestimmten Orientierung ist, in der er sich von einer gewissen Seite zeigt, dass er als so und so geformt, gefärbt erscheint usw., das ist, wofern ich nur getreu ausdrücke, als was der Tisch da erscheint und „wie" er erscheint und nicht über das in dieser Wahrnehmung selbst Erscheinende hinausgehe, eine zweifellose Wahrheit. [...] Dass Wahrnehmung Wahrnehmung von dem so und so zu Bezeichnenden ist, das gehört zu ihr, das so Bezeichnete aber, als ihr Korrelat, ist nicht reell in ihr.[101]

---

[99] Zum Begriff der Motivation vgl. B. Rang, *Kausalität und Motivation*, und M. Ubiali, *Wille – Unbewusstheit – Motivation. Der ethische Horizont des Husserlschen Ich-Begriffs*, Würzburg, Ergon 2013, vor allem S. 55–80. Dabei scheint mir die Position Ubialis (a. a. O., S. 64) und Staitis (A. Staiti, *Geistigkeit, Leben und geschichtliche Welt in der Transzendentalphänomenologie Husserls*, Ergon, Würzburg 2010, S. 122–123) gerechtfertigt, nach der die Gegenüberstellung zwischen Kausalität und Motivation eigentlich durch die zwischen „Naturkausalität und Motivationkausalität" ersetzt werden muss. Und das nicht nur, um das Lexikon an Husserls Ausdrucksweise anzupassen, sondern, so scheint mir, auch um die Strukturähnlichkeit beider Momente hervorheben zu können, da – wie noch zu zeigen sein wird – einige Gemeinsamkeiten bestehen bleiben, wie der Rekurs auf die „Induktion" (vgl. letztes Kapitel) zeigt.

[100] „In der Wahrnehmung ist von dergleichen [scil. von Abbilden und Bezeichnen] keine Rede" (Hua III/1, S. 79).

[101] Hua III/2, S. 544.

5.4 Noema und Horizontbildung

Beide Positionen lassen sich insofern miteinander versöhnen, als es im zweiten Fall um eine Abwehr klassischer Theorien der Wahrnehmung geht, im ersten hingegen um eine positive – obwohl implizite – Rehabilitierung semiotischer Figuren, die keinesfalls bloße Sprachverlegenheit von Seiten Husserls zeigen, sondern ganz und gar in die Sache eingebettet sind. Die Struktur dieser Vorzeichnungen, so darf man annehmen, unterscheidet sich nämlich in nichts von dem, was Husserl schon in den *Logischen Untersuchungen* als symbolisch und signitiv (außer, dass nun diese Struktur durch das Noema hervorgebracht und nicht in die Empfindungen einbettet ist) und in *Ding und Raum* als Anzeige von Bewegungsmöglichkeiten (außer, dass nun Bewegung und Leiblichkeit keine Rolle spielen) ausgelegt hat und für die in dieser Arbeit die Nähe zu Husserls expliziter Semiotik rekonstruiert wurde. Ist nämlich die Einbettung in die Empfindung und der Rekurs auf leibliche Bewegungen getilgt, so ist nicht die Struktur aufgehoben, nach der das Gegebene auf etwas dynamisch hinweist in dem Sinne, dass sie eine Vermutung seines Seins uneinsichtig (d. h. auf eine unbestimmte Art und Weise) motiviert. Und dass es sich in der Horizontstruktur überhaupt um Anzeige handelt, hält Husserl bis in seinen späteren Arbeiten fest: Die transzendentalen Horizonte sind in den transzendental erschlossenen Gehalten „angezeigt", wie es in einem Beiblatt zur *Krisis* heißt.[102]

Dass das genau der Fall ist, nämlich dass Horizontbildung und Semiotik, phänomenologisch betrachtet, zu denselben Sphären gehören, darüber gibt Husserl klar Auskunft in einer Anmerkung aus dem Jahr 1924. Diese Anmerkung ist ein Versuch, einige Punkte klarer zu formulieren, die in die Vorlesung *Grundprobleme der Phänomenologie* (1910/11) Eingang gefunden hatten. Zur Klasse der Analogisierungen und der „Verbildlichung", aber nicht im Sinne von Phantasievorstellungen, gehören sowohl die Zeichenauffassung als auch die Horizontbildung:

> Ebenso: ich kann über ein wirklich Erfahrenes […] hinausschreiten […], indem ich mir „Vorstellungen mache", wie es, z. B. ein Ding, über das von ihm Erfahrene hinaus sein möge, wie es sich künftig entwickeln werde etc. Solche Vorstellungen sind Analogisierungen, Verbildlichungen […], analogische Abwandlungen der Erfahrung und dabei doch „setzende" Vorstellungen. Sie sind ja motiviert, auf Erfahrung gegründet und durch Erfahrungshorizonte vorgedeutet. Anderseits ist der Unterschied dieser Abwandlungen indirekter Erfahrungen gegenüber ursprünglichen, direkten Erfahrungen klar. Jede Vorstellung durch Anzeige, durch Zeichen, die eben Dasein anzeigen, gehört hierher […]. Doch nun ist es auch klar, dass jede Erwartung und jedwedes Horizontbewusstsein hierhergehört.[103]

Aus dem Gesagten tritt klarerweise hervor, wie und inwiefern die Horizontbildung bewusstseinsmäßig als eine Zeichenstruktur und näher als eine Anzeigestruktur ausgelegt wird. Die Horizontbildung hat nämlich insofern eine Anzeigestruktur, als in beiden Fällen ein Dasein angezeigt wird, also eine setzende Funktion geübt wird. Die Vermutung des Seins des horizontmäßig Vorgezeichneten entspringt somit dem Noema.

---

[102] Hua XXIX, S. 208.
[103] Hua XIII, S. 224.

5.5 Das Ding als Zeichen für sich selbst

Ist das Ausgeführte eine plausible Interpretation, so kann Husserls Zurückweisung des Zeichens keine definitive Gültigkeit haben. Sie kann vielmehr nur bedeuten, dass die Erscheinungen keine Zeichen für Dinge an sich sind, nicht aber dass „Ding" (in der Dingwahrnehmung) und „Zeichen" schlechterdings nichts miteinander zu tun hätten, da es in der Horizontbildung, vermittelt durch das Noema, gerade um Figuren der Bezeichnung geht, die in der von Husserl selbst entworfenen phänomenologischen Begrifflichkeit als Anzeige eingeholt werden können.

Dass das Zeichen für eine Phänomenologie der Wahrnehmung auch in dem Gedankenrahmen der *Ideen* unentbehrlich ist, bestätigt auch Husserls Auffassung des erscheinenden Dinges als Zeichen für sich selbst: „Das sinnlich erscheinende Ding, das die sinnlichen Gestalten, Farben, Geruchs- und Geschmackseigenschaften hat, ist also nichts weniger als ein Zeichen für ein *anderes*, sondern gewissermaßen Zeichen *für sich selbst*".[104] Das Ding stellt, anders gesagt, sich selbst nach verschiedenen Perspektiven und Abschattungen dar. Dasselbe Ding, das da erscheint, weist auf sich selbst in anderen möglichen Abschattungen und Perspektiven hin, und letztlich – wenn man an der Lehre von *Ding und Raum* festhalten will – auf sein Optimum.[105] Das Ding stellt sich selbst dar durch Perspektivierung und Orientierung, da es vermittelt durch die Kinästhesen immer anders gegeben ist; und dennoch weisen diese verschiedenen Gegebenheiten auf ein Selbst hin, das nicht ein separater Gegenstand ist, sondern ein anderer Sachverhalt.

Schon 1910/11 hatte Husserl die These aufgestellt, das Ding in der phänomenologischen Erfahrung sei ein „Index" für motivierte Bewusstseinszusammenhänge, die durch weitere Bewegungen (bspw. durch Augenbewegungen, Kopfdrehungen

---

[104] Hua III/1, S. 113. E. W. Orth kommentiert korrekt: „Anschaulich ist das, was nur Zeichen für sich selbst ist, was sich selbst genügt" (*Husserls Wahrnehmungsbegriff*, S. 163). Diese Beschreibung war in den *Logischen Untersuchungen* auf die adäquate Wahrnehmung beschränkt, „wenn der dargestellte Inhalt zugleich der Darstellende ist" (Hua XIX/2, S. 614), was nichts anderes sagt, als dass das Darstellende zugleich das Dargestellte ist, nämlich dass der Inhalt Zeichen für sich selbst ist. Das Darstellen ist in den *Logischen Untersuchungen* explizit als Hinweisverhältnis ausgelegt (Hua XIX/2, S. 609). Derrida interpretiert diese Passage aus den *Ideen I* (J. Derrida, *Die Stimme und das Phänomen*, S. 171) in dem Sinne, dass ein Zeichen für sich selbst zu sein, die Struktur des Zeichens aufheben würde, was aber für Husserls Phänomenologie nicht gilt; es geht nämlich um eine angemessene Beschreibung der Sachlage, wenn man versteht, wie das Zeichen zu fassen ist, nämlich als dynamischer Hinweis auf einen Horizont, welcher wiederum zum Ding selbst gehört. Es ist klar, dass das „sich selbst" in der Formulierung problematisch ist, was im unmittelbaren Anschluss auch zur Diskussion gestellt wird.

[105] Vgl. Hua Mat. VII, wo es gesagt wird, dass die Rede der Empfindung als Darstellung für das Ding, wie sie noch in den *Logischen Untersuchungen* festgehalten wurde, unzureichend ist. Daher überlegt sich Husserl, von „Selbststellen" anstatt von Darstellen zu sprechen, da das Ding eben selbst erscheint. „Selbststellen" ist schon ein Schlüsselbegriff in *Ding und Raum*. In einer später hinzugefügten Randnotiz bemerkt Husserl aber, dass „Selbststellen" eine „unbrauchbare Terminologie ist" (Hua XVI, S. 125). Anscheinend findet Husserl gerade im Gedanken des Dinges als Zeichen für sich selbst eine befriedigende Lösung.

5.5 Das Ding als Zeichen für sich selbst

usw.) eingeholt werden könnten.[106] Das Ding ist als erfahrenes Ding „Index für eine gewisse Regelung des Bewusstseins als reinen Bewusstseins".[107] Der Begriff des Zeichens passt aber in diesen Rahmen besser als der des Index, da „Zeichen" gerade eine Durchgangsfunktion bezeichnet,[108] während „Index" von Husserl selbst meist eher im Sinne von Merkmal an dem Ding bzw. am Erlebnis gebraucht wird.[109] Dass der Zeichenbegriff angemessener ist, bestätigt Husserl systematisch auch einige Jahre nach dem Abfassen der *Ideen I*:

> Die kinästhetischen Daten sind notwendig mit in Funktion, und ich habe den Blick auf sie gerichtet (bzw. auf Augenbewegung, Handbewegung, schon leiblich apperzipiert), aber nicht als „meine Gegenstände"; und indem sie vom Ich her tätig ablaufen (im „Ich bewege"), treten, als durch sie in ihrer Folge „motiviert", die „Erscheinungen" auf (mit ihrem Erscheinenden als solchem), auf die ich als die durch jene hergestellte (und dazu gleichsam tätig bestimmte) den Blick richte, aber wieder nicht auf sie als Ende. Mein Blick geht „durch" die Kinästhesen auf das kinästhetisch Motivierte und durch sie hindurch auf ihre Einheit. Und da bin ich „bei der Sache". Es ist ebenso, wenn ein Zeichen in Funktion ist und somit zwar erscheint, aber bloß Durchgang des darüber sich bewegenden (physischen, aber auch geistigen) Blickes ist, der daran die sinnlichen Sondergestalten durchläuft und auch erfasst und zur Einheit bringt, die die bezeichnenden Funktionen üben; der Blick geht darauf, aber alsbald hindurch – hinein in die Bedeutung, in der der *terminus ad quem* liegt.[110]

Obwohl Husserl wenige Seiten später noch auf die Unterscheidung besteht, dass es bei Zeichen um verschiedene Gegenstände geht, in der Wahrnehmung hingegen nicht, bleibt die Stringenz einer solchen Beschreibung, die sich der Formulierung „Zeichen für sich selbst" bedient, außer Frage. Die Erscheinung und somit auch die kinästhetischen Abläufe sind *termini a quo*, Durchgänge für einen dynamischen Hinweis, für einen anzeigenden Pfeil in Richtung auf die selbst erscheinende Einheit, die gerade als selbst erscheinend bedeutet und bezeichnet wird. Die Erscheinung deutet auf sich selbst hin und zeigt damit an, Erscheinung dieses Dinges zu sein. „Zu den Sachen selbst" muss daher systematisch gerade so verstanden werden, dass phänomenologisch durch die Erscheinung hindurch zu gehen ist auf das erscheinende Ding selbst. Der berühmte Spruch tritt nämlich in den *Logischen Untersuchungen* als methodisches Prinzip auf, da der Phänomenologe auf die Sachen selbst gerichtet sein muss und nicht auf die Theorien. Dieses Prinzip ist aber im Gemeinbild der Phänomenologie oft auch als systematischer Satz in dem Sinne genommen, dass die Phänomenologie auf die Dinge als solche aus ist. Ist die Phänomenologie keine Lehre von Phänomenen im Sinne bloßer Scheine, so darum, weil

---

[106] Hua XIII, S. 179–180.
[107] Hua XIII, S. 182.
[108] Dass das genau das ist, was Husserl wollte, ist durch die Forschung A. Aguirres bestätigt: „Dieser Kern [scil. der Erscheinung] fungiert jeweils als Träger des ganzen Horizonts, weil sich das Bewusstsein erst im Durchgang durch ihn, d. h. durch die selbstgesehene Seite, des Ganzen, d. h. des durch ihn hindurch Erscheinenden (des ‚Durchscheinenden', wie Husserl sich zuweilen auch ausdrückt (C 3 VI, S. 17), bemächtigt" (A. Aguirre, *Genetische Phänomenologie und Reduktion*, S. 146).
[109] Vgl. etwa Hua III/1, S. 236: „Jeder noematischen Stufe gehört eine Stufencharakteristik zu, als eine Art Index, mit dem jedes Charakterisierte sich als zu seiner Stufe gehörig bekundet".
[110] Hua XXXXIX, S. 14.

die Erscheinung Durchgang, dynamischer Hinweis, Zeichen für das Ding selbst ist. Durch ein Verständnis dessen, was diese semiotische Struktur besagt, können auch Einsichten darüber gewonnen werden, wie im Denksystem der *Ideen I* die noematische Auffassung mit der aktuellen Erscheinung zusammenhängt.[111]

Das Noema, also die Setzung des gegenständlichen Sinnes, der die Zeichenhaftigkeit des Dinges erlaubt, ist nicht anders als durch das Ding selbst in seinem Erscheinen motiviert. „Die Setzung" – so Husserl – „hat in der originären Gegebenheit ihren ursprünglichen Rechtsgrund"[112]:

> Zu jedem Leibhaft-Erscheinen eines Dinges gehört die Setzung, sie ist nicht nur überhaupt mit diesem Erscheinen eins […], sie ist mit ihm eigenartig eins, sie ist durch es „motiviert", und doch wieder nicht bloß überhaupt, sondern „vernünftig motiviert".[113]

Wie dieses „eigenartige" Einssein nun zu denken ist, erschließt sich ohne Weiteres aus dem Zusammenhang dessen, was Husserl ausgeführt hat. Das Ding in seinem Erscheinen, in seinen adäquat erscheinenden Abschattungen, ist „gewissermaßen" ein Zeichen für sich selbst, ein Zeichen für das Ding in der vollen Konkretion seines Wesens mit den verschiedenen Schichten seiner Konstitution im Noema. Dabei ist die Setzung des gegenständlichen Sinnes nicht nur etwas mit dem Leibhafterscheinen Zusammenerscheinendes, sondern sie gehören zusammen in dem Sinne, dass das eine durch das andere vernünftig motiviert ist; dieses „Zusammengehören" anstatt bloßes „Zusammenerscheinens" ist gerade die Art und Weise, wie in den *Logischen Untersuchungen* das anzeigende Verhältnis beschrieben worden war. Durch den Begriff der Motivation in ihrer Vernünftigkeit, aber nicht völliger Einsichtigkeit, wird die Parallele mit der Anzeige deutlich bestätigt.

Vorgezeichnet bzw. motiviert durch die verschiedenen noematischen Systeme, das individuelle, das eidetische und das regional-ontologische, ist in letzter Instanz das, was in *Ding und Raum* „das Optimum" genannt worden war und nun die „Idee im kantischen Sinne"[114] heißt, nämlich die Idee eines Dinges in seiner totalen und vollkommenen Gegebenheit. Dass es um eine Idee im kantischen Sinne geht, liegt daran, dass sie nie gegeben ist, dass sie letztlich sogar für Gott selbst unmöglich ist.[115] Die Idee im kantischen Sinne ist in der Erscheinung nur angezeigt, nämlich motiviert in ihrer Seinssetzung und -überzeugung (der Baum ist dort, ist räumlich ausgedehnt, rund, braun auch an der Rückseite des Stammes usw.) durch den

---

[111] Costa deutet darauf hin, dass in den *Ideen I* „non viene chiarito che cosa legittimi il conferimento di senso, in base a cosa e perché una certa noesi possa apprendere certe sensazioni come manifestazioni di un certo oggetto, e dunque che cosa motivi la nostra credenza nell'esistenza in sé delle cose" (V. Costa, *Husserl*, Carocci, Rom 2009, S. 47). Mit anderen Worten, in den *Ideen I* bleibt offen, wodurch die Setzung eines Noema motiviert ist und welches Verhältnis zwischen Erscheinung und Sinn besteht. Dieser Analyse Costas ist vollständig zuzustimmen, und die Sachlage klärt sich für Husserl erst in den *Ideen II*, mit der Einführung der Passivität und der Anzeige als Assoziation, auf.

[112] Hua III/1, S. 316.

[113] Ebd.

[114] Hua III/1, S. 331.

[115] Hua III/1, S. 351. S. auch § 43.

5.5 Das Ding als Zeichen für sich selbst

Seinsglauben an das, was in der Erscheinung erscheint. Darüber hinaus ist diese Tendenz auf die Idee im kantischen Sinne in uneinsichtiger Weise angezeigt: Sie ist zwar vernünftig motiviert, nicht aber einsichtig, weil sich das Subjekt in seinen Setzungen immer auch irren kann.[116] Wie im nächsten Kapitel zum Thema gemacht wird, verfestigt sich die Rolle der Anzeige in der Wahrnehmung gerade nach 1913, und zwar schon in den *Ideen II*, wo auf verschiedenen Ebenen die Wahrnehmung als eine anzeigende Struktur beschrieben wird.

---

[116] Näher besehen ist das Verhältnis zwischen Uneinsichtigkeit und Einsichtigkeit der Verweise hier zweideutig: *Dass* etwas angezeigt ist, ist völlig einsichtig und phänomenologisch gewiss; *was* aber angezeigt wird, also der Inhalt, ist uneinsichtig als bestimmbare Unbestimmtheit. Dieser Meinung ist auch F. Belussi, *Die modaltheoretische Grundlagen der Husserlschen Phänomenologie*, S. 111–112.

Kapitel 6
Passive Anzeige

Dass die Rede vom Ding als einem „Zeichen für sich selbst" in dem von uns im vorigen Kapitel angegebenen Sinne verstanden werden muss, und zwar so, dass mit der eigentlichen Erscheinung das Erscheinende und weitere Erscheinungen angezeigt sind, kommt im zweiten Band der *Ideen* in aller Klarheit zum Vorschein. Wenn der Endreferenzpunkt semiotischer Verweise in der Wahrnehmung *Ding und Raum* zufolge das Optimum, den *Ideen I* zufolge die Idee im kantischen Sinne ist, so lässt sich nun zeigen, wie das Optimum bzw. die Idee in ihren Konstitutionsschichten entstehen. Sowohl in *Ding und Raum* als auch in den *Ideen I* wird die Figur der Anzeige operativ angewendet, wenn auch nicht explizit und systematisch eingeführt. Im phänomenologischen Gesamtprojekt wird ihr fortwährend ein fester Stellenwert zugewiesen, der mit den passiven Schichten der Dingkonstitution zusammengehört. Daher ist es das Hauptanliegen dieses Kapitels, die Funktion der Anzeige in der sogenannten „Wertnehmung" (Wahrnehmung von Werten) (1.) und in der Dingwahrnehmung (2.) so zu thematisieren, dass analysiert werden kann, wie diese semiotische Struktur zu denken ist. Dabei lässt sich eine Verschiebung gegenüber den *Ideen I* feststellen und die Zusammengehörigkeit von Noema und Leiblichkeit (3.) wird im Sinne einer genetischen Phänomenanalyse weiter expliziert, die auf den Begriff der Motivation aufbaut (4.). Durch die Auslegung der Motivation als Anzeigestruktur lässt sich zeigen, wie Husserls Auffassung der Wahrnehmung eines Dinges sich mit der operativen Anwendung der Anzeige verändert, weil die Anzeige als Struktur der Assoziation eine ursprünglichere Schicht in der Dingkonstitution bezeichnet als die Horizontstruktur, welche vom Noema abhängt (5.), wie es sich im vorigen Kapitel zeigte.[1] Damit wird gezeigt, dass die Konstitution des Noema im Denkrahmen der *Ideen II* durch anzeigende Assoziationen ermöglicht ist, sowie auch

---

[1] Die These, nach der Husserls Position in den *Ideen II* von der Position der *Ideen I* abweicht, lässt sich durch werkgeschichtliche Betrachtungen nicht widerlegen. Die *Ideen II* sind zwar etwa zur selben Zeit wie die *Ideen I* (wahrscheinlich ein Jahr später, 1913 die *Ideen I* und 1914 die *Ideen II*) entstanden, enthalten aber Texte, die bis in das Jahr 1917 zu datieren sind sowie Korrekturen, die noch aus den dreißiger Jahren stammen.

durch die Intersubjektivität – zwei Aspekte, die in den *Ideen I* keine angemessene Behandlung fanden. Das Ding in seinem vollen Sinne, welcher zum Noema gehört, ist nämlich ein intersubjektives Produkt, aber die Intersubjektivität ist wiederum nur möglich dank der anzeigenden Funktionen in der Fremderfahrung (6.).[2] Am Ende wird dann versucht, eine Gesamtauffassung der Ergebnisse zu liefern: Wenn die Konstitution des Dinges in der Wahrnehmung von passiven Assoziationen und intersubjektiven Leistungen abhängt, und sowohl die Assoziation als auch die Konstitution der Intersubjektivität auf Anzeigen basieren, dann ist die Anzeige ein Schlüsselmoment der Dingkonstitution überhaupt.

6.1 Wertnehmung und kulturelle Gegenstände

Unter *Wert*nehmung ist Husserl zufolge die Anschauung des Wertes eines Dinges zu verstehen. „Wert" meint dabei nicht nur einen materiellen bzw. ökonomischen Wert, und auch nicht nur einen moralischen Wert, sondern überhaupt alles, was mit einem Werturteil zusammenhängt. Bei der Veranschaulichung der Auffassung der Schönheit eines Kunstwerkes greift Husserl explizit auf die Begriffe „Zeichen" und „Anzeige" zurück:

> In einem Blick erfasse ich die Schönheit einer alten Gotik, die ich voll nur erfasse im durchlaufenden Wertnehmen, mit entsprechend doxischer Wendung vollere Wertanschauung liefernd. Der flüchtige Blick kann schließlich ganz leer antizipierend sein, auf Anzeichen hin die Schönheit gleichsam vorfassend, ohne dass das mindeste wirklich erfasst wird. Und diese Gefühlsantizipation genügt schon zu einer doxischen Wendung und Prädikation.[3]

Bei der Beschreibung der Schönheitauffassung als durch Anzeichen vermittelt handelt es sich aber nicht nur um einen besonderen Fall des „flüchtigen" Wertnehmens, weil die Vorfassung der Schönheit auf Anzeichen hin mit der Struktur einer leeren Antizipation gleichgesetzt wird. Die Pointe, die Husserl in dieser Passage veranschaulichen will, ist gerade, dass „selbst in einem wertnehmenden (und, doxisch gewendet, Wert anschauenden) Bewusstsein die Anschauung ‚inadäquat', nämlich antizipierend und somit mit leer vorgreifenden Horizonten des Gefühls ausgestattet sein",[4] d. h. auf der Basis von Anzeichen geschehen muss. Gehört nämlich die

---

[2] Dieser Punkt wird dann im nächsten Kapitel wieder aufgenommen und ausgebaut.
[3] Hua IV, S. 10. Vgl. für Kunstwerke auch Hua XIV, S. 187–189. Für einen Überblick über Husserls Auffassung kultureller Gegenstände vgl. S. Dubosson, *L'ontologie des objets culturels selon Husserl*, in: „Studia Phaenomenologica", vol. VIII, 2008, S. 65–81. Auf weitere Analyse des Bildbewusstseins und der Wahrnehmung von Kunstwerken kann im Rahmen dieser Arbeit nicht näher eingegangen werden. Darüber sind maßgebend die Texte, die im Band XXIII der Husserliana gesammelt sind. Für eine Einleitung bezüglich der Frage von Kunstwerken und ihrer apperzeptiven Horizonte vgl. E. Marbach, *Einleitung des Herausgebers*, S. LXXVI–LXXXI, in: Hua XXIII. Vgl. systematisch insbesondere Hua XXXIII, S. 174 ff., wo das Schema Auffassung(ssinn)-Auffassungsinhalt nur auf unklare Wahrnehmungen und auf das Wahrnehmen kultureller Gegenstände angewandt wird, während eine klare Wahrnehmung schlichte Wahrnehmung wäre. Zur systematischen Ungenügsamkeit einer Kunsttheorie, die sich an Symbol- und Zeichenmodellen orientiert, vgl. G. Figal, *Erscheinungsdinge*, S. 163–164.
[4] Hua IV, S. 10.

6.1 Wertnehmung und kulturelle Gegenstände

Struktur der leeren Antizipation konstitutiv zu jeder Wertnehmung – und das scheint im Sinne Husserls die beste Lektüre zu sein –, dann gehört die Anzeige mit dazu.[5] Die Schönheit der Gotik wird also unmittelbar („in einem Blick") erfasst auf der Basis einer Erscheinung, die selbst als Anzeichen für diese Schönheit fungiert, indem diese Schönheit leer antizipiert wird. Die Schönheit wird dabei aber nicht angezeigt als etwas, das jenseits der Erscheinung liegt (es wäre nämlich in diesem Fall erst vermittelt aufzufassen), sondern nur deshalb, weil das in der Erscheinung Erscheinende schön ist, kann die Erscheinung Anzeichen der Schönheit sein. Die Erscheinung ist dann quasi Anzeichen ihrer selbst wie das Ding Zeichen seiner selbst in den *Ideen I* ist.

In diesem Fall gelingt es aber kaum, Husserls Sprachgebrauch genau zu folgen, da hier nicht unmittelbar einsichtig ist, inwiefern der Gegenstand eine „Seinsvermutung", wie diese für die Anzeige konstitutiv ist, für die Schönheit nahelegen könnte. Da aber die Schönheit einer alten Gotik in Husserls Beschreibung mit dem Verständnis einhergeht, dass diese Gotik das Ergebnis menschlicher Arbeit ist, ist das Ding insofern eine Anzeige, als primär die Rolle eben menschlicher, und d. h. tatsächlich geleisteter Arbeit impliziert ist. Nur durch die Anzeige solcher Arbeit ist es möglich, ein künstliches Ding als „schön" aufzufassen.[6]

Diese Struktur einer leeren, anzeigenden Antizipation ist „ähnlich wie in der äußeren Wahrnehmung" und gilt „in gleicher Weise überall". Die geschilderte semiotische Funktion der Anzeige in der Wertnehmung dient nämlich nicht nur zur Charakterisierung der Schönheit, sondern auch zu der von Gebrauchsdingen und kulturellen Gegenständen überhaupt:

> Etwas anders [scil. als bei leiblichen Vorkommnissen] verhält es sich mit außerleiblichen Dingen, die durch ihre Beziehung zum Menschen ebenfalls Ichbedeutungen angenommen haben, als Werke, Güter, als ästhetische Werte, als Gebrauchsobjekte und dgl. Sie haben zwar eine „Bedeutung", aber keine Seele, keine Bedeutung, die auf ein mit ihnen selbst real verknüpftes seelisches Subjekt hinweist, verknüpft zu einer einzigen fundierten Realität. Das drückt sich damit aus, dass sie zwar mein Werk, mein Kleid, mein Besitz, mein Liebling usw. heißen, dass aber ihre Eigenschaften nicht ebenfalls als meine angesprochen, sondern höchstens als Anzeichen, Reflexe, der meinen aufgefasst werden. All das bedürfte noch näherer Ausführung und tieferer Begründung.[7]

---

[5] Als Textbeleg *ex negativo* sei Folgendes angeführt: Gemütsprädikate sind „Prädikate, die in ihrem Sinn selbst auf wertende Subjekte zurückweisen und ihre wertenden Akte. Das aber im Gegensatz zu den bloß naturalen, rein sachlichen Prädikaten, die in ihrem eigenen Sinn nichts vom Subjekte und seinen Akten *anzeigen*" (Hua IV, S. 15). Dass diese Position im Laufe des Textes von Husserl revidiert wird in dem Sinne, dass jedes Wahrnehmungsding auf Subjekte (und vor allem auf Leiber) zurückweist, bezeugt folgende Passage: „Wir brauchen bloß zu überlegen, wie ein Ding sich als solches, seinem Wesen nach, ausweist, und wir erkennen, dass solche Auffassung von vornherein Komponenten enthalten müsse, die auf das Subjekt zurückweisen, und zwar als menschliches (besser: animalisches) Subjekt in einem festen Sinn" (Hua IV, S. 55).

[6] Eine solche Auffassung der Schönheit ist insofern völlig unbefriedigend, als sie für die Naturschönheit unbrauchbar ist, obwohl es sich bei Naturschönheit und Kulturschönheit um dasselbe Phänomen handelt, nämlich Schönheit. Von der Schönheit von Naturgegenständen ist in Husserls Schriften tatsächlich kaum die Rede. Für eine phänomenologische Interpretation der Schönheit als etwas „am" Gegenstand selbst und nicht durch die menschliche Arbeit vermittelt siehe G. Figal, *Erscheinungsdinge*.

[7] Hua IV, S. 96.

Solche Gebrauchsgegenstände, die Husserl auch „Gemütsgegenstände" nennt, zeichnen sich dadurch aus, dass sie „auf wertende Subjekte zurückweisen" und „in ihrem eigenen Sinne [...] Subjekte und ihre Akte anzeigen",[8] anders als Naturgegenstände, denen der Subjektbezug nicht primär wichtig ist. Bei solchen Gegenständen ist der Hinweis auf ein Subjekt mittels einer Anzeige konstitutiv, und es kann von „Bedeutung" nur in Anführungszeichen gesprochen werden, eben da von einer Intention auf Mitteilung bzw. von Ausdrücken nichts zu finden ist. Vergegenwärtigt man sich die wesentliche Unterscheidung der ersten *Logischen Untersuchung*, so ist Husserls Gebrauch der Anführungszeichen völlig einleuchtend: Das Gebrauchs- bzw. Gemütsding „will" nichts sagen, und daher hat es eigentlich keine Bedeutung, sondern kann höchstens als Anzeige fungieren.

Deswegen scheint Husserls Gebrauch des Anzeigebegriffs in diesen Passagen auf keinen Fall zufällig zu sein, da hier gerade gemeint ist, dass die Überzeugung des Seins des Gebrauchsgegenstandes die Überzeugung des (gleichgültig, ob aktuellen oder vergangenen) Seins eines bestimmten Subjekts motiviert, allerdings in einem nichteinsichtigen Bezug, da das wahrnehmende Subjekt nicht mit Sicherheit weiß, was da für ein Mensch angezeigt wird und welche Rolle dieser Mensch für den Gegenstand annimmt. Miteinander verbunden werden nicht zwei Gegenstände, sondern zwei Sachverhalte an demselben Gegenstand. Der Gebrauchsgegenstand eben als Gebrauchsding und nicht als bloßer Gegenstand zeigt den Sachverhalt an, dass es zu diesem und jenem Zweck angefertigt wurde. Dazu äußert sich Husserl in einem späteren Text aus dem Jahr 1928 in aller Deutlichkeit:

> Dinge, die keine Leiber in ihnen lebendig waltender und mit ihnen dabei eins daseiender Subjekte sind, keine Leiber eines mitverbundenen Seelenlebens, sind doch andererseits insofern Analoga von Leibern, als mittelbar, vermöge waltender Leiblichkeit an Dingen, sich ein Walten vollzogen hat in der Weise einer sie formenden Tätigkeit von Subjekten und die nun in ihrer sinnlichen Form dieses Walten und ein darin zwecktätiges Gestaltetsein *anzeigen*. Dinge erhalten eine ihnen inkorporierte, nicht wirklich körperliche, aber „verkörperte" geistige Bedeutung, die auf bedeutunggebende Subjekte verweist. Und mit dieser Bedeutung werden sie „aufgefasst", werden als umweltliche Gegenstände von den erfahrenden Subjekten „erfahren" und erfahren hinsichtlich einer Bedeutung, die sie bald von einem Subjekt für es selbst und nur für es selbst erhalten haben, bald in einer Bedeutung, die sie für viele Subjekte und für „jedermann" haben, der mit dem Bedeutung gebenden Subjekt in der Einheit einer Kommunikation und Tradition steht.[9]

Somit scheint klar, dass die Anzeige insofern eine wesentliche Rolle in der Auffassung von Kulturgegenständen einnimmt, als bei ihnen die Rolle anderer Menschen, nämlich einer intersubjektiven Gemeinschaft von Subjekten, zentral ist. Das wird auch 1932 bestätigt: „Gewisse Erfahrungseigenschaften" von Ernährungsgütern „indizieren die Genießbarkeit".[10] Das Verhältnis zwischen Erscheinung und kultureller

---

[8] Hua IV, S. 15. S. oben, Fußnote 5.
[9] Hua XXXIX, S. 467. Meine Hervorhebung. Die Analogie mit den Leibern als Ausdruck bzw. Anzeigen des Seelenlebens wird im nächsten Kapitel ausgeführt.
[10] Hua Mat. VIII, S. 340.

Auffassung derselben ist insofern ein Anzeigeverhältnis, als die geleistete menschliche Arbeit und die leistenden Menschen (die „bedeutungsgebende[n] Subjekte") als seiend angezeigt sind.

6.2 Wahrnehmung: das Ding als Anzeige eines Optimums

Aus dieser Auffassung des Wesens kultureller Gegenstände lässt sich noch nicht schließen, dass diese anzeigende Struktur auch für die Wahrnehmung von Gegenständen überhaupt, also für wahrgenommene Dinge als solche, in Anspruch genommen werden kann – und dies trotz Husserls Behauptung, diese antizipierende Struktur sei überall dieselbe. Diese These wird sich nur dann aufstellen lassen, wenn kultureller Gegenstand und Gegenstand überhaupt bzw. Wahrnehmungsding ebenso Erzeugnisse eines subjektiven bzw. intersubjektiven Tuns sind, was sich nun zeigen soll.

Ist das Optimum in jeder Erscheinung eines Dinges in einem Wahrnehmungsakt bzw. in einer Kette solcher Akte nach der Lehre, die uns schon aus *Ding und Raum* bekannt ist, mitimpliziert, stellt sich nun die Frage danach, inwiefern das Optimum bzw. die Idee im kantischen Sinne (wie am Ende des vorherigen Kapitels anhand der *Ideen I* herausgearbeitet wurde) im Endeffekt ein kultureller Gegenstand ist. Diese Frage würde uns allerdings zu weit vom eigentlichen Thema der Untersuchung abbringen und kann hier nicht ausführlich behandelt werden; an dieser Stelle möge es genügen, Husserls eigene Ergebnisse wiederzugeben, denen zufolge Kunstgebilde und Objekte überhaupt gleichgestellt werden können: „Der naturale Kern der Welt in seinem jeweiligen Erfahrungssinn ist ein Erzeugnis erfahrenden Tuns", und deswegen ist eine „Gleichstellung der naturalen Erscheinungsweisen und der Kulturgebilde" berechtigt, wie er auch an anderem Ort ausführt.[11] So wie die geistige und kulturelle Welt – zum Beispiel die Welt der Werkzeuge – aus praktischen Interessen gebildet ist und in möglichen Bedeutungen für praktische Handlungen besteht (und zwar so, dass der Gegenstand sein Für-einen-Zweck-angefertigt-Sein anzeigt), so ist jede Erscheinung prinzipiell so gegeben, dass sie für uns eine Verweisung auf eine Bedeutung impliziert,[12] die referentiell an die volle Gegebenheit des Gegenstandes gebunden ist.

---

[11] Hua XXXIX, S. 275. Damit hebt sich auch der mögliche Einwand auf, Husserl beziehe sich eigentlich nur auf „Naturgegenstände" im Sinne von Forschungsobjekten der Naturwissenschaften. Der Tisch als Summe von subatomaren Teilchen ist selbstverständlich ein Kulturgebilde, aber auch der Tisch als Tisch beruht im Endeffekt auf einer intersubjektiven Konstitution, welche als solche „kulturell" (im weiteren Sinne des Wortes) ist. Das führt nicht auf eine Rückführung von Natur auf Kultur, sondern nur auf die Problematisierung der Unterscheidung. In diesem Sinne führt die Interpretation der Idee im kantischen Sinne als Kulturgegenstand nicht auf ein Relativismus bzw. Historizismus zurück, sondern betont nur die Rolle konstitutiver Prozesse für die Wahrnehmung, und ist damit ohne weiteres als Form des Konstruktivismus zu fassen.

[12] Hua XXXIX, S. 266.

Gerade die Referenz auf die volle Gegebenheit des Dinges, die als solche unmöglich ist, führt dazu, dass jede Dingerscheinung durch ein intersubjektives, und das heißt „künstliches" Moment geprägt ist. Laut Husserl ist das Ding eine intersubjektiv konstituierte Dinglichkeit,[13] und damit wendet Husserl, wie deutlich zu erkennen ist, jeden Verdacht ab, er sei auf das kantische Ding an sich zurückgefallen und denke jede Dingerscheinung gleichsam als Erscheinung eines Kulturdinges.

Aber auch jenseits des explizit gewordenen Parallelismus zwischen Kulturgegenständen und Dingen überhaupt wendet Husserl den Begriff der Anzeige ganz gezielt an, um das Verhältnis zwischen Erscheinung und Erscheinendem (bzw. Optimum) zum Ausdruck zu bringen, also um die Wahrnehmung eines Dinges überhaupt zu beschreiben. Dies gilt es nun weiter auszuführen.

Zunächst einmal ist bei jeder Wahrnehmung ein System synästhetischer Verweise impliziert. Nach Husserls Analyse gehört zur Dingerscheinung, wie schon angedeutet, immer eine „intentionale Beziehung zur Optimalen [scil. Gegebenheitsweise]".[14] Dieses „Optimale" ist das Ding in bester Konkretheit, nämlich in den besten aller möglichen Erscheinungsweisen, und d. h. auch für verschiedene Wahrnehmungssinne. Deswegen können sich unter besonders günstigen Umständen, wie zum Beispiel bei „helle[m] Tageslicht", Eigenschaften anderer Sinnessphäre durch „Gesamtcharaktere" des Visuellen „mit anzeigen".[15] Die visuelle Erscheinung ist nur ein Moment des Erscheinenden, und deswegen kann sie weitere Erscheinungen desselben Erscheinenden mit anzeigen. Das ist darum möglich, weil sich in der Erscheinung die Idee im kantischen Sinne bzw. das Optimum bekundet.

Dieselbe Struktur ist aber nicht nur zwischen verschiedenen Erscheinungen und verschiedenen Sinnesgebieten zu finden, sondern auch als Verhältnis zwischen Erscheinung und Erscheinendem als solchem. So heißt es, dass die Farbabschattungen unter verschiedenen Wahrnehmungsumständen ein Identisches, nämlich diese Farbe dieses Dinges, anzeigen:

> Das Ding sieht zwar anders aus, je nachdem ich das Auge drücke (Doppelbilder) oder nicht, je nachdem ich Santonin esse oder nicht etc. Aber es ist bewusstseinsmäßig dasselbe und der Wechsel der Färbung gilt nicht als Wechsel oder vielmehr Veränderung der Eigenschaft, die die Farbe anzeigt, die in ihr gegeben ist. Und so überall. Das Ding ist, was es ist, im Dingzusammenhang und „mit Beziehung" auf das erfahrende Subjekt, aber es ist doch dasselbe in allen Zustands- und Erscheinungsänderungen, die es infolge der wechselnden Umstände erleidet, und als dasselbe Ding hat es einen Bestand an „bleibenden" Eigenschaften.[16]

---

[13] „Prinzipiell ist also das Ding ein intersubjektiv-identisches" (Hua IV, S. 8). Zum Problem der Intersubjektivität siehe weiter unten.

[14] Hua VI, S. 201.

[15] Hua IV, S. 60. In der Diskussion der Idee im kantischen Sinne (vor allem im Bezug auf das Baumbeispiel, Hua IV, S. 203) führt Asemissen auf überzeugende Weise die Rede von „anzeigender" oder „kundgebender" Funktion ein, um die Rolle der Abschattung gegenüber dem Gegenstand in seiner vollen Konkretheit zu bezeichnen. Diese beiden Redeweisen sollen nach Asemissen „vorläufige, abkürzende und vereinheitlichende Bezeichnungen der mannigfachen Weise sein, in denen Wahrnehmungsobjekte anders als in der ‚Erscheinung' gegeben sind"; trotz der vermeinten Vorläufigkeit (die Asemissen allerdings dann im Laufe des Textes nicht mehr unter die Lupe nimmt) lässt sich systematisch festhalten, dass die Rede von Anzeigen überzeugend ist (vgl. Asemissen, *Strukturanalytische Probleme der Wahrnehmung in der Phänomenologie Husserls*, S. 29).

[16] Hua IV, S. 75–76.

6.2 Wahrnehmung: das Ding als Anzeige eines Optimums

Die Farbe als gegebene ist hiernach angezeigt durch die Farberscheinungen; diese können mannigfaltig sein, verweisen aber immerhin auf dasselbe, auf ein Identisches. Somit wird sowohl das Verhältnis zwischen Erscheinung und Erscheinung (bspw. zwischen visueller Erscheinung und Tasterscheinung) als auch das Verhältnis zwischen Erscheinung und Erscheinendem durch den Begriff der Anzeige beschrieben.

Husserls Sprachgebrauch ist hier keineswegs willkürlich, sondern impliziert die Definition der Anzeige aus den *Logischen Untersuchungen*. Da Husserl in den Texten der *Ideen II* einen entschiedenen Schritt in Richtung genetischer Analyse macht, rekurriert er auf die Anzeige, die nicht umsonst auch in *Erfahrung und Urteil* als erster Moment der genetischen Analyse anerkannt wird. Da Husserl in den *Ideen II* zur genetischen Analyse der Gegenstandskonstitution findet und die Passivität gewisser Schichten der Erfahrung beschreibt, wendet er den Begriff der Anzeige an. Mit diesem Begriff lassen sich verschiedene Verhältnisse beschreiben, die gerade so mit dem Hinweis eines Seienden auf andere Seienden zusammenhängen, dass weder beide Seiende als separate Gegenstände gelten können, noch dass die Beziehung einen einsichtigen Denkschluss darstellt.[17]

Mit dem Begriff der Anzeige korreliert das von Husserl mehrmals verwendete Konzept des „Zurückweisens" oder der „Rückdeutung". Jeder theoretisch konstituierte Gegenstand weist nämlich auf fundierende Gegenständlichkeiten oder Noemata zurück, die von Husserl auch „Urgegenstände" oder „Sinnengegenstände" genannt werden.[18] Damit sind Gegenständlichkeiten gemeint, die in der schlichten sinnlichen Wahrnehmung[19] vorkommen und auf deren Basis dann die vollen, theoretischen Gegenständlichkeiten aufgebaut werden können. Dient das unmittelbar Erscheinende als Anzeichen für die Idee im kantischen Sinne, so ist der voll konstituierte Gegenstand mit Rückdeutungen auf dieses unmittelbar und basal Erscheinende behaftet.

Dass es so ist, beruht auf der Möglichkeit einer zugrundeliegenden Synthesis. Wenn der volle, schon kategorial durchgeformte Gegenstand auf frühere Stufen seiner Konstitution zurückweist, so sind diese Stufen selbst keine unmittelbare Gegebenheit des Dinges in seiner Einheitlichkeit. Diese Einheitlichkeit von „Einzelbetrachtungen, Einzeldurchlaufungen, Übergängen in Wahrnehmungsreihen", und d. h. die Einheitlichkeit von verschiedenen Abschattungen als Erscheinungen desselben Dinges, ist durch ästhetische bzw. sinnliche Synthesis[20] ermöglicht.

---

[17] Diese Begriffseinführung bedeutet auch eine deutliche Revision der Lehre aus den *Ideen I*: In jenem Text (vgl. Hua III/1, S. 113) beschränkt Husserl die explizite Rede von „Anzeichen" auf die Wahrnehmung des physikalischen Dinges, so wie der Physiker es sieht, während Husserl diese Beschreibung hier für die Phänomenologie durchaus positiv in Anspruch zu nehmen scheint.

[18] Hua IV, S. 17.

[19] Hua IV, S. 18.

[20] Hua IV, S. 19. War die Rede einer synthetischen Funktion für die Einheitlichkeit des Dinges schon in den *Logischen Untersuchungen*, in *Ding und Raum* und teilweise auch in den *Ideen I* präsent, so ist das die erste Stelle, wo dieser Aspekt explizit zum Thema gemacht wird und wo der Terminus „Passivität" (als Gegenbegriff zu „Spontaneität") in Verbindung mit solcher Synthesis auftaucht. In der Fußnote 1 auf S. 19 weist Husserl darauf hin, dass die unterste Stufe solcher Synthesis von der „kontinuierlichen Synthesis" dargestellt wird, ein Aspekt, der schon in Husserls frühem Werk thematisiert wurde, ohne aber je in seiner Eigentümlichkeit ausgearbeitet zu werden.

Die einzelne Abschattung als Einzelerfassung eines Dinges oder seiner Teile bzw. Seiten motiviert den weiteren Wahrnehmungsverlauf: Andere Seitenauffassungen sind „intentional mitbeschlossen".[21] Der Meinungsstrahl enthält somit weitere Kinästhesen, die zum selben Ding gehören;[22] er weist aber auch auf die Wahrnehmungsumstände, die zur Erscheinung des Erscheinenden gehören.[23]

Folgt man Husserls Beschreibung, so ist die Erscheinung als Anzeige zu verstehen nicht nur im Falle von Kulturobjekten und „subjektiven" Eigenschaften wie der Schönheit, sondern auch bei der Dingwahrnehmung überhaupt. Auf diese Weise bauen die Rückverweise, die vom theoretischen Ding zu den unteren Stufen der Konstitution führen, darauf auf, dass diese unteren Stufen die weiteren Konstitutionsstufen und am Ende das Ding in voller Konkretheit anzeigen. Die aktuell erscheinende Eigenschaft eines Dinges zeigt nämlich die Farbe an, „die in ihr gegeben ist", was dasselbe besagt wie dass die „subjektiv bedingten Erscheinungsweisen" vom „Ding selbst" unterschieden sind,[24] wobei die „Gegebenheiten intentional" auf das Optimum (in diesem Falle auf die Farbe des Dinges) „zurückweisen".[25] Eine anzeigende, darstellende oder präsentierende Funktion wird anders gesagt von den Empfindungen geübt: Empfindungen „fungieren anzeigend oder präsentierend hinsichtlich des Dinges",[26] was aber auch für die, wie Husserl es nennt, „Empfindnisse" (kurz gefasst: die leibliche Seite der Empfindung) gilt: „Die anzeigenden Bewegungsempfindungen und die repräsentierenden Tastempfindungen, die an dem Ding ‚linke Hand' zu Merkmalen objektiviert werden, gehören der rechten Hand zu".[27] Die Position vertritt Husserl auch in einem späteren Text aus dem Jahr 1930, und bestätigt damit die Kontinuität seiner Beschreibungen der dinglichen Verweise als Anzeige. Denn dort hält er fest, „dass immer wieder Intention darauf geht, das im Gegebenen Unbestimmte näher zu bestimmen, das empirisch vieldeutig Angezeigte zur eindeutigen Entscheidung zu bringen",[28] und dass Kenntnis immer daraus

---

[21] Hua IV, S. 19.
[22] Hua IV, S. 21.
[23] Hua IV, S. 20. C. Ferencz-Flatz interpretiert Husserls Auffassung folgendermaßen: „Jeder Erscheinungszusammenhang *indiziert* eine jeweilige kinästhetische Situation [… und] jede kinästhetisch-praktische Vermöglichkeit zeichnet zugleich weitere Möglichkeiten der Erscheinung vor" (C. Ferencz-Flatz, *Der Begriff der „Bekundung" bei Husserl und Heidegger*, in: „Husserl Studies", 26, 3, 2010, S. 189–203, hier S. 193). Erste Ausführungen dazu sind im Kapitel zu *Ding und Raum* expliziert worden.
[24] Hua IV, S. 75.
[25] Hua IV, S. 69. Wie auch Ferencz-Flatz merkt, ist beim Optimum der Begriff der Bekundung in Spiel: „lebensweltliche Erfahrung von Optima und kausale Realitätsauffassung beruhen laut Husserl auf einer ähnlichen Art der Bekundung in wechselnden Umständen" (*Der Begriff der Bekundung bei Husserl und Heidegger*, S. 193). Der Begriff der Bekundung als Synonym für Darstellen tritt in diesem Zusammenhang u. a. in Hua IV auf S. 104 und 121 ff. auf.
[26] Hua IV, S. 146.
[27] Hua IV, S. 145.
[28] Hua XXXIX, S. 201.

entspringt, dass in der Wahrnehmung etwas schon „vorangezeigt"[29] worden war. In der Tat bestimmen sich „die in den Wahrnehmungen liegenden Unsichtigkeiten, Untastigkeiten usw. und in eins damit die Unbestimmtheiten [...] in bestimmenden und intentional im Voraus angezeigten Wahrnehmungen, also in der Art der Herstellung der Erfüllung vorgezeichneter Erfahrungsgänge".[30]

Damit scheint Husserl klar hinter die Kritik, die er in *Ding und Raum* an der Position der *Logischen Untersuchungen* geübt hatte, zurückzufallen, da hier die Empfindungen eine anzeigende, symbolhaft hinweisende Funktion einnehmen. Eigentlich geht es aber nicht um ein Zurückfallen, sondern nur um das Eingeständnis, dass die frühere Kritik an dem Zeichen im Sinne des Vergegenständlichungsverdachtes weder stringent war noch mit Husserls eigener Auffassung der Semiotik und insbesondere der Anzeige in den *Logischen Untersuchungen* in Einklang zu bringen ist. Knüpft man an die Beschreibungen der Dingwahrnehmung in den *Ideen II* nicht mit herkömmlichen, sondern mit Husserls eigenen semiotischen Begriffen an, so ergibt sich ein kohärentes Bild semiotischer Strukturen in der Phänomenologie der Wahrnehmung.

6.3 Noema und Leib

Lieferte die Rückführung der horizonthaft vorzeichnenden Funktion auf das Noema in den *Ideen I* den Hauptgrund dafür, den Leib aus dem Spiel zu lassen, so ist nun gerade das Entdecken einer unteren, passiven und synthetischen Schicht das, was den Anlass dazu gibt, den Leib wieder ins Spiel zu bringen. Bei der Frage, wie solche Anzeigen und Verweise konstituiert sind, zeigt sich, dass sowohl der weitere Wahrnehmungsverlauf als auch die aktuellen Wahrnehmungsumstände, auf die verwiesen wird, unlöslich mit dem Leib als Träger eines „Ich kann" verbunden sind.[31] Das bedeutet aber nicht, dass die vorzeichnende Funktion des Noema aufgehoben wäre, sondern nur, dass nun das Noema in seiner Konstituiertheit mit dem Leib wesentlich

---

[29] Hua XXXIX, S. 232. Dieser Text stammt aus dem Jahr 1930. Das „Anzeigen", von dem hier die Rede ist, fasst Kühn korrekterweise als eine „das Mitdasein ‚anzeigende' Intention" auf (R. Kühn, *Husserls Begriff der Passivität*, S. 145).

[30] Hua XXXIX, S. 638.

[31] Das Moment des Praktischen in der Horizontbildung hebt auch M. Ubiali hervor (*Wille – Unbewusstheit – Motivation*, S. 69), allerdings ohne den Bezug zum Leib explizit anzusprechen. Wie auch D. Franck notiert, könnte eine Abschattung keinen Sinn haben, wenn das Subjekt nicht ein Leib wäre, der dazu imstande ist, die Antizipation, die mit der Abschattung einhergeht, zu realisieren (*Chair et corps*, S. 20). Der Leib vereinheitlicht die Abschattungen zu einem Einheitsbewusstsein (a. a. O., S. 45): Der Interpretation von Franck folgend kann man gut sehen, wie sich eine wichtige Vertiefung der Position Husserls gegenüber *Ding und Raum* in den *Ideen II* realisiert: Das Einheitsbewusstsein ist jetzt dem Vorrang des Leibes unterstellt, und zwar nicht nur für die zwischendinglichen, sondern auch und primär für die innerdinglichen Verweise.

zusammenhängt. Das Noema wird hier nicht mehr als ein fertiges Wesen betrachtet, sondern – obwohl nur ansatzweise – in seiner Genesis beschrieben.

Aber schon auf der Ebene einer statisch-noematischen Analyse nimmt der Gegenstandssinn eine deutlich praktischere Stellung ein als bei der Beschreibung der *Ideen I*: „Im Noema", so Husserl, „liegt eine bestimmte Anweisung zu allen weiteren Erfahrungen des betreffenden Gegenstandes beschlossen", und dass das so ist, beruht darauf, dass der Gegenstand „in jeweils bestimmter Weise" gegeben ist und dass diese Gegebenheit schon auf weitere Gegebenheiten, auf weitere Erscheinungsmöglichkeiten, die durch den Leib eingeholt werden können, hinweist. Solche Anweisungen, die zum Noema gehören, entspringen aus dem Leib und sprechen den Leib ihrerseits an, weil sie sich als Anlässe zu Bewegungen in der Form eines Hinweises konfigurieren. Gerade diese Weise der Gegebenheit, die tatsächlich durch die Stellung des Leibes im Raum vermittelt ist, zeichnet „Vordeutungen und Zurückdeutungen, denen wir nur zu folgen haben",[32] vor.

Auf neue Seiten des Erscheinenden „weist" die gegebene Seite „weiter" hin, je nach besonderen „Bestimmungsrichtungen", die für „zugehörige motivierte mögliche Wahrnehmungsverläufe"[33] maßgebend sind. Diese Verläufe schließen sich dann wiederum zu einer „Umwelt mit offenem Horizont"[34] zusammen. Das Ding als „Zeichen für sich selbst" taucht somit wieder auf, aber es wird jetzt „Index"[35] genannt. Dies wird hier nun näher expliziert. Die Einheit eines Dinges ist nämlich Zeichen für eine „Mannigfaltigkeit möglicher Erfahrungen", in denen immer nur derselbe Körper erscheint bzw. sich bekundet.[36] Auch in der ersten Beilage zu den *Ideen II* tritt dieses Moment auf, wobei aber Wert darauf gelegt ist, dass der Index nicht die Erscheinung ist, sondern das Erscheinende, das unsinnliche Ansich, das sich in der Erscheinung darstellt bzw. bekundet:

---

[32] Hua IV, S. 35.
[33] Ebd.
[34] Hua IV, S. 195.
[35] Vgl. dazu auch S. 131. Zum Ding als „Index" für einen Stil vgl. Hua XXXIX, S. 71, aber auch Hua XIII, 179 ff., insbesondere S. 182: „Jedes erfahrene Ding [ist] als solches Index für eine gewisse Regelung des Bewusstseins, als reines Bewusstseins". Das entspricht Husserls Beschreibung, nach der das Ding als „transzendentaler Leitfaden" (Hua III/1, § 149–150) der Interpretation genommen werden kann. Vgl. auch Hua VI, S. 168–169, wo das Ding als „Index eines subjektiven Korrelationssystems", aber auch als „Index seiner [scil. des Dinges] systematischen Mannigfaltigkeiten" definiert wird (vgl. dazu B. Rang, *Kausalität und Motivation*, S. 44. Das ist nach I. Kerns Interpretation ein Beweis dafür, dass Husserl hier nicht den „cartesianischen", sondern den „ontologischen" Weg zur Reduktion einschlägt. Das Charakteristikum dieses Weges sei nämlich, dass alles Seiende „Index" oder „Leitfaden" für „das subjektive Apriori der Konstituion" werde (R. Bernet, I. Kern, E. Marbach, *Husserl. Darstellung seines Denkens*, S. 68): „Es kommt in der phänomenologischen Erfahrung zur reflexiven Thematik eines ganzen, als Horizont stilmäßig bestimmten Systems sich zeitlich folgender aktueller und möglicher, miteinander intentional implizierter Erlebnisse". Worin diese intentionale Implikation besteht, wird in diesem Text nicht weiter ausgeführt. Ein Ziel dieser Arbeit besteht darin, diese Implikation als eine zeichenhafte, indikative Implikation zu explizieren.
[36] Hua IV, S. 41.

6.3 Noema und Leib

> Das Unsinnliche [ist] gewissermaßen ein Index für einen Relativismus von Abhängigkeiten höherer Stufe [...], oder, noetisch gewendet, ein Index für mögliche, bestimmt strukturierte Erfahrungserlebnisse, die in ihrem aktuellen Ablauf durchherrscht wären vom Bewusstsein der immer reicheren originären Gegebenheit des identischen objektiven Dinges.[37]

Das so verstandene, nämlich identische und objektive Ding ist somit „Einheit der Bekundung" oder, was dasselbe ist: eine sich darstellende „Einheit in der Mannigfaltigkeit der Abschattungen",[38] wobei jede Abschattung notwendig mit dem Leib als Nullpunkt der Orientierung oder als absolutem „Hier" zusammenhängt.[39]

Wenn nun feststeht, dass das Ding als Index oder Zeichen fungieren soll, so geht damit auch einher, dass das nur dank des Leibs der Fall sei kann. Der Leib, „mein" Leib aber nicht „als Bestandsstück des Ich", bestimmt nämlich die möglichen Wahrnehmungen eines Dinges. Der Leib motiviert Mannigfaltigkeiten von Erscheinungen und Möglichkeiten nach geregelter Weise.[40] Dass es so ist, beruht primär darauf, dass der Leib „Träger des Zentrums und der Grundrichtungen der räumlichen Orientierung" ist.[41] Die Rolle des Leibes schwächt aber nicht die Rolle des Noema in dieser Konstitution: „Das Zentrum der Orientierung [d. h. der Leib] gehört zum noematischen Gehalt meiner Leib-Dingwahrnehmung als solcher, und in der Erfahrungssetzung gehört es zur anschaulich konstituierten Objektivität Leib, also zu einer Stufe von Erscheinungen, die schon konstituierte Erscheinung ist".[42] Hält Husserl bezüglich der konstitutiven Rolle des Noema für die Herausbildung des Horizontes und der dinglichen Verweise zwar immer noch an seiner Haltung aus den *Ideen I* fest, bezieht er den Leib jetzt jedoch explizit in das Noema mit ein. Selbst das abstrakteste Moment der Phänomenologie bekommt somit eine ganz besondere Konkretisierung, die sich als eine leibliche Perspektive auf ein Ding auszeichnet, welches dank dieser Perspektive auf sich selbst verweisen kann.

Das Ding stellt sich selbst in seinen perspektivisch gegebenen Erscheinungen dar. Die gedoppelt anzeigende Struktur, die diese Darstellung aufweist, besteht einerseits darin, dass die Empfindung eine Anzeige für das Erscheinende (etwa die Farbe) ist, und dass andererseits das Erscheinende, etwa die Farbe dieses Dinges, als Zeichen für weitere Erscheinungsmöglichkeiten desselben objektiven Dinges gilt.

Diese doppelte Charakteristik des Dinges als Zeichen oder Index (anders ausgedrückt, dass das Ding eine semiotische Stellung einnimmt) lässt sich also einzig durch Möglichkeiten der leiblichen Erfahrung und der leiblichen Orientierung im Raum begreifen. Husserl schreibt in einer Fußnote: „Wenn ich auf Empfindungsdaten sehe, so sind sie darstellend für objektive Dinge, also schon verflochten mit einer Orientierung",[43] und d. h. mit einem Leib. „Die Identität des Dinges ist allerdings als Realität (als Erscheinung) nicht bezogen auf den Geist als realen Umstand;

---

[37] Hua IV, S. 307.
[38] Hua IV, S. 127.
[39] Ebd.
[40] Hua IV, S. 212.
[41] Hua IV, S. 213.
[42] Ebd.
[43] Hua IV, S. 106.

aber wohl die Identität des Leibes, der eine eigene willentliche Realitätsschicht als frei beweglicher erhält".[44] Das Ding ist somit auch, allgemeiner gesagt, „das Identische für Verhaltensweisen",[45] es indiziert mögliche leibliche Bewegungen, und der Leib ist dabei nach der treffenden Formulierung Elisabeth A. Behnkes als ein „field of freedom" verstanden.[46]

Ein Ding kann nur darum ein Index sein, weil der Leib es in eine Perspektive setzt und damit andere Perspektiven ausschließt. Gerade mit diesem Ausschließen aber werden diese anderen Perspektiven gleichzeitig aufgeschlossen, denn auf sie kann folglich verwiesen werden. Wie bei der intentionalen Funktion des Hervorhebens vor einem Hintergrund werden die vom Strahl der Aufmerksamkeit ausgeschlossenen Momente als ausgeschlossene aufrechterhalten und sind gerade darin aufgeschlossen. Wird ein Ding mit einem Namen benannt, hebt der Akt des Benennens dieses Ding von seinem Hintergrund ab. Dabei verschwindet der Hintergrund nicht einfach, wird nicht zu einem Nichts, sondern entzieht sich vielmehr. Dabei bleiben das Entzogene und das Ausgeschlossene *als* Entzogenes und Ausgeschlossenes im Modus der Möglichkeit bestehen. Da es durch meinen Leib ausgeschlossen wurde, bleibt die Möglichkeit bestehen, dass es von meinem Leib wieder eingeholt wird. Das Ding verweist eben darauf, dass weitere Aspekte des Dinges durch den Leib eingeholt werden und somit in den Raum der Erfahrung eintreten können. Das gilt nun aber nicht nur für die nicht-gesehenen Seiten des Dinges, sondern auch für die jeweiligen „Umstände" der Wahrnehmung, also für den Wahrnehmungszusammenhang, aus dem die Erscheinung herausgehoben wird.[47]

Die Zeichenhaftigkeit betrifft also genau so wie in *Ding und Raum* sowohl inner- als auch zwischendingliche Bezüge und ist insofern auf die formale Struktur der Anzeige zurückzuführen, als klar zum Vorschein tritt, dass es sich bei einem solchen Zeichen nicht um das Verhältnis zweier Dinge handelt, das eine einfach präsent, das andere einfach absent, sondern um die Beschreibung weitaus komplexerer Verschränkungen von Anwesenheit und Abwesenheit. Das Angezeigte ist nämlich im Modus der Abwesenheit (beispielsweise als Hintergrund) mit da und nur deswegen kann auch darauf gezeigt werden.

Das Ding ist daher ein Zeichen oder ein Index für Möglichkeiten seiner selbst. Die Erscheinung zeigt das Erscheinende an, weil das Erscheinende diese Erscheinung geregelt, d. h. sie geordnet und eingerichtet hat in dem Sinne, dass diese Erscheinung unmöglich gewesen wäre, wenn nicht eben dieses Ding erschiene.

---

[44] Hua IV, S. 286.
[45] Hua IV, S. 340.
[46] E. A. Behnke, *Edmund Husserl's Contribution to Phenomenology of the Body in Ideas II*, in: T. Nenon, L. Embree (Hrsg.), „Issues in Husserls *Ideen II*", Springer, Dordrecht 1996, S. 135–160, hier S. 144. Vgl. dazu H. Pietersma, *Intuition and Horizon in the Philosophy of Husserl*, in: „Philosophy and Phenomenological Research", Band 31/1, 1973, S. 95–101, hier S. 98: „the awareness of context consists in familiarity with the way in which objects of various kinds ‚respond' in their appearances to kinds of moves he [e. g. the perceiving subject] can in principle initiate".
[47] Hua IV, S. 41.

6.3 Noema und Leib

Das Ding ist „eine Regel möglicher Erscheinungen",[48] wie Husserl treffend formuliert; Dinge sind „Geltungseinheiten" als „Indices [...] für Regeln von Erlebnissen des Wahrnehmens und möglichen Wahrnehmens, intentional bezogen auf diese ‚Erscheinungen'", und zwar eben als noematische Regelung.[49] Das Ding schreibt also Regeln der Erscheinung vor, damit auf weitere Verläufe der Wahrnehmung und der Erfahrung verweisend. Die vorzeichnende, im ersten Teil von den *Ideen II* im Rahmen der Konstituition physikalischer Phänomene „Ding" genannte Struktur ist nur eine andere Facette dessen, was Husserl schon in den *Ideen I* aus phänomenologisch-bewusstseinsbeschreibender Perspektive „Noema" nannte, wobei konstitutiv eine komplexe Struktur von Ich-Potenzialitäten und -aktualitäten, von Gegebenheit und Mitgegebenheit, von Quasi-Präsenz und Quasi-Absenz dazu gehört.[50]

Zusammenfassend kann man festhalten, dass sich diese Deskription aus den *Ideen II* von den bekannteren, von uns zuvor bereits in Betracht gezogenen Passagen von den *Ideen I* in drei Hauptpunkten unterscheidet:

Erstens, Husserl greift auf diejenige semiotische Terminologie zurück, die ihm in den *Ideen I* verdächtig vorgekommen war, und expliziert nun die Wahrnehmung ausdrücklich als eine Struktur, die anzeigende Elemente enthält. Somit ist eine theoretische Verschiebung angedeutet, die vom Niveau statischer Analysis zu dem genetischer Phänomenologie führt.

Zweitens, das Noema gewinnt nun eine hervorgehobene „praktische" Funktion, die als solche nicht mehr den Leib außer Acht lassen kann. Auch darin bekundet sich die Passage zu einer genetischen Erfahrungsanalyse. Die im Noema enthaltenen Anweisungen und Weiterweisungen sind nämlich von Husserl als Motivationen verstanden, die für weitere leibliche Bewegungen und Möglichkeiten der Erforschung des erscheinenden Gegenstandes fungieren. Leibliche Praxis und Semiotik sind in dieser Beschreibung streng zusammengedacht, ohne dass Zeichenhaftigkeit und Leiblichkeit in ihrem notwendigen Zusammenhang weiter expliziert werden.

Drittens, jede Erfahrung bringt nun mit sich ein „empirisches Verstehen" von etwas, beispielsweise natureller oder kultureller („historischer", aber auch „logischer") Zusammenhänge, welches vor jeder Explikation stattfindet. Dabei ist eine „Intuition" konstitutiv im Spiel, wobei dieses Wort genau das Gegenteil von „Anschauung" besagt: Es handelt sich nämlich um eine „*Vorahnung*, ein Voraussehen ohne Sehen, ein dunkles, nämlich symbolisches, oft unfassbar leeres Vorauserfassen [...], eine leere Intention".[51]

---

[48] Hua IV, S. 86.

[49] Hua IV, S. 170. Vgl. auch Hua IV, S. 384: Erscheinung ist Erscheinung eines „durch Denken herauszuarbeitenden an sich seienden Dinges, welches seinerseits Index für die Regelungen der Phänomene" ist.

[50] Vgl. Hua IV, S. 100.

[51] Hua IV, S. 274.

6.4 Motivation

Diese leeren Intentionen und Vorahnungen, die eine symbolische Struktur haben – und hierbei greift Husserl bewusst auf die Beschreibung der sechsten *Logischen Untersuchung* zurück – sind eine besondere Art von Kausalstrukturen, nämlich Motivationen. Diesen Begriff führt Husserl explizit in den *Ideen II* als Gesetz des geistigen Lebens ein, um das Verhalten des Subjekts zur Dingwelt, nämlich zu Potentialitäten und zur Aktualität der Wahrnehmung, zu bestimmen.[52] Die rückwirkende und verweisende Struktur des Dinges wird von Husserl in den *Ideen II* als „Motivation" bezeichnet. In der Definition der Anzeige in der ersten *Logischen Untersuchung* taucht „Motivation" als phänomenologisches Prinzip erstmals auf. Lange Zeit bleibt dies auch der einzige veröffentlichte Text, der die „Motivation" benennt; aber erst in den *Ideen II* entwickelt Husserl das volle Potential dieses Begriffes, welcher damit eine Schlüsselrolle in der Phänomenologie einnimmt.

Der Begriff der Motivation ist insofern geeignet, die Wahrnehmung eines Dinges zu beschreiben, als ihr unter anderem auch ein besonderes dingliches Moment eigen ist, nämlich der Reiz, den die Dinge auf das Subjekt in seinem Verhalten ausüben.[53] Das Ding zieht und spricht das Subjekt an;[54] es ist ein Reiz – eine Motivation – zur allseitigen Betrachtung. Das Ding „will betrachtet sein".[55] Dass das möglich ist, beruht wiederum auf der Verzahnung von Semiotik und Leiblichkeit: Nur weil das Ding ein Zeichen für sich selbst ist, das durch die leibliche Stellung im Raum bestimmt wird, ist es möglich, dass es das Subjekt anspricht und es zum Beispiel zu weiteren Bewegungen und Erforschungen des Dinges selbst anregt. Von „Motivation" kann in Bezug auf Dinge nur dann sinnvoll gesprochen werden, wenn genau beschrieben wird, inwiefern die Dinge als Zeichen für leibliche Bewegungen zu verstehen sind.

Die Wahrnehmung wird von Husserl hier ganz klar als eine strukturierte Wahrnehmung beschrieben, die aus Verweisen und leiblichen Bewegungen besteht: „Die Auffassungen von Dingen und dinglichen Zusammenhängen sind ‚Motivationsgeflechte': Sie bauen sich durchaus auf aus intentionalen Strahlen, die mit ihrem Sinnes- und Füllegehalt hinweisen und zurückweisen, und sie lassen sich explizieren, indem das vollziehende Subjekt in diese Zusammenhänge eintritt".[56] Motivationsgeflechte in der Wahrnehmung sind also Geflechte von Verweisungen, die zum Beispiel zwischen ähnlichen Elementen stattfinden.[57] Die Motivationen haben, im Falle

---

[52] Vgl. zum Thema vor allem B. Rang, *Kausalität und Motivation*, aber auch M. Ubiali, *Wille – Unbewusstheit – Motivation*.
[53] Hua IV, S. 219 als erste Okkurenz.
[54] Hua IV, S. 220.
[55] Hua IV, S. 337.
[56] Hua IV, S. 225.
[57] Ebd.

6.4 Motivation

der Wahrnehmung äußerer Dinge, vornehmlich praktischen Charakter: Sie zeichnen „praktische Möglichkeiten" vor,[58] die sich auf ein Können, auf das „Ich kann" beziehen, welches seinerseits durch „Leibesbetätigung" vermittelt ist.[59]

Die Frage ist nun, ob die Anweisungen und Weiterweisungen, die Husserl zur Analyse des inneren Strukturgeflechtes benötigt, in Bezug mit der Anzeigestruktur, die in dieser Arbeit schon bei der Wertnehmung herausgearbeitet wurde, stehen, oder ob es sich um zwei verschiedene Strukturen handelt.

Aus dem Gesagten resultiert eine dreifache Komplizierung dieser Verweisungsstruktur: Die Erscheinung ist nämlich Verweis 1. auf weitere Erscheinungen; 2. auf das Optimum bzw. die Idee im kantischen Sinne; und 3. das Erscheinende weist in seiner Konstituiertheit wiederum auf frühere Schichten zurück. Bei allen drei Varianten handelt es sich in der Tat um eine Anzeigestruktur. Das legt nicht nur Husserls Sprachgebrauch nahe, da er ausdrücklich von „Anzeigen" spricht, sondern auch die Tatsache, dass die Anzeige diese Struktur der Wahrnehmung gerade als Motivation zu einer Seinssetzung bzw. -überzeugung am besten explizieren kann. Der Verweis auf weitere Erscheinungen ist nämlich nur dann möglich, wenn mit der Erscheinung die Annahme motiviert wird, dass die weiteren Erscheinungen durch einen Bewegungsverlauf zu realisieren, d. h. zu vollerer Gegebenheit zu bringen sind, und dass sie daher notwendig *sind*, zumindest als Möglichkeiten, um dann aktualisiert werden zu können. Dasselbe gilt auch für die rückwirkende Struktur zwischen Idee des Dinges und früheren Schichten der Erfahrung: Die einen können die anderen anzeigen und umgekehrt nur deswegen, weil mit dieser Anzeige die Vermutung nahegelegt wird, dass das Ding tatsächlich so existiert, wie es angezeigt ist, und dass Erscheinungen früherer Schichten der Konstitution ebenfalls Erscheinungen desselben existierenden Dinges sind. All diese Motivationen sind darüber hinaus insofern uneinsichtig, als das Motivierte sich im Laufe der Erfahrung immer als etwas anderes entpuppen könnte, als es die Überzeugung seines Seins nahelegt.

In der Motivation als „Gesetzt der geistigen Welt" liegt also eine anzeigende Struktur, die als solche eine Seinsvermutung impliziert. Das spiegelt sich in Husserls Analysen der Doxa in den *Ideen II* wider, da die Doxa gerade so definiert ist, dass sie eine „Dingsetzung" ist, die „durch das jeweilig aktuell Gegebene […] motiviert"[60] wird; die Doxa bzw. Dingsetzung, also in der vorliegenden Auslegung das Angezeigte, kann sich dann im Laufe der Wahrnehmung bestätigen oder widerlegen, aber eine solche Setzung gehört untrennbar zum phänomenologischen und

---

[58] Hua IV, S. 258.

[59] Hua IV, S. 259. Vgl. auch Hua III/2, S. 599: „Dass Welt mehr ist als dieses strömend wechselnde Feld, verweist mich auf den ‚Horizont', der es weitet, und dass er in seiner wahrnehmungsmäßig unerfüllten Leere Dinghorizont ist, verweist seinerseits auf meine Möglichkeiten (auf mein Können), in diesen Horizont ‚einzudringen', das ist, mir durch gewisse vergegenwärtigende und nicht etwa bloß fingierende Akte eine Dingfülle zu verschaffen".

[60] Hua IV, S. 40.

noetischen Wesen der Wahrnehmung.[61] Im Falle der Dinge der Welt ist nun aber das wichtigste Motivationsgesetz, und d. h. der wichtigste Anlass zu einer doxischen Seins- bzw. Dingsetzung, die Assoziation; diese wird im Folgenden zum Hauptthema der Untersuchung gemacht.

6.5 Assoziation und Horizont

„Die Existenz des ähnlichen Stückes fordert die Existenz des ähnlichen Ergänzungsstückes"[62] eines Dinges: so Husserls Definition der Assoziation in diesem Text, wo diese Struktur der Erfahrung zum ersten Mal explizit auftaucht.[63] Gerade hier wird die Assoziation – zum ersten Mal nach den *Logischen Untersuchungen* – ausführlich und positiv geschildert. Indem Husserl in diesem Text auf diesen für längere Zeit nicht mehr verwendeten Ausdruck zurückgreift, wird es klar, dass verschiedene Erscheinungen „assoziativ" aneinander „erinnern" und damit Mitgegebenheiten konstituieren, die in der eigentlichen Erscheinung parallel apperzipiert sind.[64] Daher ist auch von einer „Appräsenz", die auf die Urpräsenz zurückweist, die Rede.[65]

In dieser Einholung des Begriffs der Assoziation stellt sich wieder die Frage, wie das Verhältnis zwischen Assoziation und Noema beschaffen ist. Sind die Assoziationen, zum Beispiel die passiven, erkenntnistheoretisch früher, und ist das Noema durch diese Assoziationen bestimmt? Oder hat ein Ding umgekehrt erst Assoziationen, weil das Dingnoema sie bestimmt?

Mit dem Begriff der Assoziation kommt die Passivität ausdrücklich ins Spiel, die im Text von den *Ideen I* keine Rolle spielt. Die „ästhetische sinnliche Synthesis" ist nämlich eine passive Synthesis,[66] die also nicht auf eine Aktivität oder auf einen Akt des Bewusstseins zurückzuführen ist.[67]

---

[61] Vgl. Hua IV, S. 276. Doxische Akte sind auch als objektivierende Akte beschrieben (S. 3), was auf eine gewisse Kontinuität mit den *Logischen Untersuchungen* hinweist, die sich auch in der vorliegenden Auslegung insofern widerspiegelt, als in diesem Text der objektivierende Akt mit symbolischen, in den *Ideen II* der doxische Akt mit anzeigenden Mitgegebenheiten zu tun hat.

[62] Hua IV, S. 223.

[63] Der Begriff der Assoziation spielt eine große Rolle auch in einigen Beilagen. Vgl. insbesondere den Exkurs über „Impression und Reproduktion", S. 336–338. E. Holenstein (*Phänomenologie der Assoziation*, S. 6ff.) listet alle Stellen, an denen im Werk Husserls von Assoziation die Rede ist, auf. Daraus wird ersichtlich, dass zeitlich gesehen in den *Ideen II* der erste ausführliche und positive, obwohl „weniger einheitlich und straff geglückte" (a. a. O., S. 10) Versuch über Assoziation zu finden ist, abgesehen von der ersten *Logischen Untersuchung*, wo sie aber eben als Ursprung der Anzeige eine eher negative psychologische Konnotation hatte.

[64] Hua IV, S. 40.

[65] Hua IV, S. 162.

[66] Hua IV, S. 18 und 19: Die ästhetische und sinnliche Synthesis ist kein spontaner und kein aktiver Akt.

[67] Hua IV, S. 214: Die Schicht der Akte baut sich auf „Unterschichten" auf.

6.5 Assoziation und Horizont

Wären nun alle Assoziationen bzw. Verweise nur durch das Noema konstituiert, so wäre die Assoziation eine aktive Leistung des Bewusstseins; aber gerade die Rolle der Passivität bestätigt, dass sich das Noema seinerseits eigentlich erst in der Passivität konstituiert. Denn ist im Noema das Moment des τόδε τι enthalten, so ist dies nur deswegen möglich, weil passive Assoziationen als Prinzipien der Vereinheitlichung eines Dinges am Werk sind. Ein Ding zeichnet sich vor allem passiv als Index für Leibbewegungen aus: es ist das Identische von Verhaltungsweisen,[68] welche passiv synthetisiert werden zu einem Pol, der dann noematische Funktion annehmen kann. Es geht um Regeln bezüglich des Verhältnisses zwischen Leib und Ding, und diese Regeln sind passiv.[69] Das Ding in seiner Einheitlichkeit ist, wie schon zitiert, Regel möglicher Erscheinungen in dem Sinne, dass diese Mannigfaltigkeit aus Erscheinungen „zusammengehörig"[70] ist, da die verschiedenen Aspekte einander ähnlich sind.[71] Mit dem Rekurs auf Zusammengehörigkeit und Ähnlichkeit greift Husserl Themen der Assoziationsphänomenologie wieder auf, die gerade in der ersten *Logischen Untersuchung* ihre früheste Ausprägung gefunden hatten, wie im einschlägigen Kapitel gezeigt wurde.

Das Motivationsgeflecht, das wir im vorherigen Paragraphen beschrieben haben, stammt aus Assoziationsgesetzen, die jedes praktische Können mitbestimmen,[72] weil dieses Geflecht unmittelbar mit dem kinästhetischen System „Leib" zusammengehört:

> Das assoziative System des körperlichen Dinges ist *motiviert* durch das assoziative System subjektiv kinästhetischer Bewegungen, diese zugleich apperzipiert als Bewegungen von Wahrnehmungsorganen (das Leibglied als Ding *weist hin* auf andere Leibesglieder als Wahrnehmungsorgane, weil die kinästhetischen Verläufe, die dabei in Frage kommen, apperzipiert werden als Leibesbewegungen).[73]

Eben dank der Funktion dieser Assoziations- und Motivationsgeflechte, die Zeichenhaftigkeit des Dinges einerseits und leibliche Bewegungen und Phänomene andererseits miteinander verschmelzen lässt, wird es möglich, dass alle Wahrnehmung etwas gemeinsam hat mit der Übung eines praktischen Könnens:[74] Wir nehmen so wahr, wie wir wahrnehmen (wir erwarten zum Beispiel, dass das Buch eine Rückseite hat, die wir im Moment nicht sehen können), weil das Wahrnehmen eine Praxis ist, die leiblich auf Verweise, Motivationen und Dingzusammenhänge

---

[68] Hua IV, S. 340.

[69] Vgl. Hua IV, S. 276–277: Diese Verhaltungsweisen sind „gewohnheitsmäßige", wobei die Gewohnheit ein wichtiges Moment der Assoziation und der Anzeige (als Seinsüberzeugung) ist.

[70] Hua IV, S. 86. Es geht nämlich um eine „Regel der Zusammengehörigkeit" (Hua IV, S. 124). Vgl. auch Hua IV, S. 227.

[71] Hua IV, S. 122.

[72] Hua IV, S. 330.

[73] Hua IV, S. 381. Meine Hervorhebungen. Vgl. auch S. 385: Apperzeptionen und Reproduktionen hängen von Leibern ab.

[74] Zu der Idee des Dinges als Gebrauchsding, sowohl systematisch als auch im Hinblick auf verschiedene Interpretationen dieser Instanz in der Geschichte der Phänomenologe, vgl. G. Figal, *Unscheinbarkeit*, S. 111 ff.

antwortet.[75] In diesem Sinne ist die Seinsapperzeption ein „Analogon" der Übungsassoziation, wie Husserl selbst behauptet aber nicht weiter ausführt.[76] Dass die Struktur der Anzeige für eine solche Deskription angewendet werden kann, tritt auch in der späteren Phänomenologie Husserls zum Vorschein, etwa in einer Handschrift aus dem August 1931:

> Nun ich weiß doch, wie es mit dem Sehen steht und mit dem möglichen Tasten meines Rückens und dass dieses nicht erst warten muss auf ein Hingehen und <dass> beständig Anzeigen hier von der beständig gesehenen und getasteten etc. Vorderseite ausgehen, also nur warten muss auf die Kinästhesen des Hinwendens der tastenden Organe.[77]

Dass nun also die Rolle des Leibes für die Zeichenhaftigkeit der Dingwahrnehmung maßgeblich wird, und dass daher die Verweise nicht nur im Bereich des Noema angesiedelt werden können, kommt am Ende des Haupttexts der *Ideen II* besonders klar zum Vorschein, wo Husserl die „Schranken" des Wesensmäßigen des Bewusstseins beschreibt. „Das Wesensmäßige des Bewusstseins" weist insofern „Schranken" auf, als eine „Vorzeichnung" in der Wahrnehmung am Werk ist, die einem „psychophysische[n] Parallelismus" unterliegt:[78] Dieser Parallelismus, nämlich zwischen Leib und Bewusstsein, bestimmt „ein[en] Gehalt der Empfindung und ebenso innerhalb der vorgezeichneten Form der retentionalen Abfolge ein[en] durch sie offen gelassene[n] Gehalt, nämlich Unterschiede der Klarheit und Deutlichkeit etc."[79] Das Empirische, also dieser Leib im Falle der Wahrnehmung, bestimmt zwar nicht, dass es Verweise gibt, d. h. dass das Ding als Zeichen für sich selbst fungiert, sondern welche Verweise es gibt und wie das Ding auf sich selbst verweist. Diese Offenheit des Wesens, das der Offenheit der Vorschreibungen entspricht, bestimmt den besonderen Zusammenhang von Passivität und Aktivität, von Sinnlichkeit und Vernunft sozusagen, der der Phänomenologie Husserl eigen ist.[80]

---

[75] Der Begriff des Antwortens wird hier in Anlehnung an B. Waldenfels benutzt: Vgl. B. Waldenfels, *Antwortregister*, Suhrkamp, Frankfurt am Main 2007.

[76] Hua IV, S. 330 (Zeilen 27–28). Vgl. das einleuchtende Kommentar von D. Pradelle: „tout la nature [...] se resolve en un tissue de motivations immanente" (D. Pradelle, *L'archéologie du monde*, S. 233).

[77] Hua XV, S. 246.

[78] Hua IV, S. 293.

[79] Ebd.

[80] In diesem Sinne wäre es möglich, auch die ganze Kontroverse über *conceptual and non-conceptual content* neu zu verorten und zu problematisieren. Da beim späten Husserl ganz klar die Suche nach dem Ursprung der logischen Begriffe in der vorbegrifflichen Erfahrung als Hauptziel angesetzt wird, wäre es widersinnig, die Begriffe schon in der Erfahrung anzusiedeln; andererseits ist es auch klar, dass „vorbegrifflich" nicht „chaotisch", „unstrukturiert" oder „unbedeutend" meint, und zwar deswegen, weil das Vorbegriffliche immer vom Begriff her gedacht ist und enthält in sich Begriffe der Potentialität nach. Gerade die Untersuchung des passiven Zusammenhangs zwischen Anzeigen und Leiblichkeit in der Wahrnehmung ergibt, dass es hier um eine vorbegriffliche Strukturiertheit der Erfahrung geht (siehe auch B. Waldenfels, *Das leibliche Selbst*, S. 63 „Die Wahrnehmung hat eine eigene Syntax. Damit werden die Dinge zu dem, was sie sind"). In diesem Sinne ist dem Versuch M. D. Barbers zuzustimmen, die Unterscheidung zwischen conceptual und non-conceptual als zu starr zu problematisieren: Die Struktur des Horizontes bei Husserl „goes beyond experiential conceptual contents and yet [...] cannot be equated with non-conceptual

6.5 Assoziation und Horizont

In diesem Sinne wird die Struktur des Dinges als Index möglicher Erfahrungen weiter expliziert insofern, als das Gegebene der Dinge „assoziativ" an eine Mitgegebenheit erinnert, die momentan nicht direkt zur Gegebenheit kommt. Dabei kann es sich darum handeln, dass das erscheinende, rein visuelle Schema auf Tastmöglichkeiten hinweist, oder dass die Anschauung der Vorderseite auf die mögliche Anschauung der Rückseite verweist.[81] In diesem Sinne ist „Assoziation" ein Titel für die „Neubildung oder Umbildung von Dispositionen", die die Regelung für das Fortlaufen der Erfahrung „mitbestimmt".[82] Deswegen ist die Assoziation gehörig zur Motivation als Stiftung von „Beziehungen zwischen früherem und späterem Bewusstsein".[83] Es ist aber im Gegensatz zur „prägnanten Vernunftmotivation" eine „passive".[84] Die Assoziation motiviert durch Ähnlichkeit, und motiviert eine Existenzsetzung, denn die Existenz des ähnlichen Stückes fordert die Existenz des ähnlichen Ergänzungsstückes, wie schon zitiert;[85] es geht somit um eine Tendenz, die vom „Glauben" oder Überzeugung der Existenz von A auf die Existenz von B hinweist.[86] In jeder Erfahrung sind solche passiven Motivationen enthalten[87] und dabei wird keine leere Setzung motiviert, sondern auf einen Gehalt hingewiesen, und zwar auf einen ähnlichen Gehalt.[88] Eben deswegen geht jede dingliche Apperzeption auf solche Motivationen, also auf solche Assoziationen, zurück,[89] und bestimmt die rückwirkende Struktur in der Konstitution des Dinges, die oben ausgewiesen wurde.

Betrachtet man nun diese Struktur der Assoziation, so fällt auf, dass sie der Definition der Anzeige in der ersten *Logischen Untersuchung* entspricht. War dort davon die Rede, dass die Anzeige aus der „Ideenassoziation" entspringt, so ist hier keinesfalls mehr von Ideen die Rede, und Assoziation ist – wenn man beide Auffassungen

---

content" (M. D. Barber, *Holism and Horizon*, in: „Husserl Studies", 24, 2008, S. 79–97, hier S. 94). Derselben Meinung ist auch M. Doyon: Er findet „a kind of lawfulness internal to the sense data prior to any egoical performance" (*Husserl and McDowell on the Role of Concepts in Perception*, in: „The New Yearbook for Phenomenology and Phenomenological Philosophy", XI, 2012, S. 43–75, hier S. 72. Zum Thema siehe neulich auch T. Mooney, *Understanding and Simple Seeing in Husserl*, in: „Husserl Studies", 26/1, 2010, S. 19–48). Doyon beschränkt die These aber nur auf den späteren Husserl (S. 72, 73), was nicht einzusehen ist, wenn man sich die symbolische Struktur der Wahrnehmung vor Augen führt, wie sie im zweiten Kapitel in Bezug auf die sechste *Logische Untersuchung* gezeigt wurde. Das heißt nicht, dass Husserls Position sich nicht entwickelt hat, sondern nur, dass die Strukturiertheit der Wahrnehmung keine großen Schwankungen im Laufe der Zeit erlebt hat – obwohl natürlich die Art und Weise sich verändert hat, wie Husserl das konzipiert, wie zum Teil gezeigt wurde und zum Teil noch zu zeigen sein wird.

[81] Hua IV, S. 40.
[82] Hua IV, S. 136.
[83] Hua IV, S. 222.
[84] Hua IV, S. 223.
[85] Vgl. ebd.
[86] Es geht hier um einen Hinweis auf Zusammengehörigkeit durch Motivation (Vgl. Hua IV, S. 226).
[87] Hua IV, S. 224.
[88] Hua IV, S. 225.
[89] Hua IV, S. 226. Vgl. auch 251.

Husserls miteinander vergleicht – auf Anzeige reduziert. In den *Ideen II* sind Anzeige und Assoziation deckungsgleich. Das spiegelt sich auch darin wider, dass beide – die erste operativ, die zweite explizit – für die Beschreibung von Zusammenhängen der Wahrnehmung eingeführt werden, und dass beide zur Konstitution eines Optimums beitragen. Die Horizontstruktur von den *Ideen I*, die vom dreistufigen Noema bestimmt wurde, wird nun durch die assoziativen Verflechtungen untermauert: kein Noema, keine Apperzeption, keine dingliche Auffassung ohne Assoziation, so auch kein Horizont. Der Horizont ist nämlich, anders als die Assoziation, ein „Meinungsstrahl",[90] der auf „leere" Wahrnehmungszusammenhänge[91] verweist. Während die Assoziation als passive Überzeugungssetzung inhaltlich bestimmt ist, bleibt der Horizont eine bestimmbare Unbestimmtheit. Die Assoziation ist keine Vernunftmotivation und impliziert eine passive, gehaltvolle Erwartung des Zukünftigen, während der Horizont passiv und noematisch gebildet wird.[92]

Ist der Horizont somit das, was aus dem Noema hervorgeht, so ist die Assoziation das, woraus das Noema hervorgeht.[93] Deswegen ergibt sich dieses zunächst befremdlich erscheinende Paradox, dass die untere Stufe der Konstitution mehr Gehalt hat als die obere. Gerade weil die Motivation in der Assoziation passiv ist, kann auch die Erwartung gehaltvoll sein; das Sein von A zeigt das Sein von B an, und zwar auf uneinsichtige Weise, aber aufgrund unserer Gewohnheiten und Tendenzen nehmen wir das als eine determinierte Bestimmung hin. Bei der Horizontbildung handelt es sich dagegen um eine Leistung des Bewusstseins,[94] welche einsichtig ist; die einzige Möglichkeit dafür ist, den Horizont offen zu lassen, und zwar so, dass eine Modifizierung der Erwartung jederzeit eintreten kann.

Dank dieser Unterscheidung zwischen Assoziation und Horizontbildung kann Husserl nun sagen, dass die Hinweise und Rückweise den Empfindungsdaten anhängen.[95] In den *Ideen I* sind sie Empfindungsdaten ohne Verweise, tote Hyle, denn sie werden erst aktiv durch Bewusstsein in einem Horizont konstituiert. Zwischen den *Ideen I* und den *Ideen II* ändert sich Husserls Position also radikal. Die neue Beschreibung der Wahrnehmung, die aus den *Ideen II* hervorgeht, fügt nämlich die Rolle der Passivität hinzu, die nur im Ausgang von semiotischen Funktionen des

---

[90] Hua IV, S. 21.

[91] Hua IV, S. 39.

[92] Das Verhältnis von Vernünftigkeit und Motivation ist in den *Ideen II* vielschichtig. Husserl betont nämlich, dass die Assoziation nicht vernünftig ist wie die „prägnante Motivation" – die nämlich als „Gesetz des geistigen Lebens" eine aktive Stellungnahme impliziert – und nennt sie doch „vernünftig" in dem Sinne, dass sie nicht rein zufällig, sondern nach gewissen Regelungen motiviert ist (in den *Ideen II* vor allem durch Ähnlichkeit). Vgl. dazu vor allem Hua IV, S. 223.

[93] Vgl. dazu Costa (*Husserl*, S. 58), der darauf hinweist, dass der gegenständliche Sinn, der die Auffassung eines Erscheinenden in der Erscheinung erlaubt, aus der Passivität der Assoziation entspringt.

[94] Es „gehört nämlich zum Wesen des Bewusstseins, dass jeder Akt seinen dunklen Horizont hat" (Hua IV, S. 107); die Mitgegebenheit als Daseinshorizont ist „erfassungsbereit bewusst" (Hua IV, S. 186).

[95] Hua IV, S. 279.

Dinges und von Funktionen der Leiblichkeit verstanden werden kann. Das Ding der Wahrnehmung ist nun Pol möglicher Handlungen und Verhaltensweisen, die dann nur als solche zu aktiven Funkionen erhoben werden können.

Die gerade aufgezeigte Tatsache aber, dass Husserl in den *Ideen II* Ansätze einer genetischen Phänomenologie fomuliert, die sich in dieser Form nicht in den *Ideen I* finden, führt ihn auch zu der Frage, ob die Assoziationsgesetze ausreichen, um das Noema vollumfänglich zu konstituieren. Über Assoziationsgesetze hinaus wird das „Ding" nämlich, wie schon im zweiten Paragraphen dieses Kapitels vorweggenommen, eben durch die Intersubjektivität konstituiert, deren werkgeschichtliche Entwicklung hier nicht näher verfolgt werden kann. Wie noch zu zeigen sein wird, ist die Intersubjektivität selbst durch symbolische Strukturen bestimmt.[96]

6.6 Übergang zur Intersubjektivitätsproblematik

Die Intersubjektivität führt insofern zum Noema, als das Optimum eines Dinges, das als zweite Stufe zum Noema gehört, eben durch Intersubjektivität konstituiert ist. Somit ist die Intersubjektivität das, was das Ding als Index bestimmt. Problematisch ist diese Auffassung aber insofern, als – wie im nächsten Kapitel näher ausgeführt wird – die Konstitution der Intersubjektivität selbst auf Anzeige- und Indexsystemen basiert.

Die Einfühlung ist nämlich nur dann möglich, wenn zwei semiotische Bedingungen der Alterität erfüllt werden. Der Andere muss einerseits als ein „System geordneter Anzeigen"[97] gelten, die ihn gewissermaßen zu einem Kulturgegestand machen. „Auch Personen sind umweltliche ‚Kulturobjekte'",[98] und daher Anzeige, da dieses Merkmal, wie am Anfang dieses Kapitel gezeigt, Kulturobjekten wesentlich zukommt. In der wahrnehmenden Apperzeption des Fremdleibes liegt nämlich ein „System erfahrungsmäßiger Anzeigen" beschlossen, „*vermöge dessen*"[99] sich ein Unbestimmtheits- und Unbekanntheitshorizont herausbilden kann.[100] Diese Vorrangstellung der Assoziation bzw. der Anzeige gegenüber der Horizontbildung gilt analog und gleichzeitig allgemeiner gedacht auch für die Dingwahrnehmung, wo

---

[96] Vgl. die schon zitierte Passage über die symbolische Vorahnung der Erfahrung, die besonders für die Erfahrung anderer Menschen gilt (Hua IV, S. 274).

[97] Hua IV, S. 165.

[98] Hua IV, S. 379.

[99] Hua IV, S. 139, meine Hervorhebung.

[100] Damit scheint mir klar, dass Holensteins Auffassung, nach der die Assoziation den „leeren Horizont füllt", zumindest für die *Ideen II* nicht korrekt sein kann (E. Holenstein, *Phänomenologie der Assoziation*, S. 34). Costa stellt dagegen die m. E. richtige These auf, dass die Assoziation erst Protentionen und Retentionen, also den zeitlichen Horizont, ermöglicht (V. Costa, *Husserl*, S. 52), ohne aber ihren Inhalt vorwegzunehmen.

Horizont und Umwelt der Erfahrung auf derselben Konstitutionsstufe angesiedelt werden[101] und Horizont immer thematischer Horizont ist.[102]

Andererseits basiert die Möglichkeit der Einfühlung nicht nur auf der Erfahrung des Anderen als System von Anzeigen, sondern auch auf der Erfahrung der Natur selbst als Index.[103] Darauf werden aber das nächste und das letzte Kapitel ausführlicher eingehen; für den Moment beschränken wir uns darauf, uns die komplexe und zweideutige Rolle der Intersubjektivität in der Noemakonstitution und in der Horizontbildung vor Augen zu führen, sodass eine zusammenfassende Darstellung dieser Verhältnisse möglich wird.[104] Wenn nämlich – wie angeführt – zur Zeit der *Ideen II* eine Rückkoppelungsstruktur zwischen einer passiven Konstitution des Noema und einer ebenso passiven Bildung des Horizontes durch das Noema aufgezeigt werden kann, so ist dieselbe Rückkoppelung wesentlich am Werk zwischen Intersubjektivität und Konstitution des Noema bzw. Bildung des Horizontes.[105] Auf diese Art und Weise wird es unmöglich, festzustellen, ob der Primat dem Noema oder der anzeigenden Horizontbildung zukommt. Die Rückkoppelungsstruktur lässt sich nicht auf ein *primus* zurückführen.

Dieses besondere Korrelationsverhältnis zwischen Horizont und Intersubjektivität, das auf einem semiotischen Ansatz basiert, liegt also letztlich darin begründet, dass die Anzeige in Hinblick auf das Noema sowohl in den Assoziationsgesetzten als auch in der Rolle der Intersubjektivität für die Konstitution objektiver Gegenständlichkeiten angesiedelt werde muss.

Nur auf der Basis der Anzeige ist es möglich, dass sich das Noema, sowohl in der Assoziation als auch in der Intersubjektivität, genetisch konstituiert. Mit ähnlichen Termini, jedoch mit einer von den *Ideen I* abweichenden Akzentsetzung, sagt Husserl nun: „Der Sinn der erweiterten Auffassung schreibt dann die Art vor, die der Fortgang der Erfahrung zu bewähren und näher zu bestimmen hat. Mit der näheren

---

[101] Hua IV, S. 195.

[102] Hua IV, S. 218. In einem späteren Text heißt es, dass Realitäten, „schon bevor sie thematisiert sind", „angezeigt" werden (Hua XXXIX, S. 432). Die Behauptung aus Hua IV gilt selbstverständlich nur, wenn man vom Welthorizont als Horizont aller Horizonte absieht. Wie schon in der Einleitung kurz erwähnt, wird der Weltbegriff aus Platzmangel beiseite gelassen.

[103] Maßgeblich dazu ist die Beilage XXVIII in Hua XIII, die die „Natur als Index für eingefühlte Erfahrungssysteme und als Bedingung der Spiegelung der Monaden" beschreibt. Dieser Text stammt wahrscheinlich aus dem Jahr 1921.

[104] In den *Ideen II* weist Husserl selbst darauf hin, dass zwischen Dingkonstitution, Leibkonstitution und Intersubjektivität insofern ein „Zirkel" bestehen könnte, als die Dingkonstitution die Intersubjektivität braucht, die Intersubjektivität aber wiederum die Leibkonstitution, die nichts anderes ist als Dingkonstitution des Dinges „Leib" (siehe Hua IV, S. 80).

[105] Wiegerling beschreibt das wie folgt: „Der Horizont ist Bedingung der Möglichkeit des sich äußernden und damit veräußernden intentionalen Lebens; umgekehrt ist er gesetzt durch den ursprünglichen Bezug, der sich im Leben als sich entäußernden schafft" (K. Wiegerling, *Husserls Begriff der Potentialität*, S. 77). Dieser Meinung ist auch S. Geniusas: „We are facing a codetermination of appearances and horizon consciousness […]. Thus the horizon determines appearances as appearances of a particular objectivity; yet it is appearances themselves that motivate the horizons to schematize them in a called-for manner" (S. Geniusas, *The Origins of the Horizon*, S. 102).

6.6 Übergang zur Intersubjektivitätsproblematik

Bestimmung gestaltet sich dann notwendig die Auffassung selbst voller aus".[106] Werden die symbolischen und leeren Antizipationen, die zu dem Horizont aktiv beitragen, von dem Auffassungssinn, nämlich vom Noema, konstituiert, so beruht das Noema wiederum auf dem Fortgang der Erfahrung mit ihren Näherbestimmungen, Bewährungen aber auch Berichtigungen. Das ist insofern möglich, als eine passiv motivierte Seinssetzung, eine Doxa, von der Erfahrung ausgeht, die ihrerseits als Anzeige und Index für weitere Erfahrungen in der Form leiblicher Bewegungen fungiert. Dabei ist klar, dass das Ineinandergreifen von Auffassungssinn und Erfahrung nun ein *feedback*-System ist, und nicht mehr unidirektional wie in den *Ideen I*. Bestimmte in den *Ideen I* der Sinn bzw. das Noema den weiteren Verlauf der Wahrnehmung, so wird nun umgekehrt auch das Noema bzw. der Sinn durch die Wahrnehmung mitgestaltet.

Die formale Beschreibung der Wahrnehmung eines Dinges gemäß der Ausführungen in *Ding und Raum*

$$i_1 \to s$$

ist nun deutlich komplizierter geworden. Um den Wortschatz anzupassen, kann nicht mehr von „s" (signitivem Gehalt) die Rede sein, es müssen „H" (Horizont) und „i" (intuitiver Gehalt) Eingang in die Formel finden, ferner setzen wir statt „1" als Totalität des Gegenstandes „n" für Noema. Dazu kommen „k" für kinästhetische Abläufe der Wahrnehmung und „a" für die verschiedenen Anzeigen, die in Motivationen und Assoziationen zu finden sind. So haben wir:

$$\begin{cases} i_n \to H \\ i + a + k \to n \end{cases}$$

Denn der intuitive Gehalt (i) der Wahrnehmung bestimmt, sobald er noematisch aufgefasst ist (i_n), die unbestimmten Bestimmbarkeiten, also den Horizont (H) des weiteren Wahrnehmungsverlaufs. Andererseits wird aber das Noema (n) erst rückwirkend aus der Komplexion aus intuitivem Gehalt (i), Anzeigen auf mögliche Bewegungen (a) und kinästhetischen Abläufen (k) konstituiert. Die Wahrnehmung selbst entpuppt sich somit als eine komplizierte und auf sich selbst rückwirkende Struktur, die ihrerseits auf Leib und Zeichen basiert.

---

[106] Hua IV, S. 156.

Kapitel 7
Zeichen und Leiblichkeit als Grundlagen der Fremderfahrung

Im vorherigen Kapitel konnte gezeigt werden, wie die komplexe Rückkopplungsstruktur zwischen Horizontbildung und Konstitution des Noema in jedem Wahrnehmungsakt zu fassen ist. Zudem wurde auch kurz darauf hingewiesen, dass die Intersubjektivität eine ähnliche Verdopplung in sich trägt. Einerseits ist die Intersubjektivität als Baustein in der Konstitution des Noema aufzufassen, das dann wiederum die indikative Struktur der Horizontbildung bestimmt; andererseits ist aber die Konstitution der Intersubjektivität selbst nur aufgrund anzeigender und indizierender Verhältnisse möglich. Laut Husserls Analyse der Fremderfahrung in den *Ideen II* basiert die Konstitution der fremden Subjektivität selbst auf einer Anzeigestruktur, die im Körper bzw. Leib des Anderen zu verorten ist. In diesem Sinne besteht eine von Husserl mehrmals betonte Analogie zwischen Fremderfahrung und Dingwahrnehmung, die unter anderem darin gründet, dass sowohl Fremderfahrung als auch Dingwahrnehmung in ihrer Konstitution auf Anzeige und Leiblichkeit basieren. Eine Untersuchung der Intersubjektivität ist aber nicht nur von Interesse, weil auch in diesem Rahmen semiotische Strukturen aufgewiesen werden können, sondern auch weil die Intersubjektivität überhaupt, um es mit Paul Ricœur auszudrücken, „la pierre de touche"[1] der transzendentalen Phänomenologie ist.

Im Folgenden wird daher textimmanent die von Husserl behauptete Analogie zwischen Dingwahrnehmung und Fremderfahrung analysiert. Diese Analogie wird dann ausgehend von der Frage, ob aufgrund einer solchen Analogie eine Übertragung der in der Dingwahrnehmung obwaltenden Anzeigestruktur auf die Fremderfahrung möglich ist (1.), zur Diskussion gestellt. Aufgrund dieser Analysen lässt sich ein grundlegender phänomenologischer Unterschied zwischen Fremderfahrung und Dingwahrnehmung feststellen, der darin besteht, dass das Angezeigte bei der

---

[1] P. Ricœur, *A l'école de la phénoménologie*, Vrin, Paris 2004, S. 233. Im selben Text bemerkt auch Ricœur die zentrale Rolle semiotischer Figuren (als „signes" und „renvoie") für eine Phänomenologie der Intersubjektivität: „il y a dans l'expérience du moi seul tous les signes d'une transgression vers un autre moi. Toute la suite de la Ve *Méditation* consiste à tirer les lignes de sens par lesquels l'expérience du propre renvoie à l'étranger" (A. a. O., S. 239).

Dingwahrnehmung zur Selbstgegebenheit gebracht werden kann, während das im Falle der Fremderfahrung wesentlich unmöglich ist: das Subjektsein des Anderen bleibt mir prinzipiell unzugänglich. Danach wird der Leib als System von Anzeichen seiner eigenen Innerlichkeit als eine erste phänomenologische Bedingung für Fremderfahrung ausgewiesen (2.). Dieselbe indikative Struktur lässt sich aber auch auf einer niedrigeren Konstitutionsstufe der Alterität nachweisen, nämlich in dem Sinne, dass sich der Körper des Anderen in der Primordialsphäre als eine Indikation auf meinen Leib verhält (3.).

Nach einer Abwehr möglicher Kritikpunkte an der dargestellten Position (4.) wird schließlich eine weitere semiotische Struktur diskutiert, die als Grundlage der Fremderfahrung dient, und auf welche sowohl die indikative Struktur des Fremdkörpers als auch die anzeigende Struktur des Fremdleibs[2] aufbauen: die indikative Struktur der Natur, welche die Widerspiegelung der Monaden zuallererst erlaubt (5.).

7.1 Die strukturelle Analogie zwischen Fremderfahrung und Dingwahrnehmung

Einer eingehenden Beschreibung der Fremderfahrung im Hinblick auf ihre semiotische Struktur sind die folgenden Paragraphen dieses Kapitels gewidmet; zunächst ist es erforderlich, auf Husserls eigene Analysen der Analogie einzugehen. Ist nämlich die Parallele festgestellt, so lässt sich das für die Dingwahrnehmung fungierende Anzeigemodell auch auf die Fremderfahrung übertragen.

In den *Umarbeitungen* zur sechsten *Logischen Untersuchung* lässt sich eine der zeitlich früheren Beschreibungen der strukturellen Analogie zwischen Fremderfahrung und Dingerfahrung finden.[3] Hier streift Husserl das Problem der Fremderfahrung nur kurz und weist in seinen Analysen explizit darauf hin, dass die Wahrnehmung einer fremden Leiblichkeit Strukturähnlichkeiten mit der Wahrnehmung äußerer Gegenstände aufweist:

> Jedenfalls überzeugt man sich, dass es ebenso verkehrt ist, das Gegebenheitsbewusstsein, in dem ein Nebenmensch uns als leibhaftig, uns gegenüber und von uns „gesehen" erscheint, als ein mittelbares im Sinne eines Schlusses aufzufassen, als das Gegebenheitsbewusstsein der äußeren Wahrnehmung des Tisches, den wir gerade sehen, als einen Schluss hinsichtlich der in diesem Sehen unsichtigen Rückseite, der unsichtigen Tischfüße usw.[4]

Gerade die Betonung der phänomenologischen Tatsache, dass weder die Rückseite eines Tisches noch die Subjektivität anderer Menschen irgendeiner Art von Schluss unterstehen, bringt die Analogie zwischen Dingwahrnehmung und Fremderfahrung

---

[2] Husserl selbst benutzt sowohl „Fremdleib" als auch (obwohl weniger häufig) „Fremdkörper" im Sinne des Leibes bzw. des (transzendental reduzierten) Körpers des Anderen. Siehe für den ersten Begriff etwa Hua XIII, S. 84 und für den zweiten Hua XIV, S. 477.
[3] Auch Holenstein hat auf diesen Parallelismus hingewiesen (E. Holenstein, *Phänomenologie der Assoziation*, S. 5), ihn aber nicht weiter entfaltet.
[4] Hua XX/2, S. 34.

7.1 Die strukturelle Analogie zwischen Fremderfahrung und Dingwahrnehmung

zustande, und zwar insofern, als es in beiden Fällen um eine uneinsichtige (nicht durch Denkschlüsse zu erklärende) Beziehung zwischen Erscheinendem und Mitscheinendem geht. In beiden Fällen handelt es sich darum, dass das Ding sich so zeigt, wie es ist, „in einem Schlag", wie auch von der Forschung anerkannt wird.[5]

Die hier von Husserl aufgestellte Analogie-These scheint *prima facie* unplausibel, und zwar sowohl weil ein Mensch der alltäglichen Erfahrung gemäß kein Ding ist, als auch, zweitens, weil Husserls Ausführungen zu diesen beiden Themen eigentlich unterschiedliche phänomenologische Elemente aufweisen (einerseits raumzeitliche Orientierung, noetisch-noematische Korrelation, Analyse von leiblichen Empfindungen und Kinästhesen, andererseits Paarung, Einfühlung usw.). Dennoch lässt sich zeigen, wie das Ergebnis der Reduktion auf die Eigenheitssphäre, die besonders klar in der fünften *Cartesianischen Meditation* zum Thema gemacht wird,[6] gerade die Reduktion der Subjektivität und Leiblichkeit des Anderen auf einen bloßen Körper, also auf ein bloßes Ding, mit sich führt, indem das Eigentümliche ihrer Innerlichkeit eingeklammert wird. Somit ist ein erstes phänomenologisches Prinzip für das Verständnis der fremden Subjektivität gewonnen: Weil der Körper des Anderen nichts anderes als ein in der Welt vorkommendes Ding ist, muss die Fremderfahrung ausgehend von und in Analogie mit der Dingwahrnehmung beschrieben werden.

Diesen Parallelismus zwischen Wahrnehmung eines Gegenstandes und Fremderfahrung betont Husserl in den Jahren nach der Abfassung jener Texte, die als Grundlage für die *Ideen II* dienten, wiederholte Male und an verschiedenen Stellen. In beiden Fällen geht es nämlich um eine Indikation von etwas auf etwas anderes. Husserls Beschreibung der Fremderfahrung in Analogie zur Dingwahrnehmung bleibt aber insofern fragwürdig, als nicht genauer definiert wird, was unter „Indikation" zu verstehen wäre. Das stellt nun das Zentrum der vorliegenden Ausführungen dar.[7]

Die Analogie wird in der Tat auch an anderer Stelle in Husserls Werk hervorgehoben, und dort ist der Sinn dieser Indikation als leere Intentionalität interpretiert. In den *Analysen zur passiven Synthesis* heißt es nämlich: „Ähnlich wie das Unsichtige eines Dinges durch die leeren Intentionen der Wahrnehmung mitbewusst wird, so wird das fremde Seelenleben, das direkter Wahrnehmung überhaupt unzugänglich

---

[5] Vgl. S. Micali, *Überschüsse der Erfahrung*, S. 110: „Der Ausdruck ‚mit einem Schlag' weist darauf hin, dass wir – ganz genau wie bei der Erfassung eines Werkzeuges – nicht zuerst ein allgemeines Ding sehen und dann durch einen zusätzlichen Akt ein lebendiges Wesen begreifen. Wir erfassen direkt und unmittelbar das Erscheinende vor uns als Leib".

[6] Vgl. Hua I, § 44.

[7] Wie schon angemerkt, ist der Begriff der Indikation in der Auslegung der Fremderfahrung vor allem in den Manuskripten maßgeblich. Seine Rolle ist allerdings bestätigt auch in den *Cartesianischen Meditationen*, vgl. Hua I, S. 146: „Also indiziert in dieser Appräsentation der in *meiner* monadischen Sphäre auftretende Körper im Modus *Dort*, der als fremder Leibkörper, als Leib des alter ego apperzipiert ist, denselben Körper im Modus *Hier*, als den, den der Andere in seiner monadischen Sphäre erfahre". Wiegerling benutzt eher den Begriff der „Verweisung", bemerkt aber ähnlich wie wir, dass es in der Fremderfahrung zwei Verweisungen gibt, nämlich zwischen Körperding des Fremden und meinem Leib, und zwischen konstituiertem Leib des Fremden und seiner Subjektivität (K. Wiegerling, *Husserls Begriff der Potentialität*, S. 68–75; siehe dazu auch R. Kühn, *Husserl Begriff der Passivität*, S. 324–325).

ist, durch Einfühlung, und zumeist in leerer Weise, bewusst".[8] Die Erfahrung des Leibes eines Anderen ist also ebenso wie die Wahrnehmung äußerer Gegenstände durch leere Verweise begleitet, die die Innerlichkeit des Anderen, d. h. die Tatsache, dass er ein Bewusstsein ist so wie ich, indizieren.[9] In der *Krisis* wird die sich bei der Konstitution der Intersubjektivität betätigende Assoziation mit jeder anderen Assoziation in jeder Apperzeption gleichgesetzt, und allgemein sind Apperzeption und Appräsentation eigentümliche Strukturen, die sowohl in der Ding- als auch in der Fremderfahrung vorkommen.[10]

Dabei ist die fundamentale Funktion dessen, was gegeben ist, ein Durchgangsort für das nicht eigentlich selbst Wahrgenommene zu sein; das Nicht-gesehene ist vorgezeichnet durch das Selbstgegebene. Dass es so ist, tritt auch in der fünften *Cartesianischen Meditation* auf, also an der Stelle, wo die phänomenologische Analyse der Intersubjektivität ihre stärkste Ausprägung findet:

> Der Andere steht selbst „leibhaftig" vor uns da. Andererseits hindert diese Leibhaftigkeit nicht, dass wir ohne weiteres zugestehen, dass dabei eigentlich nicht das andere Ich selbst, nicht seine Erlebnisse, seine Erscheinungen selbst, nichts von dem, was seinem Eigenwesen selbst angehört, zu ursprünglicher Gegebenheit komme […]. Es handelt sich um eine Art des Mitgegenwärtig-Machens, eine Art „Appräsentation".
>
> Eine solche liegt schon in der äußeren Erfahrung vor, sofern die eigentlich gesehene Vorderseite eines Dinges stets und notwendig eine dingliche Rückseite appräsentiert, und ihr einen mehr oder minder bestimmten Gehalt vorzeichnet.[11]

Wir haben es also mit einer „Mittelbarkeit der Intentionalität" zu tun, die dennoch der Unmittelbarkeit der Intentionalität im Falle äußerer Wahrnehmung von Gegenständen ähnelt. Diese Ähnlichkeit besteht darin, dass beide, der Leibkörper des Anderen genauso wie das Ding in ihrer jeweiligen leibhaftigen Erscheinung nicht das volle Ding, und nicht der volle Andere sind. Etwas bleibt in beiden Fällen unsichtig, d. h. für die unmittelbare Erfassung unerschlossen, und darauf weist das Erscheinende mit einer leeren Intention hin.[12] Die (unvollkommene und gleichwohl tragfähige) Analogie von Fremderfahrung und Dingerfahrung beruht letztlich darauf, dass beide Erfahrungen unter phänomenologischem Gesichtspunkt semiotische Strukturen aufweisen. Inwiefern aber in der Fremderfahrung semiotische Strukturen konstitutiv am Werk sind, bedarf weiterer Ausführungen und Analysen.

Hat Husserl also gute Gründe, um eine Parallele zwischen Fremderfahrung und Dingwahrnehmung zu ziehen, so besteht dennoch ein gewaltiger Unterschied zwischen beiden Modalitäten der Assoziation und der wahrnehmungsmäßigen Semiose,

---

[8] Hua XI, S. 240.
[9] Das Wort „indizieren" kommt oft in Husserls Beschreibungen der Fremderfahrung vor. In der Sekundärliteratur hat A. Pugliese einige Seiten dieser sonst eher vernachlässigten Grundlage der Fremderfahrung gewidmet (A. Pugliese, *Unicità e relazione. Intersoggettività, genesi e io puro in Husserl*, Mimesis, Milano 2009, S. 206–211). K Wiegerling hat sich dagegen eher auf den Begriff des Verweises konzentriert.
[10] Hua VI, S. 306.
[11] Hua I, S. 139.
[12] Gerade auf diese Motive, so scheint mir, spielt B. Waldenfels an, wenn er die Fremderfahrung als Zeichen- bzw. Spurerfahrung beschreibt: B. Waldenfels, *Das leibliche Selbst*, S. 298.

7.1 Die strukturelle Analogie zwischen Fremderfahrung und Dingwahrnehmung 199

der gerade die Rolle des Leibes betrifft. So hebt Husserl in den Texten zur *Ersten Philosophie*, und zwar zur *Theorie der phänomenologischen Reduktion*, hervor, dass

> […] der fremde Leibkörper zwar in meiner räumlichen Umwelt wahrgenommen [ist], und ganz ursprünglich wie der meine; nicht so jedoch das in ihm verleibte Psychische. Es ist nicht wirklich und eigentlich selbstgegeben, sondern nur appräsentativ mitgemeint. In dieser Hinsicht besteht Ähnlichkeit mit jener Antizipation, durch welche in jeder äußeren Wahrnehmung Mitwahrgenommenes, als selbst mit da Gemeintes, beschlossen ist; wie etwa die unsichtige Rückseite eines gesehenen Dinges. Aber die Analogie ist keine volle; es ist Indikation, aber kein Vorgriff, der zum Selbstgriff werden könnte.[13]

In dieser Passage betont Husserl, dass die Wahrnehmung des Anderen ebenso wie die eines Gegenstandes durch „Indikation" bewirkt ist, wobei der Unterschied darin besteht, dass das Antizipierte keineswegs zur Selbstgegebenheit (zum „Selbstgriff") gebracht werden kann.[14] Das stimmt insofern, als die Innerlichkeit eines anderen Menschen mir nie in ihrer originären Selbstgegebenheit zugänglich werden kann, sondern eben nur durch die Indikation, während die hintere Seite eines Dinges prinzipiell durch eine leibliche Bewegung (wie besonders das vierte Kapitel der vorliegenden Arbeit zur „Phänomenologischen Raumanalyse" ausgeführt hat) eingeholt werden kann.

Obwohl nämlich beide Anzeigen auf den Leib des Subjektes verweisen, findet im Falle der Wahrnehmung äußerer Dinge eine *Bewährung* durch den Leib statt: In der Dingwahrnehmung kann das Angezeigte immer potentiell durch den Leib eingeholt werden. Darüber, dass dies bei der Fremderfahrung nicht der Fall ist, formuliert Husserl deutlich: „[M]ein primordiales Ego [konstituiert] das für es andere Ego durch eine appräsentiative Apperzeption […], die ihrer Eigenart gemäß nie Erfüllung durch Präsentation fordert und zulässt".[15] Gerade die Tatsache, dass die Erfüllung von der Perzeption selbst „gefordert" ist, deutet darauf hin, dass hier die Fremderfahrung gegenüber der Dingwahrnehmung abgegrenzt wird, da es in diesem letzten Fall gerade um eine Forderung danach geht, das Angezeigte leiblich einzuholen: Diese Struktur, die in den vorigen Kapiteln im Sinne eines „Sollens" ausgelegt wurde, hat im Fall der Fremderfahrung keinen Platz. Die Verweise, die leeren Intentionen in der Wahrnehmung eines Dinges werden nämlich dadurch bewährt, d. h. erfüllt, dass der Leib eine Bewegung vollzieht und damit ermöglicht, dass die indizierte Seite des Dinges zur aktuellen Gegebenheit kommt. Offenbar ist das bei der Fremderfahrung nicht der Fall, und zwar wesentlich nicht: Die Intentionalität des Anderen kann durch keine leibliche Bewegung und Wahrnehmung zur Selbstgegebenheit gebracht werden; sie bleibt notwendig unerschlossen, bloß indiziert und mitpräsent.[16]

---

[13] Hua VIII, S. 62–63.
[14] Diese Argumentation taucht schon 1913–14 in den *Umarbeitungen* auf, siehe Hua XX/2, S. 34–36.
[15] Hua I, S. 148.
[16] Eine weitere Beschränkung der Parallele zwischen Fremderfahrung und Dingwahrnehmung besteht darin, dass die Identität des Anderen nicht bloße „Abschattungseinheit" ist (Hua VIII, S. 490 ff.), also nicht bloße Einheiten der perspektivischen Darstellung, wie Dinge das sind. Dieser

Husserl schwankt bei der Gleichstellung von Fremderfahrung und Dingwahrnehmung. Auch wenn sich zahlreiche Passagen finden, in denen er für die Parallelität beider Erfahrungen plädiert, so besteht er manchmal auch darauf, dass der Unterschied doch beträchtlich ist: „Ich erfasse doch das andere Ich und das, was es durchlebt, *ungleich inniger* als etwa die Rückseite eines Dinges, von der ich doch nicht sage, dass ich sie sehe".[17] Zudem ist die Parallelität auch sachlich nicht völlig einleuchtend, denn der Einholbarkeit der Rückseite eines Dinges steht die Uneinholbarkeit der fremden Subjektivität gegenüber.

Das Verständnis von Husserls Position hängt damit zusammen, in welchem Sinne die Subjektivität „mit gesehen" wird, und in welchem Sinne die Rückseite mit da ist. Gilt nach Husserl für „jede beliebige äußere Wahrnehmung",[18] dass es einen das Gesehene übersteigenden Überschuss gibt, so ist dieser jeweils unterschiedlich konstituiert. Im Falle der Dingwahrnehmung ist die Rückseite dadurch angezeigt, dass die Vorderseite darauf hinweist in dem Sinne, dass die Rückseite leiblich erreicht werden kann; im Falle der Fremderfahrung ist die fremde Subjektivität ebenso angezeigt, bedarf aber keiner Bewegung, um eingeholt zu werden und mehr noch: kann niemals durch Bewegung eingeholt werden. Im Falle der Dingwahrnehmung also haben wir es mit der Anzeige einer (Ver-)Möglichkeit zu tun; die Rückseite ist potentiell, aber nicht aktuell da. Im Falle der Fremderfahrung ist die angezeigte Subjektivität völlig aktuell, obwohl in den Schranken, in denen sie gegeben sein kann, denn es gibt keine Potentialität, die zur Aktualität werden könnte. Husserl bringt das auf den Punkt: „Die Erfahrung vom Andern ist nicht bloß Antizipation, sie erfüllt sich ja beständig. Aber nie ist die Erfüllung, und kann sie sein, wirklich wahrnehmungsmäßige Erfassung der fremden Subjektivität".[19] Und noch pointierter:

> Im Wandel der Äußerlichkeit und schon im ganzen äußeren Aufbau des Gesamtleibes „drückt sich" eine Innerlichkeit aus. Freilich ist dieses Sich-ausdrücken besonderer Art; das Ausgedrückte ist mit seinem Korrelat in der Selbsterfahrung vom Leib präsentativ einig; aber nicht bloß im Nebeneinander sind sie zusammen da, sondern sie haben assoziative Einheit der Zusammengehörigkeit (durch beständige „Kontiguität"). Ich brauche freilich nicht erst bei mir selbst einen Leerverweis von dem Außen in das Innen und dann eine nachkommende Erfüllung. Beides ist untrennbar eins und zusammen verwirklicht, kontinuierlich liegt der Äußerlichkeit die Innerlichkeit „zugrunde".[20]

Unterschied kann hier nicht weiter diskutiert werden, da die vorliegende Arbeit nicht eine völlige Deckung von Dingwahrnehmung und Fremderfahrung – was nicht nur sehr problematisch für eine immanente Husserl-Lektüre, sondern auch überhaupt systematisch fragwürdig wäre –, sondern nur die Aufdeckung der gemeinsamen Basis in der Anzeige thematisieren will. Dass beide Strukturen eine gemeinsame Basis haben, impliziert nicht, dass ihre phänomenologische Analyse *in toto* gleich sein sollte. Das Ergebnis der vorliegenden Untersuchung ist vielmehr, dass trotz der Gemeinsamkeit der semiotischen Struktur, diese Struktur in beiden Fällen eine leichte Verschiebung erfährt, und zwar eben in der Einholbarkeit des Mitgesetzten.

[17] Hua XIV, S. 486.
[18] Hua I, S. 151.
[19] Hua XIV, S. 489.
[20] Hua XVI, S. 491.

Ist somit die Behauptung einer strukturellen Analogie zwischen Fremderfahrung und Dingwahrnehmung insofern naheliegend, als beiden Erfahrungen eine semiotische Struktur unterliegt, so muss doch in Betracht gezogen werden, dass beide Arten von Semiose beträchtlich unterschiedlich sind. Auf diese Semiose der Fremderfahrung gilt es nun, näher einzugehen.

7.2 Der indizierende Leib als imperfekte Anzeige

In der Apperzeption des Fremdleibes liegt Husserl zufolge „ein System erfahrungsmäßiger Anzeigen"[21] (oder auch „System geordneter Anzeichen",[22] „System von Anzeichen"[23] oder „System der Indikation von Seelischem"),[24] die ein Ichleben indizieren[25] in dem Sinne, dass gewisse Erfahrungen (in diesem Fall die Erscheinung des Fremdleibes) gewisse andere Elemente indizieren, die nicht einsichtig gegeben sind. Das Erscheinende trägt nämlich einen „Unbestimmtheitshorizont" oder „Unbekanntheitshorizont" mit sich, der expliziert werden kann.[26]

In diesem Sinne seien „auch Personen [...] umweltliche Kulturobjekte",[27] nämlich Anzeigen in dem Sinne, dass hier auf eine menschliche Subjektivität hingewiesen wird. Der systematische Stellenwert der Anzeige in der Konstitution der Fremderfahrung tritt in den *Ideen II* deutlich zu Tage:

> Ist aber ein Anfang des Verständnisses fremden Seelenlebens gegeben, so wirken verschiedene an sich unbestimmte appräsentierte Eindeutungen zusammen; es wird seelisches Sein verstanden, das für den Zuschauer leibliche Bewegungen in Kompräsenz mitgegeben hat, und zwar regelmäßig, die nun ihrerseits häufig neue Anzeichen werden, nämlich für die früher angezeigten oder erratenen seelischen Erlebnisse, und zwar in Fällen, wo diese nicht anderweitig angezeigt sind. So bildet sich allmählich ein System von Anzeichen aus, und es ist schließlich wirklich eine Analogie zwischen diesem Zeichensystem des Ausdrucks seelischer Vorkommnisse, und zwar der passiven und aktiven, und dem Zeichensystem der Sprache für den Ausdruck von Gedanken, abgesehen davon, dass die Sprache selbst – als wirklich gesprochene – mit hierher gehört. Man könnte geradezu darauf ausgehen (und hat es ja auch schon versucht) systematisch den „Ausdruck" des Seelenlebens zu studieren und sozusagen die Grammatik dieses Ausdrucks herauszustellen.[28]

---

[21] Hua IV, S. 138. S. auch Hua IV, S. 342.
[22] Hua IV, S. 165.
[23] Hua IV, S. 166.
[24] Hua XIV, S. 130. Diese Formulierungen, die eine zentrale und thematische Stellung in den *Ideen II* haben, haben bis heute in der Forschungsliteratur kaum Aufmerksamkeit gefunden.
[25] Auf S. 371 von Hua IV, aber vor allem auf S. 452–454 von Hua XIII wird die indizierende Funktion betont.
[26] Vgl. Hua IV, S. 138. Die Ähnlichkeit zwischen Erfahrung nicht gesehener Seiten eines Dinges und der Innerlichkeit wird auch dadurch bestätigt, dass Husserl in beiden Fällen von „Appräsenz" spricht (S. 164).
[27] Hua IV, S. 379. Dazu siehe das vorherige Kapitel der vorliegenden Arbeit.
[28] Hua IV, S. 166.

Gerade wegen des Rekurses auf eine Semiose der Erfahrung für die Konstitution des Seelenlebens anderer Menschen ist es nicht zufällig, dass Husserl die Erfahrung der Alterität am Beispiel der Interpretation eines Wortes veranschaulicht: So wie einem Wortlaut der beseelende Sinn innewohnt, so dass „der gesprochene Vortrag [...] keine verbundene Zweiheit von Wortlaut und Sinn ist", so ist die Menschenauffassung „in der Hauptsache" ähnlich, da sie als „'Sinn' durch die Körperauffassung hindurchgeht".[29] Husserl führt das Thema in einigen Forschungsmanuskripten fort: „Der fremde Leib als Körper ist original gegeben wie ein Körper überhaupt, er wird aber aufgefasst als Mensch, er indiziert, und zunächst zumeist ausschließlich in leerer Verweisung, auf Seele und seelische Momente".[30] Daher ist die Anzeige der Subjektivität selbst *„originaliter* motivierte"[31] Setzung, während die ichliche Sphäre (das Gesetzte) „für mich nie *originaliter* erfahren"[32] ist.

Gerade dazu bemerkt Husserl in einem Beiblatt (das von Landgrebe in seinem als Grundlage für die *Ideen II* dienenden Typoskript nicht aufgenommen wurde, da drei von vier angegebenen Seiten fehlen), dass die Menschenauffassung als „Einverstehen" eben „zweifellos eine Beziehung der Anzeige" ist, in der ein Dasein ein anderes Dasein anzeigt.[33] Auch in den *Cartesianischen Meditationen* macht Husserl auf diesen Aspekt der Fremderfahrung aufmerksam: Die Vergegenwärtigung eines anderen Ich hat „den Charakter der Appräsentation [...], ähnlich wie in der Dingerfahrung wahrnehmungsmäßiges Dasein Mitdasein motiviert".[34] Ist nun diese ein

---

[29] Hua IV, S. 240–241.
[30] Hua XIII, S. 478.
[31] Hua XIV, S. 365.
[32] Hua XIV, S. 380.
[33] Hua IV, S. 411. Iso Kern geht in der *Einleitung des Herausgebers* zu Hua XIII kurz darauf ein, dass die Ausführungen zu Ausdruck und Anzeige in den *Logischen Untersuchungen* zum ersten Mal „die intersubjektive Thematik" durch „den Aspekt der kommunikativen Funktion" der Anzeige innerhalb des sprachlichen Ausdrucks berühren, analysiert aber das Verhältnis zwischen Anzeige und Fremderfahrung nicht weiter. Die Meinung, die Fremderfahrung sei letztlich eine Erfahrung per Anzeige, teilen sowohl D. Franck als auch J. Derrida. Zum Einen hebt Derrida hervor, dass „il y a peut-être dans le rapport à autrui quelque chose qui rend l'indication irréductible" (J. Derrida, *La voix et le phénomène*, S. 39), und zwar „la non-présence immédiate à soi du présent vivant" (a. a. O., S. 40). Zum anderen interpretiert D. Franck diese Sachlage in dem Sinne, dass „l'expérience de l'autre est celle d'une indication, ce qui s'y confirme, c'est un indice, mais non ce qu'il indique. L'expérience de l'autre [...] tombe sous la détermination la plus générale de l'indication fournie par la première des *Recherches Logiques*", und zitiert im Folgenden die Definition der Anzeige aus der ersten *Logischen Untersuchung* (D. Franck, *Chair et corps*, S. 136). Franck konzentriert sich aber im Folgenden darauf, dass die Erfahrung des Fremden als Erfahrung durch Anzeige eine „Interpretation" fordert, und dass eine solche Erfahrung durch Interpretation in der Phänomenologie ungewöhnlich ist (ebd.). Der Akzent auf Interpretation würde zu einer Hermeneutik des Fremden führen, was Husserl selbst nicht entwickelt hat. Obwohl das stimmt, legt Husserl in den *Ideen III* die Idee einer Hermeneutik des Anderen nahe, indem er von „Eindeutung" statt „Einfühlung" spricht (siehe etwa Hua V, S. 109 ff.). Dazu vgl. auch die einleuchtende Passage aus Hua VIII, S. 63–64: „*Die fremdleibliche Wahrnehmung* ist vielmehr, so werden wir sagen müssen, ihrem eigenen Wesen nach *Wahrnehmung durch ursprüngliche Interpretation*" (Hervorhebungen im Original). Daher wäre die Fremderfahrung eine Hermeneutik von Anzeigen, also eine hermeneutische Semiotik der Fremderfahrung.
[34] Hua I, S. 139.

7.2 Der indizierende Leib als imperfekte Anzeige

Mitdasein motivierende Struktur eine Anzeigestruktur, und ist Anzeige ein Zeichen, so ist es nur konsequent, dass Husserl seine Alteritätsauffassung zur Zeit der *Ideen II* am Beispiel der Schriftzeichen entwickelt.

Dieses Beispiel kann nämlich in allen Einzelheiten ausgearbeitet werden:

> Genau besehen setzt, bzw. erfasst er [scil. der Verstehende] nicht im eigentlichen Sinn (dem einer aktuell vollzogenen Thesis) die Wirklichkeit des Leibes, wenn er die Person erfasst, die sich in diesem ausdrückt: so wenig wir im Lesen das Schriftzeichen auf dem Papier in aktueller Erfahrungsthese setzen, es zum *„Thema"* theoretischer oder gar praktischer Stellungnahmen machen; das Schriftzeichen „erscheint", wir „leben" aber im Vollzug des Sinnes. Ebenso erscheint der Leib, wir vollziehen aber die Akte der Komprehension, erfassen die Personen und die persönlichen Zustände, die sich in seinem erscheinungsmäßigen Gehalt „ausdrücken".[35]

Der Leib des Anderen ist dem wahrnehmenden Subjekt nämlich „Durchgang (im ‚Ausdruck', in der Anzeige etc.) für das Verstehen des Ich dort, des Er"[36] und ohne Anzeigen könnte das Subjekt nicht wissen, dass der andere Leib – ganz wie das Subjekt selbst – auch ein Ich hat.[37]

Diese Durchgangsfunktion lässt Fremdkörperwahrnehmung und Dingwahrnehmung phänomenologisch zusammenhängen durch einen Seinsglauben bzw. eine Seinsgewissheit:[38]

> Ich frage: Ist der Andere dann ernstlich thematisch – ist er im Wahrnehmen als einem auf ihn Gerichtetsein, ihn zu bestimmen, ihn kennenzulernen, so wie wenn ich ein Haus sehe und es betrachte? Natürlich nicht. […] Ich frage auch: Ist das gleichzustellen mit dem Falle, dass ich, ein Ding sehend, es als Zeichen für ein anderes, als Wegweiser z. B., nehme (den ich mir etwa selbst gemacht habe, das, um alle Fremdbeziehung auszuschließen). Ich folge der Weisung, ich betrachte nicht dieses Ding, sondern richte mich in meinem Vorstellen auf das Gewiesene. Natürlich „erkenne" ich das Ding, und es ansehen gehe ich so weit, als es nötig ist, um es „als Wegweiser auffassen" zu können. Es ist für mich Ding in den Beschaffenheiten, die in dieser Erscheinungsweise sichtlich sind und als so erscheinende ihre relative Seinsgewissheit haben, genau die hier dienlich ist für die Weisung.
>
> Ähnlich, sicherlich, in dem Falle des Meinens jener eintretenden Person.[39]

---

[35] Hua IV, S. 244. Hervorhebung im Original. In einem später durchgestrichenen Text heißt es: „Ebenso dient ihm [scil.: dem Verstehenden] die freie Leibesbewegung dazu, am fremden Leib Anzeichen des fremden Seelenlebens aufzufassen" (Hua IV, S. 415). Das „ebenso" schließt sich dem Gesagten auf S. 310, Zeile 32, also dem Ende der ersten Beilage, an; daraus kann gefolgert werden, dass die anzeigende Struktur in der Auffassung fremden Seelenlebens auch in der Wahrnehmung jeglichen Dinges und in jedem Verhalten zu erscheinenden Dingen zu finden ist. Zur Parallele von Fremderfahrung und Schriftwahrnehmung siehe auch Hua XV, S. 83: „Es ist also ebenso wie im Sprechen die gehörten Wortlaute verstanden werden in ihrem Sinn, und dann auch geschrieben nicht nur als visuelle Zeichen etc. Dieses Verstehen, wie gesagt, ist hier nicht nur ein Annex meiner Wahrnehmung des M[enschen]-Körpers, sondern meine Wahrnehmung von M[enschen]".

[36] Hua IV, S. 347.

[37] Die ursprüngliche Assoziation meines Leibes und fremden Körpers ist nämlich „originale Indikation" (Hua XIV, S. 345), denn fremde Leiber sind immer nur „indikativ" (ebd. und a. a. O., S. 350–351) erfahrbar.

[38] Vgl. Hua XV, S. 27.

[39] Hua XV, S. 484–485.

Die Anzeige hat eine allgemeinere Funktion hier als der Ausdruck, wie auch durch die Anwendung von Anführungszeichen für „Ausdruck" im Text signalisiert wird. Gemeint ist nämlich nicht nur der Ausdruck im eigentlichen Sinne Husserls, nach dem eigentlich Ausdruck nur mit Sprache und Bedeutung verbunden ist,[40] sondern jegliches Anzeichen eines fremden Seelenlebens, darunter auch Mienenspiel, Geste usw., die in der ersten *Logischen Untersuchung* vom Bereich eigentlicher Ausdrücke ausgeschlossen und in den Bereich der Anzeigen eingeordnet worden waren. Husserl behauptet tatsächlich in aller Klarheit, die Beziehung zum anderen Ich sei eine Beziehung der Anzeige. Textbeweise für diese Interpretation sind sowohl in den *Pariser Vorträgen* als auch in Husserls Inhaltsübersicht zu den *Cartesianischen Meditationen* nicht zu übersehen. Als Zusammenfassung seiner Position gibt Husserl an, dass „das fremde Ego in der sekundären Erfahrung der Einfühlung […] nicht direkt wahrnehmbar [ist], aber indirekt erfahren durch Indikation […]".[41] Die *Pariser Vorträge* zeigen dagegen, dass die Spiegelung der anderen Subjektivität nichts anderes als eben Indikation ist: „In meiner Originalität als meiner apodiktisch gegebenen Monade spiegeln sich fremde Monaden, und diese Spiegelung ist eine sich konsequent bewährende Indikation. Was da aber indiziert ist, das ist, wenn ich phänomenologische Selbstauslegung vollziehe und darin Auslegung des rechtmäßig Indizierten, eine fremde transzendentale Intersubjektivität".[42]

Dass sich der Leib des Anderen in der Fremderfahrung als Anzeige verhält, ist ferner durch die Tatsache bestätigt, dass es sich um eine passive Mitsetzung handelt.[43] „Das Ausdrücken besagt zunächst eine passiv konstituierte Indikation und

---

[40] Husserls Schwanken zwischen Anzeige und Ausdruck wird in einigen Passagen der *Ideen II* zugunsten des Ausdrucks gelöst: „Die Menschenauffassung ist eine solche, dass sie als ‚Sinn' durch die Körperauffassung hindurch geht: nicht als ob hier von einer zeitlichen Folge die Rede wäre, erst Körper- und dann Menschenauffassung, sondern es ist eine Auffassung, die die Körperauffassung als fundierende Leiblichkeit konstituierende Unterlage hat für die komprehensive Sinnesauffassung: im Grunde und in der Hauptsache ebenso wie der Wortlaut der ‚Leib' ist für den beseelenden ‚Sinn'" (Hua IV, S. 240). Zum Thema kommt Husserl auch in der berühmten *Beilage III* der *Krisis* zu sprechen.

[41] Hua I, S. 192.

[42] Hua I, S. 35.

[43] Auch P. Ricœur argumentiert dafür, dass die Basisstruktur der Alterität nicht der Ausdruck, sondern die Anzeige ist, und bestätigt dabei auch die Analogie zwischen Fremderfahrung und Dingwahrnehmung: „ce que nous devons prendre ici en considération c'est la manière dont se confirme la supposition d'une vie étrangère; cette confirmation correspond, dans l'ordre de l'expérience d'autrui, à ce que la IIIe *Méditation* a déjà écrit, mais dans le cadre de la constitution de la chose: la confirmation consistait alors dans la ‚concordance' des profils ou des esquisses; une visée se confirmait ou s'infirmait par ce jeu de concordances ou de discordances. D'une manière analogue, la supposition ou l'anticipation d'un vécu étranger (par exemple la joie) se confirme par la concordance des expressions, des gestes, du comportement: ‚La chair d'autrui s'annonce' (*bekundet sich*) dans la suite de l'expérience comme étant véritablement chair, uniquement par son comportement changeant, mais toujours concordant. La concordance du comportement illustre assez bien la théorie des signes par quoi débute la Ire *Recherche logique*; on se souvient que Husserl distingue deux espèces de signes: ceux qui indiquent, qu'il appelle indices, et ceux qui signifient et qui sont proprement les signes du langage. Le comportement concordant rentre dans la première catégorie de signes: il est l'indice d'une vie étrangère; il indique le vécu d'autrui par son enchaînement harmonieux"

7.2 Der indizierende Leib als imperfekte Anzeige

indikativ konstituierte Einheit. Dessen bemächtigt sich das aktive Ich: Ausdruck ist etwas aktiv zu Erzeugendes und zu Verwendendes, es wird zur absichtlichen Anzeige und zum absichtlichen Reden".[44] Ein weiteres Zitat bestärkt Husserls Auffassung noch einmal, diesmal mit dem Terminus „Ausdruck" in Anführungszeichen:

> Wenn ich aber einen meinem Leibkörper ähnlichen äußeren Körper als Leib auffasse, so übt dieser fremde Leibkörper vermöge dieser Ähnlichkeit die Funktionen der Appräsentation in der Weise des „Ausdrucks". Dazu gehört, dass eine mannigfaltige und sich in typischer Weise fortentwickelnde Innerlichkeit mitgesetzt ist, die ihrerseits dann fordert eine entsprechende Äußerlichkeit, die dann der Vorerwartung von innen her gemäß auch wirklich eintritt.[45]

Wir haben nämlich bei der Fremderfahrung

> empirische Verbindungen der Assoziationen zwischen leiblichen Vorkommnissen und subjektiven Zuständlichkeiten und Akten, die, durch Einfühlung übertragen, fremde leibliche Vorkommnisse auffassbar machen als Anzeigen ähnlicher subjektiver Akte und Zustände. Der Leibkörper dort zeigt durch seine allgemeine Gestalt (in ihrer Ähnlichkeit mit meinem Leibkörper) und durch seine besonderen Äußerungen eine Subjektivität überhaupt und dann näher besondere Bestimmungen einer solchen an [...]. Aber auch sonst hat der Mensch dort gemäß meiner Einfühlung einen Erlebnis- und Aktbestand der ein anderer ist als der meine, und dieser ist durch den fremden Leib und seine ausdrückenden Anzeigen angezeigt als Analogon meines eigenen Erlebens und Tuns.[46]

Dass die Anzeigefunktion, die dem Leib zukommt, für die Konstitution fremder Subjektivitäten notwendig ist, betont Husserl auch *ex negativo*, wenn er feststellt, dass durch transzendentale Reduktionen die fremden Leiber nicht mehr gelten, und dass somit – anscheinend, denn Husserls Beschreibung der Konstitution der Intersubjektivität zielt gerade auf die Behauptung ab, dass der Vorwurf, das Ergebnis der Reduktion sei die Annahme eines solipsistischen Standpunktes, falsch ist – „der Anhalt für die Anzeige des fremden Seelenlebens"[47] entfällt. Die Phänomenologie ist nämlich dazu imstande, zu beschreiben, „wie dabei [scil.: im Fremdleiblichen] Fremdpsychisches sich anzeigt".[48] Letztlich

> während ich *fremde* Subjektivität, die ihrerseits nur ist als direkt sich selbst erfahrende, nur erfahren kann in der *mittelbaren Weise der Anzeige*, die sie mir also bewusst macht durch Vergegenwärtigung ihrer Selbstwahrnehmung, ihrer Selbsterinnerung usw. Darin liegt also eine *Intentionalität zweiter Stufe*, eine mittelbare.[49]

(P. Ricœur, *A l'école de la phénoménologie*, S. 250). Für eine Theorie der Intersubjektivität, die nicht auf Anzeige-, sondern auf Ausdrucksstrukturen basiert ist, wird man bei M. Scheler fündig, wie die Forschung längst erkannt hat (vgl. beispielsweise G. Ferretti, *Soggettività e intersoggettività. Le Meditazioni Cartesiane di Husserl*, Rosenberg & Sellier, Turin 1997, S. 82–83).

[44] Hua XIV, S. 328.
[45] Hua XIV, S. 249.
[46] Hua XIV, S. 85 und 96.
[47] Hua VIII, S. 174.
[48] Hua VIII, S. 175.
[49] Ebd. Alle Hervorhebungen im Original. Dazu lautet eine kritische Notiz Husserls: „Das müsste ausgeführt werden; interpretative Erfahrung" (Hua VIII, S. 319).

Das besagt, dass die Erfahrung des Fremden zwar gegeben ist („doch gegeben und zwar erfahren"), jedoch mittelbar,[50] und zwar durch Indikation: „Einfühlung vollzieht sich durch analogisierende Indizierung".[51] Diese Struktur einer Mitgegebenheit, die erfahren wird, und doch nicht selbstgegeben ist, spiegelt genau die Struktur der unsichtbaren Seiten eines Dinges in der Dingwahrnehmung als Mitwahrnehmung durch Appräsentation wider: „Aber müssen wir nicht sagen, der redende Geist und der sonst wie in unsere Erscheinungswelt hineinwirkende Geist ist durch die in diesen ‚Äußerungen' sich vollziehende Anzeige appräsentiert, erfahren, mitwahrgenommen? Und das ist die einzig mögliche Weise der ursprünglichen Erfahrung".[52]

Es scheint aber in mehreren Forschungsmanuskripten so, dass Husserl sich nicht endgültig entscheiden kann zwischen den Begriffen der Anzeige und des Ausdrucks. Besonders prägnant ist eine Stelle aus dem Jahr 1928, wo zu lesen ist, dass der Leib des Anderen die Lokalisierung seiner Subjektivität „ausdrückt <oder> anzeigt",[53] wobei sich beim „oder" um einen Eingriff des Herausgebers handelt; im Manuskript sind beide Termini einfach nacheinander geschrieben.

Wie die Semiotik in der Fremderfahrung zu verstehen ist, ob als Ausdruck oder als Anzeige, führt Husserl durch eine Passage aus, die in der Folge einen längeren Kommentar verdient:

> Leiber sind Dinge, in denen sich seelisches Sein, seelisches Leben „ausdrückt". Nehme ich sie wahr, so erfahre ich auch diesen Ausdruck, und durch ihn das fremde Seelenleben als sich ausdrückendes, als sich in der Weise einer Mitgegenwart Bekundendes.[54] Ich sehe ihnen das Seelische, das sich Zug für Zug ausdrückt, *an*, obschon ich es nicht selbst sehe, nie selbst und eigentlich wahrnehmen kann. Es liegt hier [...] eine Art *ursprünglicher Anzeige* vor.[55]

In diesem Zitat scheint Husserl den Begriff des Ausdrucks zunächst zu bevorzugen und doch durch Anführungszeichen in übertragener Bedeutung anzuwenden.[56] Am

---

[50] Hua VIII, S. 176.
[51] Hua XIV, S. 337. Die Frage, inwiefern diese Analogisierung als Spiegelung die Struktur des Bildbewusstseins hat, wirft N. Depraz, *Transcendance et incarnation*, Vrin, Paris 1995, S. 143 ff. auf.
[52] Hua XIV, S. 327. Diese Erfahrung ist die „ursprüngliche" unter statischem, eine abgeleitete aber unter genetischem Gesichtspunkt.
[53] Hua XXXIX, S. 634.
[54] Zum Verhältnis zwischen Bekundung und Anzeige siehe Hua XV, S. 93.
[55] Hua VIII, S. 134–135. Hervorhebungen im Original.
[56] Auf eine positive Wertung des Ausdrucks für die Konstitution der Intersubjektivität scheint Husserl nur bis 1913 (und sowieso auch zuvor nur ab und zu) festgehalten zu haben. Siehe dazu die Beilage XV zu „Körper und Ausdruck" in Hua XIII, S. 69–70 und die entsprechende Beilage IX in Hua IV. Dass das oft aber nur eine Sprachverlegenheit ist, legen verschiedene Texte nahe, wo die Ausdrucksfunktion begrifflich so analysiert ist, dass das Ergebnis eigentlich eine Anzeige im Sinne der ersten *Logischen Untersuchung* ist. Als Beispiel diene: „So wie ein Schattenbild in meiner Sphäre möglicher selbstgebender Erfahrung zugleich *indiziert* und im *Index* analogisch darstellt, verbildlicht und damit bekundet, so bekundet auch die fremde Leibkörperlichkeit in ihrem *Ausdruck*. Aber freilich in anderer Weise. Denn das Bekundete ist nicht für mich erfahrbar" (Hua XIV, S. 354, meine Hervorgebung).

7.2 Der indizierende Leib als imperfekte Anzeige

Ende zieht er aber den Begriff der Anzeige gegenüber dem des Ausdrucks, wie in der letzten Zeile impliziert, vor. Besser gesagt: Der Ausdruck spielt hier nur eine Rolle, insofern er als Anzeige bzw. Indikation genommen wird, denn „die einfühlende Bekundung ist Indizierung im Ausdruck".[57] Das hängt nun davon ab, dass die Struktur der Bekundung eines Mitgegenwärtigen genau der Struktur der Anzeige mit ihrer Glaubenssetzung entspricht, und nicht der des Ausdrucks. Gerade die Beschreibung der fremden Subjektivität als etwas, das ich „an" dem Leib des Anderen sehe, schließt eigentlich den Ausdruck als Beschreibungsmuster aus, und zwar darum, weil die Anzeige das Sein des Angezeigten impliziert, während das beim Ausdruck nicht der Fall ist.[58] Angezeigt wird die fremde Subjektivität nicht als eine fremde Welt „hinter dieser Welt", im unzugänglichen Strom ihrer Erfahrungen, der auf keine Art und Weise mir absolut gegeben sein kann; indiziert bzw. anzeigt wird vielmehr, *dass* der Andere einen Strom hat, d. h., dass auch beim Anderen eine Innerlichkeit existiert; diese ist keineswegs eine ideale Bedeutung, die durch Ausdruck gemeint werden könnte, sondern eine Seinsregion.[59] Dieselbe Spannung, die aber dann zugunsten der Anzeige gelöst wird, ist in folgender Passage zu erkennen:

> Indem ich den Menschen vor mir sehe, kann ich seine empirische (umweltliche) Körperlichkeit für sich betrachten und sie als „Ausdruck", als apperzeptive Anzeige, als „Appräsentation" der menschlichen Person mit ihrem personalen Leben erfassen. Diese Appräsentation, dies Erfahren in der Form: da ist ein Körper des vertrauten Typus, und in ihm ist das „Mitdasein" einer menschlichen „Seele" in Gewissheit angezeigt, hält sich in der allgemeinen Vorgegebenheit der Welt.[60]

Ein zweiter Grund, der es unmöglich macht, die Fremderfahrung als Ausdruckserfahrung zu beschreiben, besteht darin, dass dem Ausdruck nach den Ausführungen in den *Logischen Untersuchungen* keine wesentlich kommunikative, und d. h. allgemeiner intersubjektive, Leistung zugesprochen werden kann. Dem Ausdruck – so Husserls Beweisführung – kommt nicht wesentlich eine kommunikative Funktion zu, da er auch im einsamen Seelenleben seine Beziehung zur Bedeutung nicht verliert. Der kommunikative Charakter kommt vielmehr dadurch zustande, dass in der tatsächlichen Rede Ausdrücke immer mit der kundgebenden Funktion der Anzeige zusammenhängen, sodass die Beziehung zum Anderen auch in der Sprache wesentlich über die Anzeige läuft. Der Ausdruck spielt somit keine phänomenologisch konstitutive Rolle in der Erfahrung der Intersubjektivität.

Darüber hinaus ist der Ausdruck in der Konstitution fremder Subjektivität aus einem dritten Grund auszuschließen. Wie Husserl in den *Cartesianischen Meditationen* näher ausführt, ist nur eine neue Art der Reduktion, nämlich die Reduktion auf die Eigenheitssphäre, dazu imstande, den Solipsismusvorwurf phänomenologisch

---

[57] Hua XIV, S. 354.
[58] Das wurde im zweiten Kapitel näher ausgeführt.
[59] Für das Bewusstsein als „Seinsregion" siehe etwa Hua III/1, S. 135. Dass mit der Setzung der fremden Subjektivität eine Seinssetzung einhergeht, betont Husserl mit Klarheit in Hua IV, S. 344. Zum Thema siehe D. Sinn, *Die transzendentale Intersubjektivität mit ihren Seinshorizonten bei Edmund Husserl*, Heidelberg (Diss.) 1958, insbesondere S. 71 ff.
[60] Hua XV, S. 116.

zu umgehen und fremde Subjektivität zu konstituieren. Bei einer solchen thematischen Epoché werden alle „konstitutive[n] Leistungen der auf fremde Subjektivität unmittelbar oder mittelbar bezogenen Intentionalität"[61] eingeklammert. Methodisch gesehen will Husserl das Fremde ausschalten, um es in seiner Konstituiertheit analysieren und beschreiben zu können. Die abstrahierende Befreiung „von allem Fremden"[62] schließt alles „*Fremdgeistige*"[63] ein, und damit muss einhergehen, dass kein Ausdruck als Ausdruck fungieren kann, wenn damit nichts Fremdgeistiges (als Intention des Anderen, etwas zu sagen) gemeint sein kann. In *Erfahrung und Urteil* wird dabei betont, dass der Ausschluss des Ausdrucks ein Moment innerhalb der phänomenologischen Reduktion darstellt und zur Auffassung des Leibes des Anderen als Anzeige führt, nämlich in den Bereich passiver und genetischer Analyse:

> Richte ich mich auf einen Menschen, so geht das Sichrichten, der thematische Strahl der Aktivität zunächst schlicht geradehin auf den Körper, also sinnlich wahrnehmend; er *terminiert* aber nicht in dem Körper, sondern geht weiter, im Verstehen des Ausdrucks auf das Ichsubjekt, also auf sein Sein im Dies-und-jenes-Tun, Sichrichten, Beschäftigtsein, Welt-haben, davon weltlich Affiziertsein usw. – soweit das eben zum Ausdruck kommt.
>   Um zu den wirklich letzten und ursprünglichen Evidenz vorprädikativer Erfahrung zu gelangen, werden wir von diesen fundierten Erfahrungen zurückgehen müssen auf die schlichtesten und dazu allen Ausdruck außer Funktion setzen.[64]

Der Leib des Anderen als Ausdruck ist somit eine fundierte Erfahrung, die im Alltagsleben statisch-phänomenologisch beschrieben werden kann. Der Leib des Anderen als Anzeige ist dagegen das Ergebnis der Reduktion auf die Primordialsphäre und hat deswegen einen genetischen Vorrang. Das schließt nicht aus, dass der Leib als bloßer Körper Anzeigen verschiedener Art mit sich trägt, nämlich diejenige, die auf andere Seiten desselben Körpers hinweisen, wie in den vorherigen Kapiteln in Hinblick auf materielle Dinge überhaupt gezeigt wurde (da auch der Leibkörper ein Ding unter Dingen ist); aber in das Zentrum der reduzierten Erfahrung des Anderen mit seinem Leib gehört die Anzeige.

In diesem Sinne sind die Ausdrücke an dem Fremden, der als Körper reduziert ist, eingeklammert und fungieren nicht in der Konstitution dessen Subjektivität, denn Ausdruck setzt diese Subjektivität voraus. In dieser Einklammerung verbirgt sich nun ein Zurückfallen der Reduktion auf ihren Status in der ersten *Logischen Untersuchung*, wo die Reduktion ja letztlich dazu diente, Anzeigefunktion und Ausdruck voneinander zu unterscheiden. Somit bleiben bei dieser Reduktion auf die Eigenheitssphäre auch Mienenspiel und Worte nicht als Ausdruck, sondern als appräsentierende Anzeigen erhalten.[65] Auch nachdem alle Stufen der Reduktion durchlaufen wurden, behält die Indikation „ihr natürliches Recht".[66]

Der Körper des Anderen ist somit, wie jedes andere Ding in der reduzierten Erfahrung, Träger von Anzeigefunktionen (die „empirische Körperlichkeit" ist

---

[61] Hua I, S. 124.
[62] Hua I, S. 126.
[63] Hua I, S. 127. Hervorhebung im Original.
[64] E. Husserl, *Erfahrung und Urteil*, S. 56.
[65] Hua VIII, S. 187.
[66] Hua VIII, S. 188.

„apperzeptive Anzeige"),[67] welche Motivationen für Existenzsetzungen und -überzeugungen sind; es geht dabei nicht um Verhältnisse des Ausdrucks. So Husserl: „Also ist auch die Indizierung vom Fremdsomatologischen eine wesentlich andere als die Indizierung von Zorn, Freude, Unmut, Verzweiflung, von Willensentschlüssen etc. durch den ‚Ausdruck'".[68] Husserl stellt fest, dass auf demselben Analyseniveau, also „in der bloßen Erfahrung", das Subjekt und sein Leben aufgefasst werden als „sich als mit-da anzeigend".[69] Er betont des Weiteren, dass das Wahrnehmen in der Fremderfahrung eine „Anzeigestruktur" hat.[70]

Die Phänomenologie Husserls rekonstruiert somit die Erfahrung fremder Subjekte auf der höheren Stufe als ein Anzeigeverhältnis in dem Sinne, dass der Leib des Anderen seine Subjektivität, d. h. sein Subjektsein anzeigt. Das beruht aber wiederum auf einer ursprünglicheren Anzeigestruktur, die auf einem niedrigeren Konstitutionsniveau anzutreffen ist, nämlich auf der Stufe, auf der der Andere mir in der Reduktion auf die Primordialsphäre nur als Körper und nicht als Leib erscheint.[71]

7.3 Der indizierende Körper

Diese Semiotik der Fremderfahrung, im Rahmen derer der fremde Leib als eine Anzeige für sein Subjektsein genommen wird, beruht ihrerseits auf zwei weiteren semiotischen Figuren, die auf unterschiedlichen Konstitutionsebenen arbeiten. Einerseits ist der bereits konstituierte Fremdleib Anzeige für die Fremdinnerlichkeit; andererseits (auf den unteren Stufen der Fremdkonstitution) ist der Fremdkörper eine Anzeige auf meinen Leib. Nicht nur ist der Leib des Anderen ein Anzeichen für seine Subjektivität, sondern auch sein Körper (worauf der Leib in der Eigenheitssphäre des Phänomenologen reduziert wird) indiziert meinen Leib; andererseits ist die Möglichkeit, nicht nur eine Subjektivität überhaupt, sondern eine Monade mit ihrer Innenwelt zu setzen, erst durch die Auffassung der Natur in ihrem anzeigenden Charakter gewährleistet. Diesem zweiten Punkt ist Paragraph 6 dieses Kapitels gewidmet, während es hier darum geht, sich mit der Indikation des fremden Körpers auf meinen Leib zu beschäftigen.

---

[67] Hua XV, S. 116.
[68] Hua XIII, S. 451.
[69] Hua XXXIX, S. 426.
[70] Hua XXXIX, S. 412.
[71] In diesem Sinne ist die vorliegende Argumentation gut mit Blumenbergs Kritik an Husserl zu versöhnen: Laut dieser Kritik soll nämlich die Leiblichkeit „schon von der Zweideutigkeit des Eigenen und des Fremden" durchsetzt sein (H. Blumenberg, *Zu den Sachen und zurück*, S. 44), und in der vorliegenden Interpretation wird diese Zweideutigkeit in die semiotische Vermittlung zwischen Anzeige und Angezeigtem, zwischen eigen-tlich und uneigen-tlich Erscheinendem gesetzt. Zum Thema der Kontroverse zwischen Husserl und Blumenberg in Bezug auf Intersubjektivität vgl. O. Müller, „*Die res cogitans ist eine res extensa*". Sichtbarkeit, Selbsterhaltung und Fremderfahrung in Hans Blumenbergs phänomenologischer Anthropologie. In: M. Moxter (Hrsg.): „Erinnerung an das Humane. Beiträge zur phänomenologischen Anthropologie Hans Blumenbergs", Mohr Siebeck, Tübingen 2011, S. 15–38.

Die Beschreibung der Erfahrung des Anderen als eines Leibes, der auf eine Innerlichkeit verweist, basiert genetisch-konstitutiv darauf, dass der fremde Körper sich als Leib konstituiert hat. Wie kommt es aber zustande, dass der Körper zu einem anzeigenden Leib wird? Diese Erfahrung kann laut Husserl phänomenologisch anhand der Struktur „etwas-erinnert-an-etwas" beschrieben werden. Bei der Ähnlichkeitsassoziation („Paarung")[72] zwischen meinem Leib und dem fremden Körper „handelt [es] sich um die Überschiebung in Form einer sich überschiebenden ‚Erinnerung'; eines erinnert an das andere und trägt in der Weise einer Erinnerung die Züge des andern in sich – intentional".[73] Das Erinnern-an findet zwischen Erscheinung des Fremdkörpers und meinem Leib statt: „Sie [scil.: die Erscheinung des fremden Körpers] erinnert an mein körperliches Aussehen, *wenn ich dort wäre*".[74] Diese „Erinnerung" per Analogie ist in der Tat die Möglichkeitsbedingung dafür, dass der Körper dort überhaupt in eine Paarung mit meinem Leib eintreten und somit den Sinn „Leib" von meinem übernehmen kann. Diese Erinnerungsfunktion ist eine indizierende Funktion: In der Erfahrung fremden Körpers

> finde ich jenen Körper dort, wirklich seiend und wirklich vergegenwärtigend *indizierend* eine Abwandlung meines Ich, mit dem Abwandlungsmodus ‚dort seiendes Ich', waltend in dem dort seienden Leibkörper in Beziehung auf die dort jetzt erscheinende Umwelt, eine Abwandlung, die nicht nur mitvorstellig ist, sondern sich in der Indikation in ihren Horizonten beständig bestätigt durch das von mir, dem faktischen Ich, beständig erfahrene Verhalten des dortigen Körpers in seiner Leibindikation. Was hier vergegenwärtigt ist und in der Vergegenwärtigungsweise beständig gewiss wird in konsequenter Bestätigung (wie innerhalb einer Einheit einer Erfahrung sonst), das ist also nicht überhaupt ein Ich subjekt, frei schwebend, als ob dergleichen überhaupt denkbar wäre, sondern eine Abwandlung meines Ich, die als solche beständig mit meinem aktuellen Ich, dem einzigen originär gegebenen, und beständig gegebenen, in beständiger Deckung <ist>, es ist als Abwandlung dieses Ich, der ich bin: alter-alter ego.[75]

Das alter-ego ist somit in erster Instanz der Körper des Anderen, insofern er Leibanalogon ist: „Bin ich aber hier und sehe im Dort ein Leibanalogon, so indiziert mir das das Erscheinungssystem, das ich ‚von dort aus' haben würde".[76] Indiziert vom Fremdkörper ist somit „eine Abwandlung meines ich",[77] denn „er indiziert mir eine Modifikation von Erinnerung meiner selbst als konkreter Gegenwart (mit meinem Uroriginalen und sekundär Originalen)".[78]

---

[72] Für eine eingehende Analyse dieses Begriffes, welche auch zeigt, wie Paarung nicht nur intersubjektiv, sondern auch zwischen Dingen stattfinden kann, siehe N. Depraz, *Transcendance et incarnation*, S. 140 ff.

[73] Hua XIV, S. 491.

[74] Hua I, S. 147. Hervorhebung im Original. S. dazu auch Hua Mat. VIII, S. 436: „Der Leibkörper des Anderen L₁, als in meiner primordialen Sphäre Gegebenes, ist Appräsentant (mein Leib, als ich dort wäre). Aber das Analogon einer Primordialität mit Ich, Ich-Walten in einem Leib dieser Primordialität, in analogen, nur anders orientierten Erscheinungsweisen, ist beständig vergegenwärtigt und so, dass jede Erscheinungswandlung jenes Körpers in meiner Primordialität eine Erscheinungswandlung in einer zweiten anzeigt". Zur Problematik der Ursprünglichkeit bzw. Primordialität siehe N. Depraz, *Transcendance et incarnation*, insbesondere S. 136 ff.

[75] Hua XIV, S. 501. Meine Hervorhebung.

[76] Hua XIV, S. 241. Vgl. auch S. 492–493.

[77] Hua XIV, S. 501.

[78] Hua XV, S. 642.

7.3 Der indizierende Körper

Der Körper dort drüben indiziert meinen Körper, der zugleich Leib ist, und damit startet eine Teleologie der Anzeige (eine „mitindizierte Teleologie"),[79] die im Endeffekt zur angezeigten Subjektivität (und schließlich zur Setzung einer Monadenwelt) führt. Das ist aber wiederum nur durch Rückkopplung möglich, denn auf die Indizierung vom Körper zu meinem Leib antwortet ein Strahl in der entgegengesetzten Richtung: Es findet sich nämlich „in der Einfühlung eine von dem erfahrenen Leib ausgehende Indizierung, durch die also ein Strahl des Hinweises auf die andere Subjektivität, das fremde *ego cogito*, geht".[80]

Das Verhältnis zwischen meinem Leib und dem fremden Leib bestimmt Husserl also als ein „[I]ndizieren"[81] bzw. für die unterste Stufe der Einfühlung (uneigentliche Einfühlung genannt) als eine „passiv-assoziative Indizierung".[82] Die fremde Subjektivität ist nämlich durch den Leib des Anderen in seiner Analogie mit meinem Leib „indiziert", und zwar „transzendental rein Indiziertes", da „diese Indikation [...] selbst Erfahrungsgewissheit" ist.[83]

Dieses Indizieren hat nun dieselbe Glaubensstruktur der Anzeige:

> Der Glaube ist nicht Glaube gerichtet auf ein wirklich original sich Verwirklichendes, sondern Glaube an ein vergegenwärtigt Gegebenes (an ein bloß „Vorgestelltes") und durch original Gegebenes „original Indiziertes" (in originaler Gestalt Indiziertsein ist nicht beliebiges Indiziertsein, beliebiges Gemeintsein, sondern eben Indiziertsein in einer originaliter motivierten Anzeige).[84]

Die Struktur der Anzeige als Motivation für das Glauben an das Sein des Angezeigten findet somit eine genaue Entsprechung auf der Ebene der Fremderfahrung. Das hat klare Konsequenzen für die phänomenologische Konstitution des anderen Ich. Das fremde Ich ist nämlich laut Husserl nicht transzendent Konstituiertes, sondern ein durch Transzendenz der Anzeige Angezeigtes. So drückt Husserl sich in einer zitierwürdigen Passage aus den Manuskripten zur Intersubjektivität aus dem Jahr 1920 aus:

> Ebenso ist das Dasein der somatologischen Leiblichkeit des Anderen und seines Ichlichen in gewisser Weise transzendent erfahren: nämlich das Mitgesetzte, das fremde Somatologische und das Ichliche der spezifischen Ichsphäre, ist mitgesetzt in der Weise des Angezeigten, des im Ausdruck Ausgedrückten. Das ist Prätention, angewiesen auf weitere Erfahrung. Und dazu gehört auch ein gewisser empirischer (als apperzeptiver, sinngebender) Zusammenhang zwischen „Seelischem" und Physischem, der seine Offenheit, seine offenen Unbestimmtheiten hat, die auf weitere mögliche Erfahrungen verweisen. Nun aber *das angezeigte Ich selbst. Das ist nicht ein transzendent Konstituiertes, sondern ein durch Transzendenz der Anzeige Angezeigtes.*[85]

---

[79] Hua XIV, S. 493.

[80] Hua XIV, S. 317.

[81] Hua XIV, S. 493. Bemerkt sei hier, dass das lateinische Verb *indicare* eine genaue Entsprechung von ‚Anzeige' ist. ‚Index' und ‚Indexikalität' leiten sich ebenso daraus ab.

[82] Hua XV, S. 166.

[83] Hua VIII, S. 181. Vgl. auch S. 188.

[84] Hua XIV, S. 365.

[85] Hua XIII, S. 445. Hervorhebung im Original. Dan Zahavi macht auf diese Zeile aufmerksam (D. Zahavi, *Husserl und die transzendentale Intersubjektivität*, S. 98), legt dieses semiotische Verhältnis aber nicht weiter aus. Für die Thematik der Prätention und der offenen Unbestimmtheiten weiterer möglicher Verweise siehe insbesondere das letzte Kapitel.

Das fremde Ich resultiert daher aus einer Verzahnung von mehrfachen Anzeigenstrukturen. Diese Indizierung, die als Grundlage der Einfühlung bzw. Eindeutung dient, zeigt etwas an, mit dem wir unmittelbar vertraut sind, nämlich unseren Leib als durch den Leib des Anderen Angezeigten.[86] Mit dieser Anzeige geht letztlich eine Seinsmotivation einher: „Welches <sind> die Bedingungen der Möglichkeit dafür, dass die Anzeige hierbei existential ist, also das Ausgedrückte konkret als Gemeintes mitsetzt, und dann mitsetzt in einem assoziativ selbstverständlich weiter reichenden subjektiven Zusammenhang eines Ichlebens?"[87] Husserls Antwort wird sich erst im letzten Paragraphen dieses Kapitels erschließen, in welchem es um die Konstitution einer Monadengemeinschaft geht. Ist es auf den höheren Konstitutionsstufen so, dass der Fremdleib Anzeige für die Fremdinnerlichkeit ist, so ist auf den unteren Stufen der Fremdkonstitution der Fremdkörper eine Anzeige auf meinen Leib.

Das Ergebnis dieser Analysen ist, dass es zur Ermöglichung einer Einfühlung überhaupt notwendig ist, dass der Körper des Anderen als Anzeige für meinen Leib fungiert. Das bestätigt Husserl in einer Beilage aus dem Jahr 1918. Er bemüht sich dort darum, eine „erste sorgsam gestaltete Einfühlungsanalyse"[88] zu leisten. Zu diesem Zweck unterscheidet er zwei Einfühlungsordnungen: Einerseits „das Verstehen des Leibes als des eingefühlten Nullobjekts in einer orientierten Umwelt"[89] und andererseits, auf den ersten aufbauend, das Niveau des Verstehens von Ausdrücken fremder Subjektivitäten. Der ersten und der zweiten Einfühlungsordnung kommt eine anzeigende Struktur zu, sodass die Anzeige ein basales Moment jeder Einfühlung überhaupt ist.

> Das persönliche Sein, Leben, sich Verhalten, persönliche Tätigsein und Leiden etc. hat seine Expression, seinen Ausdruck. Aber die phänomenale Umwelt des Anderen und seine Innenleiblichkeit hat keinen Ausdruck, sondern eine fundamentale und eigentümliche Weise der Anzeige, welche die Voraussetzung (Fundierung) „des Ausdrucks" ist. Erst muss der fremde Leib, und als Zentrum der fremden orientierten Umwelt, für mich da sein, damit sich in ihm etwas ausdrücken kann. In einem bloßen Ding kann sich nichts ausdrücken, sondern nur <in> einem Ding, dem ein „Leib" eingelegt ist und in dem in diesem Verstehen sich ein Ichliches weiter indiziert.[90]

Der Andere ist anders gesagt „für mich durch die empirische Anzeige da" und wird „in [seiner] angezeigten Absolutheit" gesetzt.[91] Diese empirische Anzeige ist die erste Ermöglichung eines „Zugangs" zum Anderen.[92] Die Anzeigefunktion des Körpers des Anderen ist, wie schon kurz erwähnt, durch Paarung mit meinem Leib ermöglicht: Die Anzeige funktioniert auf der Basis der Ähnlichkeitsassoziation

---

[86] Hua XV, S. 93.
[87] Hua XV, S. 166.
[88] Hua XIII, S. 434.
[89] Hua XIII, S. 435.
[90] Hua XIII, S. 435–436. Zu dieser Zweiteilung und zur Rolle der Anzeige auf der ersten Konstitutionsstufe vgl. auch Hua XIII, S. 447: „Das angezeigte Ichsubjekt" mit seinem Leben, seiner Umwelt und seinen Phänomenen ist gesetzt „ausschließlich auf dem Boden der spezifisch einfühlenden Setzung".
[91] Hua XIII, S. 448.
[92] Hua XIII, S. 454.

7.3 Der indizierende Körper

zwischen einem (wahrgenommenen) Körper und einem (wahrnehmenden) Leib, welcher wiederum eine Anzeigestruktur trägt.

Hat Husserl nun das Niveau der von ihm sogenannten „ursprünglichen Anzeige" erreicht, so stellt sich die Frage, wie die Anzeige überhaupt gegeben sein kann. Sie schöpfe Husserl zufolge ihre Kraft „aus der wahrnehmungsmäßigen Gegenwart meines Leibes in seiner Verflechtung mit meinem Seelenleben".[93] Die Ähnlichkeit zwischen meinem Leib und dem Körper des Anderen motiviere nämlich „eine Anzeige eines ähnlichen Seelischen", das „aber nicht angezeigt in einer Art Erinnerung oder Erwartung" ist, weil diese eine andere „Phase" meines Ich implizieren würden, sondern ein anderes Ich.[94]

Kehren wir zum Problem der Parallelisierung von Dingwahrnehmung und Fremderfahrung im Bezug auf die Anzeige zurück, so ist ein weiterer gemeinsamer Punkt beider Intentionalitätsmodi darin zu sehen, dass beide nicht nur Anzeigen innerhalb ihrer selbst aufweisen, sondern dass diese Anzeigen prinzipiell den Leib des Wahrnehmenden selbst indizieren.[95] Ist im Falle der Dingwahrnehmung der Verweis in erster Linie eine Motivation für eine mögliche Bewegung meines Leibes, so ist der Leib des Anderen zunächst ein Verweis auf meine Intentionalität, die durch den Körper des Anderen als Anzeige meines Leibes und durch meinen Leib als Anzeige meiner Subjektivität hindurchgeht.[96] Die Erfahrung des Anderen ist phänomenologisch zunächst auf die Eigenheitssphäre reduziert, und so gewinnt der Körper des Anderen durch die Paarung mit meinem Leib den Sinn „Leib so wie mein Leib".[97] Es ist eine Art „apperzeptiver Übertragung" durch Ähnlichkeitsassoziation, die es erlaubt, den Sinn „anderer Mensch" dem anderen reduzierten Körper zuzusprechen.[98] Der Körper des Anderen verweist also auf meinen Körper (der aber immer schon Leib ist) und gewinnt somit den Sinn „Leib". In dieser zweiten Stufe der

---

[93] Hua VIII, S. 135.

[94] Ebd.

[95] Vgl. dazu auch Hua XV, S. 94–95, wo die Parallele zwischen Dingwahrnehmung und Fremderfahrung hinsichtlich der Apperzeption gezogen wird in dem Sinne, dass bei der Dingwahrnehmung immer Anzeigen im Spiel sind und so in der Fremderfahrung, neben einem Kern von „Indikationshorizonten", die Indikation einer „Daseinsgewissheit" des anderen Menschen stattfindet. Zu dieser Parallele in der Apperzeption bzw. Appräsentation siehe auch V. Biceaga, *The Concept of Passivity in Husserls Phänomenology*, Springer, Dordrecht u. a. 2010, S. 103–108.

[96] Systematisch ist dieser Gedanke auch bei Waldenfels zu finden: „Die Unsichtbarkeit des Fremden besteht nicht darin, dass etwas in Form einer potentiellen Sichtbarkeit auf meinen Blick wartet, sondern darin, dass sich etwas meinem Blick entzieht" (B. Waldenfels, *Das Unsichtbare dieser Welt oder: Was sich dem Blick entzieht*, in: R. Bernet, A. Kapust (Hrsg.), „Die Sichtbarkeit des Unsichtbaren", Fink, München 2009, S. 11–27, hier S. 18). Dieser Satz bringt den Unterschied zwischen Anzeige in der Dingwahrnehmung und in der Fremderfahrung auf den Punkt. In beiden Fällen aber zeigt sich etwas nur, „indem es sich entzieht" (S. 19).

[97] Klar ist es ohne Weiteres, dass hier nicht eine zufriedenstellende Beschreibung der Erfahrung des Anderen geliefert werden kann, sondern deren Kenntnis vorausgesetzt werden muss, um auf die Spur der hier relevanten Themen und auf den Aufweis semiotischer Momente in dieser Beschreibung zu kommen.

[98] Vgl. Hua I, S. 142: „Die ‚Paarung' ist eine Urform derjenigen passiven Synthesis, die wir gegenüber der passiven Synthesis der ‚Identifikation' als ‚Assoziation' bezeichnen". Daher auch die Rede von „paarender Assoziation". Zu dem Aspekt der leiblichen Synthese vgl. J. Rogozinski, *Le moi et la chair. Introduction à l'ego-analyse*, Les Éditions du Cerf, Paris, vor allem den dritten Teil (S. 146–338).

Konstitution verweist der Fremdleib noch einmal auf meine Intentionalität; der Leib ist nämlich nicht nur Träger einer „gewissen" Intentionalität so wie mein Leib einer ist, sondern die getragene Intentionalität ist ähnlich wie meine eigene Intentionalität. „Der ‚Andere' verweist seinem konstituierten Sinne nach auf mich selbst",[99] er ist ein Motiv für eine Bewusstseinszurechnung. Durch seine „immerfort zusammenstimmenden Gebaren" bekundet sich der Leib wirklich als Leib derart, dass er eine „physische Seite hat, die Psychisches appräsentierend indiziert",[100] und zwar derart, dass er „Index"[101] für ein System von Erscheinungen, nämlich von Gesten und Mienen, ist – Geste und Miene, die in der ersten *Logischen Untersuchung* nicht als echte Ausdrücke, sondern nur als Anzeige gelten gelassen wurden.[102] Sie gelten nämlich auch in den *Cartesianischen Meditationen* als Indikationen: „Der erfahrene fremde Leib bekundet sich fortgesetzt wirklich als Leib nur in seinem wechselnden, aber immerfort zusammenstimmenden Gebaren, derart, dass dieses seine physische Seite hat, die Psychisches appräsentierend indiziert, das nun in originaler Erfahrung erfüllend auftreten muss".[103] Die Paarung selbst erweist sich als ein wesentlich semiotischer Prozess, der durch Anzeigen ermöglicht ist: „[I]ch [setze], dem Anderen in die Augen sehend, ihn selbst, wobei ich seinen Leib als Index meiner Phänomene habe als Anzeige für die Phänomene van ‚demselben' Leib, den er von ihm als dem seinen haben würde – und ebenso für jedes äußere Ding".[104]

Bei der Paarung sind somit Assoziationen im Spiel, die als Appräsentationen den Charakter von Anzeigen haben: Es geht nämlich um eine „Deckung *par distance*" zwischen beiden Leibern, und das kommt daher zustande, dass Erfahrungsgegenstände (wie der Leib einer ist) „Charaktere des an andere ‚Erinnerns', des auf sie Hinweisens und der in ihnen gründenden Anzeige" haben.[105]

Diese Verweise sind nun wiederum – genau so wie in der sonstigen Wahrnehmung äußerer Gegenstände – „kein Schluss, kein Denkakt",[106] sondern, wie es in

---

[99] Hua I, S. 125.
[100] Hua I, S. 144. Die Stelle in Hua I ist verdorben (wie auch in I Kern, E. Marbach, R. Bernet, *Husserl. Darstellung seines Denkens*, S. 77 bemerkt); dafür wird die Stelle aus E. Husserl, *Cartesianische Meditationen*, hrsg. von E. Ströker, Meiner, Hamburg 2012, S. 114, zitiert, wo der Fehler durch den Herausgeber berichtigt worden ist.
[101] Hua I, S. 147.
[102] Allerdings ist die Position Husserls gegenüber Mienenspiel und Geste zweideutig und schwankt in verschiedenen Phasen seines Denkens hin und her. Für eine Rekonstruktion vgl. S. Heinämaa. *Embodiment and Expressivity in Husserl's Phenomenology: From Logical Investigations to Cartesian Meditations*, in: „SATS: Northern European Journal of Philosophy", 11(1), 2010, S. 1–15. Mir scheint aber, dass Husserl mit den *Cartesianischen Meditationen* in manchen Hinsichten zu der Position der *Logischen Untersuchungen* zurückkommt, da in der Eigenheitssphäre Geste und Gebärde als Anzeige gelten, nicht aber als Ausdrücke. Zu weiterführenden Überlegungen zu den Gesten vgl. C. Di Martino, *Segno gesto parola. Da Heidegger a Mead e Merleau-Ponty*, ETS, Pisa 2006.
[103] Hua I, S. 144.
[104] Hua XIII, S. 448.
[105] Hua XV, S. 26.
[106] Hua I, S. 141.

Erster Philosophie heißt, „Anzeigen, die passiv fungieren".[107] Die Assoziation ist, wie hier schon dargestellt, ein passiver, und daher hauptsächlich leiblicher Vorgang. So erklärt Husserl, dass dieses Verhältnis

> natürlich aber kein Schluss ist, eine Vorstellung „notwendige Folge" liegt hier nicht vor! […] Aber es liegt doch im Wesen der Einfühlungslage, dass, während ich den Anderen setze gemäß den Anzeigen als so und so wahrnehmend, fühlend etc., ich selbst, indem ich vergegenwärtigend jenes „ich nehme wahr", „ich werte" vollziehe, eben in Deckung mit dem anderen Ich bin und als aktuelles Ich einen gemeinsam gegebenen Boden habe.[108]

Diese Anzeigen sind konsequenterweise Seinssetzungen: „Welches <sind> die Bedingungen der Möglichkeit dafür" – fragt Husserl –, „dass die Anzeige hierbei existential ist, also das Ausgedrückte konkret als Gemeintes mitsetzt, und dann mitsetzt in einem assoziativ selbstverständlich weiter reichenden subjektiven Zusammenhang eines Ichlebens?".[109] Der Leib des Anderen zeigt durch Paarung die „Daseinsgewissheit"[110] der Intentionalität anderer Menschen an, und gerade diese daseinssetzende Struktur erläutert die systematische Stellung, die der Begriff der Anzeige einnimmt.

7.4 Zurückweisung möglicher Kritikpunkte

Dieser Diskurs bedarf aber nun nach Husserls Ausführung einer Einschränkung. Die Behauptung, der Leib des Anderen fungiere als Index für seine Intentionalität, ist zwar phänomenologisch adäquat, aber nur in einer genetisch-phänomenologischen Perspektive. Das Zeichenmodell ist, anders gewendet, ein heuristisches Mittel zum Verständnis dessen, was sich in der normalen, alltäglichen Wahrnehmung ohne Weiteres unmittelbar zeigt. In diesem Sinne, wenn wir keine Reduktion auf die Eigenheitssphäre, wie diese in der fünften der *Cartesianischen Meditationen* expliziert wird, vollziehen, d. h. wenn wir nicht den Sinn „anderer Mensch" phänomenologisch einklammern, dann zeigt sich der Leib des Anderen unmittelbar als „der Andere", und nicht bloß als „Anzeige für den Anderen",[111] wie das aber in der konstitutiven Analyse sehr wohl der Fall ist. „Das, was ich *wirklich* sehe, ist nicht ein Zeichen und nicht ein bloßes Analogon [meines Leibes], in irgendeinem natürlichen Sinne ein Abbild, sondern der Andere".[112] Das bedeutet aber wiederum nicht, dass die Rede, nach der der Leib des Anderen als Anzeige seiner Subjektivität genommen werden muss, nicht standhält, sondern nur, dass diese Beschreibung innerhalb

---

[107] Hua VIII, S. 134–135.
[108] Hua XIV, S. 188. Dass es sich um keinen Schluss handelt, wird auch in den *Ideen II* bestätigt, vgl. Hua IV, S. 375.
[109] Hua XIV, S. 337.
[110] Hua XV, S. 94–95.
[111] Hua I, S. 150. Wir widmen uns somit im Folgenden dem, was Husserl hier ein „Rätsel" (ebd.) nennt.
[112] Ebd.

eines bestimmten Rahmens, der der phänomenologischen Explizierung der Erfahrung, zu nehmen ist. Genetisch betrachtet ist, anders gesagt, die Anzeige schon auf dem Niveau höchster Ursprünglichkeit anzusetzen, während statisch mir der Andere sich immer schon als ausdrucksfähiger Mensch gibt.

Husserls Ziel ist es nämlich, in der genetischen Phänomenologie auf die Frage zu antworten, wie die strukturierte Wahrnehmung zustande kommt, d. h. wie es möglich ist, dass es überhaupt in der Wahrnehmung so etwas wie Überschüsse der Erfahrung gibt, also: wie es möglich ist, dass etwas erscheint, was nicht unmittelbar gegeben ist. Die Antwort lautet daher nach der vorliegenden Interpretation, dass diese Überschüsse da sind, weil das aktuell Gegebene sich als Anzeige verhält für das, was nicht selbst anwesend ist. Diese Anzeichen beschreiben also eine Bewegung innerhalb der Wahrnehmung, die zur Konstitution des Gegenstandes führt, so wie es sich aktuell gibt: Das Buch gibt sich immer schon als Buch, und die Beschreibung der Vorderseite als Anzeige für die Rückseite erklärt seine Konstitution, nämlich die Möglichkeit der Gegebenheit des Buchs als Buchs. Diese Beschränkung ist nun aber keine Beschränkung der Tragweite einer semiotischen Explikation der Erfahrung, sondern eine notwendige Fokussierung auf ein bestimmtes Auslegungsniveau. Dasselbe gilt *mutatis mutandis* für die Fremderfahrung.

Greift man allerdings den Unterschied zwischen Dingwahrnehmung und Fremderfahrung wieder auf, der darin besteht, dass das Angezeigte im ersten Fall prinzipiell eingeholt werden kann und im zweiten nicht, so wirft dies die Frage danach auf, was in der Fremderscheinung statisch erscheint. Wie ist die Subjektivität des Anderen statisch gegeben? In welchem Sinne nehmen wir immer schon einen Menschen wahr? Einerseits ist der Gedanke, der Andere erscheine in der alltäglichen Erfahrung nicht als bloßer Körper, sondern als Mensch, für die Phänomenologie Husserls völlig selbstverständlich. Nehmen wir immer „einen Tisch", „einen Sessel" und keine physische Daten wahr, so ist aber unverkennbar, dass der Bewusstseinsstrom des Anderen auf keinen Fall selbst-, sondern nur durch semiotische Vermittlung mitgegeben ist.

In einem Manuskript zur Intersubjektivität bemüht sich Husserl darum, Klarheit über das Verhältnis von Fremderfahrung und Zeichenwahrnehmung zu schaffen. Der Text wurde als dreizehnter Text des ersten Bandes zur Intersubjektivität (Hua XIII) ediert, stammt aus dem Jahr 1914 bzw. 1915 und bezeugt damit eine eingehende Beschäftigung Husserls mit diesem Thema, das schon Eingang in die Vorlesung 1910/1911 gefunden hatte, d. h. direkt nach den *Ideen I* und der erneuten Veröffentlichung der *Logischen Untersuchungen*. Im Titel wird das Problem explizit als Frage nach der „Zeichenapperzeption und einverstehende[n] Apperzeption" bestimmt.

In beiden Fällen, bei der Wahrnehmung eines Zeichens und eines fremden Menschen durch seinen Leib, und zwar in der alltäglichen Erfahrung und nicht nach der thematischen Epoché, handelt es sich nämlich Husserl zufolge um eine Art Apperzeption, nämlich darum, dass das wahrnehmende Subjekt im Akt der Wahrnehmung mehr erfährt als das, was unmittelbar gegeben und präsent ist. Die Wahrnehmung eines anderen Menschen ist in erster Linie Wahrnehmung eines Körpers, und das „spezifisch Leibliche" ist erst durch „bloße Vergegenwärtigung" gegeben, also nicht

7.4 Zurückweisung möglicher Kritikpunkte

als bloße Erinnerung oder Erwartung aufzufassen.[113] Mit der Erfahrung eines Fremdleibes gehen nämlich „Systeme von empirischen Möglichkeiten" und die Motivierung einer Subjektivitätssetzung einher.[114]

Gerade ausgehend von dieser ausgearbeiteten Struktur der Fremderfahrung, die ähnlich ist im Falle der Wahrnehmung eines Zeichens (und eines Dinges, wie gezeigt wurde), kann sich nun Husserl fragen, ob „da ein Gemeinsames" ist zwischen Zeichen- und Fremderfahrung.[115] Der erste vorgezogene Einwand gegen diesen Parallelismus besteht darin, dass das Zeichen „nicht zum Bezeichneten" gehört, während Subjekt und Leib „zu der realen Einheit des fremden animalischen Wesens" gehören.[116] Selbst angenommen, dass vom Zeichen im Sinne Husserls eine solche Zusammengehörigkeit ausgeschlossen wäre, was eigentlich nicht der Fall ist, wie in der vorgetragenen Kritik an Husserls Abwehr des Gegenstand-Gegenstand-Modells gezeigt werden konnte, beseitigt Husserl diesen Einwand selbst, weil die Beziehung von Leib und Subjektivität komplexer ist als ein bloßes Zusammengehören im Sinne einer Identität: „Das fremde Subjekt selbst ‚hat' den Leib, ist aber nicht der Leib".[117] Dieser Kritikpunkt kommt zum ersten Mal unmittelbar nach der Abfassung der *Ideen I* zum Vorschein in einem Text aus den Jahren 1914/1915, der sowohl diesen Unterschied als auch die Unmöglichkeit leiblicher Einholung für das in der Fremderfahrung Angezeigte betrifft:

> Ich vollziehe nun mit der Leibkörperwahrnehmung eine vergegenwärtigende Setzung, die das originär nicht Gegebene der höheren Schicht des Realen mitsetzt mit der gegebenen Körperlichkeit, die objektiv mit ihr eins ist. Aber genau besehen ist das eine unvollkommene Beschreibung. Ich habe die äußere Wahrnehmung des fremden Leibkörpers: ich habe damit gegeben sein Dasein in einer gewissen Erscheinungsweise. Diese vergegenwärtigt in Mitsetzung eine zweite Erscheinungsweise (eine Nullerscheinungsweise) desselben Körpers, und zwar nicht in der Weise einer perzeptiven Erscheinungsmöglichkeit, die für das betrachtende, apperzipierende reine Ich in eine Aktualität verwandelt werden könnte, und damit ein zweites reines Subjekt mit seinen Erscheinungen von diesem Leibkörper in Nullerscheinung, aber auch von Außenkörpern; und dann weiter Sensuelles und Psychisches verschiedener Art, teilweise unbestimmt.[118]

---

[113] Hua XIII, S. 333–335. Das Ausschließen der Erwartung bzw. Erinnerung als Modi aktiven Bewussthabens schließt aber nicht aus, dass die Fremderfahrung Gemeinsamkeiten mit der Protention bzw. Retentionsstruktur hat. Held (*Lebendige Gegenwart*, S. 152–153) nimmt beispielsweise an, dass es eine Analogie zwischen Retention und Fremderfahrung gibt. Das stimmt aber nur insofern, als bei der Fremdleibwahrnehmung mein Leib retiniert werden muss, damit überhaupt die Paarung zwischen unseren Körpern stattfinden kann. Aber der Überschuss, der in die Erfahrung einbezogen ist, hat eher die Struktur der Protention, die im nächsten Kapitel näher erläutert wird, da es um eine unbestimmte Seinssetzung geht. Husserl selbst merkt an, dass die Struktur der Protentionen ähnlich wie die der Fremderfahrung ist, denn beidem kommt eine „mittelbare" Intentionalität zu (Hua VIII, S. 175). Dieser Meinung ist auch L. M. Rodemeyer: „What would be the conditions of possibility of my knowing of another absolute consciousness? First of all, I must be able to extend my consciousness beyond itself, which means that I must have a consciousness that goes beyond a momentary presentation. We find this in my consciousness as living present which includes protention". (L. M. Rodemeyer, *Intersubjective Temporality. It's About Time*, S. 164). Für weitere Textbelege vgl. auch Hua I, S. 144–145 und Hua VI, S. 189.

[114] Hua XIII, S. 334.

[115] Hua XIII, S. 339.

[116] Ebd.

[117] Ebd.

[118] Hua XIII, S. 340.

Unzweifelhaft ist nämlich, dass die phänomenologisch verstandene Subjektivität zwar mit dem Leib zusammengehört, aber nicht im Leib aufgeht, genauso wie bei der Anzeige das Angezeigte mit der Anzeige zusammengehört (denn ohne Anzeige zeigt sich das Angezeigte gar nicht), aber nicht darin aufgeht, und so wie bei der Dingwahrnehmung das Ding mit der Erscheinung zusammengehört aber nicht darin aufgeht. Wie Husserl anmerkt, gilt die Zeichenauffassung als etwas, das mit dem Bezeichneten überhaupt nicht zusammengehört, nur „wo es [scil. das Zeichen] immer Ausdruck ist",[119] also eben nicht im Fall der Anzeige. Im Kopf zu behalten ist nämlich, dass – wie im zweiten Kapitel erörtert – die Anzeige in Husserls eigener Auffassung nicht nur zwischen zwei Gegenständen, sondern auch zwischen zwei Sachverhalten, nämlich beispielsweise zwischen zwei Perspektiven auf denselben Gegenstand, statthaben kann. Die Anzeige im Sinne Husserls hat darüber hinaus ein zwar uneinsichtiges, aber nicht willkürliches oder konventionelles Verhältnis mit dem Angezeigten, und das ist gerade in Husserls Beschreibung der Ding- und Fremdleibwahrnehmung hier der Fall.[120]

Auf den ersten Blick scheint Husserls Behauptung, die Fremderfahrung sei durch Anzeige vermittelt, nicht mit seinem Festhalten an der ursprünglichen Gegebenheit des anderen Menschen als solchem zu versöhnen zu sein. Es finden sich tatsächlich wenige und zerstreute, aber prägnante Äußerungen Husserls gegen eine Zeicheninterpretation der Fremderfahrung, die allerdings auf einer unphänomenologischen Semiotik basieren und sich vorwiegend auf eine nicht phänomenologisch reduzierte Schicht der Erfahrung beziehen, also nicht die Konstitution der Gegebenheit thematisieren, sondern nur die jeweilige Erscheinungsweise. So verhält es sich bei der Abwehr der Rolle der Anzeige in der Fremderfahrung, wie sie in einem Text aus dem Jahr 1924 vorkommt:

> Die „Anzeige" im Sinn eines objektiven Anzeigens (ein Objektives zeigt ein anderes an) liegt hier nicht vor, wo ich ja nicht einmal das Ding „Leib" erfasse und für sich setze und fürs zweite den anderen Menschen. So wie eigentlich und uneigentlich Wahrgenommenes eines physischen Dinges nicht gesonderte und durch Schluss oder „Anzeige" aufeinander bezogene Gegenstände sind, so hier.[121]

Diese Abwehr, um innerhalb des Kontextes von Husserls Phänomenologie verständlich zu werden, kann nicht auf die Anzeige als solche gerichtet sein, denn sonst werden seine Beschreibungen völlig unverständlich, sondern nur – in Einklang mit der Abwehr bei der Dingwahrnehmung – mit der herkömmlichen Auffassung der Anzeige als etwas, das zwei „Objekte" bzw. getrennte Gegenstände miteinander konventionell bzw. durch Denkschlüsse verbindet, was weder im Fall der Wahrnehmung noch im Fall der Fremderfahrung vorkommt.

---

[119] Hua XIII, S. 340.

[120] Zu diesem letzten Punkt vgl. eine kritische Abwehr Husserls, die aber durch das gerade vorgestellte Argument beseitigt werden kann, Hua XIII, S. 397: „Das An-Sich ist seinem Sinne nach Identisches sinnendinglicher Darstellung, und das sinnendingliche Moment ist in sich ‚Bekundung' des An-Sich. Es ist nicht ein Verhältnis äußerer und zufälliger Beziehung, etwa gar wirklich ein Verhältnis der Anzeige (in dem ganz zufällig durch assoziative Verbindung und signitive Zwecksetzung ein *a* mit einem *b*, mit dem es gar nichts an sich zu tun hat, als ein Zeichen verflochten wird".

[121] Hua XIV, S. 332.

7.4 Zurückweisung möglicher Kritikpunkte

Gerade deswegen setzt Husserl „Anzeige" in Anführungszeichen, denn das Wort ist hier nicht in seiner eigenen phänomenologischen Bedeutung gebraucht. Das ist auch dadurch bewiesen, dass die abgewehrte Auffassung sich auf eine Anzeige als „Schluss" bezieht, während in Husserls Auffassung die Anzeige als uneinsichtige Motivation *expressis verbis* kein Schluss sein kann. Anders verhält es sich nämlich im Falle der tatsächlich objektiven Anzeige auf andere Menschen:[122] „Eine Hypothese fremder Subjektivität mache ich durch objektive Anzeige, die auf dem Boden geltender Universalerfahrung und seiender Welt etwa erfolgt, wenn ich aus einer Feuerstelle auf Menschen, die hier gelagert haben, schließe. Das ist induktive Anzeige und gibt Entfaltungsmöglichkeiten in einen begrifflich gefassten induktiven Schluss".[123] Diese induktiv-objektive Anzeige muss von derjenigen Anzeige unterschieden werden, die bei der Fremderfahrung konstitutiv am Werk ist, da es bei dieser Anzeige um keinen Schluss geht, sondern um eine passive Motivation.

Ein ähnlicher Rekurs auf phänomenologische, nicht herkömmliche semiotische Begriffe löst die Kritik in einigen Forschungsmanuskripten aus früheren Jahren (1914) aus:

> [...] [G]ewisse Empfindungsgruppen, die zu den leiblichen Äußerungen gehören, [...] fasse ich dunkel als Gesichtsbewegungen, Handbewegungen etc. auf. Aber damit haben wir nicht das ‚Mit'-den-Äußerungen-die-inneren-Erlebnisse-‚Meinen'. Wir haben kein Zeichenverhältnis. Wenn wir den anderen sehen und ‚in' seinen leiblichen Erscheinungen sein Seelisches miterfassen, so haben wir schon ein Zweierlei, aber eine Zweiheit in der Einheit. Wir sehen die leiblichen Äußerungen und durch sie hindurch sehen wir ‚mit', als sich in ihnen bekundend, das Geistige. Aber so wenig wir meinen, wenn der eine etwas meint, so wenig meinen wir, den anderen sehend, mit den leiblichen Äußerungen sein Psychisches. Wir sehen ihn, wir verstehen ihn, wir sehen seinem Blick, seinem Mienenspiel etc. den Zorn, Hass an. *Wir haben aber kein signitives Bewusstsein.*[124]

Dabei ist es klar, dass der Zeichenbegriff, mit dem wir die phänomenologische Beschreibung der Fremderfahrung als semiotisch verstanden haben, vielmehr mit einem „Mitsehen", mit einer Zweiheit in der Einheit als dynamisches Erscheinenlassen, als mit einem „‚Mit'-den-Äußerungen-die-inneren-Erlebnisse-‚Meinen'", einhergeht. Die phänomenologisch verstandene Anzeige ist aber überhaupt nicht notwendig mit einem „Meinen", sondern mit einer Motivation und einer Seinsüberzeugung verbunden. Das wird auch im weiteren Verlauf dieser Passage bestätigt, in dem die Rede von „Bezeichnen" ist, dieses aber zur Zeit um 1914 auf die „echte Zeichen" reduziert ist, wie im zweiten Kapitel (zu „Husserls Semiotk") gezeigt wurde, sodass die ganze Passage gegen den Ausdruck, aber zugunsten der Anzeige geht:

---

[122] Die „objektive Anzeige" ist zu trennen von der „ursprüngliche Anzeige" in dem Sinne, dass nur die erste zwei getrennte Objekte miteinander verbindet. Diese Unterscheidung spiegelt sich in Husserls Unterscheidung zwischen „Induktion" und „objektiver Induktion" wieder (Vgl. E. Husserl, *Erfahrung und Urteil*, S. 78). Zur Beziehung von Anzeige und Induktion siehe das neunte Kapitel zu „Protentionen und die semiotische Teleologie der Erfahrung".
[123] Hua XIV, S. 352.
[124] Hua XX/2, S. 73.

Auch beim Mienenspiel können wir sagen: Aus dem Blick etc. sei zu erschließen, dass er zornig sei, oder es sei ‚Anzeichen dafür'. Aber in dem einheitlichen Apperzipieren liegt bloß dies, dass in eigentümlicher Weise im ‚Wahrnehmen' des einen das andere mit wahrgenommen sei. Korrelativ freilich: Beides in eins ist da, aber nur das eine ist wirklich gesehen, das andere durch das Gesehene ‚motiviert' [...]. Hier haben wir also das Mit-dem-einen-ist-das-andere-motiviert-Mitgegeben, aber nicht das Mit-dem-einen-ist-das-andere-Gemeint im Sinne der Mitmeinung des Zeichens. Sollen wir sagen: Zeichen ist etwas, das sich als eigentümliche apperzeptive Einheit im Wechselspiel des Bezeichnens und Zeichenverstehens konstituiert? Zeichen ist ein Erzeugnis, das ein Mitzuapperzipierendes in der Weise des Gemeinten bewusst machen soll. Wo ich in einem A (α, ...) ein anderes, B (α', β' ...), erfasse, in einer Einheit einer Apperzeption, da kann das A und das B als Ganzes gemeint sein, wie wenn ich einen Menschen sehe oder ein Ding (Rückseite), oder es kann das A nur als Brücke fungieren; A gehört nicht in das Gemeinte hinein. Nun aber das bloße Interesse macht es nicht. Die Gegenständlichkeiten sind einander fremd. A hat mit B nichts zu tun. Das Ausgesagte: der Wortlaut; das Bezeichnete: etwa 2×2 = 4 oder Hans. Apperzeptive Einheit der Akte. Ich sage und denke dabei an die Person. Aber das Wort weist auf die Person, mit der es gegenständlich nichts zu tun hat.[125]

Am Ende dieser Passage kommt das Problem der Vergegenständlichung bei Zeichenverhältnissen wieder ins Spiel, das schon im fünften Kapitel („Horizont und Noema") ausgelegt wurde. Wenige Zeilen darauf bestätigt Husserls Frage: „Aber ist dieses Zeigen [scil. dieser Art von Zeichen] ein Bezeichnen?"[126] den Gedanken, dass hier das Verhältnis von Zeichen und Bezeichnen problematisch ist. Somit ist auch im Falle der Fremderfahrung ein phänomenologisches, vom traditionellen verschiedenes Verständnis der Anzeige vorausgesetzt.

Als Zusammenfassung sei Folgendes festgestellt: Der Semiotik und der Fremderfahrung deutlich gemeinsam ist die Durchgangsfunktion von Zeichen und Fremdkörper, und zwar Durchgang von einer Daseinssetzung zu einer anderen. „Ich habe die äußere Wahrnehmung des fremden Leibkörpers: Ich habe damit gegeben sein Dasein in einer gewissen Erscheinungsweise".[127] Das vergegenwärtigt allerdings nicht – und darin besteht der Unterschied, wie schon erläutert – eine mögliche Erscheinungsweise, die mal aktualisiert, also durch meinen Leib wahrnehmungsmäßig eingeholt werden kann, sondern die Tatsache, dass eine Subjektivität diesen fremden Leib „hat", eine Subjektivität wiederum, die nie eingeholt werden kann. Es geht damit nicht um eine Möglichkeit leiblicher Bewegung, sondern um die Setzung von etwas, das nicht aktualisiert werden kann; die fremde Subjektivität kann nie zur originellen Gegebenheit gebracht werden. Die mögliche Bewegung ist nur darin enthalten, dass ich mich in den anderen Leib hineinversetze, als ob mein Leib dort und nicht hier wäre; diese leibliche Bewegung ist aber der fremden Subjektivität nicht wesensmäßig zugehörig.

Die Auffassung der Überschüsse der Fremderfahrung als durch Anzeige vermittelt bleibt für Husserl weiterhin problematisch, aber im Endeffekt kann die Frage nach der Semiotik in der Wahrnehmung systematisch nur positiv beantwortet

---

[125] Hua XX/2, S. 73.
[126] Hua XX/2, S. 74.
[127] Hua XIII, S. 340.

werden.[128] Zur Erfahrung eines Anderen gehört nämlich die Anzeige als passive Assoziation immer dazu, denn gerade diese Anzeigen erlauben es, passiv den Leib des Anderen als Leib wahrzunehmen:

> Die psychophysische (animalische) Erfahrung gibt dem Ich, das sie in der Weise einer ursprünglich erfahrenden Anzeige zur Gegebenheit bringt, und dabei in dieser besonderen Weise der Anzeige, den Sinn von etwas durch Vorkommnisse an dem physischen Ding Angezeigtes, und darin liegt, dass es mit dem Ding und seinen dinglichen Geschehnissen in der Weise einer eigenen „Kausalität", einer passiven Abhängigkeit verflochten ist.[129]

Der Andere ist nämlich durch Anzeige in seinem Sein uneinsichtig motivierend gesetzt: „Ich setze den Anderen, ich richte mich auf ihn hin, und ihn, der für mich durch die empirische Anzeige da ist, setze ich in der angezeigten Absolutheit, ohne dass ich darum an der Hintergrunddoxa irgend etwas ändere".[130]

7.5 Die indikative Struktur der Natur als Bedingung der Spiegelung der Monaden

Um überhaupt phänomenologisch zu der Konstitution einer Intersubjektivität zu gelangen, und das bedeutet zugleich, dem Solipsismus-Vorwurf gegen die Transzendentalphänomenologie zu entgehen,[131] reicht die Beschreibung der Fremderfahrung durch Anzeigestrukturen letztlich nicht aus. Es ist nämlich notwendig, einen gemeinsamen Erfahrungsboden zu finden, auf dem dann eine Monadengemeinschaft aufbauen kann. Die dank leiblicher Anzeigen vollzogene Einfühlung bringt das Subjekt nur dazu, die Existenz von Seelenleben anderer Subjekte in ihrem Sein zu setzen, ohne aber einen gemeinsamen Erfahrungsboden zwischen dem, was in meinem Bewusstseinsstrom immanent enthalten ist, und dem, was in anderen Bewusstseinsströmen ebenso immanent zu finden ist, zur Verfügung zu stellen. Die Intersubjektivität dient Husserl vorwiegend dazu, einen Raum der Objektivität (etwas ist „objektiv" in diesem Sinne, wenn es für alle Subjekte gilt) zu eröffnen, in dem sich eine wissenschaftliche Philosophie etablieren kann. Um aber die Stiftung einer solchen gemeinschaftlichen Objektivität zu ermöglichen, ist es notwendig, dass die durch Einfühlung gewonnene andere Subjektivität nicht bloßer transzendentaler Pol

---

[128] B. Waldenfels beschreibt den Entzug, der der Fremderfahrung eigen ist, als eine Bewegung „zwischen Mangel und Überfluss, zwischen Zuwenig und Zuviel, und dies im Gegensatz zu einem Geschehen, das wie alle intentionalen Akte auf eine mehr oder weniger große Erfüllung und Sättigung ausgeht" (B. Waldenfels, *Das Unsichtbare dieser Welt; oder: Was sich dem Blick entzieht*, S. 19–20). Damit wird implizit auf den Unterschied zwischen Leerintentionen und Intentionen auf Erfüllung angespielt, der im zweiten Kapitel zu „Husserls Semiotik" erörtert worden ist.
[129] Hua XIII, S. 446.
[130] Hua XIII, S. 448.
[131] Darin besteht im Endeffekt das Ziel der fünften *Cartesianischen Meditation*; vgl. Hua I, S. 121.

möglicher Erfahrung bleibt, sondern sich selbst zu dem verhält, wozu auch das sich einfühlende Subjekt sich verhält.[132] Diesen gemeinsamen Grund des Verhaltens zwischen verschiedenen Egos kann man mit Husserl – so die These dieses Paragraphen – „die Natur" nennen.

Diesen Erfahrungsboden findet Husserl, 1921 um genau zu sein, nicht nur in der Natur als System meiner Erfahrungen nach vollzogener transzendentaler Reduktion, sondern auch in dieser selben Natur als potentielles System jeder möglichen Erfahrung überhaupt, und das heißt auch der Erfahrung anderer Ego. Durch Einfühlung setzt das andere Leiber wahrnehmende Subjekt die Wirklichkeit anderer Erfahrungssysteme, die ähnlich wie meines sind: „Die Natur ist also jetzt [scil. nach der Reduktion] nicht nur Index für mein System möglicher Naturerfahrung mit dem momentanen und wechselnden Kern wirklicher Naturerfahrung, sondern zugleich Index für entsprechende und mit der Einfühlung *eo ipso* eingefühlte Systeme von Erfahrungen in den fremden Ich".[133] Das gilt für das Seiende im Ganzen: „Alles Ontische <ist> Index für wirkliches und mögliches Subjektives".[134] Die Natur als gültige Einheit von Erscheinungen ist gültig nicht nur für mich, sondern als Index leiblicher Bewegungen für alle leiblichen Wesen.[135]

Die Naturgegebenheit, die, wie schon analysiert, als Index für weitere mögliche Erfahrungen ihrer selbst dient bzw. als Zeichen für sich selbst wahrgenommen wird, dient somit auch als solcher Index für das Seelenleben anderer Subjekte.[136] Die Einfühlung, die durch Anzeige ermöglicht ist, bringt das sich einfühlende Subjekt dazu, fremdes Seelenleben zu setzen, lässt dieses Seelenleben aber völlig leer; nur durch die Gemeinsamkeit der Naturerfahrung als Index möglicher weiterer Erfahrungen wird die „Widerspiegelung" der Monade ermöglicht.[137] Dabei ist unter „Monade" eine Subjektivität zu verstehen, die nicht nur transzendentaler Pol der Erfahrung, sondern auch in sich immanenter Erlebnisstrom ist. Durch die Indizierung des fremden Leibes wird nämlich nur dann „eine ganze Innenwelt" indiziert, wenn die Erfahrung „komprehensiv-analogisierend", und d. h. auf die

---

[132] Siehe dazu eine Notiz in den C-Manuskripten: „Indem wir die Anderen erfahren, als Menschen, erfahren wir sie, wir in unserer Wachheit, nicht als bloße Körper, obschon auch als Körper. So sie erfahrend, sind sie für uns über das von dieser Körperlichkeit wirklich Erfahrene hinaus Indizes, genauer: Horizonte möglicher Erfahrung. Andererseits erfahren wir sie, was erst ihr Menschentum voll ausmacht, als seelische Subjekte, als Subjekte eines wachen – oder schlafenden – Innenlebens. Aber die Erfahrung ihres schlafenden seelischen Seins ist keine in diesem Sinn direkte und eigentliche Erfahrung, sondern indiziert hier nur die Potentialität des Erwachens, insbesondere von uns her des Sie-Weckens" (Hua Mat. VIII, S. 418).

[133] Hua XIII, S. 228.

[134] Hua XIII, S. 483.

[135] Hua XIV, S. 276.

[136] Wiegerling bringt das auf den Punkt: „Tatsächliche Andersgegebenheit desselben [scil. Sachverhalts] in mannigfaltiger Orientierung zu anderen Subjekten" (K. Wiegerling, *Husserls Begriff der Potentialität*, S. 168).

[137] Vgl. Hua I, S. 149. Vgl. auch S. 483: „Eine volle Naturerkenntnis und eine vollkommene Erkenntnis aller Indikationen auf Psychisches müsste alle Geisteserkenntnis befassen in der Weise einer Spiegelung".

7.5 Die indikative Struktur der Natur als Bedingung der Spiegelung der Monaden

Allnatur als Ursprungsstätte analoger responsiver Bewegungen gerichtet ist: „In der komprehensiv-analogisierenden Erfahrungsapperzeption des fremden Leibes wird begründet eine Indizierung durch eine Vergegenwärtigung hindurch, wodurch eine ganze ‚Innenwelt', eine Phänomenalität eines Ich indiziert wird".[138] Nur dann, wenn eine solche Innenwelt gesetzt ist, wird es möglich, eine monadologische Erfahrung der Alterität zu haben: „Mögliche Einfühlung ist ‚Spiegelung' jeder Monade in jeder anderen, und die Möglichkeit solcher Spiegelung hängt an der Möglichkeit einer übereinstimmenden Konstitution einer raumzeitlichen Natur, eines in alle Ich hineinreichenden Index für entsprechende Erlebniskonstitutionen".[139] Das wiederholt Husserl auch mit anderen Worten: „Das wahre Sein ist nur ein Index für Bewusstsein und für jedes existente monadische Bewusstsein, ein Index für mögliche Entwicklung, die aber nicht bloß phantasiemöglich, sondern realmöglich ist – eine Regel für Entwicklung".[140] Husserl bestätigt damit, dass es sich beim Angezeigten um eine Seinsvermutung handelt, die mit Realitätsanspruch einhergeht, und nicht um eine leere Phantasievorstellung.

Die Parallele mit Leibniz' Auffassung ist evident nicht nur in dem Gebrauch von leibnizschen Begriffen (wie dem Begriff der Monade), sondern auch der Sache nach: Bei Husserl wie bei Leibniz ist die Möglichkeit der Spiegelung durch eine gemeinsame Leiblichkeit und durch einen gemeinsamen Zugang zur immer weiter verweisenden Natur (bzw. Universum) gewährleistet. So nämlich Leibniz:

> Da jede Monade in ihrem Modus ein Spiegel des Universums ist, das in vollkommener Ordnung geregelt ist, muss es auch eine Ordnung in dem Vorstellenden geben, das heißt in den Perzeptionen der Seele und folglich im Körper, dem gemäß das Universum dort vorgestellt wird.[141]

Eine solche übereinstimmende Konstitution wird bei Husserl erst möglich, wenn vom Abstraktionsniveau bloßer fremder Subjektivität zu dem psychologischen Niveau „von Menschen"[142] bzw. „Seelen"[143] herübergegangen wird. Das beruht wiederum darauf, dass die Naturgegebenheiten Anzeigen sind, auf die alle Subjekte – aufgrund gemeinsamer leiblicher Konstitution – ähnlich reagieren. Die Vorzeichnung

---

[138] Hua XIII, S. 449.

[139] Hua XIII, S. 229. Vgl. auch Hua VI, S. 167 und den Kommentar von T. Keiling dazu, dem unmittelbar zuzustimmen ist: „Jeder Mensch ‚weiß sich lebend' nicht nur ‚im Horizont seiner Mitmenschen' sondern auch ‚im aktuellen Konnex auf dieselben Erfahrungsdinge in der Weise bezogen'. Diese Gewissheit gründet im phänomenologischen Realismus, darin, dass jeder Mensch von denselben Dingen ‚verschiedene Aspekte, verschiedene Seiten, Perspektiven usw. hat, aber jeder für sich als dieselben (in der aktuellen Erfahrung vom selben Ding) als Horizont möglicher Erfahrung von diesem Ding bewusst hat'. Es sind also die Dinge, die das Welten der Lebenswelt koordinieren, und dies wirkt sich als das Wissen darum aus, in einer Welt der Dinge zu existieren" (T. Keiling, *Seinsgeschichte und phänomenologischer Realismus. Eine Interpretation und Kritik der Spätphilosophie Heideggers*, Mohr Siebeck, Tübingen 2015, S. 86).

[140] Hua XIV, S. 128.

[141] G. W. Leibniz, *Monadologie*, in: U. J. Schneider (Hrsg.), „Monadologie und andere metaphysische Schriften", Meiner, Hamburg 2002, S. 137–139.

[142] Hua XIII, S. 228.

[143] Zum Begriff der „Seele" vgl. etwa Hua IV, S. 120 ff.

weiterer Bewegungs- und korrespondierender Auffassungsmöglichkeiten ist nämlich insofern ähnlich, als der Leib bei allen „normalen" Menschen gemeinsame Strukturen aufweist.[144] Dennoch bleibt in dieser Auffassung selbstverständlich insofern Raum für Differenzen, als die Gewohnheiten und Habitualitäten, die zur Vorzeichnung beitragen, bei unterschiedlichen Subjekten unterschiedlich sein können.[145]

Es ist daher nur die indikative Dynamik der als Anzeige für leibliche Bewegungen fungierenden Naturgegebenheiten, die es der Subjektgemeinschaft erlaubt, sich zu einer wissenschaftlichen Intersubjektivität, die wiederum auf Objektivität gerichtet ist, zusammenzuschließen.[146]

Zusammenfassend kann man festhalten: Nur aufgrund der Anzeigen, die am fremden Leib lokalisiert sind, lässt sich Einfühlung überhaupt vollziehen, und nur aufgrund einer gemeinsamen Natur, der die Subjekte alle zusammen respondieren,[147] lässt sich die phänomenologisch verstandene Einfühlung vom Niveau bloßer Subjektivität als reinem Pol auf das Niveau monadischer Intersubjektivität heben:

---

[144] Zur Problem der Normalität siehe auch Hua XIV, S. 67 ff. Die Frage nach der „Anomalität" in der Konstitution der Intersubjektivität kann hier nicht weiter diskutiert werden. Aus Husserls Ausführungen ist aber der problematischer Schluss, dass „anomale" Menschen keine zur Objektivität führende Intersubjektivität zu stiften vermögen, kaum entbehrlich, was zu einer Revision dieser Theorie aufruft. Die Frage bleibt aber insofern offen, als Husserl nicht genau beschreibt, wie das Verhältnis zwischen leiblicher Konstitution und Welt der Objektivität aufzufassen ist. Ist, um es als Beispiel-Frage zu formulieren, eine wissenschaftlich objektive Welt (vorausgesetzt, „wissenschaftlich" hieße, was wir gewöhnlich darunter verstehen) unmöglich für Wesen, die nicht eine doppeläugige Vision haben, und daher keine Tiefe in ihrem okulomotorischen Feld kennen? In diesem Sinne ist ein Zitat aufschlussreich, das aus den C-Manuskripten kommt und gerade indikative Systeme und nichtmenschliche Lebewesen in Zusammenhang bringt: „Induktive Mittelbarkeiten der Einfühlung auf dem Wege des objektiven Ausdrucks – Anzeichen und Zeichen. Eine Weise solcher Mittelbarkeit: die Möglichkeit von Lebewesen und von Menschen auf den anderen Planeten und in fremden Milchstraßensystemen etc., vermittelte indizierende Analogien und Induktion von Möglichkeiten, die wieder von diesen her ermöglicht sind – Aufbau einer homogenen unendlichen raumzeitlichen Welt." (Hua Mat. VIII, S. 373).

[145] Dass gerade in dieser ursprünglichen Anzeige mit der damit einhergehenden Struktur des Zeichenverstehens („Nachverstehen", Hua XIII, S. 454) die Möglichkeit des Nichtverstehens des Anderen gewährleistet ist, hat A. Pugliese gezeigt (A. Pugliese, *Unicità e relazione. Intersoggettività, genesi e io puro in Husserl*, S. 210).

[146] Die Zentralität eines gemeinsamen (Natur)raums betont auch D. Franck: „La présupposition d'un espace commun et intersubjectif joue donc à plein" (D. Franck, *Chair et Corps*, S. 144). Dagegen behauptet die dritte Intersubjektivitätsthese D. Zahavis, das Mitsehen anderer Seiten des Dinge setze Intersubjektivität voraus: „Diese Analyse wird zum Ergebnis haben, dass die Horizontintentionalität bzw. die horizontale Gegebenheitsweise des Gegenstandes ihrem Wesen nach *intersubjektiv* ist" (D. Zahavi, *Husserl und die transzendentale Intersubjektivität*, S. 36; Hervorhebung im Original). Das hier dargelegte Argument zeigt, dass es sich vielmehr umgekehrt verhält. S. Crowell gibt diese Position Zahavis fälschlicherweise als Husserls eigene Position wieder, während es sich um eine Interpretation handelt (vgl. S. Crowell, *Normativity and Phenomenology in Husserl and Heidegger*, S. 55).

[147] Zum Begriff siehe B. Waldenfels, *Antwortregister*.

7.5 Die indikative Struktur der Natur als Bedingung der Spiegelung der Monaden

> Ich habe also eine gemeinsame physische Welt, in ihr den fremden Leib und zu diesem gehörig als *mit* ihm seiend, solange er „lebt" (solange er in Erfahrungseinstimmigkeit ein in ihm und mit ihm waltendes Ichleben in Affektion und Aktion anzeigt), ein solches Ich und Ichleben. Es konstituiert sich also in der „äußeren" Erfahrung ein räumlich-dinglich lokalisiertes fremdes Ich und psychisches Dasein, lokalisiert an dem fremden Leib und mit ihm einig.[148]

Als Bestätigung sei eine weitere Passage angeführt, die zunächst noch einmal den Unterschied – der doch, wie schon gesehen, auf einer Ähnlichkeit beruht – zwischen Dingwahrnehmung und Fremderfahrung betont, um dann die Gemeinsamkeit der Natursetzung hervorzuheben:

> Der Andere aber ist nicht eine Regel von Erscheinungen, eine durch das Wesen einstimmiger Erfahrung vorgezeichnete Idee einer Einheit mit präsumptiver Erwartung und vernünftiger Erwartung einstimmiger Bestätigung. Sondern es ist etwas auf Grund der Natursetzung als ein Ich rechtmäßig Mitindiziertes und Appräsentiertes, als Ich mir gegenüber ist es sinngemäß bezogen auf die ihm gegebene Umwelt, die ich ihm miteinfühlen muss, und diese Umwelt ist dieselbe wie die meine, und hier zunächst die Natur, die ich erfahre, die einstimmige Einheit und präsumptiv wahre meiner Erfahrungen, ist dieselbe wie die Natur, die er ebenso erfährt und vernunftgemäß präsumiert. Als ein anderes Ich steht er sinngemäß so zur Natur, die für ihn erfahrungsmäßig konstituierte (vernünftig gesetzte) ist, wie ich.[149]

In der Erörterung der Intersubjektivität und ihres genetischen Ursprungs bemüht sich Husserl darum, die fremde Subjektivität in seiner Erfahrbarkeit zu beschreiben. Das gelingt ihm aber nur um den Preis, der Fremderfahrung jede Ursprünglichkeit abzusprechen. Die Mittelbarkeit dieser Wahrnehmung in der Form einer zeichenhaften Anzeige bzw. eines „Ausdrucks" taucht sowohl vor der Reduktion, als auch innerhalb der Reduktion vor; keine Behauptung der Originalität der Fremderfahrung kann sich je der Tatsache entziehen, dass die von Husserl verwendeten Beschreibungsmuster auf semiotischen Komplexen basieren, die ihrerseits nicht die erwünschte phänomenologisch ausweisbare Selbstgegebenheit aufweisen. Dieser Einwand ließe sich durch eine Analyse weiterer Kritikpunkte, wie sie beispielsweise von Levinas hervorgebracht wurden, erhärten.[150] Eine ausführliche Erörterung würde uns an dieser Stelle aber zu weit vom angesetzten Thema der Arbeit abbringen. Zentral ist der Gedanke, dass es auch für diese Autoren darum geht, die Ursprünglichkeit der Fremderfahrung gegenüber Husserls Versuch zu akzentuieren,

---

[148] Hua XIV, S. 314.

[149] Hua XIV, S. 274. Vgl. auch Hua XIV, S. 343: „Aber die Welt meiner wirklichen Erfahrung ist dieselbe als die indizierte Erfahrungswelt des Anderen. Die Indikation der Fremdleiblichkeit auf die Fremdsubjektivität hin mit ihrem Leben, ihren Apperzeptionen, ihren Wertungen, Handlungen etc. hat ihre Weise sich zu bestätigen, und sich zu bestätigen letztlich in meiner originalen Erfahrung".

[150] Zu Husserls und Levinas' Auffassung der Intersubjektivität vgl. neuerdings M. Flatscher, *Grenzen der Einfühlung. Zum Problem der Alterität bei Husserl und Levinas*, in: T. Breyer (Hrsg.): „Grenzen der Empathie Philosophische, psychologische und anthropologische Perspektiven", München, Fink 2013, S. 183–213.

da bei ihm der Andere aus dem Selben abgeleitet und daher irgendwie sekundär scheint. In der vorgelegten Kritik ist es eher darum gegangen, zu zeigen, dass selbst wenn man an Husserls Modell festhält, die Erfahrung des Anderen sich als eine vermittelte – und zwar durch semiotische Elemente vermittelte – Erfahrung auszeichnet, der dem Anderen nur mittelbar Rechnung zu tragen scheint. Nimmt man einen genetisch-transzendentalen Standpunkt ein, dann ist Husserls Versuch semiotisch zu ergänzen; nimmt man einen statischen Gesichtspunkt ein, dann ist der andere Mensch als Anderer in der Ursprünglichkeit seiner Andersheit zu beschreiben und nicht als Spiegelung meiner selbst aufzufassen.

Kapitel 8
Genetische Phänomenologie und Semiotik der Erfahrung

8.1 Die Dingwahrnehmung in der genetischen Phänomenologie

Mit dem eigentlichen Durchbruch zur genetischen Phänomenologie (etwa um 1917)[1] und insbesondere mit den tiefgehenden Analysen zur Passivität gelangt Husserl zu einem neuen Verständnis der phänomenologischen Erfahrung, die das Verhältnis zwischen Semiotik und Leiblichkeit als unentbehrliche Komponenten der Wahrnehmung klarer zum Vorschein kommen lässt. In diesem Kapitel geht es daher darum, eine zusammenhängende Interpretation dieses Verhältnisses in Husserls später Phänomenologie zu entwickeln.

Die Dingwahrnehmung, d. h. jede Wahrnehmung eines äußeren Gegenstandes, basiert phänomenologisch auf dem Auffassungssinn als Sinn des Erscheinenden, sofern dieses ein einheitlicher Gegenstand ist. Dank dieses Sinnes kann die Erscheinung eben Erscheinung von einem (transzendenten) Erscheinenden sein und nicht bloße immanente Wahrnehmung. Das *esse* ist im Falle transzendenter Gegenstände „prinzipiell vom *percipi*"[2] getrennt, weil Erscheinung und Erscheinendes nicht deckungsgleich sind; das Erscheinende geht in der Erscheinung nicht auf. Lag in der statischen Phänomenologie der systematische Primat beim gegenständlichen Sinn, da die Verweise zwischen Abschattungen durch ein schon im Vorhinein gegebenes Eidos und durch das „Optimum" des Gegenstandes (bzw. durch das Noema) bestimmt waren als Konstituentien eines Auffassungssinnes, so steht mit dem Durchbruch der genetischen Phänomenologie die Sache anders. Hier können wir nämlich

---

[1] R. Bernet, D. Lohmar, *Einleitung der Herausgeber*, in: Hua XXXIII, S. XLVI.
[2] Hua XI, S. 18.

einen Satz formulieren, der in unseren weiteren Analysen zu immer reinerer Klarheit kommen wird: Wo immer wir von Gegenständen sprechen, sie mögen welcher Kategorie immer sein, da stammt der Sinn dieser Gegenstandsrede ursprünglich her von *Wahrnehmungen, als den ursprünglich Sinn und damit Gegenständlichkeit konstituierenden Erlebnissen*.[3]

Die Wahrnehmungen, also die Erlebnisse, sind nun das, was den Sinn und die Gegenständlichkeit *ursprünglich* konstituieren.[4] Es geht also nicht um ein immer schon vorgegebenes Eidos bzw. einen immer schon vorgegebenen Typus des Gegenstandes. Der gegenständliche Sinn wird vielmehr durch Synthese erzeugt. Ziel der genetischen Phänomenologie ist es daher, „verständlich zu machen, wie in der zum Wesen jedes Bewusstseinsstromes gehörigen Entwicklung, die zugleich Ichentwicklung ist, sich jene komplizierten intentionalen Systeme entwickeln, durch die schließlich dem Bewusstsein und Ich eine äußere Welt erscheinen kann".[5] Diese Systeme basieren in der sogenannten „Transzendentalen Logik"[6] auf Assoziationen und auf Horizontbildungen durch Anzeigeverhältnisse, welche der Wahrnehmung immanent sind.

Schon in den *Ideen II* weist Husserl darauf hin, dass das Thema der wesentlichen Assoziationsgesetze in der äußeren Wahrnehmung eingehend in der „Transzendentalen Logik" behandelt wird. Wurde schon im sechsten Kapitel die Rolle der Anzeige in der Konstitution des gegenständlichen Sinnes herausgearbeitet, so dienen nun die Ausführungen der genetischen Phänomenologie dazu, diese Beschreibung zu vertiefen.

> Was organisiert sich dann aber in der vorreflektiven Sphäre? Sicherlich, „Assoziationen" bilden sich, Hin- und Rückweise entwickeln sich so wie bei den unbeachteten sinnlichen und dinglichen „Hintergründen". Also ein Bestand ist schon da, und in der nachträglichen Reflexion, in der Erinnerung, kann ich und muss ich etwas Gestaltetes vorfinden. Das ist die Voraussetzung für die „Explikation", für die „vollbewusste" Herausstellung des „wenn" und „so" und diejenige Identifikation des Ich mit Beziehung auf ihm zugehörige Umstände, in welcher das Ich als persönlich-reale Einheit sich „eigentlich" konstituiert. (Es fragt sich, ob nicht Ähnliches auch für die Dingkonstitution statthat, was ich in der Tat in der Transzendentalen Logik nachgewiesen habe).[7]

Für die Konstitution des Ich, so Husserl in diesem Zitat, ist das vorbewusste Vorfinden von Gestaltetem notwendig, damit überhaupt eine Explikation von Bewusstseinsphänomenen eintreten kann. Das Ich ist somit nur dann Ich, und entsprechend der Bewusstseinsstrom nur dann Strom eines einheitlichen Bewusstseins, wenn die Phänomene der Phänomenologie nicht bloß tote Materie sind, sondern bereits ein Gestalten am Werk ist. Das ist nach Husserls Auffassung in den *Ideen II* nur dann

---

[3] Hua XI, S. 19. Meine Hervorhebung.

[4] Daher ist Rodemeyers Meinung zuzustimmen: „the meaning of the building as a whole (the perception) is based upon the presentation of the front side right now in relation to the other possible profiles around the building (appresentations)" (L. Rodemeyer, *Intersubjective Temporality. It's about time*, S. 49).

[5] Hua XI, S. 24.

[6] Unter „Transzendentalen Logik" ist ein unabgeschlossenes Projekt Husserls zu verstehen, das z. T. in Hua XI und z. T. In *Erfahrung und Urteil* eingeflossen ist.

[7] Hua IV, S. 252.

möglich, wenn im Phänomen selbst passive Assoziationen, nämlich Hinweise und Rückweise operativ sind. Nun stellt sich die Frage, was es mit der Dingwahrnehmung in der sogenannten transzendentalen Logik auf sich hat, und ob hier die Semiotik Husserls diese Hinweise und Rückweise tiefgreifend explizieren kann.

Viele der im Band XI der Husserliana unter dem Titel „Analysen zur passiven Synthesis" versammelten Texte stammen aus einer Vorlesung, die Husserl in Freiburg im Breisgau mehrmals gehalten hat: im Wintersemester 1920/21, im Sommersemester 1923 und im Wintersemester 1925/26.[8] Obwohl diese Vorlesungen unter verschiedenen Titeln gehalten wurden, plante Husserl dennoch eine einheitliche Bezeichnung für diese Vorlesungen, nämlich „Transzendentale Logik" bzw. „Transzendentale Ästhetik".[9] Eigentliches Thema dieser Vorlesung ist die passive Synthesis als Urkonstitution, also die Beschreibung der wichtigsten Struktur der Wahrnehmung als Bedingung sowohl für die Konstitution der äußeren Gegenstände als auch für die entsprechende Konstitution des Ich. Das Problem, das Husserl schon oft vor diesen Vorlesungen, obwohl mit anderen Akzentsetzungen, berührt hatte, besteht in der Frage, „wie sich der objektive Sinn als Einheit in den unendlichen Mannigfaltigkeiten möglicher Erscheinungen darstellt und wie die kontinuierliche Synthese näher aussieht, welche als Deckungseinheit denselben Sinn erscheinen lässt".[10] Gerade diese unendliche Mannigfaltigkeit von Erscheinungsweisen impliziert, wie schon ausführlich dargestellt, dass eine ihren sinnendinglichen Gehalt erschöpfende Wahrnehmung undenkbar ist, und dass daher jede Wahrnehmung auf der Abschattung eines Gegenstandes, also auf seinem perspektivischen Erscheinen basiert. Das gehört zum „Urwesen der Korrelation äußere Wahrnehmung und körperlicher Gegenstand".[11] Die Perspektivität der Wahrnehmung in ihrem Wesen bedeutet aber auch, dass die unsichtbaren Seiten eines Dinges für das Bewusstsein doch „irgendwie da, ‚mitgemeint' als mitgegenwärtig" sind.[12] Gerade deswegen, weil in der Erscheinung der Gegenstand selbst erscheint, gibt es in ihr etwas, das über die unmittelbare Wahrnehmung hinausreicht und das „in einem unanschaulichen Hinausweisen, Indizieren"[13] besteht. Dass zu jeder Wahrnehmung und zu jedem Erlebnis ein solcher Horizont der Verweisung gehört, hebt Husserl besonders deutlich in den *Cartesianischen Meditationen* hervor. Diese Passage enthält viele Elemente, die erst durch die darauffolgenden Analysen klar werden können:

> Jedes Erlebnis hat einen im Wandel seines Bewusstseinszusammenhanges und im Wandel seiner eigenen Stromphasen wechselnden Horizont – einen intentionalen Horizont der Verweisung auf ihm selbst zugehörige Potentialitäten des Bewusstseins. Z. B. zu jeder äußeren Wahrnehmung gehört die Verweisung von den eigentlich wahrgenommenen Seiten des

---

[8] M. Fleischer, *Einleitung des Herausgebers*, in: Hua XI, S. XIII.
[9] Hua XI, S. XIV. Husserl selbst verweist im Text von 1925 auf den Text von 1921 als „transzendentale Logik", vgl. Hua XI, S. 91.
[10] Hua XI, S. 3. Zum Begriff der Darstellung der Einheit in der Mannigfaltigkeit der Erscheinungsweisen vgl. auch S. 295 ff.
[11] Hua XI, S. 4.
[12] Ebd.
[13] Hua XI, S. 5.

Wahrnehmungsgegenstandes auf die mitgemeinten, noch nicht wahrgenommenen, sondern nur erwartungsmäßig und zunächst in unanschaulicher Leere antizipierten Seiten – als die nunmehr wahrnehmungsmäßig kommenden, eine stetige Protention, die mit jeder Wahrnehmungsphase neuen Sinn hat. Zudem hat die Wahrnehmung Horizonte von anderen Möglichkeiten der Wahrnehmung als solchen, die wir haben könnten, wenn wir tätig den Zug der Wahrnehmung anders dirigieren, die Augen etwa, statt so, vielmehr anders bewegen, oder wenn wir vorwärts oder zur Seite treten würden usw.[14]

Husserl greift somit einen Begriff wieder auf, der in der sechsten *Logischen Untersuchung* (und in einigen Umarbeitungen derselben) eingeführt und diskutiert wurde, nämlich das „*leere* Indizieren, das auf mögliche neue Wahrnehmungen verweist".[15] Husserl verzichtet nicht auf den Begriff des Verweises, vielmehr ist explizit von „Anzeige"[16] als Verhältnis zwischen Vorderseite und Rückseite die Rede. Zudem beschreibt Husserl nun die äußere Erfahrung gemäß der Lehre von den *Ideen II* als ein „System von Verweisen" die „uns gewissermaßen zurufen".[17] Dabei geht es aber, wie Husserl ambivalent formuliert, um kein „signitives Deuten".[18] Diese Anmerkung zielt einerseits auf die *Logischen Untersuchungen* ab, in denen, wie gezeigt, die leeren Vorstellungen eben als signitive Vorstellungen interpretiert worden waren; andererseits auf die schon in den *Ideen I* abgewehrte Konzeption, nach der die Abschattung ein Zeichen im herkömmlichen Sinne für ein irgendwo anders liegendes Ding an sich wäre.

Halten wir das Gesagte fest, so lässt sich einwenden – wie dies auch in den obigen Kapiteln vorgetragen wurde –, dass diese Abwehr des signitiven Deutens keine vollkommene Abwehr der Semiose in der Wahrnehmung bedeutet, da Husserl sich ständig auf diese Begriffe beruft, sondern nur, dass diese Zeichenhaftigkeit anders als in der traditionellen Auffassung verstanden werden muss. Den Einwand greift Husserl

---

[14] Hua I, S. 82.
[15] Ebd. Meine Hervorhebung. S. dazu V. Costa, *Il cerchio e l'ellisse*, S. 125, aber auch Hua XL, S. 217: „Ein Ding ist ursprünglich nicht anders zu geben und kann in seinem Sein nicht anders evident werden als in der Weise eines unbestimmten und auf mögliche weitere Bestimmungen verweisenden ‚Selbst', eines unbestimmten Konkretum mit bestimmten leibhaften Momenten". Siehe auch Hua I, S. 82, wo es vom dem „Horizont der Verweisungen" die Rede ist. Vgl. dazu M. Bianchini: „Denn er [scil. der Horizont der Verweisungen] wirkt auf die Bestimmung dessen Vorstellungsinhaltes ein, in dem die apperzeptiven Verweisungen des Sinnes auf sehr eigenartige Weise miteingeschlossen sind. Sie gehören nämlich dem Akt zu, weil sie zur Bestimmung seiner Intentionalität beitragen, können aber von dessen noematischem Sinn nicht analytisch abgeleitet werden" (M. Bianchini, *Intentionalität und Interpretation. Auffassung, Auslegung und Interpretation in der Phänomenologie Husserls*, in: "Studia Phaenomenologica" II, 2002, S. 45–64, hier S. 54 ff.)
[16] Hua XI, S. 26. Vgl auch S. 47, wo der Begriff unter Verwendung von Anführungszeichen vorkommt. Auf S. 121 lehnt Husserl den Begriff der Anzeige ab, setzt ihn aber unmittelbar gleich mit „Bezeichnung" im herkömmlichen Sinne. Es ist klar, dass in diesen verweisenden Funktionen keine anzeigende Struktur im Sinne von einer sprachlich bedeutenden oder bezeichnenden Leistung liegt, sondern nur eine Anzeige so wie Husserl sie in der ersten *Logischen Untersuchung* definiert hat, wo die Anzeige eben nicht nur sprachlichen Charakter hat.
[17] Hua XI, S. 26.
[18] Hua XI, S. 17.

8.1 Die Dingwahrnehmung in der genetischen Phänomenologie

später erneut auf: „Also kontrastierend gesprochen, er [scil: der selbstgegebene Gegebenstand in der Wahrnehmung] ist nicht als ein bloßes Zeichen oder Abbild gegeben, er ist nicht mittelbar bewusst als ein bloß angezeigter oder im Abbild erscheinender usw.; vielmehr als er selbst, als wie er gemeint ist und sozusagen in eigener Person steht er da".[19] Es ist phänomenologisch sicher unanfechtbar, dass das Selbstgegebene nicht als ein Zeichen da ist, weil es selbst da ist; andererseits gibt es *in diesem Selbstgegebenen* sehr wohl Zeichen für Nicht-Selbstgegebenes, wenn man das Zeichen nicht als etwas willkürlich und intentional Produziertes im Sinne eines „stat pro", sondern im Sinne eines dynamischen Hinweisens versteht. In diesem Sinne nehmen die Empfindungen in den zwanziger Jahren immer stärker den Charakter des Zeichens an. „Ein fundamentaler Punkt" ist nämlich – wie Husserl in einem Manuskript aus dem Jahre 1920 schreibt –, dass die Intentionalität, „die aus Empfindungsdaten Abschattungen-von macht", eine „fungierende Intentionalität" ist, welche die Empfindungsdaten bloß als „Durchgangseinheiten"[20] nimmt. Als Durchgang sind solche Einheiten Zeichen für etwas in dem Sinne, dass sie als eine Führung der Aufmerksamkeit woandershin fungieren:

> Wo ein Gegenstand (eventuell ein seiner thematischen Auszeichnung verlustig geratener) als bloßer Durchgang fungiert, da findet in der Aktualisierung – doxisch in seiner Erfassung, obschon Durchgangserfassung – eine Ablenkung des thematischen Blickes statt; der thematische Blick wird gebrochen, in gewisser Weise reflektiert, er verharrt nicht beim Vermittelnden, sondern biegt ab, auf den Endgegenstand hin. Noetisch gesprochen: Der Ich-Blick geht durch die den vermittelnden „Gegenstand" konstituierende Intentionalität in anderer Weise „hin"durch als durch die den zweiten, den Endgegenstand konstituierende, die hierbei in eigener Weise synthetisch geeinigt ist mit der ersteren. Der vermittelnde Gegenstand ist dienlicher und hat seine Dienlichkeiten; nur solche Bestimmungen werden gesucht und erfasst, die das sind, die also die entsprechende Intentionalität, die in die des Endgegenstandes überleitet, tragen.[21]

Wie schon in den *Ideen I* ist hier das Erscheinende nicht Zeichen für etwas anderes, sondern nur für sich selbst. Deswegen geht es bei der Wahrnehmung eines Dinges auch nicht um eine „Deutung" im engeren Sinne. Das Ding „spricht" den Phänomenologen im übertragenen Sinne „an", fragt aber nicht nach einer Deutung, sondern nach einer Handlung:

> Es gibt hier noch Weiteres zu sehen, dreh mich doch nach allen Seiten, durchlaufe mich dabei mit dem Blick, tritt näher heran, öffne mich, zerteile mich. Immer von neuem vollziehe Umblick und allseitige Wendung. So wirst du mich kennenlernen nach allem, was ich bin, all meinen oberflächlichen Eigenschaften, meinen inneren sinnlichen Eigenschaften usw.[22]

---

[19] Hua XI, S. 96.
[20] Hua XXXIX, S. 17.
[21] Hua XXXIX, S. 18.
[22] Hua XI, S. 5. Weiter geht es ein paar Seiten später: „Auch hinsichtlich der schon wirklich gesehenen Seite ertönt ja der Ruf: Tritt näher und immer näher, sieh mich dann unter Änderung deiner Stellung, deiner Augenhaltung usw. fixierend an, du wirst an mir selbst noch vieles neu zu sehen bekommen, immer neue Partialfärbungen u.s.w." (Hua XI, S. 7).

In dieser „andeutende[n]"[23] Rede wird es klar, wie das Ding uns anspricht, nämlich in der Weise möglicher leiblicher Bewegungen:[24] Die Verweise deuten zwar auf andere Aspekte des Dinges, aber durch das Medium des Leibes eines Betrachters als Instanz, die sie einholen kann. Die Verweise sind eigentlich Anzeigen für Bewegungs- und Verhaltensmöglichkeiten, und, wenn diese Interpretation korrekt ist, stimmen auf diese Weise die Ausführungen der genetischen Phänomenologie mit der Auffassung in *Ding und Raum* überein. Auch nach *Erfahrung und Urteil* verweist jede Erfahrung „auf Möglichkeiten weiterer Explizierung"[25] und die darin enthaltene Bestimmbarkeit bedeutet „‚ich kann', ‚ich kann hingehen', ‚mir näher ansehen', ‚es umdrehen usw'".[26] Dinge „indizieren Bewegungen",[27] um es in jener Weise auszudrücken, die oft in den Manuskripten zur Intersubjektivität zu finden ist:

> Jedes als real, als Einheit mannigfaltiger Erscheinungen Erfahrene indiziert in jeder einzelnen Erfahrung die ganze Mannigfaltigkeit als die „möglicher Erfahrungen"; d. i. sie tritt motiviert auf und indiziert einen Erfüllungszusammenhang der Erscheinungen von demselben, der Form: wenn ich, wie ich kann, so fortgehe, so ist das motiviert, muss das kommen in Selbstgeltung usw.[28]

---

[23] Hua XI, S. 5. De Warren spricht bezüglich dieser Passage von „a kind of ‚Alice in Wonderland' quality to Husserl's description" (N. De Warren, *Husserl and the Promise of Time. Subjectivity in Trascendental Phenomenology*, Cambridge University Press, 2009, S. 279). Dieser Gedanke, dass die Dinge „uns ansprechen", wird später zentral für Merleau-Ponty sein, obwohl in einer radikalisierten Form: „je me sens regardé par les choses" (M. Merelau-Ponty, *Le visible et l'invisible*, Gallimard, Paris 1964, S. 183). G. Figal interpretiert dies als eine Anforderung, die durch das einfache Erscheinen der Dinge auf mich gerichtet wird; sind dann in seiner Interpretation Kunstwerke eminente Dinge, weil sie eben Erscheinungsdinge sind – insofern, als ihr Wesen darin besteht, zu erscheinen, und nicht für anderes gebraucht zu werden –, so lässt sich Husserls Auffassung besonders gut eben an Kunstwerken veranschaulichen, die „zum Hinsehen bzw. Hinhören" auffordern (G. Figal, *Erscheinungsdinge*). Ist die Rede von einem „Ruf" und einem „Ansprechen" der Dinge einerseits absolute Metaphorik, so lässt sich festhalten, dass gerade durch semiotsche Beschreibungsmittel dieser Beschreibungsmuster eine sachliche Plausibilität auf sich nimmt. Für den Begriff der absoluten Metapher als einer Metapher, die sich begrifflich nicht anders einholen lässt, siehe H. Blumenberg, *Paradigmen zu einer Metaphorologie*, Suhrkamp, Frankfurt am Main 1997, und Id., *Theorie der Unbegrifflichkeit*, hrsg. von A. Haverkamp, Suhrkamp, Frankfurt am Main 2007.

[24] De Warren behauptet, dass diese Ansprüche auf Bewegungen eigentlich von den nicht-gesehenen Seiten eines Gegenstands herrühren („Husserl speaks [...] of the hidden sides of an object ‚calling us' to turn the object around, telling us that there is more to be seen", a. a. O., S. 278). Das ist aber m. E. eine unkorrekte Interpretation des Textes, da sie eine merkwürdige Spannung enthält: Das Nicht-gesehene soll doch gesehen sein und ruft uns dazu auf, es besser zu sehen. Die weiteren Seiten eines erscheinenden Gegenstandes sind aber mit der Sprache Husserls gerade zwar (mit) gegeben, aber nicht gesehen, nicht selbst präsent wie die Vorderseite, während De Warren diesen Sprachgebrauch gerade umkehrt (vgl. Hua XI, S. 6). Deutlich näher im Sinne Husserls liegt zu sagen, dass das Gegebene und Gesehene (das selbstgegebene Ding) uns anruft, es selbst nach weiteren, zwar mitgegebenen, aber nicht aktuell gesehenen Seiten zu betrachten.

[25] E. Husserl, *Erfahrung und Urteil*, S. 28.

[26] A. a. O., S. 34.

[27] Hua XV, S. 278. Vgl. auch u. a. S. 299.

[28] Hua XV, S. 365.

Es geht aber nicht nur um die Eröffnung einer Möglichkeit, eines Könnens, sondern zugleich um eine Tendenz, dem Gegenstand „immer näher zu kommen".[29] Diese Tendenz nimmt die Form eines „Sollens" an, sodass Können und Sollen in der Wahrnehmung untrennbar zusammengebunden sind. Unsere Aufmerksamkeit und unser Interesse sollen sich nämlich auf das Nicht-Gegebene richten, weil sie es können. Diese Struktur entspricht der Struktur der Anzeige aus der ersten *Logischen Untersuchung* und noch mehr jener aus späteren Jahren, in der dieses Element des Sollens, wie im zweiten Kapitel erläutert, zum Vorschein kommt. Ein Zeichen bringt ein Sollen mit sich, das eine Verschiebung der Aufmerksamkeit erzeugt, aber diese Verschiebung ist nur deswegen möglich, weil das Zeichen selbst die Möglichkeit des Sichrichtens auf ein Nicht-Gegebenes eröffnet, sodass Können und Sollen durch Anzeigestrukturen in der Wahrnehmung zusammenhängen.

Die Erfüllungsrichtungen der Wahrnehmung sind somit angezeigte Bewegungsmöglichkeiten. In der Wahrnehmung können wir immer „jedem beliebigen der offenen Horizonte und den darin *angezeigten* Erfüllungsrichtungen nachgehen und über das uneigentliche System aller möglichen Erfahrungen, die zu dem schon quasierfahrenen Objekte einstimmig gehören würden, verfügen. Diese Horizonte sind durch ‚ich kann' konstituiert".[30] Die Analyse der genetischen Phänomenologie beim späten Husserl baut also im Ganzen auf Anzeige und Leiblichkeit (unter der Form des „ich kann") auf.

Diese Rückkehr auf die Begrifflichkeit der *Logischen Untersuchungen* besagt jedoch keineswegs, dass die Beschreibung der Wahrnehmung sich im Laufe von etwa dreißig Jahren nicht verändert hätte. Ganz im Gegenteil hat eine genetische Beschreibung der Dingwahrnehmung mit einer statischen, so wie sie beispielsweise in der sechsten *Logischen Untersuchung* unternommen worden war, zwar einige Gemeinsamkeiten, beide sind aber nicht deckungsgleich. Was sich vor allem verändert – bzw. oftmals klarer darstellt – ist das Verhältnis zwischen Bewusstsein, Anzeigestrukturen und Eidos, sowie die polare Struktur zwischen Abwesenheit und Anwesenheit.

---

[29] E. Husserl, *Erfahrung und Urteil*, S. 92; vgl. auch S. 113.
[30] Hua XXXV, S. 194. Diese Passage kommentiert einschlägig T. Mooney: „Husserl tells us that his broadening of synthesis in the sphere of sensibility is anticipated in *Logical Investigations*, with the account of indication making up the nucleus of genetic phenomenology […]. Prior to meaning and sense, indication brings in rule-bound relationships of association, in which the apprehension of something serves to motivate a belief in the reality of something else" (T. Mooney, *Understanding and Simple Seeing in Husserl*, S. 36. Der Verweis ist auf die Passage in E. Husserl, *Erfahrung und Urteil*, S. 78, die in der Einleitung zur vorliegenden Arbeit wiedergegeben wurde). Vgl. dazu auch R. Kühn, *Husserls Begriff der Passivität*, S. 313: „In solcher jeweiligen Präsenz hat die Verweisung ihren Ausgangsort, so dass es keine Verweisung ohne Ausweisung gibt, anders gesagt: alles, was in Geltung wie Mitgeltung steht, muss in irgendeiner Weise *angezeigt* sein. Geltung/Mitgeltung wie Verweisung/Ausweisung gehören infolgedessen korrelativ zusammen und kennzeichnen so konkret die potentiell/aktuell fungierende Intentionalität als sinnstiftende Leistung des Bewusstseins". Ist Kühn völlig zuzustimmen, so muss m. E. die Form seiner Aussage gewandelt werden, um Missverständnisse zu vermeiden. Die Gegensatzpaare sind nämlich Geltung-Ausweisung-aktual einerseits und Mitgeltung-Verweisung-potentiell andererseits, und nicht umgekehrt.

Die Wahrnehmung hat in der genetischen Phänomenologie wesentlich synthetischen Charakter: Durch eine durch Synthesis gestiftete Einheit zwischen verschiedenen Wahrnehmungen kommt das Bewusstsein eines gegenständlichen Sinnes zustande. Der Sinn ist somit als Resultat eines Wahrnehmungsprozesses anzusehen, d. h. als eine zu gewinnende Einheit und nicht als eine Art fertiger Sinn, der dann in das Wahrgenommene eingelegt wird. Der Sinn ist eine Idee im kantischen Sinne: Er liegt nicht *a priori* vor jeder Wahrnehmung, sondern konstituiert sich eben in dem Verlauf derselben und dank der assoziativen Verweise sowohl innerhalb eines Dinges als auch zwischen verschiedenen Dingen.[31]

Diese Einheit konstituiert sich erst dank der semiotischen Struktur der Anzeigen und der Erwartungen, welche insgesamt als der praktische Horizont eines Dinges bezeichnet werden können.[32] Wie ersichtlich wird, stellt diese Perspektive eine Umkehrung des statischen Verhältnisses dar, nach dem der gegenständliche Sinn die Verweise bestimmt. Anders als in den bisher von uns analysierten Schriften wird hier die stiftende Rolle der Verweisungen anerkannt: Eine Einheit sukzessiver Momente ohne semiotische Anzeige, d. h. ohne die aus der Erscheinung ausgehenden motivierenden „Kräfte",[33] wäre unmöglich. Es sind eben diese Anzeigen, die sich dann zu einer „Einheit der Intention" zusammenfügen und die Einheit des Gegenstandes in seinem Sinn ermöglichen. Hierbei ist die vereinheitlichende Rolle nicht mehr vom Einheitsbewusstsein übernommen, sondern von der anzeigenden Struktur der Wahrnehmung. Um es auf den Punkt zu bringen: Wenn in der statischen Phänomenologie die Identifikation eines Dinges die Möglichkeit der Indikation konstituierte, so ist in der genetischen Phänomenologie die Identifikation durch die Möglichkeit der Indikation konstituiert.

Das Wahrgenommene weist nämlich, wie auch in der statischen Phänomenologie, auf weitere (mögliche) Wahrnehmungsverläufe hin; diese Wahrnehmungsverläufe können sich dann erfüllen bzw. nicht erfüllen. Vom Standpunkt der genetischen Phänomenologie aus macht aber gerade die Erfüllung die Identitätsthese möglich: Erfüllt sich eine vorweisende Intention, so kommt ein identischer Gegenstandssinn zur Konstitution durch Bewährung. Die „Bewahrheitung" oder Evidentmachung der Intentionen erfüllt sich in einer „Synthese des bloß Intendierten mit dem entsprechenden Gegenstand".[34] Das Intendierte ist „hinausweisendes Bewusstsein", das „in seiner Fülle zugleich in ein Leeres"[35] hinweist.

---

[31] Vgl. Hua XI, S. 66. Das gilt für die genetische Betrachtungsweise; für die statische Phänomenologie ist es die Einheit des Sinnes, die mögliche Erfahrungshorizonte vorzeichnet. Dazu vgl. J. Derrida, *Das Problem der Genese in Husserls Philosophie*, Diaphanes, Berlin und Zürich 2013.

[32] Siehe D. Pradelle, *L'archéologie du monde*, S. 232: Für die Wahrnehmungsanalyse in der transzendentalen genetischen Phänomenologie ist das Gesetz maßgeblich, „selon laquelle l'identification d'un object perceptif repose sur son indication par l'association empirique des contenus, qui fait de lui un index pour l'infinité de ses modes d'apparition possibles". In diesem Sinn ist alles Seiende „Index eines Korrelationssystems" (Hua VI, S. 168).

[33] Zum Begriff der Kraft vgl. E. Husserl, *Erfahrung und Urteil*, S. 77.

[34] Hua XI, S. 66.

[35] Hua XI, S. 67. Vgl. Hua VIII, S. 44: „Eine jede Wahrnehmung, so wie sie in sich selbst erfahrende Meinung ist, hat einerseits einen Gehalt an Bestimmungen, die in ihr als eigentlich und

Die Selbstgegebenheit eines Raumdinges ist Selbstgegebenheit eines perspektivisch Erscheinenden, das in der erfüllenden Synthese ineinander übergehender Erscheinungen als dasselbe gegeben ist, aber dasselbe, das einmal so, das andere Mal in anderer Weise, in anderen Perspektiven selbst erscheint und immerzu vorweist von Perspektive zu immer neuen Perspektiven, in denen dasselbe Dargestellte sich fortgehend näher bestimmt und doch nie endgültig bestimmtes ist [...]. Also wo kein Horizont, wo keine Leerintentionen, da ist auch keine Erfüllung.[36]

Zwischen verschiedenen Perspektiven ist daher eine Hinweis- und Indikationsstruktur zu finden, die als ein praktischer Anzeigehorizont näher expliziert werden kann: „Jeder Körper und Körperpunkt, der sich in irgendeiner der kombinierten kinästhetischen Stellungen ergibt, indiziert die andern möglichen Stellungen, in denen er als ruhender ebensogut gegeben sein könnte".[37] Es handelt sich somit um die Indizierung möglicher Stellungen und Perspektiven in dem Sinne, dass mit der ersten Gegebenheit eine Erwartung bezüglich der Verhaltensweise des Dinges verbunden ist. Erwartet wird, dass das Ding im Laufe der Wahrnehmungsprozesse so erscheinen wird und nicht anders. Diese Erwartungs- und Protentionsstrukturen sind aufzufassen als besondere Intentionalitätsformen, nämlich passive und mit dem Leib verbundene. „Die Wahrnehmung schreitet fort und zeichnet einen Erwartungshorizont vor als einen Horizont der Intentionalität, vorweisend auf Kommendes als Wahrgenommenes, also auf künftige Wahrnehmungsreihen".[38] Die anzeigende Funktion impliziert in der Tat eine Intention auf etwas. Darin besteht die Teleologie der Erfahrung, die einen Grundzug von Husserls späterer Phänomenologie ausmacht. Diese Teleologie ist aber im Endeffekt nur dann möglich, wenn klar wird, dass sie ihren Ursprungsort in der Anzeige- und Intentionstruktur der Gegebenheiten selbst hat.[39]

Diese Intentionen sind nämlich anders zu verstehen als die in der Phänomenologie geläufige Intentionalität des Bewusstseins. Es geht um „passive Intentionen", die durch „assoziative Synthesen"[40] zustande kommen, und nicht um die phänomenologische Struktur jedes Bewusstseinsaktes überhaupt. Dabei ist also im Spiel

---

wirklich selbsterfasste bewusst sind [...], andererseits aber auch einen Gehalt leerer Mitmeinung und Vormeinung, der nur bewusst ist als ein solcher, der erst im Fortgang eines weiteren und ev. frei ins Spiel zu setzenden Wahrnehmens zur leibhaften Selbstgegebenheit kommen würde".

[36] Hua XI, S. 67.

[37] Hua XIV, S. 538. Vgl. Hua Mat. VIII, S. 391: „Die jeweils seiende Weltgegenwart stellt sich dar (zeitigt sich) in meiner monadischen Gegenwart (und so in jeder ‚monadischen' Gegenwart). Sie stellt sich jeweils nach einer Seite dar, in Form eines gerade meiner Monade zugehörigen gegenwärtigen Erfahrungsfeldes, dessen Horizont in seiner Potenzialität verweist auf die Mitgegenwart der anderen, für mich geltenden Seiten, auf mein Sie-von-meiner-lebendigen-Gegenwart-aus-verwirklichen-Können, verweist aber auch auf die Mitsubjekte, auf die ihnen zugehörigen Erscheinungsweisen der Weltgegenwart, auf Möglichkeiten der aktuellen Vergemeinschaftung usw."

[38] Hua I, S. 19.

[39] Zum Thema der Protentionen und der Teleologie der Erfahrung als konstitutiv semiotisch siehe das nächste Kapitel.

[40] Hua XI, S. 76. Zur Passivität der Assoziation vgl. etwa S. 386. Zum Thema vgl. C. Di Martino, *Esperienza e intenzionalità. Tre saggi sulla fenomenologia di Husserl*, Guerini, Mailand 2013, S. 45–46.

nicht ein auf etwas gerichtetes und aktives Ich, sondern eine passive anzeigende Struktur,[41] die ihre Verwirklichungsstätte mehr im Leib als im Bewusstsein hat, da der Leib auf mögliche Bewegungen verwiesen wird. Im Folgenden geht es darum, zunächst die Anzeigestruktur in ihrem Zusammenhang mit leiblicher Freiheit zu explizieren (2.), dann die Konstitution eines einheitlichen Dinges durch verschiedene Sinnesorgane hindurch zu beschreiben (3.) und aus den hier ausgeführten Analysen die transzendentale Rolle der Anzeige herauszuarbeiten (4.).

8.2 Die Struktur der Anzeige: passive *intentio* und leibliche Freiheit

Husserl kommt dazu, den Ursprung des gegenständlichen Sinnes in der Wahrnehmung zu suchen, wobei die Wahrnehmung als eine Konstellation von an den Leib adressierten Anzeigen zu beschreiben ist. Die Verweisungshorizonte der Wahrnehmung basieren auf Anzeigen, und unter diesem Begriff ist eine Weckung zu verstehen, der zufolge eine *intentio* durch etwas Gegebenes erweckt wird. Diese *intentio* zielt wiederum auf die Gebung (Bewahrheitung bzw. Erfüllung) eines bei der ersten Zeitphase Nichtgegebenen ab. Unter *intentio* ist keine aktive Tätigkeit des Bewusstseins zu verstehen, sondern – im Fall der wahrnehmungsmäßigen Verweise – eine leibliche, also „ichlose Tendenz" und eine „Anzeigung" auf das Kommende.[42] Die Verweise, die dem Gegebenen innewohnen, sind nicht das Resultat eines Bewusstseinsaktes.[43]

---

[41] Vgl. als weiteres Beispiel der Passivität in dieser Struktur Hua XL, S. 344: „*Ich werde hingewiesen* auf die mannigfaltigen möglichen Abschattungen, mit denen sich dieselbe Dingfarbe, Dingform ‚konstituiert', und in ihnen allen fasse ich ein Identisches".

[42] Hua XI, S. 86. Zum Begriff der Tendenz vgl. M. Geymant, *Le rôle du concept de Tendenz dans l'analyse husserlienne de la fondation à l'époque des Recherches logique*, in: „Bulletin d'analyse phénoménologique" VIII 1, 2012 (Actes 5), S. 183–201. Die Autorin zeigt auf überzeugende Weise, wie der Begriff der Tendenz schon in den Umarbeitungen der sechsten *Logischen Untersuchung* zu finden ist und entwickelt dann die Argumentation in die Richtung, dass deswegen schon in den Jahren 1914–1916 ein Begriff der Passivität am Werk ist. Das ist systematisch einsehbar und bestätigt sich durch die Lektüre der Beilage XVI in Hua XX/2 „Tendenz und Begehren", wo unter anderem von „Angezogen sein" und „Sich-angezogen-fühlen" ganz in dem hier von uns im Ausgang von Hua XI erläuterten Sinne handelt. Allerdings ist auch zu betonen, dass Husserl den Begriff der Tendenz ursprünglich in einem semiotischen Rahmen benutzt hat, und dass dieser Rahmen in der späteren Analyse der Wahrnehmung operativ bleibt. Als Bestätigung sei hier auf Ms. E III 2, 22a hingewiesen, wo Tendenz mit „Anzeigung" übersetzt wird: „Rezeptivität betrifft also die vom Reiz auf das Subjekt gehende Tendenz, ‚Anzeigung'". Zur Tendenz siehe auch Nam-In Lee, *Husserls Phänomenologie der Instinkte*, Springer, Dordrecht 1993.

[43] Die Meinung teilt auch Holenstein: „Die Verweisung wird nicht einem fundierenden Wahrnehmungskern durch einen setzenden Akt aufoktroyiert. Sie gehört zu ihm immanent. Das Resultat dieser immanenten Verweisung, die komplexe Wahrnehmung, hat eine Art Gestaltcharakter" (E. Holenstein, *Phänomenologie der Assoziation*, S. 161). Zur Problematik des Gestaltcharakters der Wahrnehmung vgl. V. Palette, *Le donné en question. Les critiques du donné sensible dans le néokantisme, la phénoménologie au tournant du XXème siècle*, Dordrecht, Springer 2018, insbesondere Kapitel IV.

8.2 Die Struktur der Anzeige: passive *intentio* und leibliche Freiheit

Ist also in der sechsten *Logischen Untersuchung* die Rolle des Signitiven in der Wahrnehmung insofern problematisch, als dieses Signitive eine vorausgesetzte und nicht weiter erklärte Struktur darstellt, die eine Zeichenstruktur in die Wahrnehmung hineinzubringen scheint, so ist es in der genetischen Phänomenologie gerade der Rekurs auf die Passivität der *intentio*, die es erlaubt, aus einer eher obskuren, der Intentionalität des Bewusstseins unterliegenden semiotischen Struktur herauszutreten in eine klar erfassbare und beschreibbare Struktur, die ebenso semiotisch ist, aber besser phänomenologisch eingeholt werden kann. In *Erfahrung und Urteil* behauptet Husserl in diesem Sinne nämlich, die Anzeige sei „phänomenologisch ausweisbar".[44]

Die durch Anzeige wirkende Passivität braucht nicht mehr auf anderes zurückgeführt zu werden, sondern sie kann und soll, wie aus dem Gesagten bereits ersichtlich, rein leibhaft verstanden werden. Die Bewahrheitung des Künftigen „kann in der Passivität unabsichtlich statthaben, wie wenn wir, durch einen Fliegenstich bestimmt, unwillkürlich (vielleicht mit ganz anderen Dingen ausschließlich beschäftigt) die Hand zurückziehen, womit sich in der wahrnehmungsmäßigen Umwelt ein räumlicher Vorgang verwirklicht".[45] Die Bewahrheitung *muss* nicht passiv sein; sie kann auch aktiv sein, wie wenn ich zum Beispiel, nach Erkenntnis strebend,[46] ein Ding von allen Seiten betrachte, um es zu verstehen oder zu beschreiben. Dies ist aber in der sinnlichen Wahrnehmung nicht der Fall. Hier ist vielmehr die Wahrnehmung *als solche* immer schon strukturell semiotisch, und d. h. nun: Sie enthält Anzeigen, die eine leibliche *intentio* auf ein Kommendes ermöglichen. Dabei ist zu beachten, dass die anzeigende Struktur nicht in der *intentio* selbst aufgeht, da sonst diese *intentio* eher vorausgesetzt als geklärt wäre; unklar bliebe nämlich, wie sie überhaupt zustande kommt. Dass die Form des Gerichtetseins als passive *intentio* keinen Vorrang besitzt, bestätigt Husserls Beschreibung, nach der diese Form erst „von anderwärts" geschöpft wird, wenn „von einer anderen Vorstellung her ein assoziativer Strahl, eine ‚Weckung' in dieses Bewusstsein hineinstrahlt und es auf sein Gegenständliches richtet":

> Die Einheit einer sukzessiven Mehrheit, eines mehrheitlich gegliederten Vorgangs setzt voraus, dass vom Neuen Kräfte ausgehen bzw. Synthesen sich rückgehend flechten, wodurch eine Einheit der Intention gestiftet wird, die die verklungenen Gegenstände in die Form der lebendigen Intention zurückversetzt (oder sie „weckt") und einheitlich deren Intention mit der auf das Neue verbindet.[47]

---

[44] E. Husserl, *Erfahrung und Urteil*, S. 78.

[45] Hua XI, S. 87.

[46] K. Held spricht von einem „Urinstinkt der Neugier" (K. Held, *Lebendige Gegenwart*, S. 193). Um auf diesen Punkt näher einzugehen, wäre es nötig, die Phänomenologie der Triebe und Affekte einer eingehenden Untersuchung zu unterziehen, was hier nicht weiter verfolgt werden kann. S. dazu u. a. R. Kühn, *Husserls Begriff der Passivität*, S. 332–382, V. Biceaga, *The Concept of Passivity in Husserl's Phenomenology*, S. 31–42, und A. Montavont, *De la passivité dans la phénoménologie de Husserl*, PUF, Paris 1999, S. 78 ff., 222 ff., 260 ff.

[47] Hua XI, S. 90.

Es muss daher ein Element geben, welches diese *intentio* erweckt. Andererseits aber ist dieses Element, nämlich die Anzeige, keine Anzeige, solange keine passive *intentio* auf sie zukommt: Ein Zeichen weist auf nichts hin, wenn nicht für etwas oder für jemanden, der dem Zeichen entsprechen kann. Diese Rolle kommt in Husserls Beschreibung dem Leib zu, der allein dazu imstande ist, dieser passiven *intentio* Raum zu geben. Dank des Leibes besteht ein unausweichliches Ineinander der beiden Elemente, der passiven Intention und der Anzeige, wobei keinem ein Vorrang zuzuschreiben ist.

Husserl betont, dass die dinglichen Verweise konstitutiv zur Wahrnehmung gehören, und dass die Analyse derselben den eigentlichen Kern seines Unternehmens darstellt: „In noematischer Hinsicht ist das Wahrgenommene derart abschattungsmäßig Gegebenes, dass die jeweilige gegebene <Seite> auf anderes Nichtgegebenes verweist, als nicht gegeben von demselben Gegenstand. Das gilt es zu verstehen".[48] Das Gegebene bildet einen Kern, welcher Verweissystemen als Anhalt dient; verwiesen wird aber auf „Kontinua möglicher neuer Wahrnehmungen",[49] die als solche komplexe leibliche Vorgänge sind. Die Verweise kommen also nie isoliert vor. Es geht immer um „ganze Hinweissysteme, Strahlensysteme von Hinweisen, die auf entsprechende mannigfaltige Erscheinungssysteme deuten".[50] Ein Erscheinungssystem muss dabei so verstanden werden, dass es ein erscheinendes X (das Ding an sich, den gegenständlichen Sinn), die Erscheinung als Abschattung *und* den Leib als das Element, welches dieses Ganze in Perspektive setzt, umschließt.

Die Verweise sind somit „Zeiger auf eine Leere", welche aber leer ist nur als Bewegungs- und Tätigkeitspotentialität:[51] Es handelt sich um „Tendenzen, Hinweistendenzen". Dieser „intentionale Leerhorizont" ist notwendig, damit ein Erscheinendes eigentlich Dingerscheinendes sein kann. Die Leere als bestimmbare Unbestimmtheit[52] ist, wie schon im bestimm,*bar*' enthalten, eine Möglichkeit (eine „offene Möglichkeit"),[53] die in erster Linie eine Bewegungsmöglichkeit ist.[54] Diese Leere hat nämlich die Form einer Vorzeichnung,[55] „die dem Übergang in neue aktualisierende Erscheinungen", also eine perspektivische Umstellung, „eine Regel

---

[48] Hua XI, S. 5.
[49] Ebd.
[50] Ebd.
[51] Zum Begriff der Potentialität vgl. K. Wiegerling, *Husserls Begriff der Potentialität*, und R. Kühn, *Husserls Begriff der Passivität*, S. 286–331.
[52] Zu diesem Thema, auch im Hinblick auf die Allgemeinheit der Unbestimmtheit, vgl. Hua XI, S. 39–42.
[53] Hua XI, S. 42.
[54] Hua XI, S. 6. Zum Problem der Notwendigkeit des Leibes vgl. R. Kühn, *Husserls Begriff der Passivität*, S. 171: Die [...] passiv assoziative Fundamentalgesetzlichkeit von Ähnlichkeit, Kontrast und Kontiguität [wäre] ohne Leibbewegung gar nicht möglich". Vgl. auch Hua VIII, S. 147, und G. Brand, *Horizont, Welt, Geschichte*, In: *Kommunikationskultur und Weltverständnis* (= Phänomenologische Forschungen Band 5), Alber, Freiburg i. Br. / München 1977, S. 14–89, hier S. 30.
[55] Rang hebt korrekterweise hervor, wie dabei Husserl damit „sehr treffend" den „zeichenhafte[n], signifikative[n] und unanschaliche[n] Charakter dieser Art von Verweise" andeutet (B. Rang, *Kausalität und Motivation*, S. 171), vertieft aber dieses Verhältnis zum Zeichen nicht weiter.

8.2 Die Struktur der Anzeige: passive *intentio* und leibliche Freiheit

vorschreibt",[56] oder die eine Regel in die Wahrnehmung einzeichnet, wie Husserl sich auch ausdrückt.[57] Gewisse Hinweistendenzen aktualisieren sich als Erwartungen, die besonders stark auf Erfüllung drängen,[58] aber nur deswegen, weil sie normativen Charakter (eine „relative Rechtskraft" oder „das ursprüngliche Recht") für die Erfahrung haben.[59] Diese Verweise werden von Husserl als Sinnesvorzeichnung und als „leere Vordeutung, die sozusagen eine Vorahnung des Kommenden ist",[60] beschrieben. Diese geschehen nicht willkürlich, sondern durch Analogisierung: „Ähnliches weckt Ähnliches".[61] Der „Sinn" der Vorzeichnungen ist erst dadurch möglich, dass eine retentionale und protentionale Struktur vorhanden ist, die auf Zeitbewusstsein zurückzuführen ist. Die Struktur der Erwartung ist eine semiotische Struktur: Es ist „wie wenn wir aufgrund verschiedener Indizien ein Gewitter erwarten"[62] und hat jene Struktur eines Pfeils,[63] der in den ersten *Logischen Untersuchung* eben als Anzeige definiert wurde.

Das Beispiel des Pfeils ist aber insofern zutreffender als die Anzeichen eines Gewitters, als in der Wahrnehmung eines Pfeils den Kinästhesen eine wichtigere Rolle zukommt. Der Pfeil bringt den Betrachter nämlich dazu, den Blick seiner Richtung entsprechend zu lenken. Gleiches gilt von den Erwartungsstrahlen, die von einem Ding ausgehen. Von der Bewegung des eigenen Leibes werden die verschiedenen Erwartungen zuerst erregt und dann möglicherweise erfüllt.[64] Die kinästhetischen Motivationen, bei denen das Bewusste als Motivation für das Nicht-Bewusste dient,[65] bilden einen Verweisungszusammenhang,[66] der insofern eine „wesentliche Seite der noematischen Konstitution" für die „Objektivation des Wahrnehmungsgegenstandes"[67] ist, als die „Erscheinungsabläufe mit inszenierenden Bewegungen des Leibes Hand in Hand gehen".[68] Das System der Potentialität der Wahrnehmungserscheinungen ist auf die

---

[56] Hua XI, S. 6.
[57] Hua XXXII, S. 136.
[58] Vgl. Hua XI, S. 7.
[59] Hua XXXII, S. 137–138.
[60] Hua XI, S. 8.
[61] Hua XXXII, S. 139.
[62] Hua XI, S. 258.
[63] Hua XI, S. 251.
[64] Hua XI, S. 13.
[65] Vgl. Hua XI, S. 388.
[66] Damit schließt die hier vorgeschlagene These an Rangs Interpretation an: Er meint nämlich, dass der „Zusammenhang der rein immanenten Motivation" (Hua III/1, S. 112) „rein noematisch verstanden werden muss als Verweisungszusammenhang der Horizontintentionalität, jedoch so, dass dieser Verweisungszusammenhang eines kinästhetischen Subjekts bedarf, das sich von Perspektive zu Perspektive verweisen lässt, zuletzt aber auf die Sache selbst, in der der Verweisungszusammenhang ideell terminieren soll" (B. Rang, *Motivation und Kausalität*, S. 3). Vgl. auch S. 99, wo klargestellt wird, dass mit Motivation nichts Willentliches zusammenhängt, sondern ein dingliches Kontext aufgewiesen wird, das primär mit Perspektiven und Räumlichkeit zu tun hat.
[67] Hua XI S. 388.
[68] Ebd.

betreffenden kinästhetischen Reihen bezogen.[69] Nur das „Abhängige der Kinästhese" kann als Abschattung „ihre intentionalen Hinweise" entfalten, denn damit „konstituiert sich das Erscheinende als transzendenter Wahrnehmungsgegenstand, und zwar als ein Gegenstand, der mehr ist, als was wir gerade wahrnehmen".[70]

Der Leib definiert somit meine Freiheit,[71] wie Husserl sagt, um das Ding herum zu gehen, näher zu treten usw., sodass kinästhetische Freiheit letztlich darin besteht, Hinweise zu verfolgen.[72] Auch in den *Cartesianischen Meditationen* wird dieser Zusammenhang zwischen Horizontpotentialitäten und Freiheit betont:

> Hier überall spielt in diese Möglichkeiten [scil. weiterer Wahrnehmung] hinein ein „Ich kann" und „Ich tue" bzw. „Ich kann anders als ich tue" – im übrigen unbeschadet der stets offen möglichen Hemmungen dieser wie jeder Freiheit.[73]

Die durch die Anzeige der Vorderseite vorgezeichneten Möglichkeiten sind also zwar offen und unbestimmt (nach dem Beispiel Husserls: die Rückseite ist gewiss farbig, und darin ist sie bestimmt; welche Farbe sie hat, bleibt aber offen), aber eben ermöglicht nur durch eine Leibbewegung. Die Möglichkeit der Farbe ist eine Möglichkeit nur darum, weil die Anzeige meinen Leib zu einer Bewegung motiviert, die diese Möglichkeit in Aktualität verwandeln kann, und d. h. diese Möglichkeit erst als Möglichkeit eröffnet.

---

[69] Hua XI, S. 14.

[70] Hua XI, S. 15.

[71] Ist ein Denken der Freiheit bei Husserl vorhanden, so muss eine Untersuchung desselben m. E. bei dieser leiblichen Freiheit ansetzen (vgl O. Lahbib, *La liberté dans la perception chez Husserl et Fichte*, in: „Husserl Studies" 21 2005, S. 207–233, hier S. 208): „La liberté est constitutive du perçu, car elle se trouve en acte à la fois dans le monde sensible et dans la constitution même du sens à partir du corps". Gerade in dieser „détermination pleinement concrète" der Freiheit sieht der Autor die Gemeinsamkeit zwischen Fichte und Husserl. Zu diesem Aspekt der Freiheit als praktischer Freiheit in der Wahrnehmung siehe auch Hua VIII, S. 401. Vgl auch B. Rang, *Kausalität und Motivation*, S. 5 als Bestätigung: „Im Horizont kinästhetischer Freiheit erscheint die Erfahrbarkeit von Seiendem als motivierte Möglichkeit". Dass das weiterführende Folgen für den Realitätsbegriff hat, hat Rang (a. a. O., S. 164) ausgearbeitet. Wiegerling unterscheidet dagegen korrekterweise verschiedene Freiheitsbegriffe bei Husserl, sieht aber den Zusammenhang zwischen Freiheit und Verweisung in der Wahrnehmung nicht klar (K. Wiegerling, *Husserls Begriff der Potentialität*, S. 159 ff.). Zum Thema siehe auch J. R. Mensch, „Freedom", in: Id., *Postfoundational Phenomenology. Husserlian Reflections on Presence and Embodiment*, S. 53–67. Diese Interpretation bestreitet nicht die Möglichkeit, eine theoretische Freiheit als absolute Freiheit, die phänomenologische Reduktion zu vollziehen, zu beschreiben, wie T. Keiling („Phänomenologische Freiheit in Husserls Ideen", in: D. D'Angelo, S. Gourdain, T. Keiling, N. Mirković (Hrsg.), *Frei sein, Frei handeln. Freiheit zwischen theoretischer und praktischer Philosophie*, Alber Verlag, Freiburg/München 2013, S. 243–271), vorgeschlagen hat.

[72] Vgl. Hua XI, S. 14.

[73] Hua I, S. 82. Eine Seite zuvor hat Husserl das Verhältnis zwischen Vorderseite und inaktuellen Seiten als „Verweisung" beschrieben in dem Sinne, dass „jedes Erlebnis [...] einen intentionalen Horizont der Verweisung auf ihm selbst zugehörige Potentialitäten des Bewusstseins" hat (Hua I, S. 81). Vgl. aber auch Hua I, S. 96: „Evidenzen verweisen auf Unendlichkeiten von Evidenzen". Auf das zwischen Evidenzen obwaltende Verweissystem ist E. Tugendhat eingegangen: E. Tugendhat, *Der Wahrheitsbegriff in Husserl und Heidegger*, S. 232 ff. vor allem S. 235.

8.2 Die Struktur der Anzeige: passive *intentio* und leibliche Freiheit

Das Ineinander von Leiblichkeit und Zeichen in der Wahrnehmung wird somit zum ersten Realitätsprinzip der Phänomenologie, denn real ist ein Ding nur insofern, als es uns anspricht in der Weise einer leiblichen Bewegungsmöglichkeit.[74] Das findet statt im Rahmen einer „Nahwelt", die das unmittelbare Feld der Erfahrung ausmacht. Wir sind „zunächst [gerichtet] auf ein Erfahrungs-Nahfeld, in dem für den immer schon bisher konstituierten Leib alle Gegenstände im Zugriff erreichbar sind und die Sichtbarkeit keine weitere Bedeutung hat als Index für diesen Zugriff", wie Husserl in den C-Manuskripten ausführt.[75]

Dieser Sachverhalt spiegelt sich auch darin wider, dass in der genetischen Phänomenologie der Begriff des Horizontes aus den *Ideen I* explizit als ein praktischer Könnenhorizont definiert wird.[76] Es ist nämlich ein „praktischer kinästhetischer Horizont" als „System meiner freien Bewegungsmöglichkeiten".[77] Der Leerhorizont ist „Horizont der Freiheit"[78] und besteht gerade darin, leiblich auf die Anzeigen der Wahrnehmung, nämlich auf die Dinge in ihrem Sichzeigen, das eine Korrelation von Aktualitäten und Potentialitäten bzw. von Anwesenheit und Abwesenheit mit sich führt, zu antworten.

> Jede Erfahrung verweist auf die Möglichkeit – und vom Ich her auf eine Vermöglichkeit –, nicht nur das Ding, das im ersten Erblicken Selbstgegebene, nach dem dabei eigentlich Selbstgegebenen schrittweise zu explizieren, sondern auch weitere und weitere neue Bestimmungen von demselben erfahrend zu gewinnen.[79]

Und in einem Forschungsmanuskript, das aus den frühen zwanziger Jahren stammt, schreibt Husserl:

> Hier die merkwürdigen Assoziationen, in denen sich Kinästhesen nicht als bloße immanente Daten, sondern als praktische Vermögen („Ich kann mich dahin und dorthin wenden") zu einem praktischen System „assoziieren" und als ein Motivationssystem für zugehörige wirkliche und mögliche Erscheinungen, in denen sich ihrerseits durch Synthese Optima konstituieren als durch entsprechende Kinästhesen praktisch verfügbare (was Erfassungen des Ich voraussetzt). Hier gewinnt „Apperzeption" einen neuen Sinn, den einer Einheit von praktisch verfügbaren darstellenden Erscheinungen-von; hier ist der apperzipierte Gegenstand auf das wache Ich einer Praxis bezogen, und es gehören wesentlich zur Konstitution Momente des „Ich kann", des „Wenn ich so verwirkliche, so muss das und das erscheinen" etc.[80]

Diese praktische Natur beruht also auf der Apperzeption. Diese ist wiederum in ihrer Definition deckungsgleich mit der Anzeigedefinition aus der ersten *Logischen*

---

[74] Für programmatische Überlegungen zum Verhältnis zwischen Phänomenologie und den Realismus-Debatten vgl. D. D'Angelo, N. Mirković (Hrsg.), *New Realism and Phenomenology*, in: „META. Research in Hermeneutics, Phenomenology, and Pratical Philosophy", Sonderausgabe 2014.

[75] Hua Mat. 8, S. 155.

[76] Husserl hält an dem Begriff des Horizontes auch in den späten Werken fest: vgl z. B. Hua VI, S. 161.

[77] Hua XI, S. 15.

[78] Ebd.

[79] Hua XXXIX, S. 126.

[80] Hua XXXIX, S. 12.

Untersuchung, wie unmittelbar ersichtlich ist: „Ein Bewusstsein, das nicht nur überhaupt etwas in sich bewusst hat, sondern es zugleich als Motivanten für ein anderes bewusst hat, das also nicht bloß etwas bewusst hat und zudem noch ein anderes darin nicht Beschlossenes, sondern das auf dieses andere hinweist als ein zu ihm Gehöriges, durch es Motiviertes".[81] Diese Motivation geht mit praktischer Freiheit einher: „Die Horizonte der Erfahrung" sind vorwiegend praktische Horizonte, eingebettet in einer „Freiheit des Durchlaufens".[82] Diese Freiheit ist angezeigte Freiheit insofern, als unsere Bewegungen motiviert werden, das Sein von etwas zu vermuten und sich zu diesem vermuteten Sein zu verhalten.[83] Mein Leib kann sich so und so bewegen gemäß dem Zuruf der Dinge nur dann, wenn das Ding quasi „verspricht", weitere Seiten zu haben, die gesehen werden können. Diese weiteren Seiten werden in ihrem Sein praktisch angezeigt. Nur deshalb kann der Leib sie einholen.

Die Anzeigen der Wahrnehmung haben die Besonderheit, dass sie nur durch Kinästhesen zu verfolgen sind: Wir haben, so Husserl, „in den Erscheinungen die von den Kinästhesen her erregten Meinungsstrahlen".[84] Die Intentionen auf Erfüllung drücken sich vorwiegend als Möglichkeiten eines Nähersehens, Umdrehens, alles in allem: eines Besserkennenlernens aus, das mithilfe des Leibes geschieht. In einem Forschungsmanuskript bemerkt Husserl in diesem Sinne: „Leer bewusstes Sein verweist auf die Gewissheit, dasselbe Seiende im Modus der Anschaulichkeit herstellen zu können als das eigentlich Gemeinte, andererseits es selbst erfahren zu können in seinem Selbstsein".[85] Deswegen heißt es in einem in den Band *Grenzprobleme der Phänomenologie* aufgenommenen Text, dass „Bewusstsein absolutes Sein ist und jedes Ding nur Anzeige ist für absolute Zusammenhänge und Motivationen im absoluten Sein", vorbehalten aber, dass „Bewusstsein selbst nur sein kann in Anknüpfung an ein Ding, genannt ‚Leib'".[86]

8.3 Die synästhetische Einheitlichkeit des Dinges

Analysiert man die phänomenologische Struktur der Wahrnehmung aus der Perspektive der genetischen Phänomenologie eingehender, so stellt sich heraus, dass die Einheit eines Dinges in erster Linie dadurch gestiftet wird, dass der Leib selbst passiv als vereinheitlichende Instanz fungiert, und zwar aus drei Gründen.

Erstens vereinheitlicht der Leib die Erfahrung in ihrem Fließen insofern, als er die weiteren angezeigten Aspekte des Dinges bewahrheiten kann. Die Leistung des

---

[81] Hua XI, S. 338.
[82] E. Husserl, *Erfahrung und Urteil*, S. 89.
[83] Horizont ist immer Seinshorizont, zwar unbestimmt, aber durch präsumtive Gewissheit ausgezeichnet (Hua Mat. VIII, S. 164).
[84] Hua XI, S. 93.
[85] Hua XLI, S. 363.
[86] Hua XLII, S. 139.

8.3 Die synästhetische Einheitlichkeit des Dinges

Leibes besteht darin, das potentiell Erscheinende einholen zu können, und zwar durch Bewegungen, die durch das Erscheinende selbst motiviert sind.

Zweitens bildet der Leib Sinnfelder, wobei „Sinn" sowohl als Wahrnehmungsorgan als auch als „Bedeutungsrichtung" genommen werden muss; der Leib definiert nämlich den taktilen oder den visuellen Raum, und gerade dadurch erlangt das Hyletische eine Morphé, sodass das Wahrgenommene noch vor jeder aktiven Beteiligung des Ich hylomorphisch sein kann.[87]

Drittens aber hat der Leib auch die Funktion, zwischen verschiedenen Sinngegebenheiten zu vermitteln, denn dank ihm weisen die Erscheinungen in einem Sinngebiet auf Erscheinungen in einem anderen Sinngebiet hin: „Z. B. im Fortgang des optisch vonstatten gehenden äußeren Wahrnehmens ist das Ding nicht nur als optisches gemeint. Kontinuierlich sind Intentionen anderer Sinnessphären mitgeweckt und müssen mit den eigentlichen, impressionalen der optischen Sphäre kontinuierlich zusammenstimmen in der Einheit einer Synthese".[88] Zentraler Aspekt der semiotischen Struktur des Wahrgenommenen scheint also die „Synästhesie" zu sein. Das (beispielsweise haptisch) Wahrgenommene verweist auf weitere zukünftige Wahrnehmungsmöglichkeiten unter denselben Umständen aber durch andere Sinnesorgane. Ist die Wahrnehmung einheitlich durch Bewährung der Intentionen, so ist diese Bewährung auch synästhetisch möglich: „Wir können ein Ding sehen, und es stimmt an ihm alles; die mitangezeigten taktilen Eigenheiten würden an sich wohl passen".[89] Das leibliche Zusammenstimmen ist als Voraussetzung dafür zu verstehen, dass die Wahrnehmung zur Einheit der Synthese bezüglich dieses Dinges als τόδε τι kommen kann.

Aus dem Ausgeführten lässt sich auf weitere Punkte schließen:

1. In späten Forschungsmanuskripten wird die praktische Natur des Horizontes von Husserl sogar auf die Möglichkeit freier Variation bezogen: Ein Gegenstand ist mit sich selbst identisch, sofern er Objekt derselben praktischen Interessen sein kann, sodass eidetische Variation dadurch ihre Grenzen erfährt, was wir mit einem Ding machen können. Ein „Dienen" und die jeweiligen „Interessen" bestimmen, anders gesagt, die Identität eines Gegenstandes in der Erfahrung. Daraus kann geschlossen werden, dass die phänomenologische Gewinnung eines Eidos nur dadurch zustande kommen kann, dass unser Leib aktiv auf die Anzeige

---

[87] Diesen Punkt hat Gallagher mit Klarheit ausgarbeitet, und ich schließe mich ohne Weiteres an seine Meinung an: „Noetic apprehension is no longer needed as organizer of the perceptual field. Kinaesthetic organization operating through the body schema now provides for the organized unity of the synaesthetic field. The visual field, the tactile field, etc., do not become united noetically or consciously; they are already united for consciousness by the lived body, i.e., they have precisely the hyletic unity that Husserl had earlier denied to them. Moreover, it is the lived body in its holistic performance, rather than any conscious apprehension, that gives meaning to various kinaesthetic situations. If one can still speak of a hylomorphic schema, the morphe must now be understood as the *Gestalt* or organization that is bestowed on the world through the body's hyletic experience. Thus consciousness finds itself already surrounded by a meaningful world, one that is organized by the lived body" (S. Gallagher, *Hyletic Experience and the Lived Body*, S. 154).
[88] Hua XI, S. 100.
[89] Ebd.

der Dingwahrnehmung antwortet. Die Anzeichen im Ding üben daher eine normative Funktion aus.[90]

2. Gerade in dieser Potenz der Freiheit, in dieser Möglichkeit der leiblichen Erfahrung, besteht die einzige Stütze, damit „eine bleibende Welt für uns da, für uns vorgegebene und eben frei verfügbare Wirklichkeit sein kann".[91] Die Freiheit der Wahrnehmung als Potenz des Seins (oder seiner Vermutung) legt nahe, dass in der leiblichen Erfahrung eine Seinsdoxa enthalten ist, die nicht bloßes Vorurteil einer gewöhnlichen, naiven Einstellung, sondern Ergebnis der Tatsache ist, dass Dinge überhaupt erscheinen. Die Potentialitäten der Wahrnehmung können nämlich nur dann Zeichen für leibliche Bewegungen sein, wenn die Verfügbarkeit der Welt schon vorausgesetzt ist. Die Welt fungiert beispielsweise als Substrat für die Ähnlichkeitsassoziation zwischen verschiedenen Gegenständen, sodass wir vom Gegenstand A sagen können, dass es wie B „weitergeht", weil wir A bereits mit seiner Rückseite kennen und weil die zwei Gegenstände ähnlich aussehen (Husserl nennt die Möglichkeit solcher Assoziationen auch „innere Tradition").[92] Dass es so ist, betont Husserl in voller Klarheit auch in den *Cartesianischen Meditationen*:

Letztlich ist die Enthüllung der Erfahrungshorizonte allein, die die „Wirklichkeit" der Welt und ihre „Transzendenz" klärt und sie dann als von der Sinn- und Seinswirklichkeit konstituierenden transzendentalen Subjektivität untrennbar erweist. Die Verweisung auf einstimmige Unendlichkeiten weiterer möglicher Erfahrung von jeder weltlichen Erfahrung aus, wo doch wirklich seiendes Objekt nur Sinn haben kann als im Bewusstseinszusammenhang vermeinte und zu vermeinende Einheit, die als sie selbst in einer vollkommenen Erfahrungsevidenz gegeben wäre, besagt offenbar, dass wirkliches Objekt einer Welt und erst recht eine Welt selbst eine unendliche, auf Unendlichkeiten einstimmig zu vereinender Erfahrungen bezogene Idee ist – eine Korrelatidee zur Idee einer vollkommenen Erfahrungsevidenz, einer vollständigen Synthesis möglicher Erfahrungen.[93]

Insofern es sich dabei gerade um eine Seinsvermutung handelt, also die Vermutung von etwas, das durch die Sachen selbst ausgelöst wird, löscht die phänomenologische Epoché diese Vermutung keineswegs aus. Denn die Epoché ist Einklammerung, nicht Zerstörung der Realität der Welt, und darin ist impliziert, dass eine doxische Seinsvermutung als solche (nämlich als Vermutung und als Doxa) phänomenologisch anerkannt werden kann, ihr Wirklichkeitsanspruch aber suspendiert wird. Dass die Vorderseite eine Rückseite als wirklich anzeigt,

---

[90] Vgl. Hua XLI, S. 168 ff. insbesondere 169. Zum Thema der Normativität vgl. auch A. Vydra, *The Yearbook on History and Interpretation of Phenomenology*, Peter Lang, Frankfurt am Main, Berlin, Bern u. a. 2014.

[91] Hua XI, S. 10.

[92] Hua XI, S. 11. Zum Begriff der Ähnlichkeitsassoziation vgl. S. 122 und S. 396 ff. Eine genauere Exposition dessen, wie Husserl die Assoziation bestimmt und wie sich dieser Begriff entwickelt, liegt außerhalb des Rahmens dieser Untersuchung, wie schon in den Einleitung vorweggenommen. Dazu bleibt die Monographie von E. Holenstein, *Phänomenologie der Assoziation*, die unübertroffene Behandlung dieser Problematik, welche keineswegs von der Veröffentlichungen neuer Forschungsmanuskripte überholt worden ist.

[93] Hua I, S. 97.

8.3 Die synästhetische Einheitlichkeit des Dinges

ist ein phänomenologisch-eidetisches Faktum, und als solches deskriptiv explizierbar; ob die Rückseite dann tatsächlich existiert, ist ein empirisches Faktum, das als solches kein phänomenologisches Schwergewicht hat.

Gerade im Problem der Wirklichkeit der Welt zeigt sich, dass die Rede von Anzeigen im Fall des Horizontes äußerer Wahrnehmung nicht rein zufällig ist, sondern dass sie vielmehr ein striktes und notwendiges Übernehmen der Definition der ersten *Logischen Untersuchungen* ist. Wird im Text von 1900 die Anzeige nämlich dadurch definiert, dass es um eine Seins- und Glaubenssetzung durch Motivation geht (die Anzeige stiftet nämlich ein Überzeugungsverhältnis zwischen einem Gegenstand, oder einem Sachverhalt wie die Seite dieses Gegenstands in dessen Sein, und einem anderen Gegenstand oder einer anderen Seite, ebenso in deren Sein), so spricht Husserl auch in der genetischen Phänomenologie von Glaubensmodalisierungen: Die Anzeichen der Vorderseite sind eben Motive für den Glauben an dem Sein einer anderen Seite, eines tatsächlich existierenden (Teil-)Dinges. Die wahrnehmungsmäßigen Anzeigen sind Seinsanzeigen. Obwohl Husserl im Falle der Wahrnehmung oft den Begriff des „Hinweises"[94] statt den des Zeichens benutzt, bleibt die Beschreibung strukturidentisch:

> Es können überhaupt Erfahrungsgegenstände als solche und in verschiedenen Modis Charaktere des an andere „Erinnerns", des auf sie Hinweisens und der in ihnen gründenden Anzeige, der *Appräsentation* haben. Das Assoziative gehört schon grundwesentlich zum Aufbau der Dingwelt als für mich erfahrungsmäßig seiender. In Erfahrung als daseiend Gegebenes weist auf anderes bekanntlich Mitdaseiendes als „mit da" vor, und diese Appräsentation hat ihre Weise der Bestätigung ihres Vorglaubens.[95]

Glaubensneigung oder Glaubensanmutung wird von Husserl gleichgesetzt mit Seinsanmutung: „Das besagt, dass vom Gegenstand her die Affektion [Motivation] ausgeht, dass er sich [...] dem Ich als seiend anmutet".[96] Jede Motivation bringt also mit sich eine Apperzeption: „Das Auftreten eines Erlebnisses A motiviert das eines B in der Einheit des Bewusstseins: Das Bewusstsein von A ist mit einer hinausweisenden, das Mitdasein ‚anzeigenden' Intention ausgestattet".[97] Daher besteht Husserl darauf, dass es einen Unterschied zwischen Anzeige und Zeichen gibt: Unter Zeichen versteht er nun in Einklang mit den Ergebnissen der Umarbeitungen zur sechsten *Logischen Untersuchung* das, was in den *Logischen Untersuchungen* „Ausdruck" genannt wurde und was Husserl jetzt „Wortzeichen" nennt, aber diese Zeichen motivieren nicht; einzig die Anzeige vermag zu motivieren.[98] Anders als in Husserls bekannter Kritik einer Zeichentheorie der Wahrnehmung besteht nun das bezeichnende Verhältnis des Zeichens nicht mehr zwischen zwei verschiedenen und unabhängigen Gegenständen, von denen einer überhaupt nicht erscheint, sondern „es kann mit dem Zeichenbewusstsein in der

---

[94] Hua XI, S. 337.
[95] Hua XV, S. 26.
[96] Hua XI, S, 42. Vgl. auch S. 97: „Anschauliche Erwartungen sind eben doch Erwartungen, es ist in ihnen etwas geglaubt, als künftig seiend gesetzt".
[97] Hua XI, S. 337.
[98] Vgl. ebd.

Einheit eines Bewusstseins auch das Bezeichnete selbstgegeben sein"[99] – in Einklang mit der im zweiten Kapitel vorgetragenen Auslegung der Anzeige.

Diese Analyse semiotischer Begriffe wird in einer Fußnote eingeführt, die der Erwägung gewidmet ist, „wie der Begriff der Apperzeption zu begrenzen ist".[100] Husserls Antwort ist nicht, dass die Apperzeption von Zeichenbewusstsein abgegrenzt werden muss, da jedes Zeichenbewusstsein Apperzeption ist und in jeder Apperzeption einen „Hinweis"[101] und eine Motivationsstruktur zwischen einem A und einem B, die in ihrem Sein angezeigt werden, zu finden ist. Deswegen wird die Anzeige an der Stelle positiv aufgegriffen, um die Wahrnehmung zu beschreiben, obwohl sie nicht begrifflich eingehend diskutiert wird.

Durch die Struktur der Anzeige kann Husserl die Notwendigkeit und Wesentlichkeit der Horizontstruktur der Wahrnehmung phänomenologisch beschreiben, selbst nachdem er den Weg zur transzendentalen Reduktion gefunden hat. Denn ob das, worauf in der Wahrnehmung hingewiesen wird, z. B. die Rückseite eines Dinges, tatsächlich existiert, wird notwendig von der Epoché in Klammer gesetzt; die Realität des Angezeigten kann kein phänomenologisches Problem darstellen. Aber *dass* etwas als Seiendes angezeigt wird, ist unbezweifelbar. Sehe ich die Vorderseite eines – räumlichen – Dinges, so ist die Rückseite gesetzt, und zwar als Seiendes. Die Seinsdoxa, die angezeigt wird, ist als Doxa phänomenologisch unbestreitbar; sie fällt nicht der Klammer der Epoché anheim. Nur der Inhalt der Doxa wird durch Epoché eingeklammert, aber die Vermutung des angezeigten Sachverhaltes bleibt als Vermutung absolut notwendig. Für die Notwendigkeit der Seinsdoxa ist auch ein performatives Argument möglich: Würde ich nicht notwendigerweise annehmen, dass der Vorderseite dieser Kirche eine Rückseite entspricht, würde ich nicht hinter diese treten, um sie mir anzuschauen, und das gilt für jedes Ding; wäre die Seinsdoxa nicht notwendig (als Doxa, also nicht dem Glaubensinhalt nach), so könnte ich nicht davon ausgehen, dass der zurückgelegte Weg und damit die ganzen Gebäude jedes Mal, wenn ich auf einer Straße um die Ecke gehe, nicht verschwinden würden.

3. Wie schon in der Einleitung erwähnt, sind diese Strukturen nicht einer Phänomenologie der Assoziation, sondern vielmehr einer Phänomenologie der *Affektion* zuzuschreiben. Die hier erwähnten semiotischen und leiblichen Strukturen sind nicht einfache Assoziationen, weil „Assoziation" ein Titel ist, der vieles andere einschließt (zum Beispiel Retentionen, denen keine semiotische und leibliche Struktur zukommt, wie im nächsten Kapitel gezeigt wird), sondern gehören einem anderen Gebiet der Phänomenologie an und tragen eigentümliche Strukturen. In der Tat ist eine Phänomenologie der Affektion einer Phänomenologie der Assoziation notwendig vorrangig. Die Anzeigen, die durch Affektion bestimmt werden, öffnen den Raum für die Assoziation, die selbstverständlich eine ähnliche Struktur hat, allerdings ohne den transzendentalen Charakter, welcher der Anzeige als Affektion zukommt. In der Tat basiert die Assoziation auf Gesetzen

---

[99] Vgl. Hua XI, S. 337. Dadurch hebt Husserl seine Selbstkritik aus *Ding und Raum* selbst auf.
[100] Ebd.
[101] Ebd.

(Kontiguität, Ähnlichkeit und Kontrast), die nur dann sinnvoll sein können, wenn sie in einen Handlungszusammenhang eingebettet sind, welcher daher vorrangig sein muss. Die Möglichkeit eines solchen Zusammenhangs ist wiederum dadurch gewährleistet, dass die einzelnen Affektionen nicht für sich stehen, sondern immer in einem Horizontzusammenhang auftreten und auf weitere Möglichkeiten der Erfahrung hinweisen. So wie im Kapitel zu den *Ideen II* der Vorrang der Horizontstruktur gegenüber der Assoziation betont wurde, so ist hier die Eröffnung eines Bewegungs- und Möglichkeitsraums durch die inhaltlich leeren und bestimmten Anzeigen (als einfache Strebungen nach etwas) eine Bedingung dafür, dass zwei Erscheinungen assoziiert werden können.[102] Durch die Gesetze der Assoziation bestimmt sich der Gehalt dessen, was nur assoziiert, aber nicht selbst präsent ist. Aber dass etwas überhaupt sich assoziieren kann – das geht auf Anzeigen zurück, welche das Bewusstsein affizieren und den Leib dazu reizen, etwas zu tun.

8.4 Phänomenologie der Affektion. Die transzendentale Rolle der Anzeige

Husserl definiert die Affektion folgendermaßen:

> Wir verstehen darunter den bewusstseinsmäßigen Reiz, den eigentümlichen Zug, den ein bewusster Gegenstand auf das Ich übt – es ist ein Zug, der sich entspannt in der Zuwendung des Ich und von da sich fortsetzt im Streben nach selbstgebender, das gegenständliche Selbst immer mehr enthüllender Anschauung – also nach Kenntnisnahme, nach näherer Betrachtung des Gegenstandes.[103]

Die Affektion, d. h. der Reiz wird somit von Husserl in den hyletischen Daten verortet und ist deshalb, obwohl bewusstseinsmäßig, doch „unbewusst" als vom Ding herkommend, sodass die Phänomenologie der Affektion auch eine Phänomenologie des Unbewussten nach Husserls Definition genannt werden kann.[104] Der Reiz ist also insofern „un-intentional", als er Weckung der Intention ist: „Für den Gegenstand können wir die Affektion auch bezeichnen als Weckung einer auf ihn gerichteten

---

[102] In diesem Sinne ist M. Wehrle zuzustimmen, wenn sie argumentiert, dass „die Bildung von affektiven Einheiten sich nicht allein durch die genetischen Prinzipien der Homogenität und des Kontrastes erklären lässt, sondern sich jede Affektion interessegeleitet vollzieht. Homogenität und Kontrast können sich demnach nur innerhalb eines subjektiven Interessens- und Handlungszusammenhanges herstellen" (M. Wehrle, *Die Normativität der Erfahrung. Überlegungen zur Beziehung von Normalität und Aufmerksamkeit bei E. Husserl*, in: „Husserl Studies", 26 (2010), S. 167–187, hier S. 171).

[103] Hua XI, S. 148–149. Für eine allgemeine Analyse der Affektion siehe A. Montavont, „*Le phénomène de l'affection dans les Analysen zur passiven Synthesis*", in: „Alter: Revue de Phénoménologie", 2, 1994, S. 119–139.

[104] Hua XI, S. 154: „Ich brauche nicht zu sagen, dass diesen ganzen Betrachtungen, die wir durchführen, auch ein berühmter Titel gegeben werden kann, der des ‚Unbewussten'. Es handelt sich also um eine Phänomenologie dieses sogenannten Unbewussten".

Intention".[105] Der „Zug" nämlich, den die Erscheinung auf das Subjekt ausübt, geht notwendigerweise mit einer korrelativen „Hingabe" einher.[106] „Zu diesem ichlichen Leben gehört das Affiziertsein, vom Affizierenden mehr oder minder hingetrieben sein, angezogen sein und antwortend hinhören".[107] Das Adjektiv „un-intentional" kann man gebrauchen, um diesen besonderen Zirkel zu erläutern: Der Reiz ist nicht völlig intentionalitätslos, weil die Intentionalität immer schon auf ihn gerichtet ist, obwohl er nicht geweckt ist und daher nur potentiell, d. h. passiv, bleibt; andererseits ist er auch nicht bloß intentional-aktiv als Leistung des Ich, weil der Akt selbst nur „Antwort auf die Seinsaffektion"[108] ist. Das lässt sich dadurch erklären, dass keine Affektion in der normalen Wahrnehmung eine Uraffektion ist, sondern sich immer schon in einen Horizont früherer Wahrnehmungen und früherer Affektionen einzeichnet:[109] „Aber das einzelne [scil. Datum] in seinem Zusammenhang ist in seiner affektiven Kraft von den übrigen abhängig, wie diese von ihm. Wir stehen in einem Relativismus der affektiven Tendenzen".[110] Das ist darum möglich, weil von allen passiv Konstituierten Intentionen Ausstrahlungen und Tendenzen hervorkommen, die eine Leere anzeigen. Das, was im Moment des Wahrnehmens einen Reiz ausübt, war früher notwendig durch das ein Streben nach weiteren Erfahrungen erweckende Gegebene angezeigt und antizipiert als leere Möglichkeit, als bestimmbare Unbestimmtheit.[111] Das Neue ist immer durch einen Stil vorgezeichnet (obwohl auf eine unbestimmte Weise) und vorweggenommen durch Anzeige, nicht deswegen aber wäre das Eintreten von etwas Neuem radikal unmöglich, wie für die Phänomenologie Husserls manchmal behauptet wurde.[112] Aktuellem Sein geht immer potentielles

---

[105] Hua XI, S. 151.

[106] E. Husserl, *Erfahrung und Urteil*, S. 82.

[107] Hua Mat. VIII, S. 59.

[108] Ms. A VI 27/10, zitiert in: V. Costa, *Vita emotiva e analisi trascendentale*, in: V. Melchiorre (Hrsg.), „I luoghi del comprendere", Vita e Pensiero, Mailand 2000, S. 101–128, hier S. 110.

[109] Anders im Falle des sogenannten „Urkindes", das Husserl in einigen Forschungsmanuskripten beschreibt. Dazu Hua XV, S. 604 ff., und Hua XLII, S. 219 ff. Vgl. dazu D. D'Angelo, *I limiti della libertà fenomenologica. Husserl e il problema dell'inizio*, in: I. Faiferri, S. Fumagalli, E. Ravasio, I. Resto (Hrsg.), „Limiti e libertà. La condizione umana sospesa tra due assoluti", LiminaMentis, Monza 2015, S. 13–30.

[110] Hua XI, S. 150. S. dazu V. Costa, *Il cerchio e l'ellisse*, S. 147.

[111] Mensch kommentiert „that not all contents affect us, not all give rise to a striving on our part. Some, in fact, leave us indifferent. It all depends on whether a specific content can fulfill an instinctive need" (J. R. Mensch, *Husserl's Concept of the Future*, in: „Husserl Studies", 16, 1999, S. 41–64, hier S. 52). Obgleich das einsichtig erscheinen kann, würde Husserl diese Auffassung nicht teilen. Alles, was ist, insofern es ist und erscheint, übt eine Affektion auf uns, die notwendigerweise ein Streben nach Näherkennenlernen mit sich bringt. Selbstverständlich kann dann dieses Streben nicht aktiv werden und das Subjekt muss keine Handlung in der Richtung einer Erfüllung vollziehen, aber das Streben ist mit der Gegebenheit selbst da. Die Erscheinung, da sie Anzeigekomponenten hat, ist immer mehr als das Gegebene, und damit Streben, dieses „Mehr" in seiner Selbstgegebenheit einzuholen.

[112] Während Micali (S. Micali, *Überschüsse der Erfahrung*, S. 169 ff.) behauptet, dass Husserls Theorie der Horizonte dem Neuen nicht Rechnung tragen kann, bemerkt Tengelyi (L. Tengelyi, *Erfahrung und Ausdruck*, S. 105) richtigerweise, wie die Möglichkeit der Enttäuschung immer da

8.4 Phänomenologie der Affektion. Die transzendentale Rolle der Anzeige

Sein voraus, und in diesem Sinne sind Anzeigen Bedingungen der Möglichkeit, dass etwas sich überhaupt zeigt.[113] Nur durch Anzeigen kann also, anders gesagt, eine Wahrnehmung und damit die Konstitution eines Gegenstandes überhaupt stattfinden.[114]

Gerade darin besteht die transzendentale Funktion der Anzeige, dass sich nur durch sie etwas überhaupt zeigen kann.[115] Etwas zeigt sich nur, weil es zunächst angezeigt wird. Die durch Anzeige ermöglichte Eröffnung eines Erscheinungsraums, der natürlich nur eine Fortsetzung eines je schon geöffneten Raums des Sichzeigens der Phänomene ist, ist somit das eigentliche Novum der Phänomenologie Husserls, weil der Erfahrung selbst eine transzendentale Funktion zugeschrieben wird. Gerade weil die Horizonte, die durch Anzeigen gestiftet werden, Bedingungen der Möglichkeit des Erscheinens von etwas sind, kann Husserl wiederholte

---

ist, und wie für Husserl selbst das Neue wesentlich zur Wahrnehmung gehört (vgl. dazu Hua XI, S. 211: „Die Wahrnehmung bringt ein Neues [...] das ist ihr Wesen"). Es scheint mir allerdings notwendig, darauf hinzuweisen, dass eigentlich das Neue nur dann „neu" sein kann, wenn es eine Gewohnheit, eine Habitualität, und daher einen Erwartungshorizont gibt (zum Verhältnis von Habitualität, Sedimentierung und Schrift vgl. J. Derrida, *Husserls Weg in die Geschichte am Leitfaden der Geometrie*, Fink, München 1987). Das Neue ist solches nur, weil es einen Rahmen gibt, innerhalb dessen es als neu auftritt. Rang kommentiert, für Husserl sei „Reales" gleich „erfahrbar", „weil es als solches entweder aktuell erfahren ist oder aber dem Horizont angehört, der in Husserls Sicht gerade dadurch bestimmt ist, dass man ihn als das Unbestimmt-Bestimmbare der Erfahrung bestimmend erschließen kann" (B. Rang, *Kausalität und Motivation*, S. 168). In diesem Sinne merkt Husserl an: „Ein unerwarteter Anfang kann nicht mit offenen Armen empfangen werden" (Hua XXXIII, S. 37).

[113] Das war eigentlich schon in den *Ideen I* der Fall, Hua III/1, S. 104: „Das ‚es ist da' besagt [...]: Es führen von aktuellen Wahrnehmungen mit dem wirklich erscheinenden Hintergrundfeld mögliche, und zwar kontinuierlich-einstimmig motivierte Wahrnehmungsreihen mit immer neuen Dingfeldern [...] weiter bis zu denjenigen Wahrnehmungszusammenhängen, in denen eben das wahrnehmenden Ding zur Erscheinung und Erfassung käme".

[114] Diese Einsicht teilt auch Costa (*Il cerchio e l'ellisse*, S. 138–139): „*Senza decorsi non vi sarebbero datità*, una sensazione non sarebbe datità. [...] Ogni elemento presente assume il suo senso *solo* a partire dai rimandi che lo collegano ad una totalità di altri dati, e cioè solo nel suo appartenere ad un orizzonte" (Hervorhebungen im Original). Costa schließt daraus aber nicht auf die Transzendentalität der Verweise selbst, sonder der Welt überhaupt: „*il mondo è la condizione trascendentale dell'apparire delle cose*" (S. 166, Hervorhebung im Original). Auf die transzendentale Funktion der Verweise schließt dagegen Kühn (R. Kühn, *Husserls Begriff der Passivität*, S. 323–324) mit der Behauptung, dass Verweise die Konstitution überhaupt möglich machen. Das ist m. E. korrekt, allerdings nur in der späteren Phänomenologie, denn da konstituieren die Verweise den Gegenstand; früher aber sind die Verweise vom Gegenstand bestimmt. Die Rolle der Transzendentalität der Verweise betont auch, obwohl auf andere Weise, G. Figal: Ist das, worauf verwiesen wird, das, was „mit"erscheint, so lässt sich Folgendes sagen: „Das Unscheinbare [...] tritt nicht in die Aufmerksamkeit, es erscheint nicht. Aber es ist doch auf eigentümliche Weise ‚da', und zwar zusammen *mit* dem Erscheinenden, den Phänomenen. Indem es ‚da' ist, lässt es die Phänomene sich zeigen; indem diese sich zeigen, ist es auf seine Weise ‚da'" (G. Figal, *Unscheinbarkeit*, S. 17).

[115] Wiegerling hebt korrekterweise diese Transzendentalität hervor, einerseits in Bezug darauf, dass Potentialität Bedingung der Möglichkeit der Aktualität ist (K. Wiegerling, *Husserls Begriff der Potentialität*, S. 33) und andererseits darauf, dass der Verweis als Antizipation konstitutiv für jede Erscheinung ist (a. a. O., S. 65).

Male behaupten, dass die Auslegung der Horizonte die eigentliche Aufgabe seiner Philosophie als transzendentaler Phänomenologie sei.[116] Darin kommt auch jeden Prinzip der Phänomenologie zum Tragen, nach dem die Möglichkeit gegenüber der Wirklichkeit oder der Aktualität vorrangig ist, was auch Heidegger von Husserl übernimmt.[117]

Die angezeigten „Erfahrungsmöglichkeiten sind für das Ich als Linien möglicher Bewährung frei verfügbar, es inszeniert ihre Abläufe durch seine Kinästhesen",[118] sodass die horizonthaften Verweise ausdrücklich leiblichen, und d. h. Könnenscharakter haben.[119] Diese inszenierende Funktion ist wörtlich zu nehmen als „in eine Szene setzen", oder auch: „in eine Perspektive setzten". Der Leib und seine Bewegungen konstruieren zusammen mit den Anzeigen den Horizont, also die Szene, worin etwas sich überhaupt zeigen kann:[120] „Mit anderen Worten, alles eigentlich Erscheinende ist nur dadurch Dingerscheinendes, dass es umgeben ist von einem intentionalen Leerhorizont, dass es umgeben ist von einem Hof erscheinungsmäßiger Leere. Es ist eine Leere, die nicht ein Nichts ist, sondern eine auszufüllende Leere, es ist eine bestimmbare Unbestimmtheit".[121] In diesem Sinne sind die Indizierungen in einem Leerhorizont die Bedingung der Möglichkeit dafür, dass etwas als Ding erscheinen kann.

Diese Indizierungen sind nun wiederum leiblich geprägt, wie gesehen: Die Linie des „Gesamthorizonts" ist nämlich „durch den aktuellen Ablauf der Kinästhesen,

---

[116] *„Den eigentlichen Sinn der intentionalen Analyse bestimmt die Enthüllung der intentionalen Implikationen"* (Hua XVII, S. 216, Hervorhebung im Original). Nach Hülsmanns Auffassung der Sprache in der Phänomenologie Husserls erwachsen auch die Prädikationen und die logischen Kategorien nur auf dem Hintergrund der Antizipation (H. Hülsmann, *Zur Theorie der Sprache bei Edmud Husserl*, S. 195): „Die Prädikation ist daher die Explikation einer Antizipation, einer vorgängig geleisteten Welt, eines vorgängig geleisteten Bewusstseins".

[117] Vgl. beispielsweise Hua I, S. 106: Wissenschaft der reinen Möglichkeit geht derjenigen von der Wirklichkeiten vorher. Dazu siehe auch Hua III/1, S. 178: „Die alte ontologische Lehre, dass *die Erkenntnis der ‚Möglichkeiten' der der ‚Wirklichkeiten' vorhergehen müsse*, ist m. E. sofern sie recht verstanden und in rechter Weise nutzbar gemacht wird, eine große Wahrheit" (Hervorhebung im Original). Vgl. bei Heideger „Höher als die Wirklichkeit steht die Möglichkeit" (M. Heidegger, *Sein und Zeit*, Niemeyer Verlag [11]1967, S. 38).

[118] Hua XI, S. 215.

[119] G. Brand merkt dazu an, dass „das Gegebene als solches auf diese Ich-Vermöglichkeiten verweist, so zwar, dass es auf sie sozusagen angewiesen ist, dass es ohne sie gar nicht diese ‚Sache' wäre" (G. Brand, *Horizont, Welt, Geschichte*, S. 22).

[120] Zuzustimmen ist daher der Auffassung von Varela und Depraz (F. J. Varela, N. Depraz, *At the Source of Time: Valence and the Constitutional Dynamics of Affect*, in: „Journal of Consciousness Studies", 12 (2005), S. 61–81), nach der Erfahrung immer durch ein Zusammenspiel von Affektion, In-Szene-Setzung und Bewegung zu denken ist. Zur Normativität der Erfahrung, die aus einer solchen Auffassung hervokommt, siehe M. Wehrle, *Die Normativität der Erfahrung. Überlegungen zur Beziehung von Normalität und Aufmerksamkeit bei E. Husserl*, und S. Crowell, *Phenomenology and Normativity in Husserl and Heidegger*, sowie den Versuch von C. Lotz, *From affectivity to subjectivity*. Zur Rolle der Konstruktion in der Phänomenologie als Transzendentales, obwohl nicht im Hinblick auf Leiblichkeit, siehe A. Schnell, *Husserls et les fondements de la phénoménologie constructive*, Editions Jérôme Millon, Grenoble 2007.

[121] Hua XI, S. 6.

8.4 Phänomenologie der Affektion. Die transzendentale Rolle der Anzeige

der subjektiven Augenbewegungen u. dgl., speziell motivierte und aktualisierte Linie; eben durch diese Motivation erhält sie den Charakter aktueller Erwartung".[122] Der Affektion entsprechend muss eine Zuwendung rein kinästhetisch-passiv (und nicht ichlich-aktiv) sein: Augenbewegungen, Handbewegungen usw. definieren in ihrer Möglichkeit (der aktuelle Vollzug spielt ja auf dieser transzendentalen Ebene der Erfahrung keine Rolle) den Erscheinungsraum als Raum *möglicher* Erscheinungen, und das besagt: Kann der Leib transzendental etwas nicht, so ist diese Möglichkeit nicht angezeigt, dieser Raum nicht eröffnet (beispielsweise die gleichzeitige Wahrnehmung der Vorderseite und Rückseite eines Würfels). Die Inszenierung ist In-Perspektive-Setzen des eigenen Könnens:[123] Kinästhesen zeigen weitere Bewegungsmöglichkeiten an und öffnen damit einen Raum, in dem die angezeigten Wahrnehmungsmöglichkeiten realisiert und erfüllt werden können. Die Kinästhesen sind Bedingungen der Möglichkeit der Erfahrung überhaupt.[124] Erst in dieser Erfüllung ist etwas „als es selbst" gegeben, nämlich als das, was das wahrnehmende Subjekt erwartet hatte. „Von da aus lässt sich verstehen, dass alle Selbstgebung in sich schon den Sinn der Bewährung hat, der Bewährung, sage ich, die ihrerseits und als solche voraussetzt, dass eine zu bewährende Meinung voranlag, ein Vorglaube, eine induktive Antizipation, an die sich die Fülle des Es-selbst anschließt".[125] Selbstgebung setzt damit Gegebenheit durch Anzeige als Motivation eines Vorglaubens in dem Sein des Angezeigten voraus.

Diese Einsicht Husserls lässt sich zu einer Notwendigkeit der Vorüberzeugungen (nicht: Vorurteile) in der Konstitution der Erfahrung überhaupt verallgemeinern: Wo etwas nicht irgendwie erwartet ist, kann es auch nicht in den Raum der Erfahrung eintreten. „Die [...] erfahrene Welt ist, wie wir wissen, niemals fertig gegebene, immerfort nur zugleich vorgegeben und vorgedeutet": Vorgedeutet heißt in diesem Kontext vorgedeutet als „ein offener Horizont möglicher unmittelbarer und mittelbarer Zugänglichkeiten", die mit praktischen Interessen einhergehen.[126] „Alle

---

[122] Hua XI, S. 428.

[123] Potentialitäten sind ein „Könnenshorizont" (I. Kern, R. Bernet, E. Marbach, *Husserl. Darstellung seines Denkens*, S. 185); Korrelat des Begriffs der Potentialität ist der der Vermöglichkeit: vgl. B. Rang, *Kausalität und Motivation*, S. 6: „Potentialität heißt hier so viel wie Vermöglichkeit der Horizontenthüllung in einem subjektiv-freien System des ‚Ich kann'".

[124] So schließt auch S. Overgaard und T. Grünbaum, *What do Weather Watchers see?*, in: „Cognitiv Semiotics", Vol. 0, 2007, S. 8–31: „We can only make sense of perception of spatial locations and objects for subjects that are themselves capable of, or have been capable of, some kind of bodily movement in space" (S. 20). Zu dem Thema siehe D. Zahavi, *Husserl's Phenomenology*, S. 98–109.

[125] Hua XXXII, S. 141.

[126] Für all das siehe Hua XXXII, S. 130 ff., vor allem S. 132. Die Betonung des praktischen Aspekts in der Konstitution des Horizontes impliziert nicht die allgemeinere Behauptung, alle Intentionalität sei praktisch, was Husserl klarerweise abstreiten würde. In diesem Sinne beruht der Versuch von Nam-In Lee (*Practical Intentionality and Transcendental Phenomenology as a Practical Philosophy*, in: „Husserl Studies" 17, 2000, S. 49–63), die Intentionalität überhaupt als praktisch zu verstehen, auf einem Missverständnis. Der Autor kritisiert Husserls Auffassung in den *Logischen Untersuchungen*, da er „Bewusstseinsakt" als nichts Praktisches („Akt ist keine Tat", Hua XIX/1, S. 393) verstanden haben will und trotzdem praktische Aspekte der Intentionalität unterstreicht.

Welterkenntnis vollzieht sich bei ihrem Beruhen auf der immerfort präsumptiven Erfahrung als Erkenntnis durch Vorüberzeugungen".[127]

Alle Erschließung der Erfahrung findet daher aufgrund semiotischer Antizipationen statt, denn alle evidente Erfahrung geschieht immer aus einer Identifikationssynthesis zwischen etwas, das signitiv vorgemeint ist, und dem (dann) Selbstgegebenen. In der Vorlesung *Natur und Geist* heißt es deswegen: „Jede Wahrnehmung vollzieht Selbstgebung, Selbsterfassung. Aber das kann sie nur tun, indem sie [...] zugleich in ihrer Weise innerer und äußerer Antizipation unmittelbare Mitgegenwart und nächste Zukunft ‚erschließt' und durch diese Unmittelbarkeit hindurch eine mittelbare".[128] Schon zur Zeit der *Logischen Untersuchungen* ist nämlich Evidenz die Erfüllung einer signitiven Intention. Die Beschreibung bleibt dieselbe in der genetischen Phänomenologie, nur wird jetzt die Rolle der Semiotik in der Wahrnehmung deutlicher hervorgehoben.

Diese Notwendigkeit des anzeigenden Zusammenhanges deutet aber auch auf einen weiteren markanten Unterschied im Vergleich mit den *Logischen Untersuchungen* hin: War in jenem Text die Anzeige als Baustein einer wissenschaftlichen Philosophie aufgrund ihrer Uneinsichtigkeit ausgeschlossen, so ist gerade die Anzeige nun das basale Moment der Wahrnehmung, ist Bedingung der Möglichkeit, wie gesagt, damit etwas sich überhaupt zeigen kann. Das geht damit einher, dass nun die eigentlich phänomenologische Einstellung eingenommen wurde: Das aktuelle Sein des Angezeigten spielt in der phänomenologischen Reduktion keine Rolle, aber das antizipierte als angezeigte Sein ist an sich notwendig, also unbezweifelbar, selbst nach Reduktionen und Epoché.

Diese nun positiv gewertete Rolle der Anzeige spiegelt sich auch darin wider, dass Husserl der passiven Synthesis im Allgemeinen eine konstitutive Funktion für die Etablierung einer phänomenologischen Logik zuspricht:

> Eine Logik, die die Leistung logischer Evidentmachung in Unverständlichkeit belässt, verbleibt selbst in hoffnungsloser Unklarheit. Soll man aber in diesem Zentralproblem nicht versagen, dann ist es das erste, die aller aktiven Bewährung zugrunde liegende Unterstufe der passiven Bewährungssynthese aufzuklären. Dazu aber muss man tiefere Einblicke in die Strukturen der hierbei möglicherweise beteiligten Anschauungen und Leervorstellungen tun. [...] Wir werden hier zu Analysen geführt, die nichts weniger als ein bloßes Spezialproblem der Logik, und sei es auch ein sehr wichtiges, angehen. Wir werden zu Einsichten in die universalsten Wesensgesetzmäßigkeiten geführt werden [...].[129]

Dass aber die Rede von Bewusstseinsakt an sich nicht praktisch ist, impliziert auf keinen Fall, dass die Intentionalität nicht *auch* praktischen Charakter haben kann. Ein Erlebnis, anders gesagt, kann sehr wohl praktisch sein (das Erlebnis einer haptischen Erfahrung etwa), aber in dem Begriff „Erlebnis" wird nicht wesentlich impliziert, dass jedes Erlebnis praktisch sein muss. Daher muss auch der Versuch scheitern, alle Intentionalität beim späten Husserl auf Praktizität zu reduzieren, da theoretische Momente immer in den Vordergrund treten. Zuzustimmen ist aber der Bemerkung, dass beim späten Husserl im Allgemeinen praktische Momente öfter zum Vorschein kommen als beim frühen Husserl.

[127] Hua XXXII, S. 134.
[128] Hua XXXII, S. 138.
[129] Hua XI, S. 79.

8.4 Phänomenologie der Affektion. Die transzendentale Rolle der Anzeige

Die Untersuchungen zur Struktur der Wahrnehmung in ihrer Passivität, die sich letztlich als *feedback*-Verhältnis zwischen Anzeigen und Leib explizieren lässt,[130] können nicht auf eine empirische Erkenntnistheorie *à la* Hume reduziert werden. Die passiven Synthesen beinhalten vielmehr jene Strukturen, welche die Grundlagen der Logik liefern, und das aus zwei Gründen. Erstens weil die Anzeigestrukturen und die Leiblichkeit Voraussetzung jeder Evidenz und Bewährung von Evidenzen bilden; zweitens, weil die Idealitäten, mit denen die Logik zu tun hat – in der Lektüre des späteren Husserls –, aus dem Bereich der praktischen Erfahrung stammen und deswegen ihrem Boden im *feedback*-Verhältnis zwischen Anzeigen und Leib haben, ohne den keine Praxis, d. h. kein responsiver Umgang mit den Dingen möglich wäre. Gerade in diesem Rückkopplungsverhältnis liegt ein zentraler Aspekt von Husserls Wahrnehmungstheorie, den er nicht ausdrücklich thematisiert hat. Husserl erkennt aber in einer Notiz, dass gerade dies fehlt:

> Es scheint mir da wieder etwas Analytisches zu fehlen: Muss man nicht scheiden vorläufige (gerade) und rückläufige, umgekehrte Kompräsenz? Also z. B. bei einem körperlichen Ding geht vom eigentlich Wahrgenommenen die Direktion der Intentionen aus gegen das Appräsente, und auch darin haben wir eben ehe Ordnung, die ihren Ablaufsinn hat, aber andererseits sind die Intentionen zyklisch orientiert, und rückstrahlend gehen die Intentionen auch vom Späteren auf das Frühere, vom Appräsenten auf das Urpräsente.[131]

Das Element der Bewährung, die als eine Bedingung der Möglichkeit die raumeröffenende Funktion der Anzeige hat, wird damit zu einer unumgänglichen Voraussetzung der Logik. Husserl beschreibt eines der Hauptanliegen seiner „Transzendentalen Logik" folgendermaßen:

> Eine Vorahnung von den großen Problemen und den höchst umfassenden Untersuchungen, die sie fordern, werde ich alsbald dadurch geben, dass ich den primitiven Begriff von „Bewährung", den wir gewonnen haben, mit dem traditionellen logischen Prinzip vom Widerspruch und vom ausgeschlossenen Dritten konfrontiere. Wir werden dadurch den ganz besonderen Seinsbegriff sichtlich machen und den besonderen Begriff zugehöriger Normierung, der durch dieses Prinzip und somit durch die Logik wie selbstverständlich vorausgesetzt wird.[132]

Wenn die passiven Synthesen als Grundlagen der Logik dienen und Anzeige und Leib wiederum die wichtigsten Strukturen der passiven Synthesis darstellen, so lässt sich zeigen, dass Anzeige und Leib in Husserls genetischer Phänomenologie die Grundlagen der Logik darstellen. Unter „Logik" lässt sich dabei keine rein formale Disziplin des Verstandes mehr verstehen, sondern eher eine Weltlogik. In den Schriften Husserls in der zweiten Hälfte der zwanziger Jahre wird immer deutlicher,

---

[130] Diese Struktur ist in den C-Manuskripten bestätigt, wo von einer Affektion als „Anruf, Anspruch" und vom Aktus des Ich als „Antwort" gesprochen wird (siehe beispielsweise Hua Mat. VIII, S. 191). Das geht mit einer Metaphorik der Stimme einher (die Affektionen ist ein „Stimmengewirr" von Anrufen, die das Ich mit ihrer Stimmen „durchdringen", Hua Mat. VIII, S. 192). Diese Metaphorik ist insofern nicht zufällig, als Anzeige und Stimme beide in den Bereich der Semiotik gehören.

[131] Hua XIII, S. 34.

[132] Hua XI, S. 98.

dass alle Idealität nur aus der Pragmatik der Erfahrung hervorkommen kann.[133] Vor allem in der *Krisis*-Schrift und in *Erfahrung und Urteil* ist es diese Bewegung vom Praktischen bzw. Lebensweltlichen oder Vorprädikativen hin zur an Sprache und das Ideal der Wissenschaftlichkeit gebundenen Idealität, die somit ihren Ursprung in dem Boden des praktischen Umgangs mit der Welt hat.[134]

Wurde somit gezeigt, inwiefern die phänomenologisch-genetisch beschriebene Erfahrung auf der transzendentalen Funktion der Anzeige beruht, und zwar insofern die Anzeichen auf leibliche Bewegungen hinweisen, so lässt sich nach dem zeitlichen Status dieser Struktur fragen. Ist das Angezeigte einer jeden Erscheinung notwendig zukünftig und haben Protentionen den Charakter von Anzeigen?

---

[133] Vgl. etwa Hua VI, S. 49.

[134] Diesbezüglich ist der Versuch von Mitscherling insofern interessant, als er die Einsichten Husserls weiterführen möchte in einem selbstständigen phänomenologischen Projekt: „The title ‚aesthetic genesis' is intended to convey the idea that all human experience entails and arises from our sensitive existence. In other words, all of the ‚higher' cognitive and perceptual activities arise from and are informed by sensation. And further: sensation itself is already ‚meaningful' – it too is already informed, just as all matter always has form" (J. Mitscherling, *Aesthetic Genesis. The Origin of Consciousness in the Intentional Being of Nature*, University Press of America, 2009, S. 1). Eine Bedingung für die Erfahrung dieser Bedeutung ist der Leib: „The origin is the bodily experience" (S. 6). Es handelt sich insofern um eine Art „materialistischen Ansatz", als der Ursprung des Selbstbewusstseins in der Natur gesucht wird, nicht aber um eine Form von Reduktionismus insofern, als die Natur immer schon intentional bleibt (siehe S. 5: „I suggest a reversal of the common statement of the most fundamental tenet of phenomenology – namely, that all consciousness is intentional (that is, directed toward an objct). I suggest, rather, that intentionality (i. e., directionality) gives rise to consciousness"). Da hätte Mitscherling stark an Merleau-Pontys Naturalismus einer „primordialen Natur" anknüpfen können (siehe dazu D. D'Angelo, *Merleau-Ponty e la verità del naturalismo*, in: „Metodo. International Studies in Phenomenology and Philosophy", vol. 1, n. 2 (2013), S. 1–14). Mitscherlings Ansatz ist aufschlussreich, aber zu oberflächlich und nur programmatisch ausgeführt, als dass sich einzelne Analyse und Gedankengänge übernehmen lassen würden. Dagegen ist zuzustimmen dem Versuch, Husserl „semantisch extern" zu lesen, sofern man in Betracht zieht, dass der Leib dasjenige Element ist, das die Bedeutsamkeit erst eröffnet. S. dazu R. Brisart: „Associer, comme je suggère de le faire, le constructivisme husserlien à une forme de pragmatisme sémantique, ce n'est pas seulement reconnaître que son projet était d'en revenir au procès de constitution sémantique que présuppose le monde de la vie tel qu'il nous est donné dans l'expérience, mais c'est aussi reconnaître que cette constitution sémantique des objets, quel qu'en soit le niveau, n'est jamais autrement finalisée, d'après Husserl, que par les besoins pratiques de la vie, et donc partout marquée au sceau du subjectif-relatif" (R. Brisart, *Husserl et la no ready-made theory: la phénomélogie dans la tradition constructiviste*, in: „Bulletin d'analyse phénoménologique, VII, 1 (2011), S. 3–36, hier S. 30). Eine solche vorlogische (im tranditionelle Sinne) Bedeutsamkeit ist ebenfalls bei den Arbeiten von D. J. Dwyer aufzuspüren in dem Sinne, dass etwas etwas *ist* im Endeffekt nur, weil ich mit diesem etwas gewisse Verhaltensmöglichkeiten habe und nicht andere: „Fully articulated logical and rational achievements must be traced back for their meaningfulness to proto-rational structures in the field of perception [...]. We can talk of the generation of sense in the place where few venture to find it: in the preconceptual realm of perception, in the world of appearances understood as disclosive of the world to a worldly – but in no sense universal – subject embedded in the world as embodied" (D. J. Dwyer, *The Partial Re-Enchantment of Nature Through the Analysis of Perception*, in: „Bulletin d'analyse phénoménologique", IV, 6, 2008, S. 1–12, hier S. 4).

Kapitel 9
Protentionen und teleologische Semiose

Im Vorhergehenden ließ sich zeigen, wie semiotische Komponenten in der phänomenologisch konzipierten Struktur der Dingwahrnehmung und der Fremderfahrung insofern im Spiel sind, als die Gegebenheit notwendig Nicht-Gegebenheiten anzeigt, die wiederum durch leibliche Bewegungen unter bestimmten Umständen zum Erscheinen gebracht werden können. Bei der Dingwahrnehmung, anders als bei der Fremderfahrung, ist ein Moment der Antizipation und der Erwartung in der Anzeige involviert, da das Angezeigte zukünftig einholbar ist; so gedacht ist die Dingwahrnehmung eine auf die Zukunft gerichtete Erfahrung, denn dieser wohnt wesentlich eine Erwartung bezüglich des Seins eines Sachverhaltes (bspw. der Rückseite eines wahrgenommenen Tisches) inne. Nun stellt sich aber die Frage, in welchem Verhältnis diese Erwartung zu einer Phänomenologie des Zeitbewusstseins steht, wie Husserl sie entworfen hat.

Durch eine kritische Diskussion von Husserls Fragestellungen und phänomenologischen Ergebnissen betreffs des Zeitbewusstseins wird es möglich sein zu zeigen, dass die phänomenologisch beschriebene Dingwahrnehmung konstitutiv teleologisch ist. Diese Teleologie wird erst durch den semiotischen Charakter des Gegebenen ermöglicht.[1]

Zentral für eine solche Untersuchung ist der Begriff der Protention als eine auf die Zukunft gerichtete Intentionalität, während bei der Retention keine Semiose im

---

[1] Vgl. die von uns schon für die Analyse des Horizontes zitierte Passage: „Ebenso: ich kann über ein wirklich Erfahrenes [...] hinausschreiten [...], indem ich mir ‚Vorstellungen mache', wie es, z. B. ein Ding, über das von ihm Erfahrene hinaus sein möge, wie es sich künftig entwickeln werde etc. Solche Vorstellungen sind Analogisierungen, Verbildlichungen [...], analogische Abwandlungen der Erfahrung und dabei doch ‚setzende' Vorstellungen. Sie sind ja motiviert, auf Erfahrung gegründet und durch Erfahrungshorizonte vorgedeutet. Andererseits ist der Unterschied dieser Abwandlungen indirekter Erfahrungen gegenüber ursprünglichen, direkten Erfahrungen klar. Jede Vorstellung durch Anzeige, durch Zeichen, die eben Dasein anzeigen, gehört hierher [...]. Doch nun ist es auch klar, dass jede Erwartung und jedwedes Horizontbewusstsein hierhergehört" (Hua XIII, S. 224). Diese Passage zeigt klar, dass Erwartungen eine konstitutiv semiotische Struktur haben, die im Folgenden näher erläutert wird.

Spiel ist. Durchzieht nämlich im Falle von Protentionen wie Retentionen ein komplexes Verhältnis von Abwesenheit und Anwesenheit die unter dem Gesichtspunkt des Zeitbewusstseins analysierte Wahrnehmung, so basiert die Retention nicht auf semiotischen Strukturen. Das Retinierte ist etwas, das im Bewusstsein als präsent verbleibt (d. h. retiniert wird), obwohl mit einer schwächeren Intensität der Gegebenheit als in der Jetzt-Wahrnehmung. Bei der Protention handelt es sich dagegen um eine Quasi-Anwesenheit, die als solche semiotisch gedacht wird, nämlich als eine Gegebenheit, die auf die Zukunft vorverweist.

9.1 Das Jetzt als ausgedehntes Zeitfeld und die Auffassung von Temporalzeichen

Wirft der Leser auch nur einen flüchtigen Blick auf den Text der Vorlesungen zum inneren Zeitbewusstsein aus dem Jahr 1905 und auf die zeitgleichen Manuskripte Husserls, so stellt sich relativ schnell heraus, dass Husserl sich in diesen Texten eher wenig für den Begriff der Protention interessiert und dass sein Augenmerk vornehmlich auf das Problem der Retention gerichtet ist, und zwar vor allem, um Brentanos Theorie der primären Erinnerung als eine Art von Bildbewusstsein zu widerlegen.[2]

Für die Phänomenologie der Dingwahrnehmung unter dem Gesichtspunkt der Raumerfahrung wird, wie bereit gezeigt, schon 1907 klar, dass die Dingwahrnehmung ein komplex strukturierter Akt ist, in welchem die Intentionalität immer auch auf das gerichtet ist, was nicht selbst präsent ist, aber doch in einem zweiten Moment präsent werden könnte. Die räumliche Wahrnehmung hat einen Innen- und Außenhorizont als einen Hof von Mitgegebenheiten. Eine solche Strukturierung lässt sich auch bezüglich der zeitlichen Erfahrung unter dem Gesichtspunkt der vergangenen und zukünftigen Zeitmomente aufspüren, was eine zentrale These von Husserls Zeitauffassung darstellt.[3]

---

[2] Die Datierung der Manuskripte Husserls zum Zeitbewusstsein hat sich in der Forschung in den letzten Jahren enorm verändert, sodass die Datenangaben im Band X der Husserliana (ursprünglich im Jahr 1966 veröffentlicht) nicht mehr als vertrauenswürdig erscheinen; daher basieren die folgenden Ausführung auf der neuen Datierung, die R. Bernet für die Meiner-Ausgabe dieser Texte vorgeschlagen hat (E. Husserl, *Zur Phänomenologie des inneren Zeitbewusstseins*, hrsg. von R. Bernet, Felix Meiner Verlag, Hamburg 2013). Im Folgenden beziehen sich die Zitate in der Form „Hua X, S. 1" auf die Paginierung des Husserliana-Bandes, sofern diese am Rande der Meiner-Ausgabe angegeben ist.

[3] Das Verhältnis von Zeitbewusstsein und Wahrnehmung ist komplex wegen der schwer zu lösenden Frage, ob Zeitbewusstsein ein unabhängiges Feld der phänomenologischen Forschung oder ein unselbständiger Aspekt ist, der immer nur zusammen mit Wahrnehmung, Phantasie usw. analysiert werden kann. R. Bernet ist zuzustimmen, wenn er anmerkt, dass Husserl „keine eindeutige Antwort auf diese Fragen gibt" (R. Bernet, *Einleitung des Herausgebers*, in: E. Husserl, „Zur Phänomenologie des inneren Zeitbewusstsein", S. XV–LXXVII, hier S. XVIII).

9.1 Das Jetzt als ausgedehntes Zeitfeld und die Auffassung von Temporalzeichen

Ähnlich wie in der Wahrnehmung von Dingen unter dem Gesichtspunkt der Räumlichkeit, wo jede Gegebenheit immer von einem „Hof" von Mitgegebenheiten umgeben ist, lässt sich beim Zeitbewusstsein festhalten, dass – und das gegen die empiristische Tradition – ein punktuelles Jetzt notwendig eine Abstraktion ist, während die Erfahrung egal welcher Art immer ein Feld von Jetzt, Nicht-mehr-jetzt und Noch-nicht-jetzt beinhaltet. Korrelativ zum Begriff des Horizonts, der in der Hauptsache räumlich gedacht ist, entwickelt Husserl seine Zeittheorie anhand des Begriffs des Zeithofs,[4] nach der das Jetzt ein ausgedehntes Feld ist. Dieses Zeitfeld besteht aus Urbewusstsein, Retention und Protention: „Der konstituierte, aus Jetztbewusstsein und retentionalem Bewusstsein gebaute Akt ist adäquate Wahrnehmung des Zeitobjekts. Diese will ja zeitliche Unterschiede einschließen, und zeitliche Unterschiede konstituieren sich eben in solchen Akten, in Urbewusstsein [d. h. Bewusstsein der Urimpression als einer abstrakten Urquelle der Erfahrung],[5] Retention und Protention".[6] Diese drei Komponenten machen die „Ausdehnung"[7] des phänomenologisch verstandenen Jetzt aus, während die Beschränkung auf ein vermeintes reines Jetzt eine „idealisierende Fiktion",[8] eine „ideale Grenze"[9] und ein „Abstraktum"[10] ist. In den *Bernauer Manuskripten* ist das reine Jetzt nur als ein Grenzpunkt verstanden.[11]

Ist nun aber die Urempfindung als Quellpunkt der Erfahrung eine Abstraktion zu nennen, während das eigentliche Konkretum das Gesamtfeld der Wahrnehmung mit Retention, Protention und Jetzt-Phase ist, so heißt das nicht, dass der Urempfindung nicht eine besondere Auszeichnung innerhalb dieses Feldes zukäme. Ganz im Gegenteil bestimmt Husserl nur die Urempfindung als leibhaftig gegeben, eine Bestimmung, die für die beiden anderen Zeitmomente der Wahrnehmung nicht gilt.

Das zentrale Anliegen der Phänomenologie der Wahrnehmung besteht darin – wie schon diskutiert –, dass die Erscheinung nie bloße Erscheinung gegenüber einem nicht-erscheinenden Noumenon ist, sondern dass in jeder Erscheinung das Ding selbst zur Darstellung kommt. Mit der Unterscheidung von Erscheinendem und Erscheinung eröffnet sich für Husserl das Problem, wie das Verhältnis zwischen diesen beiden Momenten der Gegebenheit bewusstseinsmäßig zu fassen ist. Um dieses zu verstehen, verwendet Husserl in seiner früheren Phänomenologie die Dichotomie

---

[4] Dieser Begriff taucht 1908 zum ersten Mal auf: Vgl. Hua XXIV, S. 180 ff.
[5] Vgl. Hua X, S. 31: „Der ‚Quellpunkt', mit dem die ‚Erzeugung' des zeitlichen Objekts einsetzt, ist eine ‚Urimpression'".
[6] Hua X, S. 38.
[7] Hua X, S. 168.
[8] Hua X, S. 225.
[9] Hua X, S. 40.
[10] Hua X, S. 227.
[11] Hua XXXIII, S. 4. Siehe dazu V. Biceaga, *The Concept of Passivity in Husserl's Phenomenology*, S. 10: „The ‚now' moment [is] a site where presence and absence cut into each other's margins". Für eine Lektüre der Rolle des Jetzt in seiner Verbindung mit der Impression auch in den Lektüren von M. Henry und E. Levinas vgl. L. Tengelyi, *Zeit und Empfindung*, in: „Recherches Husserliennes", Band IV, 1995, S. 53–76.

von Auffassung (bzw. Auffassungssinn) und Auffassungsinhalt. Ist der Inhalt einer zeitlichen Wahrnehmung das, was leibhaftig gegeben ist,[12] so dient der Auffassungssinn gerade dazu, diese Gegebenheit zu erweitern in ein Gesamtfeld von verschiedenen Tempora, nämlich das Jetzt, das Vorher und das Nachher. Diese beiden letzten werden konzipiert als mit dem Jetzt „mit"-erscheinend, und zwar durch die Setzung eines Transzendenten,[13] das als solches Dauer in der Zeit hat. Als solche sind sie nicht selbst „Inhalte", sie sind nicht im Bewusstsein reell vorhanden.[14] Vorher und Nachher sind laut solcher Beschreibung Momente, oder besser zeitliche Abschattungen, desselben erscheinenden Zeitgegenstandes, genauso wie die Rückseite oder die Vorderseite verschiedene Abschattungen desselben räumlichen Gegenstandes sind.

In den vorhergehenden Kapiteln hat sich zeigen lassen, dass im Falle der räumlichen Wahrnehmung das Verhältnis zwischen Erscheinung und Miterscheinendem ein semiotisches ist, und zwar nicht im Sinne einer sprachlichen Semiose, sondern in dem Sinne, dass die Erscheinung als Anzeige für das Miterscheinende fungiert. Ähnliches gilt nun im Falle der Wahrnehmung eines Zeitobjektes. Ist eine Urempfindung leibhaft gegeben, so geht durch sie eine Intention hindurch, die das, was nicht leibhaft und jetzt erscheint, (mit)meint. Die Intention intendiert in diesem das Intendierte nicht als Jetzt-Gegebenes, sondern mit der Zeitmodifikation eines Vergangenen bzw. Zukünftigen, da sie auf das in der Zeit Andauernde gerichtet ist. Wie die Lokalzeichen in der Raumerfahrung für die Lokalbestimmung eines Dinges stehen, so muss man auch für Qualitäten überhaupt von Qualitätszeichen sprechen: „Das empfundene Rot ist ein phänomenologisches Datum, das, von einer gewissen Auffassungsfunktion beseelt, eine objektive Qualität darstellt",[15] und zwar eben in der Weise, in der sich ein Zeichen zum Bezeichneten verhält, nicht als bloße Stellvertretung – denn es wäre in diesem Fall unmöglich, sowohl diese „Stelle" festzulegen, noch das Vertretene unmittelbar wahrzunehmen –, sondern als ein dynamischer Hinweis. Die Intention geht durch das empfundene Rot hindurch auf die Rotqualität, die zeitliche Dauer hat und im jetzigen Zeitpunkt nicht aufgeht. Ähnlich spricht Husserl im Falle der Zeitwahrnehmung insofern von Temporaldaten als Temporalzeichen,[16] als die Empfindungen dynamische Hinweise auf die *tempora*[17] selbst sind; durch Auffassung sind die Temporaldaten als Zeichen aufgefasst, sodass die Intention durch sie hindurch auf die erscheinenden Tempora geht.

Genau wie im Falle der *Logischen Untersuchungen* gezeigt, muss sich diese Auffassung der Daten als Zeichen von einer Interpretation dieser Zeichen als Ausdrücke

---

[12] Die Retention hat nämlich keinen Inhalt, vgl. z. B. Hua X, S. 311.

[13] Vgl. Hua X, S. 91.

[14] Hua X, S. 31.

[15] Hua X, S. 6.

[16] Vgl. Hua X, S. 189. Das Wort „Temporalzeichen" kommt auch in Lotze, Lipps und Stern vor, die bekanntermaßen großen Einfluss auf Husserls Vorlesungen zum inneren Zeitbewusstsein hatten (vgl. den wiedergegebenen Text auf S. 404–405). Siehe dazu auch S. Rinofner-Kreidl, *Edmund Husserl. Zeitlichkeit und Intentionalität*, Alber Verlag, Freiburg / München 2000, S. 308. In den *Bernauer Manuskripten* wird diese Interpretation dann von Husserl ausdrücklich abgelehnt (vgl. Hua XXXIII, S. 250).

[17] Hua X, S. 7.

für eine Bedeutung fernhalten. Und das nicht nur, weil eine Erscheinung insofern evidenterweise kein Ausdruck ist, als ihr keine Mitteilungsintention zugesprochen werden kann, sondern auch, weil das in der Zeitfolge erscheinende Ding nicht als eine Bedeutung beschrieben werden kann.[18] Der Grund, warum eine solche Interpretation fehlgeht, liegt nicht so sehr in Husserls Ausführungen, die sich manchmal ungeachtet doch des Begriffes von Bedeutung bedienen, sondern vor allem darin, dass eine konsequente Interpretation dieses Verhältnisses als eines Verhältnisses zwischen Zeichen und Bedeutung die Sache nicht trifft und den Ausgangspunkt selbst der Phänomenologie verkennt:[19] Das Erscheinende ist das Ding selbst, nicht eine ideelle Bedeutung, die, eben insofern sie ideell ist, nicht erscheinen kann. Das wahrgenommene Rot, das durch die Qualitätszeichen aufgefasst wird, birgt nichts Ideelles in sich, sondern *ist* dieses wahrgenommene Rot in seiner jeweiligen Konkretheit; es erscheint selbst, wie eine ideelle Bedeutung keineswegs tun könnte. Damit lässt sich die Interpretation des dritten Kapitels der vorliegenden Arbeit noch einmal bestätigen und gegen geläufigere Lektüren abgrenzen; die Zeichenauffassung der Empfindung ist keineswegs eine Auffassung, die auf eine Bedeutung zielt, sondern eine Anzeige, die auf ein Mitseiendes aus ist, nämlich auf das Ding als solches.

Dass es in den hier analysierten Passagen aus den Vorlesungen zum inneren Zeitbewusstsein nicht um Bedeutung geht, wird auch dadurch untermauert, dass Husserl ursprünglich das Verhältnis als ein „Bedeuten" bestimmt hatte, das aber später durch ein phänomenologisch stringenteres „Meinen" ersetzt wird.[20] Anderenorts wurde eine solche Revision nicht unternommen, wie wenn zu lesen ist, dass „Empfindungsdaten (hyletisch) in einem Sinne Gegenstände im inneren Zeitbewusstsein bedeuten, und das ist der normale Sinn."[21]

Gegen eine Interpretation dieser Zeichen als Ausdrücke für Bedeutungen stellt sich ihre Interpretation als Anzeigen für Seiendes auch für das Zeitbewusstsein als maßgeblich aus. Vor allem in den Vorlesungen und in den dazugehörigen Manuskripttexten ist das Verhältnis zwischen Erscheinung und Erscheinendem oft als ein Darstellungsverhältnis beschrieben.[22] Die Möglichkeit einer solchen Beschreibung rührt daher, dass Husserl bei den Analysen des Zeitbewusstseins bis etwa 1917 am Schema Auffassung-Auffassungsinhalt festhält, mit einer Struktur, die, wie auch R. Bernet erkannt hat, klarerweise aus den dem Zeichen gewidmeten Ausführungen

---

[18] In diesem Sinne scheint D. Weltons Position diesbezüglich fragwürdig: „Originary perception anticipates a future which, in turn, is drawn beyond the past by speech [...]. The possibility of having something in its absence, which is not a form of memory, is speech" (D. Welton, *The Origins of Meaning*, S. 308–309).

[19] Husserl gebraucht tatsächlich einmal „Bedeutung" um dieses Verhältnis zu analysieren, und zwar in einem kontrafaktualen Satz, gerade ähnlich wie es in der ersten *Logischen Untersuchung* passiert: „Ohne all das bleibt der absolute ‚Inhalt' blind, *bedeutet* nicht objektives Sein" (Hua X, S. 297; Hervorhebung im Original; siehe dazu Hua XIX/1, S. 80 (A74–75, B75), und hier das dritte Kapitel). Dabei ist aber das Verb m. E. nicht wörtlich zu nehmen, eben weil objektives Sein nicht gleich ideelle Bedeutung ist.

[20] „Das letztere [scil: ein wahrgenommenes Zeitliches] meint die objektive Zeit" lautete ursprünglich „das letztere bedeutet die objektive Zeit". Vgl. Hua X, S. 396 (textkritischer Anhang).

[21] Hua XXXIII, S. 217.

[22] Vgl. etwa Hua X, S.104 ff.

in der ersten *Logischen Untersuchung* stammt.[23] Dieses Verhältnis wird in einigen früheren Texten der *Bernauer Manuskripte* nicht zufällig am Beispiel eines Signals veranschaulicht:

> Wir nennen ein Ding einen Auffassungsinhalt, wie wenn wir sagen, ein Signal (also ein äußerer Vorgang in einem äußeren Ding) wird als Signal des und des Sinnes aufgefasst. Offenbar haben wir dann einmal ein originär gebendes, ein wahrnehmendes Bewusstsein, in dem uns das als Signal fungierende Ding und der dingliche Vorgang in leibhafter Wirklichkeit erscheinen, und darauf baut sich ein fundiertes Bewusstsein, das diesem Ding oder Vorgang die Bedeutung als Signal verleihende Bewusstsein. Dieser neue Bewusstseinsmodus ist nichts für sich, sondern etwas auf dem schlicht wahrnehmenden Bewusstsein in der Weise der Fundierung Gegründetes.[24]

Der Gegenstand erscheint in dem Sinne durch verschiedene Erscheinungen, dass diese Erscheinungen sein Erscheinen vermitteln. In diesem Sinne ist das Signal kein bloßes Beispiel, sondern gerade das semiotische Fungieren dieses Verhältnisses in einer phänomenologischen Beschreibung, sofern am Schema Auffassung-Auffassungsinhalt festgehalten wird. Dieses „Sich-Darstellen" des erscheinenden Dinges ist zwar keine Repräsentation, weil in der Erscheinung das Erscheinende selbst, und zwar originär, erscheint; dennoch behält es insofern den Charakter einer Darstellung, als das Erscheinende nicht in der Erscheinung aufgeht, sondern konstitutiv mehr ist. Es geht dabei nämlich um eine „Einheit in der Mannigfaltigkeit": Die Einheit „scheint" in der Erscheinung „durch", das Subjekt meint den Gegenstand in seiner Einheit durch das Mannigfaltige seiner Darstellungsweisen hindurch.[25]

> Der transzendente Gegenstand stellt sich dar, „schattet sich ab" in den „sinnlichen Abschattungen", das ist, in „hyletischen Daten", die nicht selbst Bestandstücke sind des wahrgenommenen transzendenten Gegenstandes, sondern ihn „darstellen". Und das „Darstellen" besagt das auffassende Bewusstsein.[26]

Allerdings wird das Auffassungsschema schon in späteren Texten der *Bernauer Manuskripte* zumindest teilweise relativiert. Das geschieht am Beispiel der Wahrnehmung eines Tieres, das nur unklar wahrgenommen und deswegen aufgefasst wird:

> Würden wir von vornherein das Tier klar sehen, so würden wir in diesem Sinn nicht von Auffassung sprechen, sondern von Wahrnehmung. Also hier heißt Auffassung eine Wahrnehmung, die das in früherer Wahrnehmung unklar und unbestimmt gegebene Objekt zu einer bestimmteren Gegebenheit bringt und doch wieder nicht schon zu einer klaren und erfüllten Gegebenheit, die bereits die immer noch vorgreifende Wahrnehmungsauffassung entscheidet.[27]

---

[23] R. Bernet, „Einleitung", in: E. Husserl, *Zur Phänomenologie des inneren Zeitbewusstseins*, S. XXXI.

[24] Hua XXXIII, S. 172. Dabei sei bemerkt, dass hier „Bedeutung" nicht für die Bedeutung *des* Signals steht, sondern für die Möglichkeit des Dings, als Signal zu fungieren. Das Bewusstsein verleiht, mit anderen Worten, dem Erscheinenden die Bedeutung (die Funktion) „Signal"; nicht gemeint ist, dass das Signal eine Bedeutung hätte.

[25] Vgl. Hua XXXIII, S. 54.

[26] Hua XXXIII, S. 164.

[27] Hua XXXIII, S. 174.

9.1 Das Jetzt als ausgedehntes Zeitfeld und die Auffassung von Temporalzeichen

In diesem Sinne bedarf das klar Gesehene laut Husserls Beschreibung insofern keiner Auffassung, als die Erscheinung unmittelbar das Ding gibt und nicht erst durch eine „Interpretation", durch eine Deutung des Bewusstseins. Im Falle unklarer Wahrnehmungen behält die Erscheinung den Sinn eines Mediums, einer Vermittlung, durch welche sich etwas erst darstellen kann; hier ist die Erscheinung ein echtes Medium, das als solches interpretationsbedürftig ist.[28]

Dass das eine plausible Beschreibung ist, lässt sich bezweifeln. Ist die klare Erscheinung nämlich nicht ein Medium für das Erscheinen des Erscheinenden, so heißt das zwar, dass das Erscheinende „selbst" – nämlich nicht durch anderes – gegeben ist, aber auch, dass das Erscheinende völlig selbst erscheint, nämlich dass alle seine Teile leibhaftig gegeben sind, was selbstverständlich unmöglich ist, und zwar selbst für Gott.[29] Die Rückseite eines dreidimensionalen Dings ist in der Erscheinung nur vermittelt gegeben. Daher bedarf eine Erscheinung konstitutiv einer Interpretation (bzw. Auffassung) nicht so sehr in der Bestimmung dessen, *was* da erscheint, sondern vor allem in der Bestimmung seiner Erscheinungsweise. Der Würfel kann nämlich selbst erscheinen, und zwar so, dass das Ich nicht interpretieren muss, dass es ein Würfel ist; aber dass dieser besondere Würfel auf die jetzt nicht gegebene Rückseite die Zahl „sechs" mit kleinen Punkten geschrieben trägt, ist keineswegs selbstgegeben, sondern durch die Erscheinung „mit" gegeben, und zwar aufgrund von Erwartungen und früherer Erfahrungen, die sich zu einer Art „Gesamtinterpretation" des Dings zusammenschließen. Das Ding ist zwar selbstgegeben, aber die verdeckten Bestimmungen sind *de facto* nur implizit indiziert. Das ist auch von Husserl erkannt worden, wenn er, auf das Auffassung-Inhalt-Schema verzichtend, jede Gegenstandserfahrung als durch Apperzeption vermittelt beschreibt:

> Aber ist nicht alle Erfahrung – als Erfahrung von Gegenständen – „Apperzeption"? Gehört zu ihr nicht notwendig ein Bereich der „Protention" in einem weitesten Sinn (wie andererseits ein solcher der Retention), ein Horizont einer *angezeigten* Mitgegenwart, Zukunft und Mitzukunft etc., und zwar im Modus der Vermöglichkeit (der selbst noch modale Abwandlungen hat)? Auch diese Horizonte fungieren in der Erfahrung, und nicht erst, wenn sie anschaulich werden, was sie in dieser Funktion doch nur tun in Form der nur in gewissen Linien verlaufenden Erfüllung. Das Klarmachen, das nach allen sonstigen Sinnrichtungen möglich ist, ist eine Veranschaulichung, z. B. eine Vor- oder Nachverbildlichung, die, solange der Gang der Erfahrung einstimmig verläuft, für die Erfahrung selbst, die einzelne und zusammenhängende, keine Funktion zu üben hat. Erst wenn eine Hemmung der Einstimmigkeitssynthesis statthat, die sich im passiven Gang der Erfahrung nicht von selbst wieder löst, ihr Korrekturen beibringt, wird das Klarmachen der *indizierten* Möglichkeiten in Funktion treten.[30]

Verlässt Husserl das Auffassungsschema, das – wie oben angemerkt – deutlich auf den semiotischen Bereich des Zeichens rekurriert, so nur aus dem Grund, die Semiotik der Erfahrung besser beschreiben zu können, und nicht um sie zu verlassen. Mit dem Eintreten der Apperzeption als einer zentralen Funktion des Bewusstseins in der Gegenstandserfahrung wird das Bedeutungsmodell definitiv verlassen

---
[28] Vgl. z. B. Hua XXXIII, S. 50.
[29] Hua III/1, S. 351.
[30] Hua XV, S. 94. Meine Hervorhebungen.

zugunsten eines Anzeigemodells, das besonders daran festgemacht wird, dass die mit jeder Erfahrung mitlaufenden Antizipationen in der zukünftigen Zeit als Indikationen beschrieben werden, und zwar für jede Erfahrung, nicht nur für unklare Erscheinungen und korrelative Wahrnehmungen.

In einer kritischen Notiz setzt Husserl Anzeige und protentionale Zukunftsantizipation explizit miteinander in Verbindung, indem er die Frage stellt, ob bei unklaren Antizipationen identifizierende Deckung eintreten kann: „Aber wie bei einer unklaren Anzeige, bei unklaren und undeutlichen Antizipationen?"[31] Die Frage ist so zu verstehen, dass jede Antizipation eine Anzeige ist, nämlich eine assoziative Indikation auf das Kommende.[32]

Eine solche anzeigende Struktur ist dagegen im Falle der Retention nicht zu finden. Die Selbsterscheinung des Retinierten ist durch die Urempfindung zwar insofern sozusagen motiviert, als sie die Retention überhaupt in Gang setzt, aber das Retinierte ist anschaulich da; das Retinierte verbleibt.[33] So Husserl:

> Ich habe den soeben vergangenen Ton im Modus der Noch-Gegebenheit, und im Erfassen der Retention habe ich ihn noch im Griff, ihn selbst, und noch unmittelbar: nicht in einem Abbild, nicht als durch ein Gegenwärtiges bloß angezeigt und durch Anzeige mitgesetzt. Ich habe ihn noch, nur dass dieses ‚Noch-Haben' und Noch-im-Griff-Haben nicht die Ursprünglichkeit der Urimpression hat. Es ist also in gewissem Sinne abnehmende und immer weiter abnehmende Ursprünglichkeit und immer geringere Originalität.[34]

Daraus lässt sich schließen, dass die Retention nicht eine Anzeigestruktur oder überhaupt semiotische Funktionalität haben kann, da sie – wie der Name selbst sagt – verbleibenden Charakter hat:[35] Die Retention wird eben als originäres Bewusstsein des soeben Gewesenen definiert.[36]

Anders scheint es sich im Falle der Protention zu verhalten. Da erscheint das Protinierte nämlich nicht selbst, sondern notwendig nur vermittelt durch die Zeichenfunktion der Urempfindung. Ziel der Untersuchung im folgenden Paragraphen ist es daher zu zeigen, inwiefern Husserls Beschreibung der Wahrnehmung, zur Zeit der ersten Texte zum Zeitbewusstsein, phänomenologisch durch ein Zeichenmodell im Falle der Retention nicht gerechtfertigt ist (und dann auch tatsächlich von Husserl ab 1911 zusammen mit einer eingehenden Kritik des Modells Auffassung-Auffassungsinhalt verworfen wurde), während die Protention notwendig die Struktur einer der Wahrnehmung innewohnende Anzeige hat und bis in Husserls spätere Überlegungen hinein behält. Auf die Rolle der Protention in späteren Manuskripten zum Zeitbewusstsein geht dann erst der dritte Paragraph ein.

---

[31] Hua VIII, S. 320.

[32] Vgl. Hua XIII, S. 219–220.

[33] In diesem Sinne nennt Husserl in Hua XXXIX, S. 364, die Retention eine „Postpräsentation", die Protention dagegen eine „Antepräsentation". Der Text stammt aus den Jahren 1911/12.

[34] Hua XXXV, S. 122.

[35] Vgl. dazu auch K. Held, *Lebendige Gegenwart*, S. 24: „Was hier im Tonbewusstsein behalten bleibt, ist weder eine Art akustischer Nachhall des verklungenen Tones, – dann wäre die Retention in Wirklichkeit eine neue Urimpression – noch ein Symbol, ein Zeichen, das auf ihn assoziativ verwiese".

[36] Vgl. Hua X, S. 32.

9.2 Die Retention im Unterschied zur Protention

Die Retention als „frische Erinnerung" bzw. Erinnerungswahrnehmung, wie Husserl dieses Phänomen auch beschreibt, ist also eine Struktur der Erfahrung, die etwas Selbstgegebenes zum Erscheinen bringt, und zwar unmittelbar, unter Ausschaltung aller Tranzendenz und Wirklichkeitssetzung.[37] Das Vergangene erscheint in einer Einheit mit einem Jetzt.[38] Das Retinierte ist das Festhalten des kontinuierlich zurücksinkenden Jetzt mit der Zeitmodifikation „vergangen". Was sich ändert, ist somit die Erscheinungsweise des zeitlichen Objekts: „Die Weise, wie er [scil. der Ton] erscheint, [ist] eine immer andere",[39] nämlich mit unterschiedlichen Zeitmodifikationen dotiert, aber das Erscheinende, das Zeitobjekt „Ton" als Optimum[40] zum Beispiel, *dauert*, und d. h., es bleibt dasselbe durch alle Zeitphasen hindurch. „Wir unterscheiden das dauernde, immanente Objekt und das Objekt im Wie, das als aktuell gegenwärtig oder als vergangen bewusste".[41] Das vergangene Jetzt wird erfasst in einem „*intuitiven Bewusstsein*"[42] und erscheint selbst als vergangen.

Daher kann Husserl hier eine Parallele zur Raumwahrnehmung ziehen.[43] Genau wie das Erscheinende sich in den Ausführungen von *Ding und Raum* immer anders darstellt, nämlich einmal von der Rückseite, einmal von der Vorderseite usw., dabei aber dasselbe bleibt durch verschiedene Perspektiven hindurch, so gilt dies ebenso für die Zeitwahrnehmung. Durch verschiedene Abschattungen geht phänomenologisch dasselbe Bewusstsein eines Erscheinenden hindurch, ein gegenständliches Einheitsbewusstsein:

> Wir haben die Analogie: für das Raumding die Einordnung in den umfassenden Raum und die Raumwelt, andererseits das Raumding selbst mit seinem Vordergrund und Hintergrund. Für das Zeitding: die Einordnung in die Zeitform und die Zeitwelt, andererseits das Zeitding selbst und seine wechselnde Orientierung zum lebendigen Jetzt.[44]

---

[37] Vgl. R. Bernet, *Einleitung des Herausgebers*, S. XLII–XLIII: „In der Retention ist die Vergangenheit unmittelbar gegeben, und zwar als ein sich nahtlos an die (wahrnehmungsmäßige) Gegenwart anschließender Anhang bzw. Vergangenheitsbewusstsein".

[38] Hua X, S. 15–16.

[39] Hua X, S. 25.

[40] Vgl. Hua X, S. 109.

[41] Hua X, S. 26.

[42] Hua X, S. 194. Hervorhebung im Original. Dazu schreibt Husserl in einer Fußnote: „Da ist ein Haken" (Ebd.). Siehe dazu die scharfsinnigen Überlegungen von H. Blumenberg, *Zu den Sachen und zurück*, S. 31 ff. Aus der „Misere der Erinnerung" (a. a. O., S. 32), welche evident gegeben sein sollte, im Prinzip aber immer revidierbar bleibt („Nicht so war es, sondern so!", a. a. O., S. 32–33), schließt Blumenberg auf eine Affinität zur Intersubjektivität, welche immer nur appräsentativ gegeben sei. Allerdings wird sich im Laufe des vorliegenden Kapitels herausstellen, dass die Affinität vielmehr zwischen Intersubjektivität und Protention zu finden ist.

[43] Zur Parallele von Zeitbewusstsein und Raumwahrnehmung siehe auch Hua X, S. 59, sowie Hua XXXIII, S. 70 ff. Dazu R. Sokolowski, *Husserlian Meditations*, S. 141–142: „Each phase is a phase of the temporal object. It is analogous to a side of a spatial object".

[44] Hua X, S. 60. Vgl. für das Originalmanuskript, das dann in den Vorlesungstext eingearbeitet wurde, Hua X, S. 304–305.

Oben wurde gezeigt, dass ein Zeichenmodell im Falle der Raumwahrnehmung insofern durchaus adäquat ist, als die Rückseite eines Dinges bzw. das nicht selbstgegebene Umfeld nicht selbst erscheinen, sondern gerade durch die Vorderseite, die sie wiederum anzeigt. Das ist aber nun eine problematische Beschreibung im Falle der Retention. Das Retinierte erscheint gar nicht erst durch die Jetztauffassung, obwohl an diese gebunden; das Retinierte erscheint selbst aber innerhalb eines Verhältnisses der Abhängigkeit. Das damals Wahrgenommene ist ideell mit dem Retinierten deckungsgleich. Die Gebundenheit besteht nicht in einer Vermittlung, sondern in einem Auslösen: Das Jetztbewusstsein löst die Retention aus als seinen Kometenschweif.[45]

Trotz der Tatsache, dass Husserl die Auffassung-Auffassungsinhalt-Struktur anhand eines Zeichenmodells denkt, ist daher im Fall der Retention keine Semiose zu finden. Das Verhältnis von Jetzt und Retention kann kein semiotisches Verhältnis sein;[46] wäre es nämlich so, dass das Retinierte vom Jetzt-Gegebenen nur zeichenhaft vermittelt ist kraft eines beide Momenten vereinheitlichenden Einheitsbewusstseins,[47] so wäre das Retinierte erst durch das Jetzt-Gegebene da. Das trifft aber gar nicht zu, wenn „die Vergangenheitsanschauung [...] originäres Bewusstsein"[48] ist. Die Retention ist, wie es an vielen Stellen heißt, nur eine Modifikation, eine Abwandlung des Jetzt; das Modifizierte ist quasi mit dem Index der Vergangenheit versehen, nicht deswegen aber durch das Jetzt angezeigt und nur im Modus des Angezeigten da.

Das entspricht ferner Husserls Abwehr einer Bildtheorie der Vergangenheit, wie sie von Brentano vertreten wurde. „Das gegenwärtige Datum" sollte sich nämlich Brentanos Interpretation zufolge „in stetig andere gegenwärtige Daten" wandeln und „das Gegenwartsbewusstsein stetig in ein Bildbewusstsein, [...] aber wir haben doch nicht den leisesten Bruch im Bewusstsein, während ja Wahrnehmungsbewusstsein und Bildbewusstsein diskret verschieden sind".[49]

Der Einwand gegen Brentanos Beschreibung des Vergangenheitsbewusstseins ist somit, dass Bildbewusstsein und Wahrnehmung zwei diskrete Gegebenheitsweisen sind, die keinen vermittelnden Übergang aufweisen, während es zwischen Präsentation und Retention stetige Übergänge gibt, da die eine stetig in die andere hineinfließt. Mit diesem Einwand ist unmittelbar auch die Interpretation der Retention als Phantasie zur Seite geschoben, da zwischen diesen beiden Gegebenheitsweisen kein Kontinuum auffindbar ist. In Bezug auf eine mögliche Interpretation dieser Sachlage durch Zeichenbewusstsein ist Husserl sogar noch ausdrücklicher: „Ein gegenwärtiges Rot als Zeichen für ein gewesenes? *Nein*".[50]

---

[45] Hua X, S. 30 und 35.
[46] Weiterer Untersuchung bedürfte die Struktur der Längstintentionalität für die Selbsterscheinung des Bewusstseinsflusses, aber da geht es eher um Spiegelungs- und Verdopplungsverhältnisse; semiotische Elemente liegen – soweit ich sehen konnte – hier nicht vor.
[47] Dazu siehe Hua X, S. 38.
[48] Hua X, S. 31–32.
[49] Hua XXXIII, S. 57.
[50] Hua XIII, S. 282. Hervorhebung im Original.

9.2 Die Retention im Unterschied zur Protention

Die Retention ist vielmehr ein „Bestandsstück" der Impression,[51] obwohl mit einem abgeänderten Index, und gehört in einem gewissen Sinne zum Jetzt:

> Die Impression, das originale Bewusstsein hat eben die wesentliche Struktur, dass es in sich selbst einen eigenen Unterschied von Ursprünglichem und Abgeleitetem hat (das aber kein Reproduziertes ist) und [dass] das Ursprungsbewusstsein, das absolut genommen ein „Moment" ist, stetig übergeht in das abgeleitete Bewusstsein derart, dass eine Identifikation dauernd durch die Ableitungsreihe hindurchgeht, <d. h.> die ursprüngliche Auffassung des originär gegebenen Dies als Dies im Wandel der darstellenden Inhalte festgehalten wird, dass für jedes neue Moment dabei zu jeder Phase der Darstellung ein Darstellungscharakter phänomenal erwächst in Relation zu dem sich wandelnden Jetztpunkt, <nämlich> das „Vergangen".[52]

Die Retention ist nur dann als Spur aufzufassen, wenn ihre letzten Stufen erreicht sind, wenn sie nahe daran ist, dass der Inhalt verschwindet. In diesem Fall wird es möglich, von unanschaulichen Retentionen zu sprechen, und in diesem Sinne ist schon in den Vorlesungen aus dem Jahr 1905 davon die Rede, dass die letzten Stadien der Retention symbolischen Charakter haben können. Mit einer verschwindenden Fülle an Anschaulichkeit geht nämlich ein größerer Grad an Vermittlung einher: „Die Gradualität der Mittelbarkeit, die Gradualität der Anschaulichkeit und Differenziertheit, geht für die beiden Zweige des Bewusstseins und nach entgegengesetzten Richtungen".[53]

Als ein solches Bestandsstück der Impression ist die Retention kein Leerbewusstsein, denn sie ist immer durch das Gewesene erfüllt und als solche anschaulich. Sie ist originäre Gegebenheit und direkte Gegenwärtigung. In diesem Sinne wäre auch

---

[51] Hua XXXIII, S. 61. Auch die Protention ist „Bestandsstück", aber des Gegenwartsbewusstseins, nicht der Urimpression (Hua XXXIII, S. 131). In diesem Sinne ist auch eine Wiedererinnerung insofern Bestandsstück, als der Akt der Wiedererinnerung „jetzt" stattfindet (Hua XXXIII, S. 136).

[52] Hua XXXIII, S. 61. Jacques Derrida interpretiert die Retention als Spur (*trace*) (J. Derrida, *Die Stimme und das Phänomen*, S. 113–115), was aber mit Husserls Texten schwer versöhnbar ist. R. Bernet bezeichnet die Retention auch als Spur und erklärt zwar das komplizierte Verhältnis zwischen Anwesenheit und Abwesenheit, bleibt aber letztlich bei Derridas Auffassung und sieht die Opposition von Retention und Protention nicht mit der gebotenen Klarheit (R. Bernet, *Die ungegenwärtige Gegenwart. Anwesenheit und Abwesenheit in Husserls Analysen des Zeitbewusstseins*, in: „Phänomenologische Forschungen", 14, 1983, S. 16–57, hier S. 44; ähnlich auch bei J. R. Mensch, *Postfoundational Phenomenology*, vor allem S. 148). In diesem Sinne ist De Warrens Kritikpunkt berechtigt: „Retention is not a re-presentation, a re-turn of present, but a de-presentification" (N. De Warren, *Husserl and the Promise of Time*, S. 263). In Derridas Interpretation, die Retention „infiziert" die Präsenz mit Abwesenheit; in De Warrens Lektüre, die Präsenz verwandelt sich in Abwesenheit: „Retentional modification is misconstrued as the entry of a foreign agent from outside rather than as the necessary self-transcendence of the immanence of original presentation from within" (N. De Warren, *Husserl and the Promise of Time*, S. 266). Ist De Warrens Interpretation ohne Weiteres zuzustimmen, so bleibt das Zusammenspiel von Anwesenheit und Abwesenheit in der Protention deutlich komplizierter als in der Retention, wie im Folgenden zu zeigen ist. Auf Derridas Vernachlässigung der Protentionsanalysen („The Derridean deconstruction of time dissimulates protention") hat vor allem N. Alexander richtigerweise bestanden (N. Alexander, *The hollow deconstruction of time*, in: W. McKenna, J. C. Evans, „Derrida and Phenomenology", Kluwer, Dordrecht 1995, S. 121–150, hier S. 149).

[53] Hua XXXIII, S. 229.

die Rede von der Retention als Leerintention nur für die ferneren Stadien der Retention brauchbar, die dann tatsächlich symbolischen Charakter haben könnten.[54]

Die Frage, die sich angesichts dieses komplexen Verhältnisses zwischen Anschaulichkeit und semiotischer Vermittlung erhebt, ist nun, ob und inwiefern die Struktur der Protention, wie Husserl sagt, eine reine „umgestülpte" Retention ist, oder ob in diesem Falle die Sachlage konstitutiv anders beschrieben werden muss.[55]

Obwohl es stimmt, dass in den Vorlesungen zum Zeitbewusstsein eher selten von Protention die Rede ist, so ist es dennoch notwendig, sich auf diese einzulassen, um ein Gesamtbild von Husserls Auffassung dieses Themas zu bekommen,[56] wie im Paragraphen 3 dieses Kapitels gezeigt wird. Das Problem der Protention bleibt aber bis in die späteren Analysen maßgeblich, beispielsweise in den Analysen zur passiven Synthesis[57] und in den C-Manuskripten, aber auch in Vorlesungen, die das Zeitbewusstsein nicht unmittelbar ins Zentrum ihrer Überlegungen stellen. Das beweist beispielsweise folgende Passage aus *Erste Philosophie*, wo die Rolle der Protention für die Wahrnehmung in ihrer Bedeutung hervorgehoben wird: „Und sofern immerzu *jede* Gegenwart einen Zukunftshorizont der Erwartung kontinuierlich mit sich führt, haben wir wieder, analog dem endlosen Horizont der transzendentalen

---

[54] A. Schnell (*Temps et phénomène: la phénoménologie husserlienne du temps (1893–1918)*, Olms, Hildesheim 2004, S. 130) merkt zwar an (durch einen Verweis auf Hua XXXIII, S. 4, wo auch von Leerintentionen die Rede ist), dass die Vergegenwärtigung der Protention und Retention anders ist als die der Phantasie und des Bildbewusstseins, geht aber nicht näher auf diese Struktur ein und diskutiert ihre Symbolizität nicht.

[55] Vgl. Hua XXXIII, S. 17, aber auch Hua X, S. 56. Der Meinung, dass diese Lektüre der Protention als „inverse intention" die Sache verfehlt, ist auch N. DeRoo, *The Future Matters: Protention as more than Inverse Retention*, in: „Bulletin d'Analyse Phénoménologique", Band 4/7, 2008, S. 1–18. Vgl. dazu auch N. DeRoo, *A Positive Account of Protention and its Implications for Internal Time-Consciousness*, in: P. Vandervelde und S. Luft (Hrsg.), „Epistemology, Archeology, Ethics. Current Investigations of Husserl's Corpus", Continuum, London/New York 2010, S. 102–119. Auch im Bezug auf Derridas Auffassung der husserlschen Protention vgl. auch, vom selben Autor, N. DeRoo, *Futurity in Phenomenology. Promise and Method in Husserl, Levinas, and Derrida*, Fordham University Press, New York 2013.

[56] J. R. Mensch, *Husserl's Concept of the Future*, in: „Husserl Studies", 16, 1999, S. 41–64: „Husserl's treatment of the future begins modestly enough. His 1905 lectures on internal time consciousness barely mention it". Das ist korrekt, aber Mensch wendet sich daher sehr wenig diesen Vorlesungen zu, während im Folgenden gezeigt wird, dass einige systematisch notwendige Ausgangspunkte schon darin zu finden sind. Von Mensch vgl. auch „The Sense of the Future", in: Id., *Postfoundational Phenomenology*. S. 71–88. Vgl. auch: „As is well known, Husserl's initial analyses of time-consciousness had far more to say about retention than about protention (E. A. Behnke, *Bodily Protentionality*, in: „Husserl Studies", 25, 2009, S. 185–217, hier S. 197), und: „Die Erforschung des Wesens der ‚Protention', der gegenwärtigen Erfassung z. B. eines zukünftigen Tones, blieb dabei Nebensache. Erst in den *Bernauer Manuskripten* erfährt die Protention und insbesondere ihre Verschränkung mit der Retention die gebührende Beachtung" (R. Bernet, *Einleitung der Herausgeber*, in: Hua XXXIII, S. XXXIII).

[57] Zur Rolle der „zu jeder Wahrnehmung notwendig" gehörenden Protention in diesen Texten vgl. Hua XI, S. 184–185.

9.2 Die Retention im Unterschied zur Protention

Vergangenheit, einen *offen endlosen Horizont einer transzendentalen Zukunft*".[58] Daher wird im Folgenden das Problem der Protention ausgehend von verschiedenen Vorlesungen und Manuskripten angegangen, aber zunächst mit einem Fokus auf die *Zeitvorlesung*.

Husserls Reflexionen über Zeit und insbesondere über Protentionen umspannen dreißig Jahre philosophischer Arbeit; daher ist es klar, dass eine Gesamtdarstellung des Themas kaum möglich ist, ohne eine Veränderung seines Standpunktes anzunehmen. Die Position Husserls entwickelt sich zwar, und davon werden wird versuchen soweit wie möglich Rechenschaft abzulegen. Aber nicht in einer historischen Analyse von Husserls Position liegt der Fokus dieser Untersuchung, sondern darin, dass die Ergebnisse der Untersuchung systematisch so deutlich wie möglich dargestellt werden, was einer historisch genauen Rekonstruktion manchmal schaden mag.

Während Brentano auch die Protention als eine Form der Erwartung und der bildenden Vorstellung durch Phantasie interpretierte,[59] wendet sich Husserl auch im Falle zukünftigen Zeitbewusstseins entschieden dagegen, der Phantasie eine tragende Rolle im Zeitbewusstsein zuzuschreiben. Eine solche Auffassung ist Husserl zufolge nämlich insofern widersinnig, als sie „den sich hier aufdrängenden Unterschied von Zeitwahrnehmung und Zeitphantasie"[60] nicht berücksichtigt. Die Protention oder „primäre Erwartung"[61] bildet zusammen mit Urbewusstsein und Retention eine phänomenologische Beschreibung der Wahrnehmung eines Zeitobjekts, und nicht der Phantasie; beide Phänomenfelder bleiben getrennt.

Die Protention beschreibt Husserl nun, wie schon kurz angesprochen, als eine „umgestülpte Retention",[62] nämlich als eine „Erwartungsanschauung" mit leeren Umgebungsintentionen in Richtung Zukunft.[63] Diese Beschreibung, und vor allem die Analogie zwischen Protention und Retention, ist allerdings nicht unproblematisch.[64] Ob es Sinn ergibt, die Erwartung als eine „Anschauung" zu begreifen wie im

---

[58] Hua VIII, S. 86. Hervorhebung im Original.

[59] Vgl. Hua X, S. 13–14.

[60] Hua X, S. 16.

[61] Hua X, S. 39.

[62] Hua XXXIII, S. 17. Auf S. 16 ist sie eine „Vorerinnerung" definiert; Das wird auch in den C-Manuskripten wiederholt (vgl. Hua Mat. VIII, S. 26: „Vor-Erinnerung (Vor-Vergegenwärtigungen von Künftigem)"), allerdings wird das dann in Frage gestellt: „Ist Vorerinnerung ein gutes Wort? Es legt doch zu sehr nahe eine Gleichstellung mit Erinnerungen" (Hua Mat. VIII, S. 285).

[63] Vgl. dazu auch Hua X, S. 303 und 307.

[64] Dass Retentionen und Protentionen eine jeweilige Struktur zukommt, und dass die beiden Strukturen keineswegs nur zwei Seiten desselben sind, wurde auch in der Sekundärliteratur mehrmals betont, und zwar trotz Husserls Versuch, beide so nah wie möglich aneinander zu rücken. Siehe beispielsweise B. Rang, *Kausalität und Motivation*, S. 180: „Husserl zeigt, dass Zukünftiges mit Gegenwärtigem wesentlich anders geeinigt ist als Vergangenes. Während retentional Behaltenes in die Vergangenheit absinkt und jeden lebendigen Bezug zur Gegenwart einbüßt [Zu ergänzen wäre, dass der Bezug insofern nicht vorhanden ist, als Retention zur Gegenwartsimpression gehört, sodass ein „Bezug" undenkbar ist], sind die protentionalen Horizonte ohne diesen Bezug gar nicht

Falle der Retention, wobei jedoch kaum klar wäre, was sich da anschauen ließ, da das Protinierte ganz offen[65] und nicht direkt gegeben ist, bleibt in den *Bernauer Manuskripten* eher unterbestimmt, während der Mangel an Anschaulichkeit für die Protention ganz klar in den *Vorlesungen zum inneren Zeitbewusstsein* zum Vorschein tritt: „Davon, dass A künftig eintreten wird, kann ich nicht Anschauung gewinnen".[66] Der Kern dieser Problematik liegt in der notwendigen Unterscheidung zwischen Protention und Protiniertem. Während nämlich das Protinierte immer konstitutiv offen „vorgezeichnet" wird, ist die Protention als Tendenz auf die Zukunft in der Anschaulichkeit des unmittelbar Gegebenen mit da, sie gehört zur Aktualität insofern, als sie die Auffassung des Aktuellen mitbestimmt.[67] In den C-Manuskripten ist Protention auch „Voranschauung" genannt, aber nicht im Sinne einer wahrnehmungsmäßigen Anschauung, die etwas leibhaftig gibt, sondern im Sinne einer unanschaulichen Antizipation von Anschauung: „Voranschaulichkeit der Welt als zukünftig, als voraussichtlich kommend und als Mitgegenwart, aber nicht Wahrnehmungsgegenwart, [das] Antizipierte in jeder Wahrnehmungsgegenwart".[68] Obwohl auch in den C-Manuskripten der Anschauungsstatus der Protention nicht klar definiert ist, scheint die beste Interpretation die, eine „primordiale Anschauung" als Anschauung des Jetztgegebenen und des Retinierten einerseits, und eine sekundäre Anschauung als für die Zukunft eintretende „primordiale Anschaubarkeit" andererseits zu unterscheiden.[69] Während das Retinierte anschaulich gegeben ist, nämlich als Wahrgenommen-gewesen-sein,[70] und zwar im Modus der Gewissheit,[71] gilt das keineswegs für die Erwartung, da die Erwartung konstitutiv der Erfüllung bedarf und daher etwas Unerwartetes (*ergo* Ungewisses) immer prinzipiell eintreten kann.[72] Die Protention, anders als die Retention, die zwar kein Inhalt für das Bewusstsein ist, aber doch etwas als gewiss setzt, ist zwar nicht völlig, aber partiell leer, unbestimmt und ungewiss, sodass in ihr überhaupt nichts selbst und anschaulich gegeben ist, sondern höchstens mitgegeben in der Weise einer prinzipiellen Offenheit.

---

denkbar". Vgl. auch S. 181, wo es explizit wird, dass Retention keine „Richtungsbestimmtheit", keine Verweise trägt, anders als die Protention. Vgl. dazu für eine ähnliche Auffassung auch E. Holenstein, *Phänomenologie der Assoziation*, S. 48.

[65] Gerade in dieser Offenheit besteht ein Merkmal der Struktur der Protention gegenüber der Retention, da diese letzte konstitutiv „gebunden" ist und nichts offen lässt (Hua X, S. 297).

[66] Hua X, S. 154 wahrscheinlich aus dem Jahr 1893. Im Jahr 1905 kommt Husserl aber darauf zurück, dass es „anschauliche Erwartungen", und zwar „bestimmte", gäbe (Hua X, S. 167).

[67] S. dazu A. Pugliese, *Unicità e relazione,* S. 268.

[68] Hua Mat. VIII, S. 69.

[69] Unter den Passagen, die eine solche Lektüre ermöglichen, sei beispielsweise Hua Mat. VIII, S. 205, erwähnt.

[70] Hua X, S. 57.

[71] Hua X, S. 49: Das Retinierte ist „absolut gewiss".

[72] K. Held meint, Husserl werde dem Phänomen des Unerwarteten nicht gerecht (K. Held, *Phänomenologie der eigentlichen Zeit bei Husserl und Heidegger*, in: „Internationales Jahrbuch für Hermeneutik", hrsg. von G. Figal, Bd. 4, Tübingen 2005, S. 251–273, hier S. 260). Diese Frage zu beantworten würde zu weit führen; hier sei nur festgestellt, dass die Meinungen in der Forschung diesbezüglich auseinandergehen.

9.2 Die Retention im Unterschied zur Protention

Husserl scheint zwar zunächst die Möglichkeit einer absolut gewissen Protention (und das würde heißen: eines „prophetischen" Bewusstseins) einzuräumen, wendet aber dann ein, dass „hier auch" – und das Beispiel ist höchst fragwürdig, denn es geht um die Vorstellung eines Plans, und das wäre gerade eine phantasierte Zukunft, nicht eine Protention bzw. primäre Erwartung, sondern ein ganzes Projekt für das Kommende – „manches Belanglose" anders sein könnte; so dass die Antizipation der Zukunft „von vornherein als Offenheit charakterisiert" ist.[73] Als Synonym für Protention wird oftmals von Husserl „Antizipation" verwendet, die den performativen Charakter der Protention betont. Unter „Antizipation" ist nämlich Folgendes zu verstehen: „Ich antizipiere das Wahrnehmen von B [...]. Das Antizipieren des Wahrnehmens ist ein Wahrnehmen-Können [...]. Das Können ist Antizipationsform des Tuns".[74] Das Antizipierte hat immer die Form eines Könnens und Tunkönnens, d. h. einer Vermöglichkeit insofern, als es leiblich und kinästhetisch eingeholt werden kann.[75]

Abseits der mangelnden Unterscheidung in Husserls Argumentation zwischen primärer Protention bzw. performativer Antizipation und einem ausdrücklichen Plan für die Zukunft schließt das Ergebnis, nämlich die Offenheit des Protinierten, gerade aus, dass ein prophetisches Bewusstsein prinzipiell möglich wäre.[76] Das wiederholt Husserl auch in den C-Manuskripten, indem er wiederum die Ähnlichkeit mit der Mitwahrnehmung ungesehener Seiten eines Dinges im Raum betont:

> Enthülle ich diesen Zukunftshorizont, so ist er offenbar von ganz anderer Art als der der Vergangenheit (hinsichtlich des in ihr wahrnehmungsmäßig und in bestimmten besonderen Seinsgeltungen aktuell Gewesenen). Hinsichtlich der Zukunft, als die, <die> ich wahrnehmungsmäßig haben werde, als künftige Aktualität des Als-Gegenwart-auftreten-Werdenden, bin ich zugleich gebunden und frei. Das „Bild" einer künftigen subjektiven Gegenwart hat eine „Vorzeichnung", und diese <bildet> doch nur den Rahmen für freie Möglichkeiten; ich habe einen Spielraum des möglicherweise Kommenden, aber disjunktiv, irgendeines davon, das ist gewiss. Es ist Freiheit in einer allgemeinen Bindung und somit nicht ganz freie Phantasie, die frei heißt als ungebundene.
>
> Das betrifft auch jede unwahrgenommene, aber mitgemeinte Gegenwart, soweit sie Momente der Unbekanntheit hat und damit der spielraummäßigen Offenheit; und in neuer Weise natürlich die Einfühlung, das Offene und Unbekannte vom Anderen Ich sowie die entsprechenden Zukunfts- und Mitgegenwartshorizonte in meiner Vergangenheit.[77]

Die Retention ist absolut gewiss, die Protention dagegen prinzipiell offen. Deswegen unterscheiden sie sich entsprechend auch durch die Weise der Erfüllung. Der Unterschied ist eigentlich so markant, dass es überhaupt fragwürdig wird, im Falle der Retention von einer Erfüllung zu sprechen, während diese konstitutiv der

---

[73] Hua X, S. 56.

[74] Hua Mat. VIII, S. 229.

[75] Der Punkt ist von D. Lohmar gut zusammengefasst: „If a particular sensuous content is indeed currently given (thus protending its own continuation), it is given in correlation with a particular set of motivating kinaesthetic circumstances whose own protentionality is intimately linked with that of the contents" (D. Lohmar, *What Does Protention „Protend"?*, in: „Philosophy Today", Bd. 46, 2002, S. 154–167, hier S. 160).

[76] Die ganze Argumentation ist in Hua X, S. 56, zu finden.

[77] Hua Mat. VIII, S. 276.

Protention zugehört. Wie kann Erfüllung im Falle der anschaulichen Selbstgegebenheit retinierter Inhalte noch notwendig sein? Worin sollte die „Tendenz" auf Erfüllung liegen? Ist das in der Retention Gegebene absolut gewiss, so fehlt dem Bewusstsein jedes Streben nach Erkenntnis und Erfüllung, denn Erkenntnis und Erfüllung sind schon mit der Selbstgegebenheit erreicht. Erfüllung wäre für eine Retention nur dann zu finden, wenn wir quasi aus der phänomenologischen Reduktion heraustreten und Fragen bezüglich der Realität des in der Retention Gegebenen stellten („war das Erscheinende wirklich?",[78] „habe ich das wirklich gesehen"[79] oder wahrgenommen?).

Dagegen ist die Protention tatsächlich phänomenologisch als Erfüllung charakterisierbar, und zwar insofern, als ihr ein Streben nach weiterer Erkenntnis und nach besserer bzw. vollkommener Gegebenheit innewohnt. Protention erfüllt sich nämlich durch die möglicherweise eintretende „Aktualität eines impressionalen Erlebens",[80] wie es im Paragraphen 26 der *Vorlesungen* heißt. Husserl selbst scheint seine Position betreffs der Parallele zwischen Retention und Protention am Ende des Paragraphen insofern zu beschränken, als die Parallele ungeachtet dieser prinzipiellen Unterschiede vielmehr nur darin bestünde, dass beide „etwas Ursprüngliches und Eigenartiges sind",[81] dem ohne Weiteres zuzustimmen ist. Das hat aber eine deutlich geringere Tragweite als die Aussage, Protention sei eine umgestülpte Retention.

Darüber hinaus ist es der Charakter einer den Protentionen innewohnenden Tendenz, welcher diese deutlich von den Retentionen abgrenzt; während die Retention einfach ein Bestandsstück der Impression ist, obwohl zeitlich modifiziert, ist das Verhältnis zwischen Jetzt und Protiniertem ausdrücklich als ein „Hinweisen"[82] und damit als eine Verweisungsart bezeichnet:[83] In den Protentionen liegt ein Vorgerichtetsein, also ein Hinweisen, das dieses Gerichtetsein veranlasst, vor.[84]

Als Einwand gegen Brentano betont Husserl den Unterschied zwischen Retention und Protention in Bezug auf diese Form des Hinweisens und des Gerichtetseins: Bei der Retention geht es nicht um ein Hinweisen und nicht um eine assoziative

---

[78] Hua X, S. 56.
[79] Hua X, S. 56–57.
[80] Hua X, S. 62.
[81] Hua X, S. 57.
[82] Vgl. Hua XXXIII, S. 357: „Das wirklich Anschauliche weist vor auf neue wirkliche Anschauung, und dieses Vorweisen ist Vor-Erwartung".
[83] Auch nach K. Wiegerling (*Husserls Begriff der Potentialität*, S. 63) kann kein Zweifel darüber bestehen, dass Antizipation eine Verweisungsart ist. Vgl. dazu L. Tengelyi, der diese Problematik kurz analysiert: „Das jeweilige ‚Urdatum' [...] trägt *Spuren* und ist von *Trieb* getragen [...]. Kann hier noch von einem Verweis die Rede sein, so gewiss nicht im Sinne einer *Bedeutung* [..., weil] das ‚Urdatum' überhaupt nicht von sich weg-, vielmehr in sich selbst *zurück*weist" (L. Tengelyi, *Zeit und Empfindung* S. 75; Hervorhebungen im Original). Das von Tengelyi Ausgeführte ist m. E. vollständig zuzustimmen, außer dass er zwischen Retention und Protention nicht genügend rein aufgrund ihrer phänomenologischen Struktur differenziert.
[84] Hua XI, S. 74.

9.2 Die Retention im Unterschied zur Protention

Weckung, weil das nur bei der Protention der Fall ist.[85] Auf diesen Unterschied in der phänomenalen Struktur von Retention und Protention gilt es festzuhalten, um das Verhältnis zwischen Präsenz und Absenz in Husserls Konzeption des Zeitbewusstseins zu verorten.[86]

Die Protention, und nur die Protention, hat den Charakter eines Verweises, der dem Jetzt entströmt: „Die Leerhorizonte [... gehören] als Verweisungen auf mannigfaltige mögliche Erfahrungen dem betreffenden Jetzt zu".[87] Diese Verweise sind „in die Zukunft gerichtete Vorweise",[88] und die Tendenz auf die Zukunft liegt in der Wahrnehmungsgegenwart selbst: „Die Wahrnehmungsgegenwart ist [...] vorwärts

---

[85] Vgl. Hua XI, S. 77.

[86] M. Ubiali schließt m. E. korrekterweise daraus, dass „Retentionen und Protentionen eine unterschiedliche Dynamik auf[weisen], die in dem phänomenalen Charakter besteht", nämlich eben im Vorgerichtetsein und im Hinweischarakter (M. Ubiali, *Unbewusstheit – Wille – Motivation*, S. 96). V. Costa (*Il cerchio e l'ellissi*, S. 135) spürt dagegen ähnlich wie Derridas eine Verweisungsstruktur auch in der Retention auf, was uns eher fragwürdig erscheint aus den oben genannten Gründen. Auch Costas Behauptung, vor 1920 seien Husserls Zeitanalysen vorwiegend der Präsenz gewidmet, scheint problematisch; entweder ist lebendige Gegenwart untrennbar mit Verweisungen auf Nicht-Aktuelles verbunden, sei es nun nur auf Zukünftiges oder auch auf Vergangenes, oder die Analysen zielen auf reine Präsenz, sodass Costa in einem Zirkel gefangen zu sein scheint. Jedenfalls ist es extrem schwierig, zu behaupten, Husserls Zeitanalysen seien überhaupt auf reine Präsenz gerichtet. Obwohl es korrekt ist, dass nach 1920 sich mehr und mehr Aufmerksamkeit für das Nicht-Präsente finden lässt, vertritt Costa dieselbe problematische Auffassung wie Derrida, weil er Husserl genau an jener Stelle kritisiert, wo dieser gerade die Präsenzmetaphysik doch implizit in Frage stellt. Micali setzt dagegen m. E. richtigerweise den Akzent auf die konstitutive Vermittlung des Jetzt und betont Derridas Fehler (S. Micali, *Überschüsse der Erfahrung*, S. 170–172, vor allem S. 172). Eine solche Betonung der Vermittlung ist viel näher an Husserls Position, wie oben skizziert. Vgl. Hua X, S. 40: Jetzt und Nichtjetzt sind kontinuierlich vermittelt, daher ist reines Jetzt eine Abstraktion. Allerdings behandelt Micali zwar das Problem der Protention, sieht aber nicht, dass das eigentliche nicht-präsenzmetaphysische Moment gerade in der Protention zu verorten ist. Allerdings negiert Micali auf keinen Fall den Primat der Präsenz, und zwar gerade weil er sich auf die Retention hauptsächlich konzentriert. „Es wurde gezeigt, dass sich eine Erweiterung der phänomenologischen Erschauung sowohl in die Richtung meines eigenen vergangenen Bewusstseins als auch in die Richtung des Fremdbewusstseins ergibt. Es gilt jedoch zu betonen, dass diese Erweiterung des Bewusstseinsfeldes, wonach man über das aktuelle Bewusstsein hinausgeht, keineswegs den Vorrang der Gegenwart – denjenigen Vorrang, der das wesentliche Merkmal der so genannten Präsenzmetaphysik ausmacht – in Frage stellt, sondern zirkulär von demselben Gegenwartsbewusstsein ausgeht. Das Bewusstsein wird stets auf das aktuelle Bewusstsein zurückgeführt" (S. Micali, *Überschüsse der Erfahrung*, S. 21). Die Retention ist gegen eine absolute Präsenzmetaphysik insofern unzureichend, als sie als ein Bestandsstück des Jetzt, als eine bloße Modifikation der Präsenz, aber immer noch anschaulich und originär gegeben, gedacht wird, sodass *de facto* die Vergangenheit in die Gegenwart eingeholt wird. A. Diemer, *Edmund Husserl. Versuch einer systematischen Darstellung seiner Phänomenologie*, Hain, Meisenheim am Glan, ²1968, S. 44 behauptet, dass die Manuskripte auf eine reine Gegenwart abzielen. K. Held hat aber gezeigt, dass das nicht stimmt (K. Held, *Lebendige Gegenwart*, S. 172): „Darum gibt es kein ‚reines' *nunc stans* in absoluter Immanenz und ohne intentionale Implikationen, sondern immer nur Funktionsgegenwart, die über sich hinaus auf Transzendentes irgendwelcher Art gerichtet ist [...]. Weil ein ‚reines' *nunc stans* eine Abstraktion [...] ist, ist keine Intentionalität abgeschlossen, sondern verweist stets über sich hinaus in Horizonte möglicher Weitererfahrung".

[87] Hua IX, S. 96.

[88] Hua IX, S. 182.

zukunftsgerichtet […]. In der Gegenwart liegt das Auf-die-Zukunft-Hin (natürlich ist hier nicht gemeint ein Tendieren, nicht ein willensartiges Ich-Streben); im ‚Soeben' liegt ein Soeben-auf-die-Zukunft-hin-Gewesen-Sein".[89]

Zusammenfassend kann man Folgendes festhalten: Das retinierte Nicht-Jetzt ist Modifikation (Modalisierung) des Jetzt; dieses vergangene Jetzt hat es gegeben, war aktuell, und nun gewinnt es eine Modifikation, nämlich die der Vergangenheit. Das Protinierte war aber nie da, ist auch nicht da, sondern wird es sein, aber *vielleicht auch* nicht. „Ich habe das erlebt" ist zwar nicht empirisch, aber phänomenologisch evident, ist mit Gewissheit selbstgegeben; dass ich die antizipierte Rückseite eines Dinges erfahren werde, und dass diese Rückseite so und so aussieht, ist dagegen nicht sicher, ist überhaupt nicht adäquat gegeben, sondern nur durch Vermittlung da.

Hält man diese Unterscheidung von Retention und Protention fest, so scheint Husserls Behauptung, dass „die immanenten Inhalte sind, was sie sind, nur sofern sie während ihrer ‚aktuellen' Dauer vorweisen auf ein Zukünftiges und zurückweisen auf ein Vergangenes",[90] nur teilweise berechtigt. Diese Rede ist insofern fragwürdig, als eigentlich nur bei der Protention ein tatsächliches Hinweisen stattfindet, während der Charakter des Zurückweisens auf ein Vergangenes phänomenologisch nicht einzuholen ist.

Im sich in Retention, Jetztbewusstsein und Protention spaltenden Zeitbewusstsein ist laut Husserl somit ein ‚dunkler' Hof[91] zu finden, der Protentionen und Retentionen einschließt (beiseite lassen kann man hier die Wiedererinnerung und die explizite Erwartung, sofern diese nicht Formen der Wahrnehmung oder der lebendigen Gegenwart im engeren Sinne sind).[92] Allerdings ist im dunklen Hof zwischen der Bestimmtheit der Retentionen und der der Protentionen zu unterscheiden; der Sinn, in dem Retention und Protention „bestimmt" sind, ist nämlich jeweils verschieden. Die Retention, könnte man sagen, ist völlig bestimmt insofern, als das, was retiniert ist, „absolut gewiss" im Bewusstsein sein muss; wäre nun eine Retention unbestimmt, so wäre es problematisch, diese Unbestimmtheit als *absolut* gewiss zu setzen; in einer Unbestimmtheit bleibt notwendig etwas, das nicht bestimmt, und d. h. ungewiss ist. Die Ungewissheit und daher die Unbestimmtheit ist dagegen konstitutiv für die Protention als Offenheit; etwas ist nur insofern offen, als ein Grad von Unbestimmtheit und Ungewissheit vorhanden ist. Die Offenheit der Protention ist aber wiederum nicht eine vollkommene Unbestimmtheit, denn sie folgt sozusagen dem vorhergehenden Lauf der Erfahrung und ist durch das Jetzt-Gegebene vorgezeichnet; es handelt sich vielmehr um eine sich innerhalb bestimmter Grenzen haltende unbestimmte Bestimmbarkeit.

---

[89] Hua Mat. VIII, S. 93. Wie ersichtlich zielt die Abwehr des Terminus „Tendieren" nur darauf hin, jegliche Willenskomponenten auszuschließen, während die hinweisende Struktur bestehen bleibt.
[90] Hua X, S. 84.
[91] Hua X, S. 102: „Jede Wahrnehmung hat ihren retentionalen und protentionalen Hof".
[92] Zum Begriff der Wiedererinnerung vgl. M. Flatscher, *Kraft der (Wieder-)Erinnerung. Bemerkungen zu Husserls Erörterungen eines vielschichtigen Phänomens*, in: S. Stoller, G. Unterthurner (Hrsg.), „Entgrenzungen der Phänomenologie und Hermeneutik. Festschrift für Helmuth Vetter zum 70. Geburtstag", Traugott Bautz, Nordhausen 2012, S. 103–128.

Darüber hinaus behält jede Retention und auch jede Protention ihren eigenen „dunklen Hof" von Leerintentionen. Es handelt sich dabei quasi um eine Intentionalität zweiter Stufe, die nicht aus dem leibhaft Gegebenen des Jetzt entspringt, sondern einerseits aus der Bestimmtheit des Retinierten und andererseits aus der Offenheit des Protinierten. Eine Retention enthält somit einen dunklen Hof von Retentionen zweiter Stufe und von Protentionen, die auf Gegenwart tendieren.[93] Die Protention seinerseits hat selbst weitere Protentionen – das Protinierte motiviert sozusagen noch dunklere Erwartungen – und Retentionen.

9.3 Die Struktur der Protention in der Zeitvorlesung

Richten wir unser Augenmerk auf die Protentionen, so ist es nur dank dieses der Protention immanenten Zusammenhangs von Intentionen so, dass sich das Protinierte irgendwann aktualisieren kann. Ein Jetzt-Gegebenes als Urquelle der Erfahrung entspringt nämlich keineswegs aus dem Nichts, sondern ist immer schon in einen Erfahrungszusammenhang eingebettet: „Die Gegenwart ist immer aus der Vergangenheit geboren, natürlich eine bestimmte Gegenwart aus einer bestimmten Vergangenheit",[94] aber dasselbe gilt auch für die das zukünftig Eintretende antizipierende Protention: „Das wache Bewusstsein, das wache Leben ist ein Entgegenleben, ein Leben vom Jetzt dem neuen Jetzt entgegen":[95] wie Husserl auch anderenorts sagt, „jedes Leben ist Entgegenleben".[96] Dieser zeitliche Zusammenhang ist durch mehr oder minder dunkle Protentionen und Retentionen, und d. h. durch Potentialitäten bestimmt, und solche Potentialitäten nehmen die Form von einem „Komplex von bestimmten oder unbestimmten Intentionen"[97] an. Das Jetzt ist nämlich eine Grenze,[98] ein Randpunkt,[99] und als solcher bedarf es apriorisch der Retention und Protention.[100] Jegliche Dauer ist möglich nur innerhalb eines Zusammenhangs von

---

[93] Hua X, S. 52–53.
[94] Hua X, S. 106.
[95] Ebd.
[96] Hua X, S. 301.
[97] Hua X, S. 105.
[98] Hua X, S. 69.
[99] Hua X, S. 70.
[100] Hua X, S. 33. Micali schließt daraus (*Überschüsse der Erfahrung*, S. 190), dass die Urpräsenz als Resultat des Zusammenspiels zwischen Retention und Protention zu denken ist, und dass eine Auffassung des „Jetzt" als „Resultat" von jeglicher Präsenzmetaphysik befreit ist. Dieser Primat der Potentialität gegenüber dem aktuellen Jetzt wäre Micali zufolge aber im Fall der Retention nicht wirklich klar (*Überschüsse der Erfahrung*, S. 191, vgl. Hua XXXIII, S. 256), sicher aber für Protentionen (*Überschüsse der Erfahrung* S. 192, vgl. Hua XXXIII, S. 4 und 7). Dieser Auffassung ist zuzustimmen, allerdings nur wenn man die wesentlich verschiedene Struktur der Protentionen im Auge behält, welche semiotisch ist. In eine ähnliche Richtung geht neuerdings auch Françoise Dastur, die auf die Rolle der Alterität in der Konstitution der lebendigen Gegenwart hinweist jenseits aller Präsenzmetaphysik und Absolutheit eines ursprünglichen Jetztpunktes (F. Dastur, *Déconstruction et phénoménologie. Derrida en débat avec Husserl et Heidegger*, Hermann, Paris 2016, hier S. 88).

Vergangenem und Zukünftigem;[101] somit bedarf auch retinierte oder protinierte Dauer eines Horizonts von Vergangenem und Zukünftigem.[102]

Eben als unbestimmte Intention, d. i. als durch das Jetzt-Gegebene vorgezeichnete Leerintention, fügt sich die Protention einer semiotischen Struktur ein, die allgemein im Falle der Horizontintentionalität schon ausgearbeitet wurde. In der Tat scheint Husserl später, der Datierung Bernets zufolge etwa ab 1910,[103] das Beschreibungsmuster des Horizonts nur für die Protention aufrechtzuerhalten, während im Fall der Retention eher von einem „Schwanz"[104] bzw. Kometenschweif im Einklang mit der Bestimmung des Retinierten als etwas, das im Bewusstsein verbleibt, gesprochen werden solle. Diese Beschreibung ist insofern triftiger, als die Retention gerade nicht die Struktur eines Horizontes hat, nämlich von etwas unbestimmt Antizipiertem, sondern sie das Zurücksinken eines Wahrgenommen-Gewesenen ist, das „Übergehen jeder Phase des ursprünglichen Feldes in eine intentionale Modifikation von derselben, nur soeben vergangenen".[105]

Dass nun der Protention als der primären Erwartung – also nicht einer bloßen Erwartung zweiter Stufe, sondern einer Protention im phänomenologischen Sinne – „ein symbolisches Bewusstsein"[106] zukommt, sagt Husserl selbst, obwohl nur *en passant*. Schwierig ist es, genauer zu bestimmen, was mit dieser Passage gemeint ist. Damit kann weder ein sprachliches noch ein Bedeutungsbewusstsein gemeint sein, denn eine primäre Protention ist weder sprachlich vermittelt noch könnte durch sie eine ideale Bedeutung zur anschaulichen Erfüllung kommen. Eine plausiblere Antwort erschließt sich aus dem zuvor Gesagten, also daraus, dass es sich um das Bewusstsein einer Anzeige handelt. „Symbolisch" heißt hier somit das durch das Jetztbewusstsein motivierte Bewusstsein des Seins eines Zukünftigen, und zwar in einer uneinsichtigen Motivation insofern, als der Gehalt der Antizipation immer auch unbestimmt und auf Erfüllung gerichtet bleibt.

Dies lässt sich auch dadurch erweisen, dass nach Husserls Beschreibung das Antizipierte (das, worauf Erwartungen bzw. Protentionen tendieren) in der Wahrnehmung den Charakter des „‚Bedeuteten‘, den des ‚Intendierten'" habe, „so wie das Deutende den Gegencharakter des Zeigers hat, den des Ausstrahlungspunktes

---

[101] Hua X, S. 53–54.

[102] Vgl. Hua X, S. 105: Eine Erinnerung hat immer „vorwärts und rückwärts gerichtete intentionale Momente, ohne solche kann sie nicht sein", und „was die Erinnerung anlangt, so hat sie auch ihre erinnerungsmäßigen Zukunftintentionen".

[103] Vgl. Fußnote auf S. 107 der Meiner-Ausgabe.

[104] Hua X, S. 114.

[105] Hua X, S. 117.

[106] Hua X, S. 102. Zum Begriff des Symbolischen aus dem Umkreis der Zeitvorlesungen siehe die eher kryptische Anmerkung in Hua X, S. 293. „Der Parnass ist leider noch im Nebel", schreibt Husserl, und das wird oft als Anspielung darauf verstanden, dass eine phänomenologisch ausgewiesene Analyse des absoluten Bewusstseins fehlt (siehe etwa neulich L. Niel, *Absoluter Fluss, Urprozess, Urzeitigung. Husserls Phänomenologie der Zeit*, Königshausen & Neumann, Würzburg 2011, S. 95), ist aber eigentlich auf die Schwierigkeiten des leeren Bewusstseins, und vor allem auf das Verhältnis von Symbolbewusstsein und Apperzeption, gerichtet.

9.3 Die Struktur der Protention in der Zeitvorlesung

des Intendierens"[107] hat, sodass klarerweise das Bedeutete keine Bedeutung im Sinne Husserls ist, sondern etwas, worauf gezeigt und hingewiesen wird.

Die Erwartung hat somit eine Struktur, die fruchtbar mit der Struktur der Anzeige in der ersten *Logischen Untersuchung* verglichen werden kann. Die Anzeige ist nämlich ein uneinsichtiges Motiv für das Angezeigte, und die Erwartung wird ähnlich verstanden:

> Das „muß", das die Erwartung in sich birgt, ist keine absolute Notwendigkeit des Seins, sondern Notwendigkeit eines antizipierten Seins. Es scheint, dass wir sagen müssen: Das Ich, dahinlebend, hat eine mehr oder minder bestimmt antizipierte Zukunft vor sich.[108]

Die Erwartung ist somit, in der Sprache der Anzeige-Definition aus der ersten *Logischen Untersuchung*, ein uneinsichtiges Motiv für das Sein des Angezeigten, denn eine neu eintretende Intention könnte dieses Sein widerlegen, wie Husserl ausführlich in verschiedenen Vorlesungen und Forschungsmanuskripten zeigt. Die Motivation bleibt uneinsichtig sowohl bezüglich des *wirklichen* Seins des Angezeigten als auch bezüglich bestimmter Aspekte des Angezeigten; das Angezeigte ist unbestimmte Bestimmbarkeit. Phänomenologisch unbezweifelbar auch nach der Epoché ist aber, dass das antizipierte Sein als solches, und zwar als unbestimmt, *notwendig* ist. Ob die Rückseite des Tisches tatsächlich vorkommt und so vorkommt, wie wir sie antizipieren, bleibt fraglich; *dass* aber etwas antizipiert wird, und dass es gerade so und so (obwohl einigermaßen unbestimmt) antizipiert wird, das ist phänomenologisch unbezweifelbar.

Dieser antizipatorischen Leistung der Protention wohnt ein Streben inne, weil das Jetzt-Gegebene als etwas „Unvollendetes, Mangelhaftes"[109] aufgefasst wird:

> Wir „fühlen uns weiter fortgezogen", die Bewegung drängt nach Fortsetzung, oder wie immer wir es ausdrücken mögen. Jedenfalls trägt der momentan angeschaute Inhalt einen eigentümlichen Charakter, eine *Quasi*-Qualität, an welche sich die Gedanken assoziieren können, vermöge deren wir uns *explizite* zu Bewusstsein bringen, dass neue Tongestalten [scil.: im Falle der Wahrnehmung einer Melodie] folgen müssten (oder nicht), die in typischer Weise sich an die eben angeschauten anknüpfen oder aus ihnen herauswachsen.[110]

Diese Struktur des „Sich-fortgezogen-fühlens" findet dann nähere Erläuterung in den *Analysen zur passiven Synthesis*, wie im siebten Kapitel der vorliegenden Arbeit gezeigt wurde. Der hier wiedergegebene Text stammt dagegen wahrscheinlich bereits aus dem Jahr 1893. Diese Struktur ereignet sich dadurch, dass dem Jetzt ein immanenter Charakter innewohnt, nämlich eine Quasi-Qualität, die eine Gedankenassoziation ermöglicht: dass etwas künftig eintreten wird. Die Möglichkeit der Antizipation liegt sozusagen im angeschauten Inhalt selbst insofern, als dieser mangelhaft ist, dass er „ohne" etwas ist, und dieses „Ohne" gerade etwas Fehlendes signalisiert. Die Quasi-Qualität ist somit die Qualität, etwas nicht zu haben, also ohne etwas zu sein: eine Quasi-Präsenz, eine Präsenz durch das „Ohne", die durch

---

[107] Hua XI, S. 429.
[108] Hua XI, S. 211.
[109] Hua X, S. 139.
[110] Ebd.

die Präsenz angezeigt ist.[111] Obwohl nicht ausdrücklich mit solcher Klarheit von Husserl wiederholt, bleibt dieser mangelhafte Charakter des Jetzt bis in den spätesten Analysen zum Zeitbewusstsein insofern bestehen, als das Jetzt als einfache Grenze, als Nullpunkt des Zusammenhangs von Vergangenheit und Zukunft bestimmt wird.

Fragt man nun, wie das Antizipieren zustande kommt, so stellt sich die „Gewohnheit des Vorstellens" als diejenige Instanz heraus, welche das Bewusstsein einer möglichen Fortsetzung erzeugt, indem der angeschaute Inhalt zu einem „vorweisende[n] Gehalt" wird.[112] Das gilt nicht nur für bekannte Melodien, wie im gewöhnlichen Beispiel Husserls, sondern überhaupt: Die vorherige Erfahrung bringt zusammen mit der Ähnlichkeit des Gegebenen zu diesen Erfahrungen das Bewusstsein zustande, dass dieses Gegebene den „Charakter der Unvollkommenheit, der Lückenhaftigkeit oder Halbheit"[113] hat. Die Assoziation, die zwischen dem, was aktuell gegeben ist, und dem, was kommt, stattfindet, ist ermöglicht durch den „eigentümlichen Charakter", durch die „Quasi-Qualität" des Angeschauten, die letztlich darin besteht, auf etwas nicht Aktuelles vorauszuweisen und es als Seiendes zu setzen („mit der bildlichen Vorstellung eines Künftigen geht Hand in Hand die Vorstellung, dass es wirklich ist").[114] Somit wird es zugänglich gemacht für eine zukünftige Erfüllung. Das aktuell Gegebene dient dem Ich somit als „Repräsentant des Ganzen und Vollen", also als eine „uneigentliche Vorstellung",[115] und d. h. als Symbol. Das Gegebene ist somit „Surrogat"[116] für das Ganze, mit einem Terminus ausgedrückt, der wohl auf die diesem Text fast zeitgenössische Abhandlung zur Semiotik hinweist, dann aber von Husserl nicht mehr für korrekt gehalten wird, jenen Veränderungen entsprechend, die sich auch in seiner semiotischen Theorie mit der ersten *Logischen Untersuchung* ergeben haben und die im zweiten Kapitel der vorliegenden Arbeit nachgezeichnet sind.

Bestehen bleibt aber, dass jede Phase auf Vollkommenheit hinweist: Alle unvollkommene Gegebenheiten dienen „als Indizien für die normale",[117] nämlich in dem Sinne, dass sie daraufhin drängen: Wir empfinden „ein Streben nach Verdeutlichung [...]. Das indirekt gesehene Objekt erscheint uns mit einem gewissen Mangel behaftet", welcher „die Intention nach sich zieht".[118] Sind Husserls Ausführungen zum Thema „Protention" zu dieser Zeit noch nicht klar, so kann die Behauptung, das Nichtgegebene ziehe die Wahrnehmung nach sich, nur unter der Bedingung

---

[111] Für einige Überlegungen zur Struktur des „Ohne", obwohl nicht in Anschluss an Husserl, vgl. den ersten Text von J. Derrida, *Die Wahrheit in der Malerei*, Passagen Verlag, Wien 2008. Der Begriff „Ohne" ist aber eingeleitet in der Analyse von Kants „Zweckmäßigkeit ohne Zweck", und sowohl Kants Analysen des Schönen als auch Husserls Analysen der Zeit basieren auf teleologischen Strukturen.
[112] Hua X, S. 139.
[113] Hua X, S. 140.
[114] Hua X, S. 156. S. auch S. 307: es ist eine „reproduktive Setzung von zeitlichem Sein".
[115] Hua X, S. 140.
[116] Hua X, S. 141.
[117] Hua X, S. 142.
[118] Hua X, S. 146.

verstanden werden, dass dieses Nichtgegebene doch erscheint. Das kann wiederum nur dann der Fall sein, wenn es durch etwas anderes erscheint, nämlich durch die Anzeigefunktion, welche von der aktuellen Gegebenheit ausgeübt wird. Anders gesagt, das Zukünftige kann die Wahrnehmung nur dann nach sich ziehen, wenn es durch das Aktuelle antizipiert ist, nämlich, wie Husserl sagt, wenn die Protention an dem Jetzt „haftet", und zwar insofern, als das Jetzt „auf ein Künftiges verweist".[119] Das Aktuelle weist somit vor, ist ein dynamischer Hinweis[120] auf etwas, das kommt; in der Anschauung ist „gewissermaßen nur ein Schema des Künftigen" erhalten, ein unvollkommenes „Bild",[121] das auf anderes hinweist.

Das lässt sich auch an einer anderen Stelle im Text ablesen, wo Husserl die weiter in den Hintergrund rückenden Phasen der Retention zunächst als „symbolisch"[122] einstuft (wie oben kurz vorgestellt wurde), dann aber diese Zuschreibung mit folgenden Worten abwehrt: „Uneigentliches Zeitbewusstsein: vor längerer Zeit abgeflossene Teile einer wahrgenommenen Melodie. Aber nicht symbolisch: Symbolisches geht vom Zeichen zum Bezeichneten, das Zeichen weist vor".[123] Ist also keine Retention wirklich symbolisch, so scheint die Anwendung einer semiotischen Struktur im Falle der Protention soweit bestätigt, als die Protention zeichenhaft „vorweist". Das Zukünftige ist nämlich, zusammen mit der fernen Vergangenheit, eine Form uneigentlichen Bewusstseins,[124] aber die einzige, die Zeichencharakter hat. Die Ausdehnung des Zeitfelds besteht somit in einer im Bewusstsein verbleibenden Retention, in einer anschaulichen Jetzt-Gegebenheit und in einer vorwärts anzeigenden Protention.

9.4 Die Protentionen in den späteren Manuskripten

Nun ist es gerade die Aufgabe der *Bernauer Manuskripte*, der „Ausdehnung" des wahrgenommenen Zeitfeldes Rechnung zu tragen und die mit der Ausdehnung verbundenen Probleme zu lösen.[125] Der Hauptunterschied gegenüber den früheren Vorlesungen ist in der Bedeutung zu suchen, die den Protentionen in diesen Manuskripten zugesprochen wird. Jetzt sind Protentionen und Retentionen nicht mehr im Jetztkern „verankert", sondern das Jetzt ist eine „gedachte", idealisierte Grenze, die

---

[119] Hua X, S. 297.

[120] K. Held betont ähnlicherweise den „dynamische[n] Charakter" der Protention als Tendenz auf Erfüllung: K. Held, *Phänomenologie der „eigentlichen Zeit" bei Husserl und Heidegger*, S. 261, und L. Tengelyi, *L'impression originaire et le remplissement des protentions chez Husserl*, in: J. Benoist (Hrsg), „La conscience du temps. Autour des Leçons sur le temps de Husserl", Vrin, Paris 2008, S. 29–44.

[121] Hua X, S. 306.

[122] Hua X, S. 176.

[123] Hua X, S. 210.

[124] Hua X, S. 212.

[125] Vgl. R. Bernet, *Einleitung der Herausgeber*, in: Hua XXXIII, S. XXXII.

von Protention und Retention her interpretiert wird.[126] Im Zentrum dieser Analysen steht die Untersuchung der lebendigen Gegenwart als eines ausgedehnten Feldes im Zeitbewusstsein, dem Vergangenheit und Zukunft untrennbar angehören:

> Wenn ich in phänomenologischer Reduktion auf den Bewusstseinsstrom all das Meine, alles im weitesten Sinn mir reell Gegebene betrachte (ein Mich-Selbst will ich jetzt vergessen), so finde ich meinen „Erlebnisstrom". Genauer gesprochen, ich finde eine „lebendige", in dieser Lebendigkeit notwendig bewegliche „Gegenwart", d. h. meine, subjektive Gegenwart vor, mit ihrer Struktur Urpräsenz und „Horizont" der Eben-Gewesenheit und einer Zukunft.[127]

Gerade diese Aufmerksamkeit für die lebendige Gegenwart als ausgedehntes Zeitfeld bringt Husserl dazu, vom punktuellen Jetzt als einer bloßen Abstraktion zur Thematisierung der Zeit als Strömen überzugehen und damit die Vergangenheit und die Zukunft stärker in den Fokus zu rücken.[128] Seiendes ist auch in den C-Manuskripten zwar „eine ursprünglich konkrete Präsenz", aber zu dieser Konkretheit gehört es, eine „dauernde Präsenz" zu sein, „die als unselbständige Komponenten im Strömen der Präsenz Vergangenheit und Zukunft ‚einschließt'".[129]

Die Überwindung einer statischen Interpretation der Gegenwart als absoluter Präsenz gilt insbesondere für die Frage der Protentionen, da, wie auch von der Forschung meist anerkannt, hier der Protention eine gewichtigere Rolle zukommt als in den Vorlesungen zum Zeitbewusstsein, die sich vorwiegend mit der Retention beschäftigten. In der Tat beschreibt Husserl nun die Struktur der Protention ausführlicher: Das Gegenwärtige „hat [...] beständig den offenen Zukunftshorizont, den Horizont möglicher aktueller Erwartung. Aktuelle Erwartung selbst ist das Eingehen der Aufmerksamkeit in diesen Horizont",[130] ist eine „[p]rotentionale Richtung der Aufmerksamkeit auf das Neue".[131] In diesem Sinne ist das Jetzt immer zugleich Richtung auf das Kommende: „Dem Wahrnehmungsobjekt zugewendet Sein ist mit offenen Armen das Herankommende auffangen, das Aufgefangene, das ist, das die leere und mehr oder minder bestimmte, jedenfalls bestimmbare Zukunftsintention im Moment der Erfüllung in vorzüglichster Weise Erfassen".[132] Die Aufmerksamkeit in der

---

[126] Vgl. dazu die einleuchtende Studie von K. Held, *Phänomenologie der „eigentlichen Zeit" bei Husserl und Heidegger*, insbesondere S. 256.

[127] Hua XXXIII, S. 274.

[128] Auch in den C-Manuskripten ist die lebendige Gegenwart als Strom des Jetzt, der Vergangenheit und der Zukunft ausgelegt (vgl. z. B. Hua Mat. VIII, S. 11–12). S. auch Hua IX, S. 202: „Konkrete Wahrnehmung als originales Bewusstsein (originale Gegebenheit) von zeitlich erstrecktem Gegenständlichen ist innerlich aufgebaut als ein selbst strömendes System von momentanen Wahrnehmungen (den sogenannten Urimpressionen). Aber jede solche momentane Wahrnehmung ist Kernphase einer Kontinuität, einer Kontinuität von sich abstufenden momentanen Retentionen nach der einen Seite und einem Horizonte des Kommenden auf der anderen Seite: einem Horizont der ‚Protention', der sich in der Enthüllung als ein in Stetigkeit als kommend Abgestuftes kennzeichnet".

[129] Hua Mat. VIII, S. 274.

[130] Hua XXXIII, S. 4.

[131] Hua XXXIII, S. 266.

[132] Hua XXXIII, S. 4. Vgl. dazu V. Biceaga, *The Concept of Passivity in Husserl's Phenomenology*, S. 3–4.

9.4 Die Protentionen in den späteren Manuskripten

Wahrnehmung ist somit zwar primär auf die Urpräsentation (was in den *Vorlesungen* „Urimpression" genannt war) gerichtet, geht aber auch durch die Urpräsentation hindurch auf das, was kommt. Eine Art Aufmerksamkeitsverschiebung findet zwischen Gegenwart und Zukunft statt, und zwar aufgrund der Vergangenheit, da die Retentionen die protinierten Erwartungen (zumindest teilweise) bestimmen: Aufgrund der Vergangenheit wird die Zukunft antizipiert, nämlich gemäß Assoziationen, Gewohnheiten usw. Die Retention motiviert also die Einheit einer Strecke und ermöglicht die Fortsetzung eben dieser Strecke.[133] Diese Beschreibung wird zumindest in ihrer allgemeinen Struktur direkt aus den Zeitvorlesungen unverändert übernommen.

Die gewichtigere Rolle der Protention dient Husserl in den zwanziger Jahren in erster Linie dazu, das Schema von Auffassungssinn und Inhalt zu überwinden. Selbst die Urpräsentation ist nämlich nun nicht als ein reiner Inhalt verstanden, der in einem zweiten Moment mit einem Sinn beladen werden kann durch eine aktive Leistung des Ich, sondern sie ist immer schon konstituiert, sofern sie immanent im Bewusstseinsstrom auftritt.[134] Sie ist konstituiert aus der Erfüllung von vorhergehenden Erwartungen. Die Überkreuzung von Inhalt und Auffassung wird ersetzt durch das notwendige Vorhergehen einer Antizipation, die den Sinn des Eintretenden schon im Voraus vorgezeichnet und mitbestimmt hat.

Ist nämlich das aktuelle Jetzt Erfüllung einer vorhergehenden Antizipation, so gibt es nichts im Bewusstseinsstrom, das nicht schon intendiert und gemeint wäre: „So gibt es im Strom der Wahrnehmung keinen Punkt, der nicht seine Intentionalität hätte, und insbesondere die Urpräsentation ist dabei beständig nicht bloß Auftreten von Urpräsenzen, die erst nachträglich Intentionalität annehmen würden, sondern beständiges Auftreten derselben im Modus der Erfüllung von Erwartungsintentionen".[135]

Damit geht konsequenterweise ein Vorzug der Protention einher in ihrer Verschränkung mit den Retentionen gegenüber dem Jetzt-Punkt: „*Zuerst* ist eine leere Erwartung, und *dann* ist der Punkt der Urwahrnehmung, die selbst ein intentionales Erlebnis ist. Aber dieses (Erlebnis) wird doch im Fluss erst durch Eintreten der Urpräsenzen als füllende Inhalte in die vorhergehende Leerintention, die sich damit wandelt in urpräsentierende Wahrnehmung".[136] Da „jeder neue Punkt des Prozesses schon protentionale Horizonte vorfindet, in die er aufgenommen wird", ist jede Urpräsenz also nicht nur Inhalt, sondern aufgefasster Inhalt. „Urpräsentation ist also erfüllte Erwartung".[137] Deswegen heißt es auch, dass die Protention „das ‚Jetzt' schafft".[138]

Diese Struktur ist aber komplex, denn sie basiert auf einer Rückkopplungsbeziehung: Die Jetzt-Phase 1 schafft Protentionen („Das wirklich Anschauliche weist vor

---

[133] Vgl. Hua XXXIII, S. 18. In diesem Sinne fungiert Protention auch assoziativ, Retention dagegen nicht: Vgl. Hua XI, S. 76–77.

[134] Zum Vorrang der Protention gegenüber der Sinnkonstitution siehe V. Costa, *Husserl*, S. 50: „La protenzione è dunque l'elemento germinale dell'atto intenzionale".

[135] Hua XXXIII, S. 4.

[136] Hua XXXIII, S. 4–5. Meine Hervorhebung.

[137] Hua XXXIII, S. 6.

[138] Hua XXXIII, S. 14.

auf neue wirkliche Anschauung, und dieses Vorweisen ist Vor-Erwartung"),[139] die ihrerseits den Raum für das Eintreten der Jetzt-Phase 2 konstituieren; die Jetzt-Phase 2 schafft wiederum Protentionen, die den Raum für das Eintreten der Jetzt-Phase 3 schaffen, sodass es zwischen Jetzt-Phase und Protention eine unlösbare Verschränkung gibt, weil es die eine ohne die anderen nicht geben kann (und umgekehrt). Das Jetzt weist auf das Künftige hin (die Protention ist „vom Urjetzt urgegenwärtig ausstrahlend"), aber das Jetzt ist nur wirklich als „Verwirklichung eines antizipierenden Bewusstseins".[140]

Ist aber die Protention wesentlich und konstitutiv zugehörig zu jedem Wahrnehmungsakt, so bleibt zu bestimmen, was genau erwartet bzw. protiniert wird:

> Es ist nicht so, dass die bei einem Punkt lebendige Erwartung nur auf den nächsten Punkt, eine bloße Grenze, gerichtet ist, dass mit der Erfüllung eine neue Erwartung aufblitzt, die wieder nur auf den „nächsten Punkt" geht usw. Die Erwartung geht auf das kommende Ereignis, <bzw.> Kommendes vom Ereignis, <sie hat> einen fließenden Ereignishorizont, eine wandelbare Strecke. Darin liegt, dass die Intentionalität kontinuierlich mittelbar gerichtet ist auf alles im Kommenden ideell zu Unterscheidende. Sie geht, wenn wir das Kontinuum in Phasen denken, von (einer) Phase zur nächsten, aber durch sie hindurch auf die folgende, durch sie hindurch auf die wiederfolgende und so auf alle Phasen.[141]

Das System der Protentionen zeichnet sich als ein offener Horizont aus: „einen ursprünglichen Zukunftshorizont, ideell zu beschreiben als Kontinuum noematischer Modifikationen des Typus ursprünglich (‚soeben') kommend, in stetigen Abstufungen, deren Null wieder das Urjetzt ist".[142] Dieser Horizont hat einen mehr oder minder bestimmten Inhalt. Die Erwartung ist sozusagen auf das Ganze des Kommenden gerichtet, auf die nächste Phase als totales Ereignis und nicht nur auf einen kommenden Punkt. Dabei ist dieser Inhalt verschieden antizipiert in dem Sinne, dass manches mit großer Notwendigkeit (beispielsweise bei der Wahrnehmung eines in einen Kopfbahnhof eintretenden Zugs die Erwartung, dass der Zug im Kopfbahnhof hält) oder minderer Notwendigkeit (dass nach den ersten zehn Wagen noch ein elfter kommt) antizipiert wird.

Abgesehen aber von der Besonderheit einer einzelnen Wahrnehmung, ist wesensphänomenologisch feststellbar, dass die Protention auf allgemeine Antizipationen, die mehr oder weniger bestimmt sind, aus ist:

> Nach einem notwendigen Gesetz wird aber nicht nur nach Ablauf eines ‚Differenzials' Retention geübt, sondern Protention richtet sich auf das Kommende, einem Allgemeinsten nach inhaltlich bestimmt (hat ein Ton zu erklingen begonnen, so ist es auch künftig <ein> Ton, wenn auch das nähere Wie der Intensitäts- oder Qualitätsverhältnisse unbestimmt bleibt im Sinne der Protention usw.).[143]

Vor allem aber, und das ist wiederum eine Wesensnotwendigkeit, ist das Antizipierte in seinem Sein gesetzt, nämlich als „Quasi-Wirklichkeit".[144] Wohlbemerkt ist

---

[139] Hua XXXIII, S. 357.
[140] Hua XXXIII, S. 46.
[141] Hua XXXIII, S. 8.
[142] Hua XXXIII, S. 147.
[143] Hua XXXIII, S. 14.
[144] Hua XXXIII, S. 26.

9.4 Die Protentionen in den späteren Manuskripten

dieses „Quasi" nicht ein Modifikationsfaktor, der auf Phantasiebewusstsein hinweist (Phantasie impliziert keine Setzung einer Wirklichkeit), sondern eine Potenz. Das Zukünftige wird protentional gesetzt als potentiell seiend, als potentiell eintretend und erfüllend, aber auch als „vage-unbestimmt".[145] Das impliziert also, dass die Jetzt-Phase das Sein des Zukünftigen zwar notwendig, aber wegen der Unbestimmtheit uneinsichtig motiviert, und zwar aufgrund vorhergehender Gewohnheiten, Assoziationen und Erkenntnissen.[146]

Gerade das ist nach Husserl ein Hauptunterschied zwischen Protention und Retention, da das Retinierte – zumindest in den ersten retentionalen Phasen – voll bestimmt ist insofern, als es nur Vergangenheitsmodifikation eines einmaligen Jetzt ist. So heißt es in einem Manuskript: „Der Verlauf der retentionalen Zweige bzw. der jeweilige intentionale Gehalt des eben auftretenden retentionalen Zweiges wirkt auf die Protention inhaltsbestimmend ein und zeichnet ihr den Sinn mit vor".[147] Die Inhaltsbestimmung und die Sinnesvorzeichnung bringen aber notwendig mit sich unbestimmte Komponenten, während die Retention als Modifikation völlig bestimmt bleibt.

Diese Unbestimmtheit – zusammen mit der immer offenen Möglichkeit der Widerlegung dessen, was erwartet wird – determiniert den Charakter der Unanschaulichkeit, der Mittelbarkeit des Zukunftsbewusstseins: „Alles unbestimmte Bewusstsein ist mittelbar: Das originäre Bewusstsein ist das vollkommener Bestimmtheit. Unanschaulichkeit und unvollkommene Anschaulichkeit sind unvollkommene Bestimmtheiten".[148]

Allerdings ist der Zusammenhang zwischen Zukunft und Anschaulichkeit nicht klar. Ist es nämlich für die Vergangenheit so, dass die ersten retentionalen Phasen den Charakter der Anschaulichkeit, als zur Impression gehörige, beibehalten, während nur die ferneren Phasen unanschaulich und eventuell symbolisch werden, so verhält es sich im Falle der Zukunft anders. Husserl selbst ist aber sehr unsicher und wenig überzeugend, was die Rolle der Anschauung für die Zukunft betrifft: Während nämlich

> das Vergangene den Charakter des „Erledigten", Abgeschlossenen, Bestimmten hat, [hat] das Kommende den Charakter des Nicht-Erledigten, des Offen-Vorbehaltlichen, in gewisser Weise Unbestimmten. Schwierigkeit macht die Frage der Anschaulichkeit, wenn wir einmal geschieden haben Vorerwartung und „Protention" (als das ursprüngliche Zukunftsbewusstsein, das am Bewusstsein des Urgegenwärtigen hängt). Da sind schon bei der Vergangenheit Schwierigkeiten, obschon wir da eine gewisse Sphäre echter Anschaulichkeit sicher anerkennen werden und die Schwierigkeit nur darauf sich bezieht, wie wir das unanschauliche Bewusstsein deuten. Hinsichtlich der Zukunft aber ist die Frage, ob überhaupt eine Voranschauung zugestanden werden soll, ein Beweis, dass es nicht leicht zu konstatieren ist.[149]

---

[145] Hua XXXIII, S. 74. Die Unbestimmtheit der Protention drückt De Warren passend als „primordial hope" aus (N. De Warren, *Husserl and the Promise of Time*, S. 199).

[146] Vgl. D. Lohmar, *What does protention „protend"?*, S. 158: „Protentions are understood (at least initially) as protentions whose content is determined solely by the present hyletic data and its chain of retentions".

[147] Hua XXXIII, S. 38.

[148] Hua XXXIII, S. 40. S. auch S. 10, wo von „mittelbare[r] Intentionalität" die Rede ist. Auf die Mittelbarkeit der Protention setzt auch J. R. Mensch den Akzent: „In Husserl's descriptions, the protentional chain also expresses a mediated intentionality" (J. R. Mensch, *Husserl's Concept of the Future*, S. 42).

[149] Hua XXXIII, S. 148.

Das Schwanken bezüglich der Anschaulichkeit der Zukunft wiederholt somit die in den Zeitvorlesungen zu findende Unsicherheit. Aber gerade die Unmöglichkeit, einen Beweis für eine echte Voranschaulichung zu finden, scheint für die Unanschaulichkeit alles Zukunftsbewusstseins zu sprechen. Um aber die Frage nach der Anschaulichkeit des Protinierten zu lösen, ist eine Analyse dessen, was genau protiniert wird, unumgänglich.

Haben wir schon gesehen, dass die Antizipation der Zukunft auf kommende Ereignisse geht, also auf Totalitäten von eintretenden Sachverhalten, so ist das nur eine Komponenten der Protention. Jeder Jetzt-Punkt, sofern dieser bei einer Wahrnehmung konstitutiv nicht das volle Ding (das Optimum) haben kann, hat nämlich ferner „eine Intentionalität, die stetig auf einen maximalen Punkt als *terminus ad quem* verweist".[150] Das Jetzt strebt dem Optimum zu, das zwar nie völlig gegeben sein kann, sich aber in verschiedenen Perspektiven zur Darstellung bringen kann. Das Optimum ist dabei nicht als etwas Ideelles zu denken, sondern nur als ein reines *terminus ad quem*, als Ergebnis einer Teleologie: Das Optimum, anders als jede ideale Bedeutung, bietet Möglichkeiten der Erfüllung und tritt selbst in die Erfahrung ein, obwohl immer abgeschattet und partiell.[151] Es ist aber gerade diese Antizipation des Optimums, die es ermöglicht, mehr oder weniger bestimmte Sachverhalte als Totalereignisse zu antizipieren: Ist das Optimum des gesehenen Tisches auf eine bestimmte Art und Weise konfiguriert, so ist zu erwarten, dass es sich perspektivisch so und so darstellen wird, nämlich so und so einzelne Intentionen erfüllen wird, und nicht anders.

Dabei ist das Verhältnis zwischen Erscheinung und Optimum des Erscheinenden von Husserl auch in den C-Manuskripten so aufgefasst, dass dieser Verweis eine „Indizierung" ist.[152] Klar ist somit, „dass jedes Ereignis *in infinitum* auf Künftiges verweise. Es muss jede Ereignisphase und jedes ganze Ereignis seinen endlosen Zukunftshorizont haben und jede Phase mit einer Protention behaftet sein, die durch ein Kontinuum von Protentionen hindurchgeht"[153] und ein Optimum anzeigt. Das Kontinuum von Protentionen ist nämlich so konfiguriert, dass es kontinuierlich eine mögliche Wahrnehmung des Kommenden voraussetzt, nämlich die Möglichkeit intuitiver Erfüllung. In jeder Erwartung vollzieht das Ich Antizipationen der Zukunft, das Ich greift der Zukunft vor in dem Sinne, dass der Vorgriff sich in Wahrnehmungen niederschlagen kann, mit denen ich das Kommende sozusagen leiblich und leibhaftig erobere. Da aber die Protention auf ein Optimum aus ist, wird auch *in infinitum* protiniert, da das Optimum nie vollumfänglich gegeben ist.[154] Aus diesem Grund ist die phänomenologische Erfahrung, die den Anzeigen folgt, *de facto* eine Art unendliche Semiose.[155]

---

[150] Hua XXXIII, S. 33.

[151] Bei der Teleologie geht es, wie S. Crowell gezeigt hat, um „norm-governed relations that hold among acts" (S. Crowell, *Normativity and Phenomenology in Husserl and Heidegger*, S. 24).

[152] Vgl. Hua Mat. VIII, S. 291–292.

[153] Hua XXXIII, S. 368.

[154] Vgl. Hua XXXII, S. 260, und Hua XXXIV, S. 422 ff., für die Unendlichkeit der erfahrenden Antizipation.

[155] Zum Thema der unendlichen Teleologie vgl. neuerdings den Text „Teleologie, Gott, Möglichkeit eines All-Bewusstseins. Transzendentalphänomenologisch fundierte Metaphysik und Teleologie", in: Hua LXII, S. 160–168.

9.4 Die Protentionen in den späteren Manuskripten

Somit sind aber – und Husserl unterscheidet auf keinen Fall klar zwischen beiden Momenten – zwei verschiedene Richtungen der Protention angegeben. Einerseits ist nämlich Protention konstitutiv eine Tendenz auf Zukünftiges, welche sich erfüllen kann; als solche kann die Protention nur mögliche Wahrnehmungen antizipieren – denn nur diese können tatsächlich eintreten, zu Jetzt-Wahrnehmungen werden und Intentionen erfüllen. Andererseits aber ist im Jetzt nicht nur ein Verweis auf kommende Phasen (als potentieller *terminus ad quem*) enthalten, sondern auch ein Verweis auf das Optimum (auf den maximalen Punkt), das als solches nicht in die Wahrnehmung eintreten kann, denn ein Optimum ist nie in seiner Ganzheit wahrgenommen (als unmöglicher *terminus ad quem*), sondern nur in immer bestimmten Perspektiven, die leiblich eingeholt werden können. Der Zukunftshorizont ist somit „Könnenshorizont",[156] der in seiner Geltung „implizit geweckt" wird.

Beide Aspekte sind aber nicht unversöhnlich, sondern gehören zusammen.[157] Zusammenfassend kann man nämlich Folgendes festhalten: In der Protention wird ein Optimum so antizipiert, dass es sich darstellt in einem mehr oder weniger bestimmten Sachverhalt bzw. Ereignis, dass es sich in einer mehr oder weniger bestimmten Perspektive darstellt, und dass diese Perspektive zukünftig wahrnehmbar wird, also leiblich eingeholt und damit zur Gegenwart gebracht werden kann.

Nun ist aber die Frage, warum es überhaupt Protentionen gibt, wie ihr Inhalt bestimmt wird und woraus sie entspringen. Gesucht wird somit nach dem Anfang der semiotischen Teleologie der Erfahrung. Die Protentionen etablieren sich Husserl zufolge nach „ursprünglicher genetischer Notwendigkeit".[158] Husserl formuliert demnach folgendes Gesetz für die Bildung der antizipierten Protention:

> Wir können als Urgesetz notwendiger Genesis hier den Satz in Anspruch nehmen: Ist ein Stück Urfolge von hyletischen Daten (und dann von allen anderen Urerlebnissen) abgelaufen, so muss sich ein retentionaler Zusammenhang bilden, aber nicht nur das – Hume hat es schon gesehen. Das Bewusstsein bleibt in seinem Zuge und antizipiert das Weitere, nämlich eine Protention „richtet" sich auf Fortsetzung der Reihe in demselben Stile.[159]

Eine solche Fortsetzung vorhergehender Erfahrung wird möglich durch Vordeutungen und Vorzeichnungen. Gerade die Betonung dieser Struktur der Fortsetzung lässt die Nähe zu den Raumanalysen durchscheinen.[160] Auch hier ist Vorzeichnung

---

[156] Hua Mat. VIII, S. 121.

[157] J. Benoist unterscheidet eine Teleologie auf das Optimum und eine Teleologie auf Adäquation, denn im ersten Fall die Erfüllung unmöglich, im zweiten dagegen möglich ist; beide Modi schließen sich nach Benoist aus (J. Benoist, *Sens et sensibilité, L'intentionalité en contexte*, Les Éditions du Cerf, Paris 2009, S. 14–51). Michela Summa beschreibt beide Möglichkeiten als kompossibel (M. Summa, *Spatio-temporal Intertwinings*, S. 215–16). Diese Auffassung ist insofern zu bevorzugen, als die Teleologie auf Adäquation eine Teleologie auf das Optimum voraussetzt, sodass beide kompossibel sein müssen.

[158] Hua XXXIII, S. 11. Schon in den *Logischen Untersuchungen* trat dieser Aspekt einer Notwendigkeit des Antizipierten in der Form einer „Forderung" zu Tage: Das Gegenwartsbewusstsein, so heißt es, „stellt Forderungen" auf die Zukunft (Hua XIX/1, S. 265).

[159] Hua XXXIII, S. 13.

[160] Vgl. insbesondere Hua XXXIII, S. 12.

konstitutiv Ergebnis eines „Stils", der durch die „Art Materie" einen Verlauf vorzeichnet, sodass die Protentionen „im Allgemeinsten" antizipieren,[161] und zwar durch Retention und Vergangenheit: „[I]n der Gegenwart liegt das Auf-die-Zukunft-Hin", und zwar aufgrund der Vergangenheit.[162]

Protention ist „Vorerinnerung, Vorerwartung", also – mit einem Wort, das wahrscheinlich unter Heideggers Einfluss steht – der „Vor-wurf der Vergangenheit", als „das Projekt meiner Zukunft, wie ich sie in der jeweiligen lebendigen Gegenwart habe oder haben kann".[163] Die „anschauliche Gegebenheitsweise" der Zukunft ist – in den C-Manuskripten – „in der Gegenwart ‚Vorerinnerung', ‚Vorverbildlichung'". Vorverbildlichung heißt:

> Sie entwirft ein „Bild", wie es kommen dürfte, wie es zu erwarten ist, nach der Urbildlichkeit, die in Gegenwart und Vergangenheit liegt. Sie entwirft nur „Möglichkeiten" und lässt immer noch andere Möglichkeiten offen. Sie kann jede Möglichkeit ausmalen, aber sie kommt prinzipiell nicht über ein Ausmalen hinaus […]. Ihr [dieser Möglichkeiten] anschaulicher Gegenstand gibt sich […] als Ansatz, wie es eventuell sein oder aussehen könnte, als Lückenbüßer, aber nicht als Urbild, als selbstvergegenwärtigte Vergangenheit in ihrer Wirklichkeit.[164]

Nun scheint Husserl selbst aber die Möglichkeit zu bestreiten, dass eine solche Vorverbildlichung „anschaulich" sein könnte: „Die Zukunft, wie sie für mich in jeder Gegenwart durch mein Vermögen der Vorerinnerung zugänglich ist, [ist] kein Feld originaler Erfahrung, einer Selbstgebung von Künftigen als einer für mich jetzt in der jeweiligen Gegenwart erreichbaren bzw. *idealiter* erreichbaren Wirklichkeit".[165] Auch in einer zu dieser Passage zugehörigen Fußnote wird Vorverbildlichung als Gegebenheitsweise der Zukunft in der Gegenwart gegenübergestellt der „wirklichen Selbstgebung" der Vergangenheit.

Obwohl die Rede von „Vorverbildlichung" bei manchen Passagen nur auf die ferne Zukunft und nicht auf die Protentionen anwendbar scheint, und zwar gerade weil die Protention den Charakter einer Selbstgegebenheit hätte, ist diese Beschreibung nicht unproblematisch, und von Husserl selbst nicht immer konsequent durchgehalten.[166] Dass es so ist, beruht darauf, dass Husserl einerseits nicht die Zukunft als anschauliche und leibhaftige Selbstgegenwart in der Wahrnehmung denken kann (sonst wäre nicht von Möglichkeit, sondern von Aktualität, nicht von kommender Erfüllung, sondern von unmittelbarer Gegebenheit, nicht von einer Überzeugung, sondern von einer Evidenz zu sprechen), andererseits aber die Zukunft als selbst gehörig zur lebendigen Gegenwart konzipiert. Insofern, als die Protention lebendig

---

[161] Hua XXXIII, S. 22.
[162] Hua Mat. VIII, S. 93. Als Bestätigung siehe De Warren: „Retention originates protention" (N. De Warren, *Husserl and the Promise of Time*, S. 196).
[163] Hua Mat. VIII, S. 91.
[164] Hua Mat. VIII, S. 92.
[165] Ebd.
[166] Vgl. Hua Mat. VIII, S. 94: Die vorzuverbildlichende Zukunft ist dunkler und unlebendiger Fernhorizont; andererseits aber „wirft" die Gegenwart Protentionen „vor", d. h. nach dem oben Angeführten die Protention ist Vor-wurf, Vorverbildlichung.

9.4 Die Protentionen in den späteren Manuskripten

und gegenwärtig sein muss, kann sie nicht bloße Vorverbildlichung sein: „Wirkliche Erfahrung der Zukunft, selbstgebende, gibt es über die unmittelbare der Gegenwärtigung <hinaus> (wodurch die Zukunft aufhört, Zukunft zu sein) nicht".[167] Die unmittelbare Erfahrung der Zukunft in der lebendigen Gegenwart scheint somit nicht mehr Zukunft zu sein. Die Zukunft ist notwendig nicht selbstgegeben, sie ist konstitutiv eine Präsumption. Die Vorverbildlichung der Zukunft in der Gegenwart hat nämlich den Charakter einer Glaubensgewissheit, also einer Überzeugung, die als solche keine Rolle spielt bei der Selbstgegebenheit der Vergangenheit, die vielmehr unmittelbar und evident gegeben ist.

Wie schon angedeutet, ist die Antizipation „durch das Kontinuum vorangegangener Retentionen als fortschreitendes Kontinuum motiviert":[168] Protention ist „Vorzeichnung" oder Antizipation aufgrund des Retinierten,[169] ein „vorgeworfener Schatten" oder eine Projektion des Vergangenen in die Zukunft.[170] Das konfiguriert sich wiederum als „‚Tendenzbewusstsein'".[171] In einer Passage gibt Husserl genaue Auskunft darüber, wie dieses Verhältnis zu verstehen ist:

> Wie kann Zukunft erwartungsmäßig motiviert sein? Nur vom Lauf der Vergangenheit her. Im Wesen der Vergangenheit bzw. im Wesen des Erinnerungsbewusstseins liegt es, dass a priori gewisse Inhalte und Formen desselben eine Motivationskraft für die Zukunft haben. Der Lauf der Vergangenheit schreibt der Zukunft danach Regeln vor, allgemeine Regeln, aber auch einzelne Festsetzungen, wie es der Wille tut.[172]

Die Zukunft ist somit eine Tendenz, die als solche zweier Spannungspole bedarf: Nämlich einerseits dessen, worauf hin tendiert wird (das Zukünftige als *terminus ad quem*), und andererseits des Ausgangspunkts (das Präsente als *terminus a quo*).[173] Wurde oben der *terminus ad quem* als zweiseitig bestimmt, nämlich als potentielle Gegebenheit und als optimaler Terminus, so bleibt der Ausgangspunkt als Urquelle der Verweisungen in beiden Fällen bestehen. Dieser Punkt ist ein „Abstoßungspunkt, als Punkt, von dem das Bewusstsein sich wegrichtet, bewusst",[174] ist das Urjetzt als Null der Modifikation.

Die Fortsetzung durch protentionale Vorzeichnung ereignet sich primär „durch Ähnlichkeit",[175] weil „der Stil der Vergangenheit" in die Zukunft „projiziert", ausgestrahlt wird. Diese Projektion ist „vom Urjetzt urgegenwärtig ausstrahlend" und ist eine Urform des Bewusstseins: „eine notwendige protentionale Motivation, die den Stil des Prozesses vorzeichnet, als notwendige Urform des Bewusstseins".[176]

---

[167] Hua Mat. VIII, S. 96.
[168] Hua XXXIII, S. 24.
[169] Vgl. Hua XI, S. 186.
[170] Vgl. Hua XI, S. 287.
[171] Hua XXXIII, S. 25.
[172] Hua XXXIII, S. 377.
[173] „Als positive und negative Tendenz oder Richtung-auf hat sie einen *terminus ad quem* bzw. einen *terminus a quo*", Hua XXXIII, S. 38.
[174] Hua XXXIII, S. 39.
[175] Hua XXXIII, S. 37.
[176] Hua XXXIII, S. 369.

Sie bewegt sich auf dem Niveau der Sinnlichkeit: „Die intentionale Verbindung, die zwischen allen Wahrnehmungen gestiftet wird, ist für die intentionalen Gegenstände die Zeitverbindung. Gestiftet ist sie in der Sphäre der Passivität und in diesem Sinn in der Sinnlichkeit".[177] Somit scheint Husserl einzuräumen, dass die zeitlichen Verbindungen, also die Stiftung von Protentionen als Verbindungen zwischen Präsentem und Zukünftigem, eine besondere Rolle einnehmen, während räumliche Verbindungen und Verbindungen der Assoziation per Ähnlichkeiten eher untergeordnet bleiben. Ähnlichkeit und räumliche Verhältnisse finden nämlich statt innerhalb eines Horizontes, der primär zeitlich ist. Die Zeitigung der Bewusstseinsinhalte macht es möglich, dass diese Inhalte überhaupt intentionale Implikationen eingehen. Die zeitliche Zukunft ist daher insofern der Assoziationen vorgeordnet, als ihr die Rolle zukommt, erst die Bedingung der Möglichkeit für die Assoziation zu sein; anders gewendet, nur durch die Vorzeichnung eines zeitlichen Horizontes der Erwartung können sich überhaupt Assoziationen bilden.[178]

Anders als in den *Ideen I* für die Horizontbildung ist in den Zeitanalysen die Protention nicht das Ergebnis eines Identitätsbewusstseins, sondern dieses braucht jene:[179] Erst nachdem die Protention den zeitlichen Raum für die Identifikation geöffnet hat, kann das Bewusstsein intentionale assoziative Verbindungen herstellen, die sich zu einem Identitätsbewusstsein zusammenschließen. Der Ursprung dieser Protentionen als Antizipationen liegt nach den *Analysen zur passiven Synthesis* im Reiz, im „Zug", den die Affektion auf das Subjekt ausübt, nämlich als Tendenz, den Gegenstand näher zu sehen, besser zu sehen usw.[180] Wurde im vorherigen Kapitel nun schon gezeigt, dass dieser Zug die Struktur der Anzeige hat, und im ersten Teil dieses Kapitels, dass die Protention ebendiese Struktur aufweist, so lässt sich schließen, dass der Zug, den das Affizierende ausübt, eine Anzeige auf das Kommende in der Form einer Antizipation ist.

---

[177] Hua XXXIII, S. 351. Dies ist das Ergebnis einer „neuen", erst in den *Bernauer Manuskripten* thematisierten Reduktion, die eigene Züge trägt. Diese Reduktion bedürfte weitere Analysen und Ausführungen, auf die aber hier nicht weiter eingegangen werden kann.

[178] Deswegen scheint mir die Position Holensteins inzwischen überholt, der unentschieden bleibt: „Ob die zeitliche Verweise aus der Assoziation entspringen oder nicht, bleibt unklar" (E. Holenstein, *Phänomenologie der Assoziation*, S. 63). Sicher richtig ist es, dass Husserl sich zu diesem Thema kaum äußert, aber in den wenigen Passagen, die sowohl in diesem als auch in anderen Kapiteln analysiert wurde, scheint der Schluss möglich, dass der zeitliche Horizont doch einen Vorrang vor der Assoziation hat. Vgl. dazu S. Geniusas, *The Origins of the Horizon in Husserl's Phenomenology*, S. 219: „Associative synthesis themselves rest upon the synthesis of inner-time consciusness". Derselben Meinung ist auch L. M. Rodemeyer, *Intersubjective Temporality. It's about time*, S. 174: „The openness of protention as foundation to appresentation, association, and affectivity".

[179] Hua XXXIII, S. 14.

[180] Auch Mensch teilt diese Meinung: „What is the origin of such anticipation? What is the quality of our retained experiences that points us to the future? In his *Analyses of Passive Synthesis*, Husserl turns to the affectivity of experience to answer these questions. He defines ‚affection' as ‚the conscious stimulus (*Reiz*), the unique pull (*Zug*) that an apprehended object exercises on the ego. This is a pull [or tension], which relaxes in the turning of the ego [to the object] and which continues in the striving [...] to more closely observe the object.' According to the *Analyses*, this affective pull is what draws consciousness to the future" (J. R. Mensch, *Husserl's Concept of the Future*, S. 48).

Kapitel 10
Schlussfolgerungen. Induktion und Ursprung des menschlichen Ich

Im Folgenden wird versucht, mit Husserls späterer Phänomenologie einige systematische Schlussforlgerungen aus der in den Analysen der einzelnen Kapitel gewonnenen Ergebnisse zu ziehen. Eine Zusammenfassung dieser Ergebnisse scheint an dieser Stelle eine Wiederholung; dafür sei auf die Einleitung hingewiesen, wo die wichtigsten Schritte der Argumentation in Kürze vorgestellt wurden. Im Folgenden geht es vielmehr um einen Ausblick auf Konsequenzen der hier dargestellten Thesen und Argumente, welche deutlich über die schlichte Wahrnehmungsphänomenologie hinausgehen, um mit der phänomenologischen Egologie selbst in Kontakt zu treten. Dabei wird sich zeigen, dass (1.) die Struktur der Anzeige in der Phänomenologie der Wahrnehmung, vor allem wenn die Zukunftsgerichtetheit betont wird, dem Begriff der Induktion gleichkommt. Anderseits zeigt sich als Endergebnis (2.), dass die Phänomenologie der Erfahrung eine Teleologie aufweist, innerhalb derer das menschliche, von Husserl an mehreren Stellen sogenannte „empirische" Ich seine Ursprungsstätte hat.

10.1 Induktion und Zukunft

Mit den Zeitanalysen der dreißiger Jahre kommt Husserl allmählich zu einer neuen Rekonfiguration der semiotischen und leiblichen Verhältnisse, welche die Wahrnehmung äußerer Gegenstände bestimmen. Am Anfang der *Cartesianischen Meditationen* besteht Husserl nämlich noch einmal darauf, dass zu jeder „lebendigen Selbstgegenwart" ein „präsumtiver Horizont" von Nicht-Erfahrenem, aber Mitgemeintem gehört.[1] Wie schon gesehen besteht der präsumptive Charakter dieses Horizontes darin, dass die neuen Erfahrungsmöglichkeiten potentiell sind, d. h., prinzipiell aktualisiert werden können, aber ohne die absolute Gewissheit, dass eine Aktualisierung tatsächlich eintritt. An das aktuell Gegebene schließt sich also die Präsumtion

---
[1] Hua I, S. 62.

an, d. h. der Glaube, weitere Erfahrungen machen zu können. Es handelt sich um eine Synthese, die von dem Gegebenen zum Nichtgegebenen führt,[2] wobei dieses Nichtgegebene in seiner Potentialität wesentlich der Zukunft zugehört.

Es ist durch die Betonung dieses präsumtiven, und d. h. zukünftigen Charakters des Horizonts, dass Husserl dazu kommt, den Verlauf der Dingerfahrung in den späteren Jahren als eine Art „Induktion" zu bestimmen.[3] Eine Untersuchung der Verhältnisse zwischen Anzeigestrukturen und Leiblichkeit in der Wahrnehmung durch den Begriff der Induktion bringt die vorliegenden Analysen zu einem systematischen Gesamtergebnis.

Durch eine Untersuchung der Dingtheorie Kants und des Rationalismus, welche vor allem in den Beilagen XIV und XV der *Krisis* geschieht, kommt Husserl darauf zu sprechen, wie die Wahrnehmung in ihrer Perspektivität eine Struktur der Verklammerung zwischen Leiblichkeit und semiotischer Ontologie aufweist. Diese Verklammerung wiederum ist induktiv und zukünftig orientiert. In diesem Sinne wiederholt Husserl im Haupttext der *Krisis*, dass die Dinge sich in der Lebenswelt „darstellen", d. h. zur Erscheinung kommen, und dass dabei der menschliche Leib eine wichtige Rolle spielt:

[A]lles sich lebensweltlich als konkretes Ding Darstellende hat selbstverständlich eine Körperlichkeit, auch wenn es nicht ein bloßer Körper ist, wie z. B. ein Tier oder ein Kulturobjekt, also auch psychische oder sonstwie geistige Eigenschaften hat. Achten wir nur rein auf das Körperliche der Dinge, so stellt es sich offenbar wahrnehmungsmäßig nur dar im Sehen, im Tasten, im Hören usw., also in visuellen, in taktuellen, akustischen und dgl. Aspekten. Dabei ist selbstverständlich und unweigerlich beteiligt unser im Wahrnehmungsfeld nie fehlender Leib, und zwar mit seinen entsprechenden „Wahrnehmungsorganen" […].[4]

Dabei bestimmend ist die Zufuhr der Kinästhesen, also der „ichlichen Beweglichkeit" ineins mit den Sinneswahrnehmungen. Diese Kinästhesen sind notwendig, damit das Ich die Einheitlichkeit eines Dinges durch mannigfaltige Erscheinungen erkennen kann:

Der Mannigfaltigkeit von Erscheinungen, in denen ein Körper als je dieser eine und selbe wahrnehmbar ist, entsprechen in eigener Weise die ihm zugehörigen Kinästhesen, in deren Ablaufen-lassen die entsprechenden mitgeforderten Erscheinungen auftreten müssen, um überhaupt Erscheinungen von diesem Körper, ihn in sich als diesen in seinen Eigenschaften, darstellende sein zu können.[5]

Ist nun die Struktur des Sichdarstellens als ein Sichzeigen gedacht,[6] so will Husserl diese Struktur gerade nicht traditionell verstehen; es wird also nicht auf ein Ding an sich verwiesen, dessen Erscheinungen nur defizitäre Überbleibsel wären. Ganz im Gegenteil will Husserl das Sichdarstellen als Erscheinung des Dinges verstehen,

---

[2] Hua XXXIX, S. 68.
[3] Dieser Sprachgebrauch setzt sich explizit gegen Husserls frühere Positionen durch. Als Beispiel sei hier nur Hua XVI, S. 4 angeführt, wo der methodologische Grundsatz ausgedrückt wird, dass die Analysen der Phänomenologie „vor allem Deduzieren und Induzieren" stattfinden.
[4] Hua VI, S. 108. Vgl. dazu auch Hua VI, S. 160–161.
[5] Hua VI, S. 109.
[6] Vgl. Hua VI, S. 108.

wobei es zwischen Erscheinung und Erscheinendem keine qualitative Differenz gibt; es handelt sich anders gesagt nicht um zwei irgendwie verschiedene Dinge. Die semiotische Struktur, so wie sie beschrieben wurde, hat nicht zwischen zwei Gegenständen statt, sondern innerhalb des Erscheinens desselben Dings, und zwar auf eine klarerweise dreiteilige Art und Weise:

1. Die erscheinende Seite des Dinges zeigt weitere einzelne Perspektiven desselben Dinges an, welche zukünftig potentiell einholbar sind;
2. Die erscheinende Seite des Dinges zeigt das Optimum des Dinges, das Ding in seiner vollen Gegebenheit an, welches wesentlich uneinholbar ist;
3. Die erscheinende Seite des Dinges zeigt an und motiviert eine leibliche Bewegung, die zum Einholen von (1.) dient.

Wie ersichtlich, gehören diese drei Momente *de facto* untrennbar zusammen. Die erscheinende Seite des Dinges zeigt die Rückseite desselben Dinges an, wobei diese Anzeige vor allem die Möglichkeit einer leiblichen Bewegung in Richtung der zukünftig stattfindenden Einholung dieser Rückseite anzeigt; diese Anzeige der Möglichkeit ist ihrerseits nur dadurch ermöglicht, dass die Vorderseite nicht eine bloße Einzelerscheinung ist, sondern dass sie sich mereologisch darstellt als Seite eben eines Dinges, das als solches auch andere Seiten hat.

Ist in den Werken vor der „genetischen Wende" der Phänomenologie die Struktur der Verweisungen und Anzeigen eher als eine Deduktion beschrieben in dem Sinne, dass aus einem rein theoretischen und allgemeinen Element (dem Eidos) durch eine Erscheinung auf die Verweisungszusammenhänge geschlossen werden konnte (obwohl Husserl die Rolle eines logischen Schlusses ablehnt),[7] so ist nun, im Einklang mit den Untersuchungen in Hua XI, von Induktion die Rede. Husserl greift nämlich eine Unterscheidung auf, die im Kapitel über *Ding und Raum* näher thematisiert wurde:

> Zur Erfahrung als Mitmeinung gehört auch die Induktion, die über das in einer einheitlichen Erfahrung als selbst da Gemeinte hinausweist auf andere Gegenständlichkeiten und ihre mögliche Erfahrung. Es ist kein wesentlicher Unterschied im einen und anderen, auch die z. B. in der Erfahrung eines Dinges mitgemeinten „Seiten" desselben, über die jeweils wahrgenommene Seite hinaus, das ist im Grunde eine „Induktion", eine sozusagen innere gegenüber der immer mitgehenden Außenverweisung auf das Miteinander anderer Dinge als erfahrbare, in ihrer inneren Induktivität.[8]

---

[7] Es ist zwar m. E. richtig, den Charakter des Schlusses in Falle der Wahrnehmung zu verneinen, da es keine aktive Leistung des Bewusstseins ist; andererseits schwankt Husserl hin und wieder diesbezüglich. Auch in einer Beilage zu Hua II, die vermutlich aus dem Jahr 1908 stammt, ist zu lesen: „Ich sage dann vielleicht: wir schließen auf Transzendent [scil. aus der Immanenz], durch Schlüsse überschreiten wir das unmittelbar Gegebene, es ist überhaupt eine Leistung von Schlüssen, durch Gegebenes Nicht-gegebenes zu begründen […]. Analytische Schlüsse würden nichts helfen, Transzendentes ist nicht in Immanentem impliziert. Synthetische Schlüsse aber, wie könnten sie anders sein als Erfahrungsschlüsse. Erfahrenes bietet Erfahrungsgründe, das ist: vernünftige Wahrscheinlichkeitsgründe für nicht Erfahrenes" (Hua II, S. 81–82). Dem scheint die Annahme zu entsprechen, dass zum inneren Charakter des Phänomens den Bezug auf Transzendentes gehört als „Über-sich-hinaus-meinen" (Hua II, S. 46). Dieses Argument ist dasselbe wie dasjenige in den *Ideen I*, wo – wie gesehen – gesagt wurde, dass das Ding Zeichen für sich selbst ist.

[8] Hua VI, S. 464. Vgl. auch Hua VI, S. 496.

Dabei betont Husserl noch einmal – das sei zur Bestätigung des von uns Ausgeführten angegeben –, dass jede Erfahrung letztlich nur Bewährung für gemeintes Sein ist, und dass daher die durch Verweisung eröffneten Möglichkeiten *de facto* Bedingungen der Möglichkeit der Erfahrung als solcher sind. Die Wirklichkeit der Erfahrung bewährt sich vorwiegend dadurch, dass wir „darüber verfügen können".[9] Wichtig ist aber, zu bemerken, dass Husserl im angeführten Zitat zwischen Hinweisen auf Gegenstände und Hinweisen auf Seiten keine Unterscheidung mehr trifft, eine Unterscheidung, die in den früheren Werken einen eher misslungenen Versuch darstellte, die semiotische Erfahrung von der Erfahrung von Mitgegebenheiten zu trennen. Dieser Versuch wurde in früheren Kapiteln in dem Sinne kritisiert, dass eine Anzeige nicht nur einen Gegenstand, sondern auch einen Sachverhalt indizieren kann, und die Gegebenheitsweise eines Dinges in einer bestimmten Perspektive genau ein solcher Sachverhalt ist. Nun setzt Husserl selbst beide Verhältnisse gleich und nennt die darunter liegende Beziehung eine „Induktion". In der Tat ist Induktion ein anderes Wort für „Vorzeichnung"[10] und somit für die Anzeige.[11] Husserl selbst zieht in den C-Manuskripten die Parallele von Induktion und Indikation:

> Das einheitlich visuell Anschauliche hat auch einen Horizont von Nicht-Visuellem. Ich kann zum Tasten übergehen, zur Einheit der Tastanschauung bei offenen Augen als kontinuierliche „Erfüllung" des kontinuierlich vom Visuellen indizierten Taktuellen, wie umgekehrt dieses anschaulich als Erfüllung gegeben ist des kontinuierlich vom Taktuellen her Indizierten. Die Augen schließend und wieder öffnend habe ich immer wieder Einheit visueller Anschauung und da einsetzend, wo sie als Erfüllung indiziert ist in ständiger Mitgeltung. *Was nicht anschaulich ist, gilt mir als indiziert oder mittelbar induziert*, und zwar als vermöglich immer wieder aktualisierbar, als das Mit-Da evident Machende.[12]

Die Auffassung, dass in der Erfahrung – selbst in den untersten Stufen, da die Verweise zur passiven Synthesis gehören – eine Induktion zu verorten ist, könnte problematisch sein, wenn wir annähmen, dass diese Induktion eine höhere Leistung menschlicher Subjektivität wäre. Das würde nämlich mit sich bringen, dass die

---

[9] Hua VI, S. 464.
[10] Der Herausgeber der Manuskripte zur Lebenswelt, R. Sowa (R. Sowa, *Einleitung des Herausgebers*, in Hua XXXIX, S. LXV) behauptet, die „ursprünglichen Induktionen der Welterfahrung" (S. 137 ff.) seien ein neuer Name für die Vorzeichnung, wie Husserl auch betont (Hua XXXIX, S. 128). Dem ist zwar unmittelbar zuzustimmen, und im Folgenden wird die Nähe zwischen der Anzeige (als welche die Vorzeichnung interpretiert wurde) und der Induktion unterstrichen. Andererseits bleibt aber im Übergang von „Vorzeichnung" zu „Induktion" eine wichtige Veränderung enthalten, nämlich der Rekurs auf einen traditionellen Terminus, der präzise Bedeutungen in der Geschichte der Philosophie und der Wissenschaft hat, während „Vorzeichnung" zwar keine Neuprägung Husserls ist, aber doch von Husserl zum ersten Mal philosophisch zentral benutzt wird.
[11] Vgl. Hua XXXIX, S. 413 ff.
[12] Hua Mat. VIII, S. 215. Meine Hervorhebung. Vgl. auch auf S. 216: „Denn (dank) der Indizierung der Erinnerungen in Richtung auf ihre stetige Erfüllung im Fortgang als Quasi-Erneuerung der Wahrnehmungskontinuität gewinne ich die Erinnerungskontinuität bis zum Gegenwart, und mit der stetigen Indizierung der zu jeder Phase und im Kontinuum gehörigen möglichen Wahrnehmungen". Das Wort „Indizierung" benutzt Husserl auch als Synonym für „Vorzeichnung" und „Implikation" (vgl. etwa Hua Mat. VIII, S. 285).

10.1 Induktion und Zukunft

Erfahrung immer eine höhere theoretische Tätigkeit darstellt. Halten wir auch an dem von Husserl Behaupteten fest, nämlich dass es sich nicht um einen aktiven Schluss des Bewusstseins, sondern um eine andere Art von Schluss handelt, so ergibt sich eine Art „passive Induktion", die es näher zu klären gilt. Darauf kommt Husserl auch in der *Krisis* kurz zu sprechen:

> Die Seinsbewährung des Lebens ergibt in Erfahrung terminierend eine volle Überzeugung. Selbst wenn sie induktiv ist, ist die induktive Antizipation die einer möglichen Erfahrbarkeit, die letztlich entscheidet. Induktionen können sich durch Induktionen im Miteinander bewähren. In ihren Antizipationen der Erfahrbarkeit, und da jede direkte Wahrnehmung selbst schon induktive Momente (Antizipation der vom Objekt noch nicht erfahrenen Seiten) einschließt, so ist alles im weiteren Begriff „Erfahrung" oder „Induktion" beschlossen.[13]

Somit erkennt Husserl an, dass die Struktur der Induktion jeder direkten Wahrnehmung angehört; die Wahrnehmung ist konstitutiv ein Induktionsprozess, wobei sich diese Induktion auf der Stufe der Passivität abspielt und auf die Zukunft gerichtet ist. Das Fungieren der Induktion basiert letztlich auf Sinnstrukturen: Jede Phase der Wahrnehmung, jede Perspektive trägt in sich „Sinn" und meint etwas; deswegen „verbinden [...] sich" verschiedene Phasen und Perspektiven

> zu einer fortschreitenden Sinnbereicherung und Sinnfortbildung, in der fortgilt als noch Behaltenes, was nicht mehr erscheint, und in der die einen kontinuierlichen Ablauf antizipierende Vormeinung, die Vorerwartung des „Kommenden", sich zugleich erfüllt und näher bestimmt. So wird alles aufgenommen in die Einheit der Geltung bzw. in das Eine, *das Ding*.[14]

Die Induktion ist daher wesentlich eine Struktur der Antizipation; etwas wird induktiv aus vorhergehenden Erfahrungen antizipiert.[15] Dieser „Sinn" ist somit passiv konstituiert durch die Leistungen der Leiblichkeit, und nimmt die Gestalt einer durch Kinästhesen motivierten „Wenn-so"-Struktur an.[16] Alles Seiende ist daher ein „Index" eines subjektiven Korrelationssystems:[17]

> Jedes Seiende, das für mich und jedes erdenkliche Subjekt als in Wirklichkeit seiend in Geltung ist, ist damit korrelativ, und in Wesensnotwendigkeit, Index seiner systematischen Mannigfaltigkeit. Jedes indiziert eine ideelle Allgemeinheit der wirklichen und möglichen erfahrenden Gegebenheitsweisen, deren jede Erscheinung von diesem einen Seienden ist.[18]

---

[13] Hua VI, S. 130.

[14] Hua VI, S. 161.

[15] Vgl. dazu Hua XI, S. 188: „Ich erwarte hier q', weil ich unter ähnlichen Umständen q erfahren habe, und dieses Weil-so ist evident gegeben. Korrelativ: Ich schließe ‚induktiv' in vollkommener Evidenz aus dem Gekommen-sein unter früheren, ähnlichen Umständen auf das nunmehrige ähnliche Kommen. Wie jeder Schluss, so hat dieser Notwendigkeit und ergibt in Wesensverallgemeinerung ein evidentes Schlussgesetz. Nur dass hier zur Evidenz der Motivation des Kommenden als zu Erwartenden die offene Möglichkeit gehört, dass anderes doch eintrete".

[16] Vgl. Hua VI, S. 164.

[17] Hua VI, S. 168, § 48. Vgl. dazu eine Passage aus den C-Manuskripten: „Zunächst auf ein Erfahrungs-Nahfeld, in dem für den immer schon bisher konstituierten Leib alle Gegenstände im Zugriff erreichbar sind und die Sichtbarkeit keine weitere Bedeutung hat als Index für diesen Zugriff" (Hua Mat. VIII, S. 155).

[18] Hua VI, S. 169.

Die Struktur des Dinges als korrelativer Index ist somit eine Wesensnotwendigkeit, die sich durch Epoché und Reduktion als solche zeigt. Die Wirklichkeit des Dinges ist zwar in Frage gestellt, aber nicht ihre Geltung (ihr Als-wirklich-für-mich-Gelten). Der Anspruch auf Wirklichkeit expliziert sich vielmehr als korrelativ indikativ-induktive Dinggestalt. „Intentional gesprochen, ist jedes geradehin als ‚dies da', als Ding Erfahrene Index für seine in reflexiver Blickrichtung erschaubar (und in ihrer Weise erfahrbar) werdenden Erscheinungsweisen".[19]

Dass zum Horizont der Erfahrung die Induktion gehört, bestätigt Husserl auch in *Erfahrung und Urteil*, wobei sogar die Notwendigkeit einer „Theorie der Induktion" als Explikation von Horizonten angegeben wird:

> So hat jede Erfahrung von einem einzelnen Ding ihren *Innenhorizont*; und „Horizont" bedeutet hierbei die wesensmäßig zu jeder Erfahrung gehörige und von ihr untrennbare *Induktion* in jeder Erfahrung selbst. Das Wort ist nützlich, da es vordeutet (selbst eine „Induktion") auf die Induktion im gewöhnlichen Sinne einer Schlussweise und darauf, dass diese letztlich bei ihrer wirklich verstehenden Aufklärung zurückführt auf die originale und ursprüngliche Antizipation. Von dieser aus muss also eine wirkliche „Theorie der Induktion" (um die man so viel und so vergeblich bemüht hat) aufgebaut werden.[20]

Das Ergebnis der vorliegenden Untersuchung zeigt also, dass die semiotische Struktur der Wahrnehmung eine induktive Struktur ist, wobei die Induktion zwischen Gegebenem und zukünftig Gebbarem stattfindet. Das bestätigt Husserl auch in einigen Manuskripten: In einem Text aus dem Jahr 1932 behauptet er nämlich, dass „schon die schlichte Dingapperzeption ihre innere induktive Struktur hat", und zwar weil „jede Weise der Apperzeption konstituiert [ist] durch Induktion und Verflechtungen von Induktionen".[21] Dass diese Induktion wesentlich auf die Zukunft gerichtet ist, kommt in den Vorlesungen zu *Natur und Geist* zum Vorschein, wo Husserl sein Gebrauch des Terminus „Induktion" als eine „sehr nützliche Erweiterung des gewöhnlichen Begriffs der Induktion" bezeichnet, und zwar als eine „Schlussweise von erfahrungsmäßig Gegebenem auf Nichtgegebenes, auf Antizipiertes". Daraus kann man schließen, dass „in jeder Erfahrung [...] von vornherein als ihr Wesen ausmachend Induktion [liegt]. Jede Wahrnehmung vollzieht Selbstgebung, Selbsterfassung. Aber das kann sie nur tun, indem sie induziert, indem sie zugleich in ihrer Weise innerer und äußerer Antizipation unmittelbare Mitgegenwart und nächste Zukunft ‚erschließt' und durch diese Unmittelbarkeit hindurch eine mittelbare".[22]

Aus dem bisher Gewonnenen ist es möglich, eine Theorie der Induktion aufzubauen, welche zeigt, wie die Wahrnehmung innerlich konstituiert ist, nämlich als eine Struktur, in der das Selbstgegebene als eine die Seinsüberzeugung des Mitgegebenen uneinsichtig motivierende Anzeige fungiert. Das angeführte Zitat aus *Erfahrung und Urteil* sowie die Passage aus den Vorlesungen zu *Natur und Geist*, die die Induktion beide als „Schlussweise" bezeichnen, bezeugen auch ein gewisses

---

[19] Hua VI, S. 174.
[20] E. Husserl, *Erfahrung und Urteil*, S. 28. Das Thema des Horizontes als Induktion ist im Detail auch im Text 15 der Lebenswelt-Manuskripte analysiert (Hua XXXIX, S. 137 ff.).
[21] Hua XXXIX, S. 415.
[22] Hua XXXII, S. 138.

10.1 Induktion und Zukunft

Schwanken Husserls. Denn gerade die Rede von „Induktion" im Sinne einer Form logischen Schließens sollte eigentlich ausgeschlossen sein nach dem, was Husserl schon in *Ding und Raum* gegen die Auffassung der Wahrnehmung als Symbolverständnis gesagt hatte.[23] Sehr wohl ist allerdings klar, dass mit diesem Schluss kein logischer Schluss gemeint sein kann, da vielmehr die passive vorprädikative Erfahrung die Ursprungsstätte eines solchen ist. Dass es sich aber dennoch um einen irgendwie gearteten Schluss handelt, davon scheint Husserl nun auszugehen, und zwar für jede Antizipation und Vordeutung, die in der Erfahrung stattfindet. Es handelt sich hierbei somit um eine passive und leibliche Induktion, die Husserl auch bisweilen, aber nicht immer eindeutig, als „intentionale Implikation" bezeichnet. Diese Implikation beruht darauf, dass in jeder Mitgegebenheit, in jeder Antizipation der Erfahrung immer das Ich impliziert ist, z. B. das Ich, das dieses Ding in der Zukunft wahrnehmen wird.[24]

Diese Induktion ist also aus drei Momenten aufgebaut: (1) Die Strukturiertheit des Erfahrungsfeldes in verschiedene Abgehobenheiten;[25] (2) die ersten passiven Verweise, die sich in solcher Abhebung einstellen, und zwar hauptsächlich handelt es sich um disjunktive Verweise:[26] Ein A ist nicht ein B und somit verweist das eine indirekt auf das andere. Die Abhebung eines A gegenüber einem B kommt daher zustande, dass die leiblichen Möglichkeiten, die A indiziert, nicht dieselben sind, die B indiziert: Ein Buch ist nicht ein Stuhl insofern, als ich das Buch aufschlagen kann, nicht aber den Stuhl; und wiederum kann ich mich auf den Stuhl setzen, nicht aber (oder nicht wesentlich) auf das Buch. Damit kommt zustande (3) eine Kategorisierung und Typisierung dieser Abgehobenheit und damit des ganzen Erfahrungsfelds.

Diese induktive Struktur in der Wahrnehmung bildet den phänomenologischen Boden für die „höheren" Schlüsse der Erkenntnis und der Logik. Dabei hält Husserl daran fest, dass diese Induktion die Struktur der Anzeige hat: „Das jeweils wirklich Erfahrene ‚induziert' Nichterfahrenes, zum Beispiel Signale für das Herankommen eines Schiffes, Anzeichen für in der Nähe hausende Menschen und Wohnstätten".[27] Diese Beispiele dienen Husserl zwar dazu, die sogenannte „Ferninduktion" zu veranschaulichen, während in der Wahrnehmung selbst eher von Nahinduktion bzw.

---

[23] Dieser Meinung ist auch E. Holenstein: Induktion ist nicht schließen, sondern „daran erinnern, Verweisung" (E. Holenstein, *E. Husserls Phänomenologie der Assoziation*, S. 35).

[24] Zu dieser Struktur im Allgemeinen siehe K. Wiegerling, *Husserls Begriff der Potentialität*, und S. Genuisas. *The Origins of the Horizon*. Vgl. auch A. Staiti, *Geistigkeit, Leben und geschichtliche Welt in der transzendentalen Phänomenologie Husserls*, S. 186 ff.: „‚[I]ntentionale Implikation' [heißt so,] weil ein anderes (ebenso meines) Ich impliziert ist". Vgl. dazu auch Hua XV, S. 192.

[25] V. Costa setzt den Akzent darauf, dass die Induktion zur Erscheinungsweise des Erscheinenden gehört, und nicht zu einer menschlichen Art und Weise, die Welt zu organisieren (V. Costa, *Husserl*, S. 101–102).

[26] Vgl. Hua XLII, S. 75: „Dabei ist aber das Seiende vorgezeichnet als System ontischer Erscheinungen im System, in der Allheit seiner ontischen Möglichkeiten. Aber so, dass die Vorzeichnungen der künftig verwirklichten Möglichkeiten wesensmäßig für uns *in der praktischen Disjunktion* sind: Ob ich eingreife oder das Seiende ungeschoren lasse [...]". Meine Hervorhebung.

[27] Hua XXXII, S. 256.

von ursprünglicher Induktion die Rede ist, aber die Struktur bleibt unverändert. Wenn eine Unterscheidung zu treffen ist, dann eben nur diese, dass die Anzeige in der Ferninduktion verschiedene Gegenstände miteinander verbindet, während in der Nahinduktion verschiedene Sachverhalte (Perspektiven), in denen derselbe Gegenstand vorkommt, verbunden werden.[28]

Analysieren wir aber diese drei Stufen der Erfahrung näher:

1. Das Feld der vorprädikativen Erfahrung, d. h. von nichtgegenständlichen[29] „Reizen", ist nicht „ein bloßes Chaos, ein bloßes ‚Gewühl' von ‚Daten', sondern ein Feld von bestimmten Strukturen, von Abgehobenheiten und gegliederten Einzelheiten".[30] Dass es so ist, beruht in erster Linie darauf, dass das Feld zum einen durch Zeitkonstitution gegliedert ist, und dass zum anderen der Leib eine bestimmte Strukturierung des Raumes erlaubt. Die Strukturierung des Feldes wird durch Leibesbewegungen ermöglicht, ist also zu denken in Form von „Können" und „Tun", wobei nicht so viel von „ich kann" und „ich tue" die Rede ist, da dies eine aktive Rolle des Ich unterstellen würde, sondern vielmehr von praktischen Leibhandlungen. In erster Linie hat der Leib die Funktion, die Welt in eine Perspektive zu setzen und Verweise auf mögliche zukünftige Perspektiven (und d. h. auf zukünftige Ich-Ding- bzw. Ich-Welt-Konfigurationen) zu erlauben. Zeitkonstitution und Raumkonstitution (durch Leiblichkeit) erwirken Identitätsstiftung in der Umwelt, welche nie bloß chaotisch gegeben ist, sondern immer in Abgehobenheit, auf welche sich die Aufmerksamkeit des Ich gerichtet sieht.

2. Wie durch die Analysen von Hua XI herausgestellt, wird die Konstitution von Anzeigesystemen in der späteren Phänomenologie Husserls nicht mehr darauf zurückgeführt, dass ein Gegenstand als ein solcher durch vorgegebene Typen erkannt wird, sondern die Typen sind Produkte der Erfahrung. Das Erscheinen des gegenständlichen Sinnes, obwohl unmittelbar selbstgegeben mit jeder Erscheinung, ist eine höhere Stufe der Konstitution, deren Basis die Anzeigesysteme sind. Das Erscheinende ist – beispielsweise – ein Tisch nur insofern, als dieser Tisch nicht ein Buch ist (und somit indirekt darauf verweist), und insofern, als dieser Tisch gewisse leibliche Bewegungsmöglichkeiten anzeigt.

An diese Welt kann man überall induktive Fragen stellen: wo immer regelmäßige Koexistenz, da auch induktive Problematik. In jeder schlichten Apperzeption liegt enthüllbar beschlossen regelmäßige Koexistenz, also sie gehört zu jedem apperzeptiven Typus, aber auch zur universalen Apperzeption, zu der der Welt, und zur Apperzeption einer Nahwelt oder Heimwelt und zur Fernwelt ebensogut wie zur Apperzeption eines einzelnen Nahdinges oder Ferndinges. Man kann also und wird implizite *angezeigte induktive* Regelmäßigkeiten finden, die körperleibliche und seelische Daten aufeinanderbeziehen.[31]

---

[28] Das ist die von Husserl in *Erfahrung und Urteil*, S. 78 aufgeführte Unterscheidung zwischen Induktion und „objektiver Induktion".
[29] Vgl. Hua XXXII, S. 256.
[30] E. Husserl, *Erfahrung und Urteil*, S. 75.
[31] Hua VI, S. 303. Meine Hervorhebung.

Genau deswegen ist für Husserl die „Explikation der Horizonte" die wichtigste Aufgabe der Phänomenologie:[32] weil in dieser Explikation die ganze Möglichkeit liegt, eine strukturierte Erfahrung vor sich zu haben. Die Apperzeption als Struktur des Horizonts ist nun nach Husserls Meinung nichts anderes als Induktion: „Die Wahrnehmung meint mehr als was sie eigentlich selbst gibt, und dieses mitgemeinte Mehr als stets und notwendig den Wahrnehmungssinn mitbestimmend heißt hier apperzipiert [...]. In der Tat bezeichnet dieses Mitmeinen die ursprüngliche zur Wahrnehmung gehörige Induktion".[33]

3. Die Bewegung innerhalb bestimmter Anzeigesysteme mündet durch Homogeneität und Heterogeneität in die Etablierung verschiedener Gegenstandstypen und -kategorien, die sich historisch niederschlagen:

> Das Induktive ist die konkrete, durchaus induktive Typik der Erfahrungswelt, induktiv gemäß ihrer ganz ursprünglichen Sinnbildung. Im induktiven Stil liegt *eo ipso* ein Allgemein-Historisches. Jeder Fluss ist in der Erfahrung historisch. Ihn sehend erfasse ich ihn als fließend aus einem Geflossensein von irgendwoher – zuletzt werde ich auf eine Quelle verwiesen, aber von da aus doch wieder weiter verwiesen.[34]

Eine Typik wird vorgezeichnet, aufgrund derer „durch apperzeptive Übertragung auch andere Gegenstände ähnlicher Art von vornherein als Gegenstände dieses Typus in einer vorgängigen Vertrautheit erscheinen, horizontmäßig antizipiert sind".[35] Deswegen werden Induktion und Apperzeption gleichgesetzt: „‚Weltapperzeption' gleich universale Induktion".[36]

Der Begriff der universalen Induktion bzw. Indikation spielt eine eminente Rolle in den Ausführungen zur wissenschaftlichen Methode in der *Krisis*. Hier erklärt Husserl dieses Phänomen folgendermaßen: „Was wir im vorwissenschaftlichen Leben als Farben, Töne, Wärme, als Schwere an den Dingen selbst erfahren, kausal als Wärmestrahlung eines Körpers, der die umgebenden Körper warm macht und dergleichen, das zeigt natürlich ,physikalisch' an: Tonschwingungen, Wärmeschwingungen, also reine Vorkommnisse der Gestaltenwelt. Diese universale Indikation wird also heute wie eine fraglose Selbstverständlichkeit behandelt".[37] Die so beschriebene universale Indikation dient als Basis der wissenschaftlichen deduktiven bzw. induktiven Tätigkeit, wird aber als selbstverständlich angenommen und nicht weiter hinterfragt. Woran Husserl nun gelegen ist, ist, diese Selbstverständlichkeit auf den Boden der Lebenswelt zurückzuführen, und zwar gerade indem diese universale Induktion als Prinzip der Weltapperzeption herausgestellt wird. Die Funktion dieser universalen Induktion wird von Husserl vor allem im Rahmen seiner Phänomenologie der Wahr-

---

[32] Hua XXXIX, S. 137.
[33] Manuskript B I 10 I, S. 14 zitiert in A. Aguirre, *Genetische Phänomenologie und Reduktion*, S. 152.
[34] Hua Mat. VIII, S. 162.
[35] E. Husserl, *Erfahrung und Urteil*, S. 140. Vgl dazu auch 207 ff.
[36] Hua XXIX, S. 68.
[37] Hua VI, S. 35.

nehmung in Anspruch genommen: „In primitivster Weise induziert schon die Seinsgewissheit einer jeden schlichten Erfahrung. Die ‚gesehenen' Dinge sind immer schon mehr als was wir von ihnen ‚wirklich und eigentlich' sehen. Sehen, Wahrnehmen ist wesensmäßig ein Selbsthaben in eins mit Vor-haben, Vor-meinen. Alle Praxis mit ihren Vorhaben impliziert Induktionen".[38] Damit sind „kunstlose" Induktionen gemeint, welche nicht auf der Methode der galileischen Naturwissenschaft beruhen, sondern rein in der Lebenswelt am Werk sind. Die Wahrnehmung ist nämlich die ursprüngliche Stätte der Induktion: „Die induktive Antizipation [ist] die einer möglichen Erfahrbarkeit [...]. In ihren Antizipationen der Erfahrbarkeit, und da jede direkte Wahrnehmung selbst schon induktive Momente (Antizipation der vom Objekt noch nicht erfahrenen Seiten) einschließt, so ist alles im weiteren Begriff der ‚Erfahrung' oder ‚Induktion' beschlossen".[39] Besonders klar tritt diese Rolle der Induktion für die Wahrnehmung in der Beilage XVIII zur *Krisis*-Schrift:

> Zur Erfahrung als Mitmeinung gehört auch die Induktion, die über das in einer einheitlichen Erfahrung als selbst da Gemeinte hinausweist auf andere Gegenständlichkeiten und ihre mögliche Erfahrung. Es ist kein wesentlicher Unterschied im einen und anderen Falle, auch die z. B. in der Erfahrung eines Dinges mitgemeinten „Seiten" desselben, über die jeweils wahrgenommene Seite hinaus, das ist im Grunde eine „Induktion", eine sozusagen innere gegenüber der immer mitgehenden Außenverweisung auf das Miteinander anderer Dinge als erfahrbare, in ihrer inneren Induktivität.[40]

Nun gilt es genauer zu beschreiben, wie diese lebensweltlichen Induktionen wirken. Konkret impliziert nämlich die Leistung solcher Induktionen, dass der einzelne Gegenstand das wahrnehmende Subjekt auf den Typus dieses Gegenstandes führt: „Die faktische Welt der Erfahrung ist typisiert erfahren. Die Dinge sind erfahren als Baum, Tier, Schlange, Vögel; [...] Der Tisch ist charakterisiert als Wiedererkanntes und doch Neues",[41] und zwar insofern, als er jeweils bekannte und neue Bewegungsmöglichkeiten anzeigt. In einer solchen induktiven Anzeige liegt mithin die Möglichkeit, dass eine Zukunft überhaupt erst eröffnet wird und sich zeitigen kann.

10.2 Ursprung des menschlichen Ich aus der Anzeige. Teleologie

Wenn der Ursprung der Zeitigung in Richtung Zukunft auf einer Anzeigefunktion basiert, welche im Erscheinenden ihren induktiven Ursprung hat, so ist nun die Frage, wie sich das Ich und seine Konstitution zu dieser Anzeige verhält. Klar ist nämlich, dass die Anzeige (als jede andere semiotische Figur) von einem Interpretanten aufgefasst werden muss.

---

[38] Ebd.
[39] Hua VI, S. 130.
[40] Hua VI, S. 464.
[41] E. Husserl, *Erfahrung und Urteil*, S. 398–399. Induzieren heißt nämlich „antizipierend wiedererkennen, wie ich es auch nennen könnte" (Hua Mat. VIII, S. 216).

10.2 Ursprung des menschlichen Ich aus der Anzeige. Teleologie

Insbesondere haben wir nicht nur bei der Retention, sondern auch bei der Protention, eine Quasi-Verdoppelung des Ichs im Spiel. Das Antizipierte ist immer so antizipiert, wie das Ich es einholen kann, also in einer gewissen Perspektive, welche transzendental nicht nur vom reinen Ichsubjekt abhängt, sondern auch von seiner Leiblichkeit und seiner Stellung im Raum. In der Erwartung der Zukunft liegt immer das Ich: „Im Ich-bin habe ich das Ich-werde-Sein ‚vor mir'. Ich trage auch meine Zukunft in mir als Horizont von Möglichkeiten, in denen ich sein wird".[42] Ich-bin heißt also zugleich: Ich-werde-Sein, denn das Ich antizipiert induktiv als intentionale Implikationen weitere Figuren seiner selbst. Das Leben ist, wie oben zitiert, „Entgegenleben", denn „Leben ist auf Leben-Werden gerichtet" und „das Sein und Leben, worin Ich-Sein statthat [...] ist Sein, das auf Sein vorgerichtet ist".[43] Diese Immanenz eines Zukunft-Ich im Jetzt-Ich kommt daher, dass passiv „jedes Ende, jede Erfüllung [...] Durchgang"[44] ist für ein kontinuierliches Streben danach, dem Zug des Erscheinenden zu respondieren und den Anzeigen zu folgen. Die Erfahrung besteht „im Verfolgen von Indikationen".[45] Das Strömen der lebendigen Gegenwart ist als kontinuierlicher Durchgang die Bildung einer Teleologie ohne erreichbares Telos.[46] Jede einzelne Erfahrung hat nämlich als Telos eine totale Erfahrung, ein Optimum der Gegebenheit, das nie erreicht werden kann; mit jeder Erfahrung und ihrem Streben bildet sich dann ein totales Streben, das gerade wie die einzelnen Erfahrungen auf ein „ständiges totales Telos"[47] aus ist.

Phänomenologisches Leben ist somit eine semiotische Teleologie der Erfahrung: der ständige Versuch, den Anzeigen der Erfahrung zu folgen, ohne aber dass das angezeigte Telos je erreicht werden könnte. Die Welt als Korrelat der Gesamtheit der Erfahrung ist selbst „nur ein unendliches Telos unserer Freiheit",[48] nämlich der letzte und unerreichbare Quasi-Zweck in unserem Könnenshorizont, der durch Induktion gestiftet wird. Der „wesentliche Sinn der vorgegebenen Welt" ist nämlich, „Horizont aller sinnvollen Induktionen" zu sein.[49] Alles Leben spielt sich in der Welt ab, und d. h., „auf Voraussicht, wir können dafür sagen, auf Induktion beruht alles Leben",[50] was im Endeffekt der im Kontext der Analyse des Zeitbewusstseins fallenden Behauptung gleichkommt, alles Leben sei Entgegenleben. Dass es so ist, kommt wesentlich daher, dass alles Wahrnehmen auf anzeigende Induktionen für

---

[42] Hua Mat. VIII, S. 17.
[43] Hua Mat. VIII, S. 18–19.
[44] Hua Mat. VIII, S. 19.
[45] Hua XLII, S. 348.
[46] Der Motor dieser Teleologie ist nach Held der Instinkt von Bekanntheit, ein „Urtrieb welterfahrenden Lebens" oder eine „in der Protentionalität beschlossene *Neugier*" (K. Held, *Lebendige Gegenwart*, S. 43, Hervorhebung im Original). Die Teleologie hat kein Telos, denn diese triebhafte Neugier muss prinzipiell unbefriedigt bleiben. Vgl. dazu auch Hua XV, S. 595: Die „universale Triebintentionalität" treibt „von Gegenwart zu Gegenwart" fort.
[47] Hua Mat. VIII, S. 18.
[48] Hua Mat. VIII, S. 19.
[49] Hua VI, S. 50.
[50] Hua VI, S. 51.

leibliche Bewegungen beruht. Und gerade durch die Freiheit des leiblichen Könnenshorizonts zeitigt sich letztlich das Ich in der oben beschriebenen Quasi-Verdopplung als ein zeitliches Ich, nämlich als ein Ich, das in seiner lebendigen Gegenwart lebt.

De facto fängt dann die Konstitution des Bewusstseins mit dem an, was unsere Erfahrung vereinheitlicht, nämlich die Protentionen als assoziative Anzeige künftiger Erfahrungen und somit als Ermöglichung der aktuellen Gegenwart. Die genaue Analyse der Protention hat gezeigt, dass sie Anzeige-Struktur hat: Ist Anzeige ein Motiv für die Überzeugung des Seins von etwas, das nicht selbst erscheint, so gilt für die zeitliche Antizipation dasselbe. So Husserl:

> Nicht nur dass die teleologische Auffassung den einzelnen Momenten des außenkörperlichen Gehabens als bloß räumlichen Vorgängen folgt und zu folgen hat, vielmehr jede soeben unterlegte („eingefühlte") Teleologie hat auf der Innenseite einen protentionalen Horizont, sie erregt Vorerwartungen, die kontinuierlich eine zugehörige Äußerlichkeit fordern, eine Äußerlichkeit, die kontinuierlich alsbald mit da ist. So hat innerhalb der bloßen Vorstellung, nämlich der bloß in diesen Zusammenhängen motivierten Vergegenwärtigung, eine beständige Seinssetzung statt, eine beständig motivierte (und zwar durch Wahrnehmungsunterlagen motivierte) Appräsentation auf ein Mitseiendes und sich in seinem Mitsein beständig Aufweisendes, aufweisend in der Form einer neuen Appräsentation mit einem neuen zur Erfüllung benötigten Gehalt an motivierender originaler Wahrnehmung.[51]

Das dynamische Hinweisen der Anzeige in der Erfahrung „weckt" das Ich zu neuen Möglichkeiten, die wiederum das Eintreten neuer dynamischer Hinweise bedingen. Das empirische, mit seiner Umwelt konkret umgehende Ego hängt von der Anzeige ab.[52] Deswegen ist das Ich als Pol, nämlich als Zentrum von Affektionen und Aktionen, als „Pol der Gewohnheiten", die sich in den Protentionen niederschlagen.[53] Die affektive Tendenz der Anzeige, die sozusagen mit der ursprünglichen Neugier des Ichpols reagiert, ermöglicht die Zeitigung des Ich,[54] indem die Anzeige eine Seinssetzung zwar uneinsichtig, aber doch notwendig motiviert.[55] Im Sehen selbst der

---

[51] Hua XIV, S. 493.

[52] Wichtige Einsichten bezüglich der folgenden Argumentationen kommen aus J. R. Mensch, *Husserl's Concept of the Future*. Allerdings spielt die Betonung der Anzeige-Funktion als Untermauerung des gesamten Gedankenganges bei Mensch keine Rolle.

[53] S. dazu J. R. Mensch, *Postfoundational Phenomenology. Husserlian Reflections on Presence and Embodiment*, 2001, S. 81 ff. Vgl. dazu auch N. Depraz, *Temporalité et affection dans les manuscrits tardifs sur le temporalité [1929–1935] de Husserl*, in: „Alter: Revue de Phénoménologie", 2, 1994, S. 63–86.

[54] Vgl. N. Depraz: „C'est dans l'affection, dans la tension qu'elle provoque et l'impulsion qu'elle confère et déclenche, que le moi se constitue tout d'abord passivement […]. Cette genèse passive du moi a pour principe l'association" (N. Depraz, *Temporalité et affection dans les manuscrits tardifs sur la temporalité [1929–1935] de Husserl*, S. 73–74). Wichtig ist aber, dass N. Depraz den Akzent nicht nur auf Affektivität überhaupt setzt, sondern ganz besonders auf die Protentionen: „L'affection temporalisante met au premiere plan le futur: c'est ne pas seulement l'impressionalité (*Impressionalität*) du datum hylétique qui affecte, mais déjà des ,anticipations hyletiques de data'" (S. 79).

[55] Neugier ist nämlich das unterste, primäre Interesse: Vgl. Hua Mat. VIII, S. 328. Ob allerdings die Neugier Reaktion auf die Affektion oder Empfängnisvermögen und daher Voraussetzung für die Affektion ist, wird von Husserl nicht geklärt. Die weitere Frage, ob die Teleologie der Erfahrung von einem wissenschaftlichen Interesse „von oben" aufgezwungen wird (D. Pradelle, *L'archéolo-*

Anzeige („Dieses Vorzeichen, die Motivation, ist etwas, das gesehen werden kann",[56] heißt es in den *Bernauer Manuskripten*) liegt die Zeitigung des Ich. Die semiotische Teleologie ist der Grund für die Zeitigung des Ich als eines konkreten Menschen:[57]

> Jedes transzendentale Ich hat sein Eingeborenes – eingeboren trägt es den „teleologischen Grund" für sein strömend konstituierendes transzendentales Leben in sich, in welchem es Welt zeitigend sich selbst als Menschen zeitigt. Es trägt in sich die strömende, ohne Ich-Beteiligung vonstatten gehende rein assoziative unterichliche Zeitigung in ihrer Wesensform, in ihrem eigenen Fundierungsbau.[58]

Dieser teleologische Grund in seiner unendlichen Semiose zieht das Ich in Richtung der Zukunft und schreibt es in einen vorwiegend praktischen und tätigen Könnenshorizont ein. Die Reaktion auf den anzeigenden Reiz macht sich kinästhetisch geltend als In-Aktion-Setzen von Bewegungsmöglichkeiten und somit von Perspektiven auf die Welt und auf die Dinge in dieser Welt. Diese Reaktion auf einen anzeigenden Reiz ist wiederum die Bedingung der Möglichkeit dafür, dass das Ich wach werden kann: „Wach wird das Ich durch Affektion von Nicht-Ichlichem, und wach wird es, weil das Nicht-Ichliche ‚von Interesse' ist, instinktiv anzeigt etc., und das Ich reagiert kinästhetisch, als unmittelbare Reaktion".[59] Es ist daher primär der Leib, der auf die Affektionen reagiert, nämlich als Versuch, das Angezeigte in die unmittelbare Erfahrung hineinzubringen. Durch Kinästhesen, die zukünftig gerichtet sind, eröffnet sich erst die Möglichkeit, dass eine lebendige Gegenwart für das Bewusstsein da ist:[60] Ohne Protention „sind wir nicht und können wir nicht sein".[61]

---

gie du monde, S. 173 ff.) oder aus einer triebhaften Neugier kommt, kann hier nicht weiter entfaltet werden. Siehe dazu auch M. Summa, *Spatio-temporal Interwining*, S. 214 ff.

[56] Hua XXXIII, S. 38.

[57] Für einen einleuchtenden Kommentar zur Konkretisierung des Ego vgl. D. Espinet, *Die Konkretion des transzendentalen Ego. Husserls genetische Phänomenologie des Selbst*, in: P. Merz, A. Staiti, F. Steffen (Hrsg.), „Geist – Person – Gemeinschaft. Freiburger Beiträge zur Aktualität Husserls", Ergon Verlag, Würzburg 2010, S. 131–150.

[58] Ms. E III 9, S. 7a (zitiert in J. R. Mensch, *Husserl's Concept of the Future*, S. 61).

[59] Ms. B. III 3, S. 5a (zitiert in J. R. Mensch, *Husserl's Concept of the Future*, S. 63). Mensch nimmt die Anzeige als „indicated" wieder auf, thematisiert das aber nicht ausdrücklich in diesem Kontext. Das findet in seinem *Postfoundational Phenomenology* statt, wo er auch die Verschränkung von Präsenz und Leiblichkeit im Hinblick auf die Egokonstitution thematisiert: „The ego implies the nonego in requiring affecting contents, and vice versa. Together they make up the ‚awake ego' in its autoaffection, i.e., in its self-presence as an embodied being" (J. R. Mensch, *Postfoundational Phenomenology*, S. 2). Und weiter: „[…] perceiver and perceived mutually imply each other. The perceived in its appearing sense implies the bodily perceiver, while the perceiver is such through its embodied relation to the perceived. […] The dependence of the perceiver on the perceived extends to the specific sensuous contents that ‚awaken' it as a perceiver" (S. 13).

[60] L. Landgrebe setzt lebendige Gegenwart und kinästhetisches Bewusstsein gleich (L. Landgrebe, *Die Phänomenologie als transzendentale Theorie der Geschichte*, in: „Phänomenologische Forschungen", 3, 1976, S. 17–47, hier 35). Auf Landgrebes Auffassung ist dann U. Claesges zurückgekommen: U. Claesges, *Zeit und kinästhetisches Bewusstsein. Bemerkungen zu einer These Ludwig Landgrebes*, in: „Phänomenologische Forschungen", 14, 1983, S. 138–151. Für eine phänomenologisch-dekonstruktive Lektüre der Frage nach der Zukunft vgl. C. Di Martino, *Figure dell'evento. A partire da Jacques Derrida*, Guerini, Mailand 2009.

[61] Hua X, S. 167.

Gegenwart ist nämlich nur präsent als eintretende Zukunft, und die Zukunft ist semiotisch-kinästhetisch vorgezeichnet, und zwar in der Form einer anderen Konfiguration des Ich in seiner Leiblichkeit und somit mit neuen Perspektiven auf die Dinge der Welt. Das Wachwerden des Ichs kristallisiert sich also darin heraus, dass Gegenwärtigkeit eine leibliche Antwort auf eine in Richtung der Zukunft weisende Anzeige ist. Indem der Leib sich empfindend empfindet und auf die Dinge als Anzeigen respondiert, erwacht er als Mensch.

Literaturverzeichnis

Husserliana

Husserliana I
Cartesianische Meditationen und Pariser Vorträge, hrsg. von S. Strasser. Den Haag, Martinus Nijhoff, 1973.
Husserliana II
Die Idee der Phänomenologie. Fünf Vorlesungen, hrsg. von W. Biemel, Den Haag, Martinus Nijhoff, 1973.
Husserliana III/1
Ideen zu einer reinen Phänomenologie und phänomenologischen Philosophie. Erstes Buch: Allgemeine Einführung in die reine Phänomenologie, 1. Halbband: Text der 1.–3. Auflage, hrsg. von K. Schuhmann, Den Haag, Martinus Nijhoff, 1977.
Husserliana III/2
Ideen zu einer reinen Phänomenologie und phänomenologischen Philosophie. Erstes Buch: Allgemeine Einführung in die reine Phänomenologie, 2. Halbband: Ergänzende Texte, (1912–1929), hrsg. von K. Schuhmann, Den Haag, Martinus Nijhoff, 1988.
Husserliana IV
Ideen zur einer reinen Phänomenologie und phänomenologischen Philosophie. Zweites Buch: Phänomenologische Untersuchungen zur Konstitution, hrsg. von M. Biemel, Den Haag, Martinus Nijhoff, 1952.
Husserliana V
Ideen zur einer reinen Phänomenologie und phänomenologischen Philosophie. Drittes Buch: Die Phänomenologie und die Fundamente der Wissenschaften, hrsg von M. Biemel, Den Haag, Martinus Nijhoff, 1971.
Husserliana VI
Die Krisis der europäischen Wissenschaften und die transzendentale Phänomenologie. Eine Einleitung in die phänomenologische Philosophie, hrsg. von W. Biemel, Den Haag, 1976.
Husserliana VII
Erste Philosophie (1923/4). Erste Teil: Kritische Ideengeschichte, hrsg. von R. Boehm, Den Haag, Martinus Nijhoff, 1956.
Husserliana VIII
Erste Philosophie (1923/4). Zweiter Teil: Theorie der phänomenologischen Reduktion, hrsg. von R. Boehm, Den Haag, Martinus Nijhoff, 1959.

Husserliana IX
Phänomenologische Psychologie. Vorlesungen Sommersemester. 1925, hrsg. von W. Biemel, Den Haag, Martinus Nijhoff, 1968.
Husserliana X
Zur Phänomenologie des inneren Zeitbewusstesens (1893–1917), hrsg. von R. Boehm, Den Haag, Martinus Nijhoff, 1969.
Husserliana XI
Analysen zur passiven Synthesis. Aus Vorlesungs- und Forschungsmanuskripten (1918–1926), hrsg. von M. Fleischer, Den Haag, Martinus Nijhoff, 1966.
Husserliana XII
Philosophie der Arithmetik. Mit ergänzenden Texten (1890–1901), hrsg. von L. Eley, Den Haag, Martinus Nijhoff, 1970.
Husserliana XIII
Zur Phänomenologie der Intersubjektivität. Texte aus dem Nachlass. Erster Teil (1905 1920), hrsg. von I. Kern, Den Haag, Martinus Nijhoff, 1973.
Husserliana XIV
Zur Phänomenologie der Intersubjektivität. Texte aus dem Nachlass. Zweiter Teil (1921–28), hrsg. von I. Kern, Den Haag, Martinus Nijhoff, 1973.
Husserliana XV
Zur Phänomenologie der Intersubjektivität. Texte aus dem Nachlass. Dritter Teil (1929–35), hrsg. von I. Kern, Den Haag, Martinus Nijhoff, 1973.
Husserliana XVI
Ding und Raum. Vorlesungen 1907, hrsg. von U. Claesges, Den Haag, Martinus Nijhoff, 1973.
Husserliana XVII
Formale and transzendentale Logik. Versuch einer Kritik der logischen Vernunft, hrsg. von P. Janssen, Den Haag, Martinus Nijhoff, 1974.
Husserliana XVIII
Logische Untersuchungen. Erster Teil. Prolegomena zur reinen Logik. Text der 1. und der 2. Auflage, hrsg. von E. Holenstein, Den Haag, Martinus Nijhoff, 1975.
Husserliana XIX
Logische Untersuchungen. Zweiter Teil. Untersuchungen zur Phänomenologie und Theorie der Erkenntnis, hrsg. von U. Panzer, Den Haag, Martinus Nijhoff, 1984.
Husserliana XX/1
Logische Untersuchungen. Ergänzungsband. Erster Teil. Entwürfe zur Umarbeitung der VI. Untersuchung und zur Vorrede für die Neuauflage der Logischen Untersuchungen, hrsg. von U. Melle, Den Haag, Kluwer Academic Publishers, 2002.
Husserliana XX/2
Logische Untersuchungen. Ergänzungsband. Zweiter Teil. Texte für die Neufassung der VI. Untersuchung. Zur Phänomenologie des Ausdrucks und der Erkenntnis (1893/94–1921), hrsg. von U. Melle, Den Haag, Kluwer Academic Publishers, 2005.
Husserliana XXI
Studien zur Arithmetik und Geometrie. Texte aus dem Nachlass (1886–1901), hrsg. von I. Strohmeyer, Den Haag, Martinus Nijhoff, 1983.
Husserliana XXII
Aufsätze und Rezensionen (1890–1910), hrsg. von B. Rang, Den Haag, Martinus Nijhoff, 1979.
Husserliana XXIII
Phantasie, Bildbewusstsein, Erinnerung. Zur Phänomenologie der anschaulichen Vergegenwartigungen. Texte aus dem Nachlass (1898–1925), hrsg. von E. Marbach, Den Haag, Martinus Nijhoff, 1980.
Husserliana XXIV
Einleitung in die Logik und Erkenntnistheorie. Vorlesungen 1906/07, hrsg. von U. Melle, Den Haag, Martinus Nijhoff, 1985.
Husserliana XXV
Aufsätze und Vorträge. 1911–1921. Mit ergänzenden Texten, hrsg. von T. Nenon und H. R. Sepp, Den Haag, Martinus Nijhoff, 1986.

Husserliana XXVI
Vorlesungen über Bedeutungslehre. Sommersemester 1908, hrsg. von U. Panzer, Den Haag, Martinus Nijhoff, 1987.
Husserliana XXVII
Aufsätze und Vorträge. 1922–1937, hrsg. von T. Nenon und H. R. Sepp, Den Haag, Kluwer Academic Publishers, 1988.
Husserliana XXVIII
Vorlesungen über Ethik und Wertlehre. 1908–1914, hrsg. von U. Melle, Den Haag, Kluwer Academic Publishers, 1988.
Husserliana XXIX
Die Krisis der europäischen Wissenschaften und die transzendentale Phänomenologie. Ergänzungsband. Texte aus dem Nachlass 1934–1937, hrsg. von R. N. Smid, Den Haag, Kluwer Academic Publishers, 1992.
Husserliana XXX
Logik und allgemeine Wissenschaftstheorie. Vorlesungen 1917/18. Mit ergänzenden Texten aus der ersten Fassung 1910/11, hrsg. von U. Panzer, Den Haag, Kluwer Academic Publishers, 1995.
Husserliana XXXI
Aktive Synthesen: Aus der Vorlesung ‚Transzendentale Logik' 1920/21. Ergänzungsband zu „Analysen zur passiven Synthesis", hrsg. von R. Breeur, Den Haag, Kluwer Academic Publishers, 2000.
Husserliana XXXII
Natur und Geist: Vorlesungen Sommersemester 1927, hrsg. von M. Weiler, Dordrecht, Kluwer Academic Publishers, 2001.
Husserliana XXXIII
Die „Bernauer Manuskripte" über das Zeitbewußtsein (1917/18), hrsg. von R. Bernet und D. Lohmar, Dordrecht, Kluwer Academic Publishers, 2001.
Husserliana XXXIV
Zur phänomenologischen Reduktion. Texte aus dem Nachlass (1926–1935), hrsg. von S. Luft, Dordrecht, Kluwer Academic Publishers, 2002.
Husserliana XXXV
Einleitung in die Philosophie. Vorlesungen 1922/23, hrsg. von B. Goossens, Dordrecht, Kluwer Academic Publishers, 2002.
Husserliana XXXVI
Transzendentaler Idealismus. Texte aus dem Nachlass (1908–1921), hrsg. von R. D. Rollinger und R. Sowa, Dordrecht, Kluwer Academic Publishers, 2003.
Husserliana XXXVII
Einleitung in die Ethik. Vorlesungen Sommersemester 1920 und 1924, hrsg. von H. Peucker, Dordrecht, Kluwer Academic Publishers, 2004.
Husserliana XXVIII
Wahrnehmung und Aufmerksamkeit. Texte aus dem Nachlass (1893–1912), hrsg. von T. Vongehr und R. Giuliani, New York, Springer, 2005.
Husserliana XXXIX
Die Lebenswelt. Auslegungen der vorgegebenen Welt und ihrer Konstitution. Texte aus dem Nachlass (1916–1937), hrsg von R. Sowa, New York, Springer, 2008.
Husserliana XL
Untersuchungen zur Urteilstheorie. Texte aus dem Nachlass (1893–1918), hrsg. von R. Rollinger, New York, Springer, 2009.
Husserliana XLI
Zur Lehre vom Wesen und zur Methode der eidetischen Variation. Texte aus dem Nachlass (1891–1935), hrsg. von D. Fonfara, New York, Springer, 2012.
Husserliana XLII
Grenzprobleme der Phänomenologie. Analysen des Unbewusstseins und der Instinkte. Metaphysik. Späte Ethik (Texte aus dem Nachlass 1908–1937), hrsg. von R. Sowa und T. Vongehr, New York, Springer, 2014.

Hua Materialien I
Logik. Vorlesung 1896, hrsg. von E. Schuhmann, Dordrecht, Kluwer Academic Publishers, 2001.
Hua Materialien II
Logik. Vorlesung 1902/03, hrsg von E. Schuhmann, Dordrecht, Kluwer Academic Publishers, 2001.
Hua Materialien III
Allgemeine Erkenntnistheorie. Vorlesung 1902/03, hrsg. von E. Schuhmann, Dordrecht, Kluwer Academic Publishers, 2001.
Hua Materialien IV
Natur und Geist. Vorlesungen Sommersemester 1919, hrsg. von M. Weiler, Dordrecht, Kluwer Academic Publishers, 2002.
Hua Materialien V
Urteilstheorie. Vorlesung 1905, hrsg. von E. Schuhmann, Dordrecht, Kluwer Academic Publishers, 2002.
Hua Materialien VI
Alte und neue Logik. Vorlesung 1908/09, hrsg. von E. Schuhmann, Dordrecht, Kluwer Academic Publishers, 2003.
Hua Materialien VII
Einführung in die Phänomenologie der Erkenntnis. Vorlesung 1909, hrsg. von E. Schuhmann, Dordrecht, Kluwer Academic Publishers, 2005.
Hua Materialien VIII
Späte Texte über Zeitkonstitution (1929–1934). Die C-Manuskripte, hrsg. von D. Lohmar, New York, Springer, 2006.
Hua Materialien IX
Einleitung in die Philosophie. Vorlesungen 1916–1919, hrsg. von H. Jacobs, Dordrecht, Springer, 2012.

Zitierte Werke Husserls außerhalb der *Husserliana*

Grundlegende Untersuchungen zum phänomenologischen Ursprung der Räumlichkeit der Natur (Umsturz der Kopernikanischen Lehre. Die Ur-Arche Erde bewegt sich nicht), in: M. Farber (Hrsg.), „Philosophical Essays in Memory of Edmund Husserl", Harvard University Press, Cambridge (Mass.), 1940, S. 305–327.
Notizen zur Raumkonstitution, in: „Philosophy and Phenomenological Research", Band 1/1, 1940, S. 21–37, und Band 1/2, 1940, S. 217–226.
Erfahrung und Urteil. Untersuchungen zur Genealogie der Logik, hrsg. von L. Landgrebe, Felix Meiner Verlag, Hamburg [6]1985.
Semiotica, hrsg. von C. Di Martino, Mailand, Spirali 1990.
Cartesianische Meditationen, hrsg. von E. Ströker, Meiner, Hamburg 2012.
Zur Phänomenologie des inneren Zeitbewusstseins, hrsg. von R. Bernet, Felix Meiner Verlag, Hamburg 2013.

Sekundär- und Forschungsliteratur

Aguirre, Antonio, *Genetische Phänomenologie und Reduktion. Zur Letztbegründung der Wissenschaft aus der radikalen Skepsis im Denken E. Husserls*, Martinus Nijhoff, Den Haag 1970.
Alexander, Natalie, *The hollow deconstruction of time*, in: W. McKenna, J. C. Evans (Hrsg.), „Derrida and Phenomenology", Kluwer, Dordrecht 1995, S. 121–150.
Aristoteles, *Metaphysik*, hrsg. von H. Seidl, Meiner, Hamburg [3]1989.

Literaturverzeichnis

Asemissen, Hermann U., *Strukturanalytische Probleme der Wahrnehmung in der Phänomenologie Husserls*, Univ. Diss, Köln 1957.

Barber, Michael D., *Holism and Horizon*, in: „Husserl Studies", 24, 2008, S. 79–97.

Behnke, Elizabeth, *Edmund Husserl's Contribution to Phenomenology of the Body* in Ideas II, in: T. Nenon/L. Embree (Hrsg.) „Issues in Husserls *Ideen II*", Springer, Dordrecht 1996, S. 135–160.

———, *Bodily Protentionality*, in: „Husserl Studies", 25, 2009, S. 185–217.

Belussi, Felix, *Die modaltheoretischen Grundlagen der Husserlschen Phänomenologie*, Alber Verlag, Freiburg i. Br./München 1990.

Benoist, Jocelyn, *Intentionalité et langage dans les Recherches Logiques de Husserl*, PUF, Paris 2001.

———, *Sens et sensibilité, L'intentionalité en contexte*, Les Éditions du Cerf, Paris 2009.

———, J. F. Courtine (Hrsg.), *Husserl. La représentation vide, suivi de Les Recherches Logiques, une œuvre de percée*, PUF, Paris 2003.

Bernet, Rudolf, *Endlichkeit und Unendlichkeit in Husserls Phänomenologie der Wahrnehmung*, in: „Tijdschrift voor Filosofie", Band 40/2, 1978, S. 251–269.

———, *Zur Teleologie der Erkenntnis. Eine Antwort an Rudolf Boehm*, in: „Tijdschrift voor Filosofie", Band 40/4, 1978, S. 662–668.

———, *Die ungegenwärtige Gegenwart. Anwesenheit und Abwesenheit in Husserls Analysen des Zeitbewusstseins*, in: „Phänomenologische Forschungen", 14, 1983, S. 16–57.

———, *Differenz und Anwesenheit. Derridas und Husserls Phänomenologie der Sprache, der Zeit, der Geschichte, der wissenschaftlichen Rationalität*, in: „Phänomenologische Forschungen" 18, 1986, S. 51–112.

———, *Husserl's Theory of Sign Revisited*, in: R. Sokolowski (Hrsg.), „Husserl and the Phenomenological Tradition. Essays in Phenomenology", The Catholic University of America Press, Washington 1988, S. 1–24.

———, *Husserls Begriff des Noema*, in: S. IJsseling (Hrsg.), „Husserl-Ausgabe und Husserl-Forschung", Kluwer, Dordrecht 1990, S. 90–110.

———, *La vie du sujet. Recherches sur l'interprétation de Husserl dans la phénoménologie*, PUF, Paris 1994.

———, *Einleitung des Herausgebers*, in: E. Husserl, „Zur Phänomenologie des inneren Zeitbewusstsein", S. XV–LXXVII.

———, Kern, Iso, Marbach, Eduard, *Husserl. Darstellung seines Denkens*, Meiner, Hamburg ²1992.

———, Lohmar, Dietmar, *Einleitung der Herausgeber*, in: Hua XXXIII.

Bianchini, Matteo, *Intentionalität und Interpretation. Auffassung, Auslegung und Interpretation in der Phänomenologie Husserls*, in: "Studia Phaenomenologica" II, 2002, S. 45–64.

Biceaga, Victor, *The Concept of Passivity in Husserls Phänomenology*, Springer, Dordrecht u. a. 2010.

Biemel, Walter, *Einleitung des Herausgebers*, in: Hua XI.

Blumenberg, Hans, *Paradigmen zu einer Metaphorologie*, Suhrkamp, Frankfurt am Main 1997.

———, *Zu den Sachen und zurück*, Suhrkamp, Frankfurt am Main 2002.

———, *Theorie der Unbegrifflichkeit*, hrsg. von A. Haverkamp, Suhrkamp, Frankfurt am Main 2007.

Boehm, Rudolf, *Das „Ding-an-sich" als Erkenntnisziel. Fragen zu Rudolf Bernets Aufsatz „Endlichkeit und Unendlichkeit in Husserls Phänomenologie der Wahrnehmung"*, in: „Tijdschrift voor Filosofie", Band 40/2, 1978, S 659–661.

Borsato, Andrea, *Innere Wahrnehmung und innere Vergegenwärtigung*, Königshausen & Neumann, Würzburg 2009.

Brand, Gerd, *Horizont, Welt, Geschichte*, In: „Kommunikationskultur und Weltverständnis" (= Phänomenologische Forschungen Band 5), Alber Verlag, Freiburg i. Br./München 1977, S. 14–89.

Brentano, Franz, *Psychologie vom empirischen Standpunkte*, hrsg. von T. Binder, Ontos Verlag, Frankfurt am Main 2008.

Breyer, Thiemo, *Attentionalität und Intentionalität. Grundzüge einer phänomenologisch-kognitionswissenschaftlichen Theorie der Aufmerksamkeit*, Wilhelm Fink, Paderborn 2011.

Brisart, Robert, *Husserl et la no ready-made theory: la phénoménologie dans la tradition constructiviste*, in: „Bulletin d'analyse phénoménologique", VII, 1 (2011), S. 3–36.
Cassirer, Ernst, *Philosophie der symbolischen Formen. Erster Teil: Die Sprache*, in: „Gesammelte Werke. Hamburger Ausgabe", hrsg. von B. Recki, Band 11, Meiner, Hamburg 2001.
Cha, In-Suk, *Der Begriff des Gegenstandes in der Phänomenologie Edmund Husserls*, Lit Verlag, Berlin 2014.
Christensen, Carleton B., *Sense, Subject and Horizon*, in: „Philosophy and Phenomenological Research" 1993, 4, S. 749–779.
Chukwu, Peter M., *Competing Interpretations of Husserls Noema. Gurwitsch versus Smith and McIntyre*, Lang, New York-Bern-Frankfurt am Main-Berlin-Vienna u. a., 2009.
Claesges, Ulrich, *Edmund Husserls Theorie der Raumkonstitution*, Martinus Nijohff, Den Haag 1964.
――, *Zeit und kinästhetisches Bewusstsein. Bemerkungen zu einer These Ludwig Landgrebes*, in: „Phänomenologische Forschungen", 14, 1983, S. 138–151.
Costa, Vincenzo, *La generazione della forma*, Jaca Book, Mailand 1996.
――, *Alle origini della fenomenologia: Husserl e Stumpf sul problema dello spazio*, in: „Rivista di storia della filosofia", 1996/1, S. 77–101.
――, *L'estetica trascendentale fenomenologica. Sensibilità e razionalità nella filosofia di Edmund Husserl*, Vita e Pensiero, Mailand 1999.
――, *Vita emotiva e analisi trascendentale*, in: V. Melchiorre (Hrsg.), „I luoghi del comprendere", Vita e Pensiero, Mailand 2000, S. 101–128.
――, *Il cerchio e l'ellisse. Husserl e il darsi delle cose*, Rubettino, Soveria Mannelli 2007.
――, *Husserl*, Carocci, Rom 2009.
Crowell, Steven, *Husserl, Heidegger, and the Space of Meaning*, Northwestern University Press, Evanston 2001
――, *Normativity and Phenomenology in Husserl and Heidegger*, Cambridge University Press, Cambridge 2013.
D'Angelo, Diego, *La genesi dell'autocoscienza. Da Darwin a Merleau-Ponty*, in „Noema", III, 2012.
――, *Merleau-Ponty e la verità del naturalismo*, in: „Metodo. International Studies in Phenomenology and Philosophy", vol. 1, n. 2 (2013), S. 1–14.
――, *I limiti della libertà fenomenologica. Husserl e il problema dell'inizio*, in: I. Faiferri, S. Fumagalli, E. Ravasio, I. Resto (Hrsg.), „Limiti e libertà. La condizione umana sospesa tra due assoluti", LiminaMentis, Monza 2015, S. 13–30.
――, *Abstand und Interpretation in Husserls Ding und Raum*, in: D. Espinet, T. Keiling, N. Mirković (Hrsg.), „Raum erfahren. Epistemologische, ästhetische und ethische Zugänge", Mohr Siebeck, Tübingen 2017, S. 47–62.
D'Angelo, Diego, Mirković, Nikola, *New Realism and Phenomenology*, in: „META. Research in Hermeneutics, Phenomenology, and Pratical Philosophy", Sonderausgabe 2014.
Darwin, Charles, *The Expression of the Emotions in Man and Animals*, J. Murray, London 1872.
Dastur, Françoise, *Déconstruction et phénoménologie. Derrida en débat avec Husserl et Heidegger*, Hermann, Paris 2016.
De Boer, Theodorus, *The Development of Husserl's Thought*, Springer, Den Haag 1978.
De Palma, Vittorio, *Husserls phänomenologische Semiotik*, in: V. Mayer, „Edmund Husserls Logische Untersuchungen", Akademie Verlag, Berlin 2008, S. 43–60.
De Warren, Nicolas, *Husserl and the Promise of Time. Subjectivity in Trascendental Phenomenology*, Cambridge University Press, Cambridge (Mass.), 2009.
Depraz, Natalie, *Temporalité et affection dans les manuscrits tardifs sur le temporalité [1929–1935] de Husserl*, in: „Alter: Revue de Phénoménologie", 2, 1994, S. 63–86.
――, *Transcendance et incarnation*, Vrin, Paris 1995.
Deroo, Neal, *The Future Matters: Protention as more than Inverse Retention*, in: „Bulletin d'Analyse Phénoménologique", Band 4/7, 2008, S. 1–18.
――, *A Positive Account of Protention and its Implications for Internal Time-Consciousness*, in: P. Vandervelde und S. Luft (Hrsg.), „Epistemology, Archeology, Ethics. Current Investigations of Husserl's Corpus", Continuum, London/New York 2010, S. 102–119.

———, *Futurity in Phenomenology. Promise and Method in Husserl, Levinas, and Derrida*, Fordham University Press, New York 2013.
Derrida, Jacques, *La voix et le phénomène. Introduction au problème du signe dans la phénoménologie de Husserl*, PUF, Paris 1967.
———, *Marges de la philosophie*, Les Éditions de Minuit, Paris 1972.
———, *Husserls Weg in die Geschichte am Leitfaden der Geometrie*, Fink, München 1987.
———, *Die Stimme und das Phänomen. Einführung in das Problem des Zeichens in der Phänomenologie Husserls*, Suhrkamp, Frankfurt am Main 2003.
———, *Die Wahrheit in der Malerei*, Passagen Verlag, Wien 2008.
———, *Das Problem der Genese in Husserls Philosophie*, Diaphanes, Berlin und Zürich 2013.
Diemer, Alwin, *Edmund Husserl. Versuch einer systematischen Darstellung seines Denkens*, Hain, Meisenheim am Glan, ²1965.
Di Martino, Carmine, „Introduzione" in: E. Husserl, *Semiotica*, Spirali, Mailand 1990.
———, *Segno, gesto, parola. Da Heidegger a Mead e Merleau-Ponty*, ETS, Pisa 2006.
———, *Figure dell'evento. A partire da Jacques Derrida*, Guerini, Mailand 2009.
———, *Esperienza e intenzionalità. Tre saggi sulla fenomenologia di Husserl*, Guerini, Mailand 2013.
Doyon, Maxime, *Husserl and McDowell on the Role of Concepts in Perception*, in: „The New Yearbook for Phenomenology and Phenomenological Philosophy", XI, 2012, S. 43–75.
Drummond, John, *On Seeing a Material Thing in Space: The Role of Kinaesthesis in Visual Perception*, in: „Philosophy and Phenomenological Research", Vol. 40/1, 1979, S. 19–32.
Dubosson, Samuel, *L'ontologie des objets cultureles selon Husserl*, in: „Studia Phaenomenologica", vol. VIII, 2008, S. 65–81.
Ducros, Paul, « *Mais l'éclair dans la nuit de tempête ?* » *Phénoménologie d'une limite de la perception*, in: „Bulletin d'analyse phénoménologique", Vol. III, I, 2007, S. 3–53.
Dwyer, Daniel J., *Husserl's Appropriation of the Psychological Concepts of Apperception and Attention*, in: „Husserl Studies", 2007, 23, S. 83–118.
———, *The Partial Re-Enchantment of Nature Through the Analysis of Perception*, in: „Bulletin d'analyse phénoménologique", IV, 6, 2008, S. 1–12.
Eden, Tania, *Lebenswelt und Sprache. Eine Studie zu Husserl, Quine und Wittgenstein*, Fink, München 1999.
Edie, James M., *Speaking and Meaning. The Phenomenology of Language*, Indiana University Press, Bloomington/Indianapolis 1976.
Eley, Lothar, *Nachwort*, in: E. Husserl, „Erfahrung und Urteil".
English, Jacques, *La I. et la II. Recherches Logiques comme réécritures de la deuxième et première parties de la* Philosophie de la Arithmètique, in: J. Benoist, J. F. Courtine (Hrsg.), „Husserl. La représentation vide, suivi de *Les Recherches Logiques*, une œuvre de percée", PUF, Paris 2003, S. 40–62.
Espinet, David, *Phänomenologie des Hörens*, Mohr Siebeck, Tübingen 2009.
———, *Die Konkretion des transzendentalen Ego. Husserls genetische Phänomenologie des Selbst*, in: P. Merz, A. Staiti, F. Steffen (Hrsg.), „Geist – Person – Gemeinschaft. Freiburger Beiträge zur Aktualität Husserls", Ergon Verlag, Würzburg 2010, S. 131–150.
———, *'Read thyself!' Hobbes, Kant und Husserl über die Grenzen der Selbsterfahrung*, in: „Internationales Jahrbuch für Hermeneutik", hrsg. von G. Figal, 2013, S. 126–145.
Ferencz-Flatz, Christian, *Der Begriff der „Bekundung" bei Husserl und Heidegger*, in: „Husserl Studies", 26, 2010, S. 189–203.
Ferretti, Giovanni, *Soggettività e intersoggettività. Le Meditazioni Cartesiane di Husserl*, Rosenberg & Sellier, Turin 1997.
Figal, Günter, *Das Untier und die Liebe*, Metzler Verlag, Stuttgart 1991.
———, *Gegenständlichkeit. Das Hermeneutische und die Philosophie*, Mohr Siebeck, Tübingen 2006.
———, *Verstehensfrage. Studien zur phänomenologisch-hermeneutischen Philosophie*, Mohr Siebeck, Tübingen 2009.
———, *Erscheinungsdinge*, Mohr Siebeck, Tübingen 2010.
———, *Kunst*, Mohr Siebeck, Tübingen 2013.

———, *Unscheinbarkeit. Der Raum der Phänomenologie*, Mohr Siebeck, Tübingen 2015.
Fink, Eugen, *Operative Begriffe in Husserls Phänomenologie*, in: „Zeitschrift für philosophische Forschung" 11 (3), 1957, S. 321–337.
———, *Vergegenwärtigung und Bild. Beiträge zur Phänomenologie der Unwirklichkeit*, in Id., „Studien zur Phänomenologie 1930–1939", Den Haag, M. Nijhoff 1966, S. 1–78.
Flatscher, Matthias, *Kraft der (Wieder-)Erinnerung. Bemerkungen zu Husserls Erörterungen eines vielschichtigen Phänomens*, in: S. Stoller, G. Unterthurner (Hrsg.), „Entgrenzungen der Phänomenologie und Hermeneutik. Festschrift für Helmuth Vetter zum 70. Geburtstag", Bautz, Nordhausen 2012, S. 103–128.
———, *Grenzen der Einfühlung. Zum Problem der Alterität bei Husserl und Levinas*, in: T. Breyer (Hrsg.): „Grenzen der Empathie. Philosophische, psychologische und anthropologische Perspektiven", München, Fink 2013, S. 183–213.
Fleischer, Margot, *Einleitung des Herausgebers*, in: Hua XI.
Fraisopi, Fausto, *Expériece et horizon chez Husserl: Contextualité et synthèse à partir du concept de „représentation vide"*, in „Studia Phaenomenologica", 2009, S. 455–476.
Franck, Didier, *Chair et corps. Sur la phénoménologie de Husserl*, Les Éditions de Minuit, Paris 1981.
Gallagher, Shaun, *Hyletic Experience and the Lived Body*, in: „Husserl Studies" 3, 2010, S. 131–166.
Gander, Hans-Helmut, *Husserl-Lexikon*, Wissenschaftliche Buchgesellschaft, Darmstadt 2009.
Geniusas, Saulius, *The Origins of the Horizon in Husserl's Phenomenology*, Springer, Dordrecht/Heidelberg/London/New York 2012.
Geymant, Marie, *Le rôle du concept de Tendenz dans l'analyse husserlienne de la fondation à l'époque des Recherches logiques*, in: „Bulletin d'analyse phénoménologique" VIII 1, 2012 (actes 5), S. 183–201.
Goto, Hiroshi, *Der Begriff der Person in der Phänomenologie Edmund Husserls. Ein Interpretationsversuch der Husserlschen Phänomenologie im Hinblick auf den Begriff der Habitualität*, Königshausen und Neumann, Würzburg 2004.
Granel, Gérard, *Le sens du temps et de la perception chez E. Husserl*, Gallimard, Paris 1968.
Grimm, Wilhelm u. Jakob, *Deutsches Wörterbuch*, Onlineausgabe woerterbuchnetz.de/DWB.
Gurwitsch, Aron, *Théorie du champ de la conscience*, Desclée De Brouwer, Paris 1957.
———, *Beitrag zur phänomenologischen Theorie der Wahrnehmung*, in: „Zeitschrift für philosophische Forschung", Bd. 13, H. 3 (Jul.– Sep. 1959), S. 419–437.
———, *Outlines of a Theory of ‚Essentially Occasional Expressions'*, in: J. N. Mohanty (Hrsg.), „Readings on Edmund Husserl's Logical Investigations", Martinus Nijhoff, Den Haag 1977, S. 111–127.
Heidegger, Martin, *Sein und Zeit*, Niemeyer Verlag [11]1967.
Heinämaa, Sara, *Embodiment and Expressivity in Husserl's Phenomenology: From Logical Investigations to Cartesian Meditations*, in: „SATS: Northern European Journal of Philosophy", 11(1), 2010, S. 1–15.
Held, Klaus, *Lebendige Gegenwart. Die Frage nach der Seinsweise des transzendentalen Ich bei Husserl, entwickelt am Leitfaden der Zeitproblematik*, Spinger, Den Haag 1966.
———, *Das Problem der Intersubjektivität und die Idee einer phänomenologischen Transzendentalphilosophie*, Springer, Den Haag 1972.
———, *Phänomenologie der eigentlichen Zeit bei Husserl und Heidegger*, in: „Internationales Jahrbuch für Hermeneutik", hrsg. von G. Figal, Bd. 4, Tübingen 2005, S. 251–273.
Holenstein, Elmar, *Phänomenologie der Assoziation. Zu Struktur und Funktion eines Grundprinzips der passiven Genesis bei E. Husserl*, Martinus Nijhoff, Den Haag, 1972.
———, *Der Nullpunkt der Orientierung. Eine Auseinandersetzung mit der herkömmlichen phänomenologischen These der egozentrischen Raumwahrnehmung*, in: „Tijdschrift voor Filosofie", 34, 1972, S. 28–78.
———, *Jakobson ou le structuralisme phénoménologique*, Seghers, Paris 1975.
———, *Linguistik. Semiotik. Hermeneutik. Plädoyers für eine strukturale Phänomenologie*, Suhrkamp, Frankfurt am Main 1976.
Homer, *Ilias*, Akademie Verlag, Berlin [16]2014.

Hülsmann, Heinz, *Zur Theorie der Sprache bei E. Husserl*, A. Pustet Verlag, München 1964.
Jacobs, Hanne, *From Psychology to Pure Phenomenology*, in: A. Staiti (Hrsg.), „Commentary on Husserl´s *Ideas I*", De Gruyter, Berlin 2015, S. 95–118.
Jakobson, Roman, *Ein Blick auf die Entwicklung der Semiotik*, in: Id., „Semiotik. Ausgewählte Texte 1919–1982", hrsg. von E. Holenstein, Suhrkamp, Frankfurt am Main 1988, S. 108–135.
Kant, Immanuel, *Prolegomena zu einer jeden künftigen Metaphysik, die als Wissenschaft wird auftreten können*, in: „Kants gesammelte Schriften, Band IV: Kritik der reinen Vernunft, (1. Auflage 1781), Prolegomena, Grundlegung zur Metaphysik der Sitten, Metaphysische Anfangsgründe der Naturwissenschaft", Berlin ²1911, S. 243–382.
–––––, *Kritik der praktischen Vernunft*, Meiner, Hamburg 2003.
–––––, *Kritik der reinen Vernunft*, Meiner, Hamburg 2010.
Kern, Iso, *Husserl und Kant*, Martinus Nijhoff, Den Haag 1964.
–––––, *Idee und Methode der Philosophie*, De Gruyter, Berlin 1975.
–––––, *Einleitung des Herausgebers*, in: Hua XIII.
Keiling, Tobias, *Phänomenologische Freiheit in Husserls Ideen*, in: D. D'Angelo, S. Gourdain, T. Keiling, N. Mirković (Hrsg.), „Frei sein, frei handeln. Freiheit zwischen theoretischer und praktischer Philosophie", Alber Verlag, Freiburg/München 2013, S. 243–271.
–––––, *Seinsgeschichte und phänomenologischer Realismus. Eine Interpretation und Kritik der Spätphilosophie Heideggers*, Mohr Siebeck, Tübingen 2015.
Kuhn, Helmut, *The Phenomenological Concept of „Horizon"*, in: M. Farber, „Philosophical Essays in Memory of Edmund Husserl", Harvard University Press, Cambridge (Mass.), 1940, S. 106–123.
Kühn, Rolf, *Husserls Begriff der Passivität. Zur Kritik der passiven Synthesis in der genetischen Phänomenologie*, Alber Verlag, Freiburg 1998.
Kwan, Tze-Wan, *Husserl's Concept of Horizon: an Attempt at Reappraisal*, in „Analecta Husserliana" 31 (1990), S. 361–398.
Lahbib, Olivier, *La liberté dans la perception chez Husserl et Fichte*, in: „Husserl Studies" 21 2005, S. 207–233.
Lampert, Jay, *Synthesis and Backward Reference in Husserl's Logical Investigations*, Springer, Den Haag 1995.
Landgrebe, Ludwig, *Die Phänomenologie als transzendentale Theorie der Geschichte*, in: „Phänomenologische Forschungen", 3, 1976, S. 17–47.
Lanfredini, Roberta, *Husserl e la teoria dell'intenzionalità. Atto, contenuto e oggetto*, Laterza, Rom/Bari 1994.
–––––, *A priori materiale. Uno studio fenomenologico*, Guerini & Associati, Mailand 2006.
Lawlor, Leonard, *Derrida and Husserl. The Basic Problems of Phenomenology*, Bloomington, Indiana University Press 2002.
Lee, Jong-Kwan, *Welt und Erfahrung. Zur transzendental-phänomenologischen Thematisierung der Welt bei Edmund Husserl als Kritik des objektivistischen Weltbegriffs*, Peter Lang, Frankfurt a. M. 1991.
Lee, Nam-In, *Husserls Phänomenologie der Instinkte*, Springer, Dordrecht 1993.
–––––, *Practical Intentionality and Transcendental Phenomenology as a Practical Philosophy*, in: „Husserl Studies" 17, 2000, S. 49–63.
Leibniz, Gottfried W., *Monadologie*, in: U. J. Schneider (Hrsg.), „Monadologie und andere metaphysische Schriften", Meiner, Hamburg 2002.
Lembeck, Karl-Heinz, *Einführung in die phänomenologische Philosophie*, Wissenschaftliche Buchgesellschaft, Darmstadt 2009.
Lohmar, Dieter, *What Does Protention „Protend"?*, in: „Philosophy Today", Bd. 46, 2002, S. 154–167.
–––––, *Phänomenologie der schwachen Phantasie. Untersuchungen der Psychologie, Cognitive Sciences, Neurologie und Phänomenologie zur Funktion der Phantasie in der Wahrnehmung*, Springer, Dordrecht 2008.
Lotz, Christian, *From Affectivity to Subjectivity. Husserl's Phenomenology Revisited*, Palgrave, Basingstoke 2008.

Mach, Ernst, *Die Prinzipien der Wärmelehre*, Leipzig ²1900.
Marbach, Eduard, *Einleitung des Herausgeber*, S. LXXVI–LXXXI, in: Hua XXIII.
Marion, Jean-Luc, *Sind die nicht-konstituierbaren Phänomene nicht angesichtig?*, in: R. Bernet, A. Kapust (Hrsg.), „Die Sichtbarkeit des Unsichtbaren", Wilhelm Fink, München 2007.
Marrati, Paola, *Genesis and Trace. Derrida reading Husserl and Heidegger*, Stanford University Press 2005.
Mattens, Filip, *Perception, Body, and the Sense of Touch: Phenomenology and Philosophy of Mind*, in: „Husserl Studies" 25, 2009, S. 97–120.
Melle, Ulrich, *Das Wahrnehmungsproblem und seine Verwandlung in phänomenologischer Einstellung. Untersuchungen zu den phänomenologischen Wahrnehmungstheorien von Husserl, Gurwitsch und Merleau-Ponty*, Nijhoff, Den Haag 1983.
———, *Einleitung des Herausgebers*, in: Hua XX/2.
———, *Signitive und signifikative Intentionen*, in: „Husserl Studies", 15 (3), 1998, S. 167–181.
———, *La représentation vide dans la réécriture par Husserl de la VIe Recherche Logique*, in: J. Benoist, J.-F. Courtine, „Les *Recherches Logiques*, une oeuvre de percée", PUF, Paris 2003, S. 153–164.
———, *Das Rätsel des Ausdrucks: Husserls Zeichen und Ausdruckslehre in den Manuskripten für die Neufassung der VI. Logischen Untersuchung*, in: F. Mattens (Hrsg.), „Meaning and Language: Phenomenological Perspectives", Springer, Dordrecht 2008, S. 3–26.
Mensch, James R., *Husserl's Concept of the Future*, in: „Husserl Studies", 16, 1999, S. 41–64.
———, *Postfoundational Phenomenology. Husserlian Reflections on Presence and Embodiment*, The Pennsylvania State University Press, Univerity Park, Pennsylvania 2001.
Merleau-Ponty, Maurice, *Le visible et l'invisible*, Gallimard, Paris 1964.
Micali, Stefano, *Überschüsse der Erfahrung. Grenzdimensionen des Ich nach Husserl*, Springer, Dordrecht 2008.
Mohanty, James N., *Husserl's Thesis of the Ideality of Meaning*, in: Id. (Hrsg.), „Readings on Edmund Husserl's *Logical Investigations*", Nijhoff, den Haag 1977, S. 76–82.
———, *Husserl on „possibility"*, in: „Husserl Studies" 1 (1984), S. 12–29.
Mitscherling, Jeff, *Aesthetic Genesis. The Origin of Consciousness in the Intentional Being of Nature*, University Press of America, 2009.
Montavont, Anne, *De la passivité dans la phénoménologie de Husserl*, PUF, Paris 1999.
———, *Le phénomène de l'affection dans les Analysen zur passiven Synthesis*, in: „Alter: Revue de Phénomènologie", 2, 1994, S. 119–139.
Mooney, Timothy, *Understanding and Simple Seeing in Husserl*, in: „Husserl Studies", 26/1, 2010, S. 19–48.
Müller, Oliver, *Sorge um die Vernunft. Hans Blumenbergs phänomenologische Anthropologie*. Mentis, Paderborn 2005.
———, *„Die res cogitans ist eine res extensa". Sichtbarkeit, Selbsterhaltung und Fremderfahrung in Hans Blumenbergs phänomenologischer Anthropologie*, in: M. Moxter (Hrsg), „Erinnerung an das Humane. Beiträge zur phänomenologischen Anthropologie Hans Blumenbergs", Mohr Siebeck, Tübingen 2011, S. 15–38.
Münch, Dieter, *Intention und Zeichen. Untersuchungen zu Franz Brentano und zu E. Husserls Frühwerk*, Suhrkamp, Frankfurt am Main 1993.
Ni, Lam, *Seinsglaube in der Phänomenologie E. Husserls*, Kluwer, Den Haag 1999.
Niel, Luis, *Absoluter Fluss, Urprozess, Urzeitigung. Husserls Phänomenologie der Zeit*, Königshausen & Neumann, Würzburg 2011.
Noë, Alva, *Experience of the world in time*, in: „Analysis" 66/1, 2006, S. 26–32.
Orth, Ernst W., *Zu Husserls Wahrnehmungsbegriff*, in: „Husserl Studies", 11, 1994–95, S. 153–168.
Overgaard, Søren, und Grünbaum, Thomas, *What do Weather Watchers see?*, in: „Cognitiv Semiotics", Vol. 0, 2007, S. 8–31.
Palette, Virginie, *Die phänomenologische Selbstgegebenheit: Eine bloße Metapher?*, in: D. D'Angelo, N. Mirković (hrsg.), „New Realism and Phenomenology", Sonderausgabe 2014 von „Meta. Research in Phenomenology, Hermeneutics, and Pratical Philosophy", S. 28–43.

Literaturverzeichnis

―――, *Le donné en question. Les critiques du donné sensible dans le néokantisme, la phénoménologie au tournant du XXème siècle*, Springer, Dordrecht 2018.

Parpan, Reto, *Zeichen und Bedeutung. Eine Untersuchung zu Husserls Theorie des Sprachzeichens*, Maschinenschrift, Dissertation an der Universität Heidelberg 1985.

Piazza, Tommaso, *Esperienza e sintesi passiva. La costituzione percettiva nella filosofia di Edmund Husserl*, Guerini, Mailand 2001.

Pietersma, Henry, *Intuition and Horizon in the Philosophy of Husserl*, in: „Philosophy and Phenomenological Research", Band 31/1, 1973, S. 95–101.

Platon, *Gorgias*, in: "Werke in acht Bänden", Wissenschaftliche Buchgesellschaft, Darmstadt ⁶2011.

―――, *Menon*, in: „Werke in acht Bänden", Wissenschaftliche Buchgesellschaft, Darmstadt ⁶2011.

Popa, Delia, *Apparence et réalité. Phénoménologie et psychologie de l'imagination*, Hildesheim, Olms, 2012.

Pradelle, Dominique, *L'archéologie du monde: Constitution de l'espace, idéalisme et intuitionnisme chez Husserl*, Springer, Den Haag 2000.

Pugliese, Alice, *Unicità e relazione. Intersoggettività, genesi e io puro in Husserl*, Mimesis, Mailand 2009.

Rang, Bernhard, *Kausalität und Motivation. Untersuchungen zum Verhältnis von Perspektivität und Objektivität in der Phänomenologie Edmund Husserls*, Springer, Den Haag 1973.

―――, *Repräsentation und Selbstgegebenheit. Die Aporie der Phänomenologie der Wahrnehmung in den Frühschriften Husserls*, in: U. Guzzoni (hrsg.), „Der Idealismus und seine Gegenwart. Festschrift für Werner Marx", Meiner, Hamburg 1976, S. 378–397.

―――, *Husserls Phänomenologie der materiellen Natur*, Vittorio Klostermann, Frankfurt am Main 1990.

Rapic, Smail, *Einleitung des Herausgebers*, in: E. Husserl, „Ding und Raum", Meiner, Hamburg 1991, S. V–LXXXII.

Ricœur, Paul, *A l'école de la phénoménologie*, Vrin, Paris 2004.

Rinofner-Kreidl, Sonja, *Edmund Husserl. Zeitlichkeit und Intentionalität*, Alber Verlag, Freiburg/München 2000.

Rodemeyer, Lanei M., *Intersubjective Temporality. It's about time*, Springer, Dordrecht 2006.

Romano, Claude, *L'unité de l'espace et la phénoménologie*, in: „Cahiers philosophiques de Strasbourg", 1, 1994, S. 107–135.

Rogozinski, Jacob, *Le moi et la chair. Introduction à l'ego-analyse*, Les Éditions du Cerf, Paris.

Sartre, Jean-Paul, *L'imaginaire: Psychologie phénoménologique de l'imagination*, Gallimard, Paris 1936.

Schnell, Alexander, *Temps et phénomène: la phénoménologie husserlienne du temps (1893–1918)*, Olms, Hildesheim 2004.

―――, *Husserls et les fondements de la phénoménologie constructive*, Editions Jérôme Millon, Grenoble 2007.

Schuhmann, Karl, *Husserl-Chronik. Denk- und Lebensweg Edmund Husserls*, M. Nijhoff, Den Haag 1977.

―――, *Einleitung des Herausgebers*, in: Hua III/1.

Schulisch, Olga, *Wahrnehmungstheorie bei Hermann von Helmholtz und ihre semiotische Analyse*, Univ., Diss., Stuttgart 1982.

Sini, Carlo, *Scrivere il fenomeno*, Morano, Neapel 1987.

―――, *Il simbolo e l'uomo*, Egea, Mailand 1991.

Sinigaglia, Corrado, *Zeichen und Bedeutung. Zu einer Umarbeitung der sechsten Logischen Untersuchung*, in: „Husserl Studies" 14, 1998, S. 179–217.

Sinn, Dieter, *Die transzendentale Intersubjektivität mit ihren Seinshorizonten bei Edmund Husserl*, Heildelberg (Diss.) 1958.

Smith, David W., Mcintyre, Ronals, *Husserl and Intentionality. A Study of Mind, Meaning and Language*, Kluwer, Dordrecht 1982.

Sokolowski, Robert, *Husserlian Meditations. How Words Present Things*, Northwestern University Press, Chicago 1974.

―――, *Semiotics in Husserl's* Logical Investigations, in: D. Zahavi, F. Stjernfelt (Hrsg.), „One Hundred Years of Phenomenology. Husserl's *Logical Investigations* Revisited", Kluwer, Dordrecht 2002, S. 171–184.

―――, *La grammaire comme signal de la pensée*, in: J. Benoist, J. F. Courtine (hrsg.), „Husserl. La représentation vide, suivi de *Les Recherches Logiques*, une œuvre de percée", PUF, Paris 2003, S. 90–101.

Sonesson, Göran, *Semiosis and the Elusive Final Interpretant of Understanding*, in: „Semiotica", 179, 1\4 (2010), S. 145–159.

―――, *Phenomenology Meets Semiotics: Two Not So Very Strange Bedfellows at the End of Their Cinderella Sleep*, in: „Metodo. International Studies in Phenomenology and Philosophy", Vol. 3, n. 1 (2015), S. 41–62.

Sowa, Rochus, *Einleitung des Herausgebers*, in: Hua XXXIX.

Staub, Christoph, *Leerintentionen und leere Namen*, Academia Verlag, Sankt Augustin 2003.

Staiti, Andrea, *Geistigkeit, Leben und geschichtliche Welt in der Transzendentalphänomenologie Husserls*, Ergon, Würzburg 2010.

―――(hrsg.), *Commentary on Husserl's „Ideas I"*, De Gruyter, Berlin 2015.

Ströker, Elisabeth, *The Husserlian Foundations of Science*, Dordrecht, Springer 1997.

Summa, Michela, *Spatio-temporal Intertwining. Husserl's Transcendental Aesthetic*, Springer, Dordrecht 2014.

Suzuki, Takashi, *Der Hintergrund von Husserls Begriff der Kundgebung und Kundnehmung*, in: „Studien zur praktischen Philosophie", 36, 2013, S. 1–31.

Tengelyi, László, *Zeit und Empfindung*, in: „Recherches Husserliennes", Band IV, 1995, S. 53–76.

―――, *Erfahrung und Ausdruck. Phänomenologie im Umbruch bei Husserl und seinen Nachfolgern*, Springer, Dordrecht 2007.

―――, *L'impression originaire et le remplissage des protentions chez Husserl*, in: J. Benoist (Hrsg.), „La conscience du temps. Autour des Leçons sur le temps de Husserl", Vrin, Paris 2008, S. 29–44.

Tugendhat, Ernst, *Der Wahrheitsbegriff bei Husserl und Heidegger*, Walter de Gruyter, München 1970.

Ubiali, Marta, *Wille – Unbewusstheit – Motivation. Der ethische Horizont des Husserlschen Ich-Begriffs*, Würzburg, Egon 2013.

Ullmann, Tamás, *La genèse du sens: signification et expérience dans la phénoménologie génétique de Husserl*, L'Harmattan, Paris 2002.

Varela, Francisco J., Depraz, Natalie, *At the Source of Time: Valence and the Constitutional Dynamics of Affect*, in: „Journal of Consciousness Studies", 12 (2005), S. 61–81.

Verdenal, René, *La sémiotique de Husserl: la logique des signes (à propos de certains inédits)*, in: „Les Etudes Philosophiques", 4 (1973), S. 553–564.

Vetter, Helmut, *Wörterbuch der phänomenologischen Begriffe*, Meiner, Hamburg 2005.

Völkner, Peter, *Derrida und Husserl. Zur Dekonstruktion einer Phänomenologie der Präsenz*, Passagen Verlag, Wien 1993.

Vongehr, Thomas, Giuliani, Regula, *Einleitung der Herausgeber*, in: Hua XXXVIII.

Von Helmholtz, Hermann, *Schriften zur Erkenntnistheorie*, hrsg. von E. Bonk, Springer, Wien 1998.

Vydra, Anton, *The Yearbook on History and Interpretation of Phenomenology*, Peter Lang, Frankfurt am Main, Berlin, Bern u. a. 2014.

Waldenfels, Bernhard, *Das leibliche Selbst. Vorlesungen zur Phänomenologie des Leibes*, Suhrkamp, Frankfurt am Main 2000.

―――, *Phänomenologie der Aufmerksamkeit*, Suhrkamp, Frankfurt 2004.

―――, *Between Saying and Showing: Reflections on Husserl's Theory of Occasional Expressions*, in: K.-Y. Lau, J. J. Drummond (Hrsg.), „Husserl's *Logical Investigations* in the new Century: Western and Chinese Perspectives", Springer, Dordrecht 2007, S. 43–52.

―――, *Antwortregister*, Suhrkamp, Frankfurt am Main 2007.

―――, *Das Unsichtbare dieser Welt oder: Was sich dem Blick entzieht*, in: R. Bernet, A. Kapust (Hrsg.), „Die Sichtbarkeit des Unsichtbaren", Fink, München 2009, S. 11–27.

Literaturverzeichnis

―――, *In the Place of the Other*, in: „Continental Philosophy Review", 44, 2011, S. 151–164.
―――, *Hyperphänomene. Modi hyperbolischer Erfahrung*, Suhrkamp, Berlin 2012.
Wehrle, Marlene, *Die Normativität der Erfahrung. Überlegungen zur Beziehung von Normalität und Aufmerksamkeit bei E. Husserl*, in: „Husserl Studies", 26 (2010), S. 167–187.
―――, *Horizonte der Aufmerksamkeit. Entwurf einer dynamischen Konzeption der Aufmerksamkeit aus phänomenologischer und kognitionspsychologischer Sicht*, Wilhelm Fink, Padeborn 2013.
Welton, Donn, *The Origins of Meaning. A Critical Study of the Treshold of Husserlian Phenomenology*, Kluwer, Den Haag u. a., 1983.
White, Alan, *Reconstructing Husserl: A Critical Response to Derrida's "Speech and Phenomena"*, in: „Husserl Studies", 4, 1987, S. 45–62.
Wiegerling, Klaus, *Husserls Begriff der Potentialität. Eine Untersuchung über Sinn und Grenze der transzendentalen Phänomenologie als universaler Methode*, Bouvier, Bonn 1984.
Willard, Dallas, *Logic and the Objectivity of Knowledge. A Study in Husserl's Early Philosophy*, Athens, Ohio 1984.
Zahavi, Dan, *Husserl und die transzendentale Intersubjektivität. Eine Antwort auf die sprachpragmatische Kritik*, Kluwer, Dordrecht u. a. 1996.
―――, *Husserl's Phenomenology*, Stanford University Press, Standford (CA) 2003.
―――, *Die Reduktion und das Unsichtbare*, in R. Bernet, A. Kapust (Hrsg.), „Die Sichtbarkeit des Unsichtbaren", Wilhelm Fink, München 2007, S. 57–72.
Zhok, Andrea, *La realtà e i suoi sensi. La costituzione fenomenologica della percezione e l'orizzonte del naturalismo*, ETS, Pisa 2012.

Autorenverzeichnis

A
Aguirre, Antonio 8, 10, 12, 74, 167, 295
Alexander, Natalie 265
Aristoteles, 8, 43, VII
Asemissen, Hermann U. 4, 127, 159, 176
Avenarius, Richard 40

B
Barber, Michael D. 188–189
Behnke, Elisabeth 182, 266
Belussi, Felix 5, 75, 169
Benoist, Jocelyn 36, 49, 59, 85, 86, 90, 121, 123, 277, 283
Bernet, Rudolf 14, 20, 23, 26, 28, 35, 43, 47, 54, 63, 82, 102, 103, 122, 142, 161, 180, 213, 214, 227, 251, 256, 259, 260, 263, 265, 266, 274, 277
Bianchini, Matteo 230
Biceaga, Victor 213, 237, 257, 278
Biemel, Walter 21
Blumenberg, Hans 24, 25, 88, 122, 124, 148, 209, 232, 263
Boehm, Rudolf 14
Bonk, Ecket 15
Borsato, Andrea 107
Brand, Gerd 238, 250
Brentano, Franz 2, 36, 148, 264, 256, 267, 270
Breyer, Thiemo 134, 225
Brisart, Robert 254

C
Cassirer, Ernst 15
Cha, In-Suk 306
Christensen, Carleton B. 160

Chukwu, Peter M. 161
Claesges, Ulrich 71, 136, 138, 140, 299
Courtine, Jean-François 36, 59, 85, 90, 123
Costa, Vincenzo 4
Crowell, Steven 46, 65, 90, 96, 101, 142, 143, 160, 162, 224, 250, 282

D
Darwin, Charles 54
Dastur, Francoise 273
De Boer, Theodorus 80, 99
De Palma, Vittorio 55, 80, 81–84, 87
De Warren, Nicolas 232, 281, 284
Depraz, Natalie 206, 210, 250, 298
Deroo, Neal 266
Derrida, Jaques 7, 18, 25, 28, 35, 38, 41, 43, 60, 113, 151–152, 166, 202, 234, 249, 265–266, 271, 273, 276
Di Martino, Carmine 28, 34, 36, 40, 214, V
Diemer, Alwin 271
Doyon, Maxime 189
Drummond, John 54, 139
Dubosson, Samuel 172
Ducros, Paul 128
Dwyer, Daniel J. 70, 92, 254

E
Eden, Tania 29
Edie, James M. 5
Eley, Lothar 9
English, Jaques 36
Espinet, David 66, 78, 124, 299, V
Evans, Joseph Claude 265–266

F
Farber, Marvin 119
Faiferri, Ivan 248
Ferencz-Flatz, Christian 150, 178
Ferretti, Giovanni 205
Figal, Günther 28, 32, 37–39, 43, 52, 85, 113, 119, 139–142, 157, 173, 187, 232, 249, 268, V
Fink, Eugen 7, 109, 249
Flatscher, Matthias 225, 272
Fleischer, Margot 229
Fraisopi, Fausto 96, 161
Franck, Didier 138, 179, 202, 224
Fumagalli, Sara 248

G
Gallagher, Shaun 3, 157–158, 243
Gander, Hans-Helmuth 29
Geniusas, Saulius 9, 22, 129, 151, 158, 162, 192, 286
Geymant, Marie 47, 236
Goto, Hiroshi 121
Gourdain, Sylvaine 240, V
Granel, Gérard 4
Grimm, Wilhelm und Jakob 42
Giuliani, Regula 73, 83, 118, 149
Grünbaum, Thomas 251
Gurwitsch, Aaron 1, 23, 54, 79
Guzzoni, Ute 6

H
Haverkamp, Anselm 232
Heidegger, Martin 9, 43, 138, 250, 284
Heinämaa, Sara 214
Held, Klaus 5, 113–114, 217, 237, 262, 268, 271, 277, 278, 297
Hobbes, Thomas 66, 71
Homer, VII
Holenstein, Elmar 11, 19, 23, 34, 59, 60, 92, 114, 129, 140, 141, 153, 186, 191, 196, 236, 244, 268, 286, 293
Hülsmann, Heinz 29
Hume, David 59, 253, 283

I
IJsseling, Samuel 161

J
Jacobs, Hanne 148
Jakobson, Roman 33, 34
James, William 112

K
Kant, Immanuel 21, 46, 119, 154, 176, 276, 288
Kapust, Antje 26, 122, 213
Keiling, Tobias 124, 223, 240. V
Kern, Iso 20, 23, 80, 81, 82, 102, 103, 154, 161, 180, 202, 214, 251
Kerry, Benno 128
Kühn, Rolf 135, 179, 197, 233, 238, 249
Kuhn, Helmut 145–146
Kwan, Tze-Wan 146

L
Lahbib, Olivier 240
Lampert, Jay 101
Landgrebe, Ludwig 11, 202, 299
Lanfredini, Roberta 9
Lau, Kwok-Ying 54
Lawlor, Leonard 28, 43
Lee, Jong-Kwan 101
Lee, Nam-In 236, 251
Leibniz, Gottfried Wilhelm 223
Levinas, Emmanuel 225, 257
Lembeck, Karl-Heinz 24
Lipps, Theodor 128, 258
Locke, John 14, 71
Lohmar, Dieter 25, 227, 269, 281
Lotze, Hermann 258
Lotz, Christian 140, 250
Luft, Sebastian 266

M
Mach, Ernst 40, 142
Marbach, Eduard 20, 23, 82, 102, 103, 161, 172, 180, 214, 251
Marion, Jean-Luc 26, 158
Marrati, Paola 28
Mattens, Filip 41, 141
Mayer, Verena 55
McIntyre, Ronals 146
McKenna, Williams 265
Melchiorre, Vittorio 248
Melle, Ulrich 4, 41, 45, 57, 63, 76–77, 85, 100, 123
Mensch, James 24, 76, 151, 240, 266, 281, 299, V
Merleau-Ponty, Maurice 123, 151, 232, 254
Merz, Phillipe 299
Micali, Stefano 4, 106, 197, 248, 271, 273
Mill, John Stuart 31, 59
Mirković, Nikola 73, 124, 241, V
Mitscherling, Jeff 254
Mohanty, James N. 54, 99, 137
Montavont, Anne 237, 247

Mooney, Timothy 189, 233
Moxter, Michael 209
Müller, Oliver 25, 209
Münch, Dieter 36, 41, 44, 49, 58, 80

N
Nenon, Thomas 182
Ni, Lam 5
Niel, Luis 274
Noë, Alva 3, 96

O
Orth, Ernst W. 72, 166
Overgaard, Søren 251

P
Palette, Virginie 73, 236, V
Parpan, Reto 30, 36, 40, 53, 58
Peirce, Charles S. 33, 142
Piazza, Tommaso 4
Pietersma, Henry 182
Platon 43, 90, VII
Popa, Delia 25, 107
Pradelle, Dominique 113, 138, 188, 234, 298
Pugliese, Alice 198, 224, 268

R
Rang, Bernhard 6, 14, 76, 78–79, 83, 85, 92, 98, 111, 129, 136, 142, 147–148, 164, 180, 184, 238–240, 249, 251, 267
Rapic, Smail 126, 141, 143
Ravasio, Elisa 248
Recki, Birgit 15
Resto, Ilaria 248
Ricœur, Paul 195, 204–205
Rinofner-Kreidl, Sonja 258
Rodemeyer, Lanei M. 5, 88, 217, 228, 286
Rogozinski, Jacob 213
Romano, Claude 138

S
Schneider, Ulrich J. 223
Sartre, Jean-Paul 98
Schnell, Alexander 250, 266
Schuhmann, Karl 16, 149
Schulisch, Olga 15
Sini, Carlo 28, 63
Sinigaglia, Corrado 35, 63, 66
Sinn, Dieter 207
Sokolowski, Robert 35, 50, 52, 57, 59, 129, 143, 263

Smith, David W. 146
Sonesson, Göran 66
Sowa, Rochus 290
Steffen, Frederik 299
Stern 258
Staiti, Andrea 148, 154, 164, 299
Staub, Christoph 5, 65
Stjernfelt, Frederik 57
Stoller, Silvia 272
Ströker, Elisabeth 28, 214, 304
Summa, Michela 103, 121, 129, 150, 283, 299
Suzuki, Takashi 44

T
Tengelyi, László 58, 98, 122, 139, 142, 270, 277
Thompson, Evan 3
Tugendhat, Ernst 5, 84, 103–104, 240

U
Ubiali, Marta 164, 179, 184, 271
Ullmann, Tamás 4
Unterthurner, Gerhard 272

V
Vandervelde, Pol 266
Varela, Francisco 3, 250
Verdenal, René 36
Vetter, Helmuth 29, 272
Völkner, Peter 28
Vongehr, Thomas 73, 83, 118, 149
von Helmholtz, Hermann 2, 15, 71, 78, 82, 148
Vydra, Anton 244

W
Waldenfels, Bernhard 41, 54, 70, 134, 138, 188, 198, 213, 221, 224
Wehrle, Maren 134, 247, 250
Welton, Donn 259
White, Alan 28
Wiegerling, Klaus 23, 42, 52, 134, 149, 192, 197, 198, 222, 238, 240, 249, 270, 293
Willard, Dallas 36

Z
Zahavi, Dan 3, 20, 25, 57, 88, 122, 211, 224, 251
Zhok, Andrea 153

Stichwortverzeichnis

A
Abschattung 3, 6, 17, 70–72, 74–76, 86–89, 92–94, 99, 101–102, 105–106, 113–114, 122–123, 125, 127–128, 133, 135–136, 138–139, 145–146, 150, 152, 155–158, 163, 166, 168, 176–179, 181, 199, 231, 227, 229, 230, 236, 238, 240, 258, 260, 263
Absenz 20, 96, 183, 271
abwesend 11, 19, 44, 52, 76, 84, 90, 92, 93
Abwesenheit 3, 20, 25, 43, 66, 72, 94, 182, 233, 241, 256, 265
adäquat 6, 113, 121, 162, 164, 166, 168, 215, 257, 272, 283
Adäquation 91
Affektion 245
Akt 15, 26, 33, 57, 58, 69, 74, 77–78, 81–82, 84, 88, 92, 101, 103–104, 111, 127, 182, 186, 190, 197, 216, 230, 236, 248, 256–257, 265
aliquid stat pro aliquo 3, 17, 41, 53
Anschauung 4, 6, 51, 70, 77, 80, 86, 88–89, 91–92, 95–98, 102, 104, 106–107, 109, 117, 119, 121, 124, 128, 132, 134, 141, 146, 149, 152, 153, 155, 162, 172, 183, 189, 247, 252, 264, 267, 268, 270, 277, 280, 281, 290
Antizipation 152, 172–173, 179, 193, 199–200, 249, 250–252, 255, 262, 268–270, 274–275, 279, 280, 282, 285–286, 291–293, 296, 298
anwesend 11, 17, 43, 52, 84, 93, 216
Anwesenheit 18, 25, 43, 44, 52, 67, 72, 92, 93, 94, 153, 182, 233, 241, 256, 265

Anzeichen 31, 35, 38–39, 49, 52–53, 55–56, 58–59, 61, 65–67, 112, 172–173, 177, 196, 201, 203–204, 209, 216, 224, 239, 244–245, 254, 293
Anzeige 32, 67
apodiktisch 6, 204
Apperzeption 5–6, 8, 10, 15, 66, 75, 80, 87, 92, 97, 159, 187–191, 198–199, 201, 213, 216, 220, 223, 225, 241, 245–246, 261, 274, 292, 294–295
Appräsentation 92, 197
apriori 32, 72, 159, 162, 180, 273
  materielles 9, 19
Assoziation 2, 5, 11–12, 19, 24, 40, 59–61, 67, 87, 92, 114–115, 130, 153, 168, 171–172, 186–187, 189–193, 198, 203, 205, 213–215, 221, 228–229, 241, 244, 246–247, 276, 279, 281, 286
Ästhetik 229
Assoziationsgesetz 98, 191–192, 228
Auffassung 15
  Inhalt 5, 172, 258–260, 262, 264
  Sinn 5, 103, 137, 157, 172, 193, 227, 258, 279
Aufmerksamkeit 9, 39, 41, 43, 47–48, 65, 66, 98, 134, 136–137, 139, 147, 155, 182, 231, 233, 249, 278–279, 294
Ausdruck 4, 7, 13, 17, 30–35, 39, 43, 49, 54–55, 57–60, 62–65, 69, 82, 95, 104, 114–115, 174, 202, 204–208, 211, 218, 224, 258–259
  okkasioneller 55

B

Bedeutung 12, 15, 17, 28, 30, 32–35, 44–45, 49, 53, 55, 57–58, 60, 62, 64, 66, 70, 74, 77–82, 87, 94–95, 99, 100, 102–104, 115, 142, 167, 174–175, 204, 207, 254, 259–261, 270, 274–275, 282
Bedeutungsbewusstsein 46, 62, 97, 101, 104, 274
Bedeutungserfüllung 34, 77, 85
Bedeutungsintention 34, 70, 77, 80, 82, 85, 95, 99, 100–105
Bestimmbarkeit
  unbestimmt 159, 193, 272, 275
Bewegung 289, 295
Bewusstsein 286, 298
bezeichnet 17, 34–35, 38–52, 54, 56, 58–59, 63, 64, 80, 83, 86, 90, 95, 97, 104, 106, 108, 115, 124, 135, 149, 163, 164, 167, 217, 218, 219, 220, 246, 258, 277
Bild 3, 7, 11, 14–15, 46, 84, 98, 107, 124, 129, 140, 148
Bildbewusstsein 46, 83, 76, 79, 87, 98, 106, 108, 148, 150, 172, 206, 256, 264, 266
Bildtheorie 7, 14, 76, 120, 148, 264

D

Darstellung 6, 8, 76, 91–92, 118, 120, 123, 125–126, 150, 166, 199, 218, 229, 259, 260, 265, 282
Darstellungsfunktion 8, 70, 87
Darstellungsmoment 7
Die Idee im kantischen Sinne 121, 168–169, 171, 175–177, 185, 234
Die Sache selbst 105, 113, 239
Ding 136, 236
Dingkonstitution 11–12, 124, 171, 192
Ding- und Raumkonstitution 139
Dingwahrnehmung 5, 19, 23, 50, 70–71, 85, 106, 122, 147, 150, 158, 160, 162, 166, 178–179, 181, 188, 191, 195–199, 200–201, 203–204, 206, 213, 216, 218, 225, 227, 229, 233, 244, 255–256
Doxa 185, 193, 221, 244, 246
dynamisch 34, 35, 65, 66, 70, 82, 86, 149, 165
Dynamik 24, 41, 42, 44, 45, 48, 126, 224, 271

E

Egokonstitution 299
Egologie 287
Eidos 146, 155, 159–160, 162–163, 227, 228, 233, 243, 289

Eigenheitssphäre 13, 197, 207–209, 213–215
Einfühlung 191–192, 197–198, 202, 204–206, 211–212, 215, 221–224, 269
Einheitsbewusstsein 18–19, 103, 120, 122, 125, 127, 130–132, 137–138, 141, 157–159, 163, 179, 234, 263–264
einsichtig 32, 56–57, 168–169, 173, 177, 190, 201, 248
einstimmig 159, 225, 233, 244, 249, 261
Empfindung 1, 10, 17, 73–80, 81–86, 88–87, 108, 118, 120, 122, 124, 126, 129, 132, 165–166, 181, 188, 257, 259
Epoché 18, 164, 208, 216, 244, 246, 252, 275, 292
Erfahrungsfeld 235, 293
Erfüllung 15, 19, 34, 46, 48–49, 73, 78, 80–81, 85, 88–89, 90–92, 94, 97, 99–101, 104, 106–107, 109, 111, 122, 127, 129, 140, 142, 179, 199–200, 221, 232–236, 239, 242, 248, 251, 252, 261, 268–270, 274, 276, 277–280, 282–284, 290, 297–298
Erfüllungsbewusstsein 85
Erinnerung 41, 51, 60, 115, 205, 210, 213, 217, 228, 256, 263, 267, 274, 285, 290
Erlebnis 6, 10, 33, 52, 83, 152, 155–157, 167, 205, 229, 240, 252, 279
Erscheinendes 82
Erscheinung 82, 84, 87
Erwartung 20, 50, 63, 111, 114–115, 119, 160, 165, 190, 213, 217, 225, 230, 234, 235, 239, 245, 249, 251, 255, 261, 266–269, 272–275, 278–279, 282, 286, 297
Evidenz 6, 9, 37, 56, 58–59, 122, 128, 131, 208, 234, 240, 244, 253, 284
evident 3, 86, 103, 123, 134, 135, 136, 230, 252, 263, 272, 285, 290–291

F

Feld 6, 9, 18, 43, 133, 139, 147, 155, 185, 224, 235, 241, 243, 249, 257–258, 271, 274, 278, 284, 291, 293–294
frei 182, 235, 250
Freiheit 19, 236, 240–241, 242, 244, 269, 297–298
Fremd
  Erfahrung 2, 13, 63, 88, 172, 195–207, 209, 211, 213, 216–219, 220, 221, 225, 255
  Konstitution 212

G

Gegebenheit 2, 3
Gegenstand 3, 4, 7, 229
  kultureller 20, 172–173, 175
Gegenstandkonstitution 24, 151, 177
Gegenwart 135, 210, 213, 235, 263, 266–267, 269, 271–273, 278, 283–285, 300
  lebendige 271, 273, 278, 284–285, 297–299
gegenwärtig 3, 23, 51–52, 61, 72–73, 76, 83–84, 92, 113–114, 147, 150, 158, 235, 262–266, 278, 280, 285
Gegenwärtigung 114
Genetik 131, 133, 164
genetisch 2, 10–11, 19, 28, 48, 60, 62, 87, 111–112, 126, 131–133, 144, 158, 164, 171, 177, 183, 191–192, 206, 208, 210, 215–216, 225–228, 232–234, 237, 241–242, 245, 247, 252–254, 283, 289
Gesichtsfeld 51, 124, 146
Glaube 119, 130, 164, 169, 189, 207, 211, 245–246, 251, 285, 288

H

Hier 139, 181, 197
Hinweis 3, 10–11, 14, 17, 34–35, 39–41, 43, 48, 52–53, 55–59, 61, 63–67, 70, 76, 82, 84, 86, 89, 91, 94, 97, 98, 107, 108, 111, 115, 117, 123, 128, 130, 132, 136, 140, 142, 144, 149, 159, 165–166, 173–174, 177, 180, 186, 189, 238, 239, 242, 273, 276–277, 281
  dynamischer 166
Hof 96, 112, 152, 155, 157, 159, 250, 256, 272–273
Horizont 107
Hyle 76, 80, 98, 126, 153, 157–158, 161, 190, 243, 247, 259–260, 281, 283, 298

I

Ich 208
Ich kann 47–48, 179, 185, 232–233, 240–241, 251, 294
Identifikationssynthesis 252
Identität 85, 113, 125, 130–132, 137, 157, 181–182, 199, 217, 234, 243, 286, 294
Imagination 3, 25–26, 91, 106–110
imaginativ 17
inadäquat 86, 90, 154, 172

Index 66, 143, 146, 151, 160, 166–167, 180–183, 187, 189, 191–193, 206, 211, 214–215, 222–223, 234, 241, 264–265, 291–292
Indikation 5, 19–20, 24, 41, 133, 196–197, 199, 201, 203–204, 206–211, 213–214, 222, 225, 234–235, 262, 290, 295, 297
indizieren 25, 174, 195, 201
Indizierung 9, 18–19, 50, 55, 57, 63, 65, 90, 100, 118, 129, 133, 159, 178, 182, 197–198, 202, 212, 223–224, 229–230, 232, 250, 261, 282, 291, 293
Induktion 20, 38, 219, 224, 287–289, 290, 291, 292–297
intentio 236–238
Intention 46–47, 73, 77, 80, 85–86, 90–91, 96–97, 100, 106, 111–112, 126, 128, 142, 174, 178, 208, 234–235, 237–238, 245, 247, 275–276
  signitive 73, 77–78, 81–82, 84–86, 88–89, 94–106, 110, 116, 252
  signitive, symbolische und signifikative 86, 88
  signifikative 13, 17, 74, 77, 94–95, 100, 104–105, 116
  symbolische 17, 78, 88, 94–95, 104–105, 116–118
intentionale Implikation 162, 180, 250, 271, 286, 293, 297
Intentionalität 5, 17, 41–42, 49, 71–72, 76–77, 80, 104, 106, 126, 145, 157, 197–198, 199, 205, 208, 213–215, 217, 230–231, 233, 235, 237, 248, 251–252, 255–256, 271, 273, 279–282
Intersubjektivität 19, 21, 24, 263

J

Jetzt 19, 72, 257–258, 263–264, 270–273, 275–283

K

Kinästhese 129–130, 139–140, 142–143, 166–167, 178, 188, 197, 239–, 250, 251, 288, 291, 299
Können 46–48, 66, 80, 136, 185, 187, 233, 235, 269, 283, 294
Konstitution 18, 26, 107, 112, 150, 158, 171, 181, 190, 192, 195, 202, 205, 218, 223, 228–229, 234, 236, 239, 241, 251, 273, 296, 298

Konstitution (*Fortsetzung*)
  der Andersheit 19
  der Fremderfahrung 201
  der Intersubjektivität 25, 172, 191, 195, 198, 206, 224
  des anderen 211
  der Dinge 162, 172, 189
  der Zeit 64
  des erscheinenden Gegenstandes 7
  des Gegenstandes 133, 216
  des Horizontes 18, 134, 251
  des Ichs 228–229
  des Raumes 5, 17, 136
  dessen Subjektivität 208
  einer Intersubjektivität 221
  eines Gegenstandes 249
  fremder Subjektivität 207
  intersubjektive 175
Konstitutionsebene 209
Konstitutionsschichte 171
Konstitutionsstufe 8, 192, 196, 212
Korrelation 24, 32, 55, 66, 71, 139, 145, 158, 180, 192, 197, 229, 234, 241, 291
Kultur 175, 178, 183
Kulturgegenstand 18, 150, 174, 176, 191
Kulturobjekt 201, 288

L
Lebenswelt 178, 223, 254, 288, 290, 295–296
Leerintention 5, 85, 90, 95–96, 98, 123, 143, 198, 221, 235, 266, 273–274, 279
Leervorstellung 5, 123, 252
leibhaftig 5, 7, 8, 147, 196, 198, 257, 258, 261, 268, 282, 284
Leibhaftigkeit 85, 148
Logik 28–33, 36, 38, 57–60, 87, 114, 228–229, 252–253, 293

M
Metaphysik 25, 35, 282
  der Präsenz 152
  der reinen Präsenz 2
Mitfeld 55, 134
Mitgegebenheit 1, 2–3, 6–8, 10, 15, 20, 22, 25–26, 75, 85, 123–124, 127, 136–137, 147, 157, 183, 186, 189–190, 206, 256–257, 290, 293
Mitgegenwart 147, 155, 198, 206, 207, 229, 235, 252, 261, 268, 269, 292
Monade 192, 196, 204, 209, 211–212, 222–223, 235

Monadengemeinschaft 212
morphe 243
Morphé 80, 160–161, 243
Motivation 12, 17, 19, 53, 56, 67, 164, 168, 171, 184–185, 189–190, 211, 213, 219, 239, 242, 245, 251, 274–275, 291
Mitgegebenheit 1, 2, 290
Monadengemeinschaft 221
Motivation 17, 19, 45

N
Natur 175, 192, 196, 209, 222–225, 241, 254
Nichterscheinendes 2, 25, 89, 97
Noema 18, 145, 152, 159, 161–163, 165, 168, 171–172, 179, 180, 181, 183, 186–188, 190–193, 195
Noesis 145, 158, 160–161

O
Optimum 17, 120–122, 124, 127, 129–130, 132, 134, 137, 140, 142–144, 149–150, 164, 166, 168, 171, 175–176, 178, 185, 190–191, 227, 263, 282–283, 297
Orientierung 18, 72, 80, 107, 121, 133, 136, 138–141, 146, 157, 160–161, 164, 166, 181, 197, 222, 263

P
Paarung 210, 213–215, 217
Passivität 186, 187
Perspektive 50, 72, 74, 76, 83, 101, 121–122, 133, 137, 139–140, 161, 163, 166, 181–183, 186, 187, 218, 223, 235, 238–239, 250–251, 263, 282–283, 289–291, 294, 297, 299, 300
Perspektivität 85, 91, 141, 145–146, 147, 157–158, 161, 229, 288
Phänomen 1, 3–4, 10–11, 13, 24–25, 31, 33, 48, 99, 130–131, 173, 229, 263, 268, 295
Phänomenologie 236–237, 241, 245
Phantasie 3, 17, 25, 37, 70, 88, 96, 103, 105–106, 115, 119, 125, 128, 150, 256, 264, 266–267, 269, 281
Präsentieren 3
Präsenz 2, 20, 44, 48, 52, 74, 89, 96, 113–114, 152–153, 233, 265, 271, 275, 276, 278–279, 299
Präsenzmetaphysik 271, 273

Stichwortverzeichnis

Prinzip aller Prinzipien 5, 18, 153, 159
Protention 5, 19, 20, 127–128, 156, 191, 217, 230, 239, 255, 257, 280, 282, 297–299

Q
Quasi-Präsenz 43–44, 48, 183, 275

R
Raumkonstitution 2, 21, 121, 124, 133, 139, 294
Raumwahrnehmung 120, 263, 264
Reduktion 8, 13, 18, 24, 54, 64, 118, 122, 145, 147, 180, 197, 205, 207–209, 215, 222, 225, 240, 246, 252, 270, 278, 286, 292
Retention 5, 19, 127, 156, 188, 191, 217, 239, 246, 255–258, 261–274, 277–281, 283–285, 297

S
Sache 22, 32, 46, 50, 53, 110, 165, 266
selbst 1, 3, 22, 32–33, 66, 99, 107, 109, 153, 167, 244
Schichten der Konstitution 168, 185
Schluss 10, 50, 56, 59, 61, 65, 67, 111, 177, 196, 197, 214–215, 218–219, 289, 291–293
Sehfeld 1, 141
Seinsglauben 169, 203
Selbstdarstellung 74, 91
Selbstgegebenheit 2–6, 8–9, 11, 14–16, 23, 72–73, 75, 92, 97, 106, 113, 148, 150–153, 157, 196, 199, 225, 235, 248, 270, 284–285
Semiose 77, 113, 198, 201–202, 230, 255, 258, 264, 282, 299
Semiotik 202, 206, 209, 218
Sinn 221, 227
Sollen 45–48, 66, 142, 199, 233
Spiegelung 192, 196, 204, 206, 223, 226, 264
Sprache 12, 28–33, 36, 38, 42–43, 49, 57–58, 114, 201, 204, 207, 232, 250, 254
statisch 2, 10, 28, 62, 126, 132–133, 153, 180, 183, 206, 208, 216, 226–227, 233–234
Strom 19, 128, 140, 155, 156, 207, 216, 221–222, 228–229, 278–279
strömen 185, 271, 297, 299
Stufen der Konstitution 178

Surrogat 35, 36, 37, 40–42, 47, 53, 84, 86, 105, 126, 144, 148, 276
Symbol 92, 94, 98, 114, 122, 126
Synästhesie 243
Synthese 131–132, 146, 157, 228–229, 234–235, 237, 241, 243, 252, 288
Synthesis 80, 101, 118, 131, 159, 177, 186, 244, 261, 286
der Identität 101, 131
Synthesis der Identifikation 156, 213
passive 186, 213, 229, 252–253, 290

T
Tastfeld 141
Teleologie 5, 14, 20, 211, 219, 235, 255, 282, 287, 297–299
Telos 18, 297
Tendenz 41, 45–48, 53, 58, 62, 65–67, 81, 97, 126, 129, 140, 142, 169, 189–190, 233, 236, 238–239, 248, 268, 270–271, 277, 283, 285–286, 298
Transzendentalität 299
Typus 8–9, 120, 122, 137, 158–159, 160–162, 207, 228, 280, 294–296

U
Überzeugung 10, 17, 38, 49, 53, 56–61, 67, 168, 174, 185, 187, 189–190, 209, 219, 245, 251–252, 284–285, 291–292, 298
Umfeld 96, 136, 141, 264
Uneinsichtig 10, 12, 30, 40, 50, 53–57, 62, 67, 111, 117, 130, 165, 169, 185, 190, 197, 218–219, 221, 252, 274–275, 281, 292, 298
Urempfindung 257, 258, 262
urgegenwärtig 280–281, 285

V
Vergangenheit 88, 135, 263, 264, 267, 269, 271–273, 276–279, 281, 284–285
Vergegenwärtigung 107, 108, 113–114, 147, 150–151, 202, 205, 210, 216, 223, 266–267, 298
Vermöglichkeit 122, 142, 143, 178, 241, 251, 261, 269
Verweis 7, 15, 53, 56, 64, 88, 94, 102, 105, 111, 113–114, 136, 137, 185, 213, 249, 270, 282–283

Verweisung 1, 9, 12, 17–18, 23, 41–42, 49, 58, 86, 88, 90, 96–97, 114, 125, 127–128, 131–133, 136, 137, 140, 149, 151, 153, 157, 159, 163, 175, 184, 185, 197, 202, 229–230, 233, 234, 236, 239–240, 244, 270, 271, 285, 289–290, 293, 296
  dynamische 17
Verweisungsart 270
Vorerinnerung 267, 284
Vorerwartung 205, 270, 280–281, 284, 291, 298
Vorzeichnung 281

W
Wahrnehmungsakt 1, 4
Wahrnehmungsfeld 44, 134, 137, 141, 147, 155, 288
Welt 9
Wertnehmung 18, 171, 172, 173, 185
Wesen 10, 13

Wiedererinnerung 159, 265, 272
Wiederspiegelung der Monade 222

Z
Zeichenbewusstsein 7, 15, 16, 24, 38, 45, 46, 47, 73, 76, 79, 82, 84, 85, 87, 108, 148, 245, 264
Zeichenmodell 80, 172, 215, 262, 264
Zeichentheorie 5, 7, 14, 15, 21, 27, 29, 30, 32, 36, 76, 78, 81, 82, 83, 84, 102, 147, 148, 150, 245
Zeit 258, 259, 262, 267, 276, 277, 278
Zeitbewusstsein 12, 19, 239, 255, 256, 257, 258, 259, 262, 263, 266, 267, 271, 272, 276, 277, 278, 297
Zeitfeld 19, 256, 257, 277, 278
Zeithorizont 5, 156
Zeitkonstitution 294
Zukunft 256, 267
Zukunftshorizont 266, 269, 278, 280, 282, 283
zur Darstellung kommen 5, 89, 257

Printed in the United States
By Bookmasters